張覺述作集

现代汉语规范指南

（修订本）

张 觉◎编著

知识产权出版社
全国百佳图书出版单位

图书在版编目（CIP）数据

现代汉语规范指南／张觉编著.—修订本.—北京：知识产权出版社，2017.4
（张觉述作集）
ISBN 978-7-5130-2426-6

Ⅰ.①现… Ⅱ.①张… Ⅲ.①汉语规范化—指南 Ⅳ.①H102-62

中国版本图书馆CIP数据核字（2013）第269240号

内容提要

本书是一部具有工具书性质而便于查检、阅读的现代汉语论著。它以简明、实用、有效为编写原则，以权威性（依据国家标准与学术界的共识）、学术性（系统地阐明基本知识与术语，论述有关学术问题）、资料性（收罗各种国家规范和有用的语言材料）与实用性（阐明各种规范以供遵循，辨析各种错误以供借鉴）为特色，深入浅出地论述普通话发音、汉语拼音字母拼写、规范汉字和繁体字的对应关系及正确使用、数字和标点符号的用法等问题，兼及简明扼要的语法规范介绍。它不但对青少年学生的言谈、书写与应试有较大的帮助，而且能有效提高广大教师、编辑、记者、作家、研究生的语言文字素养，对语言文字规范化工作也具有较大的学术参考价值。

责任编辑：江宜玲　　**责任校对**：韩秀天
封面设计：张　冀　　**责任出版**：刘译文

张觉述作集

现代汉语规范指南（修订本）

张　觉　编著

出版发行：知识产权出版社有限责任公司		网　址：http://www.ipph.cn	
社　址：北京市海淀区西外太平庄55号		邮　编：100081	
责编电话：010-82000860转8339		责编邮箱：jiangyiling@cnipr.com	
发行电话：010-82000860转8101/8102		发行传真：010-82000893/82005070/82000270	
印　刷：三河市国英印务有限公司		经　销：各大网上书店、新华书店及相关专业书店	
开　本：720mm×960mm　1/16		印　张：38.5	
版　次：2017年4月第1版		印　次：2017年4月第1次印刷	
字　数：630千字		定　价：128.00元	

ISBN 978-7-5130-2426-6

张觉二〇一二年四月二日于南翔白金院邸（张凌云摄）

张觉教授的学术研究简介

张觉教授主要研究中国古典文献和汉语言文学。

已由21家出版社出版著作45种，主要有《韩非子导读》（巴蜀书社1990年版）、《白话搜神记》（岳麓书社1991年版）、《韩非子全译》（贵州人民出版社1992年版）、《商君书全译》（贵州人民出版社1993年版）、《吴越春秋全译》（贵州人民出版社1993年版）、《〈论语〉〈孟子〉精华译评》（中国旅游出版社1993年版）、《荀子译注》（上海古籍出版社1995年版）、《曾巩散文精选》（东方出版中心1998年版）、《潜夫论全译》（贵州人民出版社1999年版）、《常用成语词典》（黄山书社2000年版）、《〈孟子〉句式变换释例》（上海财经大学出版社2001年版）、《现代汉语规范指南》（汉语大词典出版社2002年版）、《〈韩非子〉选评》（上海古籍出版社2004年版）、《韩非子译注》（上海古籍出版社2007年版）、《商君书导读》（中国国际广播出版社2009年版）、《韩非子：帝王的法术》（上海古籍出版社2009年版）、《韩非子校疏》（上海古籍出版社2010年版）、《张觉述作集》（已出书目见封底勒口，知识产权出版社2011年～）。其中《韩非子校疏》于2011年荣获第十四届华东地区古籍优秀图书奖一等奖。

此外，已在《文史》（北京）、《中华文史论丛》（上海）、《中国文化研究》（北京）、《汉学研究》（台北）、《孔孟学报》（台北）等131种刊物上发文316篇，并完成了国家社会科学基金项目"《韩非子》微观研究"（批准号：04BZX031）和《吴越春秋校证注疏》（批准号：13BZW092）、全国高等院校古籍整理研究工作委员会重点科研项目《韩非子校疏》（批准编号：0314）和《商君书校疏》（批准编号：0863）、教育部人文社会科学研究规划基金项目《〈韩非子〉考论》（批准号：10YJA720041）的研究工作。

现正在从事上海市教育委员会科研创新重点项目《潜夫论校笺注疏》（批准号：14ZS079）的研究工作。

述作集自序

人活在世界上，有的地位甚高，身价不菲，但终其一生，其价值仍然可以用单一的经济尺度去衡量——一辈子赚了多少钱；有些人的人生价值就不是单用金钱所能衡量的，这就是古人所谓的“不朽”。据《左传·襄公二十四年》记载，范宣子问叔孙豹曰：“古人有言曰：‘死而不朽。’何谓也？”叔孙豹回答说：“鲁有先大夫曰臧文仲，既没，其言立。其是之谓乎！豹闻之：‘大上有立德，其次有立功，其次有立言，虽久不废，此之谓不朽。’若夫保姓受氏，以守宗祊，世不绝祀，无国无之，禄之大者，不可谓不朽。”[①]由此看来，人的政治生命与其生理生命同样脆弱。从政者即使能显赫一时，但随着其心脏停止跳动，其政治生命也往往就此结束，而不可能不朽。诚然，就是在古人心目中处于领先地位的“立德”“立功”，我看其对后世的作用也有限。据杜预、孔颖达的注疏，所谓“立德”，是指黄帝、尧、舜之类的圣人“创制垂法，博施济众，圣德立于上代，惠泽被于无穷”；所谓“立功”，是指禹、稷之类的贤人“拯厄除难，功济于时”[②]。这些圣贤，虽然因其功德而名垂青史，但其功德也不过是让后人缅怀而已，由于时代的变迁，他们创制的东西早已不再有什么实际的效应了。这种情况犹如司马迁所感叹的那样：“天下君王至于贤人众矣，当时则荣，没则已焉。”[③]

在我看来，最有不朽效应的应该是“立言”，因为如果能“立言”于世，则可以永远使后人在学习中获益。诚如魏文帝曹丕之《典论·论文》所说：“盖文章，经国之大业，不朽之盛事。年寿有时而尽，荣乐止乎其身，二者必至之常期，未若文章之无穷。是以古之作者，寄身于翰墨，见意于篇籍，不假良史之辞，不托飞驰之势，而声名自传于后。故西伯幽而演《易》，周旦显而制《礼》，不以隐约而弗务，不以康乐而加思。夫然则古人贱尺璧而重寸阴，惧乎时之过已。而人多不强力，贫贱则慑于饥寒，富贵则流于逸乐，遂营目

①② 《左传·襄公二十四年》，中华书局1980年影印本《十三经注疏》，第1979页。

③ 司马迁：《史记·孔子世家》，世界书局1935年影印本《四史》，第333页。

前之务，而遗千载之功，日月逝于上，体貌衰于下，忽然与万物迁化，斯志士之大痛也。”[①]

的确，人在世上走一回，唯有给社会留下一些不朽之作（视野再开阔一些，应该说给社会留下一些永远值得后人利用的东西），其生命才有意义；否则，其存在与否也就无足轻重了。因为一个人寿命再长也终有尽头，其生前的工作即使十分辉煌而取得了莫大的荣誉，赚的钱、积累的财富即使无与伦比而惠及子孙或他人，到时候也会被历史涤荡殆尽，至多只能让后人感叹一声“浪淘尽、千古风流人物”而已[②]；一个人唯有留下一些能不断重印的传世之作，才能做到老子所说的“死而不亡者寿”[③]。于是我深深地体会到，只有文化、经典之中蕴涵的精神方面的东西才具有强大的不朽的生命力，而躯体、财富等物质的东西是多么地微不足道，如果借用以往的学说名称，这应该是一种科学的“神不灭论”和“灵魂不死论”吧。正是受到这种传统思想的影响，我才“贱尺璧而重寸阴”，身处贫贱而仍加务于著述。

但是，曹丕所说的写文章也好，今人所说的著书立说也好，与“立言”诚然是不能画等号的。试看今日之世界，文章浩瀚如海，图书堆积如山，其作者都能算作“立言者”而不朽么？显然不能。因为如今大量的文章与图书不过是印刷垃圾而已。历史是最公正无私的评判者。只有通过历史的冲刷而流传不衰反复重印的著作才是不朽之作，只有贡献了传世之作的人才能永远活在人间。正是基于这样的认识，我才甘心久坐冷板凳，常泡图书馆，长年累月孜孜矻矻，不遗余力精益求精，其目的无非是想使拙著赢得读者的青睐而久传于世。

据孔颖达的说法，“立言谓言得其要，理足可传”，“老、庄、荀、孟、管、晏、杨、墨、孙、吴之徒制作子书，屈原、宋玉、贾逵、杨雄、马迁、班固以后撰集史传及制作文章，使后世学习，皆是立言者也”[④]。如此，则我虽然努力于著述，却又离立言者甚远。因此，我不敢将自己的作品集名为“文集”，而用

---

① 曹丕：《典论 · 论文》，中华书局 1977 年影印本《文选》，第 720 页。

② 苏轼：《念奴娇 · 赤壁怀古》，上海古籍出版社 1962 年版《宋词选》，第 75 页。

③《老子 · 第三十三章》，文物出版社、上海书店、天津古籍出版社 1988 年缩印本《道藏》第 11 册，第 484 页。

④《左传 · 襄公二十四年》“其次有立言”孔颖达疏，中华书局 1980 年影印本《十三经注疏》，第 1979 页。

了一个前人未曾用过的名称“述作集”。

孔子曰：“述而不作，信而好古，窃比于我老彭。”① 我将自己的作品集命名为“述作集”，即源于此。不同的是，我虽然好古，却信疑参半，所以于“述”之外又不免有所“作”。换言之，即既欲有所继承以集前贤之大成，又欲有所发明以成一家之说。窃以为唯其如此，方能使自己的作品受人青睐而不朽于世。诚如孔子所言：“学而不思则罔，思而不学则殆。”② 治学不能不有所思考，有所创新，但思索却又必须以学习与继承为基础。所以，无“述”则学无根底，无“作”则学无所成。我之追求“述而又作”，即基于这样的认识。当然，我的这一追求也与自己的才智有关。如今很多能人名流都是天才的创新发明家，所以他们能够“不述而作”，完成一个又一个重大课题，获得一个又一个大奖，这是我所无法企及的。

出版文集往往是大家的事。现在我出版自己的述作集，其实并不意味着要以大家自居。我出身贫寒，命运坎坷，一生贫贱，出版述作集本是连做梦也没有想到的事。

1949 年 3 月 9 日（农历二月初十）夜，我诞生于江苏省太仓县茜泾镇东街的倪家，这是当时我家借住的房子。平民百姓无家谱，所以大都不知道自己的老祖宗是谁，我家也一样。据我父亲的记忆，只知道我的曾祖叫张燕亭（1881 ～ 1944）。由于我父亲外出工作，我的童年是在祖父母的抚育下度过的，因此也受到了叔父的启蒙教育。正因为如此，我入学后成绩一直名列前茅。但是，1965 年我考取苏州高级中学后才一年，原本稳上大学的前途一下子就被“无产阶级文化大革命”改变了，“一片红”使我不得不带病回乡务农，十年青春就这样在贫困的挣扎中耗掉了。

1977 年恢复高考，我考入南京大学，接着又考入复旦大学攻读硕士学位。但由于老家已分田到户，我还得花不少时间回家种地。为了彻底摆脱务农生涯而潜心于治学，1985 年年初我毕业后放弃了在重点大学任教的机会，到了空军政治学院任教。哪知好景不长，1989 年学院首长安排我转业到太仓县中学教书。为了利用上海的文献资料从事古籍整理与研究，我只好辞不赴命而下岗待业在家。在下岗待业还未成为社会普遍现象的当时，作为一家之

① 《论语 · 述而》，中华书局 1980 年影印本《十三经注疏》，第 2481 页。
② 《论语 · 为政》，中华书局 1980 年影印本《十三经注疏》，第 2462 页。

长，我所承受的经济压力、精神压力与种种坎坷恐怕是一般人所难以想象与忍受的。

为此，我穷而发愤，夜以继日，卖文为生，在待业的六年中发表了一百多篇文章，还撰写出版了《商君书·韩非子》(岳麓书社1990年版)、《白话搜神记》（岳麓书社1991年版）、《韩非子全译》（贵州人民出版社1992年版）、《商君书全译》（贵州人民出版社1993年版）、《吴越春秋全译》(贵州人民出版社1993年版)、《〈论语〉〈孟子〉精华译评》（中国旅游出版社1993年版）、《〈韩非子〉精华译评》（中国旅游出版社1993年版）、《白话商君书》（岳麓书社1994年版）、《荀子译注》（上海古籍出版社1995年版）。这些成果，虽然凝结着我身处逆境时的顽强、勤奋与心血，但我更要说的是，它们离不开出版界同仁的热情帮助与支持。岳麓书社梅季坤先生等满怀古道热肠鼎力相助的动人场景，一直浮现在我的眼前。正是他们的雪中送炭，点燃了我熬过严冬的希望，使我身处铁屋之寂寞而仍然不觉得孤独，从而支撑着我艰难而顺利地度过了那黑暗而冷酷的六年待业时期，同时又奠定了我的学术研究基础。

1995年，在空军政治学院石柏年政委的帮助下，我终于结束了待业生涯，转业至上海财经大学基础教学部任讲师，并于1996年任副教授。此后虽然忙于教学工作，但写书之兴趣与动力犹存，故丹黄仍不绝于手，于是又有《曾巩散文精选》（东方出版中心1998年版）、《潜夫论全译》（贵州人民出版社1999年版）等新著问世。

人的希望或欲望大概总会随着适合其发展的条件而不断发展。1986年，发表一篇文章就已令我高兴万分。1990年，出版一本书会令我激动好一阵子。在那时，哪会萌生出版论文集或著作集的奢望呢？然而，书写得多了，也就有出版著述集的基础与愿望了。

我出版“述作集”的总体目标是：弘扬求真务实的汉学传统，力求内容形式的博雅完美，打造一丝不苟的文化经典和传世精品，以便使拙著成为今后研究《韩非子》《商君书》《吴越春秋》《潜夫论》《老子》《论语》《孟子》《搜神记》等传统经典及其他相关领域（如语言文字学、文学等）时不可不读的权威典籍而经久不衰。

出版“述作集”的夙愿已经开始成为现实，这当然是值得庆幸的。在此，我首先要向此前慷慨解囊而购置拙著的47万读者致以衷心的谢意，并希望继续得到更多读者的青睐与支持。因为经验告诉我，像我这种没有权势支撑而处于“学术圈”之外的“草根学者”的学术生命[①]，在过去或现在，主要还是靠广大读者维持着，而不可能依靠单位的经济实力去支撑。在将来，应该也是如此。“述作集”的出版，如果没有广大读者的热爱支持与慷慨解囊，也将难以为继。

当然，我也永远不会忘记祖父张瑞良（1902～1972）、祖母俞秀英（1909～1989）、父亲张永泉（1930～）、母亲林月娥（1929～）、叔父张永奎（1939～）的养育启蒙之恩与程千帆（1913～2000）、周斌武（1924～2014）等教授的精心栽培之德，如果没有他们的培养，就没有我的才学与成果。同样，我也不会忘记章培恒、严佐之等教授对我古籍整理工作的热情支持，不会忘记梅季坤（岳麓书社）、李立朴（贵州人民出版社）、倪腊松（贵州人民出版社）、李大钧（中国旅游出版社）、金良年（上海古籍出版社）、褚赣生（东方出版中心）、宋启发（黄山书社）、徐文堪（汉语大词典出版社）、吕健（上海古籍出版社）、曾德明（岳麓书社）、郑明宝（上海古籍出版社）、江宜玲（知识产权出版社）等出版界同志先后倾注的厚爱之情以及吴格、刘一萍、钱振民、郭立暄、龚洁荣等先生在图书资料方面的相助之力，如果没有他们的热情帮助，我也不可能有这么多逐步积累而内容丰富的著作问世。还有，我也不会忘记我校科研处陈正良、干春晖等老师在科研资助方面的鼎力支持，不会忘记教育部考试中心陈睿、我校研究生院朱君萍等领导在工作方面的分外照顾以及朋友姜汉椿先生的热情帮助。

此外，我的同事龚敏，博士研究生黄吉辉，硕士研究生尤婷婷、郑兴兰、马静、吕佳、罗婷、吕佳妹、曹柳、何晓芬、刘雪莹、麻飘飘、张晓晔、付云鹏等也曾参与过部分工作，特此说明。

总之，我谨将这“述作集”奉献给一切爱我的读者、亲人、师长、同志、朋友、学生，并借此机会向他们致以由衷的感谢与诚挚的祝福。

但愿拙著因质量之有益于读者而流传久远，从而使我的感谢与祝福也与

---

① 罗时进在《去除竞争性科研的幻影光圈》一文中说：“当学术权力得到部分回归后，用学术思维、学术方式、学术标准管理科研的期待并不能完全实现，某些具有学术影响力者以‘熟人社会’的处世行事态度介入各种学术性活动，包括科研立项、经费分配、成果验收、评奖鉴定，无不施其影响，如此则部分学科和学者资源累进，利益叠加，而弱势科研群体，即使具有精英素质，其学术表达和发展的空间也被大大压缩。”（罗文载《社会科学报》2012年12月6日第5版）我所谓的“草根学者”，恐怕是“弱势科研群体”中的主要组成部分。

日俱增，使后人能永远铭记爱我者的恩德，这便是我最大的幸福了。

如果说，我25年前下岗待业后卖文为生是“文化搭台，经济唱戏”的话，那么现在退休后专心著述便可以说是“经济搭台，文化唱戏”了。前者的目标是经济，是利用文化以获取经济利益；后者的目标则是文化，是利用已有的经济基础打造文化精品。目标不同，结果往往也会不一样。当时，我为了生计而欲求卖文不已，所以也曾尽力制作精品以便招徕读者而不断获取稿酬，但毕竟没有像现在这样衣食无忧，以至于不求稿酬而只求拙著传世，乃至不惜工本地投入大量的精力、物力而从容著述。在当时，为了维持经济生活而写书虽然也在情理之中，但现在看来，财富等物质的东西与文化相比是多么地微不足道，只有打造经典才能使自己具有不朽的生命力。有鉴于此，我恳切地希望读者对拙著中的不当谬误之处多加批评指正，以使拙著不断完善而成为学习与研究中国文化者所必备的要籍。

最后，附自题二首[①]，以与同道者共勉。

早年心慕高校洁，岂料身陷净土黑。自古圣贤尽贫贱，何况我辈孤且直。

贫而无谄常落寞，穷且发愤勤述作。笑看有司皆走肉，倾心拙著寄寥廓。

是为序。

张 觉

1998年5月29日初稿于沪上五角场寓所

2008年6月23日再稿于沪上四平路金轩

2011年9月21日三稿于南翔芳林路院邸

2015年3月22日修改于密云县溪翁山庄

---

① 我在台湾古籍出版社1996年出版的《韩非子》后记中说：“忆及鲁迅有《自嘲》诗云：‘运交华盖欲何求，未敢翻身已碰头。破帽遮颜过闹市，漏船载酒泛中流。横眉冷对千夫指，俯首甘为孺子牛。躲进小楼成一统，管它冬夏与春秋。’甚似为仆为之。”但仔细一想，并不十分贴切，故于2012年1月15日另作此二首，诗成于松江泖港镇黄桥村浦江源温泉农庄。

再版前言

本书初版由汉语大词典出版社于2002年11月印行，可能是由于其简明扼要且兼具权威性（依据国家标准与学术界的共识）、学术性（系统地阐明基本知识与术语，论述有关学术问题）、资料性（收罗各种国家规范和有用的语言材料）与实用性（阐明各种规范以供遵循，辨析各种错误以供借鉴）的缘故吧，当时所印的8000册在第一年就销售过半，没过几年就因为该出版社的撤并而绝版了，以致读者欲购而不得。读者需要的图书绝版虽然不是好事，但本书初版未重印，从现在的情况来看，却也不是坏事，因为我国的语言文字规范在这十二年中有了不少更新，该书初版的不少内容过时了。“十二”在我国是个大数，这可能源自一年十二月的自然现象吧，但结果连地支、生肖、星次、时辰、音律等都纳入十二的轨道中来了。春去冬来，十二月一晃而过；天道周星[①]，十二年也一晃而过。如果比附于本书，则应该说十二年前的初版已经完成了其历史使命，在我们即将跨入新的一年之时，应该由其再版之修订本来承担新的历史使命了。

一说到“规范”，人们往往会有“死框框”的感觉，但世界上的东西往往是相辅相成的，这看似“死”的东西实际上却“活”得很。十二年来，我国的语言文字规范有了不少修改更新，如1974年中国文字改革委员会拟定的《中国人名汉语拼音字母拼写法》有了更新版《中国人名汉语拼音字母拼写规则》（GB/T 28039—2011），1983年中国文字改革委员会和国家出版局发布的《汉字统一部首表（草案）》有了更新版《汉字部首表》（GF 0011—2009）和《GB 13000.1字符集汉字部首归部规范》（GF 0012—2009），1995年国家技术监督局批准、发布的《标点符号用法》（GB/T 15834—1995）有了更新版《标点符号用法》（GB/T 15834—2011），1995年国家技术监督局批准、发布的《出版物上数字用法的规定》（GB/T 15835—1995）有了更新版《出版物上数字用

① 天道周星：庾信《哀江南赋序》中语。天道：自然规律。周星：指岁星（木星）运行一周天。岁星每年经过黄道十二宫（即十二次）中的一宫，约十二年绕天一周。

法》（GB/T 15835—2011），1996 年国家技术监督局批准、发布的《汉语拼音正词法基本规则》（GB/T 16159—1996）有了更新版《汉语拼音正词法基本规则》（GB/T 16159—2012），如此等等。值得关注的是，2013 年 8 月 19 日，国务院在中央人民政府门户网站公布了 2013 年 6 月 18 日印发的《通用规范汉字表》，使我们的语言文字规范化工作又步入了一个新的时期。与我们国内的情况相似，《国际音标》也有了 2005 年修订版。

正是由于这种种新变化，本书初版就需要进行全面的修订以及局部的重新编写。这再版与初版相比，虽然不能说是面目全非，至少也可以说是脱胎换骨了。唯一没变的只是当时的编写原则：力求简明、实用、有效，使其内容兼具权威性、学术性、资料性与实用性，既讲清楚基础的理论知识与常用术语，又阐明现代汉语及其书写符号的使用规范与常见错误，以便有效地提高读者规范使用汉语的能力。要说明的是，这次再版，除了语音和书写（包括汉字、数字、标点符号的书写）等初版原有的内容根据新的规范和标准作了全面的更新修订外，还加入了简明扼要的语法知识。这是因为考虑到现代汉语规范的主要内容是普通话和规范汉字，而普通话是以北京语音为标准音、以北方话为基础方言、以典范的现代白话文著作为语法规范的汉民族共同语，既然如此，则现代汉语规范也应该包含词汇规范和语法规范的内容。虽然现在国家发布的词汇、语法规范很少[①]，用不着我们在本书中花很大的篇幅去阐述，但在日常生活中犯语法错误的现象也屡见不鲜，因此，用少量篇幅介绍一些实用的语法知识恐怕对读者也不无裨益。当然，词汇乃至修辞方面的内容，我想留待以后再增补，以免这次修订的篇幅过大。

本书初版至今虽然已经十二年了，但综览当今现代汉语方面的著作，占主流的似乎仍然只有如下两大类：一类是系统阐述现代汉语的高校教材；另一类是为应试服务的中学参考书或高考辅导材料。前者往往只注重体系术语的建立而不注重实用，有的甚至故意创造一些新的术语而使学习者苦不堪言，而且除了那些编写年代较早的教材呈现出老化的现象，近年编写的教材也程度不等地呈现出滞后的现象而未能与时俱进地阐述新近的语言文字规范。后

① 似乎只有《普通话水平测试用普通话与方言词语对照表》《普通话水平测试用普通话与方言常见语法差异对照表》《普通话水平测试用普通话常见量词、名词搭配表》，见国家语言文字工作委员会普通话培训测试中心编制的《普通话水平测试实施纲要》（商务印书馆 2004 年 1 月第 1 版）。

者则多为应付高考而设计，注重散乱的题海探索而忽略了读者语文素养的全面提高。

在《国家中长期语言文字事业改革和发展规划纲要（2012—2020年）》发出的“提升国民语言文字应用能力，提高全社会语言文字规范化水平”的号召下，在当今全面推进素质教育的形势下，我们有必要重新审视大学与中学的汉语教学，编写出能迅速有效地提高读者汉语水平的现代汉语读物。特别在如今计算机流行后提笔忘字乃至不会正确书写汉字的背景下，我们更有必要重视汉字教学，编写出能迅速有效地提高读者汉字书写水平的现代汉语读物。本书的编写和修订，就是在这种思想观念的指导下所作的一种尝试。

但是，可能是由于一般人对母语的掌握程度比较自信吧，所以对自己语言文字使用能力的提高似乎还缺乏足够的认识，近日我看到一套选修课教材的重印次数便透露出这样的信息。这是人民教育出版社2005~2006年初版的《普通高中课程标准实验教科书》中的《语文》（选修），该丛书中印刷次数最少的分册是《语言文字应用》，由此不难看出当代高中生对汉语言文字应用知识的学习兴趣已远逊于对文学文化知识的渴求。这恐怕就是人们要追问“如今大学生的母语能力怎么啦”的原因所在。

诚然，不要说是大学生，就是现在的硕士、博士，其语言文字的规范使用能力又比高中毕业生强多少呢？如果进一步追问，我们现在的公务员、作家、编辑、教师等，其语言文字的规范使用是否都达到了相当高的水平呢？我们且不说过去某些刊物对名人书稿的咬文嚼字式的批评，只要您认真地读一下本书，将其中的语言文字知识与自己原本掌握的对照一下，恐怕就能发现自己的不足而不再盲目乐观了。为了使自己在日后的讲话、写作中免为方家乃至大众所耻笑，您恐怕还会爱不释手地反复阅读本书。

从这种意义上来说，本书既是一面镜子，又是一部经久耐用的工具书。它一方面通过各种正确的语言文字知识和错误反例使读者对自己的语言文字使用能力有一个客观清醒的认识，另一方面又通过收录各种语言文字规范并进行解读的方式使读者能够反复查阅以满足日常汉语使用之需。

当然，学习语言文字知识比起学习文学来说可能有点枯燥乏味，但正如人们为了获得幸福而常常伴有辛劳的付出一样，老天似乎注定要给文化人预设这么一道不可绕过的人生之坎。所谓“工欲善其事，必先利其器”吧，掌握语言文字这一基本工具对从事文化工作的人来说显得尤其重要。正如我家乡的谚语所说："跌倒还能抓把泥。"意思是只要会种地，即使削职为民也还有活路。同样，掌握了语言文字这一工具，也就有了从事文化事业的基础。我之所以在1989~1995年的待业时期能卖文为生，无非是古今汉语这一工具帮助我打开了谋生的通道。我将自己掌握语言文字后所获得的益处说出来和大家分享，一方面是想加强读者对语言文字学习的重视程度，另一方面也希望读者能和我一样在掌握这一工具后有所获益。

其实，对于掌握语言文字这一工具的重要性，半个世纪前就有人强调过[①]。邓拓在《共通的门径》中说：

> 其实，无论读书，做学问，进行研究工作，首先需要的本钱，还不是什么专门问题的知识，而是最一般的最基本的用来表情达意和思考问题的工具。这就是要学习和掌握语言文字和一般逻辑的知识。
>
> 如果一个人不会正确地运用语言文字，就很难谈到做学问、进行研究工作等问题，这是非常明显的。不能设想，一个文字不通的人，怎么能够充分表达自己的思想？又怎么能够通晓各科知识呢？

语言文字这一工具既然如此重要，所以我们不能不加以重视。我衷心希望这本兼具工具书性质的现代汉语综合参考书不但对提高大中学生、留学生的言谈、写作与应试（如应对普通话水平测试、汉语水平考试等）能力有较大的帮助，而且对广大教师、编辑、记者、作家、研究生等的语文素养的提高也能起到很好的作用。当然，要达到这样的目的诚非易事。本书虽经全面修订，不当之处恐尚难免，我衷心地希望广大读者提出有益的改进意见，以便重印时修正完善，从而让本书在我国的语言文字规范化工作中作出更大的贡献，在提高读者的语言文字素养方面发挥更好的作用。

张 觉

二〇一四年十二月三日

于北京密云县溪翁山庄

① 下面的引文见马南邨《燕山夜话》(合集),北京出版社1979年4月新1版,第308页。邓拓（1912～1966）在1961～1962年以马南邨为笔名在《北京晚报》的专栏《燕山夜话》发表了不少杂文，同时又将这些杂文陆续汇集出版。《共通的门径》编为《燕山夜话》(四集）之第一篇，写于1962年。

初版前言

我在现代汉语的教学中，深感我们的现代汉语教材与一些关于现代汉语的读物有两点不足之处：一是理论性较强而实用性较差；二是落后于现实的发展。

所谓落后于现实的发展，一是指没跟上语言文字使用的实际需要。

例如，现代汉语中有后响复合元音韵母 io（“哟”“唷”的韵母），纯鼻音韵母 m（“呣”“噷”“呒”“姆”的韵母）、n（“嗯”的韵母）、ng（“嗯”“哼”的韵母），但现在的高校教材或介绍汉语的读物中都没有提及，而仍然死守着普通话只有 39 个韵母的“定论”[①]。电视中的“才富大考场”节目也出现了这样的选择题：“现代汉语中有多少个韵母？ A. 37 个；B. 38 个；C. 39 个；D. 40 个。”选手回答“40 个”，不但被主持人判为错，而且还说 39 个韵母是小学生皆知的常识性问题，弄得选手无地自容。其实，这根据学术界“定论”而拟的题目本身没有一个答案是正确的。

又如，很多人在使用繁体字时常闹笑话。像全国统一使用的初中一年级政治教材里的一幅插图，把林则徐用以自诫的横幅“制怒”（意为控制自己而不随意发怒）写成了“製怒”（意为制造愤怒）；西南交通大学出版社出版的中国画挂历将画家爱新觉罗·傅佺的别号“松窗”（因其窗外有松树而得名）写成了“鬆窗”（意为松动的破窗），将红军的“长征”写成了“长徵”（令人莫名其妙）；还有范先生、沈小姐等在自己的名片上将自己的姓氏印成了“範”、“瀋”，令收名片者啼笑皆非[②]。类似之例时见于刊物批评，但我们读了

① 胡裕树主编的《现代汉语》重订本（上海教育出版社 1995 年 6 月第 5 版）第 59～60 页说普通话韵母有 39 个；林祥楣主编的《现代汉语》（语文出版社 1995 年 12 月第 2 版）第 58～59 页列有《普通话韵母总表》，也说普通话总共有 39 个韵母；张斌主编的“普通高等教育‘十五’国家级规划教材”《新编现代汉语》（复旦大学出版社 2002 年 7 月第 1 版）第 39 页又说：“普通话语音共有 39 个韵母。”国家语言文字工作委员会普通话培训测试中心编制的《普通话水平测试实施纲要》（商务印书馆 2004 年 1 月第 1 版）第 17 页仍然说：“普通话的韵母共有 39 个。”实际上，据《现代汉语词典》（商务印书馆 1996 年 7 月修订第 3 版），普通话中的韵母有 43 个。

② 此数例见香港《语文建设通讯》2001 年 6 月第 67 期所刊惠伊深的文章《由简变繁趣事》。

如今现代汉语方面的教材或读物，却并不能解决这种种问题。

落后于现实发展的第二个方面，是指没跟上国家语言文字规范工作的进程。随着新时期我国语言文字工作方针的调整，国家有关方面发布了不少语言文字方面的规范，但如今有关现代汉语的教材或读物却往往缺乏这方面的详尽介绍与结合实际的阐发，以致很多规范不为人了解，因而出现了不少违反国家规范的说法和做法。例如，1997 年国家语言文字工作委员会发布了《信息处理用 GB 13000.1 字符集汉字部件规范》，给出了“基础部件”（“末级部件”）560 个，但 2002 年出版的普通高等教育“十五”国家级规划教材《新编现代汉语》第 113 页却还说：“汉字的末级部件 650 个左右，其中成字部件和不成字部件各 300 多个。”又如，国家有关异体字方面的规范，如今有些国家级的规范词典（如《现代汉语词典》）都违反了。还有，现在出版的很多拼音读物，其拼写都不符合《汉语拼音正词法基本规则》的规定。

有鉴于此，我结合国家发布的各种语言文字规范编写了本书，一方面是为了给我校对外汉语专业的学生提供一本语言文字规范化方面的教材；另一方面也是想为国家当前的语言文字规范化工作尽一份绵薄之力。全书着重论述普通话发音、汉语拼音字母拼写、汉字书写与标点符号用法等问题，至于词汇、语法、修辞等传统内容，因为国家发布的统一规范尚少，所以不作系统论述。

本书的编写，以简明、实用、有效为原则，以系统地阐明规范、辨明错误为宗旨，力求使其内容兼具权威性（依据国家标准与学术界的共识）、学术性（阐明基本知识与术语，系统论述有关学术问题）、资料性（收罗各种国家规范和有用的语言材料）、实用性（阐明各种规范以供遵循，辨析各种错误以供借鉴），从而使本书成为一本兼具教材与工具书性质的综合参考书，以便使各种读者（如学生、教师、作家、编辑、记者等）都有较大的收获。当然，限于水平，不当之处恐也难免，在此恳请广大专家、读者不吝赐教。

最后，请允许我对徐文堪先生的鼎力支持、张万彬先生的热情赐教以及陈慧玉、杨莲生、周虹等老师在文献资料方面给予的热情帮助致以衷心的谢意。

张觉

2002 年 5 月 29 日写于五角场寓所

2014 年 2 月 15 日修改于白金院邸

目　录

绪　论

第一节　现代汉语的涵义

现代汉语，顾名思义，就是现代汉民族所使用的语言。具体说来，有广义和狭义两种理解。广义的包括现代汉民族所使用的各种方言；狭义的仅指现代统一规范的汉民族共同语，即普通话。

一、现代汉民族共同语——普通话

从狭义上来说，现代汉语是指现代统一规范的汉民族共同语，即以北京语音为标准音、以北方话为基础方言、以典范的现代白话文著作为语法规范的普通话。

语言有三个要素：语音、词汇、语法。所以，对普通话的这一表述，也就包括了以下三个方面的内容。

（1）**在语音方面以北京语音系统为标准**。这是指以北京语音中的声母、韵母、声调系统为标准，而不杂采其他地方的声母、韵母、声调。在这里要排除一种误解，即不要认为凡是北京人的发音都是普通话的标准音。例如，北京土话把“我和他”“他和我”“底下”“太好了”说成“我 hàn 他”“他 hài 我”“底 xie”“tuī 好了”，也有人把“比较”说成 bǐjiǎo，把“波浪”说成 pōlàng，把“跳跃”说成 tiàoyào，这些都不属于普通话的规范读音。

（2）**在词汇方面以北方方言为基础**。当然，对于北方方言中的词语，普通话也有所摒弃。例如，河北把太阳叫作“老爷儿”“阳婆儿”“佛爷儿”，把月亮叫作“明奶奶”“后天爷”“老母儿”，这些词语普通话都不加吸取。相反，普通话也并不排斥其他方言中有用的词语。例如，吴方言中的“瘪三”“尴尬”“噱头”等，因有其特殊的意义而被吸收到了普通话的词汇中。

（3）**在语法方面以典范的现代白话文著作为规范**。如毛泽东、邓小平以及现代许多著名作家的作品中普遍存在的语法现象即是普通话的语法规范。

当然，这些著作中有些个别的特殊的语法结构也不属于普通话的语法规范。

普通话是在20世纪五四时期的“白话文运动”和“国语运动”的基础上逐渐形成的一种统一规范的文学语言。我国台湾地区所说的“国语”，新加坡及海外华人所谓的“华语”，实质上与大陆的“普通话”涵义完全相同，只不过由于社会的发展有所不同，其语言的使用（主要在词汇方面）与大陆的普通话稍有差异而已。现代汉语普通话在世界上的影响越来越大，它早已是联合国大会和安理会的法定工作语言了。

二、现代汉语的地域分支——方言

从广义上来说，现代汉语除了普通话这一全民族的共同语外，还包括当今汉语的地域分支——方言。现代汉语的方言可以分成八大类，其分布情况大致如下。

（1）**北方方言**：过去又称官话，以北京话为代表。分布在长江以北的汉族居住地区，长江以南、镇江以上、九江为止的沿江地带，湖北（东南角除外）、四川、云南、贵州四省，湖南西北一带。

（2）**吴方言**：也称江南话、江浙话，以上海话为代表。分布在江苏省长江以南、镇江以东部分（不包括镇江），崇明、南通一部分，启东、海门、靖江等县，以及浙江省绝大部分地区。

（3）**湘方言**：也称湖南话，以长沙话为代表。分布在湖南省大部分地区（除西北一带）。

（4）**赣方言**：也称江西话，以南昌话为代表。分布在江西省（东北沿江地带和南部除外）和湖北省东南一带。

（5）**客家方言**：以广东梅县话为代表。分布在广东、广西、福建、江西等省区的部分地区以及湖南、四川的一些地方。

（6）**粤方言**：也称广东话，以广州话为代表。分布在广东省大部分地区和广西的东南部。海外华侨有很多人说粤方言。

（7）**闽南方言**：以厦门话为代表。分布在福建的南部，广东东部的潮州、汕头一带，以及海南省的一部分、台湾的大部分地区。南洋华侨有很多人说闽南方言。

（8）**闽北方言**：以福州话为代表。分布在福建省北部和台湾的一部分地区。南洋华侨也有人说闽北方言。

汉语方言之间的差别以语音为最大，词汇次之，语法又次之。因此，不同方言区的人如果不使用普通话，口头交际往往会发生困难。相比之下，各方言区所使用的书面语的差别要小得多。由于本书旨在提高读者对规范汉语的使用水平，所以以国家通用的普通话为阐述对象，对汉语方言就不再展开论述了。

三、现代汉语的特点

现代汉语与西洋语相比，除了没有词法方面的数、格、时态变化以及具有区别意义的声调音位外，最鲜明的特点是：其口语以音节为本位，其书面语以汉字为本位。可以说，汉语是一种音节型语言，其音节不管是否是语素（语素是语言中最小的音义结合体，是能够区别意义的最小的语言单位），都具有一定的独立性；而音节语素的组合，也只受语义的支配，除了语流音变外基本上没有形式的变化。所以，用词本位的西方语言理论来描写解释字本位（音节本位）的汉语就会有很多说不清楚的地方，如对词（词是最小的能够独立运用的语言单位，比语素高一级）的确定、对语法结构的划分等，处理起来往往难以达到圆满周全的境界。因此，我们研究汉语，不能完全照搬西方的语言理论。

第二节　现代汉语规范工作

一、现代汉语规范的涵义

现代汉语规范，顾名思义，就是现代汉语的标准。具体而言，是指我国推行的国家通用语言文字规范，即普通话和规范汉字（参见《中华人民共和国国家通用语言文字法》）。

要说明的是，普通话是以北京语音为标准音、以北方话为基础方言、以典范的现代白话文著作为语法规范的汉民族共同语，现代汉语规范既然是指普通话和规范汉字，那就应该包含语音规范、词汇规范、语法规范和汉字规范四个方面。因此，这次修订我在初版的基础上加入了一些简明实用的语法知识。

二、现代汉语规范工作的主要任务

根据教育部、国家语言文字工作委员会2012年12月4日印发的《国家中长期语言文字事业改革和发展规划纲要（2012—2020年）》及其通知，今后现代汉语规范工作的主要任务可以归纳为以下五点：

（1）大力推广和普及国家通用语言文字。加大培训测试及评估力度，采取切实有效措施，推进国家通用语言文字在全国范围内基本普及。到2020年，普通话在全国范围内基本普及，汉字社会应用的规范化程度进一步提高，汉语拼音更好地发挥作用。

（2）规范使用国家通用语言文字。加强语言文字规范标准建设，强化国家通用语言文字规范意识，提升国民语言文字应用能力，提高全社会语言文字规范化水平。到2020年，语言文字规范标准基本满足社会需求，信息化水平进一步提高。受过初等教育的国民普遍具备普通话、规范汉字和汉语拼音的应用能力；具有中等及以上教育程度的国民，其国家通用语言文字水平达到相应要求，具有较好的使用普通话和规范汉字表达、沟通的能力。

（3）加强社会语言生活监测和引导。对传媒、出版物（重点是教材、工具书）、公共场所、信息技术产品以及汉字输入系统中的语言文字使用状况，进行规范标准符合性的测查认证和监督管理。引导网络、手机等新媒体规范使用语言文字。打造社会语言生活监测平台，跟踪研究语言生活中出现的新现象和新问题，纠正语言文字使用不规范的现象，形成规范使用语言文字的社会氛围。

（4）正确处理各种语言文字关系。依法妥善处理好国家通用语言文字与汉语方言、繁体字、少数民族语言文字的关系及学习使用问题。

（5）将语言文字规范要求纳入精神文明建设、普法宣传教育、机关行文规范、新闻出版编校质量、广播影视制作播出质量、工商行政监管和城市市容管理等范围。推进学校、机关、新闻出版、广播影视和公共服务行业等重点行业系统的语言文字规范化工作，适时开展行业规范化示范单位创建评估工作。

一言以蔽之，“大力推广和规范使用国家通用语言文字”就是现代汉语规范工作的主要任务。

第一章　语音标准

所谓“语音标准”，即发音要合乎普通话规范。它是《普通话水平测试等级标准（试行）》中的首要条款。

第一节　普通话水平等级要求

一、国家普通话水平测试等级标准

《中华人民共和国宪法》第十九条规定：“国家推广全国通用的普通话。”国家语言文字工作委员会、国家教育委员会、广播电影电视部1994年10月30日作出的《关于开展普通话水平测试工作的决定》（国语〔1994〕43号，以下简称《决定》）指出：“掌握并使用一定水平的普通话是社会各行各业人员特别是教师、播音员、节目主持人、演员等专业人员必备的职业素质。”该《决定》明确要求：“中小学教师、师范院校的教师和毕业生应达到二级或一级水平，专门教授普通话语音的教师应达到一级水平；县级以上（含县级）广播电台和电视台的播音员、节目主持人应达到一级水平（此要求列入广播电影电视部部颁岗位规范，逐步实行持普通话等级合格证书上岗）；电影、电视剧演员和配音演员，以及相关专业的院校毕业生应达到一级水平。”该文件有三个附件：①《普通话水平测试实施办法（试行）》；②《普通话水平测试等级标准（试行）》；③《普通话等级证书（样本）》。其中第二个附件稍作文字修改后由国家语言文字工作委员会于1997年12月5日颁布（国语〔1997〕64号），现附于下，以便大家掌握。

【附录 1-1-1】

普通话水平测试等级标准（试行）

（国语〔1997〕64号）

一　级

甲等　朗读和自由交谈时，语音标准，词汇、语法正确无误，语调自然，表达流畅。测试总失分率在 3% 以内。

乙等　朗读和自由交谈时，语音标准，词汇、语法正确无误，语调自然，表达流畅。偶然有字音、字调失误。测试总失分率在 8% 以内。

二　级

甲等　朗读和自由交谈时，声韵调发音基本标准，语调自然，表达流畅。少数难点音（平翘舌音、前后鼻尾音、边鼻音等）有时出现失误。词汇、语法极少有误。测试总失分率在 13% 以内。

乙等　朗读和自由交谈时，个别调值不准，声韵母发音有不到位现象。难点音（平翘舌音、前后鼻尾音、边鼻音、fu—hu、z—zh—j、送气不送气、i—ü 不分、保留浊塞音和浊塞擦音、丢介音、复韵母单音化等）失误较多。方言语调不明显。有使用方言词、方言语法的情况。测试总失分率在 20% 以内。

三　级

甲等　朗读和自由交谈时，声韵调发音失误较多，难点音超出常见范围，声调调值多不准。方言语调较明显。词汇、语法有失误。测试总失分率在 30% 以内。

乙等　朗读和自由交谈时，声韵调发音失误多，方音特征突出。方言语调明显。词汇、语法失误较多。外地人听其谈话有听不懂情况。测试总失分率在 40% 以内。

【附录 1-1-1 完】

二、普通话水平测试的内容

有关普通话水平测试的内容，教育部、国家语言文字工作委员会发布的《普通话测试大纲》（教语用〔2003〕2 号）有明确规定，现附于下，以便了解。

【附录 1-1-2】

普通话水平测试大纲

（教语用〔2003〕2号）

根据教育部、国家语言文字工作委员会发布的《普通话水平测试管理规定》《普通话水平测试等级标准》，制定本大纲。

一、测试的名称、性质、方式

本测试定名为“普通话水平测试”（PUTONGHUA SHUIPING CESHI，缩写为 PSC）。

普通话水平测试测查应试人的普通话规范程度、熟练程度，认定其普通话水平等级，属于标准参照性考试。本大纲规定测试的内容、范围、题型及评分系统。

普通话水平测试以口试方式进行。

二、测试内容和范围

普通话水平测试的内容包括普通话语音、词汇和语法。

普通话水平测试的范围是国家测试机构编制的《普通话水平测试用普通话词语表》《普通话水平测试用普通话与方言词语对照表》《普通话水平测试用普通话与方言常见语法差异对照表》《普通话水平测试用朗读作品》《普通话水平测试用话题》。

三、试卷构成和评分

试卷包括 5 个组成部分，满分为 100 分。

（一）读单音节字词（100 个音节，不含轻声、儿化音节），限时 3.5 分钟，共 10 分。

1. 目的：测查应试人声母、韵母、声调读音的标准程度。

2. 要求：

（1）100 个音节中，70% 选自《普通话水平测试用普通话词语表》“表一”，30% 选自“表二”。

（2）100 个音节中，每个声母出现次数一般不少于 3 次，每个韵母出现次数一般不少于 2 次，4 个声调出现次数大致均衡。

（3）音节的排列要避免同一测试要素连续出现。

3. 评分：

（1）语音错误，每个音节扣 0.1 分。

（2）语音缺陷，每个音节扣 0.05 分。

（3）超时 1 分钟以内，扣 0.5 分；超时 1 分钟以上（含 1 分钟），扣 1 分。

（二）读多音节词语（100 个音节），限时 2.5 分钟，共 20 分。

1. 目的：测查应试人声母、韵母、声调和变调、轻声、儿化读音的标准程度。

2. 要求：

（1）词语的 70% 选自《普通话水平测试用普通话词语表》“表一”，30% 选自“表二”。

（2）声母、韵母、声调出现的次数与读单音节字词的要求相同。

（3）上声与上声相连的词语不少于 3 个，上声与非上声相连的词语不少于 4 个，轻声不少于 3 个，儿化不少于 4 个（应为不同的儿化韵母）。

（4）词语的排列要避免同一测试要素连续出现。

3. 评分：

（1）语音错误，每个音节扣 0.2 分。

（2）语音缺陷，每个音节扣 0.1 分。

（3）超时 1 分钟以内，扣 0.5 分；超时 1 分钟以上（含 1 分钟），扣 1 分。

（三）选择判断 *，限时 3 分钟，共 10 分。

1. 词语判断（10 组）

（1）目的：测查应试人掌握普通话词语的规范程度。

（2）要求：根据《普通话水平测试用普通话与方言词语对照表》，列举 10 组普通话与方言意义相对应但说法不同的词语，由应试人判断并读出普通话的词语。

（3）评分：判断错误，每组扣 0.25 分。

2. 量词、名词搭配（10 组）

（1）目的：测查应试人掌握普通话量词和名词搭配的规范程度。

（2）要求：根据《普通话水平测试用普通话与方言常见语法差异对照表》，列举 10 个名词和若干量词，由应试人搭配并读出符合普通话规范的 10 组名量短语。

（3）评分：搭配错误，每组扣 0.5 分。

3. 语序或表达形式判断（5 组）

（1）目的：测查应试人掌握普通话语法的规范程度。

（2）要求：根据《普通话水平测试用普通话与方言常见语法差异对照

表》,列举5组普通话和方言意义相对应,但语序或表达习惯不同的短语或短句,由应试人判断并读出符合普通话语法规范的表达形式。

（3）评分：判断错误，每组扣 0.5 分。

选择判断合计超时 1 分钟以内，扣 0.5 分；超时 1 分钟以上（含 1 分钟），扣 1 分。答题时语音错误，每个错误音节扣 0.1 分；如判断错误已经扣分，不重复扣分。

（四）朗读短文（1 篇，400 个音节），限时 4 分钟，共 30 分。

1. 目的：测查应试人使用普通话朗读书面作品的水平。在测查声母、韵母、声调读音标准程度的同时，重点测查连读音变、停连、语调以及流畅程度。

2. 要求：

（1）短文从《普通话水平测试用朗读作品》中选取。

（2）评分以朗读作品的前 400 个音节（不含标点符号和括注的音节）为限。

3. 评分：

（1）每错 1 个音节，扣 0.1 分；漏读或增读 1 个音节，扣 0.1 分。

（2）声母或韵母的系统性语音缺陷，视程度扣 0.5 分、1 分。

（3）语调偏误，视程度扣 0.5 分、1 分、2 分。

（4）停连不当，视程度扣 0.5 分、1 分、2 分。

（5）朗读不流畅（包括回读），视程度扣 0.5 分、1 分、2 分。

（6）超时扣 1 分。

（五）命题说话，限时 3 分钟，共 30 分。

1. 目的：测查应试人在无文字凭借的情况下说普通话的水平，重点测查语音标准程度、词汇语法规范程度和自然流畅程度。

2. 要求：

（1）说话话题从《普通话水平测试用话题》中选取，由应试人从给定的两个话题中选定 1 个话题，连续说一段话。

（2）应试人单向说话。如发现应试人有明显背稿、离题、说话难以继续等表现时，主试人应及时提示或引导。

3. 评分：

（1）语音标准程度，共 20 分。分六档：

一档：语音标准，或极少有失误。扣 0 分、0.5 分、1 分。

二档：语音错误在10次以下，有方音但不明显。扣1.5分、2分。

三档：语音错误在10次以下，但方音比较明显；或语音错误在10—15次之间，有方音但不明显。扣3分、4分。

四档：语音错误在10—15次之间，方音比较明显。扣5分、6分。

五档：语音错误超过15次，方音明显。扣7分、8分、9分。

六档：语音错误多，方音重。扣10分、11分、12分。

（2）词汇语法规范程度，共5分。分三档：

一档：词汇、语法规范。扣0分。

二档：词汇、语法偶有不规范的情况。扣0.5分、1分。

三档：词汇、语法屡有不规范的情况。扣2分、3分。

（3）自然流畅程度，共5分。分三档：

一档：语言自然流畅。扣0分。

二档：语言基本流畅，口语化较差，有背稿子的表现。扣0.5分、1分。

三档：语言不连贯，语调生硬。扣2分、3分。

说话不足3分钟，酌情扣分：缺时1分钟以内（含1分钟），扣1分、2分、3分；缺时1分钟以上，扣4分、5分、6分；说话不满30秒（含30秒），本测试项成绩计为0分。

四、应试人普通话水平等级的确定

国家语言文字工作部门发布的《普通话水平测试等级标准》是确定应试人普通话水平等级的依据。测试机构根据应试人的测试成绩确定其普通话水平等级，由省、自治区、直辖市以上语言文字工作部门颁发相应的普通话水平测试等级证书。

普通话水平划分为三个级别，每个级别内划分两个等次。其中：

97分及其以上，为一级甲等；

92分及其以上但不足97分，为一级乙等；

87分及其以上但不足92分，为二级甲等；

80分及其以上但不足87分，为二级乙等；

70分及其以上但不足80分，为三级甲等；

60分及其以上但不足70分，为三级乙等。

*各省、自治区、直辖市语言文字工作部门可以根据测试对象或本地区的

实际情况，决定是否免测“选择判断”测试项。如免测此项，“命题说话”测试项的分值由 30 分调整为 40 分。评分档次不变，具体分值调整如下：

（1）语音标准程度的分值，由 20 分调整为 25 分。

一档：扣 0 分、1 分、2 分。

二档：扣 3 分、4 分。

三档：扣 5 分、6 分。

四档：扣 7 分、8 分。

五档：扣 9 分、10 分、11 分。

六档：扣 12 分、13 分、14 分。

（2）词汇语法规范程度的分值，由 5 分调整为 10 分。

一档：扣 0 分。

二档：扣 1 分、2 分。

三档：扣 3 分、4 分。

（3）自然流畅程度，仍为 5 分，各档分值不变。

【附录 1-1-2 完】

三、对一般学生的普通话要求

根据普通话水平测试的内容，再结合国家教育委员会 1986 年 1 月 28 日发出的《关于加强对中等师范学校学生进行普通话考核的意见》及其他对中小学生普通话要求的文件，我们可将对一般学生的普通话要求概括如下：

（1）能发准普通话的声母、韵母、声调以及 400 个基本音节，难点音（平翘舌音、前后鼻尾音等）、字音、字调很少出现失误。

（2）掌握普通话的轻声、变调、儿化韵的发音，能辨别一些常用的轻声词、儿化词。

（3）熟练地掌握汉语拼音，掌握按词连写的基本规则，能直呼音节，能给 3500 个常用汉字注音（常用字可参见【附录 2-4-1】）。

（4）能正确、流利、有感情地朗读指定文章，能使用比较标准的普通话自由交谈，语调自然，表达流畅，语音错误率不超过 20%。

（5）词汇、语法正确无误或很少出现失误。

由此看来，在语言三要素语音、词汇、语法之中，语音是学习普通话时的重点。

第二节　语音方面的基本概念

一、语音及其性质

语音是语言的物质外壳，是由人的发音器官发出的、能表示一定意义的声音。它是人的发音器官发出的，所以是一种生理现象；它是一种声音，所以也具有物理属性，可以从音色、音高、音强、音长等方面去分析它；然而语音的本质特点在于它能表示一定的意义，由于语义与语音的结合来自社会的约定俗成，所以语音的社会性才是它的本质属性。

二、音节

音节是语音中听上去有一个明显响度中心的自然单位。一般来说，一个汉字读出来就是一个音节。如“飘”（piāo）是一个音节，“皮袄”（pí'ǎo）是两个音节。其中只有少数例外：一是在儿化音节中两个汉字只表示一个音节，如“哪儿”（nǎr）是一个音节。二是部分计量单位过去用一个汉字表示两个音节，如“粍”（lǐmǐ）、“瓩”（qiānwǎ）、“浬”（hǎilǐ）、“呎”（yīngchǐ）等，但这些汉字早已被淘汰了（参见第二章第四节五）。

三、音素和音位

音素是发音器官的一个动作所构成的最小的语音单位。如 a[A] 是一个音素，an[an] 是两个音素。要注意的是，音素与汉语拼音字母不可混同。如 er、zh、ch、sh 等均以两个字母代表一个音素，ying[iŋ] 是四个字母代表两个音素。反过来，一个拼音字母也可能代表几个音素，如 a 可代表 [a]（在 ai、an 中）、[ε]（在 ian、üan 中）、[A]（在 ia、ua、ba、ma 中）、[ɑ]（在 ao、ang 中）四个音色不同的音素。

音位是在一种语言（或方言）中能够用来区别意义的最小语音单位。例如，在普通话中，nán（南）和 lán（兰）的意义不同，其区别全在于 n 和 l 的不同，所以 n 和 l 在普通话中是两个音位；但在南京话中，n 和 l 并不区别意义，所以 n 和 l 在南京话中只是一个音位。又如，a 在 mái（埋）、mián（棉）、má（麻）、máng（忙）中由于受到相邻音素的影响而分别读为 [a]、[ε]、[A]、 [ɑ] 四个音色不同的音素，但这四个音素并无区别意义的作用，所以它们是一个音位，只须用一个拼音字母 ɑ 来表示。如果以 [A] 为该音位的代表音，则 [a]、[ɛ]、[ɑ] 都只是 ɑ 的音位变体。汉语拼音方案就是按照音位学的原则来制订的，我们说普通话中有多少元音、辅音，一般都是指其音位的数目。

四、元音和辅音

音素可以根据发音器官活动的特点分为元音和辅音两大类。

元音又叫母音，是气流通过口腔时不受任何阻碍发出的音。发音时声带颤动，响度较大。元音的性质可以由舌面还是舌尖起作用、舌面的高低和前后以及圆唇不圆唇来决定。

辅音又叫子音，是气流通过口腔时受到阻碍而发出的音。发音时声带颤动或不颤动，响度较小。辅音的性质是由发音部位和发音方法决定的。所谓发音部位，是指发音时发音器官构成阻碍的某两个部位，据此可将辅音分成双唇音、唇齿音、舌尖音、舌面音、舌根音等。所谓发音方法，是指发音时如何构成阻碍和克服阻碍（据此可将辅音分为塞音、塞擦音、擦音、鼻音、边音等）、气流是强还是弱（据此可将辅音区别为送气音、不送气音）以及声带是颤动还是不颤动（据此可将辅音区别为浊音、清音）。

五、声母、韵母、声调与四呼

上述的辅音、元音是按照现代语音学理论就音素本身的性质来分析的，而声母、韵母、声调是按照我国传统的音韵学原理就汉语音节的结构来分析的，所以两者虽有一定的联系，但绝不可混同。

声母是指汉语音节开头的辅音，如 lù（路）中的 l。有些音节开头没有辅音，则被称为零声母音节，如 ān（安）。

韵母是指音节里除声母以外的部分。有时它只有一个元音，如 mǎ（马）、jī（基）；有时它包含几个音素，如 zhuàng（壮）的韵母由两个元音和一个辅音组成。韵母中的主要元音叫作韵腹。凡是韵母中只有一个元音的，这个元音就是韵腹，如 jī（基）中的 i，mǎ（马）中的 ɑ。如果韵母中有两个或三个元音，其中较响的元音是韵腹，韵腹前的高元音 i、u、ü 叫作韵头，韵腹后的元音或辅音叫作韵尾。如 piāo（飘）之中的 i 为韵头，ɑ 为韵腹，o 为韵尾。

韵母还可以按照传统音韵学原理分成“四呼”，凡是没有韵头而韵腹又不是 i、u、ü 的韵母叫开口呼（注意：与 z、c、s 和 zh、ch、sh 相拼的 -i[ɿ] 和 -i[ʅ] 作韵腹时也属于开口呼），凡韵头或韵腹是 i 的韵母叫齐齿呼，凡韵头或韵腹是 u 的韵母叫合口呼，凡韵头或韵腹是 ü 的韵母叫撮口呼。

声调是一个汉语音节在发音时其相对音高的升降变化。由于汉语的音节基本上与汉字相对应，所以声调又被称为字调。

第三节　注音与音标

一、古代注音方法

我国古代没有特殊的注音符号，给文字注音主要采取以下三种方法。

（一）直音法

用一个字来注明另一个同音字的字音。如："毕，音必。"

（二）读若法

用一个字来注明另一个同音字或近音字的字音。如《说文解字·勹部》："勼，聚也。从勹，九声，读若鸠。"又《玉部》："瑄……一曰玉器，读若宣。"

（三）反切法

用两个字来拼合另一个字的字音。如："气，去既切。"取上一字"去"之声母 q 与下一字"既"之韵母与声调 ì 相拼，即为"气"之读音 qì。但是，古代分平、上、去、入四声，与现代的四声不同，所以如果用现代音去读的话，其反切下字的声调有时会与被切字的声调不同，如："东，德红切。"

二、现代注音符号

19 世纪末，我国出现了专用于注音的特制字母。20 世纪影响较大的字母有两种。

（一）注音字母

注音字母于 1913 年由读音统一会制定，1918 年由北洋政府教育部公布，1920 年改定字母次序，又加ㄜ母而成为 40 个字母，1930 年国民政府把注音字母改名为注音符号。这套符号在《汉语拼音方案》制定前十分通行。现在在我国台湾地区仍通行，在大陆则已被《汉语拼音方案》所取代，但在一些字典中仍作为一种辅助的注音符号使用着。现将该套字母列于下，同时加标国际音标与汉字，以便了解其发音情况。

1. 声母符号

唇　音：ㄅ [p] 玻、ㄆ [p‘] 坡、ㄇ [m] 摸、ㄈ [f] 佛、ㄪ [v] 复（苏音）。

舌尖音：ㄉ [t] 得、ㄊ [t‘] 特、ㄋ [n] 讷、ㄌ [l] 勒。

舌根音：ㄍ [k] 哥、ㄎ [k‘] 科、ㄫ [ŋ] 额（苏音）、ㄏ [x] 喝。

舌面音：ㄐ [tɕ] 基、ㄑ [tɕ‘] 欺、ㄬ [ȵ] 尼（苏音）、ㄒ [ɕ] 希。

翘舌音：ㄓ [tʂ] 知、ㄔ [tʂ‘] 蚩、ㄕ [ʂ] 诗、ㄖ [ʐ] 日。

平舌音：ㄗ [ts] 资、ㄘ [ts‘] 雌、ㄙ [s] 思。

注：其中ㄪ、ㄫ、ㄬ只用来注方音。

2. 韵母符号

单　韵：ㄧ（直行作一）[i] 衣、ㄨ [u] 乌、ㄩ [y] 迂，ㄚ [A] 啊、ㄛ [o] 喔、ㄜ [ɤ] 鹅、ㄝ [ɛ] 哀（苏音）。

复　韵：ㄞ [ai] 哀、ㄟ [ei] 欸、ㄠ [ɑʊ] 熬、ㄡ [oʊ] 欧。

鼻　韵：ㄢ [an] 安、ㄣ [ən] 恩、ㄤ [ɑŋ] 昂、ㄥ [əŋ] 亨的韵母。

卷舌韵：ㄦ [ɚ] 儿。

3. 声调符号

阴平声不用符号，阳平声用“ˊ”，上声用“ˇ”，去声用“ˋ”，入声用“˙”（现已不用入声），分别标在字母（韵母符号或ㄓ、ㄔ、ㄕ等声母符号）的右上角。

（二）汉语拼音方案

1956 年 2 月，中国文字改革委员会发表了《汉语拼音方案（草案）》，经过征求全国意见和国务院汉语拼音方案审订委员会的审订，1957 年 10 月中国文字改革委员会又提出了完全采用拉丁字母的修正草案。该修正草案于 1958 年 2 月 11 日由第一届全国人民代表大会第五次会议批准为正式方案加以推行。它采用了 26 个拉丁字母，又根据普通话的特点采用了一些变通的办法，如另加符号来代表另一个音素（如 ü、ê），用 i 来兼代两个舌尖元音 -i，用两个字母来代表一个音素（如 zh、ch、sh、ng、er），因而它能记录普通话的所有音节，成了现在最主要的汉字注音工具。

除了给汉字注音和拼写普通话语音外，它还有如下用途：

（1）用作识字教学和推广普通话的工具；

（2）作为我国少数民族创制和改革文字的基础；

（3）用于译写我国人名、地名等专名，转写外国人名、地名和科技术语等；

（4）用作编序和检索的工具；

（5）用于计算机汉字输入等信息处理；

（6）用于电报、旗语等通讯领域；

（7）用于编制产品型号或其他代号等；

（8）用于盲文及聋哑人手势语等特殊教学领域。

汉语拼音方案虽然采用了拉丁字母，但汉语拼音字母的读音具有中国特色，与英文字母的读法不同。如 A、B、C、D，英文字母读 [ei]、[bi]、[si]、[di]，汉语拼音字母则读 [a]、[pɛ]、[ts'ɛ]、[tɛ]。为了使大家能正确读出其名称，《汉语拼音方案》在字母表中用当时习用的注音字母给每个汉语拼音字母注了音。但是，由于后来注音字母逐渐被汉语拼音字母所取代，20 世纪 70 年代以后出生的年轻人已经不认识注音字母，于是也就不能凭借它来读出汉语拼音字母的名称了。因此，国家标准局、中国文字改革委员会于 1982 年 8 月 17 日联合发出了国标〔1982〕339 号文件《汉语拼音字母名称读音对照表》，以便新一代的年轻人能凭借它来正确地读出汉语拼音字母。现在我把该文件附录于《汉语拼音方案》之后，作为学习《汉语拼音方案》的辅助工具。要说明的是，该表的国际音标用 [b̥]、[d̥]、[g̊] 表示清音，不如用 [p]、[t]、[k] 来得便捷，但其文件原文如此，所以不作改动。

还应该说明的是，汉语拼音字母除了名称有特定的读音，其声母还有呼读音与本音之别。其本音可参见表 1–4–1《普通话辅音声母总表》中所标的国际音标，从中可以看出，这些声母发音时大多不响亮，不便于称说和教学。因此，《汉语拼音方案》根据注音字母的读音在《声母表》中注明了其呼读音，即在这些声母后分别加上了较为响亮的元音以便呼读。具体而言，是在 b、p、m、f 之后加 o 而读为 bo、po、mo、fo，在 d、t、n、l、g、k、h 之后加 e 而读为 de、te、ne、le、ge、ke、he，在 j、q、x 之后加 i 而读为 ji、qi、xi，在 zh、ch、sh、r 之后加 -i[ʅ] 而读为 zhi、chi、shi、ri，在 z、c、s 之后加 -i[ɿ] 而读为 zi、ci、si。呼读音仅仅是为了便于称说和教学，在声母和韵母拼合时，应该抛弃呼读音中的元音而使用其本音，如 b 和 ɑ 相拼时应该是 b+ɑ → bɑ，而不是 bo+ɑ → bɑ。

【附录1-3-1】

汉语拼音方案

（1957年11月1日国务院全体会议第60次会议通过）

（1958年2月11日第一届全国人民代表大会第五次会议批准）

一、字母表

字母 名称	Aa ㄚ	Bb ㄅㄝ	Cc ㄘㄝ	Dd ㄉㄝ	Ee ㄜ	Ff ㄝㄈ	Gg ㄍㄝ
	Hh ㄏㄚ	Ii ㄧ	Jj ㄐㄧㄝ	Kk ㄎㄝ	Ll ㄝㄌ	Mm ㄝㄇ	Nn ㄋㄝ
	Oo ㄛ	Pp ㄆㄝ	Qq ㄑㄧㄡ	Rr ㄚㄦ	Ss ㄝㄙ	Tt ㄊㄝ	
	Uu ㄨ	Vv ㄪㄝ	Ww ㄨㄚ	Xx ㄒㄧ	Yy ㄧㄚ	Zz ㄗㄝ	

v只用来拼写外来语、少数民族语言和方言。

字母的手写体依照拉丁字母的一般书写习惯。

二、声母表

b ㄅ玻	p ㄆ坡	m ㄇ摸	f ㄈ佛	d ㄉ得	t ㄊ特	n ㄋ讷	l ㄌ勒
g ㄍ哥	k ㄎ科	h ㄏ喝		j ㄐ基	q ㄑ欺	x ㄒ希	
zh ㄓ知	ch ㄔ蚩	sh ㄕ诗	r ㄖ日	z ㄗ资	c ㄘ雌	s ㄙ思	

在给汉字注音的时候，为了使拼式简短，zh、ch、sh可以省作ẑ、ĉ、ŝ。

三、韵母表

	i ㄧ　衣	u ㄨ　乌	ü ㄩ　迂
a ㄚ　啊	ia ㄧㄚ　呀	ua ㄨㄚ　蛙	
o ㄛ　喔		uo ㄨㄛ　窝	

续表

e ㄜ　　鹅	ie ㄧㄝ　　耶		üe ㄩㄝ　　约
ai ㄞ　　哀		uai ㄨㄞ　　歪	
ei ㄟ　　欸		uei ㄨㄟ　　威	
ao ㄠ　　熬	iao ㄧㄠ　　腰		
ou ㄡ　　欧	iou ㄧㄡ　　忧		
an ㄢ　　安	ian ㄧㄢ　　烟	uan ㄨㄢ　　弯	üan ㄩㄢ　　冤
en ㄣ　　恩	in ㄧㄣ　　因	uen ㄨㄣ　　温	ün ㄩㄣ　　晕
ang ㄤ　　昂	iang ㄧㄤ　　央	uang ㄨㄤ　　汪	
eng ㄥ　　亨的韵母	ing ㄧㄥ　　英	ueng ㄨㄥ　　翁	
ong （ㄨㄥ）　轰的韵母	iong ㄩㄥ　　雍		

（1）“知、蚩、诗、日、资、雌、思”七个音节的韵母用 i，即：知、蚩、诗、日、资、雌、思拼作 zhi，chi，shi，ri，zi，ci，si。

（2）韵母儿写成 er，用作韵尾的时候写成 r。例如：“儿童”拼作 ertong，“花儿”拼作 huar。

（3）韵母ㄝ单用的时候写成 ê。

（4）i 行的韵母，前面没有声母的时候，写成 yi（衣），ya（呀），ye（耶），yao（腰），you（忧），yan（烟），yin（因），yang（央），ying（英），yong（雍）。

u 行的韵母，前面没有声母的时候，写成 wu（乌），wa（蛙），wo（窝），wai（歪），wei（威），wan（弯），wen（温），wang（汪），weng（翁）。

ü 行的韵母，前面没有声母的时候，写成 yu（迂），yue（约），yuan（冤），yun（晕）；ü 上两点省略。

ü 行的韵母跟声母 j，q，x 拼的时候，写成 ju（居），qu（区），xu（虚），ü 上两点也省略；但是跟声母 n，l 拼的时候，仍然写成 nü（女），lü（吕）。

（5）iou，uei，uen 前面加声母的时候，写成 iu，ui，un。例如：niu（牛），gui（归），lun（论）。

（6）在给汉字注音的时候，为了使拼式简短，ng 可以省作 ŋ。

四、声调符号

阴平	阳平	上声	去声
ˉ	ˊ	ˇ	ˋ

声调符号标在音节的主要母音上。轻声不标。例如：

妈 mā	麻 má	马 mǎ	骂 mà	吗 ma
（阴平）	（阳平）	（上声）	（去声）	（轻声）

五、隔音符号

a，o，e开头的音节连接在其他音节后面的时候，如果音节的界限发生混淆，用隔音符号（’）隔开，例如：pi’ao（皮袄）。

【附录1-3-1完】

【附录1-3-2】

汉语拼音字母名称读音对照表

（国标〔1982〕339号文件）

汉语拼音字母	字母名称读音		
	汉语拼音	注音字母	国际音标
A	a	ㄚ	[a]
B	bê	ㄅㄝ	[b̥ɛ]
C	cê	ㄘㄝ	[ts‘ɛ]
D	dê	ㄉㄝ	[d̥ɛ]
E	e	ㄜ	[ə]
F	êf	ㄝㄈ	[ɛf]
G	gê	ㄍㄝ	[g̊ɛ]
H	ha	ㄏㄚ	[xa]
I	yi	ㄧ	[i]
J	jie	ㄐㄧㄝ	[tɕiɛ]
K	kê	ㄎㄝ	[k‘ɛ]
L	êl	ㄝㄌ	[ɛl]
M	êm	ㄝㄇ	[ɛm]
N	nê	ㄋㄝ	[nɛ]
O	o	ㄛ	[o]
P	pê	ㄆㄝ	[p‘ɛ]
Q	qiu	ㄑㄧㄡ	[tɕ‘iu]
R	ar	ㄚㄦ	[ar]
S	ês	ㄝㄙ	[ɛs]
T	tê	ㄊㄝ	[t‘ɛ]
U	wu	ㄨ	[u]
V	vê	ㄪㄝ	[vɛ]

续表

汉语拼音字母	字母名称读音		
	汉语拼音	注音字母	国际音标
W	wɑ	ㄨㄚ	[wa]
X	xi	ㄒㄧ	[ɕi]
Y	yɑ	ㄧㄚ	[ja]
Z	zê	ㄗㄝ	[tsɛ]

注：[b̥ɛ][d̥ɛ][g̊ɛ] 中的“˚”是清音化符号。
[ts‘ɛ][k‘ɛ][p‘ɛ][tɕ‘iu][t‘ɛ] 中的“‘”是送气符号，表示“‘”前的音是送气音。

【附录1-3-2完】

三、国际音标

国际音标，又称国际语音字母（International Phonetic Alphabet，IPA），是1888年国际语音协会（又称国际语音学会）拟订的一套记音符号，后经多次修订，为各国语言学家所采用，用以记录全世界所有的语音。现通行的是2005年修订的方案。

国际音标中的每一个符号只表示一个固定的读音，但使用它来记音时又有宽严两式：严式对语言中的不同音素严格地使用不同的符号来标注；宽式则对语言中同一音位的不同音素使用同一个符号来表示，只有不同的音位才用不同的符号来表示。

国际音标在注音时一般加上方括号“[　]”以与其他字母相区别。

国际音标是研究语音的重要工具，也是研究现代汉语及其方言时不可或缺的注音符号系统，我们在论述普通话语音时经常会使用它，所以现将其2005年修订的方案附录于下。在此要说明的是：

（1）我们对原版有所改编，改动最大的是将其中的元音图改成了元音表，并根据其发音特点——特别是唇形差别——作了分类排列，又根据汉语的特点加入了央元音[A]、舌尖元音和卷舌元音，凡是加入的音标另加圆括号以便区别。为了让读者明了我们的改动，后附原版《国际音标表》以便对照。

（2）辅音中的“近音”，原来习称“半元音”，指一种无摩擦持续音，是普通话零声母音节在发音时常带有的音素，如“衣”“呀”实际读为[ji]、[jɑ]，“乌”“歪”实际读为[wu]、[wɑi]，“迂”“冤”实际读为[ɥy]、[ɥɛn]。

（3）送气音除了在不送气辅音音标的右上角加“h”来表示外，过去都在不送气辅音音标的右上角加“‘”来表示，如[pʰ]也可记为[p‘]（参见【附录1-3-2】注）。

【附录 1-3-3】

国际音标表（修订至2005年）

（经编者整理）

1 辅音

1.1 辅音（肺部气流）

发音部位 / 发音方法	唇音		舌尖音				舌面音		小舌音	咽音	声门音（喉音）
	双唇音	唇齿音	齿音	龈音	龈后音	卷舌音	硬腭音	软腭音（舌根音）			
爆发音（塞音）	p b			t d		ʈ ɖ	c ɟ	k g	q ɢ		ʔ
鼻　音	m	ɱ		n		ɳ	ɲ	ŋ	ɴ		
颤　音	ʙ			r					ʀ		
拍音或闪音		ⱱ		ɾ		ɽ					
擦　音	ɸ β	f v	θ ð	s z	ʃ ʒ	ʂ ʐ	ç ʝ	x ɣ	χ ʁ	ħ ʕ	h ɦ
边擦音				ɬ ɮ							
近　音		ʋ		ɹ		ɻ	j	ɰ			
边近音				l		ɭ	ʎ	ʟ			

注：每格成对出现的符号，右边的为浊音，左边的为清音。阴影部分表示该区域不太可能有语音出现。

1.2 辅音（非肺部气流）

啧音（倒吸气音）		内爆浊音		喷音（外挤气音）	
ʘ	双唇音	ɓ	双唇音	ʼ	例如：
ǀ	齿音	ɗ	齿/龈音	p’	双唇音
ǃ	龈（后）音	ʄ	硬腭音	t’	齿/龈音
ǂ	腭龈音	ɠ	软腭音	k’	软腭音
ǁ	龈边音	ʛ	小舌音	s’	龈擦音

1.3 其他辅音符号

ʍ	唇-软腭（唇化软腭）清擦音
w	唇-软腭（唇化软腭）浊近音
ɥ	唇-硬腭（唇化硬腭）浊近音
ʜ	会厌清擦音
ʢ	会厌浊擦音
ʡ	会厌爆发音
ɕ	龈-硬腭（腭化龈后）清擦音
ʑ	龈-硬腭（腭化龈后）浊擦音
ɺ	龈边浊闪音
ɧ	同时发ʃ和x

注：必要时，塞擦音和双重部位发音可用连音符连接两个符号，如k͡p t͡s。

2 元音

类别 / 舌位前后 / 唇形 / 口腔开闭（舌位高低）	舌面元音						舌尖元音		卷舌元音
	前		央		后		前	后	央
	不圆	圆	不圆	圆	不圆	圆	不圆	不圆	不圆
闭 （高）	i	y	ɨ	ʉ	ɯ	u	（ɿ）	（ʅ）	
近闭（次高）	ɪ	ʏ				ʊ			
半闭（半高）	e	ø	ɘ	ɵ	ɤ	o			
中 （中）			ə						（ɚ）
半开（半低）	ɛ	œ	ɜ	ɞ	ʌ	ɔ			
近开（次低）	æ		ɐ						
开 （低）	a	ɶ	（A）		ɑ	ɒ			

注：成对出现的符号，右边的为圆唇元音。

3 附加符号

̥	清化	n̥ d̥	̤	气嗓声	b̤ a̤	̪	齿化	t̪ d̪
̬	浊化	s̬ t̬	̰	哑嗓声	b̰ a̰	̺	舌尖性	t̺ d̺
ʰ	送气	tʰ dʰ	̼	舌唇性	t̼ d̼	̻	舌叶性	t̻ d̻
̹	更圆	ɔ̹	ʷ	唇化	tʷ dʷ	̃	鼻化	ẽ
̜	略展	ɔ̜	ʲ	硬腭化	tʲ dʲ	ⁿ	鼻音除阻	dⁿ
̟	偏前	u̟	ˠ	软腭化	tˠ dˠ	ˡ	边音除阻	dˡ
̠	偏后	e̠	ˤ	咽化	tˤ dˤ	̚	无听感除阻	d̚
̈	央化	ë	̴	软腭化或咽化 ɫ				
̽	中央化	e̽	̝	偏高 e̝ （ɹ̝ ＝龈浊擦音）				
̩	音节性	n̩	̞	偏低 e̞ （β̞＝双唇浊近音）				
̯	非音节性	e̯	̘	舌根偏前 e̘ o̘				
˞	卷舌性	ɚ a˞	̙	舌根偏后 e̙ o̙				

注：对于下伸符号，附加符号可以置于上方，如 ŋ̊。

4 超音段符号

ˈ ˌ	主重音 次重音	例如：ˌfoʊnəˈtɪʃən
ː	长	例如：eː
ˑ	半长	例如：eˑ
̆	更短	例如：ĕ
|	小（音步）韵律段	
‖	大（语调）韵律段	
.	分音节符	例如：ɹi.ækt
‿	连接（无间隔出现）	

5 声调和词重调

平调			仄调		
e̋或	˥	高	ě 或	˩˥	升
é	˦	次高	ê	˥˩	降
ē	˧	中	e᷄	˦˥	高升
è	˨	次低	e᷅	˩˨	低升
ȅ	˩	低	e᷈	˧˦˧	升降
↓		降阶	↗		整体上升
↑		升阶	↘		整体下降

【附录 1-3-3 完】

【附录 1-3-4】

原版国际音标表（2005）

THE INTERNATIONAL PHONETIC ALPHABET (revised to 2005)

CONSONANTS (PULMONIC)

	Bilabial	Labiodental	Dental	Alveolar	Postalveolar	Retroflex	Palatal	Velar	Uvular	Pharyngeal	Glottal
Plosive	p b			t d		ʈ ɖ	c ɟ	k ɡ	q ɢ		ʔ
Nasal	m	ɱ		n		ɳ	ɲ	ŋ	ɴ		
Trill	ʙ			r					ʀ		
Tap or Flap		ⱱ		ɾ		ɽ					
Fricative	ɸ β	f v	θ ð	s z	ʃ ʒ	ʂ ʐ	ç ʝ	x ɣ	χ ʁ	ħ ʕ	h ɦ
Lateral fricative				ɬ ɮ							
Approximant		ʋ		ɹ		ɻ	j	ɰ			
Lateral approximant				l		ɭ	ʎ	ʟ			

Where symbols appear in pairs, the one to the right represents a voiced consonant. Shaded areas denote articulations judged impossible.

CONSONANTS (NON-PULMONIC)

Clicks		Voiced implosives		Ejectives	
ʘ	Bilabial	ɓ	Bilabial	ʼ	Examples:
ǀ	Dental	ɗ	Dental/alveolar	pʼ	Bilabial
ǃ	(Post)alveolar	ʄ	Palatal	tʼ	Dental/alveolar
ǂ	Palatoalveolar	ɠ	Velar	kʼ	Velar
ǁ	Alveolar lateral	ʛ	Uvular	sʼ	Alveolar fricative

VOWELS

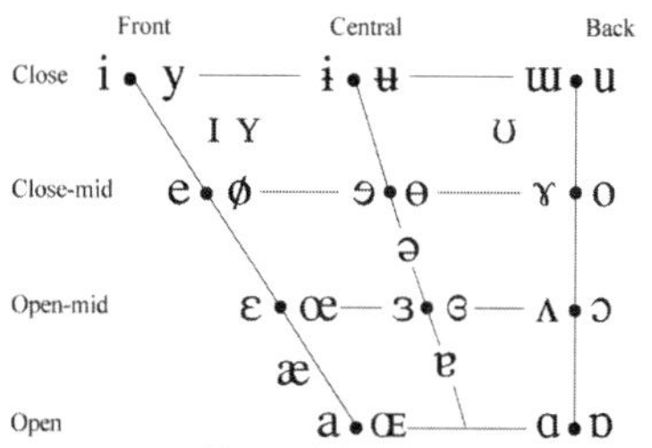

Where symbols appear in pairs, the one to the right represents a rounded vowel.

OTHER SYMBOLS

ʍ Voiceless labial-velar fricative

w Voiced labial-velar approximant

ɥ Voiced labial-palatal approximant

ʜ Voiceless epiglottal fricative

ʢ Voiced epiglottal fricative

ʡ Epiglottal plosive

ɕ ʑ Alveolo-palatal fricatives

ɺ Voiced alveolar lateral flap

ɧ Simultaneous ʃ and x

Affricates and double articulations can be represented by two symbols joined by a tie bar if necessary. k͡p t͡s

SUPRASEGMENTALS

ˈ Primary stress

ˌ Secondary stress ˌfoʊnəˈtɪʃən

ː Long eː

ˑ Half-long eˑ

˘ Extra-short ĕ

| Minor (foot) group

‖ Major (intonation) group

. Syllable break ɹi.ækt

‿ Linking (absence of a break)

DIACRITICS Diacritics may be placed above a symbol with a descender, e.g. ŋ̊

̥ Voiceless	n̥ d̥	̤ Breathy voiced	b̤ a̤	̪ Dental	t̪ d̪
̬ Voiced	s̬ t̬	̰ Creaky voiced	b̰ a̰	̺ Apical	t̺ d̺
ʰ Aspirated	tʰ dʰ	̼ Linguolabial	t̼ d̼	̻ Laminal	t̻ d̻
̹ More rounded	ɔ̹	ʷ Labialized	tʷ dʷ	̃ Nasalized	ẽ
̜ Less rounded	ɔ̜	ʲ Palatalized	tʲ dʲ	ⁿ Nasal release	dⁿ
̟ Advanced	u̟	ˠ Velarized	tˠ dˠ	ˡ Lateral release	dˡ
̠ Retracted	e̠	ˤ Pharyngealized	tˤ dˤ	̚ No audible release	d̚
̈ Centralized	ë	̴ Velarized or pharyngealized	ɫ		
̽ Mid-centralized	e̽	̝ Raised	e̝ (ɹ̝ = voiced alveolar fricative)		
̩ Syllabic	n̩	̞ Lowered	e̞ (β̞ = voiced bilabial approximant)		
̯ Non-syllabic	e̯	̘ Advanced Tongue Root	e̘		
˞ Rhoticity	ɚ a˞	̙ Retracted Tongue Root	e̙		

TONES AND WORD ACCENTS

LEVEL			CONTOUR		
e̋ or	˥	Extra high	ě or	˩˥	Rising
é	˦	High	ê	˥˩	Falling
ē	˧	Mid	e᷄	˦˥	High rising
è	˨	Low	e᷅	˩˨	Low rising
ȅ	˩	Extra low	e᷈	˧˦˧	Rising-falling
↓		Downstep	↗		Global rise
↑		Upstep	↘		Global fall

【附录 1-3-4 完】

第四节　普通话的声母

一、普通话中的辅音声母

普通话的声母除了所谓的零声母外，共有 21 个辅音声母，如下表所示。

表1-4-1　普通话辅音声母总表

发音方法 / 发音部位		全阻		半阻				全阻	半阻
		塞音		塞擦音		擦音		鼻音	边音
		清音		清音		清音	浊音	浊音	浊音
		不送气	送气	不送气	送气				
双唇音	上唇和下唇构成阻碍	b[p] ㄅ玻	p[p‘] ㄆ坡					m[m] ㄇ摸	
唇齿音	下唇和上齿构成阻碍					f[f] ㄈ佛			
舌尖前音（平舌音）	舌尖和上齿背构成阻碍			z[ts] ㄗ资	c[ts‘] ㄘ雌	s[s] ㄙ思			
舌尖中音（舌尖音）	舌尖和上齿龈构成阻碍	d[t] ㄉ得	t[t‘] ㄊ特					n[n] ㄋ讷	l[l] ㄌ勒
舌尖后音（翘舌音）	舌尖和硬腭前部构成阻碍			zh[tʂ] ㄓ知	ch[tʂ‘] ㄔ蚩	sh[ʂ] ㄕ诗	r[ʐ] ㄖ日		
舌面音	舌面前部和硬腭前部构成阻碍			j[tɕ] ㄐ基	q[tɕ‘] ㄑ欺	x[ɕ] ㄒ希			
舌根音	舌面后部和软腭构成阻碍	g[k] ㄍ哥	k[k‘] ㄎ科			h[x] ㄏ喝			

注：音节开头不用以上辅音充当声母的称为“零声母”。“r”的读音有人认为是[ɻ]。

二、如何区别易混声母

（一）zh、ch、sh 和 z、c、s 的区别

有些方言区没有 zh、ch、sh 三个翘舌声母，所以这些地区的人说普通话时分不清 zh 与 z、ch 与 c、sh 与 s，把下列各组词语读成一个样。

找到—早到	主力—阻力	战歌—赞歌	仿照—仿造
志愿—自愿	支援—资源	初步—粗布	出操—粗糙
乱吵—乱草	重来—从来	新春—新村	木柴—木材
师长—司长	诗人—私人	史记—死记	深林—森林
商业—桑叶	出世—初四	事实—四十	树立—肃立

要解决这一问题，一方面可以利用声韵配合规律，即凡韵母为 ua、uai、uang 的，其声母必为翘舌音而不会是 z、c、s；另一方面可以利用形声字的声旁适当类推，如“止”的声母是 zh，则以“止”为声旁的字的声母一般也是 zh（如“址、趾、芷”）或其他翘舌音（如“耻”chǐ）。当然，以声旁类推也会有例外的情况，如以“叟”（sǒu）为声旁的“瘦”读 shòu，但这种例外并不多。至于像以“占”（zhàn）为声旁的“钻”读 zuàn，其 zh、z 相混实际上是由汉字简化造成的；因为“钻”原作“鑽”，而“赞”的声母是 z，所以“鑽”的声母为 z，与声旁原是一致的。

下面我们列出这两组声母的代表字，记住了这些代表字，就能分清一大批字的声母是翘舌还是不翘舌。要说明的是，同一声旁的汉字，其声母有时有多种读法，如“占”（zh）旁的字，其声母或为 zh（如“站”），或为 z（如“钻”），或为 n（如“拈”），或为 d（如“玷”）。我们旨在把 zh、ch、sh 和 z、c、s 区别开来，所以读其他声母的字则略而不论。

以zh、ch、sh为声母的代表字

乍——炸诈蚱榨窄。[例外：昨作怍祚酢阼（zuo）]
支——肢枝吱，翅。
知——智蜘，痴。
直——值植殖置。
执——挚絷贽鸷蛰。
止——址趾芷祉沚，耻。
只——织职咫枳帜，炽，识。
旨——脂指恉。
至——侄致桎窒郅，室。
志——痣。
折——哲蜇浙，誓逝。
者——赭猪诸渚煮著箸，储楮褚，暑署曙。
摘——适（適）。
召——招昭沼诏照，韶苕绍邵劭。
占——粘沾站战毡砧。[例外：钻（zuan）]
展——辗。
詹——瞻，蟾，赡。
真——缜镇，嗔瞋，慎。
贞——侦桢祯帧。
珍——诊疹，趁。
章——彰漳障樟獐瘴嶂璋蟑。
长——张帐胀涨，长伥怅。
丈——仗杖。
正——征怔政症证整，惩。
争——挣睁峥铮筝狰诤。
周——稠惆绸。
中——衷忠钟盅肿种仲，冲忡。
重——踵。

主——住注蛀柱驻拄炷。
朱——珠洙株硃诛茱蛛铢邾侏，姝。
爪——抓。
隹——锥椎稚雉准，谁。[例外：睢（sui）]
卓——焯倬棹，踔逴。
啄——涿琢椓诼。
专——砖转传，传（chuan）。

臿——插锸。
查——喳馇碴，楂。
叉——杈汊扠衩钗。
斥——拆坼。[例外：诉（su）]
池——驰弛。
朝——潮嘲。
产——浐铲。
搀——谗馋。
辰——晨宸唇，振赈震。
昌——猖菖倡唱娼阊鲳。
场——肠畅。
成——城诚盛，盛。
呈——程逞酲。
厨——橱蹰。
出——础绌黜，拙茁。
除——滁蜍篨。
垂——锤棰捶陲箠，睡。
春——椿蝽，蠢。
啜——辍惙。
揣——喘，惴。

舌——舍捨猞啥。
师——浉狮筛。[例外：蛳（si）]
市——柿。
式——试弑轼拭。
诗——时（時）鲥侍恃。[例外：寺（si）]
是——匙。
少——沙纱痧裟鲨，抄钞吵炒。[例外：娑（suo）]
勺——杓芍。
捎——梢稍艄哨。
受——授绶。
寿——筹俦畴踌。
扇——煽。
善——膳缮鳝。
山——舢汕疝讪。
珊——删姗跚，栅。[例外：册（ce）]
尚——赏裳，常嫦尝（嘗）敞徜。
商——墒。
霜——孀。
申——伸绅呻神审。
生——牲甥笙胜。
叔——淑菽。
抒——舒纾。
孰——熟塾。
术——述沭鉥。
朔——槊搠。
刷——涮。
率——摔蟀。

以z、c、s为声母的代表字

匝——砸。
兹——滋镃孳，慈磁。
咨——资姿趑恣粢，次茨瓷。
子——仔籽字孜。
淄——菑缁。
责——啧帻。[例外：债（zhai）]
则——测厕恻侧。[例外：铡（zha）]
赞——攒躜缵。
造——慥，糙。
澡——藻噪燥躁。

奏——揍，凑辏。
臧——藏，藏。
曾——增缯甑憎赠，曾蹭嶒。
宗——踪棕综粽鬃，淙琮。[例外：崇（chong）]
卒——醉，粹悴淬瘁翠萃猝，碎。
族——镞，簇。
祖——租阻组诅俎，徂。
尊——遵樽。
坐——座唑，挫锉。

擦——嚓蔡。[例外：察（cha）]
此——疵跐雌泚，訾髭赀龇紫。[例外：柴（chai）]
才——材财。[例外：豺（chai）]
采——彩睬踩菜綵。
参——惨骖。[例外：参渗（shen）]
曹——漕嘈槽，糟遭。
岑——涔。
仓——沧苍伧舱。[例外：疮创怆（chuang）]
崔——催摧璀。
错——措醋。
搓——磋差。[例外：差（cha，chai）]
寸——村忖。[例外：衬（chen）]
从——枞丛，纵枞。
窜——撺蹿。
斯——撕嘶澌厮。
四——泗驷。
司——饲伺嗣笥，词祠。
思——锶腮鳃。
散——撒。
叟——溲搜艘嗖馊嫂。[例外：瘦（shou）]
桑——嗓颡。
松——菘讼淞颂崧忪。[例外：忪（又读zhong）]
稣——苏（蘇）。
素——愫嗉。
遂——隧燧邃。
孙——狲荪。
索——溹。
锁——唢琐。
唆——梭酸狻。

（二）n和l的区别

有些方言区的人分不清n和l，把下列各组词语读成一个样。

恼怒—老路　男女—褴褛　你想—理想　黄泥—黄鹂

留念—留恋　女客—旅客　水牛—水流　年代—连带

脑子—老子　南部—蓝布　无奈—无赖　泥地—犁地

对此，我们也可以利用形声字的声旁加以类推。

以 n 为声母的代表字

那——哪挪娜。
乃——奶艿。
奈——捺。
南——喃楠。
脑——恼瑙。
内——讷呐纳衲钠。
尼——泥呢伲。
倪——霓。
念——捻埝。
捏——涅。
聂——嗫蹑。
宁——拧咛狞柠泞。
纽——扭妞忸钮。
农——浓侬脓。
奴——孥驽努弩怒。
诺——匿。
懦——糯。
虐——疟谑。

以 l 为声母的代表字

剌——喇辣瘌赖癞籁懒。
腊——蜡猎。
来——莱徕。
兰——拦栏烂。

览——揽缆榄。
阑——谰澜斓。
蓝——篮滥。
老——姥佬。
劳——捞崂痨唠涝。
乐——砾栎。
累——骡螺。
雷——擂镭蕾。
立——粒笠拉垃啦。
厉——励疠砺。
里——厘狸理鲤量。
利——梨犁俐痢莉。
离——篱璃。
力——荔劣肋勒。
栗——溧。
历——沥雳枥。
连——莲鲢链。
廉——濂镰。
脸——敛殓潋。
练——炼。
恋——孪峦鸾滦。
良——粮郎廊狼琅榔螂朗浪。
梁——粱。
凉——谅晾掠。
两——俩辆。
列——咧裂烈例。
林——淋琳霖婪。
鳞——璘麟嶙。
令——伶玲铃羚聆蛉零龄岭领冷邻怜。
菱——凌陵棱。
留——溜馏榴瘤遛。
流——琉硫。
柳——聊。
龙——咙珑聋胧笼陇垄拢。
隆——窿癃。
娄——喽楼搂篓缕屡。
卢——泸颅鲈轳庐芦炉驴（盧蘆爐驢）。
鲁——橹。
录——禄碌绿氯。
鹿——辘麓漉。
路——鹭露璐。
仑——抡伦沦纶轮囵论。
罗——逻萝锣箩。
洛——落络骆烙酪略。
吕——侣铝。
虑——滤。

（三）f 和 h 的区别

有些方言区的人分不清 f 和 h，把下列各组词语读成一个样。

芬芳—昏黄　　飞机—灰鸡　　公费—工会　　发生—花生

开发—开花　　废话—会话　　仿佛—恍惚　　方地—荒地

对此，我们也可以利用形声字的声旁加以类推。

以f为声母的代表字

夫——肤麸芙扶呋。
父——斧釜。
付——符府俯腑腐附咐。
弗——拂佛沸费。
伏——茯袱。
甫——敷辅傅缚。
孚——孵俘浮。
复——腹馥覆。
福——辐幅蝠副富。
分——芬吩纷粉份忿。
凡——帆矾。
反——返饭贩。
番——翻蕃藩。
方——坊芳防妨房肪访纺仿放。
乏——泛。
发——废。
伐——筏阀。
风——枫疯讽。
非——啡菲绯扉诽匪斐蜚翡痱。
蜂——峰烽锋。

以h为声母的代表字

火——伙。
禾——和。
或——惑。
户——沪护戽扈。
乎——呼。
虎——唬琥。
忽——惚。
胡——湖葫糊蝴。
狐——弧。
化——花哗华晔铧桦货。
活——话。
灰——恢诙。
回——茴蛔徊。
会——绘烩。
挥——辉浑荤。
悔——诲晦。
惠——蕙。
红——虹鸿。
洪——烘哄。
怀——坏还环。
涣——换唤焕痪。
昏——婚阍惛。
混——馄。
荒——慌谎。
皇——凰惶蝗隍徨煌。
晃——恍幌。
黄——璜簧。

第五节　普通话的韵母

一、单元音韵母

普通话中有 10 个单元音韵母，其中 7 个是舌面元音，2 个是舌尖元音，1 个是卷舌元音。

7 个舌面元音在音节中有较明显的音位变体 7 个（实际上是 6 个音素）：ɑ[A] 有 3 个变体，在以 ɑ 收尾的音节（如 iɑ、uɑ、bɑ、tɑ 等）中读 [A]，但在 ɑi、ɑn 中读成 [a]，在 iɑn、üɑn 中读成 [ɛ]，在 ɑo、ɑng 中读成 [ɑ]；o[o] 有 1 个变体，即在 ɑo、ong 中读成 [ʊ]；u[u] 有 1 个变体，即在 ou 中读成 [ʊ]；e[ɤ] 有 1 个变体，即在 en、uen、eng、ueng 中和轻声音节中（如轻声“哥”的韵母）读成 [ə]；ê[ɛ] 有 1 个变体,即在 ei、uei 中读成 [e]。这里要注意的是：ie、üe 中的 e[ɛ] 和 ei、uei 中的 e[e] 实是 ê 而不是 e[ɤ] 的变体，它们虽然在汉语拼音中都写成 e，但与后元音 e[ɤ] 的音色区别较大，应注意念准。

2 个舌尖元音虽也用拼音字母 i 表示，但与舌面元音 i[i] 是不同的。其中舌尖前元音 -i[ɿ] 只作 z、c、s 的韵母，舌尖后元音 -i[ʅ] 只作 zh、ch、sh、r 的韵母，它们都不像 i[i] 那样能自成音节，所以单独表示时要加一短横写作 -i。

卷舌元音 er 只能自成音节而不跟声母相拼。

现把普通话中的单元音韵母及其在音节中的音位变体列成表 1-5-1，加圆括号的是音位变体。

表1-5-1　普通话中的单元音韵母及其在音节中的音位变体

类别 / 舌位前后 / 唇形 / 舌位高低（口腔开闭）	舌面元音					舌尖元音		卷舌元音
	前		央	后		前	后	央
	不圆	圆	不圆	不圆	圆	不圆	不圆	不圆
高（闭）	i[i] 丨衣	ü[y] ㄩ迂			u[u] ㄨ乌	-i[ɿ]	-i[ʅ]	
次高（近闭）					(u[ʊ]) (o[ʊ])			
半高（半闭）	(ê[e])			e[ɤ] ㄜ鹅	o[o] ㄛ喔			
中（中）			(e[ə])					er[ɚ] 儿儿
半低（半开）	ê[ɛ] ㄝ欸 (ɑ[ɛ])							
次低（近开）								
低（开）	(ɑ[a])		ɑ[A] ㄚ啊	(ɑ[ɑ])				

注：加圆括号的是音位变体。

二、复合元音韵母、带鼻音韵母和纯鼻音韵母

普通话中有 14 个复合元音韵母，其中前响复合韵母 4 个，是韵腹与韵尾的有机组合，发音时前一音素念得响亮清晰，后一音素念得短而模糊；后响复合韵母 6 个，是韵头与韵腹的有机组合，发音时前一音素念得短而微弱，后一音素念得长而响亮；中响复合韵母 4 个，是韵头、韵腹、韵尾的有机组合，发音时中间的音素念得较响。

普通话中有 16 个带鼻音韵母，是元音与鼻辅音的有机组合，其中 8 个带舌尖鼻音 n[n]，叫前鼻音韵母；8 个带舌根鼻音 ng[ŋ]，叫后鼻音韵母。

普通话中还有 3 个不带元音的纯鼻音韵母，主要出现在少数叹词或方言词中，如“呣、呒、姆”（m）、“嗯”（n 或 ng）、“噷”（hm）、“哼”（hng）。

现按传统的四呼把普通话 43 个韵母列成表 1-5-2，以便掌握。要说明的是，

纯鼻音韵母过去无人正式论及，今为形式整齐起见，姑且将它们分别归入开口呼、齐齿呼与合口呼，不必作为定论。

表1-5-2　普通话韵母总表

韵母类别＼四呼		开口呼	齐齿呼	合口呼	撮口呼	
单元音韵母（10个）	舌面元音		i[i]丨衣	u[u]ㄨ乌	ü[y]ㄩ迂	韵母类别
		ɑ[A]ㄚ啊	iɑ[iA]丨ㄚ呀	uɑ[uA]ㄨㄚ蛙		后响复合韵母
		o[o]ㄛ喔	io[io]丨ㄛ哟	uo[uo]ㄨㄛ窝		
		e[ɤ]ㄜ鹅				
		ê[ɛ]ㄝ欸	ie[iɛ]丨ㄝ耶		üe[yɛ]ㄩㄝ约	
	舌尖元音	-i[ɿ]				
		-i[ʅ]				
	卷舌元音	er[ɚ]ㄦ儿				
复合元音韵母（14个）	前响复合韵母	ɑi[ai]ㄞ哀		uɑi[uai]ㄨㄞ歪		中响复合韵母
		ei[ei]ㄟ欸		uei[uei]ㄨㄟ威		
		ɑo[ɑʊ]ㄠ熬	iɑo[iɑʊ]丨ㄠ腰			
		ou[oʊ]ㄡ欧	iou[ioʊ]丨ㄡ忧			
带鼻音韵母（16个）	前鼻音韵母	ɑn[an]ㄢ安	iɑn[iɛn]丨ㄢ烟	uɑn[uan]ㄨㄢ弯	üɑn[yɛn]ㄩㄢ冤	
		en[ən]ㄣ恩	in[in]丨ㄣ因	uen[uən]ㄨㄣ温	ün[yn]ㄩㄣ晕	
	后鼻音韵母	ɑng[ɑŋ]ㄤ昂	iɑng[iɑŋ]丨ㄤ央	uɑng[uɑŋ]ㄨㄤ汪		
		eng[əŋ]ㄥ亨的韵母	ing[iŋ]丨ㄥ英	ueng[uəŋ]ㄨㄥ翁		
		ong[ʊŋ]（ㄨㄥ）轰的韵母	iong[iʊŋ]ㄩㄥ雍			
纯鼻音韵母（3个）		ng[ŋ]兀嗯	n[n]ㄋ嗯	m[m]ㄇ呣		

三、如何区别易混韵母

很多方言区的人都搞不清en和eng、in和ing等前后鼻音韵母之间的区别，把下列各组词语读成一个样。

陈旧—成就　老陈—老程　长针—长征　吩咐—丰富　深沉—生成

红心—红星　人民—人名　亲近—清静　紧身—景深　吟诵—迎送

要解决这一问题，一方面可以利用声韵配合规律，即凡声母为d、t、n的，除了“扽”“揼”（dèn）以及“嫩”（nèn）“您”（nín）之外，其韵母必为后鼻音韵母eng、ing，而不会是前鼻音韵母en、in；另一方面也可以利用形声字的声旁适当类推。

以en、in为韵母的代表字

ben　本——苯笨。
　　贲——(pen)喷，(fen)坟(墳)愤。
　　奔——锛倴。
men　门——们扪焖钔闷，(wen)问闻，(min)闽闵悯。
fen　分——纷芬氛吩汾棼粉份忿酚，(pen)盆，(pin)贫。
gen　艮——跟根茛，(ken)垦恳，(hen)痕狠很恨，(yin)龈垠银。
ken　肯——啃。
zhen　珍——疹诊轸，(chen)趁。
　　真——缜镇，(chen)嗔，(shen)慎。
　　贞——侦祯桢浈帧。
　　枕——(chen)忱沉，(shen)沈。
chen　辰——晨宸，(zhen)振震赈，(chun)唇，(shen)娠蜃。
shen　甚——葚，(zhen)斟，(ren)葚。
　　参——渗。
　　申——伸呻绅神审婶砷。
ren　壬——任荏衽妊纴饪，(nen)恁，(lin)赁。
　　刃——仞纫忍韧轫认（認）。
bin　宾——滨槟傧缤殡鬓摈，(pin)嫔。[例外:(bing)兵槟]
pin　频——颦，(bin)濒。
min　民——珉泯岷抿愍。
lin　林——淋霖琳，(bin)彬。
　　磷——麟嶙鳞邻（鄰）粼。
jin　斤——近靳，(qin)芹，(xin)忻欣昕。[例外:(ting)听（“聽”简化所致)]
　　今——衿矜妗，(qin)衾芩琴，(yin)吟。
　　金——锦，(qin)钦。
　　禁——噤襟。
　　堇——谨馑瑾槿仅(僅)觐，(qin)勤，(yin)鄞。
　　尽——浕烬荩赆。
qin　秦——(zhen)榛臻溱。
　　禽——擒噙。
　　侵——寝，(jin)浸。
xin　辛——锌莘新薪，(qin)亲，(shen)莘。[例外：(qing)亲（亲家)]。
　　心——芯，(qin)沁。
yin　阴——荫。
　　因——茵氤姻。
　　音——喑愔。

以eng、ing为韵母的代表字

peng 朋——棚硼鹏，(beng)崩绷蹦。
彭——膨澎。
meng 蒙——朦朦檬濛。
孟——猛蜢锰勐。
feng 风——枫疯讽砜。[例外：(lan)岚]
奉——俸，(peng)捧，(bang)棒。
蜂——烽锋峰逢缝，（peng）蓬篷。
deng 登——蹬瞪凳噔磴邓（鄧）灯（燈），（cheng）澄橙，（zheng）证（證）。
teng 誊——螣腾滕藤。
leng 楞——塄愣。
geng 庚——赓鹒。
更——梗绠哽埂鲠，（jing）粳，(ying）硬。[例外：（bian）便]
heng 亨——哼，（peng）烹。
衡——蘅。
zheng 争——睁峥狰筝铮挣诤，(jing)净静。
正——症征怔政证整，(cheng)惩。
cheng 呈——程酲逞。
乘——（sheng）乘剩嵊。
成——城诚盛，（sheng）盛。
丞——（zheng）蒸拯。
sheng 生——牲笙胜甥，(xing）姓性。
reng 扔——仍。
zeng 曾——增憎甑赠缯，（ceng）曾嶒层（層）蹭，(seng)僧。
bing 丙——柄炳病。
并——饼屏併，（ping）瓶屏，(beng)迸。[例外：(pin)拼姘，（pian）骈胼]

ping 平——苹萍评坪枰。
ming 名——茗铭酩。
明——（meng）盟萌。
冥——溟瞑暝螟。
ding 丁——仃钉疔叮顶订酊町，(ting)厅汀，(deng)灯。
定——锭碇。
ting 亭——停婷。
廷——庭蜓霆艇挺铤。
ning 宁——柠咛狞拧泞。
ling 令——伶蛉翎零龄铃苓聆羚瓴泠玲领岭，（leng）冷。[例外：(lin）拎邻，（lian）怜（憐）]。
凌——陵菱绫崚，（leng）棱。
jing 京——惊鲸景璟憬，(qing)黥，（ying）影。
巠——茎泾经刭劲颈胫径痉，（qing）轻氢。[例外：（jin）劲]
井——阱。
敬——警儆惊（驚），(qing)擎。
竟——镜境。
qing 青——清蜻情晴请，（jing）睛菁精靖。[例外：（qian）倩]
顷——倾庼。
xing 星——腥猩惺醒。
形——刑型邢，（jing）荆。
幸——悻倖。
ying 英——瑛媖锳。
婴——嘤樱缨鹦罂璎。
莺——蓥荧莹萤营萦茔滢。

第六节 普通话的声调

一、声调的性质和作用

普通话的声调是一个音节的相对音高的升降变化。它具有区别意义的作用，所以它是普通话音位系统的构成要素。如“买—卖”“孤立—鼓励”“通知—同志”“繁星—反省”“函件—罕见”“理解—历届”“割除—革除”“敷衍—赴宴”“徒弟—土地”“语言—寓言—预演”“合一—合宜—何以—和议”“实际—事迹—史记—世纪”“试验—实验—誓言—食盐”“失实—失势—时事—实施—史诗—史实—事实—逝世—誓师”等各组词语的声母、韵母均相同，其意义的区别完全依靠声调。

汉语中的声调同时使汉语具有抑扬高低的音乐美，试读读下面各组词语便能体会到这一点。

1）英明果断，山河锦绣，心明眼亮，光明磊落（阴平、阳平、上声、去声）；

2）妙手回春，破釜沉舟，痛改前非，异口同声（去声、上声、阳平、阴平）；

3）披星戴月，专心致志，推心置腹，惊涛骇浪（阴平、阴平、去声、去声）；

4）惩前毖后，淋漓尽致，来龙去脉，悬崖峭壁（阳平、阳平、去声、去声）。

二、调类、调值、调号

调类即声调的类别。普通话有四个调类，也称为“四声”，即阴平声、阳平声、上声、去声，简称“阴”“阳”“上”“去”。

调值是指声调的变化值，即音节在发音时相对音高的升降变化情况。

声调的高低变化一般采用“五度标记法”来表示：用一条分为五度的竖线作为衡量相对音高的标尺，再在其左边用线条描画出声调的音高变化。普通话的四声可以用下图表示：

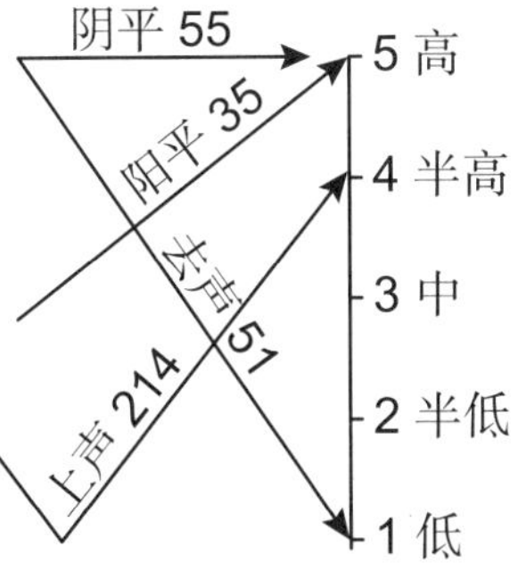

调号即表示声调的符号。四声的五度制调号分别为“˥”“˧˥”“˨˩˦”“˥˩”。将这四个调号简化一下而去掉右边的竖线，即是《汉语拼音方案》所规定的调号“ˉ”“ˊ”“ˇ”“ˋ”。

以上内容可列为表1–6–1。

表1-6-1　普通话声调表

调类	调类别称	调值	五度制调号	拼音调号	例字
阴平	高平调、第一声	55	˥	ˉ	工 gōng
阳平	高升调、第二声	35	˧˥	ˊ	人 rén
上声	降升调、第三声	214	˨˩˦	ˇ	伟 wěi
去声	全降调、第四声	51	˥˩	ˋ	大 dà

标调时要注意的是：

五度制调号一般与国际音标配合使用，标在韵母后，如：他 [t‘A˥]。为明确起见，也可以同时标上调值，如：库 [k‘u˥˩ 51]。

《汉语拼音方案》所规定的调号与汉语拼音字母配合使用，要标在主要元音（韵腹）上，轻声不标调，如我们（wǒmen）。由于 iou、uei、uen 前面加声母时省写成 iu、ui、un，即略去了当中的主要元音（韵腹），所以标调时 iu、ui 标在韵尾上，un 标在韵头上。至于少数没有元音的鼻辅音音节，则标在字母 m、n 上，如姆（m̄）、呒（ḿ）、呣（ḿ 或 m̀）、嗯（ń 或 ň、ǹ、ńg、ňg、ǹg）；轻声也不标调，如噷（hm）、哼（hng）。另外，调号标在 i 上时，i 上的一点必须省略；标在 ü 上时，ü 上两点不能省略。

应该补充说明的是，古汉语也有四声，即平声、上声、去声、入声，古代大臣曾以“天子圣哲”为四声的代表字。普通话的四声虽然是从古代四声演变来的，但其中有不少不一致的地方，不可混为一谈。至于各地方言中的声调，也纷繁复杂，与普通话不一致，因而方言区的人学习普通话时很难念准其声调。这就需要我们平时多下功夫，多听广播，注意记住每一个常用汉字的声调。

第七节　普通话的音节

一、普通话音节中的声韵调配合

普通话中声母、韵母和声调的相互配合是有定的而不是任意的。如 b 不能与 iong、ü 等相拼，j 不能和 ɑ、u 等相拼。即使是声母和韵母能拼合的音节，也不一定四声俱全，如 ding 没有阳平声音节，而 fo 只有阳平声音节。据《现代汉语词典》（商务印书馆 2012 年第 6 版）所载，普通话中声母、韵母、声调（包括轻声）能相互配合的音节有 1316 个。为简明起见，今去除《现代汉语词典》中的不规范音节 ruɑ（挼）以及四声、轻声的区别，只将声母和韵母能互相配合的 416 个音节列成表 1-7-1，表 1-7-2，表 1-7-3，以便掌握。其中，空白处指声母和韵母不相拼合。

表1-7-1　普通话声母韵母配合表（开口呼）

音节例字 韵母/声母	开口呼															
	a	o	e	ê	-i	er	ai	ei	ao	ou	an	en	ang	eng	ong	ng
b	ba 巴	bo 玻					bai 白	bei 杯	bao 包		ban 般	ben 奔	bang 邦	beng 崩		
p	pa 趴	po 坡					pai 拍	pei 胚	pao 抛	pou 剖	pan 潘	pen 喷	pang 旁	peng 烹		
m	ma 妈	mo 摸	me 么				mai 埋	mei 眉	mao 猫	mou 谋	man 瞒	men 闷	mang 忙	meng 蒙		
f	fa 发	fo 佛						fei 非		fou 否	fan 帆	fen 分	fang 方	feng 风		
d	da 搭		de 得				dai 呆	dei 得	dao 刀	dou 兜	dan 单	den 扽	dang 当	deng 登	dong 东	
t	ta 他		te 特				tai 胎	tei 忒	tao 滔	tou 偷	tan 摊		tang 汤	teng 腾	tong 通	
n	na 拿		ne 讷				nai 乃	nei 内	nao 脑	nou 耨	nan 南	nen 嫩	nang 囊	neng 能	nong 农	
l	la 拉	lo 咯	le 勒				lai 来	lei 雷	lao 劳	lou 楼	lan 兰		lang 郎	leng 冷	long 龙	
g	ga 嘎		ge 哥				gai 该	gei 给	gao 高	gou 沟	gan 甘	gen 根	gang 刚	geng 庚	gong 工	
k	ka 咖		ke 科				kai 开	kei 剋	kao 考	kou 口	kan 刊	ken 肯	kang 康	keng 坑	kong 空	
h	ha 哈		he 喝				hai 孩	hei 黑	hao 好	hou 侯	han 寒	hen 痕	hang 杭	heng 亨	hong 轰	hng 哼

续表

音节例字 / 声母 \ 韵母	开口呼															
	a	o	e	ê	-i	er	ai	ei	ao	ou	an	en	ang	eng	ong	ng
j																
q																
x																
zh	zha 渣		zhe 遮		zhi 知		zhai 摘	zhei 这	zhao 招	zhou 周	zhan 毡	zhen 针	zhang 张	zheng 争	zhong 中	
ch	cha 插		che 车		chi 吃		chai 拆		chao 超	chou 抽	chan 搀	chen 陈	chang 昌	cheng 成	chong 充	
sh	sha 沙		she 奢		shi 诗		shai 筛	shei 谁	shao 烧	shou 收	shan 山	shen 身	shang 商	sheng 生		
r			re 热		ri 日				rao 绕	rou 柔	ran 然	ren 人	rang 嚷	reng 扔	rong 荣	
z	za 匝		ze 则		zi 资		zai 灾	zei 贼	zao 遭	zou 邹	zan 簪	zen 怎	zang 臧	zeng 增	zong 宗	
c	ca 擦		ce 测		ci 疵		cai 猜		cao 操	cou 凑	can 参	cen 岑	cang 仓	ceng 层	cong 聪	
s	sa 撒		se 色		si 丝		sai 腮		sao 骚	sou 搜	san 三	sen 森	sang 桑	seng 僧	song 松	
零	a 啊	o 喔	e 鹅	ê 欸		er 儿	ai 哀	ei 欸	ao 熬	ou 欧	an 安	en 恩	ang 昂	eng 鞥		ng 嗯

表1-7-2　普通话声母韵母配合表（齐齿呼）

韵母 音节例字 声母	齐齿呼											
	i	ia	io	ie	iao	iou	ian	in	iang	ing	iong	n
b	bi 逼			bie 别	biao 标		bian 边	bin 宾		bing 兵		
p	pi 批			pie 撇	piao 飘		pian 偏	pin 拼		ping 平		
m	mi 迷			mie 灭	miao 苗	miu 谬	mian 棉	min 民		ming 明		
f					fiao 覅							
d	di 低	dia 嗲		die 爹	diao 刁	diu 丢	dian 颠			ding 丁		
t	ti 梯			tie 贴	tiao 挑		tian 天			ting 听		
n	ni 泥			nie 捏	niao 鸟	niu 牛	nian 年	nin 您	niang 娘	ning 宁		
l	li 梨	lia 俩		lie 列	liao 了	liu 流	lian 连	lin 林	liang 良	ling 零		
g												
k												
h												
j	ji 基	jia 家		jie 街	jiao 交	jiu 究	jian 坚	jin 今	jiang 江	jing 京	jiong 窘	
q	qi 欺	qia 恰		qie 切	qiao 敲	qiu 秋	qian 千	qin 亲	qiang 腔	qing 青	qiong 穷	
x	xi 希	xia 虾		xie 歇	xiao 消	xiu 休	xian 先	xin 新	xiang 香	xing 星	xiong 兄	
zh												
ch												
sh												
r												
z												
c												
s												
零	yi 衣	ya 呀	yo 哟	ye 耶	yao 腰	you 忧	yan 烟	yin 因	yang 央	ying 英	yong 用	n 嗯

表1-7-3　普通话声母韵母配合表（合口呼、撮口呼）

韵母 / 音节例字 / 声母	合口呼										撮口呼			
	u	ua	uo	uai	uei	uan	uen	uang	ueng	m	ü	üe	üan	ün
b	bu 不													
p	pu 铺													
m	mu 木													
f	fu 夫													
d	du 都		duo 多		dui 堆	duan 端	dun 敦							
t	tu 秃		tuo 拖		tui 推	tuan 团	tun 吞							
n	nu 奴		nuo 挪			nuan 暖	nun 黁				nü 女	nüe 虐		
l	lu 炉		luo 罗			luan 乱	lun 轮				lü 吕	lüe 略		
g	gu 姑	gua 瓜	guo 锅	guai 乖	gui 规	guan 官	gun 滚	guang 光						
k	ku 枯	kua 夸	kuo 阔	kuai 快	kui 亏	kuan 宽	kun 昆	kuang 筐						
h	hu 呼	hua 花	huo 活	huai 怀	hui 灰	huan 欢	hun 昏	huang 荒		hm 噷				

续表

音节例字 声母＼韵母	合口呼										撮口呼			
	u	ua	uo	uai	uei	uan	uen	uang	ueng	m	ü	üe	üan	ün
j											ju 居	jue 决	juan 捐	jun 均
q											qu 区	que 缺	quan 圈	qun 群
x											xu 虚	xue 学	xuan 宣	xun 勋
zh	zhu 朱	zhua 抓	zhuo 桌	zhuai 拽	zhui 追	zhuan 专	zhun 准	zhuang 庄						
ch	chu 初	chua 欻	chuo 戳	chuai 揣	chui 吹	chuan 川	chun 春	chuang 窗						
sh	shu 书	shua 刷	shuo 说	shuai 衰	shui 水	shuan 拴	shun 顺	shuang 双						
r	ru 如		ruo 弱		rui 锐	ruan 软	run 闰							
z	zu 租		zuo 昨		zui 最	zuan 钻	zun 尊							
c	cu 粗		cuo 错		cui 催	cuan 窜	cun 村							
s	su 苏		suo 所		sui 虽	suan 酸	sun 孙							
零	wu 乌	wa 蛙	wo 窝	wai 歪	wei 威	wan 弯	wen 温	wang 汪	weng 翁	m 呣	yu 迂	yue 约	yuan 冤	yun 晕

二、普通话音节的拼写

普通话音节用汉语拼音字母拼写时包括声母和韵母的拼合，再在韵母上加标调号。调号的标法见上一节的说明。至于声母和韵母相拼，大都是声母和韵母的连写，但也有一些特殊的拼写规则（所有的音节拼法详见表 1–7–1，表 1–7–2，表 1–7–3）。为了更好地掌握这些特殊的拼写规则，现再将这些规则总结如下。

（一）零声母音节拼写时的特殊规则

（1）齐齿呼的零声母音节，其中只有一个元音的 i、in、ing 三个音节，在其前面加上 y；其余有两个或三个元音的音节，则将其中的韵头 i 改为 y。

（2）合口呼的零声母音节，其中只有一个元音的音节 u，在其前面加上 w；其余有两个或三个元音的音节，则将其中的韵头 u 改为 w。

（3）撮口呼的零声母音节，一律将其中的 ü 改写成 yu。

（二）非零声母音节拼写时的特殊规则

（1）撮口呼韵母与 j、q、x 相拼时，省略 ü 上的两点；但与 n、l 相拼时，ü 上两点不能省去（因为省去了会与 nu、lu 相混）。

（2）iou、uei、uen 与声母相拼时，写成 iu、ui、un。

（三）儿化音节拼写时的规则

儿化音节即韵母带有卷舌动作的音节。这种音节中的韵母习称“儿化韵”。儿化韵中的“儿”不是一个单独的音节，而只是一个卷舌动作，拼写时一律写作 r，如“花儿”写作 huār。

（四）另外应说明的情况

（1）ie、üe、ei、uei 中的 e，实是 ê，但一律写成 e。ê 单用时不能写成 e。

（2）《汉语拼音方案》还规定，为了使拼式简短，zh、ch、sh、ng 可以写成 ẑ、ĉ、ŝ、ŋ。但是，这种拼写法与习用的拉丁字母不合，所以一般都不采用。

总之，利用《汉语拼音方案》拼写汉语音节时，现还有以下几个方面与拉丁字母不合：① ê 单用时字母上有“ˆ”；② nü、lü、nüe、lüe 四个音节用 ü；③具有声调的音节上有调号，i 上有调号时省去一点。因此，如何使汉语拼音字母进一步拉丁化以便信息处理，还值得我们进一步研究。如果用 v 代替 ü，用 1、2、3、4 代替调号“ˉ”“ˊ”“ˇ”“ˋ”，则对拼音字母的计算机处理可能更有利。

三、普通话音节结构成分的分析

普通话的音节，除声调外，最简单的只有一个音素（韵腹或纯鼻音韵母），如 a（啊）、n（嗯）；最复杂的则包括声母、韵头、韵腹、韵尾四个音素，如 biao（标）。在分析音节结构中的音素成分时，可以借助其汉语拼音。为了防止分析错误，应该注意以下六点。

（1）zh、ch、sh、er 代表一个音素，不可再分为二。

（2）y 不是声母，带 y 的音节都是零声母。其中 i、u 前面的 y（即在 yi、yin、ying、yu、yue、yuan、yun 中）只是一个区别音节界限的符号，a、o、e 前面的 y（即在 ya、yo、ye、yao、you、yan、yang、yong 中）其实是韵头 i。

（3）w 不是声母，带 w 的音节都是零声母。其中 u 前面的 w 只是一个区别音节界限的符号，a、o、e 前面的 w 其实是韵头 u。

（4）u 在 j、q、x、y 后代表 ü。其后没有元音 e、a 的，它是韵腹 ü；其后有元音 e、a 的，它是韵头 ü。

（5）iu、ui、un 都是韵头和韵尾的组合，其中的韵腹分别为省略了的 o、e、e。除 un 以外，i、u、ü 后有元音字母的，它们是韵头；没有元音字母的，它们是韵腹。

（6）ie、üe、ei、uei 中的 e 是 ê。

当然，音节结构的分析也可以直接参考上文的声母表、韵母表及声母韵母配合表。

第八节　普通话的汉语拼音字母拼写法

上一节我们介绍了普通话音节的汉语拼音字母拼写规则。但是，用汉语拼音字母拼写普通话语句时并不都是分音节拼写的，有很多地方是将音节连起来拼写的。音节分写还是连写，字母大写还是小写，都有一定的规则。除了 1958 年公布的《汉语拼音方案》以外，国家有关部门还制定了一系列的规定和规则。如：

1965 年 5 月 12 日中华人民共和国国家测绘总局和中国文字改革委员会联合颁发了《少数民族语地名的汉语拼音字母音译转写法（草案）》（1976 年 6 月有修订版）；

1974 年 5 月中国文字改革委员会拟定了《中国人名汉语拼音字母拼写法》；

1984 年 12 月 25 日中国地名委员会、中国文字改革委员会、国家测绘局颁发了《中国地名汉语拼音字母拼写规则（汉语地名部分）》；

1987 年 4 月 10 日国家语言文字工作委员会、商业部、对外经济贸易部、国家工商行政管理局制定印发了《关于企业、商店的牌匾、商品包装、广告等正确使用汉字和汉语拼音的若干规定》；

1991 年 8 月 30 日国家技术监督局批准、发布了《中国各民族名称的罗马字母拼写法和代码》（GB 3304—91，1992 年 4 月 1 日实施）；

1992 年 2 月 1 日国家技术监督局批准、发布了《中文书刊名称汉语拼音拼写法》（GB 3259—92，1992 年 11 月 1 日实施）；

1992 年 7 月 9 日国家体育运动委员会、国家语言文字工作委员会制定了《关于在各种体育活动中正确使用汉字和汉语拼音的规定》；

1996 年 1 月 22 日国家技术监督局批准、发布了《汉语拼音正词法基本规则》（GB/T 16159—1996，1996 年 7 月 1 日实施）；

2011 年 10 月 31 日中华人民共和国国家质量监督检验检疫总局、中国国家标准化管理委员会发布了《中国人名汉语拼音字母拼写规则》（GB/T 28039—2011，2012 年 2 月 1 日实施）；

2012 年 6 月 29 日中华人民共和国国家质量监督检验检疫总局、中国国家标准化管理委员会发布了新的国家标准《汉语拼音正词法基本规则》（GB/T 16159—2012，2012 年 10 月 1 日实施），以代替 1996 年实施的 GB/T 16159—1996。

还有，早在 1977 年 9 月，联合国第三届地名标准化会议就通过了有关决议，将《汉语拼音方案》作为中国地名罗马字母拼写法的国际标准。1979 年 6 月 15 日，联合国秘书处发出了关于采用汉语拼音的通知，把汉语拼音的新拼法作为在各种拉丁字母文字中转写中华人民共和国人名和地名的标准。从这一天起，联合国秘书处起草、翻译或发出的各种文件都用汉语拼音书写中国名称。1982 年 8 月，国际标准化组织（ISO）发出 ISO 7098 国际标准文件《文献工作——中文罗马字母拼写法》，把《汉语拼音方案》作为文献工作中拼写汉语的国际标准。

上述规定或规则难免会有重复之处，如果全部附录于此，将会浪费不少篇幅。为了既节约篇幅，又能使读者较为容易地掌握普通话的汉语拼音字母拼写法，现将以上各种规定和规则归纳后分类介绍如下，必要时也稍作补充或阐发。

一、总原则

（一）连写分写规则

（1）拼写普通话基本上以词为书写单位。只要是一个词，不管它有几个音节，都要连写。如：

túshūguǎn（图书馆）　　Yīngtènàixióngnà'ěr（英特耐雄纳尔）

（2）词和词一般要分开写，但结合紧密而表示一个整体概念的双音节和三音节结构（不论词或词组）要连写。如：

huánbǎo（环保）　　hǎifēng（海风）　　kāihuì（开会）

àiniǎozhōu（爱鸟周）　chīdexiāo（吃得消）　Hónglóumèng（《红楼梦》）

（3）四音节及四音节以上表示一个整体概念的名称，按词或语节（词语内部由语音停顿而划分成的片段）分开写，不能按词或语节划分的，全都连写。如：

wúfèng gāngguǎn（无缝钢管）

Zhōnghuá Rénmín Gònghéguó（中华人民共和国）

yánjiūshēngyuàn（研究生院）

（4）单音节词重叠，连写；双音节词重叠，分写。重叠并列的 AABB 式结构，连写。如：

kànkan（看看）　　hónghóng de（红红的）

yánjiū yánjiū（研究研究）

jiājiāhùhù（家家户户）　　wānwānqūqū（弯弯曲曲）

（5）单音节前附成分（副、总、非、反、超、老、阿、可、无、半等）或单音节后附成分（子、儿、头、性、者、员、家、手、化、们等）与其他词语连写。如：

fǎndàndào dǎodàn（反弹道导弹）　　xiàndàihuà（现代化）

（6）为了便于阅读和理解，某些并列的词、语素之间或某些缩略语当中可用连接号。如：

shíqī-bā suì（十七八岁）　　rén-jī duìhuà（人机对话）

lù-hǎi-kōngjūn（陆海空军）　　Cháng-Sānjiǎo（长三角［长江三角洲］）

（二）字母大写规则

（1）句子开头（逗号、分号等后面的分句的开头不属于句子的开头）的第一个字母要大写。如：

Chūntiān xiàng xiǎo gūniang, huāzhī-zhāozhǎn de xiàozhe zǒuzhe.

（春天像小姑娘，花枝招展地笑着走着。）

（2）诗歌每一行开头的第一个字母要大写。如：

《Yǒude Rén》(《有的人》)

Zāng Kèjiā（臧克家）

Yǒude rén huózhe,（有的人活着，）

Tā yǐjīng sǐ le;（他已经死了；）

Yǒude rén sǐ le,（有的人死了，）

Tā hái huózhe.（他还活着。）

（3）人名中分写的姓与名，地名中分写的专名与通名，书名、期刊名、艺术作品名及其他专有名词（团体、组织、单位等名称，民族名称，商标，节日、朝代、年号、重要日期等），其第一个字母要大写。如：

Lǐ Huá（李华） Chángchéng（长城） Héběi Shěng（河北省）

Zǐyè（《子夜》） Jǐngpōzú（景颇族） Qīngmíng（清明）

由几个词组成的书名或其他专有名词，每个词的第一个字母都要大写。如：

Sǎnwén Chuàngzuò Yìshù（《散文创作艺术》）

Guāngmíng Rìbào（《光明日报》）

Hépíng Bīnguǎn（和平宾馆）

（4）专有名词和普通名词连写，是专有名词或视为专有名词的，第一个字母要大写；但已转化为普通语词或视为普通语词的，第一个字母小写。如：

Míngshǐ（明史） Guǎngdōnghuà（广东话） Tángcháo（唐朝）

guǎnggān（广柑） zhōngshānfú（中山服） qiánlǘzhījì（黔驴之技）

（5）在某些场合（如设计需要），专有名词的所有字母可全部大写。如：

XIÀNDÀI HÀNYǓ CÍDIǍN（《现代汉语词典》） BĚIJĪNG（北京）

DŌNGFĀNG SHUÒ（东方朔） LǏ HUÁ（李华）

（6）汉语拼音的缩写形式要大写（见缩写规则）。

（三）缩写规则

（1）连写的拼写单位（多音节词或表示整体概念的语言结构），缩写时取每个汉字拼音的首字母，大写并连写。如：

Běijīng（北京）缩写为：BJ ruǎnwò（软卧）缩写为：RW

（2）分写的拼写单位（按词或语节分写的表示整体概念的语言结构），缩写时以词或语节为单位取其汉字拼音的首字母，大写并连写。如：

guójiā biāozhǔn（国家标准）缩写为：GB

hànyǔ shuǐpíng kǎoshì（汉语水平考试）缩写为：HSK

pǔtōnghuà shuǐpíng cèshì（普通话水平测试）缩写为：PSC

（3）为了使汉语拼音的缩写形式明了化，可在其每个大写字母后加小圆点标记。如：

Běijīng（北京）也可缩写为：B.J.

guójiā biāozhǔn（国家标准）也可缩写为：G.B.

（4）汉语人名的缩写，姓全写，首字母大写或每个字母大写；名取每个汉字拼音的首字母，大写，后面加小圆点。如：

Wáng Jiànguó（王建国）缩写为：Wáng J.G. 或 WÁNG J.G.

其中的声调符号也可以省略（参见下面的人名拼写法）。

（四）标调规则

（1）声调符号标在音节的主要元音上，轻声音节不标声调（详见本章第六节二）。

（2）声调一般标原调，不标变调。如：yī jià（一架）不标成 yí jià，bùzhìyú（不至于）不标成 búzhìyú。但是，在语音教学中可以根据需要按变调标写。如：yī tiān（一天）可标为 yì tiān，bù duì（不对）可标为 bú duì。

（3）ABB、AABB 形式的词语，BB 一般标原调，不标变调。如：

lǜyóuyóu（绿油油）　　piàopiàoliàngliàng（漂漂亮亮）

有些词语的 BB 在语言实际中只读变调，则标变调。如：

hóngtōngtōng（红彤彤）　　huángdēngdēng（黄澄澄）

xiāngpēnpēn（香喷喷）

（4）在某些场合，专有名词的拼写可不标声调。如：

Li Hua（李华）缩写为：Li H. 或 LI H.　　Beijing（北京）

RENMIN RIBAO（人民日报）　　WANGFUJING DAJIE（王府井大街）

（五）隔音符号使用规则

以 a、o、e 开头的音节连接在其他音节后面的时候，如果音节的界限有发生混淆的可能，要在 a、o、e 前用隔音符号“'”隔开。如：míng'é（名额）。如果不用隔音符号隔开，则为 míngé，应理解成“民革”。因为汉语拼音音节的连读习惯是：音节中的辅音字母拼后不拼前——即一个辅音字母尽量和后面的元音字母拼合，只有后面没有元音字母时才属于前一音节。所以，míngé 中的“g”应属于后一音节，“n”才属于前一音节。当然，像 Xī'ān（西安）、dàng'àn（档案）、Tiān'é（天鹅）等如果不用隔音符号隔开，也因为其字母的大写、标有调号或声母韵母的配合关系而不会理解为 xiān（先）、dāngàn（单干）、tia'ne（普通话没有 tia 这个音节），但按规定，还是要用隔音符号将它们隔开，如 Jiàn'ōu（建瓯）。

（六）儿化韵书写规则

汉字中表示儿化韵的“儿”，拼写时写作“r”；没有“儿”字的儿化音节不加“r”。如 Pénr Hútong（盆儿胡同）。

（七）移行规则

（1）移行时以音节为单位，一个音节不可拆开。凡连写的音节移行时在上行末加连接号。如“古生物学家”“海南岛”的汉语拼音在移行时分别写作：
“gǔshēng-
wùxuéjiā”“Hǎi-
nán Dǎo”。

（2）缩写词（如 GB、HSK 以及汉语人名的缩写部分）不可拆开移行。如 Wáng J.G.（王建国）可以移作“Wáng
J.G.”，不能移作“Wáng J.-
G.”。

（3）音节前有隔音符号的，移行时去掉隔音符号，加连接号。如 Xī'ān（西安）移作“Xī-
ān”，不能移作“Xī'-
ān”。

（4）在有连接号处移行时，末尾保留连接号，下行开头补加连接号。如 chēshuǐ-mǎlóng（车水马龙）移作“chēshuǐ-
-mǎlóng”。

（八）标点符号使用规则

《汉语拼音正词法基本规则》（GB/T 16159—2012）中的“标点符号使用规则”规定：汉语拼音拼写时，句号使用小圆点“.”，连接号用半字线“-”，省略号也可使用 3 个小圆点“…”，顿号也可用逗号“,”代替，其他标点符号遵循 GB/T 15834 的规定。

（九）变通规则

（1）根据识字需要（如小学低年级和幼儿汉语识字读物），可按字注音。

（2）辞书注音需要显示成语及其他词语内部结构时，可按词或语素分写。如：

chīrén shuō mèng（痴人说梦）　　wèi yǔ chóumóu（未雨绸缪）
shǒu kǒu rú píng（守口如瓶）
Xī Liáo Hé（西辽河）　　Nán-Běi Cháo（南北朝）

（3）辞书注音可在轻声音节前标中圆点来提示。如：

zhuāng • jia（庄稼）　kàn • deqǐ（看得起）

如是轻重两读，音节上仍标声调。如：

hóu • lóng（喉咙）　zhī • dào（知道）　tǔ • xīngqì（土腥气）

（4）除了《汉语拼音方案》规定的符号标调法以外，在技术处理上也可以采用数字、字母等标明声调，如采用阿拉伯数字 1、2、3、4、0 分别表示汉语的四声和轻声。

（5）在中文信息处理方面，表示一个整体概念的多音节结构，可全部连写。如：

guómínshēngchǎnzǒngzhí（国民生产总值）

shìjièfēiwùzhìwénhuàyíchǎn（世界非物质文化遗产）

二、一般词语拼写法

（一）名词

名词和后面的方位词分写，但已成词的要连写。如：

shù xià（树下）　mén wàimian（门外面）

dìxia（地下）　hǎiwài（海外）

（二）动词

（1）动词和后面的动态助词"着""了""过"连写；但句末的"了"兼作语气助词，要分写。如：

kànzhe（看着）　jìnxíngle（进行了）　Huǒchē dào le.（火车到了。）

（2）动词和宾语分写。动宾式合成词中间插入其他成分的也分写。如：

kāi wánxiào（开玩笑）　jūle yī gè gōng（鞠了一个躬）

（3）动词（或形容词）和补语，如果两者都是单音节的就连写，其余的情况分写。如：

gǎohuài（搞坏）　shútòu（熟透）　jiànchéng（建成）　huàwéi（化为）

jiànshè chéng（建设成）　zǒu jìnlái（走进来）

（三）形容词

（1）单音节形容词和表示其状态的前附成分或后附成分连写。如：

mēngmēngliàng（蒙蒙亮）　liàngtángtáng（亮堂堂）

hēigulōngdōng（黑咕隆咚）

（2）形容词和后面的"些""一些""点儿""一点儿"分写。如：

dà xiē（大些）　kuài diǎnr（快点儿）

（四）代词

（1）人称代词、疑问代词与其他词语分写。如：

Tāmen huílái le.（他们回来了。）　　Qù nǎlǐ？（去哪里？）

（2）指示代词“这”“那”，疑问代词“哪”，和后面的名词或量词分写，和“些”“点儿”“么”“样”“般”“里”“边”“时”“会儿’“个”连写。如：

zhè rén（这人）　　nà cì huìyì（那次会议）

zhèxiē（这些）　　nàyàng（那样）

（3）“各”“每”“某”“本”“该”“我”“你”等和后面的名词或量词分写。如：

gè guó（各国）　　měi cì（每次）

běn shì（本市）　　gāi gōngsī（该公司）

（五）数词和量词

（1）汉字数字用汉语拼音拼写，阿拉伯数字仍写成阿拉伯数字（用于记录数字、日期、价格等）。如：

èr líng líng bā nián（二〇〇八年）　　635 fēnjī（635 分机）

（2）十一到九十九之间的整数连写。如：

shíwǔ（十五）　　jiǔshíjiǔ（九十九）

（3）“百”“千”“万”“亿”与前面的个位数连写；“万”“亿”与前面的十位以上的数分写，但当前面的数词为“十”时也可连写。如：

shí yì líng qīwàn/shíyì líng qīwàn（十亿零七万）

liùshísān yì qīqiān èrbǎi liùshíbā wàn（六十三亿七千二百六十八万）

（4）表示序数的“第”与后面的数词中间加连接号，表示序数的“初”与后面的数词（限于“一”至“十”）连写。如：

dì-yī（第一）　　dì-sānbǎi wǔshíliù（第三百五十六）

chūyī（初一）

（5）代表月日的数词中间加连接号。如：

wǔ-sì（五四）　　yīèr-jiǔ（一二·九）

（6）数词和量词分写，复合量词内各并列成分连写，表示约数的“多”“来”“几”和数词、量词分写，但“十几”“几十”连写。如：

yī dà wǎn fàn（一大碗饭）　　liǎng jiān bàn wūzi（两间半屋子）

wǔshísān réncì（五十三人次）　　shí lái wàn rén（十来万人）

jǐ jiā rén（几家人）　　shíjǐ gè rén（十几个人）

（7）两个邻近的数字或表示位数的单位并列表示约数，中间加连接号。如：

sān-wǔ tiān（三五天） qī-bā gè（七八个） yì-wàn nián（亿万年）

（六）副词

副词和其他语词分写。如：

hěn hǎo（很好） gānggāng zǒu（刚刚走）

yīng bù yīnggāi（应不应该）

（七）介词、连词、语气词、叹词、象声词

这些词与其他语词分写。如：

shēng yú 1940 nián（生于 1940 年）

guāngróng ér jiānjù（光荣而艰巨）

Hng，zǒuzhe qiáo ba!（哼，走着瞧吧！）

Dà gōngjī wōwō tí.（大公鸡喔喔啼。）

“Dū——”，qìdí xiǎng le.（“嘟——”，汽笛响了。）

（八）结构助词

“的”“地”“得”“之”“所”等与其他语词分写，但“的”“地”“得”三个助词和前面的单音节词也可连写。如：

Shāngdiàn li bǎimǎnle chī de，chuān de，yòng de./Shāngdiàn li bǎimǎnle chīde，chuānde，yòngde.（商店里摆满了吃的、穿的、用的。）

Tǎnbái de gàosu nǐ ba.（坦白地告诉你吧。）

Tā yī bù yī gè jiǎoyìnr de gōngzuòzhe.（他一步一个脚印儿地工作着。）

shàonián zhī jiā（少年之家）

（九）动态助词

“着”“了”“过”的拼写法见上面“（二）动词”条。

（十）成语和熟语

（1）四字成语、熟语可以分为两个双音节的，中间加连接号；不能分为两个双音节的，全部连写。如：

shuǐdào-qúchéng（水到渠成） àimònéngzhù（爱莫能助）

diào’érlángdāng（吊儿郎当）

（2）非四字成语、熟语按词分写。如：

bēi hēiguō（背黑锅） yī bíkǒng chū qìr（一鼻孔出气儿）

zhǐ xǔ zhōuguān fàng huǒ，bù xǔ bǎixìng diǎn dēng（只许州官放火，不许百姓点灯）

xiǎocōng bàn dòufu——yīqīng-èrbái（小葱拌豆腐——一清二白）

三、人名拼写法

（一）汉语姓名拼写法

（1）汉语姓名及字（或号）、笔名、艺名、别名、法名、代称、技名、帝王名号等按照普通话读音拼写，姓和名分写，姓在前而名在后，其开头字母大写。复姓连写。双姓中间加连接号，其中两个姓氏的首字母都大写。如：

Lǐ Huá（李华）　Wáng Jiànguó（王建国）　Dōngfāng Shuò（东方朔）
Lǔ Xùn（鲁迅）　Gài Jiàotiān（盖叫天）　Zhāng Sān（张三）
Lǔ Zhìshēn（鲁智深）　Dù Gōngbù（杜工部）　Lài Tāngyuán（赖汤圆）
Qín Shǐhuáng（秦始皇）
Zhāng-Wáng Shūfāng（张王淑芳）　Dōngfāng-Yuè Fēng（东方岳峰）

（2）姓名和职务、称呼等分写；职务、称呼等开头小写。如：

Tián zhǔrèn（田主任）　Lǐ xiānsheng（李先生）　Zhāng jūn（张君）
Wú lǎo（吴老）　Wáng shì（王氏）　Huìfāng āyí（慧芳阿姨）

（3）“老”“小”“大”“阿”等与后面的姓、名、排行分写，开头字母大写。如：

Lǎo Zhāngtour（老张头儿）　Dà Lǐ（大李）　Ā Sān（阿三）

（4）三音节以内不能分出姓和名的汉语人名，包括历史上已经专名化的称呼，以及笔名、艺名、法名、神名、帝王年号等连写，开头字母大写。如：

Kǒngzǐ（孔子）　Bāogōng（包公）　Mèngchángjūn（孟尝君）
Liúshāhé（流沙河）　Hóngxiànnǚ（红线女）　Jiànzhēn（鉴真）
Nézhā（哪吒）　Qiánlóng（乾隆）

（5）四音节以上不能分出姓和名的人名，如代称、雅号、神仙名等，按语义结构或语音节律分写，各分开部分开头字母大写。如：

Jiànhú Nǚxiá（鉴湖女侠）　Tàibái Jīnxīng（太白金星）

（6）国际体育比赛等场合，人名可以缩写。汉语人名的缩写，姓全写，首字母大写或每个字母大写；名取每个汉字拼音的首字母，大写，后面加小圆点，声调符号可以省略。如：

Lǐ Xiǎolóng（李小龙）缩写为：Li X.L. 或 LI X.L.

（7）中文信息处理中的人名索引，可以把姓的字母都大写，声调符号可以省略。如：

Wáng Jiànguó（王建国）拼写为：WANG Jianguo

（8）公民护照上的人名，可以把姓和名的所有字母全部大写，双姓之间可以不加连接号，声调符号、隔音符号可以省略。如：

Liú Chàng（刘畅）拼写为：LIU CHANG

Zhào-Lǐ Shūgāng（赵李书刚）拼写为：ZHAOLI SHUGANG

Wú Xīng'ēn（吴兴恩）拼写为：WU XINGEN

（9）出版物中常见的著名历史人物，港、澳、台人士，海外华侨及外籍华人、华裔的姓名，以及科技领域各科（动植物、微生物、古生物等）学名命名中的中国人名，原来有惯用的拉丁字母拼写法，必要时可以附注在括弧中或注释中。如：

Kǒngzǐ（孔子，Confucius）　　Mèngzǐ（孟子，Mencius）

Lǎozǐ（老子，Lao Tzu）　　Sūnzǐ（孙子，Sun Tzu）

Sūn Zhōngshān（孙中山，Sun Yat-sen）

这里特别要注意的是，如果在英文中见到 Confucius、Mencius、Lao Tzu、Sun Tzu、Sun Yat-sen，汉译时应该译为孔子、孟子、老子、孙子、孙逸仙（孙中山）。过去有人不了解这些威妥玛（Tomas Francis Wade，1818—1895）式的中国人名拼音译法，将这些中国人名翻译成了“康夫修斯”“门修斯”“劳·祖”“桑·祖”“桑·雅特森”，使它们变成了洋名，那就大错特错了。

（10）在对外的文件书刊中，汉语姓名可以省略调号。根据技术处理的特殊需要，必要的场合（如公民护照、对外文件和书刊等），大写字母 Ü 可以用 YU 代替。例如：

Lǚ Hépíng（吕和平）拼写为：LYU HEPING

（二）非汉语姓名（包括少数民族语姓名及外国人姓名）拼写法

（1）少数民族语姓名按照民族语读音用汉语拼音字母音译转写，分连次序依民族习惯。在一定的场合，可以在少数民族语人名音译转写原文后备注音译汉字及汉字的拼音；也可以先用或仅用音译汉字及汉字的拼音。如：

Ulanhu（乌兰夫，Wūlánfū）

Ngapoi Ngawang Jigme（阿沛·阿旺晋美，Āpèi Āwàngjìnměi）

Seypidin（赛福鼎，Sàifúdǐng）

（2）凡原来用拉丁字母拼写的人名，本着“名从主人”的原则，按原文书写。如：

Newton（牛顿）　　Marx（马克思）

（3）汉语化的音译人名（即汉字名称），按汉字拼写。如：

Wūlánfū（乌兰夫，Ulanhu）　　Mǎkèsī（马克思，Marx）

四、地名拼写法

（一）汉语地名拼写法

（1）汉语地名按普通话语音拼写。地名中的多音字和方言字根据普通话审音委员会审定的读音拼写。地名拼写按普通话语音标调，特殊情况可不标调。如：

Shílǐpù（十里堡）　　Dàhuángbǎo（大黄堡）　　Wúbǔ（吴堡）

（2）汉语地名中的专名和通名（如表示行政区划单位的词、普通地理名词等）分写，每一分写部分的第一个字母大写。如：

Běijīng Shì（北京市）　　Tài Shān（泰山）

Jīng-Jīn Gōnglù（京津公路）

（3）专名或通名中的修饰、限定成分，单音节的与其相关部分连写，双音节和多音节的与其相关部分分写。如：

Xīliáo Hé（西辽河）　　Cháoyángménnèi Nánxiǎojiē（朝阳门内南小街）

Guǎng'ānmén Běibīnhé Lù（广安门北滨河路）

（4）已专名化的地名按专名处理而不再区分专名和通名，各音节连写。如“景山后街”中的“山”已专名化，则不再作为通名分写，而写成 Jǐngshān Hòujiē。又如：

Hēilóngjiāng（黑龙江[省]）　　Wángcūn（王村[镇]）

（5）不需区分专名和通名的地名，各音节连写。如：

Zhōukǒudiàn（周口店）　　Sāntányìnyuè（三潭印月）

（6）以人名命名的地名，人名中的姓和名连写。如：

Zhāngzhīdòng Lù（张之洞路）

（7）地名中的数词一般用拼音书写。如：

Sānmén Xiá（三门峡）　　Dì'èr Sōnghuā Jiāng（第二松花江）

Wǔyī Guǎngchǎng（五一广场）

（8）地名中的代码和街巷名称中的序数词用阿拉伯数字书写。如：

501 Kuàngqū（501 矿区）　　2 Mǎlù（二马路）　　Jīng 5 Lù（经五路）

Dì-9 Lòng（第九弄）　　Tiānníngsì Xīlǐ 1 Xiàng（天宁寺西里一巷）

（9）中国各省、直辖市、自治区名称汉语拼音字母缩写形式如下（按汉语拼音字母顺序排列）：

AH	安徽[皖]	HB	湖北[鄂]	LN	辽宁[辽]	SX	山西[晋]
BJ	北京[京]	HE	河北[冀]	MO	澳门[澳]	TJ	天津[津]
CQ	重庆[渝]	HI	海南[琼]	NM	内蒙古[蒙]	TW	台湾[台]
FJ	福建[闽]	HK	香港[港]	NX	宁夏[宁]	XJ	新疆[新]
GD	广东[粤]	HL	黑龙江[黑]	QH	青海[青]	XZ	西藏[藏]
GS	甘肃[甘]	HN	湖南[湘]	SC	四川[川]	YN	云南[滇]
GX	广西[桂]	JL	吉林[吉]	SD	山东[鲁]	ZJ	浙江[浙]
GZ	贵州[黔]	JS	江苏[苏]	SH	上海[沪]		
HA	河南[豫]	JX	江西[赣]	SN	陕西[陕]		

（二）非汉语地名（包括少数民族地区与外国的地名）拼写法

（1）凡原来用拉丁字母拼写的，可按原文书写。如：

London（伦敦）　　Washington（华盛顿）

（2）原来非拉丁字母拼写的地名，可按该种语言文字的拉丁字母转写法拼写。为了便于阅读，可以在原文后面注上汉字或汉字的拼音。如：

Tokyo（东京）　　Ürümqi（乌鲁木齐）　　Hohhot（呼和浩特）

（3）汉语化的音译地名（即汉字名称），按汉字拼写。如：

Lúndūn（伦敦）　　Dōngjīng（东京）　　Wūlǔmùqí（乌鲁木齐）

Déguó（德国）　　Dōngnányà（东南亚）

五、中国各民族名称拼写法

1991 年 8 月 30 日国家技术监督局批准、发布了国家标准《中国各民族名称的罗马字母拼写法和代码》（GB 3304—91），其中有 3 个表，内容相同而排列顺序不同：表 1 的第一栏按汉字笔数排列；表 2 的第一栏按罗马字母顺序排列；表 3 的第一栏按数字代码顺序排列。今将表 3 附录于下供参考。

【附录1-8-1】

中国各民族名称的罗马字母拼写法和代码
表3

（GB 3304—91）

数字代码	民族名称	罗马字母拼写法	字母代码
01	汉族	Han	HA
02	蒙古族	Mongol	MG
03	回族	Hui	HU

续表

数字代码	民族名称	罗马字母拼写法	字母代码
04	藏　　族[1]	Zang	ZA
05	维吾尔族	Uygur	UG
06	苗　　族	Miao	MH
07	彝　　族	Yi	YI
08	壮　　族	Zhuang	ZH
09	布 依 族	Buyei	BY
10	朝 鲜 族[2]	Chosen	CS
11	满　　族	Man	MA
12	侗　　族	Dong	DO
13	瑶　　族	Yao	YA
14	白　　族	Bai	BA
15	土 家 族	Tujia	TJ
16	哈 尼 族	Hani	HN
17	哈萨克族	Kazak	KZ
18	傣　　族	Dai	DA
19	黎　　族	Li	LI
20	傈 僳 族	Lisu	LS
21	佤　　族	Va	VA
22	畲　　族	She	SH
23	高 山 族	Gaoshan	GS
24	拉 祜 族	Lahu	LH
25	水　　族	Sui	SU
26	东 乡 族	Dongxiang	DX
27	纳 西 族	Naxi	NX
28	景 颇 族	Jingpo	JP
29	柯尔克孜族	Kirgiz	KG
30	土　　族	Tu	TU
31	达斡尔族	Daur	DU
32	仫 佬 族	Mulao	ML
33	羌　　族	Qiang	QI
34	布 朗 族	Blang	BL
35	撒 拉 族	Salar	SL

续表

数字代码	民族名称	罗马字母拼写法	字母代码
36	毛 南 族	Maonan	MN
37	仡 佬 族	Gelao	GL
38	锡 伯 族	Xibe	XB
39	阿 昌 族	Achang	AC
40	普 米 族	Pumi	PM
41	塔 吉 克 族	Tajik	TA
42	怒 族	Nu	NU
43	乌孜别克族	Uzbek	UZ
44	俄 罗 斯 族	Russ	RS
45	鄂 温 克 族	Ewenki	EW
46	德 昂 族	Deang	DE
47	保 安 族	Bonan	BN
48	裕 固 族	Yugur	YG
49	京 族	Gin	GI
50	塔 塔 尔 族	Tatar	TT
51	独 龙 族	Derung	DR
52	鄂 伦 春 族	Oroqen	OR
53	赫 哲 族	Hezhen	HZ
54	门 巴 族	Monba	MB
55	珞 巴 族	Lhoba	LB
56	基 诺 族	Jino	JN

注：① 藏族的罗马字母拼写法，对外使用时为Tibetan。
② 朝鲜族的罗马字母拼写法，对外使用时为Korean。

【附录1-8-1完】

六、中文书刊名称拼写法

（一）总则

凡国内出版的中文书刊，应在封面，或扉页，或封底，或版权页上加注汉语拼音书名、刊名。中文书刊的汉语拼音名称一律横写，不标调号（在文章中标调号）。

（二）连写、分写、大写规则

书刊名称按上述“总原则”中第（一）款的规则连写或分写。连写或分写的每个结构的第一个字母都要大写。因设计需要，也可以全用大写。如：

Xin Gongju（《新工具》） You'er Xiao Tiandi（《幼儿小天地》）

Zibenlun（《资本论》） Xingzhengfa Gailun（《行政法概论》）

Xianxing Daishu（《线性代数》） Weijifenxue（《微积分学》）

Chaoshengbo（《超声波》）

YUYAN WENZI GUIFAN SHOUCE（《语言文字规范手册》）

（三）数词的拼写

书刊名称中的数词按上文“一般词语拼写法”第（五）款的规则连写或分写，阿拉伯数字和外文字母照写。如：

Huang Ziyuan Kaishu Jiushi'er Fa（《黄自元楷书九十二法》）

Yiqian Ling Yi Ye（《一千零一夜》）

Shi Wan Ge Weishenme（《十万个为什么》）

Di-er Guoji Shi（《第二国际史》）

1979—1980 Zhongpian Xiaoshuo Xuanji（《1979—1980 中篇小说选集》）

IBM-PC（0520）Weixingji Xitong Jieshao（《IBM-PC（0520）微型机系统介绍》）

（四）虚词的拼写

虚词与其他语词分写，小写。因设计需要，也可以大写。如：

Shui de Shijie（《水的世界》） Hong yu Hei（《红与黑》）

（五）连接号的使用

并列结构、缩略语等可以用连接号。如：

Ying-Han Cidian（《英汉词典》）

Zhong-Gong Dangshi Jiangyi（《中共党史讲义》）

Xiuzhen Zhen-cao-li-zhuan Si Ti Baijiaxing（《袖珍真草隶篆四体百家姓》）

（六）人名、地名的拼写

书刊名称中的人名、地名按上述人名、地名的拼写法拼写，其中中国少数民族和外国人名、地名可以按原文的拉丁字母拼法拼写，也可以按汉字注音拼写。如：

Ba Jin Yanjiu Zhuanji（《巴金研究专集》）

Zhuangzi Yizhu（《庄子译注》） Huashuo Chang Jiang（《话说长江》）

Tietuo Xuanji（《铁托选集》）　　Bali Shengmuyuan（《巴黎圣母院》）

以上介绍了普通话的汉语拼音字母拼写法。至于其使用场合，有关文件也有所规定。例如，中文书刊名称应在汉字之外加注汉语拼音；在广告中不得单独使用汉语拼音，特别是在商品包装、广告等上面出现企业名称、地址时，应使用汉字，或汉字、汉语拼音并用，不得仅用汉语拼音。

第九节　普通话的语流音变

语音的变化既有历时的，又有共时的。某种语言的古今语音变迁为历时音变，这种音变是历史发展的结果，它是历时语言学研究的对象；某种语言在同一时期内的语音变化为共时音变，这种音变往往是音节连说造成的，所以又称语流音变，它是共时语言学研究的对象。

语流音变是普通话中的重要现象。如果我们只掌握普通话中每一音节的标准读音而不掌握其语流音变，则所讲的普通话就不是地道的普通话，其语音面貌就不合规范。由于一般的拼音读物对某些语流音变（如变调）不加标明，所以即使我们阅读的是拼音读物，也得了解语流音变的知识，以便读出标准地道的普通话。

普通话中主要的语流音变有以下几个方面。

一、轻声

（一）轻声的音变情况

在音节连说的时候，有些音节说得又轻又短，这就是所谓的“轻声”。

轻声是发生在整个音节上的一种音变现象。轻声音节在音长、音高、音强、音色上都有所变化。有人只把它看成是一种声调的变化，这是不正确的。

轻声音节的音变首先表现为音长的缩短，其发音十分短促，绝不拖长。

其次是其音高的改变，这意味着其声调的改变。轻声音节往往失去了原有的声调。它的音高取决于其前一音节的声调（见表 1–9–1）。由于一个音节变成轻声后的音高实际上只是一种连读变调，它随着前一音节声调的不同而有不同的相对音高。也就是说，它并没有一个固定的调值，所以轻声并不是与四声相对的一个独立的调类。因此，《汉语拼音方案》规定轻声不标调号。

表1-9-1　轻声音节在语流中的相对音高表

轻声音节之前一音节的声调	轻声音节的相对音高	调值	五度制调号	拼音调号	实例
阴平、阳平、去声	低降	·31	˨˩	不标	黑的、黄的、绿的
上声	半高平	·44	˦	不标	紫的

注：中圆点“·”表示其短促。

再次是其音强的减弱。轻声音节在发音时的绝对音强虽然有可能不是很弱，但与前面的音节相比就显得很轻，所以习称“轻声”。

最后是其音色有时也会有所变化。这种变化一方面表现在声母上，如b[p]、d[t]、g [k]、j[tɕ]、zh[tʂ]、z[ts] 在轻声音节中有时会变成浊音 [b]、[d]、[g]、[dʑ]、[dʐ]、[dz]（如“萝卜”“红的”“五个”“忘记”“说着”“锤子”）。另一方面则表现在韵母上，轻声音节中的元音往往央化，如：“棉花”[xuA] → [xuə]，“哥哥”[kɤkɤ] → [kɤkə]；有时复合韵母会单音化，如：“奶奶”[nai] → [nɛ]，“眉毛”[mɑʊ] → [mɔ]，“牲口”[k‘oʊ] → [k‘o]；有时还会失去元音，如：“豆腐”[toʊfu] → [toʊf]，“意思”[isɿ] → [is]。不过，这些声母和韵母的音变只是一种音位变体，所以一般不用汉语拼音字母或国际音标将它们标出。

（二）在普通话中读轻声的词语

1. 与语法因素有关的轻声音节

（1）词缀“子”“头”“们”“儿”“么”。如：锤子 / 刽子手 / 划子 / 馒头 / 姘头 / 丫头 / 我们 / 女儿 / 那么 / 什么 / 多么。

（2）相同音节重叠而成的名词的第二个音节。如：爸爸 / 哥哥 / 奶奶 / 猩猩 / 星星 / 馍馍 / 框框。

（3）方位词或方位性词素。如：屋里 / 地上 / 桌下 / 河边 / 乡下 / 上面。

（4）某些量词或量词性词素。如：五个 / 哪个。

（5）结构助词“的”“地”“得”，时态助词“了”“着”“过”。如：他的书 / 高兴地 / 干得快 / 笑了 / 说着 / 去过。

（6）语气词“啊”“吗”“呢”“吧”。如：唱啊 / 去吗 / 玩呢 / 走吧。

（7）趋向动词。如：拿来 / 出去 / 拿起来 / 搬进去 / 豁出去 / 看起来。

（8）重叠动词的第二个音节。如：看看 / 想想 / 听听 / 说说 / 哈哈 / 试试。

（9）夹在重叠动词中间的“一”和夹在词语中间的“不”。如：走一走 /

看一看 / 来不来 / 好不好 / 差不多 / 用不着 / 行不通 / 吃不开 / 大不了 / 对不起 / 赶不上 / 怪不得 / 禁不起 / 冷不防 / 舍不得 / 说不定。

（10）作宾语的人称代词有时读轻声。如：叫他 / 请你 / 找我。

国家语言文字工作委员会普通话培训测试中心编制的《普通话水平测试实施纲要》（商务印书馆 2004 年版）在第 238~246 页列出了《普通话水平测试用必读轻声词语表》。该表根据《普通话水平测试用普通话词语表》编制，共收录带轻声音节的词 548 条，每词均有编号和汉语拼音注音。这 548 个词中近半与上述语法因素有关。现在我们将这 548 个词一分为二编成两个表，将其中与语法因素有关的 267 个词根据我们的分类编为【表 1–9–2】，其他 281 个词编为【表 1–9–4】，以便参加普通话水平测试的人员练习。

表1-9-2　普通话水平测试用必读轻声词语表一（与语法因素有关的轻声音节）

（1）“子”尾词（207个）：案子/把子（bǎzi）/把子（bàzi）/班子/板子/梆子/膀子/棒子/包子/豹子/杯子/被子/本子/鼻子/鞭子/辫子/饼子/脖子/步子/肠子/厂子/场子/车子/池子/尺子/虫子/绸子/窗子/锤子/村子/带子/袋子/单子/胆子/担子/刀子/稻子/凳子/笛子/底子/调子/钉子/豆子/肚子（dǔzi）/肚子（dùzi）/缎子/蛾子/儿子/贩子/房子/份子/疯子/斧子/盖子/杆子（gānzi）/杆子（gǎnzi）/杠子/稿子/鸽子/格子/个子/根子/弓子/钩子/谷子/褂子/罐子/鬼子/柜子/棍子/锅子/果子/孩子/汉子/盒子/猴子/幌子/夹子/架子/尖子/茧子/剪子/毽子/饺子/轿子/金子/镜子/橘子/句子/卷子/空子/口子/扣子/裤子/筷子/框子/篮子/老头子/老子/例子/栗子/帘子/两口子/料子/林子/翎子/领子/聋子/笼子/炉子/路子/轮子/骡子/麻子/麦子/帽子/面子/脑子/镊子/拍子/牌子/盘子/胖子/狍子/盆子/棚子/皮子/痞子/片子/骗子/票子/瓶子/旗子/钳子/茄子/曲子/圈子/裙子/日子/褥子/塞子/嗓子/嫂子/沙子/傻子/扇子/勺子/哨子/身子/婶子/绳子/虱子/狮子/柿子/梳子/孙子/台子/摊子/坛子/毯子/桃子/梯子/蹄子/挑子/条子/亭子/头子/兔子/袜子/位子/蚊子/屋子/席子/瞎子/匣子/箱子/小伙子/小子/性子/袖子/靴子/鸭子/燕子/样子/椰子/叶子/一辈子/椅子/银子/影子/柚子/院子/宅子/寨子/帐子/镇子/侄子/种子/珠子/竹子/主子/柱子/爪子/庄子/锥子/桌子/粽子。

（2）“头”尾词（21个）：锄头/对头/跟头/骨头/罐头/后头/浪头/里头/码头/馒头/苗头/木头/念头/前头/拳头/上头/舌头/石头/丫头/枕头/指头。

（3）“们”尾词（7个）：你们/人们/他们/它们/她们/我们/咱们。

（4）“么”尾词（5个）：多么/那么/什么/怎么/这么。

（5）音节重叠词（18个）：爸爸/弟弟/哥哥/公公/姑姑/姐姐/舅舅/姥姥/妈妈/妹妹/奶奶/婆婆/叔叔/太太/娃娃/星星/猩猩/爷爷。

（6）方位性词素词（4个）：皇上/晚上/乡下/早上。

（7）量词性词素词（1个）：这个。

（8）“得”“的”结构（3个）：不由得/懒得/似的。

（9）重叠动词的第二个音节（1个）：谢谢。

2.与意义有关的轻声音节

这种轻声音节有区别意义的作用，所以它实际上是普通话中的一种音变音位。对这种音节不标调号，虽然有可能使人把它误解成一种声调音位（轻声实际上不是一种声调音位），但对我们正确地理解、使用普通话是有好处的。对这种轻声音节，很有掌握的必要。现将一些实例列成表 1–9–3，供大家学习。

表1-9-3　轻声音节与非轻声音节意义区别对照表

（1）罢了	bàle	仅此而已。
	bàliǎo	算了。
（2）摆设	bǎishe	具有装饰性的供摆放的东西。
	bǎishè	装饰性地摆放设置。
（3）本事	běnshi	本领。
	běnshì	原来的故事情节。
（4）裁缝	cáifeng	做衣服的工人。
	cáiféng	裁剪缝制。
（5）差使	chāishi	指工作，职务。
	chāishǐ	派遣。
（6）抽打	chōuda	掸（灰尘）。
	chōudǎ	打。
（7）大方	dàfang	不拘束，不吝啬；不俗气。
	dàfāng	专家，内行人。
（8）大爷	dàye	伯父；尊称年长的男子。
	dàyé	指不好好劳动、傲慢任性的男子。
（9）大意	dàyi	疏忽，不注意。
	dàyì	主要的意思。

（10）地道	dìdao	真正的；纯粹的；实在的。
	dìdào	地下坑道。
（11）地方	dìfang	某一区域、部位、部分。
	dìfāng	与中央相对的各级行政区，本地，当地。
（12）顶针	dǐngzhen	做针线时的工具。
	dǐngzhēn	同“顶真”，一种修辞手法。
（13）东西	dōngxi	泛指各种事物。
	dōngxī	东边和西边；从东到西的距离。
（14）动静	dòngjing	声音，情况。
	dòngjìng	行动和静止。
（15）对头	duìtou	冤家，对手。
	duìtóu	正确，合适，正常。
（16）多少	duōshao	疑问代词。
	duōshǎo	指数量大小，或多或少，稍微。
（17）反正	fǎnzheng	虽情况不同，结果并无区别；肯定。
	fǎnzhèng	事归正道；敌方的军队或人员投到己方。
（18）扶手	fúshou	能让人扶住的东西。
	fúshǒu	搀手。
（19）干事	gànshi	负责某项具体事务的人。
	gànshì	做事。
（20）告诉	gàosu	对（人）说，告知。
	gàosù	告状起诉。
（21）姑娘	gūniang	未婚女子，女儿。
	gūniáng	姑母；丈夫的姐妹。
（22）故事	gùshi	前后连贯、可用作讲述对象的事情。
	gùshì	过去的办事制度，例行的事。
（23）呱嗒	guāda	板（脸）；说话。
	guādā	象声词；挖苦。
（24）过去	guòqu	前往，死亡。
	guòqù	从前。
（25）合计	héji	盘算、商量。
	héjì	合在一起计算。
（26）花费	huāfei	消耗的钱。
	huāfèi	因使用而耗掉。

（27）滑溜　huáliu　光滑。
huáliū　一种烹调方法。
（28）火烧　huǒshao　表面没芝麻的烧饼。
huǒshāo　火燃烧。
（29）将官　jiàngguan　将领。
jiàngguān　将级军官。
（30）精神　jīngshen　表现出来的活力；活跃，有生气。
jīngshén　指人的意识、思维活动和一般心理状态；宗旨。
（31）惊醒　jīngxing　睡眠时容易醒来。
jīngxǐng　受惊动而醒来。
（32）开通　kāitong　思想不守旧，不固执。
kāitōng　交通、通信等线路开始使用。
（33）口音　kǒuyin　说话的声音，方音。
kǒuyīn　和“鼻音”相对的概念，指发音时气流主要从口腔出来的音。
（34）拉手　lāshou　门窗或抽屉上便于手拉的东西。
lāshǒu　握住手拉。
（35）来路　láilu　来历。
láilù　到这里来的道路，来源。
（36）老子　lǎozi　父亲。
Lǎozǐ　人名。
（37）利害　lìhai　同“厉害”，指程度深。
lìhài　利和弊，利益和损害。
（38）买卖　mǎimai　生意。
mǎimài　买进卖出。
（39）忙活　mánghuo　忙碌。
mánghuó　需要赶快做的活。
（40）男人　nánren　丈夫。
nánrén　男性的成年人。
（41）难处　nánchu　困难。
nánchǔ　不容易相处。
（42）女人　nǚren　妻子。
nǚrén　成年女性。
（43）便宜　piányi　价钱低。

	biànyí	方便合宜。
（44）铺盖	pūgai	褥子和被子；装有被褥的行李。
	pūgài	平铺着盖。
（45）千斤	qiānjin	“千斤顶”的简称（“千斤顶”中的“千斤”不读轻声）。
	qiānjīn	上千斤重。
（46）人家	rénjia	指代自己或别人。
	rénjiā	住户，家庭。
（47）烧锅	shāoguo	做烧酒的作坊。
	shāoguō	涂有釉质的钢制炊具。
（48）生意	shēngyi	买卖；职业。
	shēngyì	生机，富有生命力的气象。
（49）说法	shuōfa	措辞，意见，见解。
	shuōfǎ	讲解佛法。
（50）斯文	sīwen	文雅。
	sīwén	文化；文人。
（51）特务	tèwu	经过特殊训练，从事刺探情报、颠覆破坏等活动的人。
	tèwù	军队中担任警卫、通讯、运输等特殊任务的，如“特务连”。
（52）温和	wēnhuo	（物体）不冷不热。
	wēnhé	（气候）不冷不热，（性情、态度等）不严厉。
（53）下水	xiàshui	可食用的牲畜内脏。
	xiàshuǐ	到水中去，比喻入伙干坏事。
（54）星星	xīngxing	星。
	xīngxīng	细小的点儿，如“星星点点”。
（55）兄弟	xiōngdi	弟弟。
	xiōngdì	哥哥和弟弟。
（56）用人	yòngren	仆人。
	yòngrén	选择与使用人员。
（57）造化	zàohua	福气，运气。
	zàohuà	自然界的创造者，创造化育。
（58）丈夫	zhàngfu	妻子的配偶。
	zhàngfū	成年男子，如“大丈夫”。

（59）照应　zhàoying　照料。
　　　　　zhàoyìng　配合，呼应。
（60）正经　zhèngjing　正派，正当。
　　　　　zhèngjīng　指《十三经》。
（61）自然　zìran　从容不迫，不呆板。
　　　　　zìrán　自然界；自由发展；理所当然。
（62）自在　zìzai　安闲舒适。
　　　　　zìzài　自由，不受拘束。
（63）琢磨　zuómo　思索。
　　　　　zhuómó　精细加工。

3.其他轻声音节

除了上述两类外，有一批双音节词及一些三音节词的最后一个音节习惯上读轻声，这只能在语言实践中逐个掌握，本书初版曾将这类词罗列于此。现在由于我们把《普通话水平测试实施纲要》中的《普通话水平测试用必读轻声词语表》编成了【表1-9-2】和【表1-9-4】（参见上文介绍），而【表1-9-4】中的不少词与本书初版所罗列的词相重复。为了节约篇幅，我们把初版词表中与【表1-9-4】重复的词删去后编成【表1-9-5】，以便大家学习。

表1-9-4　普通话水平测试用必读轻声词语表二（其他轻声音节）

爱人/巴掌/白净/帮手/棒槌/包袱/包涵/本事/比方/扁担/别扭/拨弄/簸箕/补丁/不在乎/部分/财主/裁缝/苍蝇/差事/柴火/称呼/除了/畜生/窗户/刺猬/凑合/耷拉/答应/打扮/打点/打发/打量/打算/打听/大方/大爷/大夫/耽搁/耽误/道士/灯笼/提防/地道/地方/弟兄/点心/东家/东西/动静/动弹/豆腐/嘟囔/队伍/对付/耳朵/废物/风筝/福气/甘蔗/干事/高粱/膏药/告诉/疙瘩/胳膊/工夫/功夫/姑娘/故事/寡妇/怪物/关系/官司/规矩/闺女/蛤蟆/含糊/行当/合同/和尚/核桃/红火/厚道/狐狸/胡萝卜/胡琴/糊涂/护士/活泼/火候/伙计/机灵/脊梁/记号/记性/家伙/架势/嫁妆/见识/将就/交情/叫唤/结实/街坊/姐夫/戒指/精神/咳嗽/客气/口袋/窟窿/快活/困难/阔气/喇叭/喇嘛/老婆/老实/老太太/老爷/累赘/篱笆/力气/厉害/利落/利索/痢疾/连累/凉快/粮食/溜达/萝卜/骆驼/麻烦/麻利/马虎/买卖/忙活/冒失/眉毛/媒人/门道/眯缝/迷糊/苗条/名堂/名字/明白/蘑菇/模糊/木匠/难为/脑袋/能耐/念叨/娘家/奴才/女婿/暖和/疟疾/牌楼/盘算/朋友/脾气/屁股/便宜/漂亮/婆家/铺盖/欺负/亲戚/勤快/

清楚/亲家/热闹/人家/认识/扫帚/商量/晌午/上司/烧饼/少爷/生意/牲口/师父/师傅/石匠/石榴/时候/实在/拾掇/使唤/世故/事情/收成/收拾/首饰/舒服/舒坦/疏忽/爽快/思量/算计/岁数/特务/挑剔/跳蚤/铁匠/头发/妥当/唾沫/挖苦/尾巴/委屈/为了/位置/稳当/稀罕/媳妇/喜欢/下巴/吓唬/先生/相声/消息/小气/笑话/心思/行李/兄弟/休息/秀才/秀气/学生/学问/衙门/哑巴/胭脂/烟筒/眼睛/秧歌/养活/吆喝/妖精/钥匙/衣服/衣裳/意思/应酬/冤枉/月饼/月亮/云彩/运气/在乎/扎实/眨巴/栅栏/张罗/丈夫/帐篷/丈人/招呼/招牌/折腾/芝麻/知识/指甲/主意/转悠/庄稼/壮实/状元/字号/自在/祖宗/嘴巴/作坊/琢磨。

表1-9-5 普通话水平测试用必读轻声词语表之外的轻声词语

八哥（鸟）/巴结/扒拉/把手/摆布/扳手/报酬/辈分/蹦跶/比量/比试/便当/憋闷/拨拉/不是（过错）/搀和/颤悠/长处/尺寸/抽打/抽屉/出落/出息/伺候/撺掇/撮合/错处/答理/打手/打算盘（“算盘”单念可不读轻声）/叨唠/倒腾/嘀咕/掂掇/掂量/点拨/兜肚/斗篷/嘟噜/恶心/风头/奉承/福分/服侍/富余/干巴（但“干巴巴”都重读）/告示/胳臂（bei）/工钱/公家/勾搭/估摸/骨殖（shi）/棺材/逛荡/归置/哈欠/还是/害处/寒伧（chen）/寒碜（chen）/行家/好处/和气/厚实/葫芦/花哨/坏处/黄瓜/晃荡/晃悠/活泛/活计/叽咕/饥荒/忌妒/价钱/奸细/煎饼/讲究/娇贵/娇嫩/搅和/教训/结巴/节气/芥末/进项/救应/舅母/考究/磕打/眍瞜/苦处/快当/宽敞/宽绰/拉扯/烂糊/牢靠/唠叨/冷清（但“冷清清”不读轻声）/力量/莲蓬/趔趄/菱角/露水/逻辑/卖弄/玫瑰/门路/门面/密实/棉花/名气/磨蹭/牡丹/苜蓿（xu）/闹腾/腻烦/年成/年月/黏糊/扭搭/扭捏/挪动/扒犁/拍打/排场/盘缠/盘费/炮仗/陪客/陪送/皮匠/皮实/疲塌/篇幅/苤蓝/泼辣/笸箩/铺衬/漆匠/气性/俏皮/亲事/情形/染坊/热乎/热和/任务/揉搓/软和/洒脱/嫂夫人/山药/上年纪（“年纪”单念时不读轻声）/上岁数/烧卖/芍药/身份/身量/神甫/生分/生日/师爷/尸首/时辰/势力/势利/寿数/寿星/叔伯/书记/熟识/属相/数落/摔打/顺当/说合/说和/私房/松快/俗气/素净/随和/踏实/胎气/抬举/态度/探口气/蹋腾/嚏喷/添补/笤帚/停当/铜匠/吐沫/瓦匠/外甥/王八/王爷/忘性/味道/窝囊/窝棚/乌拉/悟性/虾米/鲜亮/响动/相公/歇息/鞋匠/薪水/腥气/行方便（“方便”单念时不读轻声）/絮烦/牙碜/牙口/衙役/雅致/严实/阎王/砚台/央告/要是/姨夫/已经/义气/益处/硬朗/用处/油水/冤家/约莫/月钱/匀溜/匀实/杂碎/再不/早晨/灶火/诈唬/丈母/找补/针脚/针线/证人/直溜/

指头/指望/罪过/作料/做作。

（三）读轻声时应注意的三种情况

（1）读轻声不可任意类推。如“衣服”（yīfu）的“服”读轻声，但“西服”“制服”“礼服”“丧服”“孝服”中的“服”是表达词义的核心成分，不读轻声。

（2）有些双音词的第二个音节一般读轻声，但有时不读轻声，如“聪明”“迷惑”“痛快”“商量”“因为”“看见”“起来”“听见”等。这里值得注意的是：后三个词语单用时，后一音节读轻声；当其中插入其他成分时（如“看得见”“起不来”），后一音节就不读轻声了。

（3）有些双音节的趋向动词，如“起来”“上来”“下来”“进来”“出来”“上去”“下去”“进去”“出去”等，当它们单独作补语的时候，两个音节都读轻声，如“开进来”（kāi jinlai）；但在它们前面插入“得”“不”等成分后，两个音节就都不读轻声了，如“开不进来”（kāi bu jìnlái）；如果进一步在它们中间插入宾语，则其中前一音节不读轻声，后一音节读轻声，如“开得进汽车来”（kāi de jìn qìchē lai）。

二、儿化韵

（一）儿化的性质和表示法

发音时在韵母后带上一个卷舌动作而造成的音变现象叫“儿化”。

儿化是发生在韵母上的一种音变现象。儿化的韵母成为卷舌韵母，习称“儿化韵”。“儿化韵”中的“儿”并不是一个单独的音节，只是一个卷舌动作，用汉语拼音字母表示时写作“r”，用汉字表示时一般应该用小一号的“儿”字。例如：哪儿——nǎr。

（二）儿化韵的音变情况

儿化不过是在韵母后加一个卷舌动作。如果韵母的发音动作与卷舌动作不冲突，儿化时只要在韵母末附加一个卷舌动作即可；如果有冲突，韵母的音色就要有所改变。具体的音变情况如下：

（1）韵母最后一个音素是央元音与后元音 ɑ、o、e、u 的（包括 ɑ、iɑ、uɑ，o、io、uo、ɑo、iɑo，e，u、ou、iou 这 12 个韵母），只在其后加上卷舌动作（下面借用国际音标中的 [ɻ] 来表示卷舌动作）。如：

手套儿 shǒutàor[t‘ɑʊ→t‘ɑʊɻ]　　　　山歌儿 shāngēr[kɤ→kɤɻ]

（2）韵母最后一个音素是前元音 ê[ɛ] 和舌尖元音 -i 的（包括 ie、üe，-i[ɿ]、-i[ʅ] 这 4 个韵母），它们都央化成 [ə]，同时再加上卷舌动作。如：

台阶儿 táijiēr[tɕiɛ→tɕiəɻ]　　没事儿 méishìr[ʂʅ →ʂəɻ]

（3）韵腹为前元音 i、ü 的，在其后加上央元音 [ə] 与卷舌动作。如：

玩意儿 wányìr[i→iəɻ]　　金鱼儿 jīnyúr[y→yəɻ]

（4）韵尾是 i 和 n 的（包括 ai、uai，an、ian、uan、üan，en、uen，ei、uei，in、ün 这 12 个韵母），去掉韵尾，加卷舌动作。这里要补充说明的是，与上述第 2 种、第 3 种情况相似，这些韵母中的韵腹有央化倾向，其中的前元音 a[a 或 ɛ]、e[e] 分别变成 [ɐ]、[ə]，i[i]、ü[y] 分别变成 [iə]、[yə]。如：

小孩儿 xiǎoháir[xai→xɐɻ]　　宝贝儿 bǎobèir[pei→pəɻ]

花园儿 huāyuánr[yɛn→yɐɻ]　　树根儿 shùgēnr[kən→kəɻ]

使劲儿 shǐjìnr[tɕin→tɕiəɻ]　　短裙儿 duǎnqúnr[tɕ'yn→tɕ'yəɻ]

（5）韵尾是 ng 的（包括 ang、iang、uang，ong、iong，eng、ueng，ing 这 8 个韵母），除 ing 以外，后鼻音与韵腹合成为鼻化元音（在元音上加“~”表示），同时加卷舌动作。ing[iŋ] 则与上述第 3 种情况相似而变为 [iə̃ɻ]。如：

帮忙儿 bāngmángr[maŋ →mɑ̃ɻ]　　花瓶儿 huāpíngr[p'iŋ →p'iə̃ɻ]

（三）儿化词的作用与使用

北京话里的儿化词很多，除了 ê、er 两个音节及纯鼻音韵母外，几乎所有的韵母都可以儿化。其中大部分音节的儿化都没有什么实际意义，普通话不应该吸收它们；但其中也有许多儿化词具有一定的作用，应该吸收到普通话中加以使用。这种儿化词大致有以下五类。

（1）**有区别词性作用因而具有不同意义的**。如：

点（动词）——点儿（名词）

兜（动词）——兜儿（名词）

盖（动词）——盖儿（名词）

画（动词）——画儿（名词）

沿（动词）——沿儿（名词）

活（动词、形容词）——活儿（名词）

空（动词、形容词）——空儿（名词）

亮（动词、形容词）——亮儿（名词）

盘（动词、量词）——盘儿（名词）

摊（动词、量词）——摊儿（名词）

错（形容词）——错儿（名词）

尖（形容词）——尖儿（名词）

破烂（形容词）——破烂儿（名词）

一块（数量词）——一块儿（副词）

个（量词）——个儿（名词）

上座（名词，尊位）——上座儿（形容词，有顾客到来）

走道（名词，供人行走的道路）——走道儿（动词，走路）

（2）**词性相同但具有区别词义作用的**。如：

圈（范围）——圈儿（圆圈）

头（头颅）——头儿（头目）

信（书信）——信儿（信息）

眼（眼睛）——眼儿（小洞）

门（出入口）——门儿（门径，办法）

鸟（统称鸟）——鸟儿（较小的鸟）

加油（添油）——加油儿（鼓劲）

光棍（地痞）——光棍儿（单身汉）

白面（面粉）——白面儿（毒品海洛因）

刀片（机械切削工具）——刀片儿（刮胡须用的薄钢片）

本色（běnsè，人的本来面貌）——本色儿（běnshǎir，织物原来的颜色）

泥胎（未用颜料、金粉装饰过的泥塑偶像）——泥胎儿（未经烧制的陶器坯子）

（3）**带有喜爱的感情色彩的**。如：花儿／老伴儿／小孩儿／胖墩儿／小辫儿／小曲儿／苹果脸儿。

（4）**强调其小的**。如：小刀儿／粉末儿／一点儿／一丁点儿／片儿／球儿／蒜瓣儿／碎步儿。

（5）**已普遍使用而能凸显普通话语音面貌的**。这种词语没有什么规律可循，只能在语言实践中逐个掌握。现列于下以便学习。

挨个儿／拔尖儿／白班儿（日班）／白干儿／败家子儿／板擦儿／包干儿／饱嗝儿／爆肚儿／被窝儿／奔头儿／鼻梁儿／冰棍儿／病号儿／不得劲儿／差点儿／岔道儿／唱片儿／串门儿／凑热闹儿／答茬儿／打盹儿／打嗝儿／打鸣儿／打杂儿／大伙

儿／带儿／单弦儿／旦角儿／刀把儿／调门儿／顶牛儿／豆腐脑儿／豆角儿／豆芽儿／个头儿／够本儿／够劲儿／光杆儿／蝈蝈儿／锅贴儿／好好儿（hǎohāor）／好玩儿／今儿／开刃儿／口哨儿／裤衩儿／裤兜儿／快板儿／老头儿／愣神儿／脸蛋儿／聊天儿／没词儿／没事儿／没准儿／面条儿／墨水儿／哪会儿／哪儿／那会儿／那么点儿／那儿／纳闷儿／脑瓜儿／闹着玩儿／拈阄儿／年头儿／捻捻转儿／藕节儿／刨根儿／跑腿儿／皮板儿／片儿会／铺盖卷儿／起名儿／枪子儿／巧劲儿／蛐蛐儿／绕远儿／人影儿／人缘儿／桑葚儿／嗓门儿／傻劲儿／扇面儿／树阴凉儿／耍心眼儿／说头儿／死扣儿／死心眼儿／屉儿／铜子儿／头头儿／兔儿爷／玩儿／玩儿命／玩意儿／围脖儿／围嘴儿／细高挑儿／下本儿／馅儿／馅儿饼／线轴儿／响儿／相片儿／小心眼儿／邪门儿／心眼儿／行李卷儿／鸭儿梨／烟卷儿／烟嘴儿／沿边儿／腰板儿／咬字儿／爷们儿／爷儿们／一个劲儿／一股劲儿／一股脑儿／一会儿／一溜儿／一顺儿／一下儿／姨儿／应名儿／影片儿／有点儿／有盼儿／杂拌儿／早早儿／掌勺儿／找茬儿／照面儿／照片儿／这会儿／这儿／针鼻儿／中间儿／抓阄儿／爪儿／准儿／走调儿／走神儿／走味儿／座儿／做活儿。

应该补充说明的是，在书面作品中，有时为了节律的匀称或修辞的需要而加用词尾“儿”，这“儿”字是独立的音节，应读轻声，而不应该把它看作是前一音节的儿化标志，如：“花儿为什么这样红？”另外，有些词语虽在口语里都儿化，但在书面语色彩强烈的地方则不应该儿化，如郭沫若《炉中煤》诗“我为我心爱的人儿燃到了这般模样”中的“模样”一词，就不应该儿化。

（四）普通话水平测试用儿化词语

国家语言文字工作委员会普通话培训测试中心编制的《普通话水平测试实施纲要》（商务印书馆 2004 年版）在第 247 ～ 251 页列出了《普通话水平测试用儿化词语表》。该表参照《普通话水平测试用普通话词语表》及《现代汉语词典》编制，收词 189 条，仅供普通话水平测试使用，并不表明这些词语在任何场合都必须儿化，所以与上面第（三）条列出的儿化词的性质有所不同。该表按儿化韵母顺序排列，有汉语拼音注音。现在我们将它改编为【表 1-9-6】，以便参加普通话水平测试的人员练习。我们的改动有以下三点：①将原来按儿化韵母排列的顺序改成按音变情况排列，以便读者进一步消化上述第（二）条所说的内容；②将原来的符号“＞”改成了“→”；③将原表中的“儿”字改小，表示它仅仅是一个卷舌动作而不是一个单独的音节。

表 1-9-6　普通话水平测试用儿化词语表

a→ar：　刀把儿／戏法儿／找茬儿／板擦儿／号码儿／在哪儿／打杂儿
ia→iar：　掉价儿／豆芽儿／一下儿
ua→uar：　脑瓜儿／麻花儿／牙刷儿／大褂儿／笑话儿
o→or：　耳膜儿／粉末儿
uo→uor：　火锅儿／大伙儿／小说儿／做活儿／邮戳儿／被窝儿
ao→aor：　红包儿／半道儿／跳高儿／口罩儿／口哨儿／灯泡儿／手套儿／叫好儿／绝着儿／蜜枣儿
iao→iaor：鱼漂儿／跑调儿／豆角儿／火苗儿／面条儿／开窍儿
e→er：　模特儿／唱歌儿／打嗝儿／在这儿／逗乐儿／挨个儿／饭盒儿
u→ur：　碎步儿／儿媳妇儿／泪珠儿／没谱儿／梨核儿／有数儿
ou→our：　衣兜儿／年头儿／门口儿／线轴儿／老头儿／小偷儿／纽扣儿／小丑儿
iou→iour：顶牛儿／棉球儿／抓阄儿／加油儿

ie→ier：　半截儿／小鞋儿
üe→üer：　旦角儿／主角儿
-i（前）→er：瓜子儿／没词儿／石子儿／挑刺儿
-i（后）→er：墨汁儿／记事儿／锯齿儿

i→i:er：　针鼻儿／肚脐儿／垫底儿／玩意儿
ü→ü:er：　毛驴儿／痰盂儿／小曲儿

ai→ar：　名牌儿／壶盖儿／加塞儿／鞋带儿／小孩儿
uai→uar：　一块儿
an→ar：　快板儿／蒜瓣儿／脸蛋儿／栅栏儿／笔杆儿／老伴儿／脸盘儿／收摊儿／包干儿／门槛儿
ian→iar：　小辫儿／扇面儿／一点儿／聊天儿／冒尖儿／牙签儿／心眼儿／照片儿／差点儿／雨点儿／拉链儿／坎肩儿／露馅儿
uan→uar：　茶馆儿／火罐儿／打转儿／好玩儿／饭馆儿／落款儿／拐弯儿／大腕儿
üan→üar：　烟卷儿／出圈儿／人缘儿／杂院儿／手绢儿／包圆儿／绕远儿
en→er：　老本儿／嗓门儿／哥们儿／后跟儿／别针儿／走神儿／小人儿书／刀刃儿／花盆儿／把门儿／纳闷儿／高跟儿鞋／一阵儿／大婶儿／杏仁儿

uen→uer：　打盹儿／砂轮儿／没准儿／胖墩儿／冰棍儿／开春儿
ei→er：　　刀背儿／摸黑儿
uei→uer：　跑腿儿／耳垂儿／围嘴儿／一会儿／墨水儿／走味儿
in→i:er：　有劲儿／脚印儿／送信儿
ün→ü:er：　合群儿

ang→ar（鼻化）：　药方儿／赶趟儿／香肠儿／瓜瓤儿
iang→iar（鼻化）：鼻梁儿／花样儿／透亮儿
uang→uar（鼻化）：蛋黄儿／天窗儿／打晃儿
ong→or（鼻化）：　果冻儿／胡同儿／酒盅儿／门洞儿／抽空儿／小葱儿
iong→ior（鼻化）：小熊儿
eng→er（鼻化）：　钢镚儿／脖颈儿／夹缝儿／提成儿
ueng→uer（鼻化）：小瓮儿
ing→i:er（鼻化）：花瓶儿／图钉儿／眼镜儿／火星儿／打鸣儿／门铃儿／蛋清儿／人影儿

三、变调

轻声、儿化是分别发生在音节、韵母上的音变现象。在普通话中，也有只发生在声调上的音变现象。在音节连说的时候，有些音节的声调因受相连音节的影响而发生变化，这种现象叫作“变调”。按照汉语拼音规则，除了在语音教学时可以根据需要按变调标写外，一般读物一律标原调而不标变调。所以，我们更有必要掌握普通话中的变调规律。现将主要的变调情况介绍如下。

（一）上声的变调

上声音节只有在单念或在词句末尾时才读原调，其后紧接其他音节时都会发生变调。

（1）上声音节在非上声（阴平、阳平、去声、轻声）音节前变成半上，即调值由 [214] 变为 [211]。如：普通、火车（阴平前），老刘、旅行（阳平前），主见、老练（去声前），耳朵、马虎、奶奶、脑袋（轻声前）。

（2）上声音节在上声音节前变得像阳平，即调值由 [214] 变为 [24]（有人认为变为 [35]，与阳平相同）。如：选举、领导、水手、勇敢、理想、美满、小鬼、老虎、可以、打扫、水果、洗澡。

（3）三个上声音节相连时，按其结构层次逐层变调。如“展览馆”，先变“展览”中的“展”，再变“览”，即先变为[（24+214）+214]，再变为[24+24+214]。又如“纸老虎”，先变“老虎”中的“老”，再变“纸”，即先变成[214+（24+214）]，再变为[211+24+214]，这是因为“纸”后面相连的是一个已变为[24]调值的“非上声”的“老”，所以变为半上。总之，“展览馆”“水彩笔”“手写体”“管理者”“选举法”“洗脸水”“处理品”“碾米厂”“导火索”“采访本”“虎骨酒”等双单音节结构读[24+24+214]，“纸老虎”“海产品”“小两口”“小拇指”“冷处理”“撒火种”“买保险”“耍笔杆”“很理想”“党小组”“好领导”等单双音节结构读[211+24+214]。

（二）去声的变调

去声音节在非去声音节前不变调，但在去声音节前则变为半去，即调值由[51]变为[53]。如：注意、世界、社会、扩大、愿意、照相。

（三）“一”（yī）、“不”（bù）的变调

（1）“一”“不”单用或在词句末尾不变调。如：不管三七二十一／我偏不。

（2）“一”“不”在非去声音节前，一律念去声，即“一”变调而“不”不变调。如：一斤／一年／一里／不慌／不忙／不早。

（3）“一”“不”在去声音节前一律念阳平。如：一月／一见如故／不看／不露声色。

（4）“一”夹在重叠动词中、“不”夹在词语中读轻声，见本节第一部分“轻声”中的（二）1（9）。

（5）“一”作为序数表示“第一”时不变调（读 yī）。例如：“一楼”不变调（“一”读 yī）表示“第一楼”或“第一层楼”，变调（“一”读 yì）则表示“全楼”。“一连”不变调表示“第一连”，变调（“一”读 yì）则表示“全连”或用作副词“一连”（如“一连五天”）。“一路”不变调表示“第一路”（如“一路车”），变调（“一”读 yí）则表示“整个行程”（如“一路领先”）或“一类”（如“一路货”）。“一线”不变调表示“第一线”（最前线），变调（“一”读 yí）则表示“一丝”（如“一线天”）。

（四）形容词重叠部分的变调

（1）重叠部分为儿化韵的有时变为阴平。如：好好儿的（上声变阴平），慢慢儿地（去声变阴平）。

（2）单音节形容词后的重叠式状态形容词有时变为阴平。如：慢腾腾／红彤彤／绿油油（以上为阳平变阴平）；黄澄澄／沉甸甸／香喷喷（以上为去声变阴平）。请揣摩：喷喷香（pènpènxiāng）——香喷喷（xiāngpēnpēn），热气腾腾（rèqì-téngténg）——慢慢腾腾（mànman-tēngtēng）。

四、语气词“啊”的变化

语气词“啊”用在句末或句中，常受到前一音节末尾音素的影响而发生音变，这时也可以写成不同的汉字。其大致情况如表 1-9-7。

表1-9-7 语气词“啊”变化表

前一音节末尾的音素	“啊”的发音	汉字写法	例 句
ɑ、o（不包括ɑo、iɑo）、e、ê（指ie、üe）、i、ü	iɑ	呀、啊	是我～！ 快去～！
u、o（指ɑo、iɑo）	uɑ	哇、啊	这是我的书～！ 多好～！
n	nɑ	哪、啊	天～！ 你可要小心～！
ng	ngɑ	啊	行不行～？ 真是个英雄～！

此外，“啊”与其他语气词连用时还能合成新的语气词。如：[么（me）+啊（ɑ）→嘛（mɑ）]，[么（me）+啊（ɑ）→吗（mɑ）]，[了（le）+啊（ɑ）→啦（lɑ）]，[呢（ne）+啊（ɑ）→哪（nɑ）]。

第十节 字音的规范和误读的防止

汉字有形、音、义三个要素。字音是汉字三要素之一，所以也可以放在文字部分论述。但由于下一章主要论述字形，所以我们将字音放在这里论述。

所谓字音的规范，是指以北京语音为基本标准而确立的普通话读音标准。这种标准字音，现在基本上由《普通话异读词审音表》（以下简称《审音表》）《现代汉语词典》等国家级的规范性文件和词典所收录。

某字在某一场合应读甲音而把它读成了乙音，这就是所谓的误读。读音正确与否直接反映了一个人文化水平的高低。一个人如果经常读错字音，就会被人认为是文化素养低下，所以误读问题必须引起我们的重视。

把字音读错有各种原因，我们只有对症下药，才能有效地防止误读。下面即根据造成误读的原因来谈谈防止误读的方法。

一、排除方音干扰

由于我国各方言区的语音系统和普通话的语音系统不尽相同，方言区的人往往受其方音的影响而读错字音。例如，上海话中“祥”“详”和“墙”同音，“钢”“港”和“江”同音，有些上海人用普通话读“祥”“详”时便读作 qiáng，用普通话读“钢”“港”时便读作 jiāng，这就造成了误读。又如，广州话中没有 zh、ch、sh，有些广州人用普通话读汉字时常常把 zh、ch、sh 误读成 j、q、x，如把“标志”误读成“标记”，把“长度”误读成“强度”，把“时间”误读成“席间”。再如，客家方言梅县话中没有撮口呼韵母，有些人往往把普通话的 ü 误念成 i，这样，就把“名誉”误读成“名义”，把“寓意”误读成“意义”，把“全面”误读成“前面”，把“拒绝”误读成“季节”。

尤其值得注意的是，有时候方音太重还会妨碍交际。如南方某领导介绍经验时说：“我们这里的发展，一靠 [tɕin ts‘ɤ]，二靠 [tɕi ȵy]。”其原话应该是“一靠政策，二靠机遇”，结果听者却以为是“一靠警察，二靠妓女”，这便是方音声母惹的祸。至于方音的声调，也会造成误会，如“水饺一碗多少钱”被说成“睡觉一晚多少钱”，弄得饭店的女服务员脸都红了。

有鉴于此，方言区的人应该努力排除方音的干扰，发准普通话中每个字的字音。关于这一点，可参见上面第四节和第五节。

二、注意轻声儿化

由于普通话中的一些词或词组靠轻声或儿化来表示不同的意义，如果我们不能掌握一些常用的轻声词、儿化词，就会造成误读。如把“瞎子”（xiāzi）误读成“虾子”(xiāzǐ)，把“舌头”(shétou）误读成“蛇头”(shétóu)，把“油票”（yóupiàor）误读成“邮票”（yóupiào）。有关这方面的内容，可参见上面第九节。

三、遵照异读规范

（一）关于异读字

异读字，过去习称“异读词”。这种说法其实并不妥当。从理论上来说，“字”是记录“词”的书写符号，是形、音、义的结合体，是训诂学或文字学的研究对象；“词”是语音和语义的结合体，是语言学或词汇学的研究对象。两者是不可混为一谈的。从实践上来说，拿国家普通话审音委员会1985年12月修订的《普通话异读词审音表》来看，其中所审的，很多在现代汉语中都不是“词”，而只是记录词素的“字”，如“阿”“蔼”“霭”“隘”……。总之，我认为应该称为“异读字”才合乎事实。如果一定要用“词”这一概念，那么应该把《审音表》中很多不成词的“字”删去。否则，名不正而言不顺，很难进行科学的论述。

一个汉字，在同一语音系统中记录同一词语中的同一义素（义素是最小的语义单位，是意义上不能再切分的构词单位）时有不同的读音，这个汉字就是所谓的异读字。如“谬论”的“谬”，在北京话中既读miù，又读niù，它便是异读字。

如果一个汉字记录同一个义素时只在不同的语音系统（如不同的方音）中有不同的读音，那么它不能算是异读字。如“之”在普通话中读zhī，在苏州话中读zī，这不算异读字。

如果在同一语音系统中，一个汉字记录的不是同一个义素，那么它即使有不同的读音，也不算异读字。因为不同义素的意义不同，其使用的场合也不同（即它们与不同的词素或词搭配），其语音当然也可能不同，这时用一个汉字来记录，这汉字只是一个多义异用多音字而已。如“差别”和“出差”中的“差”字，虽然它在前一个词中读chā，在后一个词中读chāi，但它在两个词中的意义与搭配是不同的，它代表了两个义素，所以它不能算是异读字。

如果一个汉字在同一语音系统中记录同一个义素（即表示一个意义或者相近的一组意义）时只在不同的词语中有不同的读音，也不算异读字，而是单义异用多音字。如“剥皮”和“剥削”中的“剥”字，虽然它记录的是同一义素，并在前一个词语中读bāo，在后一个词中读bō，但这两种读音的使用场合不同——前者只用于口语中的单音词（又如“剥花生”），后者则专用于合成词或成语（又如“剥夺”“生吞活剥”），所以它也不算异读字。

（二）异读字的整理和规范

由上述种种情况可知，所谓的异读字，只是一种单义同用多音字，即它表示一个意义、在相同的词语中使用时有不同的读音。这种不同的读音既无区别意义的作用，又无区别用法的作用，纯粹是语音方面的赘疣，是造成读音混乱的一大因素，所以必须清理。为此，1956年中国科学院成立了普通话审音委员会，专门审定异读字的读音，即给有异读的字确立一个规范读音，而将该字的其他异读音排除在规范之外。在一个异读字的各个不同读音中确定某一读音为规范读音的原则主要有两条：一是看该读音是否符合普通话的语音发展规律；二是看它是否在北京话中非常通行，同时在北方话中也通用。

从1957年到1962年，普通话审音委员会曾分三次发表了《普通话异读词审音表初稿》，并于1963年辑录成《普通话异读词三次审音总表初稿》（分别见《中国语文》1957年10月号、1959年7月号、1962年12月号、1963年1月号）。1982年6月以后，重建的普通话审音委员会对原表初稿作了修订。修订稿经国家语言文字工作委员会、国家教育委员会、广播电视部审核通过，于1985年12月27日以《普通话异读词审音表》的名称予以公布。国家语言文字工作委员会等在公布该表的通知中强调说："自公布之日起，文教、出版、广播等部门及全国其他部门、行业所涉及的普通话异读词的读音、标音，均以本表为准。"这样，异读字的异读就有规范与不规范之分了。读了已被淘汰的不规范读音，就是误读。如广播、电视中我们常听到播音员、节目主持人、演员把"召开"的"召"读成zhāo，把"危险"的"危"读成wéi，把"质量"的"质"读为zhǐ，把"半夜三更"的"更"读为jīng，这些均为误读。这一问题，必须引起我们的注意。

需要说明的是，商务印书馆2012年6月出版的自称"以推广普通话、促进汉语规范化为宗旨"（封底语）的《现代汉语词典》第6版对异读字的注音仍然没有严格依照《普通话异读词审音表》的审订。如"雀盲症"之"雀"，《审音表》已注明读为què，但该词典却只注其异读qiǎo而不取què。又如"凹""挼""澎""咱"等字，《审音表》注明其"统读"āo、ruó、péng、zán等，这表示这几个字用于任何词语中只读一音，但该词典却又分别给这些字注了wā、ruá、pēng、zá等读音，这是不合乎规范的。如果我们盲从该词典，就会造成误读。当然，《审音表》也有值得修改之处，如"秦桧"的"桧"读为huì就大可不必，而完全应该像把"叶公"的"叶"读为yè一样，把"桧"的读音定为guì。但无论如何，在《审音表》重加修改之前，作为一部国家级的现代汉语规范词典，不遵照国家规范而另定读音的做法是不妥当的。总之，我们在遇到异读字的时候，还是应该严格遵照《审音表》所制定的规范，而不能盲从其他词典的注音。

北京话里异读字的异读，从语音的角度来分析，主要表现在声母、韵母、声调等方面。有些异读只涉及其中的一个方面，如上文所举的“谬”的异读只表现在声母上；有些异读则不止一个方面。下面我们将一些容易读错的常用字的异读情况编为《常用字之异读取舍表》（其中加〇的是《普通话异读词审音表》以外的字），以便大家分清正误读音。其中前一读音是经过审定的规范读音；中间的词语为异读出现的场合；后面冠以“舍”字的，是被舍弃的（即不规范的）异读，应该在发音时摒弃它们（现在有不少误读是因为未摒弃这些异读）。凡是加下划线的异读音，表示该异读只出现于某一个或某几个词语中。当然，由于《普通话异读词审音表》的影响与日俱增，所以此表中有些字的异读现在已经处于逐渐消亡的过程中，从这种意义上来说，此表也可以用作研究异读字的一份历史资料。

此外，《普通话异读词审音表》是人们经常要查阅的标准性文件，今也附录于后，以便使用。

表1-10-1　常用字之异读取舍表

癌	ái	癌症。舍 yán。
隘	ài	狭隘。舍 ǎi。
谙	ān	谙练。舍 àn。
昂	áng	高昂，昂贵，气昂昂。舍 āng。
凹	āo	凹透镜，凹陷。舍 yāo、wā。
〇拗	ǎo	拗断。舍 yǎo。（“拗口”的“拗”读 ào，舍 yào。“执拗”的“拗”读 niù。）
坳	ào	山坳。舍 āo。
白	bái	明白。舍 bei。
傍	bàng	傍晚。舍 bāng、páng。
磅	bàng	一磅肉，过磅。舍 bèng。
胞	bāo	同胞。舍 pāo。
焙	bèi	把烟叶焙干。舍 péi。
蚌	bèng	蚌埠。舍 bàng。（“蛤蚌”的“蚌”读 bàng。）
〇匕	bǐ	匕首。舍 bì。
鄙	bǐ	卑鄙，鄙视，鄙人。舍 bì、pǐ。
庇	bì	庇护，包庇。舍 pì、bǐ。
辟	bì	复辟。舍 pì。
婢	bì	奴婢，婢女。舍 bēi。
痹	bì	麻痹。舍 pì。
蝙	biān	蝙蝠。舍 biǎn。
遍	biàn	普遍，遍地。舍 piàn。
〇俵	biào	俵分。舍 biǎo。
濒	bīn	濒临，濒危。舍 pín。
波	bō	波涛，波浪，电波。舍 pō。
播	bō	广播，播种。舍 bò。
菠	bō	菠菜。舍 bó。
帛	bó	布帛，帛书。舍 bò、bèi。
伯	bó	伯伯（bóbo，舍 bāibai）。舍 bāi。
哺	bǔ	哺乳。舍 pǔ。
捕	bǔ	捕获，逮捕。舍 pǔ。
埠	bù	商埠，外埠。舍 fù、fǔ。
惭	cán	惭愧。舍 cǎn。
灿	càn	灿烂。舍 cǎn。

糙	cāo	糙米。舍 zào。
嘈	cáo	嘈杂。舍 cāo。
岑	cén	姓。舍 qín、chén。
阐	chǎn	阐述。舍 chán、shàn。
伥	chāng	为虎作伥。舍 zhāng。
○长	cháng	身无长物。舍 zhàng。
巢	cháo	鸟巢，巢穴。舍 chāo。
乘	chéng	乘车，乘风破浪，乘势。舍 chèng。
惩	chéng	惩罚，惩前毖后。舍 chěng。
痴	chī	白痴，痴心妄想。舍chí。
吃	chī	口吃。舍 jí。
弛	chí	松弛，废弛。舍 shǐ。
侈	chǐ	奢侈。舍 chī、chì。
炽	chì	炽热。舍 zhī、zhí、chí。
储	chǔ	储蓄，储藏。舍 chú。
处	chǔ	处理，处分，处决，处方，处女，处境。舍 chù。（动作义的“处”读 chǔ；名物义的“处”读 chù，如“处所”“短处”。）
触	chù	接触，感触，触犯。舍 chǔ、chuò、zhù
绌	chù	相形见绌。舍 chuò。
黜	chù	罢黜。舍 chuò。
闯	chuǎng	闯荡江湖。舍 chuàng。
创	chuàng	创作，创造，首创。舍 chuǎng。（“创伤”“重创”的“创”读 chuāng。）
雌	cí	雌雄。舍 cī。
赐	cì	赏赐。舍 sì。
从	cóng	从容不迫。舍 cōng。
丛	cóng	丛书，花丛。舍 cōng。
搭	dā	搭车，搭档。舍 dá。
呆	dāi	呆板。舍 ái。
傣	dǎi	傣族。舍 tài。
逮	dài	逮捕。舍 dì。
档	dàng	档案，归档。舍 dǎng。
蹈	dǎo	舞蹈，赴汤蹈火。舍 dào。
导	dǎo	领导，引导，导演。舍 dào。
悼	dào	哀悼，悼念。舍 dǎo。
堤	dī	堤坝，河堤。舍 tí。
提	dī	提防。舍 tí。（在“提物”等词语中读 tí。）
抵	dǐ	抵抗，抵触。舍 dí。
蒂	dì	瓜熟蒂落，烟蒂。舍 tì。
缔	dì	缔结。舍 tì。
谛	dì	谛听。舍 dí。
○酊	dǐng	酩酊大醉。舍 dīng。（“酊剂”之“酊”是外来词，读 dīng。）
盾	dùn	矛盾，后盾，盾牌。舍 shǔn。
多	duō	多少，多么。舍 duó。
婀	ē	婀娜。舍 ā。
○俄	é	俄顷，俄罗斯。舍 è。
伐	fá	讨伐，步伐，伐木。舍 fā。
阀	fá	军阀，阀门。舍 fā。
法	fǎ	法宝，法国。舍 fà。
发	fà	头发，理发，令人发指。舍 fǎ。
帆	fān	帆船，帆布。舍 fán。
妨	fáng	不妨，无妨，何妨。舍 fāng。
防	fáng	边防，消防队。舍 fǎng。
肪	fáng	脂肪。舍 fāng。
沸	fèi	沸腾，煮沸，沸点。舍 fú、fó。

汾	fén	汾酒。舍 fēn。
讽	fěng	讽刺，嘲讽。舍 fèng。
肤	fū	皮肤，肤浅。舍 fú、fǔ。
敷	fū	敷衍，敷药。舍 fǔ、fù。
浮	fú	漂浮，浮云，轻浮。舍 fóu。
拂	fú	拂晓。舍 fó。
复	fù	复杂，繁复，复习。舍 fǔ、fú。
缚	fù	束缚。舍 fú、fǔ、fò。
冈	gāng	山冈，井冈山，景阳冈。舍 gǎng。（“冈”或写作“岗”，但“岗哨”“站岗”“岗位”“黄土岗子”的“岗”不写作“冈”，读 gǎng 而不读 gāng。）
岗	gǎng	岗位。舍 gāng。
港	gǎng	港口，海港。舍 jiǎng。
○告	gào	忠告。舍 gù。
○各	gè	各人，各自。舍 gé。
更	gēng	五更，深更半夜。舍 jīng。
○耕	gēng	耕地。舍 jīng。
供	gōng	供给，提供。舍 gòng。（“口供”“翻供”的“供”才读 gòng。）
勾	gòu	勾当。舍 gōu。
估	gū	估计，估价。舍 gǔ。
骨	gǔ	骨头。舍 gú。
犷	guǎng	粗犷。舍 kuàng。
刽	guì	刽子手。舍 kuài。
壑	hè	千山万壑，沟壑。舍 huò。
鹤	hè	仙鹤，黄鹤楼。舍 háo。
黑	hēi	黑白分明。舍 hěi、hè。
亨	hēng	亨通。舍 héng。
横	hèng	横财，横暴。舍 héng。（“横肉”“横行霸道”“横征暴敛”中的“横”读 héng。）
桦	huà	桦木，白桦林。舍 huá。
徊	huái	徘徊。舍 huí。
浣	huàn	浣纱。舍 wǎn。
桧	huì	秦桧。舍 guì。（“桧树”的“桧”读 guì。）
诲	huì	教诲。舍 huǐ。
会	huì	一会儿，多会儿。舍 huǐ。
混	hùn	混合，混杂，混乱。舍 hǔn。
霍	huò	霍乱。姓。舍 huǒ。
获	huò	获得，收获。舍 hù。
击	jī	打击，袭击。舍 jí。
奇	jī	奇数。舍 qí。（在“奇怪”等词中应读 qí。）
疾	jí	疾病，疾苦，快疾。舍 jī。
○即	jí	立即，即刻，即使。舍 jì。
给	jǐ	供给，给予。舍 gěi。（“给”在口语中单用时才读 gěi。）
脊	jǐ	脊梁。舍 jí。
绩	jì	成绩。舍 jī、ji。
迹	jì	痕迹，足迹，事迹，古迹。舍 jī。
寂	jì	寂静，寂寞。舍 jí。
茄	jiā	雪茄。舍 qié。（“茄”在“茄子”“番茄”中才读 qié。）
夹	jiā	夹带藏掖，夹道欢迎。舍 jiá。（在“夹袄”“夹被”等词中

		应读 jiá。）夹生饭。舍 jià。
浃	jiā	汗流浃背。舍 xiá。
甲	jiǎ	甲子，甲鱼。舍 jià。
歼	jiān	歼灭。舍 qiān。
缰	jiāng	缰绳。舍 gāng。
剿	jiǎo	围剿。舍 chāo。（表示抄袭义的“剿袭”之“剿”才读 chāo。）
校	jiào	校对，校样。舍 jiǎo、xiào。（在“学校”等词中才读 xiào。）
较	jiào	比较，较量，较好。舍 jiǎo。
酵	jiào	发酵，酵母菌。舍 xiào。
茎	jīng	茎部。舍 jìng、jǐng。
粳	jīng	粳米。舍 gēng。
鲸	jīng	鲸鱼。舍 qíng。
痉	jìng	痉挛。舍 jīng。
究	jiū	研究，究竟。舍 jiù。
鞠	jū	鞠躬。舍 jú。
俱	jù	俱乐部，一切俱备。舍 jū。
○觉	jué	觉悟，感觉。舍 jiǎo。
菌	jūn	细菌，病菌。舍 jǔn。
俊	jùn	英俊，俊杰。舍 zùn。
揩	kāi	揩油。舍 kā。
慨	kǎi	感慨，愤慨，慷慨。舍 kài。
壳	ké	贝壳儿，脑壳。舍 qiào。（口语词读 ké；“地壳”“甲壳”“躯壳”等书面语读 qiào 而舍 ké。）
恪	kè	恪守。舍 què。
刻	kè	刻字。舍 kē。
框	kuàng	框架。舍 kuāng。
括	kuò	包括，概括，括号。舍 guò、guā、kè。
捞	lāo	打捞。舍 láo。
劳	láo	犒劳，慰劳。舍 lào。
烙	lào	烙印，烙饼。舍 luò。（“炮烙”的“烙”才读 luò。）
擂	léi	擂鼓。舍 lèi。（“擂台”“打擂”的“擂”才读 lèi。）
蕾	lěi	花蕾，芭蕾舞。舍 léi。
肋	lèi	肋骨。舍 lè。
敛	liǎn	收敛。舍 liàn。
劣	liè	恶劣，劣等。lüè。
虏	lǔ	俘虏。舍 luǒ。
掳	lǔ	掳掠。舍 luǒ。
○闾	lǘ	闾里。舍 lǚ。
榈	lǘ	棕榈。舍 lǚ。
绿	lù	绿林。舍 lǜ。
掠	lüè	掠夺。舍 lüě。
络	luò	联络，脉络，笼络。舍 lè。
落	luò	降落，落后，部落，着落。舍 lè。
脉	mài	山脉，动脉。舍 mò。（“脉脉”应读 mòmò。）
芒	máng	麦芒。舍 wáng。
虻	méng	牛虻。舍 máng。
靡	mǐ	委靡，风靡一时，所向披靡。舍 mí。（“靡费”的“靡”应读 mí。）
秘	mì	便秘。舍 bì。（“秘鲁”的“秘”应读 bì。）
闽	mǐn	闽方言。舍 mín。
酩	mǐng	酩酊大醉。舍 míng。
谬	miù	谬误，荒谬。舍 niù。
模	mó	模糊。舍 mō。

膜	mó	薄膜，隔膜。舍 mò。
摩	mó	按摩。舍 mō。
缪	móu	未雨绸缪。舍 niù。
馁	něi	气馁。舍 nuǐ。
嫩	nèn	柔嫩。舍 nùn、lèn。
拈	niān	拈阄，拈须。舍 nián、niǎn。
酿	niàng	酿造。舍 yàng。
脓	nóng	化脓。舍 néng。
弄	nòng	玩弄，弄巧成拙。舍 lòng、nèng、nòu。（“弄堂”的“弄”应读 lòng。）
暖	nuǎn	暖和。舍 nǎng。
殴	ōu	殴打。舍 óu。
呕	ǒu	呕吐，呕心沥血。舍 ōu。
琶	pá	琵琶。舍 ba。
湃	pài	澎湃。舍 bài。
蹒	pán	蹒跚。舍 mán。
畔	pàn	河畔。舍 bàn。
乓	pāng	乒乓。舍 bāng。
滂	pāng	大雨滂沱。舍 páng。
澎	péng	澎湃。舍 pēng。
坯	pī	坯子，土坯。舍 pēi。
披	pī	披星戴月，披衣。舍 pēi。
匹	pǐ	一匹布，匹配。舍 pī。
僻	pì	僻静。舍 bèi。
乒	pīng	乒乓。舍 bīng。
颇	pō	偏颇，颇为中肯。舍 pǒ。
剖	pōu	解剖，剖析。舍 pō、pāo、pǒu。
朴	pǔ	朴素，俭朴。舍 pú。
瀑	pù	瀑布。舍 pú、pǔ。
栖	qī	栖息，两栖动物。舍 xī。
戚	qī	亲戚，休戚相关。舍 qì。
期	qī	时期，期望。舍 qí。
畦	qí	菜畦。舍 xī。
企	qǐ	企业，企图，企鹅。舍 qí、qì。
绮	qǐ	绮丽。舍 yǐ。
洽	qià	商洽，融洽。舍 xiá。
签	qiān	签字。舍 qiàn。
潜	qián	潜伏，潜力。舍 qiān、qiǎn。
嵌	qiàn	镶嵌。舍 kān、qiān。
襁	qiǎng	襁褓。舍 qiáng、jiàng。
怯	qiè	胆怯。舍 què。
挈	qiè	提纲挈领。舍 xié。
侵	qīn	侵略，侵占。舍 qǐn。
倾	qīng	倾向。舍 qǐng。
曲	qū	酒曲。舍 qú。
渠	qú	水渠。舍 qū。
趣	qù	兴趣，趣味。舍 qǔ。
雀	què	家雀，雀盲，雀斑。舍 qiǎo。
绕	rào	缠绕，环绕，围绕，盘绕。舍 rǎo。
扔	rēng	扔过去。舍 rěng。
○仍	réng	仍旧。舍 rěng。
容	róng	容易，容貌，容纳。舍 yóng。
孺	rú	孺子，妇孺。舍 rǔ、rù。
蠕	rú	蠕动。舍 ruǎn。
辱	rǔ	耻辱，侮辱，辱骂。舍 rù。
塞	sè	闭塞。舍 sāi。（口语“塞住”的“塞”读 sāi。）
森	sēn	森林，阴森。舍 shēn。

啥	shá	啥事？舍 shà。
慑	shè	威慑，慑服。舍 zhé。
摄	shè	摄影。舍 niē。
胜	shèng	胜任，不胜枚举。舍 shēng。
识	shí	认识，见识，识字。舍 shì。
室	shì	教室，办公室。舍 shí、shǐ。
殊	shū	特殊，悬殊。舍 shú、chū。
疏	shū	生疏，疏远，疏忽。舍 sū。
叔	shū	叔父。舍 shú。
署	shǔ	部署，署名。舍 shù。
曙	shǔ	曙光。舍 shù。
硕	shuò	硕士，硕大无朋。舍 shí。
艘	sōu	一艘船。舍 sǒu、sāo。
速	sù	迅速，速度。舍 sú。
塑	sù	塑造，雕塑，塑料。舍 suò。
○诉	sù	告诉。舍 sòng。
虽	suī	虽然。舍 suí。
髓	suǐ	骨髓。舍 suí。
隧	suì	隧道。舍 suí。
缩	suō	伸缩，畏缩。舍 suò。
○他	tā	其他。舍 tuō。
獭	tǎ	水獭。舍 tà。
涛	tāo	波涛。舍 táo。
佻	tiāo	轻佻。舍 tiào。
调	tiáo	调皮。舍 tiǎo。
○汀	tīng	水门汀，长汀（地名）。舍 dīng。
听	tīng	听任，听便，听政。舍 tìng。
凸	tū	凸透镜。舍 tú、gǔ。
涂	tu	糊涂。舍 du。
蜕	tuì	蜕化，蝉蜕。舍 duì、shuì。
颓	tuí	颓废，颓丧。舍 tuī、tuì、téi。
唾	tuò	唾液。舍 chuí。
瓦	wà	瓦刀。舍 wǎ。（“屋瓦”“瓦工”的“瓦”读 wǎ。）
蜿	wān	蜿蜒。舍 wǎn。
往	wǎng	往前看，往后。舍 wàng。
微	wēi	稍微，微小，衰微。舍 wéi。
巍	wēi	巍然。舍 wéi。
薇	wēi	蔷薇。舍 wéi。
危	wēi	危险，危害。舍 wéi、wěi。
违	wéi	违背，违反。舍 wēi、wěi。
伪	wěi	虚伪，伪造。舍 wèi。
尾	wěi	尾巴。舍 yǐ。（“马尾儿”“马尾罗”以及雌蟋蟀“三尾儿”中的“尾”应读 yǐ。）
文	wén	文饰，文过饰非。舍 wèn。
紊	wěn	紊乱，有条不紊。舍 wèn。
○挝	wō	老挝（国名）。舍 guō。
○我	wǒ	我的。舍 ě。
夕	xī	朝夕。舍 xì。
汐	xī	潮汐。舍 xì。
昔	xī	今昔。舍 xí。
溪	xī	小溪。舍 qī。
○息	xī	喘息，利息，息怒。舍 xí。

惜　xī　爱惜，可惜。舍 xí。
锡　xī　锡茶壶。舍 xí。
袭　xí　袭击，抄袭。舍 xī。
鲜　xiān　屡见不鲜，数见不鲜。舍 xiǎn。（“鲜”读上声时表示“少”，古又写作“尟”“尠”。这两个成语中的“鲜”指“新鲜”，不是指“少”。）
弦　xián　琴弦。舍 xuán。
陷　xiàn　陷坑。舍 xuàn。
相　xiàng　相机行事。舍 xiāng。（在“相见”“相识”等词中才读 xiāng。）
淆　xiáo　混淆。舍 yáo。
哮　xiào　咆哮，哮喘。舍 xiāo。
些　xiē　这些。舍 xiě。
携　xié　携带，携手。舍 xī。
偕　xié　偕同，白头偕老。舍 jiē。
挟　xié　要挟，挟制。舍 xiá。
械　xiè　机械，器械。舍 jiè。
行　xíng　行为，德行，品行。舍 xìng。
朽　xiǔ　腐朽。舍 qiǔ。
煦　xù　春风和煦。舍 xǔ。
○渲　xuàn　渲染。舍 xuān。
穴　xué　洞穴，太阳穴。舍 xuè。
学　xué　学习，学校。舍 xiáo。
雪　xuě　雪白。舍 xuè。
血　xuè　血型，血肉相连，血债，流血牺牲。舍 xuě。（用于口语时读 xiě，如：鸡血，流血了，血汤子，血晕。）
谑　xuè　戏谑。舍 nüè。
○询　xún　询问。舍 xùn。

驯　xùn　驯服，驯养，驯顺。舍 xún。
徇　xùn　徇情。舍 xún。
殉　xùn　殉难。舍 xún。
押　yā　抵押，画押。舍 yá。
崖　yá　山崖。舍 yái、ái。
哑　yǎ　哑然失笑，笑言哑哑。舍 è。
亚　yà　亚军，亚洲，印度尼西亚。舍 yǎ。
沿　yán　河沿。舍 yàn。
焰　yàn　火焰，气焰。舍 yán。
夭　yāo　夭折。舍 yǎo。
肴　yáo　菜肴。舍 xiáo。
杳　yǎo　杳无音信。舍 miǎo。
耀　yào　照耀，荣耀。舍 yuè。
叶　yè　叶公好龙。舍 shè。
曳　yè　摇曳，曳光弹。舍 yì。
○液　yè　液体。舍 yì。
谊　yì　友谊，情谊。舍 yí。
○益　yì　益处。舍 yí。
应　yìng　应付，应邀。舍 yǐng。
庸　yōng　庸俗，平庸。舍 yóng。
拥　yōng　拥护，一拥而入。舍 yǒng。
愚　yú　愚蠢，愚公移山。舍 yū。
娱　yú　娱乐。舍 yù。
屿　yǔ　岛屿。舍 xǔ。
跃　yuè　跳跃，踊跃。舍 yào。
暂　zàn　暂时。舍 zǎn、zhǎn、zhàn。
凿　záo　确凿，穿凿。舍 zuò。
憎　zēng　憎恶，憎恨。舍 zèng。
摘　zhāi　摘要，指摘。舍 zhé。
颤　zhàn　颤栗，打颤。舍 chàn。（“颤动”“颤抖”的“颤”才读 chàn。）

沼	zhǎo	沼气。舍 zhāo。
召	zhào	召集，召开，号召，召见。舍 zhāo。（“招集”读 zhāojí，是另一个词。）
贞	zhēn	忠贞，坚贞。舍 zhēng。
侦	zhēn	侦察，侦探。舍 zhēng。
帧	zhēn	装帧。舍 zhèng。
诊	zhěn	门诊，诊疗。舍 zhēn。
脂	zhī	脂肪，油脂。舍 zhǐ。
殖	zhí	繁殖，生殖，殖民地。舍 chí、zhǐ、zhì。
指	zhǐ	手指头。舍 zhí。指甲。舍 zhī。
质	zhì	质量，本质，地质，质朴，质问。舍 zhí、zhǐ。
栉	zhì	鳞次栉比。舍 jié。
秩	zhì	秩序。舍 chì。
诌	zhōu	胡诌。舍 zōu。
骤	zhòu	步骤，暴风骤雨。舍 zòu。
逐	zhú	追逐，驱逐，逐渐。舍 zhù。
○主	zhǔ	主意。舍 zhú。
拙	zhuō	笨拙，拙劣。舍 zhuó。
卓	zhuó	卓越，卓识。舍 zhuō。
综	zōng	综合。舍 zǒng。
纵	zòng	纵横。舍 zōng。
组	zǔ	组织，组合，分组。舍 zū。

【附录 1-10-1】

普通话异读词审音表

（1985年12月修订）

说　明

一、本表所审，主要是普通话有异读的词和有异读的作为“语素”的字。不列出多音多义字的全部读音和全部义项，与字典、词典形式不同。例如：“和”字有多种义项和读音，而本表仅列出原有异读的八条词语，分列于 hè 和 huo 两种读音之下（有多种读音，较常见的在前。下同）；其余无异读的音、义均不涉及。

二、在字后注明“统读”的，表示此字不论用于任何词语中只读一音（轻声变读不受此限），本表不再举出词例。例如：“阀”字注明“fá（统读）”，原表“军阀”“学阀”“财阀”条和原表所无的“阀门”等词均不再举。

三、在字后不注“统读”的，表示此字有几种读音，本表只审订其中有异读的词语的读音。例如“艾”字本有 ài 和 yì 两音，本表只举“自怨自艾”一词，注明此处读 yì 音；至于 ài 音及其义项，并无异读，不再赘列。

四、有些字有文白二读，本表以“文”和“语”作注。前者一般用于书面语言，用于复音词和文言成语中；后者多用于口语中的单音词及少数日常生活事物的复音词中。这种情况在必要时各举词语为例。例如：“杉”字下注

“（一）shān（文）：紫～、红～、水～；（二）shā（语）：～篙、～木”。

五、有些字除附举词例之外，酌加简单说明，以便读者分辨。说明或按具体字义，或按“动作义”“名物义”等区分，例如：“畜”字下注“（一）chù（名物义）：～力、家～、牲～、幼～；（二）xù（动作义）：～产、～牧、～养”。

六、有些字的几种读音中某音用处较窄，另音用处甚宽，则注“除××（较少的词）念乙音外，其他都念甲音”，以避免列举词条繁而未尽、挂一漏万的缺点。例如：“结”字下注“除‘～了个果子’‘开花～果’‘～巴’‘～实’念 jiē 之外，其他都念 jié”。

七、由于轻声问题比较复杂，除《初稿》涉及的部分轻声词之外，本表一般不予审订，并删去部分原审的轻声词，例如“麻刀（dao）”“容易（yi）”等。

八、本表酌增少量有异读的字或词，作了审订。

九、除因第二、第六、第七各条说明中所举原因而删略的词条之外，本表又删汰了部分词条。主要原因是：1. 现已无异读（如“队伍”“理会”）；2. 罕用词语（如“俵分”“仔密”）；3. 方言土音（如“归里包堆〔zuī〕”“告送〔song〕”）；4. 不常用的文言词语（如“刍荛”“氍毹”）；5. 音变现象（如“胡里八涂〔tū〕”“毛毛腾腾〔tēngtēng〕”；6. 重复累赘（如原表“色”字的有关词语分列达 23 条之多）。删汰条目不再编入。

十、人名、地名的异读审订，除原表已涉及的少量词条外，留待以后再审。

A

阿（一）ā
　～訇　～罗汉　～木林　～姨
　（二）ē
　～谀　～附　～胶　～弥陀佛
挨（一）āi
　～个　～近
　（二）ái
　～打　～说
癌 ái（统读）
霭 ǎi（统读）
蔼 ǎi（统读）
隘 ài（统读）
谙 ān（统读）
埯 ǎn（统读）
昂 áng（统读）
凹 āo（统读）
拗（一）ào
　～口
　（二）niù
　执～　脾气很～
坳 ào（统读）

B

拔 bá（统读）
把 bà
　印～子
白 bái（统读）
膀 bǎng
　翅～
蚌（一）bàng
　蛤～
　（二）bèng
　～埠
傍 bàng（统读）
磅 bàng
　过～
龅 bāo（统读）
胞 bāo（统读）
薄（一）báo（语）
　常单用，如“纸很～”。

（二）bó（文）
多用于复音词。
～弱　稀～　淡～　尖嘴～舌　单～　厚～
堡（一）bǎo
碉～　～垒
（二）bǔ
～子　吴～　瓦窑～　柴沟～
（三）pù
十里～
暴（一）bào
～露
（二）pù
一～（曝）十寒
爆 bào（统读）
焙 bèi（统读）
惫 bèi（统读）
背 bèi
～脊　～静
鄙 bǐ（统读）
俾 bǐ（统读）
笔 bǐ（统读）
比 bǐ（统读）
臂（一）bì
手～　～膀
（二）bei
胳～
庇 bì（统读）
髀 bì（统读）
避 bì（统读）
辟 bì
复～
裨 bì
～补　～益
婢 bì（统读）
痹 bì（统读）
壁 bì（统读）
蝙 biān（统读）
遍 biàn（统读）
骠（一）biāo
黄～马
（二）piào
～骑　～勇
傧 bīn（统读）
缤 bīn（统读）
濒 bīn（统读）
髌 bìn（统读）
屏（一）bǐng
～除　～弃　～气　～息
（二）píng
～藩　～风
柄 bǐng（统读）
波 bō（统读）
播 bō（统读）
菠 bō（统读）
剥（一）bō（文）
～削
（二）bāo（语）
泊（一）bó
淡～　飘～　停～
（二）pō
湖～　血～
帛 bó（统读）
勃 bó（统读）
钹 bó（统读）
伯（一）bó
～～（bo）　老～
（二）bǎi
大～子（丈夫的哥哥）
箔 bó（统读）
簸（一）bǒ
颠～
（二）bò
～箕
膊 bo
胳～
卜 bo
萝～
醭 bú（统读）
哺 bǔ（统读）
捕 bǔ（统读）
鵏 bǔ（统读）
埠 bù（统读）

C

残 cán（统读）
惭 cán（统读）
灿 càn（统读）
藏（一）cáng
矿～
（二）zàng
宝～
糙 cāo（统读）
嘈 cáo（统读）
螬 cáo（统读）
厕 cè（统读）
岑 cén（统读）
差（一）chā（文）
不～累黍　不～什么　偏～　色～　～别　视～　误～　电势～　一念之～　～池　～错　言～语错　一～二错　阴错阳～　～等　～额　～价　～强人意　～数　～异

（二）chà（语）
～不多 ～不离 ～点儿
（三）cī
参～
猹 chá（统读）
搽 chá（统读）
阐 chǎn（统读）
羼 chàn（统读）
颤（一）chàn
～动 发～
（二）zhàn
～栗（战栗） 打～（打战）
韂 chàn（统读）
伥 chāng（统读）
场（一）chǎng
～合 ～所 冷～ 捧～
（二）cháng
外～ 圩～ ～院 一～雨
（三）chang
排～
钞 chāo（统读）
巢 cháo（统读）
嘲 cháo
～讽 ～骂 ～笑
耖 chào（统读）
车（一）chē
安步当～ 杯水～薪 闭门造～ 螳臂当～
（二）jū（象棋棋子名称）
晨 chén（统读）
称 chèn
～心 ～意 ～职 对～ 相～
撑 chēng（统读）
乘（动作义，念 chéng）
包～制 ～便 ～风破浪 ～客 ～势 ～兴
橙 chéng（统读）
惩 chéng（统读）
澄（一）chéng（文）
～清（如"～清混乱""～清问题"）
（二）dèng（语）
单用，如"把水～清了"。
痴 chī（统读）
吃 chī（统读）
弛 chí（统读）
褫 chǐ（统读）
尺 chǐ
～寸 ～头
豉 chǐ（统读）
侈 chǐ（统读）
炽 chì（统读）
舂 chōng（统读）
冲 chòng
～床 ～模
臭（一）chòu
遗～万年
（二）xiù
乳～ 铜～
储 chǔ（统读）
处 chǔ（动作义）
～罚 ～分 ～决 ～理 ～女 ～置
畜（一）chù（名物义）
～力 家～ 牲～ 幼～
（二）xù（动作义）
～产 ～牧 ～养
触 chù（统读）
搐 chù（统读）
绌 chù（统读）
黜 chù（统读）
闯 chuǎng（统读）
创（一）chuàng
草～ ～举 首～ ～造 ～作
（二）chuāng
～伤 重～
绰（一）chuò
～～有余
（二）chuo
宽～
疵 cī（统读）
雌 cí（统读）
赐 cì（统读）
伺 cì
～候
枞（一）cōng
～树
（二）zōng
～阳〔地名〕
从 cóng（统读）
丛 cóng（统读）
攒 cuán
万头～动 万箭～心
脆 cuì（统读）
撮（一）cuō
～儿 一～儿盐 一～儿匪帮
（二）zuǒ
一～儿毛
措 cuò（统读）

D

搭 dā（统读）
答（一）dá
报～ ～复
（二）dā
～理 ～应
打 dá
苏～ 一～（十二个）
大（一）dà
～夫（古官名） ～王（如爆破～王、钢铁～王）
（二）dài
～夫（医生） ～黄 ～王（如山～王） ～城〔地名〕
呆 dāi（统读）
傣 dǎi（统读）
逮（一）dài（文）如“～捕”。
（二）dǎi（语）单用，如“～蚊子”“～特务”。
当（一）dāng
～地 ～间儿 ～年（指过去） ～日（指过去） ～天（指过去） ～时（指过去） 螳臂～车
（二）dàng
一个～俩 安步～车 适～ ～年（同一年） ～日（同一时候） ～天（同一天）
档 dàng（统读）
蹈 dǎo（统读）
导 dǎo（统读）
倒（一）dǎo
颠～ 颠～是非 颠～黑白 颠三～四 倾箱～箧 排山～海 ～板 ～嚼 ～仓 ～嗓 ～戈 潦～
（二）dào
～粪（把粪弄碎）
悼 dào（统读）
纛 dào（统读）
凳 dèng（统读）
羝 dī （统读）
氐 dī〔古民族名〕
堤 dī （统读）
提 dī
～防
的 dí
～当 ～确
抵 dǐ（统读）
蒂 dì（统读）
缔 dì（统读）
谛 dì（统读）
点 dian
打～（收拾、贿赂）
跌 diē（统读）
蝶 dié（统读）
订 dìng（统读）
都（一）dōu
～来了
（二）dū
～市 首～ 大～（大多）
堆 duī（统读）
吨 dūn（统读）
盾 dùn（统读）
多 duō（统读）
咄 duō（统读）
掇（一）duō（“拾取、采取”义）
（二）duo
撺～ 掂～
裰 duō（统读）
踱 duó（统读）
度 duó
忖～ ～德量力

E

婀 ē（统读）

F

伐 fá（统读）
阀 fá（统读）
砝 fǎ（统读）
法 fǎ（统读）
发 fà
理～ 脱～ 结～
帆 fān（统读）
藩 fān（统读）
梵 fàn（统读）
坊（一）fāng
牌～ ～巷
（二）fáng
粉～ 磨～ 碾～ 染～ 油～ 谷～
妨 fáng（统读）
防 fáng（统读）
肪 fáng（统读）
沸 fèi（统读）
汾 fén（统读）
讽 fěng（统读）

肤 fū （统读）
敷 fū （统读）
俘 fú （统读）
浮 fú （统读）
服 fú
　～毒　～药
拂 fú （统读）
辐 fú （统读）
幅 fú （统读）
甫 fǔ （统读）
复 fù （统读）
缚 fù （统读）

G

噶 gá （统读）
冈 gāng（统读）
刚 gāng（统读）
岗 gǎng
　～楼　～哨　～子
　门～　站～　山～子
港 gǎng（统读）
葛（一）gé
　～藤　～布　瓜～
　（二）gě〔姓〕（包括单、复姓）
隔 gé（统读）
革 gé
　～命　～新　改～
合 gě(一升的十分之一)
给（一）gěi（语）单用。
　（二）jǐ（文）
　补～　供～　供～制　～予　配～
　自～自足
亘 gèn（统读）
更 gēng
　五～　～生
颈 gěng
　脖～子
供（一）gōng
　～给　提～　～销
　（二）gòng
　口～　翻～　上～
佝 gōu（统读）
枸 gǒu
　～杞
勾 gòu
　～当
估（除"～衣"读 gù 外，都读 gū）
骨（除"～碌""～朵"读 gū 外，都读 gǔ）
谷 gǔ
　～雨
锢 gù（统读）
冠（一）guān（名物义）
　～心病
　（二）guàn（动作义）
　沐猴而～　～军
犷 guǎng（统读）
庋 guǐ （统读）
桧（一）guì〔树名〕
　（二）huì〔人名〕秦～
刽 guì（统读）
聒 guō（统读）
蝈 guō（统读）
过（除姓氏读 guō 外，都读 guò）

H

虾 há
　～蟆
哈（一）hǎ
　～达
　（二）hà
　～什蚂
汗 hán
　可～
巷 hàng
　～道
号 háo
　寒～虫
和（一）hè
　唱～　附～　曲高～寡
　（二）huo
　搀～　搅～　暖～
　热～　软～
貉（一）hé（文）
　一丘之～
　（二）háo（语）
　～绒　～子
壑 hè（统读）
褐 hè（统读）
喝 hè
　～彩　～道　～令
　～止　呼幺～六
鹤 hè （统读）
黑 hēi（统读）
亨 hēng（统读）
横（一）héng
　～肉　～行霸道
　（二）hèng
　蛮～　～财
訇 hōng（统读）
虹（一）hóng（文）
　～彩　～吸
　（二）jiàng(语)单说。
讧 hòng（统读）

囫 hú （统读）
瑚 hú （统读）
蝴 hú （统读）
桦 huà（统读）
徊 huái（统读）
踝 huái（统读）
浣 huàn（统读）
黄 huáng（统读）
荒 huang
饥～（指经济困难）
诲 huì（统读）
贿 huì（统读）
会 huì
一～儿 多～儿
～厌（生理名词）
混 hùn
～合 ～乱 ～凝土
～淆 ～血儿 ～杂
蠖 huò（统读）
霍 huò（统读）
豁 huò
～亮
获 huò（统读）

J

羁 jī（统读）
击 jī（统读）
奇 jī
～数
芨 jī（统读）
缉（一）jī
通～ 侦～
（二）qī
～鞋口
几 jī
茶～ 条～
圾 jī（统读）
戢 jí（统读）
疾 jí（统读）
汲 jí（统续）
棘 jí（统读）
藉 jí
狼～（籍）
嫉 jí（统读）
脊 jǐ（统读）
纪（一）jǐ〔姓〕
（二）jì
～念 ～律 纲～
～元
偈 jì
～语
绩 jì（统读）
迹 jì（统读）
寂 jì（统读）
箕 ji
簸～
辑 ji
逻～
茄 jiā
雪～
夹 jiā
～带藏掖 ～道儿
～攻 ～棍 ～生
～杂 ～竹桃 ～注
浃 jiā（统读）
甲 jiǎ（统读）
歼 jiān（统读）
鞯 jiān（统读）
间（一）jiān
～不容发 中～
（二）jiàn
中～儿 ～道 ～谍 ～断 ～或 ～接 ～距 ～隙 ～续 ～阻 ～作 挑拨离～
趼 jiǎn（统读）
俭 jiǎn（统读）
缰 jiāng（统读）
膙 jiǎng（统读）
嚼（一）jiáo（语）
味同～蜡 咬文～字
（二）jué（文）
咀～ 过屠门而大～
（三）jiào
倒～（倒噍）
侥 jiǎo
～幸
角（一）jiǎo
八～（大茴香） ～落 独～戏 ～膜
～度 ～儿（犄～）
～楼 勾心斗～ 号～ 口～（嘴～）
鹿～菜 头～
（二）jué
～斗 ～儿（脚色）
口～（吵嘴） 主～儿 配～儿 ～力
捧～儿
脚（一）jiǎo
根～
（二）jué
～儿（也作“角儿”，脚色）
剿（一）jiǎo
围～
（二）chāo
～说 ～袭
校 jiào
～勘 ～样 ～正

较 jiào（统读）
酵 jiào（统读）
嗟 jiē（统读）
疖 jiē（统读）
结（除“～了个果子”“开花～果”“～巴”“～实”念 jiē 之外，其他都念 jié）
睫 jié（统读）
芥（一）jiè
～菜（一般的芥菜）
～末
（二）gài
～菜（也作“盖菜”）
～蓝菜
矜 jīn
～持 自～ ～怜
仅 jǐn
～～ 绝无～有
馑 jǐn（统读）
觐 jìn（统读）
浸 jìn（统读）
斤 jin
千～（起重的工具）
茎 jīng（统读）
粳 jīng（统读）
鲸 jīng（统读）
境 jìng（统读）
痉 jìng（统读）
劲 jìng
刚～
窘 jiǒng（统读）
究 jiū（统读）
纠 jiū（统读）
鞠 jū （统读）
鞫 jū （统读）
掬 jū （统读）
苴 jū （统读）
咀 jǔ
～嚼
矩（一）jǔ
～形
（二）ju
规～
俱 jù（统读）
龟 jūn
～裂（也作“皲裂”）
菌（一）jūn
细～ 病～ 杆～ 霉～
（二）jùn
香～ ～子
俊 jùn（统读）

K

卡（一）kǎ
～宾枪 ～车 ～介苗 ～片 ～通
（二）qiǎ
～子 关～
揩 kāi（统读）
慨 kǎi（统读）
忾 kài（统读）
勘 kān（统读）
看 kān
～管 ～护 ～守
慷 kāng（统读）
拷 kǎo（统读）
坷 kē
～拉（垃）
疴 kē（统读）
壳（一）ké（语）
～儿 贝～儿 脑～ 驳～枪
（二）qiào（文）
地～ 甲～ 躯～
可（一）kě
～～儿的
（二）kè
～汗
恪 kè（统读）
刻 kè（统读）
克 kè
～扣
空（一）kōng
～心砖 ～城计
（二）kòng
～心吃药
眍 kōu（统读）
矻 kū （统读）
酷 kù （统读）
框 kuàng（统读）
矿 kuàng（统读）
傀 kuǐ （统读）
溃（一）kuì
～烂
（二）huì
～脓
篑 kuì（统读）
括 kuò（统读）

L

垃 lā（统读）
邋 lā（统读）
罱 lǎn（统读）
缆 lǎn（统读）
蓝 lan
苤～
琅 láng（统读）

捞 lāo（统读）
劳 láo（统读）
醪 láo（统读）
烙（一）lào
　～印　～铁　～饼
（二）luò
　炮～（古酷刑）
勒（一）lè（文）
　～逼　～令　～派
　～索　悬崖～马
（二）lēi（语）多单用。
擂（除“～台”“打～”读 lèi 外，都读 léi）
礌 léi（统读）
羸 léi（统读）
蕾 lěi（统读）
累（一）lèi
［辛劳义，如“受～”（受劳～）］
（二）léi
（如“～赘”）
（三）lěi
［牵连义，如“带～”“～及”“连～”“赔～”“牵～”“受～”（受牵～）］
蠡（一）lí
　管窥～测
（二）lǐ
　～县　范～
喱 lí（统读）
连 lián（统读）
敛 liǎn（统读）
恋 liàn（统读）
量（一）liàng
　～入为出　忖～
（二）liang
　打～　掂～
踉 liàng
　～跄
潦 liáo
　～草　～倒
劣 liè（统读）
捩 liè（统读）
趔 liè（统读）
拎 līn（统读）
遴 lín（统读）
淋（一）lín
　～浴　～漓　～巴
（二）lìn
　～硝　～盐　～病
蛉 líng（统读）
榴 liú（统读）
馏（一）liú（文）如“干～”“蒸～”。
（二）liù（语）如“～馒头”。
镏 liú
　～金
碌 liù
　～碡
笼（一）lóng（名物义）
　～子　牢～
（二）lǒng（动作义）
　～络　～括　～统
　～罩
偻（一）lóu
　佝～
（二）lǚ
　伛～
瞜 lou
　眍～
虏 lǔ（统读）
掳 lǔ（统读）
露（一）lù（文）
　赤身～体　～天　～骨　～头角　藏头～尾　抛头～面　～头（矿）
（二）lòu（语）
　～富　～苗　～光
　～相　～马脚　～头
榈 lǘ（统读）
捋（一）lǚ
　～胡子
（二）luō
　～袖子
绿（一）lǜ（语）
（二）lù（文）
　～林　鸭～江
孪 luán（统读）
挛 luán（统读）
掠 lüè（统读）
囵 lún（统读）
络 luò
　～腮胡子
落（一）luò（文）
　～膘　～花生　～魄
　涨～　～槽　着～
（二）lào（语）
　～架　～色　～炕
　～枕　～儿　～子（一种曲艺）
（三）là（语），遗落义。
　丢三～四　～在后面

M

脉（除“～～”念 mòmò 外，一律念 mài）

漫 màn（统读）

蔓（一）màn（文）

～延 不～不支

（二）wàn（语）

瓜～ 压～

牤 māng（统读）

氓 máng

流～

芒 máng（统读）

铆 mǎo（统读）

瑁 mào（统读）

虻 méng（统读）

盟 méng（统读）

祢 mí（统读）

眯（一）mí

～了眼（灰尘等入目，也作“迷”）

（二）mī

～了一会儿（小睡）

～缝着眼（微微合目）

靡（一）mí

～费

（二）mǐ

风～ 委～ 披～

秘（除“～鲁”读 bì 外，都读 mì）

泌（一）mì（语）

分～

（二）bì（文）

～阳〔地名〕

娩 miǎn（统读）

缈 miǎo（统读）

皿 mǐn（统读）

闽 mǐn（统读）

茗 míng（统读）

酩 mǐng（统读）

谬 miù（统读）

摸 mō（统读）

模（一）mó

～范 ～式 ～型 ～糊 ～特儿 ～棱两可

（二）mú

～子 ～具 ～样

膜 mó（统读）

摩 mó

按～ 抚～

嬷 mó（统读）

墨 mò（统读）

耱 mò（统读）

沫 mò（统读）

缪 móu

绸～

N

难（一）nán

困～（或变轻声）

～兄～弟（难得的兄弟，现多用作贬义）

（二）nàn

排～解纷 发～ 刁～ 责～ ～兄～弟（共患难或同受苦难的人）

蝻 nǎn（统读）

蛲 náo（统读）

讷 nè（统读）

馁 něi（统读）

嫩 nèn（统读）

恁 nèn（统读）

妮 nī（统读）

拈 niān（统读）

鲇 nián（统读）

酿 niàng（统读）

尿（一）niào

糖～症

（二）suī（只用于口语名词）

尿（niào）～ ～脬

嗫 niè（统读）

宁（一）níng

安～

（二）nìng

～可 无～〔姓〕

忸 niǔ（统读）

脓 nóng（统读）

弄（一）nòng

玩～

（二）lòng

～堂

暖 nuǎn（统读）

衄 nǜ（统读）

疟（一）nüè（文）

～疾

（二）yào（语）

发～子

娜（一）nuó

婀～ 袅～

（二）nà

〔人名〕

O

殴 ōu（统读）

呕 ǒu（统读）

P

杷 pá（统读）

琶 pá（统读）

牌 pái（统读）
排 pǎi
　～子车
迫 pǎi
　～击炮
湃 pài（统读）
爿 pán（统读）
胖 pán
　心广体～（～为安舒貌）
蹒 pán（统读）
畔 pàn（统读）
乓 pāng（统读）
滂 pāng（统读）
脬 pāo（统读）
胚 pēi（统读）
喷（一）pēn
　～嚏
（二）pèn
　～香
（三）pen
　嚏～
澎 péng（统读）
坯 pī（统读）
披 pī（统读）
匹 pǐ（统读）
僻 pì（统读）
譬 pì（统读）
片（一）piàn
　～子　唱～　画～　相～　影～　～儿会
（二）piān（口语一部分词）
　～子　～儿　唱～儿　画～儿　相～儿　影～儿
剽 piāo（统读）
缥 piāo
　～缈（飘渺）
撇 piē
　～弃
聘 pìn（统读）
乒 pīng（统读）
颇 pō（统读）
剖 pōu（统读）
仆（一）pū
　前～后继
（二）pú
　～从
扑 pū（统读）
朴（一）pǔ
　俭～　～素　～质
（二）pō
　～刀
（三）pò
　～硝　厚～
蹼 pǔ（统读）
瀑 pù
　～布
曝（一）pù
　一～十寒
（二）bào
　～光（摄影术语）

Q

栖 qī
　两～
戚 qī（统读）
漆 qī（统读）
期 qī（统读）
蹊 qī
　～跷
蛴 qí（统读）
畦 qí（统读）
萁 qí（统读）
骑 qí（统读）
企 qǐ（统读）
绮 qǐ（统读）
杞 qǐ（统读）
槭 qì（统读）
洽 qià（统读）
签 qiān（统读）
潜 qián（统读）
荨（一）qián（文）
　～麻
（二）xún（语）
　～麻疹
嵌 qiàn（统读）
欠 qian
　打哈～
戕 qiāng（统读）
镪 qiāng
　～水
强（一）qiáng
　～渡　～取豪夺　～制　博闻～识
（二）qiǎng
　勉～　牵～　～词夺理　～迫　～颜为笑
（三）jiàng
　倔～
襁 qiǎng（统读）
跄 qiàng（统读）
悄（一）qiāo
　～～儿的
（二）qiǎo
　～默声儿的
橇 qiāo（统读）
翘（一）qiào（语）

～尾巴
（二）qiáo（文）
～首 ～楚 连～
怯 qiè（统读）
挈 qiè（统读）
趄 qie
趔～
侵 qīn（统读）
衾 qīn（统读）
噙 qín（统读）
倾 qīng（统读）
亲 qìng
～家
穹 qióng（统读）
黢 qū（统读）
曲（麯）qū
大～ 红～ 神～
渠 qú（统读）
瞿 qú（统读）
蠼 qú（统读）
苣 qǔ
～荬菜
龋 qǔ（统读）
趣 qù（统读）
雀 què
～斑 ～盲症

R

髯 rán（统读）
攘 rǎng（统读）
桡 ráo（统读）
绕 rào（统读）
任 rén〔姓，地名〕
妊 rèn（统读）
扔 rēng（统读）
容 róng（统读）
糅 róu（统读）
茹 rú （统读）
孺 rú （统读）
蠕 rú （统读）
辱 rǔ （统读）
挼 ruó（统读）

S

靸 sǎ（统读）
噻 sāi（统读）
散（一）sǎn
懒～ 零零～～ ～漫
（二）san
零～
丧 sang
哭～着脸
扫（一）sǎo
～兴
（二）sào
～帚
埽 sào（统读）
色（一）sè（文）
（二）shǎi（语）
塞（一）sè（文）动作义。
（二）sāi（语）名物义，如：“活～”“瓶～”；动作义，如：“把洞～住”。
森 sēn（统读）
煞（一）shā
～尾 收～
（二）shà
～白
啥 shá（统读）
厦（一）shà（语）
（二）xià（文）
～门 噶～
杉（一）shān（文）
紫～ 红～ 水～
（二）shā（语）
～篙 ～木
衫 shān（统读）
姗 shān（统读）
苫（一）shàn（动作义，如“～布”）
（二）shān（名物义，如“草～子”）
墒 shāng（统读）
猞 shē （统读）
舍 shè
宿～
慑 shè（统读）
摄 shè（统读）
射 shè（统读）
谁 shéi，又音 shuí
娠 shēn（统读）
什（甚）shén
～么
蜃 shèn（统读）
葚（一）shèn（文）
桑～
（二）rèn（语）
桑～儿
胜 shèng（统读）
识 shí
常～ ～货 ～字
似 shì
～的
室 shì（统读）
螫（一）shì（文）
（二）zhē（语）
匙 shi
钥～

殊 shū（统读）
蔬 shū（统读）
疏 shū（统读）
叔 shū（统读）
淑 shū（统读）
菽 shū（统读）
熟（一）shú（文）
（二）shóu（语）
署 shǔ（统读）
曙 shǔ（统读）
漱 shù（统读）
戍 shù（统读）
蟀 shuài（统读）
孀 shuāng（统读）
说 shuì
游～
数 shuò
～见不鲜
硕 shuò（统读）
蒴 shuò（统读）
艘 sōu（统读）
嗾 sǒu（统读）
速 sù（统读）
塑 sù（统读）
虽 suī（统读）
绥 suí（统读）
髓 suǐ（统读）
遂（一）suì
不～　毛～自荐
（二）suí
半身不～
隧 suì（统读）
隼 sǔn（统读）
莎 suō
～草
缩（一）suō
收～
（二）sù
～砂密（一种植物）
嗍 suō（统读）
索 suǒ（统读）

T

趿 tā（统读）
鳎 tǎ（统读）
獭 tǎ（统读）
沓（一）tà
重～
（二）ta
疲～
（三）dá
一～纸
苔（一）tái（文）
（二）tāi（语）
探 tàn（统读）
涛 tāo（统读）
悌 tì（统读）
佻 tiāo（统读）
调 tiáo
～皮
帖（一）tiē
妥～　伏伏～～
俯首～耳
（二）tiě
请～　字～儿
（三）tiè
字～　碑～
听 tīng（统读）
庭 tíng（统读）
骰 tóu（统读）
凸 tū（统读）
突 tū（统读）
颓 tuí（统读）
蜕 tuì（统读）
臀 tún（统读）
唾 tuò（统读）

W

娲 wā（统读）
挖 wā（统读）
瓦 wà
～刀
喎 wāi（统读）
蜿 wān（统读）
玩 wán（统读）
惋 wǎn（统读）
脘 wǎn（统读）
往 wǎng（统读）
忘 wàng（统读）
微 wēi（统读）
巍 wēi（统读）
薇 wēi（统读）
危 wēi（统读）
韦 wéi（统读）
违 wéi（统读）
唯 wéi（统读）
圩（一）wéi
～子
（二）xū
～（墟）场
纬 wěi（统读）
委 wěi
～靡
伪 wěi（统读）
萎 wěi（统读）
尾（一）wěi
～巴
（二）yǐ
马～儿

尉 wèi
　～官
文 wén（统读）
闻 wén（统读）
紊 wěn（统读）
喔 wō（统读）
蜗 wō（统读）
硪 wò（统读）
诬 wū（统读）
梧 wú（统读）
牾 wǔ（统读）
乌 wù
　～拉（也作“靰鞡”）
　～拉草
杌 wù（统读）
鹜 wù（统读）

X

夕 xī（统读）
汐 xī（统读）
晰 xī（统读）
析 xī（统读）
皙 xī（统读）
昔 xī（统读）
溪 xī（统读）
悉 xī（统读）
熄 xī（统读）
蜥 xī（统读）
螅 xī（统读）
惜 xī（统读）
锡 xī（统读）
樨 xī（统读）
袭 xí（统读）
檄 xí（统读）
峡 xiá（统读）
暇 xiá（统读）
吓 xià
　杀鸡～猴
鲜 xiān
　屡见不～　数见不～
锨 xiān（统读）
纤 xiān
　～维
涎 xián（统读）
弦 xián（统读）
陷 xiàn（统读）
霰 xiàn（统读）
向 xiàng（统读）
相 xiàng
　～机行事
淆 xiáo（统读）
哮 xiào（统读）
些 xiē（统读）
颉 xié
　～颃
携 xié（统读）
偕 xié（统读）
挟 xié（统读）
械 xiè（统读）
馨 xīn（统读）
囟 xìn（统读）
行 xíng
　操～　德～　发～
　品～
省 xǐng
　内～　反～　～亲
　不～人事
芎 xiōng（统读）
朽 xiǔ（统读）
宿 xiù
　星～　二十八～
煦 xù（统读）
蓿 xu
　苜～
癣 xuǎn（统读）
削（一）xuē（文）
　剥～　～减　瘦～
（二）xiāo（语）
　切～　～铅笔　～球
穴 xué（统读）
学 xué（统读）
雪 xuě（统读）
血（一）xuè（文）用于复音词及成语，如“贫～”“心～”、“呕心沥～”“～泪史”“狗～喷头”等。
（二）xiě（语）口语多单用，如“流了点儿～”及几个口语常用词，如“鸡～”“～晕”“～块子”等。
谑 xuè（统读）
寻 xún（统读）
驯 xùn（统读）
逊 xùn（统读）
熏 xùn
　煤气～着了
徇 xùn（统读）
殉 xùn（统读）
蕈 xùn（统读）

Y

押 yā（统读）
崖 yá（统读）
哑 yǎ
　～然失笑
亚 yà（统读）

殷 yān
　～红
芫 yán
　～荽
筵 yán（统读）
沿 yán（统读）
焰 yàn（统读）
夭 yāo（统读）
肴 yáo（统读）
杳 yǎo（统读）
舀 yǎo（统读）
钥（一）yào（语）
　～匙
　（二）yuè（文）
　锁～
曜 yào（统读）
耀 yào（统读）
椰 yē（统读）
噎 yē（统读）
叶 yè
　～公好龙
曳 yè
　弃甲～兵　摇～
　～光弹
屹 yì（统读）
轶 yì（统读）
谊 yì（统读）
懿 yì（统读）
诣 yì（统读）
艾 yì
　自怨自～
荫 yìn（统读）
　（“树～”“林～道”应作“树阴”“林阴道”）
应（一）yīng
　～届　～名儿　～许　提出的条件他都～了　是我～下来的任务
　（二）yìng
　～承　～付　～声　～时　～验　～邀　～用　～运　～征　里～外合
萦 yíng（统读）
映 yìng（统读）
佣 yōng
　～工
庸 yōng（统读）
臃 yōng（统读）
壅 yōng（统读）
拥 yōng（统读）
踊 yǒng（统读）
咏 yǒng（统读）
泳 yǒng（统读）
莠 yǒu（统读）
愚 yú　（统读）
娱 yú（统读）
愉 yú（统读）
伛 yǔ（统读）
屿 yǔ（统读）
吁 yù
　呼～
跃 yuè（统读）
晕（一）yūn
　～倒　头～
　（二）yùn
　月～　血～　～车
酝 yùn（统读）

Z

匝 zā（统读）
杂 zá（统读）
载（一）zǎi
　登～　记～
　（二）zài
　搭～　怨声～道　重～　装～　～歌～舞
簪 zān（统读）
咱 zán（统读）
暂 zàn（统读）
凿 záo（统读）
择（一）zé
　选～
　（二）zhái
　～不开　～菜　～席
贼 zéi（统读）
憎 zēng（统读）
甑 zèng（统读）
喳 zhā
　唧唧～～
轧（除“～钢”“～辊”念 zhá 外，其他都念 yà）（gá 为方言，不审）
摘 zhāi（统读）
粘 zhān
　～贴
涨 zhǎng
　～落　高～
着（一）zháo
　～慌　～急　～家　～凉　～忙　～迷　～水　～雨
　（二）zhuó
　～落　～手　～眼　～意　～重　不～边际
　（三）zhāo
　失～
沼 zhǎo（统读）

召 zhào（统读）
遮 zhē（统读）
蛰 zhé（统读）
辙 zhé（统读）
贞 zhēn（统读）
侦 zhēn（统读）
帧 zhēn（统读）
胗 zhēn（统读）
枕 zhěn（统读）
诊 zhěn（统读）
振 zhèn（统读）
知 zhī（统读）
织 zhī（统读）
脂 zhī（统读）
植 zhí（统读）
殖（一）zhí
繁～ 生～ ～民
（二）shi
骨～
指 zhǐ（统读）
掷 zhì（统读）
质 zhì（统读）
蛭 zhì（统读）
秩 zhì（统读）
栉 zhì（统读）
炙 zhì（统读）
中 zhōng
人～（人口上唇当中处）
种 zhòng
点～（义同“点播”。动宾结构念 diǎnzhǒng，义为点播种子）
诌 zhōu（统读）
骤 zhòu（统读）
轴 zhòu
大～子戏 压～子
碡 zhou
碌～
烛 zhú（统读）
逐 zhú（统读）
属 zhǔ
～望
筑 zhù（统读）
著 zhù
土～
转 zhuǎn
运～
撞 zhuàng（统读）
幢（一）zhuàng
一～楼房
（二）chuáng
经～（佛教所设刻有经咒的石柱）
拙 zhuō（统读）
茁 zhuó（统读）
灼 zhuó（统读）
卓 zhuó（统读）
综 zōng
～合
纵 zòng（统读）
粽 zòng（统读）
镞 zú（统读）
组 zǔ（统读）
钻（一）zuān
～探 ～孔
（二）zuàn
～床 ～杆 ～具
佐 zuǒ（统读）
唑 zuò（统读）
柞（一）zuò
～蚕 ～绸
（二）zhà
～水（在陕西）
做 zuò（统读）
作（除“～坊”读 zuō 外，其余都读 zuò）

【附录 1-10-1 完】

四、辨明多义多音

有些字记录两个或两个以上的义素、具有两个或两个以上的读音，同时具有不同的使用场合，这就是上文所说的多义异用多音字，人们习称为多音多义字。对于这类字，应该弄清楚其使用场合、义项与读音之间的对应关系，即了解它在什么词语中、表示什么意义时应该读什么音；否则，往往会造成误读。

多义异用多音字的产生原因很复杂。有些字是为了区别其用法、意义而读多音的，如“泊”作名词用于“湖泊”“血泊”中读 pō，作动词用于“停泊”“漂泊”中读 bó。有些字是由于保留了古代的读法而造成多音的，如“参差”

读为 cēncī 而不读 cānchā 就是这方面的例子。有些字是由于汉字简化而造成多义多音的，如“前仆后继”的“仆”字原表示向前跌倒，音 pū；现把“僕”简化为“仆”，“仆”就成了多义多音字，又表示仆人而读 pú 了。又如把“縴”和“纖”都简化为“纤”，“纤”就成了多义多音字，表示纤绳时读 qiàn，表示细小时读 xiān。

当然，多义多音字也可以通过国家的规范减少一些。减少其多音的方法有两种：一是合并读音，如“不胜枚举”中的“胜”原沿用古读而读 shēng，“从容”的“从”原读 cōng，《普通话异读词审音表》将它们的读音分别确定为 shèng、cóng，汉语中就少了两个多音字。二是换用文字，如“僮”字，现在“家僮（tóng）”之“僮”改用“童”字，“僮（zhuàng）族”之“僮”改用“壮”字，汉语中就减少了一个多义多音字。但我国目前对多义多音字的整理精简的力度并不大，所以现在还有许多多义多音字需要我们认真掌握，否则就会产生误读。

下面我们列出一些常见的多义异用多音字，并对其使用场合（词例）或意义略作说明，以引起大家的重视而避免误读。

表 1-10-2　多义异用多音字读音表

阿	ā	阿姨，阿昌族，阿訇，阿门，阿拉伯。
	ē	阿胶，阿谀，阿弥陀佛。
腌	ā	腌臜（不清洁）。
	yān	腌菜，腌肉。
挨	āi	挨近，挨个儿。
	ái	挨打，挨冻，挨日子。
艾	ài	艾篙，艾绒，方兴未艾，少艾，耆艾，艾滋病；艾（姓）。
	yì	惩艾，自怨自艾(通“忢”)。
拗	ào	拗口。
	ǎo	拗断。
	niù	拗不过，脾气很拗。
吧	bā	酒吧，网吧，吧台；吧嗒，吧唧。
	ba	咱们走吧！
扒	bā	扒墙头，扒车，扒拉（拨动），扒开，扒皮。
	pá	扒手，扒糕，扒拉（用筷拨饭），扒犁。
把	bǎ	把柄，把握，把戏，把手，一把。
	bà	印把子，刀把儿。
柏	bǎi	柏树，柏油；柏（姓）。
	bó	柏林。
	bò	黄柏。
膀	bǎng	翅膀，肩膀，臂膀，膀子。
	bàng	吊膀子。
	pāng	膀肿。
	páng	膀胱。
磅	bàng	磅秤，过磅，英磅。
	páng	磅礴。
蚌	bàng	河蚌。
	bèng	蚌埠。
刨	bào	刨冰，刨床，刨花，刨子。
	páo	刨土，刨根儿，刨除。
暴	bào	暴露，暴烈，凶暴，暴动。

	pù	一暴十寒。
背	bēi	背带，背债，背负，背包袱，背煤。
	bèi	背心，背后，背包，背离，刀背，背诵，汗流浃背，耳朵有点儿背。
辟	bì	复辟，辟邪，辟易。
	pì	开辟，精辟，辟谣。
泌	bì	泌阳（河南地名）。
	mì	分泌。
秘	bì	秘鲁（国名），秘（姓）。
	mì	秘密，秘书，便秘。
裨	bì	裨补，裨益，无裨于事。
	pí	偏裨，裨将。
扁	biǎn	扁担，扁豆，扁桃体，把人看扁了。
	piān	扁舟。
便	biàn	便利，方便，粪便，顺便，便宜（方便适宜）行事，便宜坊（北京饭馆名）。
	pián	便宜（价钱低），大腹便便。
骠	biāo	黄骠马。
	piào	骠骑，骠勇。
瘪	biē	瘪三。
	biě	干瘪。
别	bié	辨别，别人，分别，别字。
	biè	别扭，别不过他。
槟	bīn	槟子，香槟酒。
	bīng	槟榔。
屏	bǐng	屏除，屏弃，屏气。
	píng	屏障，屏风，屏幕，画屏，孔雀开屏。
泊	bó	停泊，泊位，漂泊，飘泊，淡泊，落泊。
	pō	湖泊，血泊，梁山泊。
薄	bó	单薄，刻薄，菲薄，日薄西山。
	bò	薄荷。
	báo	薄片，薄饼，薄脆。
卜	bo	萝卜，胡萝卜。
	bǔ	占卜，卜辞，卜课，存亡未卜，卜（姓）。
参	cān	参观，参拜，参与，参天，参半。
	cēn	参差，参错。
	shēn	人参，党参，海参，西洋参；参商。
藏	cáng	隐藏，矿藏，收藏，捉迷藏。
	zàng	宝藏，西藏，《大藏经》，唐三藏，《道藏》，藏青。
曾	céng	曾经，未曾，不曾。
	zēng	曾祖，曾孙；曾（姓）。
差	chā	差别，差额，反差，差错，差强人意，偏差，阴错阳差，差池。
	chà	很差，差不多，听差了，相差，差劲。
	chāi	出差，差使，交差，钦差，开小差。
	cī	参差。
查	chá	检查，调查，查办，查字典。
	zhā	山查（同“山楂”），查（姓）。
刹	chà	一刹那，古刹。
	shā	刹车。
孱	chán	孱弱。
	càn	孱头。
禅	chán	禅房，禅师，禅宗，口头禅。
	shàn	禅让。

长	cháng	长处，专长，长短，长足，扬长。
	zhǎng	首长，兄长，长子，生长，助长。
朝	cháo	朝代，朝廷，朝鲜，朝阳（向阳）。
	zhāo	朝气，朝夕，朝阳（早晨的太阳），今朝，有朝一日。
称	chèn	对称，称职，相称，匀称，称心。
	chēng	名称，称呼，职称，著称，称雄，称赞。
盛	chéng	盛饭，盛器。
	shèng	昌盛，茂盛，盛行，盛会；盛（姓）。
乘	chéng	乘车，乘凉，乘机，乘法。
	shèng	千乘之国，史乘。
匙	chí	汤匙。
	shi	钥匙。
尺	chǐ	尺寸，尺度，计算尺。
	chě	工尺谱（我国传统的乐谱）。
重	chóng	重叠，重复，重孙，重围，重阳。
	zhòng	重量，保重，重要，重兵，重镇。
臭	chòu	口臭，腥臭，臭骂，臭氧。
	xiù	乳臭，铜臭。
处	chǔ	查处，处理，处方，处境，判处，处世，处女，难处（不容易相处）。
	chù	处所，短处，到处，难处（困难）。
畜	chù	家畜，畜生，种畜，牲畜。
	xù	畜牧，畜养，畜产品。
揣	chuāi	揣在怀里，揣手。
	chuǎi	揣测，揣摩，揣度。
	chuài	囊揣（同“囊膪”），挣揣。
传	chuán	传播，流传，传奇，传神。
	zhuàn	传记，传略，《左传》。
创	chuāng	创伤，创面，重创敌军。
	chuàng	创造，创举，独创。
幢	chuáng	经幢，人影幢幢。
	zhuàng	一幢楼房。
椎	chuí	椎胸顿足、椎心泣血（通“捶”）；椎髻。
	zhuī	脊椎，胸椎，颈椎。
卒	cù	仓卒，卒中（中风）。
	zú	士卒，卒读，生卒，卒岁。
酢	cù	酢浆草。
	zuò	酬酢。
攒	cuán	攒聚，人头攒动，攒钱聚餐。
	zǎn	积攒，把节省下来的钱攒起来。
蹲	cún	蹲了腿了（腿、脚猛然落地，因震动而受伤）。
	dūn	蹲下，蹲在家里，蹲点。
打	dá	苏打，一打十二个。
	dǎ	打击，打扫，打颤，打折扣。
沓	dá	一沓信纸。
	tà	拖沓，杂沓。
大	dà	大小，大夫（古官名），钢铁大王。
	dài	大夫（医生），大黄（药材），山大王，大城（河北省地名）。
担	dān	承担，担心，负担，担架。
	dàn	担子，重担，扁担，一担水。
石	dàn	一石米。（一石等于十斗。此义在古书中读

		shí，如“二千石”“万石君”。）
	shí	石头，石油，石榴，石笔；石（姓）。
弹	dàn	枪弹，炸弹，弹丸，弹子。
	tán	弹琴，弹簧，弹劾，弹射，弹指。
铛	dāng	小锣敲得铛铛响。
	chēng	饼铛。
当	dāng	相当，应当，当面，当初，充当，当权，不敢当，当今，当日（当时），当年（过去某一年），当然，当心，正当（正处在），担当，当即，叮叮当当。
	dàng	正当（合乎道义），抵当，当天（本日），当年（本年），当作，上当，当铺，当真，勾当，精当，妥当，安步当车。
倒	dǎo	颠倒，倒台，倾倒，倒闭，倒霉，倒卖，倒车（中途换车）。
	dào	倒退，倒车（使车后退），帮倒忙，倒彩，倒立，反倒。
得	dé	得到，不得已，不得不，只得，见不得，得了，得体。
	de	哭不得也笑不得，办得到，热得很。
	děi	得（需要）一小时，我得（必须）走了，总得，必得，非得。
地	de	快快地走，得意地笑。
	dì	地方，土地，地步，地道。
的	de	别的，我的，是的，有的。
	dí	的确，的确凉，的士。
	dì	目的，无的放矢。
镝	dī	镝（金属元素）。
	dí	箭镝，锋镝。
翟	dí	墨翟（墨子）。
	zhái	翟（姓）。
调	diào	调动，调配（调动分配），调查，强调，声调，单调。
	tiáo	空调，调配（调和配合），烹调，协调，调皮，调戏。
钉	dīng	钉子，眼中钉。
	dìng	钉扣子，钉箱子。
都	dōu	全都，都是。
	dū	大都（大多），都市，首都。
斗	dǒu	笆斗，斗胆，斗篷，斗室，星斗，漏斗，熨斗，北斗星。
	dòu	斗争，搏斗，奋斗。
读	dòu	句读。
	dú	阅读。
肚	dǔ	肚子（用作食品的动物的胃），鱼肚（一种名贵海味，用某些鱼的鳔制成的）。
	dù	肚子（腹部），肚量，鱼肚色（像鱼腹部的白色）。
度	dù	长度，度过，风度，度量，程度。
	duó	揣度，测度，度德量力。
垛	duǒ	垛子（墙上向外或向上突出的部分），门垛，城垛。
	duò	垛（堆），草垛，麦垛。
恶	ě	恶心。
	è	丑恶，恶毒，罪恶，险恶，邪恶。

	wù	可恶，厌恶，憎恶。
发	fā	发出，发动，越发，发达，发财，发奋，意气风发。
	fà	头发，令人发指，毛发，千钧一发。
坊	fāng	牌坊，街坊，坊间。
	fáng	染坊，油坊，磨坊，作坊。
菲	fēi	芳菲，菲（有机化合物），菲律宾。
	fěi	菲薄，菲酌。
分	fēn	分寸，分辨，分开，记分。
	fèn	部分，充分，本分，知识分子，处分，分量，过分，水分。
缝	féng	缝纫，缝合，缝补。
	fèng	缝隙，裂缝，夹缝。
佛	fó	佛教，佛手，念佛。
	fú	仿佛，佛戾（违背）。
否	fǒu	否定，是否，否则。
	pǐ	否极泰来，臧否人物。
服	fú	服务，服丧，衣服，服从，克服，服药，舒服。
	fù	一服药。
脯	fǔ	果脯，兔脯（兔肉干）。
	pú	胸脯，鸡脯（鸡胸之肉）。
伽	gā	伽马射线。
	jiā	伽倻琴。
	qié	伽蓝，伽南香。
咖	gā	咖喱。
	kā	咖啡。
芥	gài	芥蓝菜。
	jiè	芥菜，芥末，芥蒂。
干	gān	包干儿，干杯，干净，干涉，干燥，若干，不相干，干瞪眼，干支，干系，大动干戈，外强中干。
	gàn	才干，干活，干部，干劲，干吗，干线，干流，单干，树干，主干，精明强干。
岗	gāng	花岗岩。
	gǎng	岗位，岗哨，岗楼，站岗。
钢	gāng	钢铁，钢琴，钢笔。
	gàng	把刀钢一钢。
咯	gē	咯噔，咯吱，咯咯（象声词）。
	kǎ	咯血，把鱼刺咯出来。
	lo	当然咯。
	luò	吡咯（有机化合物，用于制药）。
葛	gé	瓜葛，葛布，葛麻，葛藤。
	gě	姓葛，诸葛。
蛤	gé	蛤蜊，蛤蚧。
	há	蛤蟆。
合	gě	一合（一升的十分之一）。
	hé	合并，符合，适合，合算，折合。
个	gě	自个儿。
	gè	个别，个位，个人，个中，个性。
	ge	一个，见个面，笑个不停，只差个两三岁。
更	gēng	变更，更改，更生，打更，三更。
	gèng	更加，更上一层楼。
红	gōng	女红（“红”通“工”）。
	hóng	红色。
供	gōng	供给，提供，供销，供养老人。
	gòng	供词，供职，上供，供奉，供养神佛。
勾	gōu	勾画，勾销，勾引，勾结，勾通。

	gòu	勾当；姓勾。
估	gū	估计，估量。
	gù	估衣（收卖的旧衣）。
骨	gū	骨碌，骨朵儿。
	gǔ	骨头，骨干，骨子。
贾	gǔ	商贾，骄贪贾祸，余勇可贾。
	jiǎ	姓贾。
鹄	gǔ	鹄的，中鹄。
	hú	鹄立，鹄望。
观	guān	观看，观摩，观念，乐观，奇观，改观，客观。
	guàn	道观，玄妙观，白云观，姓观。
冠	guān	皇冠，桂冠，衣冠，冠冕堂皇。
	guàn	冠军，冠礼；姓冠。
龟	guī	乌龟。
	jūn	龟裂（“龟”通“皲”）。
	qiū	龟兹（Qiūcí，古代西域国名）。
柜	guì	衣柜，柜台。
	jǔ	柜柳（同“榉柳”）。
哈	hā	哈气，哈欠，哈腰，哈哈镜，哈密瓜，哈尔滨。
	hǎ	姓哈；哈达，哈巴狗。
	hà	哈什蚂（又作“哈士蟆”，一种蛙）。
咳	hāi	咳（叹词）。
	ké	咳嗽，百日咳。
还	hái	还好，还是。
	huán	归还，还原，还价，生还。
吭	háng	引吭高歌。
	kēng	不吭声。
行	háng	行业，同行（行业相同），行车（天车），行列，外行，银行，行情，排行。
	xíng	行走，同行（一起走），行车（驾车行驶），航行，流行，发行书刊，不行，品行，实行，进行，行动，行李，行宫，五行。
	héng	道行（僧道修行的功夫）。
号	háo	号叫，号啕大哭，哀号。
	hào	号码，称号，病号，号称，号召，号角，符号，商号。
好	hǎo	好坏，好多，正好，好比，好事（好事情）。
	hào	爱好，好客，好事（喜欢多事）。
	hāo	好好儿（hǎohāor）。
呵	hē	呵斥，呵护，一气呵成。
	kē	呵叻（泰国地名）。
喝	hē	喝水。
	hè	喝彩，吆喝，喝叱，喝令，喝问。
荷	hé	荷花，荷包；荷兰。
	hè	负荷，荷枪实弹，电荷，希协助为荷。
和	hé	和平，共和，柔和，饱和，中和，议和，和气，总和，气候或态度温和。
	hè	附和，一唱一和，和诗。
	huó	和面，和泥。
	huò	和药，和稀泥。
	huo	搀和，搅和，软和，暖和，热和，物体温和。
	hú	和了（打牌用语）。
哄	hōng	哄然，哄堂，哄抬，乱哄哄。
	hǒng	哄骗，哄逗。
	hòng	起哄，哄闹声，一哄而散。
划	huá	划船，划算，划子，划

		拳，划破了。
	huà	计划，划策，划分，划一，划时代。
会	huì	会议，会见，教会，机会，体会，会写，附会，省会，会厌，一会儿。
	kuài	会计，财会，会稽山。
混	hún	混蛋，混水摸鱼。（同“浑”）
	hùn	混合，混杂，混沌，混浊，混乱，混账，混世魔王。
豁	huō	豁口，豁嘴，豁出去。
	huò	豁然，豁达，豁亮，豁免。
	huá	豁拳（同“划拳”）。
几	jī	几乎，茶几，窗明几净。
	jǐ	几时，几本书，无几，几何学。
缉	jī	通缉，缉捕，缉拿。
	qī	缉鞋口。
奇	jī	奇数。
	qí	奇怪，居奇。
稽	jī	滑稽，稽查，无稽之谈，稽留。
	qǐ	稽首。
济	jǐ	人才济济。
	jì	经济，接济，同舟共济。
系	jì	系鞋带，系扣子。
	xì	系统，直系亲属，体系，中文系，一系列，系数，关系，联系，系缚，确系实情。
荠	jì	荠菜。
	qí	荸荠。
夹	jiā	夹住，夹攻，夹缝，夹板，夹杂，夹心，夹七夹八，夹生，夹竹桃，夹克。
	jiá	夹袄，夹被，夹鞋。
	gā	夹肢窝（同“胳肢窝”）。
茄	qiā	雪茄烟，茄克。
	qié	茄子，番茄。
假	jiǎ	虚假，假设，假如，假山。
	jià	放假，请假，休假，假日。
价	jià	价值，价格。
	jie	成天价忙，震天价响。
	jiè	小价（传物或传话的人）。
监	jiān	监察，监督，监考，监狱。
	jiàn	太监，国子监；监利（地名），姓监。
间	jiān	中间，人间，车间，间不容发，时间，一间卧室。
	jiàn	间隔，间接，间距，中间儿，间断，间或，间谍，离间，间隙，间苗，反间计。
渐	jiān	渐染。
	jiàn	逐渐，渐进，防微杜渐。
槛	jiàn	兽槛，槛车，槛外（栏杆外）。
	kǎn	门槛。
浆	jiāng	浆液，豆浆，牛痘浆，浆洗。
	jiàng	浆糊，浆子。（同“糨”）
将	jiāng	将来，将就，将养，将军，将心比心，将错就错。
	jiàng	将官，上将，将领，干将，健将。
	qiāng	《将进酒》。
降	jiàng	降落，降临，降格，霜降。
	xiáng	投降，降伏，招降，降龙伏虎。
强	jiàng	倔强，强嘴，脾气强。
	qiáng	强大，强盗，强制，强行。
	qiǎng	强迫，勉强，强词夺理，

强求，牵强，强颜欢笑，强人所难。

角　jiǎo　角度，角落，豆角，号角，角膜，牛角，三角铁，口角（嘴边）；独角戏。

　　jué　角色，丑角，主角，配角；角斗，角逐，口角（争吵）；宫商角徵羽。

剿　jiǎo　围剿。

　　chāo　剿袭。

脚　jiǎo　脚板，脚爪，脚注，脚本。

　　jué　脚色，主脚儿，配脚儿。

觉　jiào　睡觉，午觉，睡一觉。

　　jué　觉悟，觉醒，大梦初觉，感觉，觉察。

校　jiào　校对，校准，校样，校场。

　　xiào　学校，校官，上校。

节　jiē　节子，节骨眼。

　　jié　枝节，情节，节奏，节约，节气，节目，节操。

解　jiě　分解，解释，了解，解放，解雇。

　　jiè　押解，解送，解元。

　　xiè　姓解，解池（山西湖名），使尽浑身解数。

禁　jīn　不禁，禁不住，禁得起，禁受。

　　jìn　禁止，禁区，禁闭，失禁，宵禁。

尽　jǐn　尽管，尽快，尽早，尽量（副词）。

　　jìn　尽头，尽力，尽兴，尽量（动宾结构，达到最大限度），详尽，自尽，尽职。

经　jīng　经过，经常，已经，经济，经费，神经，天经地义。

　　jìng　经纱。

据　jū　拮据。

　　jù　根据，数据，占据，凭据。

锯　jū　锯碗，锯锅，锯盆。（同“锔”）

　　jù　拉锯，电锯，锯末。

沮　jǔ　沮丧。

　　jù　沮洳。

卷　juǎn　卷尺，胶卷，卷烟，席卷。

　　juàn　试卷，画卷，开卷，卷次，卷宗。

圈　juàn　猪圈，圈养。

　　juān　把猪圈起来。

　　quān　圆圈，圈套，花圈。

蹶　jué　一蹶不振。

　　juě　尥蹶子。

菌　jūn　细菌，病菌，真菌，霉菌，抗菌素。

　　jùn　香菌，菌核。

卡　kǎ　卡车，卡片，卡尺，卡通，卡介苗。

　　qiǎ　关卡，卡脖子，卡具，卡壳，哨卡。

拉　lā　拖拉，拉扯，拉肚子，拉丁字母。

　　lá　手上拉了个口子。

　　lǎ　半拉（半个）。

蓝　lán　蓝色，蓝本，蓝图。

　　lan　苤蓝（piělan）。

郎　láng　郎君，郎中。

　　làng　屎壳郎。

乐　lè　欢乐，俱乐部，《永遇乐》。

　　yuè　音乐，《清平乐》；姓乐。

了　le　得了，算了，为了，除了，罢了（仅此而已）。

	liǎo	了结，受不了，了不相涉，罢了（算了），不得了，了不起，大不了，了得，完了，了解，明了。
累	léi	累赘，果实累累（接连成串）。
	lěi	积累，累计，累累（屡屡）失误，罪行累累（多），连累，拖累，累及，受累（受到连累）。
	lèi	劳累，受累（受到劳累）。
擂	léi	擂钵，擂他一拳，自吹自擂，擂鼓。
	lèi	擂台，擂主，打擂。
棱	léng	棱角，棱镜，模棱两可。
	lēng	扑棱。
	líng	穆棱（黑龙江地名）。
俩	liǎ	咱俩，哥儿俩。
	liǎng	伎俩。
量	liáng	测量，量杯，量体温，估量，衡量，端量，商量。
	liàng	重量，大量，胆量，数量，较量，尽量，力量，度量衡，量词，量力，量体裁衣，量刑，量子，量入为出。
	liang	打量，掂量，估量，端量，衡量，商量。
淋	lín	淋浴，日晒雨淋，淋漓，淋巴。
	lìn	过淋，淋盐，淋硝，淋病。
令	líng	令狐（复姓）。
	lǐng	一令纸（原张的纸五百张为一令）。
	lìng	命令，法令，令箭，令人兴奋，司令，县令，时令，令尊，小令。
溜	liū	溜冰，溜之大吉，溜须拍马，滴溜溜，灰溜溜，顺口溜，中不溜儿。
	liù	随大溜，一溜儿五间房。
陆	liù	陆（“六”的大写）。
	lù	陆地，陆续，光怪陆离，姓陆。
碌	liù	碌碡。
	lù	忙碌，劳碌，庸碌，碌碌无为。
隆	lōng	轰隆，大呼隆，黑咕隆咚。
	lóng	隆重，兴隆，隆起，乾隆，隆隆。
笼	lóng	笼子，牢笼，灯笼，回笼，蒸笼。
	lǒng	笼罩，笼络，笼统。
弄	lòng	弄堂，里弄。
	nòng	玩弄，弄巧成拙。
芦	lú	芦苇，芦柑，芦荟，芦笋。
	lǔ	油葫芦（yóuhulǔ，昆虫名）。
	lu	葫芦。
抡	lūn	抡起拳头就打。
	lún	抡材。
啰	luō	啰唆。
	luó	啰唣。
	luo	当然啰。
率	lǜ	效率，汇率，利率，概率，生产率。
	shuài	率领，表率，坦率，草率，率先，率然，大率如此，率由旧章。
麻	mā	麻麻（māma）黑，麻麻（māma）亮。
	má	大麻，苎麻，芝麻，麻油，麻豆腐，麻烦，麻痹，麻木，麻醉，麻雀，

		麻黄，麻疹，麻疯，麻子。
摩	mā	摩挲。
	mó	摩擦，按摩，摩拳擦掌，摩肩接踵，揣摩，观摩，摩天大楼。
蚂	mā	蚂螂。
	mǎ	蚂蝗，蚂蚁。
	mà	蚂蚱。
吗	má	干吗去？
	mǎ	吗啡。
	ma	他来吗？
埋	mái	埋没，埋伏，埋葬，埋头。
	mán	埋怨。
脉	mài	山脉，脉搏，脉络。
	mò	脉脉含情。
氓	máng	流氓。
	méng	愚氓（愚民）。
没	méi	没有，没辙。
	mò	埋没，沉没，出没，没落，没收，没齿不忘，吞没。
们	mén	图们江（水名，在吉林）。
	men	他们，乡亲们。
蒙	mēng	发蒙（糊涂），蒙骗，白蒙蒙，灰蒙蒙，蒙蒙亮，蒙头转向。
	méng	蒙受，蒙蔽，蒙哄，蒙混，蒙昧，云雾蒙蒙，蒙药，蒙太奇。
	měng	蒙古族。
靡	mí	靡费。
	mǐ	风靡，披靡，委靡，靡靡之音。
乜	miē	乜斜。
	niè	乜（姓）。
模	mó	规模，模范，模仿，模式，模特儿，模糊，模棱两可。
	mú	模样，模子，字模，模板，模具。
那	nā	那（姓）。
	nà	那里，刹那，那么。
哪	nǎ	哪儿，哪能，哪怕，哪有。
	na	谢谢您哪，加油干哪。
	né	哪吒（Nézhā）。
呐	nà	呐喊，唢呐。
	nè	木呐（同“讷”）。
	ne	人呐？早着呐。（同“呢”）
难	nán	艰难，难看，难道，难得，难怪，难过，难题，疑难，为难，作难（为难）。
	nàn	苦难，灾难，难民，刁难，非难，逃难，死难，遇难，发难，作难（起事）。
呢	ne	他呢？
	ní	呢绒，华达呢，呢喃。
泥	ní	泥土，水泥，印泥，蒜泥。
	nì	泥墙，泥子，拘泥，泥古。
宁	níng	安宁，宁静，归宁，沪宁，宁馨儿。
	nìng	宁可，宁愿，宁死不屈；姓宁（甯）。
泡	pāo	眼泡，一泡尿，泡桐，泡子（小湖）。
	pào	水泡，泡沫，泡饭，泡泡糖，泡了三小时，泡子（灯泡）。
炮	páo	炮制，炮烙。
	pào	大炮，鞭炮，礼炮，炮击。
	bāo	炮（炒）羊肉。
漂	piāo	漂泊，漂流，鱼漂。
	piǎo	漂白，漂染，漂洗。
	piào	漂亮，那事漂（落空）了。
朴	piáo	姓朴。

	pō	朴刀。
	pò	朴树，朴硝。
	pǔ	朴素，俭朴，朴实。
撇	piē	撇开，撇弃，撇油，撇脱。
	piě	撇嘴，一撇一横，两撇胡子。
魄	pò	气魄，失魂落魄，体魄。
	tuò	落魄不羁（也作"落拓"）。
仆	pū	前仆后继。
	pú	仆人，风尘仆仆。
铺	pū	铺床，铺盖，铺陈，铺叙，铺张。
	pù	店铺，铺子，床铺，卧铺，铺位。
栖	qī	栖息，栖身，栖霞山。
	xī	栖栖，栖遑。
纤	qiàn	纤绳，拉纤。
	xiān	纤维，纤细。
鞘	qiào	剑鞘，鞘里藏刀。
	shāo	鞭鞘。
切	qiē	切除，切面，切磋，切口（书口），切线，切片。
	qiè	切合，关切，切实，切忌，切脉，切身，贴切，反切，一切，切齿。
曲	qū	弯曲，曲线，曲折，曲直，歪曲，委曲，心曲，乡曲，酒曲，大曲（酒）。
	qǔ	歌曲，戏曲，曲艺。
撒	sā	撒谎，撒娇，撒赖，撒尿，撒手，撒网，撒腿，撒野。
	sǎ	撒播，撒种。
塞	sāi	瓶塞，耳塞，塞尺，塞车，塞住窟窿。
	sài	边塞，要塞，塞外，塞翁失马。
	sè	闭塞，塞音，塞责，搪塞，阻塞。
臊	sāo	腥臊。
	sào	害臊。
煞	shā	煞车，煞尾，抹煞。
	shà	煞白，凶煞。
莎	shā	莎车（新疆地名）。
	suō	莎草。
厦	shà	大厦，前廊后厦。
	xià	厦门（福建地名）。
上	shǎng	上声，平上去入。
	shàng	上下，上演，上座，上药，上账。
	shang	地上，桌子上，课本上，领导上，穿上。
捎	shāo	捎信，捎带。
	shào	捎色（褪色）。
少	shǎo	多少，少数，缺少，至少。
	shào	少年，少将，少爷，少壮。
折	shé	折本，桌子腿撞折（断）了。
	zhē	折腾，折跟头。
	zhé	折断，损兵折将，曲折，折扣，折合，折叠，折磨，折中，折子戏，挫折。
舍	shě	舍弃，施舍，舍得。
	shè	宿舍，校舍，舍弟，舍利，退避三舍。
什	shén	什么。
	shí	什锦，什件，什物，家什，什一。
省	shěng	节省，省得，省会，省心。
	xǐng	反省，省亲，省悟，不省人事。
殖	shi	骨殖（尸骨）。
	zhí	繁殖，殖民地。
识	shí	常识，知识，认识，识别，识破。

	zhì	标识，款识，博闻强识。
属	shǔ	金属，家属，附属，属于，属相，属牛，属性，属实。
	zhǔ	属意，属望，属文，前后相属。
数	shǔ	数一数二，数九，数落，数说。
	shù	数量，少数，代数，数小时，数控。
	shuò	数见不鲜，频数。
刷	shuā	刷子，牙刷，刷墙，刷洗，刷新，刷拉一声。
	shuà	脸色刷白。
宿	sù	宿舍，归宿，宿营，宿怨，住宿，宿命论。
	xiǔ	住了一宿，通宿。
	xiù	星宿，二十八宿。
缩	sù	缩砂密（植物名）。
	suō	缩小，收缩。
拓	tà	拓本，拓片。
	tuò	开拓，拓宽，拓荒，拓扑学；拓跋。
趟	tāng	趟水过河，趟地，趟田。
	tàng	去了一趟，多走几趟。
体	tī	体己（同“梯己”）。
	tǐ	身体，体积，体裁，个体，固体，体会，体验，体贴，体面，体统。
帖	tiē	服帖，妥帖，俯首帖耳。
	tiě	请帖，字帖儿（便条），帖子，一帖药。
	tiè	碑帖，画帖，大楷字帖。
同	tóng	相同，共同，同情，同意。
	tòng	胡同。
涂	tú	涂改，涂掉，涂脂抹粉，涂上颜色，生灵涂炭，涂（姓）。
	tu	糊涂。
为	wéi	人为，成为，认为，为难，为期。
	wèi	为了，为什么，因为。
唯	wéi	唯一，唯物论。
	wěi	唯唯诺诺。
圩	wéi	圩子，圩田。
	xū	圩场，圩市。（同“墟”）
挝	wō	老挝（国名）。
	zhuā	挝鼓，渔阳三挝。
乌	wū	乌鸦，乌云，乌龙茶，乌拉（乌喇），乌呼，乌托邦，乌有。
	wù	乌拉（靰鞡），乌拉草。
铣	xǐ	铣床，铣削。
	xiǎn	铣铁（铸铁）。
鲜	xiān	鲜美，新鲜，鲜果，鲜花，鲜红，鲜明，鲜艳，鲜血，屡见不鲜，鲜（姓），鲜卑。
	xiǎn	朝鲜，鲜为人知，寡廉鲜耻，鲜有。
相	xiāng	互相，相信，相思，相好，相中。
	xiàng	出洋相，长相，三相交流电，照相，首相，丞相，亮相，识相，相机，相声，相公，相面。
肖	xiāo	姓肖。
	xiào	肖像，生肖，不肖，惟妙惟肖。
叶	xié	叶韵。
	yè	叶子，树叶，百叶窗，活叶文选，20 世纪中叶，叶公好龙，叶（姓）。
兴	xīng	兴起，兴奋，兴盛，兴

		办，复兴，绍兴。
	xìng	兴致，兴高采烈，兴趣，诗兴大发，高兴，扫兴，助兴。
吁	xū	气喘吁吁，长吁短叹。
	yū	吁（吆喝牲口的声音）。
	yù	呼吁，吁请。
咽	yān	咽喉，咽头。
	yàn	吞咽，咽气，咽唾沫。
	yè	呜咽，哽咽。
燕	yān	燕山，燕京，姓燕。
	yàn	燕子，燕麦，燕尔。
殷	yān	殷红。
	yīn	殷实，殷切，殷勤，殷忧。
	yǐn	殷殷其雷（形容雷声）。
湮	yān	湮没，湮灭。
	yīn	这种纸写起字来容易湮（同“洇”）。
要	yāo	要求，要挟。
	yào	重要，要紧，必要，纲要，简要，将要，只要，要冲，要饭，要价。
掖	yē	把被角掖好，把书掖进怀里，把纸条从门缝里掖进去。
	yè	扶掖，奖掖，掖县（地名）。
应	yīng	应该，理应，一应，应届，应许，应允，应声（出声回答），相应（应该）。
	yìng	应付，适应，反应，呼应，应酬，应答如流，应验，应用，应声（随着声音），相应（互相呼应，相适应），供应，报应，效应。
佣	yōng	雇佣，佣工，女佣。
	yòng	佣金。
有	yǒu	有无，具有。
	yòu	三十有六（通“又”）。
予	yú	予（我），予取予求。
	yǔ	予（给），予以，给予，免予处分，生杀予夺。
与	yú	赠与，相与，与共，与其，与日俱增，与人为善。
	yù	参与，与会。
	yú	（文言，同“欤”）
熨	yù	熨帖。
	yùn	熨斗，熨衣服。
约	yuē	约定，条约，简约，节约，大约。
	yāo	约二斤肉，约约这捆菜有多重。
扎	zā	包扎，结扎，扎裤脚。
	zhā	扎实，扎根，驻扎，扎手，扎眼。
	zhá	挣扎，马扎。
载	zǎi	一年半载，记载，登载。
	zài	装载，载重，载体，怨声载道，载歌载舞。
脏	zāng	肮脏，脏话，脏字。
	zàng	内脏，心脏，五脏六腑。
炸	zhá	炸糕，炸酱，炸油条。
	zhà	爆炸，炸弹，炸药。
柞	zhà	柞水（陕西地名）。
	zuò	柞树，柞蚕，柞丝绸。
占	zhān	占卜，占卦。
	zhàn	占据，占有，霸占，占上风。
粘	zhān	粘贴，粘连，粘信封。
	nián	姓粘；粘合、粘稠、粘附、粘虫、粘结、粘液（用作“黏”）。
着	zhāo	高着，失着，这一着厉害，着数。

	zháo	着急，着火，着凉，着迷，着魔，上不着天，下不着地，歪打正着，用不着，睡着了。
	zhe	本着，接着，意味着，门开着。
	zhuó	沉着，着手，着想，着陆，附着，衣着，着装，着重，着实，着墨，不着边际。
挣	zhēng	挣扎。
	zhèng	挣钱，挣脱，挣命。
正	zhēng	正月。
	zhèng	正确，正经，正当，端正，正好。
症	zhēng	症结。
	zhèng	症状，病症，症候，后遗症。
只	zhī	船只，只身，一只。
	zhǐ	只好，只管，只要，只有。
中	zhōng	中间，暗中，集中，中文，中看，中听，中用，人中，中子。
	zhòng	中肯，中伤，击中，中暑，中风，中奖，中意，看中，命中，切中时弊。
种	zhǒng	播种（撒播种子），种子，品种，种类，杂种，种族。（名词性）
	zhòng	播种（撒播种子来种植），芒种，耕种，种植，种地，种牛痘。（动词性）
轴	zhóu	车轴，画轴，轴承，轴子。
	zhòu	压轴戏，压轴子，大轴子。（戏）
著	zhù	显著，著作。
	zhuó	执著。
拽	zhuāi	把球拽得老远。
	zhuài	生拉硬拽，拽不动，一把拽住。
转	zhuǎn	旋转，扭转，运转，好转，转变，转达，转换，转身，转折，转移，周转，转动（转身活动），转向（转变方向），回转，转弯子（改变认识）。
	zhuàn	打转，转动（作圆周运动），自转，公转，转磨，转向（迷失方向），转弯子（说话不直截了当），转椅，转悠，二人转。
	zhuǎi	转文（用文绉绉的词句说话）。
琢	zhuó	雕琢，琢磨（精细加工）。
	zuó	琢磨（考虑）。
钻	zuān	钻孔，钻探，钻营，钻空子，钻研，钻牛角尖，刁钻，钻到水里。
	zuàn	钻机，钻头，风钻，钻石，钻戒。

五、分清异用多音

有些字记录的是同一个义素（表示一个意义或者相近的一组意义），但它用在不同的词语中有不同的读音，这就是上文所说的单义异用多音字，人们习惯上也把它们称为多音多义字。其实，这些字的不同读音大都是由“文白异读”（即读书音与口语音的不同）或使用场合不同（即用在不同的词语中）造成的，其不同的读音所表示的意义并非截然不同，称它们为多音多义字其实是不正确的。即使其所表意义有所差异，也至多只能称之为多音近义字，而不能称之为多音多义字。由于“近义”“同义”等术语都用来指两个字（或词）或多个字（或词）之间的字义（或词义）关系，所以我们还是称之为“单义”来与“多义”相对。当然，我们这里所谓的“单义”，应作宽泛的理解，它是指该字的不同读音所表示的字义并无明显的不同，而是有着紧密的联系或者完全同义。这类字本来就不很多，而且其中有些文白异读的字又被普通话审音委员会作为异读字处理了，所以数量就更少了。但是，由于这一类字的字义并无明显区别，所以其读音的不同更难掌握。现将这类字中容易混读的列出，并对其使用场合（词例）或意义略作说明，以引起大家的重视而避免误读。

表1-10-3　单义异用多音字读音表

啊	ā	啊，起风了！（表示惊奇）啊，风景太美了！（表示赞叹）
	á	啊，你说什么？（表示追问）
	ǎ	啊，这怎么可能呢？（表示出乎意料）
	à	啊，我知道了。（表示应答）
	a	你要注意啊！
唉	āi	唉声叹气，唉（答应或叹息的声音）。
	ài	唉！（叹词，表示伤感或惋惜。）
嗳	ǎi	嗳（叹词），嗳气，嗳酸。
	ài	嗳（叹词）。
熬	āo	熬菜，熬豆腐。
	áo	熬药，熬粥，熬夜，煎熬。
耙	bà	钉齿耙，圆盘耙，耙地（耙碎）。
	pá	耙子，耙犁，钉耙，耙地（耙平）。
伯	bǎi	大伯子（丈夫的哥哥）。
	bai	叔伯。
	bó	伯父，伯母。
剥	bāo	剥皮，剥花生。
	bō	剥削，剥夺，剥落，盘剥，生吞活剥。
薄	báo	薄片，薄饼，薄脆，纸很薄，脸皮薄。
	bó	稀薄，单薄，刻薄，厚薄，薄弱，鄙薄，薄情，薄命，厚今薄古。
奔	bēn	奔跑，奔腾，奔放，奔命（奉命奔走），奔丧，私奔，奔逃。
	bèn	投奔，逃奔，直奔车站，奔命（拼命奔走），奔头儿。
绷	bēng	绷带，棕绷，把绳子绷直。
	běng	绷着脸，绷住劲。
	bèng	绷裂，西瓜绷了一道缝。
臂	bì	手臂，臂膀，螳臂当车。
	bei	胳臂。
膊	bó	赤膊上阵。
	bo	胳膊。

簸 bǒ 颠簸，簸谷，簸扬，簸动。
bò 簸箕。
拆 cā 拆烂污。
chāi 拆信，拆房子，拆卸，拆台，拆穿。
侧 cè 侧面，侧耳倾听，侧目，侧身而过。
zhāi 侧歪，侧棱。
叉 chā 刀叉，叉子，叉腰，交叉。
chá 车把路口叉死了。
chǎ 叉着腿。
chà 劈叉。
杈 chā 杈子，三股杈。（农具名）
chà 杈子（植物分枝），丫杈，树杈。
衩 chǎ 裤衩。
chà 这旗袍开的衩太大了。
喳 chā 喊喊喳喳，打喳喳（低声说话）。
zhā 喜鹊喳喳地叫。
颤 chàn 颤动，颤抖，颤音，震颤。
zhàn 打颤，颤栗。
场 cháng 打场，场院，外场，一场雨，一场硬仗，一场病。
chǎng 场地，广场，场合，场面，圆场，市场，立场，一场戏，一场球赛，一场考试。
chang 排场。
吵 chāo 吵吵（chāochao，许多人杂乱说话）。
chǎo 吵闹，吵嚷，吵嘴，吵架，争吵。
车 chē 车子，兵车。
jū 丢卒保车，吃车。（象棋棋子名）
冲 chōng 冲击，冲突，冲撞，冲动，冲洗。
chòng 冲床，冲压，冲模。
伺 cì 伺候。
sì 伺机，窥伺。
撮 cuō 一撮儿盐，一小撮坏人。
zuǒ 一撮儿毛，一撮胡子。（表示小小的一丛）
答 dā 答应，答理。
dá 回答，答复，报答，对答，答案。
瘩 dá 瘩背。
da 疙瘩。
待 dāi 待一会儿，最近待在上海（也作“呆”）。
dài 待遇，等待，待业，对待，待人接物，招待，待命，待理不理。
逮 dǎi 逮特务，逮老鼠。
dài 逮捕。
叨 dāo 叨念，叨唠，唠叨。
dáo 叨咕。
tāo 叨教，叨光，叨扰。
澄 dèng 把水澄清了。
chéng 澄清事实。
dēng 黄澄澄。
蹬 dēng 蹬腿，蹬三轮车，车蹬子。
dèng 蹭蹬。
嘀 dī 嘀嗒，嘀里嘟噜。
dí 嘀咕。
提 dī 提防。
tí 提醒，提倡，提供，提神。
囤 dùn 粮囤，米囤。
tún 囤货，囤米，囤积。
驮 duò 驮子（名词、量词）。
tuó 驮（动词），驮运，驮马。
胳 gā 胳肢窝。
gē 胳膊，胳臂。

杆	gān	电线杆子，标杆，旗杆，栏杆，桅杆。
	gǎn	笔杆子，枪杆，秤杆，杠杆，光杆儿。
扛	gāng	力能扛鼎。
	káng	扛枪，扛大梁。
膏	gāo	膏子，膏粱，梨膏，膏药，牙膏，膏肓。
	gào	膏点儿油，膏笔。
搁	gē	搁置，搁浅。
	gé	搁不住。
给	gěi	给以，给面子，给你。
	jǐ	供给，给予，补给，自给自足。
颈	gěng	脖颈子。
	jǐng	颈项，长颈鹿。
巷	hàng	巷道（矿井里的通道）。
	xiàng	小巷，街巷。
核	hé	桃核，核心，细胞核，核桃，核武器。（“核实”“核算”“审核”等词中的“核”原作“覈”，故不读 hú。）
	hú	梨核儿，煤核儿，冰核儿。（用于口语）
貉	hé	一丘之貉。
	háo	貉子，貉绒。
吓	hè	恫吓，恐吓，威吓。
	xià	吓唬，惊吓，吓人，吓了一跳。
横	héng	横行，横加，横眉，横生，横心。
	hèng	横暴，蛮横，凶横，横祸，横财。
虹	hóng	彩虹，虹吸。
	jiàng	天边一条虹。（口语单说）
糊	hū	用水泥把墙缝糊上，糊了一脸泥。
	hú	糊窗户，糊风筝，裱糊，馒头烤糊了，糊口，糊涂。
	hù	浆糊，面糊，芝麻糊，糊弄。
哗	huā	哗哗，哗啦。
	huá	哗然，喧哗，哗变，哗众取宠。
晃	huǎng	一晃就不见了，虚晃一枪。
	huàng	十年一晃就过去了，晃动。
教	jiāo	教书，教学（教书），教小孩识字。
	jiào	教育，教学相长，教导，宗教。
嚼	jiáo	细嚼慢咽，咬文嚼字，味同嚼蜡。
	jiào	倒嚼。
	jué	咀嚼。
结	jiē	结了一个瓜，开花结果。
	jié	结合，结晶，良好的结果。
劲	jìn	干劲，带劲，起劲，牛劲。
	jìng	刚劲，苍劲，强劲，劲敌，劲旅。
倔	jué	倔强。
	juè	倔脾气，倔头倔脑，他说话很倔。
噱	jué	可发一噱。
	xué	噱头。
看	kān	看守，看管，看护，看门，看家。
	kàn	照看，衣帽自看，查看，察看。
坷	kē	坷垃。
	kě	坎坷。
嗑	kē	唠嗑儿。
	kè	嗑瓜子儿。
壳	ké	贝壳，蛋壳，脑壳，驳

		壳枪，卡壳。
	qiào	甲壳，地壳，躯壳，金蝉脱壳，介壳。
空	kōng	空房，空腹，空心砖，空城计，空间。
	kòng	空地，空心吃药，空缺，空白，填空，空隙。
溃	kuì	溃烂，崩溃，溃疡。
	huì	溃脓。
落	là	落了两个字，落在后面，丢三落四。
	lào	落价，落枕，落色，鸟儿落在树上。
	luò	降落，堕落，落后，落地，落花流水，流落，落脚，着落，坠落。
络	lào	络子。
	luò	经络，网络，橘络，笼络，联络，络腮胡子。
烙	lào	烙印，烙铁，烙饼。
	luò	炮烙。
勒	lè	勒令，勒索，悬崖勒马。
	lēi	勒紧。
凉	liáng	凉快，凉爽，乘凉，凉水，凉粉，凉棚，凉亭，悲凉，荒凉。
	liàng	把药凉一凉再喝。
撩	liāo	撩起帘子，把头发撩上去，先撩些水再打扫。
	liáo	撩拨，撩乱，春色撩人。
燎	liáo	星火燎原。
	liǎo	他生炉子不小心，把头发燎了。
咧	liē	大大咧咧，骂骂咧咧，笑咧咧。
	liě	把嘴一咧，咧着嘴笑，龇牙咧嘴。
馏	liú	蒸馏。
	liù	馏馒头，把剩菜馏一下。
搂	lōu	搂柴火，搂起袖子，搂扳机。
	lǒu	搂抱，一搂粗的大树。
露	lòu	露脸，公开露面，露马脚，露相，露底，泄露，露丑，露头（露出头部），露一手。
	lù	露骨，露头角，藏头露尾，抛头露面，暴露，锋芒毕露，露头（矿苗），露天。
捋	lǚ	捋胡子，捋麻绳。
	luō	捋袖子，捋虎须。
绿	lǜ	绿色，绿化，桃红柳绿。
	lù	绿林，绿营，鸭绿江。
抹	mā	抹布，抹桌子，把帽子抹下来。
	mǒ	抹杀，抹黑，涂抹，吃完饭把嘴一抹，抹脖子。
	mò	抹墙，转弯抹角。
蔓	màn	蔓草，蔓延，枝蔓。
	wàn	压蔓，爬蔓儿，瓜蔓，顺蔓摸瓜。
闷	mēn	闷热，闷声不响。
	mèn	闷子车，闷闷不乐，闷葫芦。
眯	mī	笑眯眯，眯着眼笑，眯缝，眯了一会儿（小睡）。
	mí	沙子眯了眼，看不清了。
磨	mó	磨刀，琢磨，磨砺，磨练，磨损，折磨，磨蹭，消磨，磨嘴，磨洋工，磨床。
	mò	磨坊，磨盘，磨面，磨豆腐，水磨，推磨。

那 nà 那本书，那里，那么，那孩子，那是什么。
nèi （在口语中，“那里”“那么”以及“那”单用或后面紧跟名词时念 nà，其他场合都可说 nèi，特别是“那”后面跟量词或数量词组时常说 nèi。）
囊 nāng 囊膪。
náng 胆囊，囊肿，囊括。
尿 niào 撒尿，糖尿病。
suī 尿脬，尿泡，尿（niào）了一泡尿。
拧 níng 拧毛巾，把麻拧成绳子，拧耳朵。
nǐng 拧螺丝，拧开电门，拧开瓶盖。
nìng 拧脾气，拧劲儿。
疟 nüè 疟疾，疟原虫。
yào 疟子。
排 pái 并排，排队，排列，木排，排挤。
pǎi 排子车，把这双鞋排一排。
迫 pǎi 迫击炮。
pò 压迫，迫近，急迫，迫使，强迫。
喷 pēn 喷射，喷发，香喷喷。
pèn 喷香，喷喷香。
劈 pī 劈刀，劈山，劈木柴。
pǐ 劈叉，劈柴（劈成的木柴）。
片 piān 唱片儿，相片儿，画片儿，电影片子。
piàn 唱片，相片，画片，影片，铁片子，刀片儿，明信片，片面，片段。
曝 pù 一曝十寒，曝晒，曝露。
bào 曝光。
荨 qián 荨麻。
xún 荨麻疹。
呛 qiāng 喝呛了，吃呛了，游泳时呛了口水。
qiàng 油烟呛人，辣椒味呛得难过，够呛。
雀 qiāo 雀子（雀斑）。
què 雀斑，麻雀，雀盲眼。
悄 qiāo 悄悄话，静悄悄，悄悄儿地。
qiǎo 悄声，悄寂，悄然。
翘 qiào 翘尾巴，翘辫子。
qiáo 翘首，翘望，翘楚，连翘。
亲 qīn 亲人，父母亲，亲戚，亲近，亲自。
qìng 亲家，亲家公，亲家母。
嚷 rāng 嚷嚷。
rǎng 叫嚷，吵嚷，喧嚷。
散 sǎn 零散，散漫，松散（结构不紧密，精神不集中），拆散（使成套的物件分散），散装，散光，散剂，散文，散曲，闲散，懒散。
sàn 分散，解散，松散（使轻松舒坦），拆散（使组织分散），涣散，扩散，散布，散步，离散，散会，散失，消散，发散，散伙。
丧 sāng 丧事，丧葬，吊丧，丧钟。
sàng 丧失，沮丧，沦丧，丧命，颓丧。
扫 sǎo 扫地，打扫，扫雷，扫

		盲，扫兴。
	sào	扫帚，扫把。
色	sè	颜色，色彩，神色，角色，英雄本色（本来面貌），女色，成色，上色（上等，高级），起色，脱色，着色，变色。
	shǎi	本色儿（物品原来的颜色），掉色，套色，落色，上色（加颜色），褪色，走色，不变色儿（口语音），捎色（褪色），色子（骰子）。
	shai	颜色（颜料或染料），玉色。
杉	shā	杉木（杉树的木材），杉篙。
	shān	杉树，水杉，云杉。
扇	shān	扇风，扇炉子，扇扇（shàn）子，扇火。
	shàn	扇子，电扇，芭蕉扇，扇车，门扇，一扇门。
苫	shān	草苫子。
	shàn	苫背，苫布。
稍	shāo	稍微，稍纵即逝。
	shào	稍息。
谁	shéi	谁（口语音）。
	shuí	谁（读书音）。
葚	shèn	桑葚（读书音）。
	rèn	桑葚儿（口语音）。
食	shí	食品，食物，箪食壶浆。
	sì	食之（文言，通“饲”）。
似	shì	似的，飞也似地跑来。
	sì	近似，相似，似乎，似是而非，恰似。
熟	shóu	熟（口语音），煮熟了。
	shú	熟（读书音），熟悉，熟练。
说	shuì	游说。
	shuō	劝说，说服，说合，说客，说情。
遂	suí	半身不遂。
	suì	谋事不遂，杀人未遂，遂心如愿。
踏	tā	踏实。
	tà	脚踏实地，践踏，踏步，踏勘。
苔	tāi	舌苔。
	tái	苔藓，青苔。
挑	tiāo	挑选，挑剔，挑担，挑子。
	tiǎo	挑拨，挑战，挑灯，挑花，挑动，挑逗，细高挑儿。
通	tōng	通过，通达，通信，通称，通常，通病，通用，通俗，精通，通融，通红。
	tòng	说了一通，打了三通鼓。
吐	tǔ	谈吐，吐字，吞吐，吐穗，吐气，吐痰（能控制地吐出）。
	tù	呕吐，吐沫，吐血，上吐下泻（不能控制地吐出）。
褪	tuì	褪色，小鸭褪了黄毛。
	tùn	褪去，褪套儿，把袖子褪下来。
瓦	wǎ	泥瓦匠，瓦砾，瓦解，瓦当，瓦头。
	wà	瓦刀。
歪	wāi	歪斜，歪曲，歪歪扭扭，歪风邪气，歪缠。
	wǎi	走路不小心，把脚给歪了。
尾	wěi	尾巴，末尾，尾欠，尾

		声，尾随，尾大不掉。
	yǐ	马尾儿，马尾罗，三尾儿。
相	xiāng	相看，这件衣服她相不中，相亲。
	xiàng	相面，相机行事。
削	xiāo	削铅笔，削苹果皮，削球，切削，刀削面。
	xuē	剥削，削减，削价，削发，削弱，削足适履，瘦削，斧削。
血	xiě	吐血，咯血，便血，鸡血，血晕（皮肤下的淤血），血块，血淋淋，流点儿血，血的教训，一针见血，杀人不见血。
	xuè	鲜血，血压，输血，血债，血晕（产后失血过多而晕厥），混血儿，狗血喷头，呕心沥血，流血牺牲，血泪史，心血，贫血，淤血，茹毛饮血，血迹，血汗，血气。
芯	xīn	笔芯，灯芯。
	xìn	芯子。
旋	xuán	旋转，旋律，螺旋，斡旋，凯旋，旋即，旋子（圈儿）。
	xuàn	旋风，旋用旋买，旋子（武术动作）。
熏	xūn	熏鱼，臭气熏天，利欲熏心，熏陶，熏染，熏蒸。
	xùn	被煤气熏着了。
呀	yā	呀，这下可糟了！门呀的一声被打开了。
	ya	快来呀！
哑	yā	咿哑，哑哑学语。
	yǎ	哑然失笑，哑巴，哑铃，哑剧。
压	yā	压力，压缩，压服，压迫，压台戏，大兵压境，积压，压韵，压宝，压岁钱。
	yà	压根儿。
轧	yà	倾轧，轧花机，轧道机，轧场。
	zhá	轧钢，轧机（轧钢用的机器）。
	gá	人轧人，轧账。
钥	yào	钥匙。
	yuè	锁钥。
饮	yǐn	饮水，饮料，饮食，冷饮，饮恨，饮弹。
	yìn	饮马，饮牛，饮牲口。
哟	yō	哟，你踩我脚了。
	yo	大家用力哟。
晕	yūn	晕倒，晕厥，晕头转向，头晕。
	yùn	晕车，血晕，晕场，晕针，眩晕。
择	zé	选择，抉择。
	zhái	择菜，择席，择不开。
栅	zhà	栅栏。
	shān	栅极。
涨	zhǎng	涨价，上涨，高涨，涨潮。
	zhàng	涨红了脸，头昏脑涨，气球涨得很大。
爪	zhǎo	魔爪，爪牙，张牙舞爪。
	zhuǎ	爪子，爪尖儿。
这	zhè	这本书，这里，这么，这孩子，这是什么。
	zhèi	（在口语中，“这里”“这么”以及“这”单用或后面紧跟名词时念 zhè，其他场合都可说

		zhèi，特别是“这”后面跟量词或数量词组时常说 zhèi。）
吱	zhī	咯吱，床板吱吱响，知了吱吱地叫。
	zī	吱声，老鼠吱吱地叫。
作	zuō	作坊。
	zuò	操作，工作，制作，作业，作践，作料。

六、记住传统读音

有些字的多音，是由沿袭了传统的特殊读音造成的。这种传统读音主要存在于古代沿用下来的国名、族名、地名、人名、姓氏、物名及抽象词语之中。如果缺乏一定的文化素养，用通常的读音去读它们，就会造成误读。如电视片《百家姓》中解说员把殷商祖先“契”（Xiè）误读成 Qì，把周朝初年的“召（Shào）公”误读成 Zhàogōng，把宋朝的“洪适（Kuò）”误读成 Hóng Shì，就是如此。

当然，对于比较罕用的特殊读音，我们不必强调遵从传统的读法。例如，姓郗的“郗”，保留传统读音 Chī 当然可以，但读为 Xī 也未尝不可。对于人们已改为一般读音，特别是《普通话异读词审音表》《现代汉语词典》等已将这种一般读音列为规范读音的字，就更不应再保留传统读法了。例如，山东费县的“费”应读 Fèi 而不应再读 Bì，姓叶的“叶”应读 Yè 而不应再读 Shè，“滑稽”的“滑”应读 huá 而不应再读 gǔ，“鳞次栉比”“朋比为奸”“比年”“比邻”的“比”应读 bǐ 而不应再读 bì，“口吃”的“吃”应读 chī 而不应再读 jí。

然而，我们虽然不应该一味崇古，但还是应该以约定俗成为原则。对于那些为多数读者所熟悉，为现代汉语所吸收，为一般工具书与规范性文件——特别是《普通话异读词审音表》与《现代汉语词典》——所收录的传统字音，还是应该认真掌握而不应该用通常的读音去读；否则，就属于误读了。为了避免这方面的误读，我们把这些容易读错的保留传统读音的姓氏、人名、地名等列于表 1-10-4，并对其使用场合（词例）或意义略作说明，以引起大家的重视而避免误读。

须补充说明的是，这些词语中的字，人们习惯上也把它们看作多音多义字。这种看法并不妥当，因为这些字并不都是记录义素的。像“单于”中的“单”只代表了一个音节，它本身并不能表示什么意义，所以也就无所谓“多义”了。确切地说，这种字还是称为“异用多音字”为妥。总体而言，这些字中有的可以看作多音多义字，但不能一概而论。当然，即使有些可以看作多音多义字，但表 1-10-4 列出的字我们一般也不再列入上面的多音字表中，这不仅是为了节约篇幅，主要是因为其常用读音人们一般不会读错。

还要说明的是，这些字的多音有时也与汉字简化有关。如“适”字从“舌”（𠯑），原读 kuò，与“括”“阔”“筈”“蛞”等同音，现把“適”简化成“适”，“适”就又读 shì 了，kuò 反而好像是“适”的特殊读音了。对这种字，我们也一并收入表中。

表1-10-4　容易读错的传统字音正音表

堡	bǎo	大黄堡（天津地名），堡垒。
	bǔ	吴堡、瓦窑堡（陕西地名），柴沟堡（河北地名），堡子（寨子）。
	pù	十里堡（北京地名;“堡”同“铺”，是古时的驿站）
泌	bì	泌阳（河南地名）
并	bīng	并州（山西太原的别称）
百	bó	百色（广西地名）
不羹	Bùláng	（春秋时楚国地名）
单	chán	单于（古代匈奴最高首领的称号），姓单。
	shàn	单县（山东地名），姓单。
种	chóng	（姓）
衰	cuī	等衰（等级递降，“衰”通“缞”）
曹大家	Cáo Dàgū	（“家”通“姑”,“大家”是对妇女的尊称。“曹大家”指东汉班昭，因其丈夫为曹世叔而得名。）
阿	ē	东阿（山东地名），阿胶。
阿房宫	Ēpáng Gōng	（秦时宫名）
繁峙	Fánshì	（山西地名）
夫差	Fūchāi	（春秋时吴王名）
高句骊	Gāogōulí	（古国名）
盖	gě	（姓）
句践	Gōujiàn	（春秋时越国国王，“句”同“勾”。）
过	guō	（姓）
涡河	Guō Hé	（发源于河南，下流在安徽。）
汗	hán	大汗，成吉思汗。（“可汗”的简称）
镐京	Hàojīng	（西周国都）
侯	hóu	侯爵，诸侯，姓侯。
	hòu	闽侯（福建地名）

洪洞	Hóngtóng	（山西地名）
呼韩邪	Hūhányé	（汉代匈奴族单于名）
恶池	Hūtuó	（水名，发源于山西，流入河北，即滹沱。）
华	huà	华山，华阴县，姓华。
桧	huì	秦桧（南宋人名）
济	jǐ	济水，济南，济宁。
纪	jǐ	（姓）
且	jū	且月（阴历六月），范且（人名，又作“范雎”），且兰（古县名,在今贵州),且末（新疆地名),姓且。
筠连	Jūnlián	（四川地名）（表示竹皮、竹子的“筠”读 yún。）
康居	Kāngqú	（古代西域国名）
可汗	kèhán	（古代鲜卑、突厥、蒙古等族最高统治者的称号）
会稽	Kuàijī	（山名，在今浙江绍兴市东南。）
适	kuò	南宫适、洪适。（人名用字，同“逜”，不是“適”的简化字。）
蠡	lǐ	范蠡（春秋时越国人名），蠡县（河北地名）。（“管窥蠡测”的“蠡”读 lí。）
令狐	Línghú	（古代地名，在今山西；复姓。）
龙兑	Lóngduó	（战国时赵国地名）
六	lù	六安（安徽地名），六合（江苏地名）。
庐	lǘ	阖庐（春秋时吴国国君，“庐”同“闾”），庐（春秋时楚国地名）。
论	lún	《论语》
漯	luò	漯河（河南地名）
	tà	漯水（古代河名，在今山东）
蔓菁	mánjing	（一种植物）（“蔓草”的“蔓”读 màn。）
缪	miào	（姓）
冒顿	Mòdú	（汉代匈奴族单于名）
万俟	Mòqí	（复姓）
莫邪	mòyé	（同“镆铘”，古代宝剑名。）
牟	mù	牟平（山东地名），中牟（河南地名），姓牟。
哪吒	Nézhā	（神话中的神名）
兒	ní	（姓，同“倪”。）
冰	níng	肌肤若冰雪（“冰雪”指脂膏，“冰”是“凝”的本字），李阳冰（唐代文字学家、书法家，字少温，“冰”是“凝”的本字，现又读 bīng）。
娜	nuó	婀娜，袅娜。

区	ōu	（姓）
番禺	Pānyú	（广东地名）
胖	pán	心广体胖
跑	páo	虎跑泉（泉名，在杭州。“跑”指走兽用脚爪刨地。）
冯	píng	暴虎冯河（通“憑”）
繁	pó	（姓）
犍为	Qiánwéi	（四川地名）（“犍牛”的“犍”读 jiān。）
禽滑釐	Qíngǔlí	（战国人名，墨翟学生。“滑”又作“骨”。）
龟兹	Qiūcí	（汉时西域国名）
仇	qiú	（姓）
任	rén	任（姓），任县、任丘（河北地名）。
召	shào	召（周代国名，姓，又作“邵”），召陵（河南地名）。
莘	shēn	莘县（山东地名），姓莘。
	xīn	莘庄（上海地名）
台	tāi	台州（浙江地名），天台山（浙江山名）。
天姥	Tiānmǔ	（山名，在今浙江新昌县东南。）
吐番	Tǔbō	（古国名）
吐谷浑	Tǔyùhún	（古国名）
委蛇	wēiyí	同“逶迤”，虚与委蛇。
五阮关	Wǔyuán Guān	（古关名，在今河北宣化西南。“阮”通“原”。“阮”一读 juàn。）
先零	Xiānlián	（汉代羌族的一支）
冼	xiǎn	（姓）
契	Xiè	（人名，殷人的祖先。）
解	xiè	姓解，解池（山西湖名）。
浒	xǔ	浒浦、浒墅关（江苏地名），浒湾（江西地名）。
	hǔ	浒湾（河南地名）
荤粥	Xūnyù	（上古北方种族名，同“獯鬻”。）
浚	xùn	浚县（河南地名）
阏氏	yānzhī	（汉代匈奴称君主的正妻）
燕	yān	燕山，燕国（周代国名），燕京（旧时北京的别名），姓燕。
铅	yán	铅陵（复姓），铅山（江西地名）。
阳夏	Yángjiǎ	（秦汉时县名）
汤谷	Yánggǔ	（即“旸谷”，传说是日出之处。）
要	yāo	（姓），要离。
皋陶	Gāoyáo	（上古人名）

食其	Yìjī	郦食其、审食其（西汉人名）
尉	yù	尉迟（复姓），尉犁（新疆地名），尉庄（山西地名）。
蔚	yù	蔚县（河北地名），姓蔚。
宛	yuān	大宛（汉代西域国名），宛若（古女子名），宛（战国时楚国地名，后置县）。
身毒	Yuāndú	（一读 Juāndú，古时印度的音译。）
月氏	Yuèzhī	（汉代西域国名）
员	yún	伍员（即伍子胥，春秋时楚国人）
	yùn	（姓）
查	zhā	（姓）
吒	zhā	金吒、木吒、哪吒（神话中的神名），吒祖村（广西地名）。
柞水	Zhàshuǐ	（陕西地名）
翟	zhái	（姓）
祭	zhài	（姓）
术	zhú	白术，苍术，莪术。
祝其	Zhùjī	（汉代县名）
枞阳	Zōngyáng	（安徽地名）

七、不要轻信声符

现代使用的汉字绝大部分是形声字。形声字即形旁与声旁构成的字。其形旁又称意符或义符，用来表示该字的意义范畴；其声旁又称声符或音符，用来表明该字的读音。但是，形声字的声旁毕竟不是精确记音的音标，再加上大部分形声字产生以后经历了长期的语音演变，所以，即使某些形声字产生之时与其声旁的读音完全相同，到现在也往往变得不一致了。据统计，现在通用的汉字中形声字声旁的读音与该字读音完全相同的只有四分之一左右。因此，如果我们用某一形声字声旁的现在读音去读这个形声字，往往会产生误读。例如，如果我们用“出”的字音 chū 去读以“出”为声旁的形声字“拙”（zhuō）、“咄”（duō）、“绌”（chù）、“屈”（qū）、“茁”（zhuó）、“黜”（chù），就会产生一系列的误读。由此可见，现在的声旁已不完全可靠了。所以，“秀才识字念半边”的办法虽然有一定的合理性，但现在已不能完全取得事半功倍的成效了，有时反而会导致误读。这是受声旁影响以致误读的一个方面，即轻信标音不准确的声旁而导致了误读。

另一方面，有些人虽然没轻信声旁“读半边”，却根据某一形声字的读音去类推该字声旁的读音或其他同声旁的形声字的读音，而由于这一形声字的读音与其声旁或其他同声旁的形声字的读音不一致，于是造成了误读。这其实也是受声旁影响而造成的误读。

更有甚者，有些人把某些字的偏旁误当作声旁而用它的字音来读该字，或用某字的读音去类推该字偏旁的读音以及其他与该字同偏旁的字的读音，结果也造成了误读。归根结底，这种误读的诱因仍在声旁。所以，我们把这种以偏旁读音进行类推而造成的误读合起来一起论述。

上述误读是极为常见的。现将这类容易读错的字列成表 1-10-5，并对其使用场合（词例）或意义略作说明，以引起大家的重视而避免误读。

表1-10-5　常见按偏旁发音或按偏旁类推而误读的字读音表

皑	ái	白雪皑皑。不读kǎi(凯)。
隘	ài	狭隘。不读 yì（益）。
俺	ǎn	俺们。不读 yān（淹）。
按	àn	按照。不读 ān（安）。
盎	àng	盎司。不读 yāng(央)。
鏖	áo	鏖战。不读 chén(塵)、lù（鹿）。
掰	bāi	掰玉米。不读bàn(扮)。
稗	bài	稗子，稗官野史。不读 bēi（卑）、pí（脾）。
胞	bāo	细胞。不读 pāo（泡）。
褒	bāo	褒奖。不读 bǎo（保）。
焙	bèi	焙干。不读 péi（培）。
悖	bèi	悖谬。不读 bó（勃）。
迸	bèng	迸发。不读 bìng(并)。
妣	bǐ	考妣。不读 pī（批）。
愎	bì	刚愎自用。不读fù(复)。
庇	bì	包庇。不读 pī（批）。
痹	bì	麻痹。不读 pí（脾）。
婢	bì	婢女。不读 bēi（卑）。
砭	biān	针砭。不读 fàn（泛）、biǎn（贬）。
鳔	biào	鱼鳔，鳔胶。不读 piào（票）。
濒	bīn	濒临。不读 pín（频）。
跛	bǒ	跛子。不读 pí（皮）。
擘	bò	巨擘。不读 bì（辟）、bei（臂）。
哺	bǔ	哺乳。不读 pǔ（浦）。
瓿	bù	安瓿。不读 péi（培）。
糙	cāo	粗糙。不读 zào（造）。
嘈	cáo	嘈杂。不读 zāo（糟）。
蹭	cèng	蹭蹬。不读 céng 或 zēng（曾）。
茬	chá	豆茬。不读 zài（在）。
谄	chǎn	谄媚。不读 xiàn(陷)。
阐	chǎn	阐明。不读 shàn(禅)。
忏	chàn	忏悔。不读 qiān(千)。
伥	chāng	为虎作伥。不读 zhāng（张）、zhǎng（长）。
偿	cháng	赔偿。不读 shǎng（赏）。（“偿”的繁体字为“償”。）
掣	chè	掣肘，风驰电掣。不读 zhì（制）。
郴	chēn	郴州市（在湖南省）。不读 lín（林）。
嗔	chēn	嗔怪。不读 tián(填)、zhēn（真）。
瞠	chēng	瞠目结舌。不读 táng（堂）。

撑　chēng　撑竿跳。不读 zhǎng(掌)。
骋　chěng　驰骋。不读 pìn（聘）。
笞　chī　鞭笞。不读 tái（台）。
魑　chī　魑魅（mèi）魍魉。不读 lí（离）。
褫　chǐ　褫夺。不读 dì（递）。
炽　chì　白炽，炽热。不读 zhī（织）、zhǐ（只）。
憧　chōng　憧憬。不读 tóng(童)。
忡　chōng　忧心忡忡。不读 zhōng（中）。
畴　chóu　范畴。不读 tāo（涛）。
惆怅　chóuchàng　不读 zhōuzhàng（周胀）。
瞅　chǒu　瞅见。不读 qiū（秋）。
刍　chú　反刍。不读 qū（趋）。
矗　chù　矗立。不读 zhí（直）。
绌　chù　相形见绌。不读 zhuō（拙）、chū（出）。
揣　chuǎi　揣测。不读 chuǎn(喘)。
椽　chuán　椽子。不读 zhuàn(篆)。
钏　chuàn　金钏。不读 chuān(川)、xùn（训）。
淳　chún　淳朴。不读 zhūn(谆)。
辍　chuò　辍学。不读 zhuì(缀)。
淙　cóng　泉水淙淙。不读 zōng（宗）。
蹴　cù　一蹴而就。不读 jiù（就）。
蹙　cù　双眉紧蹙。不读 qī(戚)。
簇　cù　簇拥。不读 zú（族）。
痤　cuó　痤疮。不读 zuò（坐）。
耷　dā　耷拉。不读 ěr（耳）。
靼　dá　鞑靼。不读 dàn（旦）、tǎn（坦）。
殆　dài　百战不殆。不读 tāi（胎）、yí（怡）。
诞　dàn　诞生，荒诞。不读 yán（延）。
砀　dàng　砀山（在安徽）。不读 yáng（扬）。
悼　dào　悼念。不读 diào(掉)。
籴　dí　籴米。不读 rù（入）。
涤　dí　洗涤。不读 tiáo(条)。
谛　dì　真谛。不读 tí（啼）。
蒂　dì　并蒂莲。不读 tí(蹄)。
缔　dì　缔约，取缔。不读 tí（蹄）。
滇　diān　滇池。不读 tián(填)、zhèn（镇）。
玷　diàn　玷污。不读 zhān(沾)。
淀　diàn　淀粉，沉淀。不读 dìng（定）。
恫　dòng　恫吓（hè）。不读 tóng（同）。
咄　duō　咄咄逼人。不读 chū（出）。
踱　duó　踱来踱去。不读 dù(度)。
讹　é　讹误，讹诈。不读 huà（化）。
遏　è　遏止。不读 jiē（揭）、jié（竭）、hē（喝）。
氛　fēn　气氛，氛围。不读 fèn（份）。
汾　fén　汾酒。不读 fēn（分）。
涪　fú　涪陵（在重庆市）。不读 péi（培）。
拂　fú　拂拭，拂晓。不读 fó（佛）。
尴尬　gāngà　不读 jiānjiè（监介）。
淦　gàn　淦水（在江西省）。不读 jīn（金）。
赣　gàn　赣江，赣剧。不读 gòng（贡）。

疙	gē	疙瘩。不读 qǐ（乞）。
舸	gě	百舸争流。不读 kē（柯）、kě（可）。
亘	gèn	绵亘，亘古。不读 héng（恒）。
觥	gōng	觥筹交错。不读 huǎng（恍）、guāng（光）。
佝偻	gōulóu	不读 jūlǚ（拘偻）。
梏	gù	桎梏。不读 gào（告）。
犷	guǎng	粗犷。不读 kuàng(旷)。
晷	guǐ	日晷。不读 jiù（咎）。
诡	guǐ	诡计。不读 wéi（桅）、guì（跪）、cuì（脆）。
辊	gǔn	皮辊。不读 gùn（棍）。
憨	hān	憨笑。不读 gǎn（敢）。
悍	hàn	精悍。不读 gàn（干）。
吭	háng	引吭高歌。不读 kàng（抗）。
涸	hé	干涸。不读 gù（固）、kū（枯）。
貉	hé	一丘之貉。不读 luò（洛）、gè（各）。
劾	hé	弹劾。不读 kè（刻）、kē（颏）。
阂	hé	隔阂。不读 hái（孩）。
讧	hòng	内讧。不读 gōng(工)。
弧	hú	括弧，弧度。不读 gū（孤）。
怙	hù	怙恶不悛。不读 gū（估）、gǔ（古）。
踝	huái	踝子骨。不读 guǒ(果)。
桓	huán	盘桓，齐桓公。不读 héng（恒）、yuán（垣）。
豢	huàn	豢养。不读 quán(拳)、juàn（卷）。
浣	huàn	浣衣。不读 wǎn（皖）。
麾	huī	麾下。不读 máo（毛）。
贿	huì	贿赂。不读 yǒu（有）。
讳	huì	讳疾忌医，避讳。不读 wěi（伟）。
喙	huì	不容置喙。不读 yuán（缘）、chuán（椽）。
秽	huì	污秽。不读 suì（岁）。
畸	jī	畸形。不读 qí（奇）。
犄	jī	犄角。不读 qí（奇）。
汲	jí	汲取。不读 xī（吸）。
戛	jiá	戛然而止。不读 gá（嘎）。
歼	jiān	歼灭。不读 qiān(千)。
缄	jiān	缄口，缄默。不读 zhēn（箴）。
睑	jiǎn	眼睑。不读 liǎn(脸)。
僭	jiàn	僭越。不读 qián(潜)。
豇	jiāng	豇豆。不读 gāng(缸)。
矫	jiǎo	矫正。不读 jiāo(娇)。
剿	jiǎo	围剿。不读 cháo(巢)。
侥	jiǎo	侥幸。不读 xiāo(骁)、yáo（尧）。
浸	jìn	浸种。不读 qīn（侵）。
腈	jīng	腈纶。不读 qíng(晴)。
旌	jīng	旌旗。不读 shēng(生)。
粳	jīng	粳米。不读 gěng(梗)。
揪	jiū	揪心。不读 qiū（秋）。
厩	jiù	厩肥。不读 gài（概）。
狙	jū	狙击。不读 zǔ（阻）。
疽	jū	痈疽。不读 zǔ（组）。
矩	jǔ	矩形。不读 jù（巨）。
沮	jǔ	沮丧。不读 zū（租）、zǔ（阻）。
咀	jǔ	咀嚼。不读 zǔ（祖）。
龃龉	jǔyǔ	不读 zǔwǔ（阻牾）。
镌	juān	镌刻。不读 jùn（隽）。
攫	jué	攫取。不读 qú（瞿）。
倔	jué	倔强（jiàng）。不读

qū（屈）。

喀 kā 日喀则。不读 kè（客）。

咯 kǎ 咯血。不读 luò（洛）。

忾 kài 同仇敌忾。不读 qì（气）。

龛 kān 神龛。不读 hé（合）。

瞰 kàn 鸟瞰，俯瞰。不读 gǎn（敢）。

犒 kào 犒赏。不读 gāo（高）。

恪 kè 恪守。不读 gè（各）、gé（格）。

缂 kè 缂丝。不读 gé（革）。

铿 kēng 铿锵（qiāng）。不读 jiān（坚）。

抠 kōu 抠字眼。不读 qū（区）、ōu（欧）。

脍 kuài 脍炙人口。不读 huì（会）。

盔 kuī 盔甲。不读 huī（灰）。

岿 kuī 岿然不动。不读 guī（归）。

窥 kuī 窥测方向。不读 guī（规）。

喟 kuì 喟然长叹。不读 wèi（胃）。

扩 kuò 扩大。不读 kuàng（矿）。

褴褛 lánlǚ 不读 jiānlóu（监楼）。

岚 lán 山岚。不读 fēng（风）。

稂莠 lángyǒu 不读 liángxiù（良秀）。

涝 lào 旱涝。不读 láo（劳）。

蕾 lěi 花蕾。不读 léi（雷）。

棱 léng 棱角。不读 líng（陵）。

唳 lì 风声鹤唳。不读 lèi（泪）。

踉 liàng 踉跄。不读 láng（狼）。

瞭 liào 瞭望。不读 liáo（嘹）。

凛 lǐn 凛冽。不读 bǐng（禀）。

镂 lòu 雕镂，镂骨铭心。不读 lǚ（缕）、lóu（楼）。

赂 lù 贿赂。不读 luò（络）。

履 lǚ 履历。不读 fù（复）。

氯 lǜ 氯霉素。不读 lù（录）。

掠 lüè 掠夺。不读 liàng（晾）。

裸 luǒ 赤裸裸，裸体。不读 kè（课）、kē（棵）。

霾 mái 阴霾。不读 lí（狸）。

袂 mèi 联袂。不读 jué（决）。

懑 mèn 愤懑。不读 mǎn（满）。

泌 mì 分泌。不读 bì（必）。

娩 miǎn 分娩。不读 wǎn（晚）。

岷 mín 岷山。不读 mián（眠）。

陌 mò 陌生，阡陌。不读 bǎi（百），也不能依“百”字的韵母而读成 mài。

蓦 mò 蓦然回首。不读 mù（慕）。

捺 nà 按捺。不读 nài（奈）。

挠 náo 阻挠。不读 ráo（饶）。

呶 náo 呶呶不休。不读 nú（奴）。

拟 nǐ 比拟。不读 yǐ（以）或受其繁体字“擬”的影响读成 yí（疑）或 ní。

拈 niān 拈轻怕重。不读 nián（黏）、zhān（沾）。

懦 nuò 懦弱。不读 rú（孺）。

糯 nuò 糯米。不读 rú（孺）。

帕 pà 手帕。不读 pò（珀）。

湃 pài 澎湃。不读 bài（拜）。

蹒 pán 蹒跚。不读 mǎn（满）。

畔 pàn 河畔。不读 bàn（半）。

脬 pāo 尿（suī）脬。不读 fú（浮）。

咆 páo 咆哮。不读 bào（抱）。

庖 páo 越俎代庖。不读 bāo（包）。

砰 pēng 砰的一声。不读 píng（平）。
抨 pēng 抨击。不读 píng（平）。
坯 pī 砖坯。不读 pēi（胚）。
毗 pí 毗连。不读 bǐ（比）。
蚍 pí 蚍蜉。不读 bǐ（比）。
罴 pí 熊罴。不读 bà（罢）。
媲 pì 媲美。不读 bì（蓖）。
翩跹 piānxiān 不读 biǎnqiān（扁千）。
胼胝 piánzhī 不读 bìngdǐ（并抵）。
骈 pián 骈文。不读 bìng（并）。
瞥 piē 一瞥。不读 bì（蔽）。
嫔 pín 妃嫔。不读 bīn（宾）。
鄱 pó 鄱阳湖。不读 bō（播）。
瀑 pù 瀑布。不读 bào（暴）。
栖 qī 两栖。不读 xī（西）。
期 qī 期末。不读 qí（其）。
沏 qī 沏茶。不读 qiē（切）。
畦 qí 菜畦。不读 wā（蛙）。
乞 qǐ 乞求。不读 qì（迄）。
迄 qì 迄今为止。不读qǐ（乞）。
掐 qiā 掐住。不读 xiàn（陷）。
愆 qiān 愆期。不读 yǎn（衍）。
掮 qián 掮客。不读 jiān（肩）。
黔 qián 黔首，黔驴技穷。不读 jīn（今）。
堑 qiàn 天堑。不读 zàn（暂）、zhǎn（斩）。
锹 qiāo 铁锹。不读 qiū（秋）。
憔 qiáo 憔悴。不读 jiāo（焦）。
箧 qiè 翻箱倒箧。不读 jiā（夹）、jiá（荚）。
怯 qiè 怯懦。不读 qù（去）。
惬 qiè 惬意。不读 jiā（夹）、jiá（荚）。
沁 qìn 沁园春。不读 xīn（心）。
倾 qīng 倾向。不读 qǐng（顷）。
擎 qíng 众擎易举。不读 jìng（敬）。
綮 qǐng 切中肯綮。不读qǐ（启）。
穹 qióng 穹苍。不读 gōng（弓）。
祛 qū 祛除。不读 què（却）。
龋 qǔ 龋齿。不读 yǔ（禹）。
觑 qù 面面相觑。不读 xū（虚）。
悛 quān 怙恶不悛。不读 jùn（俊）。
蜷 quán 蜷缩。不读 juǎn（卷）。
娆 ráo 妖娆。不读 náo（挠）。
茸 róng 鹿茸。不读 ěr（耳）。
茹 rú 茹毛饮血。不读 shù（恕）。
阮 ruǎn 姓阮。不读 yuán（元）。
枘 ruì 方枘圆凿。不读 nèi（内）、nà（纳）。
缫 sāo 缫丝。不读 cháo（巢）。
瘙 sào 瘙痒。不读 zǎo（蚤）。
歃 shà 歃血为盟。不读 chā（插）。
苫 shàn 苫布。不读 zhàn（占）。
慑 shè 威慑。不读 niè（聂）。
娠 shēn 妊（rèn）娠。不读 zhèn（振）、chén（辰）。
蜃 shèn 海市蜃楼。不读 chún（唇）。
恃 shì 有恃无恐。不读chí（持）。
枢 shū 枢纽。不读 qū（区）。
束 shù 结束。不读 sù（速）。
墅 shù 别墅。不读 yě（野）。
漱 shù 漱口。不读 sòu（嗽）。
栓 shuān 血栓。不读 quán（全）。
涮 shuàn 涮羊肉。不读 shuā（刷）。
晌 shǎng 一晌，晌午饭。不读 xiàng（向）。

吮	shǔn	吮血。不读 yǔn（允）。
蛳	sī	螺蛳。读 shī（师）。
嗣	sì	后嗣。不读 cí（词）。
伺	sì	伺机。不读 sī（司）。
怂	sǒng	怂恿。不读 zòng(纵)。
悚	sǒng	毛骨悚然。不读 shù（束）。
嗾	sǒu	嗾使。不读 cù（簇）。
溯	sù	回溯，推本溯源。不读 shuò（朔）。
塑	sù	塑料。不读 shuò(朔)。
睢	suī	睢宁（江苏地名）。不读 zhuī（锥）。
隼	sǔn	鹰隼。不读 zhǔn(準)。
唆	suō	唆使。不读 jùn（俊）。
獭	tǎ	水獭。不读 lài（赖）。
挞	tà	鞭挞。不读 dá（达）。
坍	tān	坍塌。不读 dān（丹）。
绦	tāo	绦虫，绦子。不读 tiáo（条）。
恬	tián	恬不知耻。不读 guā（刮）、kuò（括）、tiǎn（舔）。
殄	tiǎn	暴殄天物。不读 zhēn（珍）、zhěn（诊）。
腆	tiǎn	腼腆。不读 diǎn(典)。
苕	tiáo	苕溪（在浙江）。不读 shào（绍）。
迢	tiáo	千里迢迢。不读 chāo（超）、zhāo（昭）。
彤	tóng	红彤彤。不读 dān(丹)。
佟	tóng	姓佟。不读 dōng(冬)。
湍	tuān	湍急。不读 chuǎn(喘)。
蜕	tuì	蜕化。不读 tuō（脱）。
臀	tún	臀部，臀围。不读 diàn（殿）。
椭	tuǒ	椭圆。不读 suí（隋）。
唾	tuò	唾手可得。不读 chuí（垂）。
剜	wān	剜肉补疮。不读 wǎn(宛)。
逶	wēi	逶迤（yí）。不读 wěi（委）。
韦	wéi	姓韦。不读 wěi（伟）。
韪	wěi	冒天下之大不韪。不读 wéi（韦）、huì（讳）。
猥	wěi	猥亵（xiè）。不读 wèi（畏）。
倭	wō	倭寇。不读 wěi（委）。
侮	wǔ	侮辱。不读 huǐ（悔）。
牾	wǔ	抵牾。不读 yǔ（语）。
膝	xī	膝盖。不读 qī（漆）。
呷	xiā	呷一口茶。不读 yā(押)。
峡	xiá	峡谷。不读 jiá(夹阳平)。
黠	xiá	狡黠。不读 jí（吉）。
纤	xiān	纤维。不读 qiān(千)。
掀	xiān	掀起。不读 xīn（欣）。
痫	xián	癫痫。不读 jiǎn(简)。
涎	xián	垂涎三尺。不读 yán(延)。
骁	xiāo	骁勇。不读 ráo（饶）、yáo（尧）。
楔	xiē	楔子，楔形文字。不读 qì（契）。
蝎	xiē	蝎子。不读 jiē（揭）。
挟	xié	裹挟。不读 jiá(夹阳平)
偕	xié	偕同。不读 jiē（皆）。
屑	xiè	不屑。不读 xiāo(消)。
饧	xíng	糖饧了（变软了），眼饧（眼睛蒙眬）口涩。不读 tāng（汤）、yáng（杨）。
陉	xíng	井陉县（在河北省）。不读 jīng（经）。
盱眙	Xūyí	（江苏地名）。不读 yútái（于台）。
栩	xǔ	栩栩如生。不读 yǔ(羽)。

酗	xù	酗酒。不读 xiōng（凶）。
蓿	xu	苜蓿。不读 sù（宿）。
绚	xuàn	绚丽。不读 xún（旬）。
逊	xùn	谦逊，逊色。不读 sūn（孙）。
揠	yà	揠苗助长。不读 yàn（堰）。
奄	yǎn	奄奄一息。不读 yān（淹）。
谒	yè	谒见。不读 jiē（揭）、jié（竭）、kě（渴）。
揖	yī	作揖。不读 qī（缉）。
猗	yī	古猗园。不读 qí（奇）。
贻	yí	贻害无穷。不读 dài（殆）、tái（台）。
沂	yí	沂河（在山东省）。不读 qí（祈）、jīn（斤）。
屹	yì	屹立。不读 qǐ（乞）、qì（讫）。
诣	yì	造诣。不读 zhǐ（旨）。
翳	yì	白翳。不读 yī（医）。
垠	yín	平沙无垠。不读 gēn（根）。
龈	yín	齿龈。不读 gēn（根）。
映	yìng	反映，放映。不读 yāng（央）或“央”之变调 yàng。
莠	yǒu	良莠不齐。不读 xiù（秀）。
迂	yū	迂回。不读 yú（于）。
愉	yú	愉快。不读 yù（喻）。
隅	yú	负隅顽抗。不读 ǒu（偶）。
妪	yù	老妪。不读 ōu（欧）。
垣	yuán	断壁残垣。不读 héng（恒）、huán（桓）。
赟	yūn	（多用于人名）。不读 bīn（斌）。
蕴	yùn	蕴藏。不读 wēn（温）。
铡	zhá	铡刀。不读 zé（则）。
眨	zhǎ	眨眼。不读 biǎn（贬）、fàn（泛）。
栅	zhà	栅栏。不读 shān（珊）。
咤	zhà	叱（chì）咤风云。不读 chà（诧）、zhái（宅）。
蘸	zhàn	蘸水笔。不读 qiáo（樵）。
湛	zhàn	河水清湛。不读 kān（堪）、shèn（甚）。
绽	zhàn	破绽。不读 dìng（定）。
沼	zhǎo	沼泽。不读 zhāo（昭）、zhào（诏）。
砧	zhēn	砧板。不读 zhàn（占）、diàn（店）。
圳	zhèn	深圳。不读 chuān（川）。
拯	zhěng	拯救。不读 chéng（丞）。
滞	zhì	停滞。不读 dài（带）。
峙	zhì	对峙。不读 chí（持）、shì（恃）、sì（寺）。
赘	zhuì	累赘。不读 áo（敖）。
惴	zhuì	惴惴不安。不读 chuǎi（揣）。
缀	zhuì	点缀。不读 chuò（辍）。
谆	zhūn	谆谆教导。不读 chún（淳）。
滓	zǐ	渣滓。不读 zǎi（宰）。
渍	zì	血渍。不读 zé（责）。
纂	zuǎn	编纂。不读 cuàn（篡）、zuàn（攥）。

八、当心形义相混

汉字有形、音、义三个要素。除了声符的干扰外，字形、字义有时也会导致误读。有些汉字形体差不多而读音并不一样，如果稍有疏忽，就会把某字错认成别的字而误读成别的字音，如把“病入膏肓”的“肓”读成“盲”就是这样。还有些汉字由于其意义相近而使人误读，如人们把“贮备”的“贮”误读成“储”就是这样。这些误读与上述的读半边一样，也是在读别字。现把这类容易混淆的字列成表 1-10-6，并对其使用场合（词例）或意义略作说明，以引起大家的重视而避免误读。

表 1-10-6　因字形、字义相近而容易误读的字读音表

亳	bó	亳州市（在安徽省）。不读 háo（毫）。
岑	cén	岑寂。姓岑。不读 qín（琴）。
刹	chà	一刹那。不读 shà(霎)。
拆	chāi	拆开。不读 zhé（折）。
豉	chǐ	豆豉。不读 gǔ（鼓）。
挫	cuò	挫折。不读 cuō（搓）。
陡	dǒu	陡然。不读 tú（徒）。
蛊	gǔ	蛊惑人心。不读 mí(迷)。
侯	hóu	诸侯。不读 hòu（候）。但在“闽侯”（福建地名）中读 hòu。
肓	huāng	病入膏肓。不读 máng（盲）。
浑	hún	犯浑。不读 hùn（混）。
棘	jí	棘手。不读 là（辣）。
菅	jiān	草菅人命。不读 guǎn（管）。
迥	jiǒng	迥然不同。不读 huí(迴)。
炯	jiǒng	炯炯有神。不读 huí(回)。
柩	jiù	灵柩。不读 guì（柜）。
剌	là	乖剌。不读 cì（刺）。
羸	léi	羸弱。不读 yíng（嬴）。
罹	lí	罹难。不读 luó（罗）。
栗	lì	栗子。不读 sù（粟）、piào（票）。
泠	líng	泠泠作响。不读 lěng（冷）。
戮	lù	杀戮。不读 chuō（戳）。
丏	miǎn	夏丏尊。不读 gài(丐)。
赧	nǎn	赧颜。不读 shè（赦）。
黏	nián	律诗讲究黏对。不读 zhān（粘）。
啮	niè	啮齿动物。不读 yǎo(咬)。
挪	nuó	挪用。不读 ná（拿）。
癖	pǐ	癖好。不读 pì（僻）。
抔	póu	一抔黄土。不读 bēi(杯)。
萁	qí	豆萁。不读 jī（箕）。
葺	qì	修葺。不读 róng（茸）。
瘸	qué	瘸子。不读 qū（曲）。
券	quàn	入场券。不读 juàn(卷)。
冗	rǒng	冗长。不读 yōng（臃）、yǒng（永）。
蕊	ruǐ	花蕊。不读 xīn（心）。
仨	sā	一传俩，俩传仨。不读 sān（三）。
卅	sà	五卅运动。不读 sān(三)。
搔	sāo	搔头弄姿。不读 náo(挠)。
赡	shàn	赡养。不读 zhān（瞻）。
赦	shè	赦免。不读 hè（赫）。
矢	shǐ	弓矢。不读 shī（失）。
舐	shì	舐犊情深。不读 tiǎn（舔）。
螫	shì	螫针。不读 cì（刺）、chì（赤）。
侍	shì	侍候。不读 cì（伺）。
倏	shū	倏忽。不读 yōu（悠）。
戍	shù	卫戍。不读 xū（戌）、wù（戊）、róng（戎）。

瞬	shùn	一瞬间。不读 xùn(迅)。	弋	yì	弋阳（江西地名）。不读 gē（戈）。
祟	suì	作祟。不读 chóng(崇)。	埸	yì	疆埸。不读 cháng(场)。
粜	tiào	粜米。不读 suì（祟）。	亦	yì	人云亦云。不读 yě(也)。
荼	tú	如火如荼。不读 chá(茶)。	肄	yì	肄业。不读 sì（肆）。
柝	tuò	击柝。不读 xī（析）、chāi（拆）。	臾	yú	须臾。不读 sǒu（叟）。
斡	wò	斡旋。不读 gàn（幹）。	瘐	yǔ	瘐死。不读 shòu(瘦)。
毋	wú	毋须。不读 wù（勿）。	驭	yù	驾驭。不读 shǐ（驶）、bó（驳）。
淅	xī	淅沥。不读 zhè（浙）。	粤	yuè	粤汉铁路。不读 ào(奥)。
徙	xǐ	迁徙。不读 tú（徒）。	卮	zhī	漏卮。不读 hù（扈）。
荥	xíng	荥阳（河南地名）。不读 róng（荣）。	炙	zhì	炙手可热。不读 jiǔ(灸)。
庥	xiū	庥命。不读 má（麻）。	咒	zhòu	咒骂。不读 jiū（究）。
讯	xùn	通讯。不读 xìn（信）。	贮	zhù	贮存。不读 chǔ（储）。
汛	xùn	防汛。不读 fàn（泛）。	斫	zhuó	斫削。不读 kǎn（砍）。
赝	yàn	赝品。不读 yīng（膺）。			

第十一节　普通话的朗读和交谈

《普通话水平测试等级标准（试行）》提出了这样的要求：“朗读和自由交谈时，语音标准，词汇、语法正确无误，语调自然，表达流畅。”（见【附录1-1-1】）由此可见，我们在朗读或交谈时，首先要注意语音标准，这不但包括念准每个音节的声母、韵母和声调（参见本章第四节、第五节、第十节），而且还要按照语流音变的规则发准某些在句中已有语音变化的音节（参见本章第九节）。其次，还要在语调自然方面下功夫。这里所谓的语调，是从广义上来说的，是指贯穿整个句子的帮助表达全句意思或感情态度的语音变化，所以也叫作“句调”。其内涵与单个音节的声调（也称“字调”）不同。具体地说，它是指全句语音在强弱、高低和快慢方面的变化。我们只有掌握了这些变化，才能使朗读或交谈显得自然活泼，抑扬有致，富有韵味。

一、语调中的强弱变化

朗读、说话时，句中的某些词语往往要用力些以增加其音强，这种重读的音称为重音。其中又可分为如下两种。

（一）语法重音

语法重音指与语法结构有关的重音。这种重音念起来并不很重。人们习惯上把疑问词、补语和短句中的谓语说得稍稍重一点。如：

1）谁来过这儿？

2）电灯把屋里照得雪亮雪亮。

3）太阳出来了。

（二）强调重音

强调重音指为了强调其所要表达的意思或感情而重读的音。这种重音念得较响，在朗读时应事先领会作品的旨意，准确地把握它。如：

1）一个季度就生产了五百台录音机。（太少了！）

一个季度就生产了五百台录音机。（真不少！）

2）你为什么打他？（应该好好教育嘛！）

你为什么打他？（该打的是我。）

二、语调中的高低变化

语调中的高低变化即指句子语音的高低升降。有人从狭义上使用“语调”“句调”这两个术语，用它们专指句子在音高方面的变化，这也是可行的。

语调的高低变化主要由句末少数几个音节的音高变化来体现。它往往随着句子意思与表达感情的不同呈现出复杂的情况。现大致概括为如下五类。

（一）平直调

音高平直舒缓，没有显著的变化。一般用于不带感情、情绪平静的叙述，或表示哀悼、冷淡、庄重等感情色彩。如：

1）外交部下半旗致哀。

2）我不想去。

3）我再次重申：“这是一个误会。”

（二）平降调

音高平稳，句末下降。一般用于普通的陈述，推测，委婉的要求，选择问句和带“吗”的是非问句。如：

1）他来了。

2）他大概忘了吧。

3）你停一下再走吧。

4）究竟是你还是他？

5）你同意吗？

（三）高降调

先使语音达到一定高度，然后急速下降。一般用来表示坚决的要求、强烈的感叹、讽刺、反语、特指问或不带疑问语气词的反问。如：

1）你们别闹了！

2）我们的目的一定要达到！

3）真没想到啊！

4）这是自作自受！

5）你真是太聪明了！

6）谁知道呢？

7）你怎么可以不来呢？难道你不知道？

（四）平升调

音高平稳，句末上升。一般用于句中暂停处，责问，带一般语气词的是非问、反问等。如：

1）你不去，我去！

2）你以为一死就行了？

3）你同意了？

4）这怎么行呢？

（五）高升调

先使语音达到一定高度，句末再迅速升高。一般用于不带语气词的是非问。如：

1）你同意？

2）啊？你明天来？

三、语调中的快慢变化

为了让说话人换换气，让听话人能领会，在说话时必须注意语流的快慢变化，掌握好适当的停顿和速度。

（一）停顿

停顿可分为语法停顿和强调停顿两种。

语法停顿反映句子的语法层次，其位置应和句子的语法结构一致。如“今天下午我们小组讨论”这句话，如果指只有我们一个小组讨论，句中停顿就应在“下午”后与“小组”后而不能在“我们”后；如果指我们很多小组都讨论，句中停顿就应在“我们”后而不能在“小组”后。语法停顿的时间也应与标点符号大致相合。例如，无标点的地方及顿号后停顿时间不宜长，逗号可稍长，分号、冒号可再长一些，破折号、句号、问号、叹号可更长一些，段落之间的停顿就更加长了。

强调停顿根据感情表达的需要而定，但其位置也应和句子的语法结构保持一致。

在诗歌朗诵时，停顿可以把一句诗分成几个节拍，从而增强其节奏感。这时要注意的是，应使各句诗的节拍数大致相同，而不要按字词作机械的切分，以便造成一种匀称和谐的韵律美。如：

轻轻的 / 我 / 走了，
　正如我 / 轻轻的 / 来。
我 / 轻轻的 / 招手，
　作别 / 西天的 / 云彩。

（二）速度

朗读或交谈的速度与意思的表达、感情的抒发、情景的影响有关。有时为了让人听写，或给人以深刻的印象，常使用一词一顿的缓慢语速；在思考问题或闲适时，语速也不快；而在事情急迫、内心急躁、情绪激动时，语速往往较快。

四、语调各要素的综合运用

要使自己的朗读与谈话显得自然生动，除了语音标准、吐字清楚以外，应该重视语调各要素的综合运用。在运用这些要素时，应该将它们有机地结合起来，根据不同的表达需要灵活机动地利用它们。例如：表示关切、告诫时，语流可重而慢；表示正在思索、怀念时，语流可轻而慢；表示傲慢、自大时，语流可高而慢；表示悲痛、沉重时，语流可低而慢；表示蛮横、粗暴时，语流可重而快；表示轻松、活泼时，语流可轻而快；表示激动、急躁时，语流可高而快；表示焦急、不安时，语流可低而快。

除了领会本节的内容以外，我们平时听广播、看电视的时候，也应该仔细揣摩播音员、节目主持人、演员等的语言表达技巧，以增进自己的朗读、谈话水平。

第二章　书写规范

书写规范，即书写时要使用规范的汉字，并正确使用数字和标点符号。它是我国语言文字规范化工作的一个重要方面，本章将对此作全面的论述。当然，本文所谓书写，是从广义上来说的，包括手写、刻制、印刷等各种复制汉字、数字和标点符号的手段。

第一节　汉字字体的演变及其在现代的使用

一、汉字演变的审视角度

汉字从古至今的发展演变，可以从不同的角度去观察研究。例如，可以研究字音的变化，可以研究字义的变迁，也可以研究其形体的变易。但从学科分类来看，研究字音、字义的变化，乃是音韵学、训诂学的任务，所以本书不作论述。至于研究其形体的变化，乃是文字学的任务，也不是现代汉语这门共时语言学科应当关注的问题。然而，由于历史上出现的几种主要字体现在仍在使用，所以我们就不能不加以论述了。

二、关于汉字的形体

汉字的“形体”这一概念一向是模糊的。实际上，我们应该把“字形”和“字体”两者区别开来。

字形，也可以称为“字式”，是指汉字的笔画结构，它取决于该汉字的笔画形状、笔画数以及字内各笔画与部件的组合关系。如1965年中国文字改革委员会和文化部发布的《印刷通用汉字字形表》中的“字形”一语，其含义就是如此。

字体，是指汉字的笔画体态，它取决于字内各笔画的粗细走势，像现在所说的楷体、黑体、宋体之类，其含义就是如此。

在某些情况下（如篆书隶变），某些汉字字形与字体的变化是密不可分的，所以我们过去往往把“字形”与“字体”混为一谈。例如，过去所谓的“异体字”“正体字”“繁体字”“简体字”中的“体”，实是指字形而言。同一个字的繁体和简体，如果用同一种字体（如楷体）来书写，它们的区别其实只在于字形的不同。至于同一字形的字分别用楷体与宋体来印刷时，其间的区别才是字体的不同。当然，由于约定俗成的缘故，我们仍沿用“异体字”“繁体字”的名称，而不另立“异形字”“繁形字”的名目。但是，我们在论述具体问题时，还是尽量将字形与字体分开。本节主要论述字体。至于字形，则在后文另作论述。

三、汉字字体的演变

汉字是世界上使用历史最长的文字。有人认为，约公元前4800年至公元前4300年的西安半坡村仰韶文化中的陶器上的记号即是原始的汉字，也就是说，汉字已有六千多年的历史了。但是，这种陶纹其实只是一些图画，是不能称为文字的。而且，如果六千年以前已经产生汉字，我们就很难解释此后两千年之间为什么汉字会发展得那么慢。约公元前4500年至公元前2300年的山东大汶口文化中的陶器刻符，其图像与甲骨文及早期金文的象形字非常接近，才可以视为原始的汉字。许慎《说文解字•叙》说“黄帝之史仓颉”“初造书契”，虽然未必可信，但从大汶口文化中的陶符来看，汉字起源于传说中的黄帝时代（约公元前2600年）应该是比较合理的论断。当然，现在所能见到的最早的比较成熟的可识汉字，还是甲骨文。下面我们介绍几种主要的字体。

（一）甲骨文

甲骨文是1899年在河南安阳市西北小屯村发现的，后来又进行了多次发掘，出土龟甲、兽骨十五万片以上，所用字数在五千个左右，其中可识的字在三分之一以上。现在见到的这些甲骨文是公元前14世纪至公元前11世纪殷商后期所使用的文字，大多刻在龟甲兽骨上，所以叫“殷墟文字”“契文”（“契”是“刻”的意思）或“甲骨文”。但其文字也有朱书、墨书的，证明当时已有毛笔。甲骨文记述的内容多与占卜有关，所以又称“卜辞”。甲骨文字形瘦削，线条纤细，多直笔。

（二）金文

金文是刻或铸在殷、周到汉代青铜器上的文字，古称铜为金，所以习称“金文”。古代青铜器以用作礼器的鼎与用作乐器的钟为多，所以金文又称“钟鼎文”。钟鼎上凹陷的阴文叫款，凸出的阳文叫识（zhì），所以金文又称“钟鼎款识”。鼎常用作彝器（祭祀用的礼器），祭礼为吉礼，所以金文又称“吉金文字”“彝器款识”。周代金文多称述先祖功德以供后人铭记，所以又称“铭文”。周代金文点画圆浑，体态雄伟。

（三）篆书

春秋战国时期，秦国使用的文字叫“籀文”（因录于周宣王太史籀所编识字教材《史籀篇》而得名）或“大篆”（与“小篆”不同而得名），唐朝初年在天兴县（今陕西省凤翔县）三畤原出土的石鼓文就是这种文字的代表。战国时秦以外诸侯国所用的文字称六国古文，1993 年在湖北荆门市郭店出土的楚国竹简上的文字，便属此类。

秦始皇统一中国后实行“书同文”，废除六国古文，把秦国文字整理成一种标准字体——小篆。小篆多用于记功刻石，由“瑑”得名，其字形规范，笔画圆转，结构匀称，虽然使古汉字进一步符号化了，但还是比较完好地保留了汉字的构形理据。东汉许慎所著的《说文解字》即以小篆为字头。

（四）隶书

隶书始于秦，盛行于汉、魏，是由篆书演变而成的。据说秦国政务繁多，篆书书写不便，徒隶（操办普通文书的小吏）稍改小篆之弧形笔画书之，故称为隶书。早期隶书接近小篆，称为“秦隶”或“古隶”。汉隶则笔画平直，横笔以蚕头燕尾为法，捺笔以波磔为特点，其字形扁平，又称“今隶”“八分”。

汉隶用点、横、竖、撇、捺等笔画去转写篆书，不但在字体上，而且在字形上都使汉字产生了很大的变化，在很大程度上破坏了汉字的构形理据，这种变化习称“隶变”。

（五）楷书

楷书始于汉代，盛行于魏、晋以后，是由隶书演变而成的。它是汉字字体的楷模（标准字体），故称楷书，也称“真书”。

（六）草书

草书始于汉代。隶书草写而成“章草”，在章草的基础上将楷书草写而成“今草”。唐朝人又在今草的基础上进一步恣意连写而成“狂草”。

（七）行书

行书始于东汉，是介于楷书与今草之间的一种字体，所以兼具两者的优点，既清晰易认，又自由易写。

（八）印刷体

上述的甲骨文、金文、籀文、六国古文等先秦古文字，习称“×× 文”；篆书以下基本上是手写的字体，习称“× 书”。唐代出现雕版印刷以后用于印刷的字体，习称“×× 体”。

唐宋时期雕版印刷时先用毛笔书写然后雕刻，所以常用楷体。后来刻工逐渐将笔画刻得平直，于是有了模仿宋版笔画而趋于平正秀丽的仿宋体，之后又产生了竖粗横细的宋体和老宋体、方头粗壮的黑体等。自从汉字输入计算机以后，印刷字体发展速度空前，出现了百花齐放、五彩缤纷的局面。现以具备横、竖、撇、点、折这五种基本笔形的“札”字为例，将如今几种常用的印刷字体及其字号列于表 2-1-1，以便观照。

表2-1-1　常用印刷字体字号比较表

字体 字号（磅，大小）	楷体	仿宋	宋体	中宋	黑体	隶书	行楷	新魏
一号（26 磅，9.657 毫米）	札	札	札	札	札	札	札	札
二号（22 磅，7.397 毫米）	札	札	札	札	札	札	札	札
小二（18 磅，6.369 毫米）	札	札	札	札	札	札	札	札
三号（16 磅，5.547 毫米）	札	札	札	札	札	札	札	札
四号（14 磅，4.931 毫米）	札	札	札	札	札	札	札	札
小四（12 磅，4.246 毫米）	札	札	札	札	札	札	札	札
五号（10.5 磅，3.698 毫米）	札	札	札	札	札	札	札	札
小五（9 磅，3.150 毫米）	札	札	札	札	札	札	札	札
六号（7.5 磅，2.808 毫米）	札	札	札	札	札	札	札	札

注：字号的“大小”指字身高度，比字符略大（字符为了美观而不顶格）。

四、汉字字体在现代的使用

在手写时，现代虽以楷书为标准字体，但人们平时的书写，则多用行书。至于甲骨文、金文、篆书、隶书、草书等，则主要用于书法，其中篆书、隶书、金文、甲骨文也用于印章。在字形方面，一般来说，日常所写楷书、行书，应以现在国家公布的规范字形为准；而在书法篆刻艺术中，则以使用古代沿袭的规范字形为好。

在印刷时，除了一些特殊的情况，无论用什么字体，都应使用现在国家公布的规范字形（参见本章第四节）。至于各种字体的使用场合，也应遵循一般的习惯，如：楷体常用于通俗读物、儿童读物、小学课本、名片、请帖、介绍信、账簿等的正文。仿宋体常用于各种文件，古文、诗词的正文，以及书中的序言、引文等。宋体常用于报刊及一般图书的正文和注释。黑体常用于标题与文中的重要部分。现将各种常用字体的使用场合列于表 2-1-2 以供参考。当然，除了党政机关公文应该按照国家标准《党政机关公文格式》（GB/T 9704—2012）所规定的字体印制外，表 2-1-2 所提供的其他内容只是一些使用习惯，并不是什么规范。现在的印刷字体很多，而且都可以通过计算机方便地打印出来，还可以根据需要选择不同的字号，从而编排出大小适中、字体和谐的印刷品来。

表2-1-2　常用印刷字体字号使用场合表

字体	字号	一般使用场合
宋体	一号	A4、16开期刊标题
	二号～三号	报刊一般文章标题，图书中的标题
	四号	小标题，文件、古文、诗词的正文
	小四	小标题，文件、古文、诗词的正文，通俗读物、儿童读物、教科书的正文
	五号	报刊及一般图书的正文
	小五	报刊正文，图书中的注释和表格
	六号	工具书的正文，图书中的注释和表格
标宋	一号	A4、16开期刊标题
	二号	党政机关公文及其附件的标题，A4、16开期刊标题
	三号～四号	报刊一般文章标题，图书中的标题
楷体	一号	A4、16开期刊标题
	二号	报刊一般文章标题，图书中的标题
	三号	党政机关公文签发人姓名、正文第二层次标题（如“（一）”）
	四号	小标题，文件、古文、诗词、通俗读物、儿童读物、小学课本、名片、请帖、介绍信的正文
	小四	学习材料的正文
	五号	图书中的序言、按语、引文，文件正文，诗歌，账簿
	小五	图书中的注释和表格

续表

字体	字号	一般使用场合
仿宋	一号	A4、16开期刊标题
	二号	报刊一般文章标题，图书中的标题
	三号	党政机关公文开头的主送机关、正文（包括附件正文）、正文第三层次以下的标题（如“1.”）
	四号	党政机关公文版记；小标题，文件、学习材料、古文、诗词的正文
	小四	文件、学习材料、古文、诗词的正文
	五号	书中的序言、引文、按语，诗歌
黑体	一号	A4、16开期刊标题
	二号	报刊一般文章标题，图书中的标题
	三号	党政机关公文的密级、保密期限、紧急程度、正文第一层次标题（如“一”）、“附件”二字及附件序号、纪要中标志与会人员名单前的“出席”“请假”“列席”等字
	四号	小标题
	五号	文中的重要内容
隶书	一号～三号	报纸、期刊标题
新魏	一号～四号	报刊、图书标题

第二节　汉字记录汉语的基本方法及其应用

汉字是记录汉语的符号系统。它把汉语的听觉信息转化成了视觉信息，从而使语言的内容可以传于异地异时，扩大了汉语的交际范围和流传时间。汉字对于汉语的交际和中华文化的保存都具有重大的作用。那么，汉字是如何记录汉语的呢？古代文字学家早就注意到了这一问题，并且提出了系统的理论——“六书”说。“六书”理论对于我们学习汉字是很有好处的，所以必须了解它。

一、“六书”理论及其在现代的利用

（一）“六书”的提出及其内容

《周礼·地官·保氏》云：“保氏掌谏王恶，而养国子以道，乃教之六艺：一曰五礼，二曰六乐，三曰五射，四曰五驭，五曰六书，六曰九数。”可见“六书”的理论至少在周代就已产生并应用于教学了。

至于“六书”的名称，东汉各家的说法大同小异。如班固《汉书・艺文志・六艺略》说：“《周官》保氏掌养国子，教之六书，谓象形、象事、象意、象声、转注、假借，造字之本也。”郑玄《周礼・地官・保氏》注引郑众曰：“六书：象形、会意、转注、处事、假借、谐声也。”而许慎《说文解字・叙》所说六书的名称与次序又有所不同。至于“六书”的内容，则以许慎的论述较为具体，现介绍如下（“六书”次序依班固的）。

许慎说：“象形者，画成其物，随体诘诎。‘日’‘月’是也。”象形，即像其形状，它是根据事物的各种形体（“随体诘诎”）画出事物的形状特征来记录汉语中某些词的方法。如“⊙”（日）像一个太阳，“☽”（月）像一钩新月，“ᗜ”（口）像人的嘴巴，“⊦”（卜）像占卜时龟甲上的裂痕，这些都是象形字。它们的形体能直观地显示汉语中某些词的词义。

许慎说：“指事者，视而可识，察而见意。‘上’‘下’是也。”指事，即指示事物，它是使用仔细审察后能明白其义的指示性符号来记录汉语中某些词的方法。如“⊥”（或作“丄”）、“⊤”（或作“丅”）分别在基准线上方、下方加一点（或一竖）来记录汉语中的“上”“下”两个词。这是使用纯粹的指示性符号构成的指事字。还有些指事字是在象形字上加指示性符号构成的，如“刅”是在象形字“刀”（刀）上加一点表示“刃”（刀口）；“㔾”是在象形字“ᗜ”（口）中加一横表示“甘”（美味）；在“木”（木，指树）的下部加一横表示“本”（本，树根），在中部加一横表示“朱”（朱，后作“株”，树干），在上部加一横表示“末”（末，树梢），在上部加枝杈表示“未”（未，树木生长方兴未艾）。

许慎说：“会意者，比类合谊，以见指㧑。‘武’‘信’是也。”会意，即合并文字的意义，它是将两个或几个字形合并（“比类”）成新字，同时将它们的意义也合起来（“合谊”，“谊”同“义”），以此来记录汉语中某些词之所指（“指㧑”）的方法。如遏止干戈之事（遏止战争的发生）是一种威武之德，所以将“止”“戈”两字合为“武”来表示“武”（这是春秋时期的说法。根据甲骨文，“止”实为脚印，表示步行；武应该表示人荷戈而行，即出征动武）。人的言论应该讲信用，所以将“人”“言”两字合起来表示“信”。又如人休息时常靠在树旁，所以将“人”“木”两字合起来表示“休”。祭祀时用手拿着肉显示给鬼神，所以将“又”（右手）、“夕”（肉）、“示”合起来表示“祭”。

许慎说：“形声者，以事为名，取譬相成。‘江’‘河’是也。”形声，即形旁加声旁，它是用表示事物类别的意符（“名”）和表明字音的声符（“譬”）组合成新字来记录汉语中某些词的方法。如“江”“河”中的“氵”表示其意义范畴，“工”“可”分别表明其字音。形声字中形旁和声旁的位置并不固定，如“湖”“杖”是左形右声，“雎”“功”是左声右形，“宇”“景”是上形下声，“盲”“婆”是上声下形，“圃”“裹（从衣果声）”是外形内声，“闻”“輿（从车舁声）”是外声内形，“颖（从禾顷声）”“腾（从马朕声）”是形占一角，“病”“徒（从辵土声）”是声占一角。由上述例子可知，形声实是一种兼顾语词音义来记录汉语的方法。在汉字中，形声字占比最大，所以我们可以把汉字定性为意音文字，而不只定性为表意文字。

许慎说：“转注者，建类一首，同意相受。‘考’‘老’是也。”转注，即互相注释，它是造一个同一部首（“建类一首”）的文字来记录同一意义范畴（“同意相受”）的词的方法。例如，由于时、地的差异，有些地方表示年老之义的词发音与“老”不同而与“丂”相同，于是就造了一个与“老”同一部首的形声字“考”（从老省，丂声），用它来记录表示年老义的“丂”而说“寿考”，“考”与“老”就成了转注字。

许慎说：“假借者，本无其字，依声托事。‘令’‘长’是也。”假借，即是借，它是借用已有的文字来记录汉语中那些尚无文字表示的音同音近词的方法。如县的长官“令”“长”（万户以上的大县长官称“令”，不足万户的小县长官称“长”）两个词原来没有文字表示，于是就借用音同音近的原用来表示号令、年长的“令”“长”（“长”之繁体字作“長”，其古文象人年长而披长发之形）去记录，这表示县令、县长的“令”“长”就是假借字。又如行政区域“縣”（县）这个词原来没有文字表示，于是就借用同音的原表示悬挂的“縣”（县）去记录，这表示行政区的“县”就是假借字。再如喜悦之义原无文字表示，于是就借用音近的原表示说话的“说”去记录，这表示喜悦的“说”就是假借字。由此可见，假借是利用已有文字的字音去记录有声之词的方法。

关于假借，有以下四个问题值得注意。

1.“本无其字”的“假借”和“本有其字”的“通假”问题

“本无其字”的假借，如许慎所举之借用命令的“令”来表示县令的“令”；“本有其字”的通假，如苏轼《石钟山记》“陋者乃以斧斤考击而求之”，不用表示敲击义的本字“攷”而借用了年老义的“考”。按理说，这两种借用很容易分清。前者本无其字，便找不出本字；后者本有其字，必可找出本字。但实际的情况却并非如此简单。例如《左传·僖公三十二年》："其北陵，文王之所辟风雨也。"人们一般都将"辟"字当作本有其字的通假，因为它可求出本字"避"字，但实际上，这"避"字是后世才出现的，上古用"辟"代"避"实是本无其字的假借。这一情况表明："本无其字"与"本有其字"的区分并不都是很容易的，它需要专家们对古籍作详尽细致的历史考校才能得出合乎实际的结论。因此，对于一般读者而言，我们不主张去严格地区别通假和假借，只要知道本字和借字的含义和区别就可以了。

2. 借字和本字的判定问题

一般认为，表示本来意义的字是本字，被借用来代替本字的字是借字。

如果从文字学的角度来剖析，本字和借字的区分完全在于它们的表义性质：本字，是指字形与表意功能相一致的字，也就是说，它仍起着表意文字的作用；借字，是指字形与表意功能不相一致的字，也就是说，它仅起着标音文字的作用。如表示避开之义，应该和行走有关，所以从"辶"的"避"是本字，"辟"是借字。

但是，人们有时候又根据用字习惯去判定借字和本字，由于这判定标准与文字学原则不一致，所以其结论有时也会不同。如表示负荷之义，人们往往根据使用习惯认为"荷"是本字，"何"是借字，这是因为"何"被借用为疑问代词以后人们又借用"荷"来表示负荷所致；其实，如果从文字学原则出发，"何"从人可声，是表示负担之义的本字，"荷"反而是借字（"荷"表示荷花的时候才是本字）。又如表示悬挂之义，人们认为"悬"是本字，"縣"（今简化为"县"）是借字；其实，从文字学原则出发，"縣"从系持県（"県"古作"𥄉"，是倒过来的"首"，其中的"巛"象头发之形，"百"即头，"𥄉"表示斩首后将其首级倒挂示众），应该是表示悬挂之义的本字，"悬"反而是借字（"悬"表示挂念的时候才是本字）。诸如此类的问题，我认为可以引入"正字"的概念来解决。如表示负荷之义，"何"是本字，"荷"是借字但又是正字；表示悬挂之义，"縣"是本字，"悬"是借字但又是正字。

3. 借字的本义和借义的关系问题

借字所表示的并不是它的本义，而是通过借用获得的借代之义（简称借义）。

应该说，表示避开之义时，借字"辟"的借义"避开"和其本义"刑法"并没有什么意义上的联系；表示喜悦之义时，借字"说"的借义"喜悦"和其本义“说话”之间也没有什么关联。从这种意义上来说，假借纯粹是一种利用已有文字的字音去记录有声之词的方法，本义和借义之间并没有必然的联系。

但是，如果我们进一步追问，为什么表示县令、县长的时候要借用命令的“令”、年长的“长”，而不借用音近的“靈”（灵）、“掌”呢？县令、县长之“令”“长”所获得的借义和其本义“命令”“年长”之间是否存在某种关联呢？或者是否可以进一步直白地说，其借义实际上是其本义的引申义（由“命令”“年长”之义引申指发号施令的年长长官）？如果用这样的观念去审视一些假借现象，那就可以颠覆许慎的解释——假借不仅仅是“依声托事”，其中还存在意义上的关联，某些借义实际上只是引申义而已。

这一问题早就受到了关注，如《说文解字·首部》：“縣，系也。从系持県。”徐铉等注曰：“此本是縣挂之縣，借为州縣之縣。”这是认为用悬挂的“縣”表示行政区的“縣”完全是一种“依声托事”的假借，悬挂是“縣”的本义，表示行政区只是它的借义。但是，段玉裁的注解就不一样了，其言云：“古縣挂字皆如此作，引伸之，则为所系之偁。《周礼》：‘縣系于遂。’《邑部》曰：‘周制：天子地方千里，分为百縣。’则系于国。秦汉縣系于郡，《释名》曰：‘縣，縣也，縣系于郡也。’”这是认为表示行政区的“縣”是由悬挂的“縣”引申而来的，并非假借，或者说，“縣”的本义是悬挂，表示行政区只是它的引申义而非借义。

用这样的视角去观察一些人们常论及的假借现象，就会有不少新的看法。例如，用禽兽之“禽”表示“擒”，是否和擒获禽兽有关？又如，用外溢之“益”（字形像水从器皿中漫出）表示增益、利益，用水源之“原”（本作“原”，像泉水从山崖里涌出）表示原来，用暴晒之“暴”表示残暴，用分解之“解”（本义是用刀分解牛和角）表示心理松散之“懈”，用黄昏之“昏”表示傍晚举行仪式之“婚”，用曲尽之“竟”（从音，从人，本指奏乐完毕）表示国界尽头之“境”，用取耳朵之“取”（从又，从耳，本指作战时用手割取敌尸左耳以计功）表示取女子之“娶”，用自然之“风”表示言语之“讽”，这些一般所说的假借是否都只是一种引申？或者说，其新义不是一种借义而只是一种引申义？

对于这一问题，如何解释才比较合理呢？在我看来，应该从两个方面来解释这种现象：从文字学原则出发，用“令”（命令）表示“令”（县令），用“长”（年长）表示“长”（县长），用“縣”（系）表示“縣”（行政区），用“禽”（禽兽）表示“禽”（擒），用“益”（外溢）表示“益”（增益），用“原”（水源）

表示“原”(原来),用“暴”(晒）表示“暴”(残暴),用“解”(分解）表示“解”(松懈),用“昏”(黄昏）表示“昏”(婚),用“竟”(曲尽）表示“竟”(边境),用“取”(割取耳朵）表示“取”(娶妻),用“风”(自然现象）表示“风”(讽谏)，应该判定为假借，因为其表示借义时字形与表意功能并不一致。也就是说，它已经不起表意文字的作用而仅起着标音文字的作用，所以它们应该是借字而不再是本字，其借义与本义之间虽然似乎有一定的联系，但对这种联系的构建显得比较牵强，与一般的引申差距较大，所以不应该简单地将它们判定为引申。另外，将其借义判定为引申义虽然不当，但其借义和本义的关联还是值得我们注意的。应该说，古代汉人是一个十分注重语意的民族，所以造出的汉字会如此注重其表意功能。同样，在假借已有文字去记录有声之词的时候，也十分注重语意，所以尽量去选择有意义关联的文字作借字。当然，在找不到意义有关的文字时，其假借照样进行，如用“矢”表示“誓”,用“蚤”表示“早”，用“采”表示“彩”，等等。由此可见，借义和本义的关联并不是假借时的必要条件，因而也就不是假借的本质属性，用“引申”来定性这种借义和本义有所关联的假借现象显然是不恰当的。

4.借字、本字和古今字的问题

这里首先得说明一下过去文字学家所谓的古今字究竟是什么意思。

由于文字只是一种记录有声语言的符号，加之汉字在上古时数量不多，因此人们往往用一个字同时记录两个以上同音的或音近的（有时可能是同族的）语素。这种文字兼职现象，对于书写来说，的确是简单的；但对于阅读来说，却往往造成语义理解的失误。语言与文字受简明律的制约，人们不但需要它简练，而且需要它明了，于是就出现了大批新字来分承兼职文字中的一部分职能，以减少古代文字的兼职现象，使文字表达更趋精密明确。这种后起的区别字就是所谓的“今字”，而原来所用的字就是所谓的“古字”。举例来说，“莫”从日，从茻（mǎng），本表示日落于草丛之时，即日暮，如《诗·齐风·东方未明》：“不夙则莫。”又借来表示“谟”(谋)，如《诗·小雅·巧言》：“秩秩大猷，圣人莫之。”又借来表示“漠”，如《庄子·逍遥游》：“广莫之野。”又借来表示“幕”，如《史记·廉颇蔺相如列传》：“市租皆输入莫府。”又被借来用作否定词，如《诗·小雅·采薇》：“我心伤悲，莫知我哀。”一个“莫”字，表示这么多的意义，便容易使人误解，所以在后世又造出了“暮”“谟”“漠”“幕”等以作区别。相对而言，“莫”便是古字，“暮”“谟”“漠”“幕”等便是今字。

古今字是一个相对的概念。所谓古今，并没有一个确定的时间界限，它的分别只在于产生时代的先后。段玉裁说：“凡读经传者，不可不知古今字。古今无定时，周为古则汉为今，汉为古则晋宋为今。随时异用者谓之古今字，非如今人所言古文籀文为古字，小篆隶书为今字也。”（《说文解字注》“谊”字条注）

由此可见，古字与今字的区分只着眼于文字产生的时间因素：凡先出现的称为古字，凡后起的称为今字，或者说，古今字只是“原字”和“后起字”的另一种说法而已。显然，它们与借字、本字的内涵是完全不同的。本字和借字的区分只着眼于文字的表义性质：字形与表意功能相一致的字是本字，字形与表意功能不相一致的字是借字。

区分标准不同的东西是不能简单地加以类比的。如“古为今用，洋为中用”这两句话中，“古”“今”相对，“中”“洋”相对，其中的“古”与“洋”就不能作比较，因为“洋”中有“古”，“古”中有“洋”，其原因就在于它们的区分标准不同：一着眼于时间因素；另一着眼于地域因素。

本字、借字和古字、今字之间，也存在类似的交错关系。从文字学的角度来观察，这种交错关系可归纳为以下四种情况：①一古一今，都是本字。如：原源（水源），莫暮（日落草丛之时），共拱（拱手），益溢（水从器皿中漫出），然燃（火烧），暴曝（日晒），其箕（簸箕），受授（给予），要腰（人腰），炎燄（火苗升腾），臭嗅（用鼻闻气味），華花（花朵），奉捧（手捧）。②一古一今，都是借字。如：女汝（“女”是女子，“汝”是水名，作第二人称代词时都是借字），鄉向（“鄉”字像两个人相向对坐共食一簋，即“饗”的古字；“向”像屋墙有窗户之形，本指朝北开的窗户；它们表示从前时都是借字）。③古字是借字，今字是本字。如：辟避，说悦，舍捨，属嘱，解懈，禽擒，希稀。④古字是本字，今字是借字。如：縣悬（表示倒挂），内纳（表示入），厭壓（表示按压），忠衷（表示内心）。

有人不明了古今字和本字借字的区分标准不具同一性，因而把古字与本字的概念混为一谈，从而对从前文字学家所辨别的本字和借字大加非议。例如，朱骏声《说文通训定声》以“舍”为借字，以“捨”为本字，并说经传中的“捨”都借用“舍”字来表示。这本没有错，但他们却批评说，既然“皆以舍为之”，那“舍”才是本字（见王力主编《古代汉语·古汉语通论（六）》）。其实，经传表“捨”义皆用“舍”，至多只能说明“舍”是古字，“捨”是后起字，而并不能说明“舍”是本字。“舍”表房舍义时才是本字，表捨弃义时是标标准准的借字。所以，正确的解释应该是：“舍”既是古字，又是“本无其字”的借字；“捨”虽然后起，却是表示本义的本字。为此，我们有必要澄清一点：小学家在辨析通假字时运用“本字”这一术语，是相对于借字而言的，是指表示本义的字，而绝不是指“本来的字”；与“后起字”“今字”相对的术语是“古字”而不是“本字”。明确了这一点，我们才能正确地继承历代小学家在通假字方面的研究成果。否则，就会妄非前修而见笑于后人。

（二）“六书”的本质

自从东汉班固说“六书”是“造字之本”以后，人们都认为“六书”是一种造字之法。即使有不同的意见，也只是认为转注、假借之法并不能产生新字，所以它们不是造字之法（也有人认为转注虽然产生了新字，用的也只是形声之法，它本身并不能造出新字），而只是用字之法；只有象形、指事、会意、形声四法能造出新字，才是造字之法。诚然，这些都是对“六书”本质的误解。

那么，“六书”的本质是什么呢？许慎《说文解字·叙》说：“著於竹帛谓之书。书者，如也。”所谓“书”，即把语言如实地记录在竹帛等书写材料上。那么，所谓“六书”，也就是六种用汉字来记录汉语词语的方法。它实际上是周朝及汉代的文字学家根据古代汉字（主要是金文、六国古文、篆字）记录汉语词语的情况所归纳出来的六种书写方法，而并不是什么古代的造字方法（在这些文字学家总结出“六书”理论时，汉字早已造好了）。这才是“六书”的真正内涵。从这种观点来看，那么转注、假借之法即使造不出新字，也无疑是一种记录汉语词语的方法，所以古代文字学家将它们归入“六书”，实无可置疑。拿自己的误解去纠正或否定古代并无错误的术语或概念，实是要不得的。

（三）“六书”理论在现代的利用

1. 利用“六书”之法来记录现代汉语中的词语

除了象形、转注以外，其他几种用汉字记录汉语词语的方法现代都有使用。如用“冇”（mǎo）表示没有，是用了指事之法；用“凼”（dàng）表示水塘，用“尜”（gá）表示两头小中间大的玩具，用“奤”（pá）表示扒手，用“赠”“勫”（fēn）表示不曾等，是用了会意之法；至于“氚”“咚”“咖”“趴”“猹”等，都用了形声之法；而用“巧克力”“奥林匹克”“马达”“沙发”等字记录现代的外来词，则是用了假借之法。

2. 利用“六书”理论来学习汉字

由于汉字形体的演变，许多原来的象形字、指事字、会意字、形声字现在已看不出其所象之形、所指之事、所会之意、所表之意义范畴与读音了；转注字更变得难以理解；假借字有些已借而不归，人们很难了解其本义。如象形字“ㄡ”成了“又”，已不像右手；指事字“夾”成了“亦”，已不指人的腋；会意字“𠦬”成了“北”，已不表示两个人相背；形声字“缓”的义类“纟”已难以察见，而其声符“爰”也与“缓”并不同音；转注字“考”“老”已令人犯难；假借字“自”已经只表示自己而不表示本义鼻子了。

但是，现代的汉字大多是从古代流传下来的，如果我们了解一些“六书”方面的知识，特别是形声字方面的知识，对我们掌握汉字将有事半功倍之效。

过去的形声字的声旁虽然在现代大多不与整个字音相同（参见第一章第十节七），但现在还有一些形声字的读音是与其声旁完全相同的。这样，我们就可按其声旁的读音去类推形声字的读音。例如，我们可以利用“代”的读音去类推“岱”“玳”“贷”“袋”“黛”等形声字的读音。这种能准确表音的声符及相应的形声字还有：

半——伴、坢、拌、绊、柈、靽；

豆——逗、饾、脰、痘；

段——塅、缎、椴、煅、碫、锻；

奂——换、唤、涣、焕、痪；

皇——凰、隍、喤、遑、徨、餭、湟、惶、煌、锽、蝗、篁、艎、鳇；

回——茴、徊、洄、蛔、鮰；

霍——藿、嚯、臛；

阑——谰、澜、斓、镧、襕、籣；

览——揽、缆、榄；

历——坜、呖、苈、沥、枥、疬；

厉——励、砺、蛎、粝；

廉——濂、臁、镰、蠊；

鹿——漉、辘、簏、麓；

农——侬、哝、浓、脓、秾、醲；

容——蓉、溶、瑢、榕、熔、镕；

柔——揉、糅、煣、粿、蹂、鰇、鞣；

式——试、拭、栻、弑、轼；

斯——厮、撕、嘶、澌、凘；

贞——唢、琐、锁；

唐——鄌、塘、搪、溏、瑭、螗、糖、赯；

亭——停、葶、渟、婷；

希——郗、唏、浠、悕、晞、睎、欷、烯、稀、豨；

析——淅、菥、晰、蜥；

悉——窸、蟋；

休——咻、庥、鸺、貅、髹；

庸——鄘、墉、慵、镛、鳙。

从上列例子来看，有些字并不常用，但我们利用能准确表音的声符就可以很快地读出它们。当然，还有不少声符的读音与其字音并不完全相同，但我们也可以利用它们去类推形声字的声母或韵母（参见第一章第四节、第五节），从而帮助我们学好普通话。

掌握形声字的声符，有时还可以帮助我们避免错别字。《说文解字·㐭部》云："亶，多谷也。从㐭，旦声。"（"㐭"中的"回"象粮仓之形，所以表示粮食多。）如果我们知道了这"旦"是声符，就不会把"亶""檀""襢""憻"中的"旦"错写成"且"了。

至于形声字或会意字的意符，原是表示意义范畴的，虽然其表示的只是一种笼统的义类，而且发展到现在有些意符已不能准确、直接地反映其意义范畴了，但现在的形声字或会意字毕竟是从古代演变而来或利用古代"六书"之法重新造出来的，所以现行汉字中的不少意符仍然具有提示义类与区别同音字的作用。如上列以"半""豆"……为声旁的各组同音字，便是靠形旁来区别的。如果我们掌握了意符所表示的意义范畴，对我们的识字辨义也会有很大的帮助。

如"冫"（bīng），今称两点水，其实是"冰"字，"氵"（shuǐ）才是"水"，所以"冷""冻""冰""凌"（冰）、"凛""冽"等有寒冷之义的字都是"冫"旁，"江""河""沟""渠""深""浅""清""浊""涌""流""沉""没""灌""注"（灌水）、"溃""测"（测量水深）、"渴"（水干）、"淫"（浸）、"激"（水受阻后腾涌或飞溅）等与水有关的字都是"氵"旁。"冷"与"泠"（líng，清凉）、"凓"（凓冽）与"溧"（溧水）、"凔"（chuàng，寒冷）与"沧""澤"（duó，凌澤）与“泽”“凊”（qìng，寒）与“清”等都是分属于两个义类的字。

又如“礻”是“示”，“衤”是“衣”，两者虽仅差一点，但其义大异。凡与神祇、祭祀、宗庙、祸福之义有关的字，都以“示”为意符，如：神（天神）、祇（地神）、社（土地神）、祀、祠（春祭）、祝（祷告）、祈（求福）、祷（求福）、礼（祭神求福的礼仪）、祖（祖庙）、福、禄、祥、祉、祸。以“衤”为意符的字，则与鬼神无关，而与衣被穿着有关，如：衬、衫、裤、袍、袖、袂（袖口）、襟、裁、补、被、褐、袒（脱衣露出上身）、裸、裁、初（裁衣之始）、裕（衣物富足）。

再如“欠”是呵气，而“攵”即“攴”(pū)，是敲击的意思。所以，以“欠”为意符的字往往与口中呼吸有关，如：吹、歌、欧（同“讴”）、饮、歠（喝）、歃（微吸）、歙（吸气）、歇、欢欣（因喜悦而扬眉吐气）、欷歔（哽咽叹气）；以“攵”为意符的字往往与人的动作行为有关，如：攻、畋、败、敌、整、改、政、教、放、牧、收、赦、救。

这种有助于我们了解、分辨与记忆字义的意符是不少的，下面我们再举一些。

以“日”为意符的字往往与太阳或时间有关，如：时、景（日光）、早、晨、昏、暗、暮、晚、旦、昧、晴、旱、晒、暴（“曝”之古字）、暑、暖、春。这里要注意的是，如今的“日”古代不一定是“日”，如“旨”“甞”（今简化为“尝”）中的“日”是“甘”，表示甘甜。

以“月”为意符的字往往与月亮或阴历有关，如：明、朗、期、朔（阴历初一)、望（阴历十五)。这里要注意的是，如今的“月”字旁古代不都是“月”字，而还有四种字形：一是“肉”字，见下“肉”字条；二是“舟”字，如“朝”（早晨，从倝，舟声，见《说文》。现在有人根据甲骨文认为“朝”从艸、日、月，像太阳刚出于草中而月亮尚未隐没之形，此说实似是而非，因为早晨未必有月，所以“朝”字应和月亮无关；有人认为从艸、日、月的甲骨文是“萌”字，比较合理)、“前”（今作“剪”，《说文・刀部》作“歬”，从刀，歬声；今前进的“前”，《说文・止部》作“歬”，从止在舟上)、“俞”“服”“朕”以及以“朕”为声符的“腾”“滕”“縢”“螣”“謄”（今简化为“誊”)、勝（今简化为“胜”)、“賸”（今作为“剩”的异体字被淘汰）等；三是“丹”字，如“青”（原楷化为“靑”)；四是“冃”（mào，“帽”之古字）字，如“胄”（原来表示头盔义的字从冃，由声，《说文》归冃部，楷化为“冑”；表示后裔子嗣义的字从肉，由声，《说文》归肉部，楷化为“冑”；因为其音同形近，所以现在混而为一）。

以“风”为意符的字往往与风有关，如：飙、飓、飘、飚、飒。

以“雨”为意符的字往往与降水有关，如：零（落细雨）、雲（今简化为“云”）、雪、霜、露、雷（雷电之声）、電（雷电之光，今简化为“电”）、震（响雷）。

以“火”（在下作偏旁时又写作“灬”）为意符的字往往与火有关，如：热、炕、炬、灭、炭、焦、灰、烟、灯、烛、炉、灶、炙、灸、灼、炊、烹、煮、煎、熬、炒、炮、炸、烈、烽、灿烂、炳（明亮）、焚、然（“燃”的古字）、烧、照、熟。这里要注意的是，后来有些字的“灬”在古代并不是“火”字旁，而是一些象形符号，所以与火无关，如：燕（灬原像燕尾）、魚（今简化为“鱼”，灬原像鱼尾）、焉（灬原像鸟爪）、舄（灬原像鹊爪）、鳥（今简化为“鸟”，灬原像鸟爪）、烏（今简化为“乌”，灬原像乌鸦的脚）、馬（今简化为“马”，灬原像马的脚）、爲（今简化为“为”，灬原像象的脚）、無（今简化为“无”，灬原像树根）。

以“土”为意符的字往往与土地、地形、土木工程有关，如：地、壤、块（土块）、坯（古字作“坏”）、坏（本作“壞”，土木建筑物遭到破坏）、尘、埃、垢、疆、境、塞（边塞）、封（植树土上以明疆界）、坡、坚（土质硬）、坦、坎、坷、坼（地裂）、城、垣、墙、基（墙基）、堵（土墙）、堂、垒（军营的墙壁）、填。

以“山”为意符的字往往与山有关，如：岱（泰山）、嵩、岳、岑（小而高的山）、峦、峻、崇（山高）、崔嵬、峥嵘（山高峻的样子）、岸（山边的水岸）、崩。

“厂”（hàn）的本义是山边岩石突出覆盖处，所以以“厂”为意符的字往往与山崖有关，如：厓（“崖”之古字）、厚（指山陵之厚，于山崖处可见）、原（本作“原”，为“源”之古字，像泉水从山崖里涌出）、厉（“砺”之古字，出产于山崖的磨刀石）。

以“石”为意符的字往往与石有关，如：砚、碑、础（柱脚石）、磐、磬、磨、碾、研（细磨）、破（石碎）、碎。

“阜”（fù）的本义是土山，作意符后楷化为左“阝”，所以左“阝”旁的字往往与地形、高低有关，如：陵（大土丘）、阿（大土山）、陆（高平地）、隅（山角）、阳（山南向阳处）、阴（山北背阴处）、陡、险、阻（地形崎岖多阻隔）、限（阻隔）、阡（南北方向的路）、陌（东西方向的路）、防（堤坝）、阶（台阶）、除（宫殿的台阶）、陛（宫殿的台阶）、际（两墙相合之缝）、隙（墙上裂缝）、陟（登）、降、陨、陷、队（“坠”之古字）。

“邑”的本义是都城，作意符后楷化为右“⻏”，所以右“⻏”旁的字往往与国都、国家、城镇及行政区域有关，如郑、邓、邺、鄂、邯郸、郎（鲁国邑名）、邦、郡、都、郊、邮（供传递文书者中途歇息之处）、鄙（五百家的行政区）、邻（五家的行政区）。

“宀”(mián)、“广”(yǎn）的本义是房屋，所以用它们作意符的字往往与房屋或居住有关，如：家、室、宅、宫、宇（屋檐）、宿、寝、寄、寓、客（寄居之人）、官（官府）、宗（祖庙）、宽（房屋宽敞）、安（有居则安）、宁（本作“寍”，住在屋里有饭吃则安心）、定（有居则安定）、宴（有住有吃而安），府、庭、库、庖（厨房）、庙、庐（小屋）、序（正堂东西两边的墙，作用是使堂屋与东西两厢分开）、廉（厅堂之边）、庇、废（房屋倒掉）。有些原来属“广”旁的字现在变成了“厂”旁，这些字也与房屋有关，如：厂、厅、厕、厢、厦、厩（马棚）。

“门”的本义是双扇门，“户”的本义是单扇的门，所以以“门”“户”为意符的字往往与门户或房屋有关，如：闾（里门）、阙（宫门、庙门外两旁的楼观）、阔（门宽）、闺（上圆下方的小门）、阁、间（门缝）、闲（栅栏）、開（今简化为“开”）、關（门闩，今简化为“关”）、闭，扃（门闩）、扉（木做的门扇）、扇（竹苇做的门扇）、房（内室两旁之屋）。

以“人”（作左旁时楷化为“亻”）为意符的字往往与人的身份、德性、行为等有关，如：伴、侣、伯、仲、侠、儒、伦、仇、偶、俑（陪葬用的偶人）、俊、仁、俭、侈、倨、傲、俯、仰、仕、休、仰、伏、偃（仰面倒下）、仆（向前跌倒）、作（起来）、俱（在一起）、仍（因循）、侵、伐、任（担负）、何（hè，负荷）。

以“女”为意符的字往往与妇女有关，如：妇、妃、奶、婆、姑、姨、妈、妣（母亲，后称死去的母亲）、姊、姐、妹、嫂、婚、姻、嫁、娶、媒、妁、嫖、妓、姿、娇、好（女子美）、妊、娠、娩、姓（原始社会群婚制时代孩子出生时知其母而不知其父，故“姓”从女从生，指女子生产时给孩子所起的标志家族系统的符号，所以上古的姓都有“女”字旁，如：姜、姚、姬、姒、嬴）。

以“子”为意符的字往往与孩子有关，如：字（在屋内生孩子）、孩（小儿笑）、孺（孩子）、孟（长子）、季（幼子）、孤（孤儿）。

以“肉”（原楷化为“⺼”，现与“月”相混）为意符的字往往与肉（包括身体及其性状）有关，如：肩、臂、肘、腕、股、肱、腋、胸、胁（腋下肋骨所在的部分）、腹、肚、背、脖、脸、膝、胫、脚、肝、胆、膏（心尖脂肪）、肓（心脏与横隔膜之间的部位）、肯（附着在骨上的肉，原作“肎”）、脣（“唇”的异体字）、肺、肠、肥、腴（腹下的肥肉）、胖、臞（瘦）、肿、胀、腥（病猪肉中像星或米粒的息肉）、胜（生肉，引申指腥气。现在的简化字“胜”原作“勝”，从力，朕声，与此“胜”字不同）、臊、腐、腊（xī，肉干）、祭（以手持肉祭祀神灵，“⺼”即“肉”字）、臘（农历十二月进行的祭祀，今简化为“腊”）、膳（肉食）、胡（兽类脖子下的垂肉）、脩（肉干，从肉，攸声）。

“页”（xié）字原作“頁”，从“百”（shǒu，古文作“𩠐”，即“首”字，“巛”象头发之形）在“儿”（rén，古文“人”字。现在的简化字“儿”原作“兒”，与此“儿”字不同）上，指人头，所以以“页”为意符的字往往与人的头部有关，如：頭（“头”的繁体）、颅、顶（头顶）、颠（顶）、颈（脖子前部）、项（脖子后部）、领（脖子）、颁（大头）、硕（大头）、顾（回头看）、颇（头偏）、顿（磕头）、颙（抬头）、烦（发热头痛）、额、题（额）、颔（下巴）、须（胡须）、頬、颐（面颊）、颜（双眉之间的部分）、頞（è，双眼之间的鼻梁）。

以“目”为意符的字往往与眼睛有关，如：眼、睛、瞳、眸、眉、睫、眶、眦、相（xiàng，仔细看，见《说文解字·目部》；“相”的另一意义为辅佐，可能是由木棍帮助盲人走路引申而来，《论语·季氏》“危而不持，颠而不扶，则将焉用彼相矣”的“相”即指扶持盲人者而言，至于《先进》的“宗庙之事，如会同，端章甫，愿为小相焉”和《宪问》的“管仲相桓公”就用了进一步的引申义）、看、睹、盲、瞎、盼、瞄、眷（回头看）、省（xǐng，细看）、瞪、瞻、睡、睐、眨。

“见”的繁体字作“見”，原从“目”“儿”（rén，古文“人”字），所以以“见”为意符的字往往与看有关，如：观、视、觉（睡醒）、觅、览、觑、觇、觐（朝见）、觏（遇见）。

以“耳”为意符的字往往与耳朵有关，如：耷（大耳朵）、聃（耳长大）、聽（“听”的繁体）、聲（“声”的繁体）、聆（细听）、闻（听见）、聪（听力好）、聖（聪明通达，从耳，呈声，今简化为“圣”）、聋、耸（聋）、聩（聋）、聊（耳鸣）、聒（guō，吵闹刺耳）、聂（附耳小语）、职（听命而执行事务）、聘（访问而打听消息）、取（从又，从耳，表示用手割取耳朵，古代作战时割取敌人尸体左耳以计功）。

以“口”为意符的字往往与嘴巴有关，如：唇、吻、喉、喙（鸟兽的嘴）、啄、言、命（从口从令）、含、嚼、啼、叫、唱、吟、叹、啸、问、唯（答应）、咨、吓、唬、喂、哼。

以“言”(作左旁时简化为“讠”) 为意符的字往往与语言有关,如:诲、训、议、论、谢、谋(商议)、访(咨询)、诗、词、识(有知识而善于言谈)、谨(说话小心)、诚(言语真实)、信(言语真实)、谅(言语诚实)、诈、诱、谄、谀、诵、读、讥、诉、诛(谴责)。

以“心”(作左旁时楷化为“忄”,在下作偏旁时又写作“⺗”)为意符的字往往与心智意识有关,如:意、志、思、想、惟(思)、息(鼻中呼出的心中气息,“自”即“鼻”字)、怀、念、忠、慈、感、恸、恩、惠、懈、怠、慢(傲慢)、悍、怯、懦、性、情、愚、惰、怨、恨、悲、恐、愤、怒、恭、慕、忧、虑、惜、悯、惭、悔、懂、悟,愛(今简化为“爱”,与“親”被简化为“亲”一样,被讥为“爱无心,亲不见”)。

“又”的本义是右手,所以以“又”、“手”(作左旁时楷化为“扌”)为意符的字往往与手有关,如:取、叔(拾)、受、友(出手帮忙的朋友),拳、掌、指、挥、扑、打、扒、扔、抚(抚摩)、摸、拔、抓、抑(用手压)、扬(用手高举)、拥(抱)、抱、把(拿)、握、操(拿)、持、技(手巧)、拙(手笨)、探(摸取)、掏、捷(获得战利品)、拉、援(拉)。

“止”的本义是脚,所以以“止”“足”为意符的字往往与脚有关,如:企(踮起脚跟)、步、趾、蹄、跟、踵、距(雄鸡爪子后面突出像脚趾的部分)、跣(赤脚)、跛(瘸)、跌、跤、践、踏、蹴(踏)、跺、踢、跨、跻(登)、跑、跳、跪、路(路是脚走出来的)。

“彳”(chì)的本义是小步走,“辵”(chuò)的本义是行走,“走”的本义是奔跑,所以以“彳”、“辵”(作偏旁时多楷化为“辶”)、“走”为意符的字往往与行走奔跑有关,如:往、循(沿着走)、徐(慢走)、待(等待)、征(远行)、径(小路)、徘徊,道(路)、迹(脚印)、进、退、追、逃、达、通、过、逍遥、近、迩、辽、远、迷(迷路)、遵(沿着走)、巡、迈、返、遇、逢、适(往)、造(到)、逆(迎)、违(离开)、迟、速、徒(徒步行走,从辵,土声)、徙(从辵,止声),赶、赴、趋(快走)、趣(快跑)、超(跳过)、越、趑趄、趋、趔(走开)。

“行”的本义是道路,所以以“行”为意符的字往往与道路有关,如:街、衢。

以“疒”(chuáng)为意符的字往往与疾病有关,如:疾、病、痈、疽、痔、疮、痕(疤)、痛、痒、疯、疚(久病)、痴(白痴)、疲、瘦(古人认为瘦弱是一种病态)、症、疗、痊。

以“巾”为意符的字往往与布帛有关，如：布、帛、币（用作礼物的丝织品）、幕、帜、帐、帷、幄、帆、帕、带、帽、常（旗子）。

以“革”为意符的字往往与皮革有关，如：勒（皮革制成的马络头）、鞍、鞋、靴、鞘、鞭。

以“糸”（mì，作左旁时简化为“纟”）为意符的字往往与丝帛纺织有关，如：丝、絮、线、纱、缕、缰、绳、索、纲（渔网上的总绳）、维（大绳）、结（绳结）、缨（帽带）、经（织物的纵线）、纬、统（蚕茧上丝的头）、绪（蚕茧上丝的头）、纪（蚕茧上丝的头）、绢、缣（双丝的细绢）、素（未染色的帛）、红（帛粉红色）、绛（帛大红色）、紫、绿、绩（把麻纤维披开搓成线）、纺（制成纱线）、织（制成布帛）、纸、细（丝细）、绝（丝断）、继（接续断丝）、续。

以“网”（作偏旁时楷化为“罒”）为意符的字往往与罗网有关，如：罗、羁（马笼头）、置（赦罪）。

“㫃”（yǎn）是旗上的飘带，因此以“㫃”为意符的字往往与旗帜有关，如：旌、旗、旂、旄（用牦牛尾装饰的旗）、旐（画有龟蛇的旗）、旆（旐旗末端的垂旒飘带）、旒（旗下悬垂的饰物）。

以“弓”为意符的字往往与弓有关，如：弦、引（拉开弓）、弯（拉弓射箭）、张（将弓弦绷紧在弓上）、弛（将绷紧的弓弦放松）、弹、弩、强（强有力的弓，本作“彊”）。

以“刀”（作偏旁时又写作“刂”）、“斤”（“斤”是斧子一类的工具）为意符的字往往与刀斧砍削有关，如：刃、劈、切、分、刻、剪、刈、刑、刎、刺、剥、削、剐、剃、割、剖、利（锋利），斧、斨、断、斫。

以“瓦”“缶”“皿”为意符的字往往与陶瓷器皿有关，如：瓮、瓷、瓶、瓿、甑（陶制蒸器），缸、罐、缺（器破损），盂、盆、盘、盒、盖。

以“金”（作左旁时简化为“钅”）为意符的字往往与金属有关，如：铜、银、铁、锡、针、钉、钱、锁、链、锹、镜（铜镜）、鉴（铜盆，盛水后可用来照形）、锄、锅、釜（从金省，父声）、钩、钓（用钩取鱼）、镂（可用作雕刻工具的硬铁）、铸、锻、镇（压物的金属）、锐、钝。

以“玉”（作左旁时写作“王”）为意符的字往往与玉器珍宝有关，如：琼、瑶、珍、珠、球（美玉）、宝、璧、环、玺、瑞（玉制的符信）、斑、瑕、珐琅、玳瑁、玛瑙、理（治玉）、琢（雕刻玉石）。

古人曾用贝壳作货币，所以以“贝”为意符的字往往与财物有关，如：资、财、贿（财物）、赂、赏、赐、赠、货、贪、费、贡、赋（赋税）、贺（送礼物表示庆祝）、质（抵押，以物受钱）、赘（抵押，以物质钱）、贩、贾（gǔ，囤积营利的坐商）、购（悬赏征求）、贮、账、赃、赡、贬、贵（价高）、贱（价低）。

以“艸”（在上作偏旁时楷化为“艹”）、“木”为意符的字往往与草木等植物及其制品有关，如：草、花、苗、芒、萌、芽、荷、莲、菊、菜、苦（苦菜）、苏（紫苏）、蒋（茭白）、薄（树丛生叫“林”，草丛生叫“薄”）、落（树掉叶）、葺（用茅草盖屋）、藉（用草垫地），栗、杉、桃、李、根、枝、树、植、柜、桶、栏、杆、棒、桨、桥、梁（桥）、杯（木杯）、检（信函版牍上署名的封板）、楚（灌木名，又名“荆”）、杈（黄花木）、朴（树皮）、樸（未加工的木材，今简化为“朴”）、析（劈木头）、构（架木造屋）。

以“竹”为意符的字往往与竹有关，如：简（竹简）、篇（竹简编成的书）、符（竹制符信）、節（竹节，今简化为“节”）、箩、筐、篱笆、笛、箫、篙、筏、箸（筷子）、箴（竹针）、策（竹制马鞭）、算（用竹筹计算）。

以“禾”“米”为意符的字往往与庄稼粮食有关，如：种、秆、秀（吐穗）、秧、稻、颖（穗芒，从禾，顷声）、秋（成熟的庄稼）、租税（田赋，征收的农产品）、积（堆积谷物），粮、粪、粳、籼、粟、粱、粒（米粒）、粲（上等白米）、精（精加工的米）、粗（糙米）、糖（麦芽糖）、糕、糟（酿酒后的米渣）、籴、粜。

以“食”(作左旁时简化为“饣”）为意符的字往往与饮食有关，如：饮、饲、饥、饿、饭、饱、饼、馍、饴（用麦芽制成的糖浆）、饵、馋、飨、餐、馀（粮食多）、馆（餐馆）、饷（送饭）。

以“酉”为意符的字往往与酒及其他酿制品、化学制品有关，如：酒、醴（甜酒）、尊（酒杯，后作“樽”）、酗、酣、醉、醒、酝、酿、酵、配、酬（劝酒）、酌（斟酒）、酹（把酒洒在地上祭奠或起誓）、酱、醋、酸、酚、酊。

以“马”为意符的字往往与马有关，如：驳（马毛色不纯）、骤（马奔驰）、驱（马奔驰）、驰、骇（马受惊）、驾（把轭套在马上）。

以“牛”为意符的字往往与牛及牲畜有关，如：牺（用作祭品的纯色牲畜）、牲（祭祀用的全牛）、物（杂色牛）、特（公牛）、牡（雄性牲畜）、牝（雌性牲畜）、牢（关养牛马等牲畜的圈）、牵、牧。

以“羊”为意符的字往往与羊有关，如：羔、羚、群（羊群）、美（羊大而味美）。

以“豕”为意符的字往往与猪有关，如：豚（小猪）、豪（豪猪）。

以“犬”（作左旁时楷化为“犭”）为意符的字往往与狗及兽有关，如：狗、狂（狗发疯）、独（狗好斗而独居）、状（犬形）、狼、狮。

“隹”（zhuī）的本义是短尾鸟，所以以“隹”为意符的字往往与鸟类有关，如：集（鸟聚在树上，本作“雧”）、雌、雄、雅（乌鸦）、雀、雉、雁、雏。

以“虫”（huǐ，“虺”之古字，是一种毒蛇，后作为“蟲”的简体字）为意符的字往往与蛇虫之类有关，如：蚯蚓、蚂蚁、螃蟹、蜘蛛、蚊、蝇、蜂、虱、虾、蠹（蛀虫）、蛀、蚀（蛀）、虹（形似虫）。

其他像以“鹿”“鱼”“鸟”“黾”（měng）、“鼠”“鬼”等为意符的字，其义也往往与意符之义相关，限于篇幅，现不再多举。值得指出的是，掌握意符所表示的义类对我们正确用字或应试也有帮助，请看下面的试题：

从括号中为词语选择恰当的用字：

逸兴（湍遄喘惴）飞　　　脾气怪（辟癖僻避）

有的辅导教材提供的参考答案为“湍”“癖”，这实是不明意符义类而作出的错误判断。因为逸兴之“飞”与“氵”（水）无关，当然，也与“口”“忄”（心）无关，所以应该选择与走义有关的从“辵”（辶）的“遄”（迅速）。至于“癖”，则是一种后天形成的近于病态的癖好，而脾气是一种先天的性情，所以应选用以“人”为意符的“僻”。

二、“右文说”及其在现代的利用

（一）“右文说”的提出及其内容

上述“六书”理论是周朝及汉代的文字学家从古代汉字记词现象中归纳出来的六种汉字记录汉语词语的方法，而“右文说”则是宋代文字学家从形声字中归纳出来的另一种有关汉字记录汉语词语的理论。

沈括《梦溪笔谈》卷十四载：“王圣美治字学，演其义以为右文。古之字书，皆从左文。凡字，其类在左，其义在右。如木类，其左皆从木。所谓右文者，如‘戋’，小也，水之小者曰浅，金之小者曰钱，歹而小者曰残，贝之小者曰贱。如此之类，皆以‘戋’为义也。”张世南《游宦纪闻》卷九曰：“自《说文》以字画左旁为类，而《玉篇》从之，不知右旁亦多以类相从，如‘戋’有浅小之义，故水之可涉者为浅，疾而有所不足者为残，货而不足贵重者为贱，木而轻薄者为栈。‘青’字有精明之义，故日之无障蔽者为晴，水之无溷浊者为清，目之能明见者为睛，米之去粗皮者为精。凡此皆可类求。聊述两端，以见其凡。”

从上面的引文可知，所谓“右文”，是指形声字的声符，因为它一般在形声字的右边，故习称右文，它当然也应该包括形声字左边或上下的声符。所谓“右文说”，是指形声字左边的意符表示义类（意义范畴），而其右边的声符也表义。该理论的核心内容是突破传统的形声字左旁意符表意说，揭示了形声字右旁声符记录词义的功能，所以以“右文”为名来突出其创新点。一言以蔽之，“右文说”即“形声字声符表义说”。

如“戋”有薄小之义，则以“戋”为声符的形声字往往具有薄小之义：“浅”指水小，“贱”指价格小，“线”是小绳，“残”是小伤，“钱”是小铜钱，“栈”是小木板，“笺”是小竹片，“饯”指小酌小食，“溅”指小湿。

又如“青”有清明之义，则以“青”为声符的形声字多有清明之义：“晴”是天日清明，“清”是水质明净，“靖”是立容清静，“睛”是明亮的眼珠，“情”指光明磊落的真心，“精”指明净之米，“婧”指贞洁之女，“菁”指亮丽之草，“请”指明示之求。

（二）“右文说”的本质

“右文说”以声符训释形声字，也就是用音同或音近的字为训，所以它实是声训（声训即利用音同或音近的字来探求字义）的一种。由于一部分形声字所记录的词之间具有同源的关系，所以“右文说”才得以确立。或者说，同源词的音义联系，构成了“右文说”的根基。

一些形声字与它的声旁具有语义上的联系，这并不是偶然的现象。右文说在一定程度上客观地揭示了这部分形声字的声旁具有记录语义作用这一重要的文字现象，而且在一定程度上显示了同源词的系统性，反映了朦胧的词族观念，使我们认识到某些形声字因为声符的相同而有同源关系，这对于我们研究同源词具有重要的意义。

当然，同声符者或有意义上的联系，其内在的根据即在于它们是同源词，但同声符者未必全是同源词，有些声符是纯粹作为音标来使用的，它与形声字之间的声音联系仅止于语音而已，它们之间并没有派生的关系。因此，说一部分形声字与其声旁有意义上的联系并不是无稽之谈，但以偏概全，说“凡字”“其义在右”或“凡此皆可类求”，即认为凡从某声即具某义，那就讲过了头而不适当了。即拿以“戋”为声符的字来看，具有小义的固然不少，但不具有小义的其实也不少，如《说文解字》所载：“践，履也。”“隧，水阜也。”“諓，善言也。”“帴，帬也，一曰帗也。”“衡，迹也。”“戔，齧也。”“㟞，山高也。”《说文》的解释虽然不一定完全正确，但要说这些形声字都具有小义则不免有些牵强。

另外，真正要研究同源词，也不能局限于声符，因为音近义通并不限于声符相同的字，如有一系列的明母字皆与黑暗之义有关：暮、霾、雾、昧、灭、晚、密、冥、盲、梦；有一系列的阳部字表示光明昌盛的意思：阳、光、明、亮、朗、炳、旺、昌、张、扬。因此，研究同源词时，“右文说”也只是具有部分参考价值而已。

（三）“右文说”在现代的利用

“右文说”在现代除了研究同源词时值得参考外，显然可以在汉字教学中发挥作用，因为“右文说”所揭示的声符记义功能的例子还可以举出不少。例如：

“肖”有细小之义，以“肖”为声符的形声字就有不少具有细小之义：“绡”是薄绸，“削”是小刀，“帩”是小幅头巾，“霄”是小雪珠，“梢”是树木顶端细小之处，“稍”是庄稼末端细小之处，“莦”是杂乱的小草，“鞘”是拴在鞭子末端的细皮条，“艄”是船的末尾，“消”是水减小，“销”是把金属化小，“捎”指非主要的附带，“悄”指悄无声息的忧思，“诮”是微言嘲讽，“睄”是略看一眼。

“冓”有相交之义，以“冓”为声符的形声字就有不少具有相交之义：“構”（今简化为“构”）是架木造物的结构，“篝”是竹片相交而编成的笼子，“煹”是乱木相交燃起的篝火，“韝”是与弓弦相交的护臂皮套，“遘”是相遇，“覯”是遇见，“媾”是男女交合，“購”（今简化为“购”）是交易。

“巠”（今简化为“圣”）原指直的水波，以“圣”为声符的形声字就有一些具有笔直之义：“经”是织物中笔直的纵线，“径”是笔直走的小路，“茎”是植物笔直的主干，“颈”是笔直的脖子，“胫”是笔直的小腿，“痉”是僵直之病，“轻”是直奔的轻车。

“蒙”原指一种缠绕寄生草，因而引申为覆盖昏暗之义，以“蒙”为声符的形声字就有一些具有覆盖昏暗之义：“曚”是日光不明，“朦”是月光不明，“矇”是眼睛失明，“懞”是脑子昏昧不明，“濛”是细雨蒙蒙而景色不明，“幪”是覆盖遮光的帐幕，“艨”是用牛皮覆盖的战船。

“多”有盛大之义，以“多”为声符的形声字就有一些具有盛大之义：“哆”指张大嘴巴，“侈”指人自高自大，“䏧”指度量大，“炵”是大火，“庨”

是大屋，“袳”指衣服宽大。

“夬”有破裂之义，以“夬”为声符的形声字就有一些具有破损分裂之义：“缺”指器破损，“決”（今简化为“决”）指水决堤，“玦”是环形而有缺口的佩玉，“诀”是诀别，“刔”是剔（把肉从骨头上刮下来），“抉”是挑剔挖出。

“农”原指种植庄稼，引申而有繁茂之义，以“农”为声符的形声字就有一些具有茂密浓厚之义：“秾”指花木繁盛，“浓”指露水多，“醲”是味道浓烈的酒，“脓”是疮口浓厚的粘液。

“𦎫”（今作偏旁时楷化为“享”）有厚义，以“𦎫”为声符的形声字有的就具有厚义：“惇”指惇厚之心，“谆”指厚意告晓之言，“醇”是未掺水而味道浓厚的酒，“敦”是程度厉害的督责。

“冥”有幽暗之义，以“冥”为声符的形声字有的就具有幽暗之义：“暝”指日落时天色昏暗，“溟”指小雨濛濛而阴暗，“瞑”指闭上眼睛而不明，“幎”是遮光使黑的帐幔。

“中”有中间之义，以“中”为声符的形声字有的就具有中间之义：“仲”是排行处于中间的人，“衷”是里边的衣服，“忠”是内心。

如果我们将这些内容使用到汉字教学中，肯定能取得较好的效果。

在此应该强调的是，只有在形声字与其声符同源时，才可以利用该声符解释其语义。如果任意将形声字当作会意字来解释，那就错了。王安石解释文字，常有此弊，如说“‘伶’非能自乐也，非能与众乐乐也，为人所令而已”；“‘楳’（觉按：‘楳’为‘梅’的异体字）用作羹，和异味而合之如媒也”（见袁文《瓮牖闲评》卷一、卷四）；“‘讼’者言之于公”；“与邑交则曰‘郊’；同田为‘富’”（见叶大庆《考古质疑》卷三）。更有甚者，“客曰：‘覇（觉按：中华书局1983年版点校本误作“覊”，今改正）字何以从西？’荆公以西在方域主杀伐，累言数百不休。或曰：‘覇从雨，不从西也。’荆公随辄曰：‘如时雨化之耳。’其学务凿，无定论类此。”（见邵博《邵氏闻见后录》卷二十）。对于王安石的穿凿附会和主观臆说，苏轼曾当面讥笑过他，如他说苏东坡的“坡”是土之皮，东坡笑道：“如相公所言，‘滑’字乃水之骨也。”他还不觉悟，说“鲵”是鱼子，“驷”是四马，于是东坡故意问他“鸠”字为什么是“九”与“鸟”相合，他竟然认真地向东坡请教。东坡笑道：“《毛诗》云：‘鸣鸠在桑，其子七兮。’连娘带爷，共是九个。”他这才明白东坡是拿他的文字学开玩笑，竟将东坡左迁为湖州刺史（见《警世通言·王安石三难苏学士》）。

总之，利用“右文说”来解释与声符同源的形声字是科学的，把形声字当作会意字来解释就不科学了。如今有人说“和”从“口”“禾”，“谐”从“皆”“言”，所以“和谐”就是人人有饭吃，个个都可发表言论，既达到温饱，又有民主。这如果用作宣传，则当别论；如果从文字学的眼光来衡量，就犯了与王安石同样的错误。

三、现行汉字记录汉语的特点及其作用

现行汉字是与现代汉语相适应的一个文字系统。从记录现代汉语的情况来看，它具有以下特点。

（一）单音节性

一个汉字基本上记录一个音节。即使它记录了几个音节，但在每次读它的时候也只读一个音节。这方面的例外极少（参见第一章第二节二）。当然，一个汉字记录的音节可能是一个词（如“人”“我”），也可能是一个语素（如“蝶”“睛”），也可能是非语素音节（如“葡”“萄”）。这一特点虽然对我们确定词或语素的界限毫无裨益，但它与汉语以单音节语素为主的特性还是相适应的。

（二）复杂性

现行汉字记录汉语时只区分音节而不区分词（即不分词连写），这虽然给分词连写造成了某种困难而引来了某些学者的诟病，但如果我们不用以词为本位的西方语言学理论去审视研究汉字记录汉语的方式而从其固有的特性出发去研究，那么我们就能看到，必须引起我们重视的其实并不在于现行汉字究竟是记录语素还是记录词，而在于它记录汉语音义时的复杂性。汉字形、音、义三要素的复杂关系大致有以下八类。

（1）一个汉字记录一个音节而表示一个或者一组相近的意义，即单音单义字。如：扽（dèn）、嗲（diǎ）、黁（nún）、噷（hm）。这种文字在形、音、义三方面都与其他的字不同，在现行汉字中是不多的。

（2）一个汉字记录一个音节而表示几个毫不相干的意义，即单音多义字。如“干”（gān）表示：①姓；②盾；③水边；④天干；⑤干燥。又如“别”（bié）表示：①分别；②插挂；③不要。

（3）一个汉字记录一个音节而不能独立表示一个意义，即标音字。这种标音字只记录联绵词中的音节或外来多音节音译词中的音节。如：徘、徊，枇、

杷，喇、嘛。

（4）一个汉字记录几个音节而表示一个或者相近的一组意义，即多音单义字（参见第一章第十节五）。

（5）一个汉字记录几个音节而表示几个意义，即多音多义字（参见第一章第十节四）。

（6）几个汉字记录一个音节而表示一个或者相近的一组意义，即异体字（参见本章第四节二）。

（7）几个汉字记录一个音节而表示几个意义，即同音字。如："工""弓""公""功""攻""肱""宫""恭""躬""龚""觥"等都念 gōng，是同音字。

（8）几个汉字记录几个音节而表示一个或者相近的一组意义，即同义字。如"父"与"爸"、"首"与"头"。

为简明起见，以上情况可列成表 2-2-1。

表2-2-1 汉字形音义关系表

类型	字形	记录的音节	记录的义素	记录的语素	例字
单音单义字	一个	一个	一个	一个	扽（dèn）
单音多义字	一个	一个	多个	多个	干（gān：姓，盾，水边，天干，干燥）
标音助义字	一个	一个	非义素	非语素	葡（pú）
多音单义字	一个	多个	一个	多个	剥（bāo，bō）
多音多义字	一个	多个	多个	多个	阿（ā，ē）
异体字	多个	一个	一个	一个	鞍—鞌
同音字	多个	一个	多个	多个	工—弓—公—功—攻—宫—恭—躬
同义字	多个	多个	一个	多个	父—爸

了解现行汉字在记录汉语时的复杂性，对我们正确使用汉字十分重要。例如，我们了解了同音字的情况，就能在记录汉语时使用形义得当的汉字而不写别字，如了解了"工""公"这两个同音字的意义区别，就不会把"工事"写成"公事"了。又如，我们了解了多音字的情况，就能避免误读（参见第一章第十节四）。

（三）表意性

现行汉字虽然已经符号化了，但仍然具有表意功能。正因为如此，所以现代汉语中的同音语素，如“饥”“玑”“机”“肌”“矶”“芨”“鸡”“积”“屐”“姬”“基”“犄”“嵇”“畸”“跻”“箕”“激”“羁”“畿”等，就可以利用不同的汉字形体在书面语中加以区别。同时，汉字意符的表意功能又可以使汉字在书面交际中突破方音分歧的局限而在各方言区通行无阻。汉字这种“超方言”的表意功能，虽然不利于汉语各方言区人民的语音统一，但它与汉语方言严重分歧的特性还是相适应的。而且，了解了汉字的表意功能，对我们识字、用字都有极大的好处，上文所举意符的辨字作用是显而易见的。

为了进一步说明汉字表意功能对区别同音字的功效，我们不妨将赵元任编的《施氏食狮史》转录于此（据商务印书馆2002年版《赵元任全集》第1卷《语言问题》之第十讲《语言跟文字》）：

石室诗士施氏，嗜狮，誓食十狮。氏时时适市视狮。十时，适十狮适市。是时，适施氏适市。氏视是十狮，恃矢势，使是十狮逝世。氏拾是十狮尸，适石室。石室湿，氏使侍拭石室。石室拭，氏始试食是十狮尸。食时，始识是十狮实十石狮尸。试释是事。

如果我们不用表意的汉字而用表音的汉语拼音字母来记录这段文章，人们能明白其意义吗？请看：

Shī Shì Shí Shī Shǐ

Shíshì shīshì Shī shì,shì shī,shì shí shí shī.Shì shíshí shì shì shì shī.Shí shí,shì shí shī shì shì.Shì shí,shì Shī shì shì shì.Shì shì shì shí shī,shì shǐ shì,shǐ shì shí shī shìshì.Shì shí shì shí shī shī,shì shíshì.Shíshì shī,shì shǐ shì shì shíshì.Shíshì shì,shì shǐ shì shí shì shí shī shī.Shí shí,shǐ shì shì shí shī shí shí shí shī shī.Shì shì shì shì.

当然，这虽然是一篇杜撰的文言文而不能用来说明现代汉语中的汉字用字问题，但也足以说明汉字存在的合理性和必要性，抛弃汉字而完全用拉丁字母来记录汉语的拉丁化道路是行不通的。

（四）赘余性

在现代，有时同一个词语会用不同的字来记录。如：按语——案语，笔画——笔划，掺杂——搀杂，耷拉——搭拉，倒霉——倒楣，订单——定单，订购——定购，订户——定户，订婚——定婚，订货——定货，订金——定金，订阅——定阅，附会——傅会，耿直——梗直——鲠直，含义——涵义，记录——纪录，绛紫——酱紫，老实交代——老实交待，语言精练——语言精炼，阔佬——阔老，好厉害——好利害，峨眉山——峨嵋山，抹杀——抹煞，冰雪融化——冰雪溶化，推诿——推委，委靡——萎靡，无精打彩——无精打采，消歇——销歇，缘故——原故，支吾——枝梧——枝捂，仔细——子细。这种现象习称异形词。其实，词作为一个语言学术语，只具有音、义两个要素，是无所谓“形”的，只有文字才具有形、音、义三个要素，所以严格地说，称“异形词”是不妥当的。我认为，这种现象应该称为“同词异字式”。这种同词异字现象，显然存在书写符号的赘余问题，应该加以整理。我们应该确定其中的一种写法为规范写法而淘汰其余的写法。

2001年12月19日，中华人民共和国教育部和国家语言文字工作委员会发布了语言文字规范《第一批异形词整理表》（GF 1001—2001）。它是一个推荐性试行规范，于2002年3月31日开始试行，适用于普通话书面语，包括语文教学、新闻出版、辞书编纂、信息处理等方面。该规范所谓的异形词，是指普通话书面语中并存并用的同音（声、韵、调完全相同）、同义（理性意义、色彩意义和语法意义完全相同）而书写形式不同的词语。该规范根据通用性原则、理据性原则、系统性原则对338组（不含附录中的44组）异形词（包括词和固定短语）进行了整理，给出了每组异形词的推荐使用词形（词语的书写形式）。其中符合通用性原则的词形绝大多数与理据性等原则是一致的，只有少数与语源或理据不完全一致。如“毕恭毕敬——必恭必敬”，从源头来看，“必恭必敬”出现较早，但该成语在流传过程中意义发生了变化，由“必定恭敬”演变为“十分恭敬”，理据也有了不同，且目前“毕恭毕敬”通用性强，该规范便以“毕恭毕敬”为推荐词形。当然，这样的处理是否妥当还值得推敲，因为如果我们要在作品中表示“必定恭敬”的意思，那么用“毕恭毕敬”是否就没有问题了呢？不过，它既然是一个推荐性试行规范，我们也就不必苛求了。

现在我们将该规范中的整理表附于下，以便参照使用。表中每组异形词破折号前为选取的推荐词形，我们应该选用。附录中列出的非规范词形置于圆括号内，已淘汰的异体字和已简化的繁体字在左上角用“*”号标明，不应再使用。另外要说明的是，根据2013年国务院公布的《通用规范汉字表》，“噘”用于噘嘴时不再作为“撅”的异体字，“蹚”用于蹚水、蹚地时不再作为“趟”的异体字，所以该整理表附录中的“撅嘴（*噘嘴）”“趟地（*蹚地）”“趟浑水（*蹚浑水）”三条应该删去。今为了反映该整理表的全貌，姑且保留；但为了避免读者误用，同时将《通用规范汉字表》的注释录于其下。

【附录2-2-1】

第一批异形词整理表

（GF 1001—2001）

A

按捺——按纳 ànnà

按语——案语 ànyǔ

B

百废俱兴——百废具兴 bǎifèi-jùxīng

百叶窗——百页窗 bǎiyèchuāng

斑白——班白、颁白 bānbái

斑驳——班驳 bānbó

孢子——胞子 bāozǐ

保镖——保镳 bǎobiāo

保姆——保母、褓姆 bǎomǔ

辈分——辈份 bèifèn

本分——本份 běnfèn

笔画——笔划 bǐhuà

毕恭毕敬——必恭必敬 bìgōng-bìjìng

编者按——编者案 biānzhě'àn

扁豆——萹豆、稨豆、藊豆 biǎndòu

标志——标识 biāozhì

鬓角——鬓脚 bìnjiǎo

秉承——禀承 bǐngchéng

补丁——补靪、补钉 bǔding

C

参与——参预 cānyù

惨淡——惨澹 cǎndàn

差池——差迟 chāchí

掺和——搀和 chānhuo ①

掺假——搀假 chānjiǎ

掺杂——搀杂 chānzá

铲除——刬除 chǎnchú

徜徉——倘佯 chángyáng

车厢——车箱 chēxiāng

彻底——澈底 chèdǐ

沉思——沈思 chénsī ②

称心——趁心 chènxīn

成分——成份 chéngfèn

澄澈——澄彻 chéngchè

侈靡——侈糜 chǐmí

筹划——筹画 chóuhuà

筹码——筹马 chóumǎ

踌躇——踌蹰 chóuchú

出谋划策——出谋画策 chūmóu-huàcè

喘吁吁——喘嘘嘘 chuǎnxūxū

瓷器——磁器 cíqì

赐予——赐与 cìyǔ

粗鲁——粗卤 cūlǔ

D

搭档——搭当、搭挡 dādàng

搭讪——搭赸、答讪 dāshàn

答复——答覆 dáfù

戴孝——带孝 dàixiào

担心——耽心 dānxīn

担忧——耽忧 dānyōu

耽搁——担搁 dānge

淡泊——澹泊 dànbó

淡然——澹然 dànrán

倒霉——倒楣 dǎoméi

低回——低徊 dīhuí ③

凋敝——雕敝、雕弊 diāobì ④

凋零——雕零 diāolíng

凋落——雕落 diāoluò

凋谢——雕谢 diāoxiè

跌宕——跌荡 diēdàng

跌跤——跌交 diējiāo

喋血——蹀血 diéxuè

叮咛——丁宁 dīngníng

订单——定单 dìngdān ⑤

订户——定户 dìnghù

订婚——定婚 dìnghūn

订货——定货 dìnghuò
订阅——定阅 dìngyuè
斗拱——枓拱、枓栱 dǒugǒng
逗留——逗遛 dòuliú
逗趣儿——斗趣儿 dòuqùr
独角戏——独脚戏 dújiǎoxì
端午——端五 duānwǔ

E

二黄——二簧 èrhuáng
二心——贰心 èrxīn

F

发酵——酦酵 fājiào
发人深省——发人深醒 fārén-shēnxǐng
繁衍——蕃衍 fányǎn
吩咐——分付 fēnfù
分量——份量 fènliàng
分内——份内 fènnèi
分外——份外 fènwài
分子——份子 fènzǐ ⑥
愤愤——忿忿 fènfèn
丰富多彩——丰富多采 fēngfù-duōcǎi
风瘫——疯瘫 fēngtān
疯癫——疯颠 fēngdiān
锋芒——锋铓 fēngmáng
服侍——伏侍、服事 fúshi
服输——伏输 fúshū
服罪——伏罪 fúzuì
负隅顽抗——负嵎顽抗 fùyú-wánkàng
附会——傅会 fùhuì
复信——覆信 fùxìn
覆辙——复辙 fùzhé

G

干预——干与 gānyù
告诫——告戒 gàojiè
耿直——梗直、鲠直 gěngzhí
恭维——恭惟 gōngwei
勾画——勾划 gōuhuà
勾连——勾联 gōulián
孤苦伶仃——孤苦零丁 gūkǔ-língdīng
辜负——孤负 gūfù
古董——骨董 gǔdǒng
股份——股分 gǔfèn
骨瘦如柴——骨瘦如豺 gǔshòu-rúchái
关联——关连 guānlián
光彩——光采 guāngcǎi
归根结底——归根结柢 guīgēn-jiédǐ
规诫——规戒 guījiè
鬼哭狼嚎——鬼哭狼嗥 guǐkū-lángháo
过分——过份 guòfèn

H

蛤蟆——虾蟆 háma
含糊——含胡 hánhu
含蓄——涵蓄 hánxù
寒碜——寒伧 hánchen
喝彩——喝采 hècǎi
喝倒彩——喝倒采 hèdàocǎi
轰动——哄动 hōngdòng
弘扬——宏扬 hóngyáng
红彤彤——红通通 hóngtōngtōng
宏论——弘论 hónglùn
宏图——弘图、鸿图 hóngtú
宏愿——弘愿 hóngyuàn
宏旨——弘旨 hóngzhǐ
洪福——鸿福 hóngfú
狐臭——胡臭 húchòu
蝴蝶——胡蝶 húdié
糊涂——胡涂 hútu
琥珀——虎魄 hǔpò
花招——花着 huāzhāo
划拳——豁拳、搳拳 huáquán
恍惚——恍忽 huǎnghū
辉映——晖映 huīyìng
溃脓——殨脓 huìnóng
浑水摸鱼——混水摸鱼 húnshuǐ-mōyú

伙伴——火伴 huǒbàn

J

机灵——机伶 jīling
激愤——激忿 jīfèn
计划——计画 jìhuà
纪念——记念 jìniàn
寄予——寄与 jìyǔ
夹克——茄克 jiākè
嘉宾——佳宾 jiābīn
驾驭——驾御 jiàyù
架势——架式 jiàshi
嫁妆——嫁装 jiàzhuang
简练——简炼 jiǎnliàn
骄奢淫逸——骄奢淫佚 jiāoshē-yínyì
角门——脚门 jiǎomén
狡猾——狡滑 jiǎohuá
脚跟——脚根 jiǎogēn
叫花子——叫化子 jiàohuāzi
精彩——精采 jīngcǎi
纠合——鸠合 jiūhé
纠集——鸠集 jiūjí
就座——就坐 jiùzuò
角色——脚色 juésè

K

克期——刻期 kèqī
克日——刻日 kèrì
刻画——刻划 kèhuà
阔佬——阔老 kuòlǎo

L

褴褛——蓝缕 lánlǚ
烂漫——烂缦、烂熳 lànmàn
狼藉——狼籍 lángjí
榔头——狼头、鎯头 lángtou
累赘——累坠 léizhui
黧黑——黎黑 líhēi
连贯——联贯 liánguàn
连接——联接 liánjiē
连绵——联绵 liánmián ⑦
连缀——联缀 liánzhuì
联结——连结 liánjié
联袂——连袂 liánmèi
联翩——连翩 liánpiān
踉跄——踉蹡 liàngqiàng
嘹亮——嘹喨 liáoliàng
缭乱——撩乱 liáoluàn
伶仃——零丁 língdīng
囹圄——囹圉 língyǔ
溜达——蹓跶 liūda
流连——留连 liúlián
喽啰——喽罗、偻㑩 lóuluó
鲁莽——卤莽 lǔmǎng
录像——录象、录相 lùxiàng
络腮胡子——落腮胡子 luòsāi-húzi
落寞——落漠、落莫 luòmò

M

麻痹——痲痹 mábì
麻风——痲风 máfēng
麻疹——痲疹 mázhěn
马蜂——蚂蜂 mǎfēng
马虎——马糊 mǎhu
门槛——门坎 ménkǎn
靡费——糜费 mífèi
绵连——绵联 miánlián
腼腆——靦覥 miǎntiǎn
模仿——摹仿 mófǎng
模糊——模胡 móhu
模拟——摹拟 mónǐ
摹写——模写 móxiě
摩擦——磨擦 mócā
摩拳擦掌——磨拳擦掌 móquán-cāzhǎng
磨难——魔难 mónàn
脉脉——眽眽 mòmò
谋划——谋画 móuhuà

N

那么——那末 nàme

内讧——内哄 nèihòng
凝练——凝炼 nínglià n
牛仔裤——牛崽裤 niúzǎikù
纽扣——钮扣 niǔkòu

P

扒手——掱手 páshǒu
盘根错节——蟠根错节 pángēn-cuòjié
盘踞——盘据、蟠踞、蟠据 pánjù
盘曲——蟠曲 pánqū
盘陀——盘陁 pántuó
磐石——盘石、蟠石 pánshí
蹒跚——盘跚 pánshān
彷徨——旁皇 pánghuáng
披星戴月——披星带月 pīxīng-dàiyuè
疲沓——疲塌 píta
漂泊——飘泊 piāobó
漂流——飘流 piāoliú
飘零——漂零 piāolíng
飘摇——飘飖 piāoyáo
凭空——平空 píngkōng

Q

牵连——牵联 qiānlián
憔悴——蕉萃 qiáocuì
清澈——清彻 qīngchè
情愫——情素 qíngsù
拳拳——惓惓 quánquán
劝诫——劝戒 quànjiè

R

热乎乎——热呼呼 rèhūhū
热乎——热呼 rèhu
热衷——热中 rèzhōng
人才——人材 réncái
日食——日蚀 rìshí
入座——入坐 rùzuò

S

色彩——色采 sècǎi
杀一儆百——杀一警百 shāyī-jǐngbǎi
鲨鱼——沙鱼 shāyú
山楂——山查 shānzhā
舢板——舢舨 shānbǎn
艄公——梢公 shāogōng
奢靡——奢糜 shēmí
申雪——伸雪 shēnxuě
神采——神彩 shéncǎi
湿漉漉——湿渌渌 shīlūlū
什锦——十锦 shíjǐn
收服——收伏 shōufú
首座——首坐 shǒuzuò
书简——书柬 shūjiǎn
双簧——双锁 shuānghuáng
思维——思惟 sīwéi
死心塌地——死心踏地 sǐxīn-tādì

T

踏实——塌实 tāshi
甜菜——菾菜 tiáncài
铤而走险——挺而走险 tǐng'érzǒuxiǎn
透彻——透澈 tòuchè
图像——图象 túxiàng
推诿——推委 tuīwěi

W

玩意儿——玩艺儿 wányìr
魍魉——蝄蜽 wǎngliǎng
诿过——委过 wěiguò
乌七八糟——污七八糟 wūqībāzāo
无动于衷——无动于中 wúdòngyúzhōng
毋宁——无宁 wúnìng
毋庸——无庸 wúyōng
五彩缤纷——五采缤纷 wǔcǎi-bīnfēn
五劳七伤——五痨七伤 wǔláo-qīshāng

X

息肉——瘜肉 xīròu
稀罕——希罕 xīhan
稀奇——希奇 xīqí

稀少——希少 xīshǎo
稀世——希世 xīshì
稀有——希有 xīyǒu
翕动——噏动 xīdòng
洗练——洗炼 xǐliàn
贤惠——贤慧 xiánhuì
香醇——香纯 xiāngchún
香菇——香菰 xiānggū
相貌——像貌 xiàngmào
潇洒——萧洒 xiāosǎ
小题大做——小题大作 xiǎotí-dàzuò
卸载——卸儎 xièzài
信口开河——信口开合 xìnkǒu-kāihé
惺忪——惺松 xīngsōng
秀外慧中——秀外惠中 xiùwài-huìzhōng
序文——叙文 xùwén
序言——叙言 xùyán
训诫——训戒 xùnjiè

Y

压服——压伏 yāfú
押韵——压韵 yāyùn
鸦片——雅片 yāpiàn
扬琴——洋琴 yángqín
要么——要末 yàome
夜宵——夜消 yèxiāo
一锤定音——一槌定音 yīchuí-dìngyīn
一股脑儿——一古脑儿 yīgǔnǎor
衣襟——衣衿 yījīn
衣着——衣著 yīzhuó
义无反顾——义无返顾 yìwúfǎngù
淫雨——霪雨 yínyǔ
盈余——赢余 yíngyú
影像——影象 yǐngxiàng
余晖——余辉 yúhuī
渔具——鱼具 yújù
渔网——鱼网 yúwǎng
与会——预会 yùhuì
与闻——预闻 yùwén
驭手——御手 yùshǒu
预备——豫备 yùbèi ⑧
原来——元来 yuánlái
原煤——元煤 yuánméi
原原本本——源源本本、元元本本 yuányuán-běnběn
缘故——原故 yuángù
缘由——原由 yuányóu
月食——月蚀 yuèshí
月牙——月芽 yuèyá
芸豆——云豆 yúndòu

Z

杂沓——杂遝 zátà
再接再厉——再接再砺 zàijiē-zàilì
崭新——斩新 zhǎnxīn
辗转——展转 zhǎnzhuǎn
战栗——颤栗 zhànlì ⑨
账本——帐本 zhàngběn ⑩
折中——折衷 zhézhōng
这么——这末 zhème
正经八百——正经八摆 zhèngjīng-bābǎi
芝麻——脂麻 zhīma
肢解——支解、枝解 zhījiě
直截了当——直捷了当、直接了当 zhíjié-liǎodàng
指手画脚——指手划脚 zhǐshǒu-huàjiǎo
周济——赒济 zhōujì
转悠——转游 zhuànyou
装潢——装璜 zhuānghuáng
孜孜——孶孶 zīzī
姿势——姿式 zīshì
仔细——子细 zǐxì
自个儿——自各儿 zìgěr
佐证——左证 zuǒzhèng

【注释】

①“掺”“搀”实行分工：“掺”表混合义，“搀”表搀扶义。

②“沉”本为“沈”的俗体，后来“沉”字成了通用字，与“沈”并存并用，并形成了许多异形词，如“沉没——沈没｜沉思——沈思｜深沉——深沈”等。现在“沈”只读 shěn，用于姓氏。地名沈阳的“沈”是“瀋”的简化字。表示“沉没”及其引申义，现在一般写作“沉”，读 chén。

③《普通话异读词审音表》审定“徊”统读 huái。“低回”一词只读 dīhuí，不读 dīhuái。

④“凋”“雕”古代通用，1955 年《第一批异体字整理表》曾将“凋”作为“雕”的异体字予以淘汰。1988 年《现代汉语通用字表》确认“凋”为规范字，表示“凋谢”及其引申义。

⑤“订”“定”二字中古时本不同音，演变为同音字后，才在“预先约定”的义项上通用，形成了一批异形词。不过近几十年二字在此共同义项上又发生了细微的分化：“订”多指事先经过双方商讨的，只是约定，并非确定不变的；“定”侧重在确定，不轻易变动。故有些异形词现已分化为近义词，但本表所列的“订单——定单”等仍为全等异形词，应依据通用性原则予以规范。

⑥此词是指属于一定阶级、阶层、集团或具有某种特征的人，如“地主～｜知识～｜先进～”。与分母相对的“分子”、由原子构成的“分子”（读 fēnzǐ）、凑份子送礼的“份子”（读 fènzi），音、义均不同，不可混淆。

⑦“联绵字”“联绵词”中的“联”不能改写为“连”。

⑧“预”“豫”二字，古代在“预先”的意义上通用，故形成了“预备——豫备｜预防——豫防｜预感——豫感｜预期——豫期”等 20 多组异形词。现在此义项已完全由“预”承担。但考虑到鲁迅等名家习惯用“豫”，他们的作品影响深远，故列出一组特作说明。

⑨“颤”有两读，读 zhàn 时，表示人发抖，与“战”相通；读 chàn 时，主要表物体轻微振动，也可表示人发抖，如“颤动”既可用于物，也可用于人。什么时候读 zhàn，什么时候读 chàn，很难从意义上把握，统一写作“颤”必然会给读者带来一定困难，故宜根据目前大多数人的习惯读音来规范词形，以利于稳定读音，避免混读。如“颤动、颤抖、颤巍巍、颤音、颤悠、发颤”多读 chàn，写作“颤”；“战栗、打冷战、打战、胆战心惊、冷战、寒战”等词习惯多读 zhàn，写作“战”。

⑩“账”是“帐”的分化字。古人常把账目记于布帛上悬挂起来以利保存，故称日用的账目为“帐”。后来为了与帷帐分开，另造形声字“账”，表示与钱财有关。“账”“帐”并存并用后，形成了几十组异形词。《简化字总表》《现代汉语通用字表》中“账”“帐”均收，可见主张分化。二字分工如下：“账”用于货币和货物出入的记载、债务等，如“账本、报账、借账、还账”等；“帐”专表用布、纱、绸子等制成的遮蔽物，如“蚊帐、帐篷、青纱帐（比喻用法）”等。

【附录】

含有非规范字的异形词（44组）

抵触（*牴触）dǐchù
抵牾（*牴牾）dǐwǔ
喋血（*啑血）diéxuè
仿佛（彷*彿、*髣*髴）fǎngfú
飞扬（飞*颺）fēiyáng
氛围（*雰围）fēnwéi
构陷（*搆陷）gòuxiàn
浩渺（浩*淼）hàomiǎo
红果儿（红*菓儿）hóngguǒr
胡同（*衚*衕）hútòng
糊口（*餬口）húkǒu
蒺藜（蒺*蔾）jílí
家伙（*傢伙）jiāhuo
家具（*傢具）jiājù
家什（*傢什）jiāshi
侥幸（*儌*倖、徼*倖）jiǎoxìng
局促（*侷促、*跼促）júcù
撅嘴（*噘嘴）juēzuǐ ①
克期（*剋期）kèqī
空蒙（空*濛）kōngméng
昆仑（*崑*崙）kūnlún
劳动（劳*働）láodòng
绿豆（*菉豆）lǜdòu
马扎（马*劄）mǎzhá
蒙眬（*矇眬）ménglóng
蒙蒙（*濛*濛）méngméng
弥漫（*瀰漫）mímàn
弥蒙（*瀰*濛）míméng
迷蒙（迷*濛）míméng
渺茫（*淼茫）miǎománg
飘扬（飘*颺）piāoyáng
憔悴（*顦*顇）qiáocuì
轻扬（轻*颺）qīngyáng
水果（水*菓）shuǐguǒ
趟地（*蹚地）tāngdì
趟浑水（*蹚浑水）tānghúnshuǐ ②
趟水（*蹚水）tāngshuǐ ②
纨绔（纨*袴）wánkù
丫杈（*枒杈）yāchà
丫枝（*枒枝）yāzhī
殷勤（*慇*懃）yīnqín
札记（*劄记）zhájì
枝丫（枝*枒）zhīyā
跖骨（*蹠骨）zhígǔ

【注释】

①噘：义为噘嘴。不再作为“撅”的异体字。（觉按：此为《通用规范汉字表》的注。）

②蹚：义为蹚水、蹚地，读 tāng。不再作为“趟（tàng）”的异体字。（党按：此为《通用规范汉字表》的注。）

【附录 2-2-1 完】

第三节　汉字的字形结构及其使用

现行汉字字形以楷书为规范。所谓字形，即汉字的笔画结构。它的具体形状，取决于笔画及其形状、笔画数的多少以及字内各笔画与部件的组合关系。由几十种笔画按照一定的组合关系组成几百个部件，由几百个部件按照一定的组合关系构成几万个汉字，这是用现代的眼光来审视汉字字形而得出的结论。至于传统文字学对字形结构的分析，则讲笔画、笔顺、偏旁、部首而不讲部件。

一、现行汉字字形的构字材料——笔画与部件

（一）笔画

1. 笔画、笔形及其分类

在分析现行汉字时所说的笔画，是指构成汉字字形的最小连笔单位。每种笔画的具体形状叫作笔形。根据 1965 年中华人民共和国文化部和中国文字改革委员会发布的《印刷通用汉字字形表》，汉字最基本的笔形有五种，其排列顺序为横（一）竖（丨）撇（丿）点（丶）折（乛），分别用序号 1、2、3、4、5 表示，现常以“札”字作为这五种基本笔形及其排列顺序的代表字。汉字的这五种基本笔形被称作主笔形，与主笔形对应的从属笔形（除撇外的主笔形都有相对应的从属笔形）被称为附笔形。在汉字附笔形中，提（㇀）归于横，竖钩（亅）归于竖，捺（㇏）归于点，横折撇（㇇）、竖弯横钩（乚）等折笔归于折。2001 年 12 月 19 日中华人民共和国教育部和国家语言文字工作委员会发布了语言文字规范《GB 13000.1 字符集汉字折笔规范》（GF 2001—2001），于 2002 年 3 月 31 日实施。该规范进一步规定了汉字（印刷宋体）折笔笔形的分类、排序、命名的原则以及具体的分类、排序和名称，给出了《GB 13000.1 字符集汉字折笔笔形表》。该规范主要适用于中文信息处理、汉字排序检索等方面，也可供汉字教学界参考。现在我们把该规范中的汉字折笔笔形表附于下，以便学习参考。要说明的是，该表以折数排序。所谓折数，是指折笔笔形的折点数目。所谓折点，是指折笔笔形的折角、弯角、钩角处。折角、弯角、钩角这三种折点，分别称为折、弯、钩。

【附录2-3-1】

GB 13000.1字符集汉字折笔笔形表

（GF 2001—2001）

折数	序号	名称 全称	名称 简称（或俗称）	笔形	例字
1折	5.1	横折竖	横折	㇕（㇕）	口见达舆己罗马丑贯／敢為
	5.2	横折撇	横撇	㇇（㇇）	又祭之社登丣／令了
	5.3	横钩		㇖	买宝皮饭
	5.4	竖折横	竖折	㇗（㇗、㇗）	山世岵／母互乐／发牙降
	5.5	竖弯横	竖弯	㇄	四西朮
	5.6	竖折提	竖提	㇙	长瓜鼠以瓦叫收
	5.7	撇折横	撇折	㇜（㇜）	公离云红乡亥／车东
	5.8	撇折点	撇点	㇛	女巡
	5.9	撇钩		㇢	乄
	5.10	弯竖钩	弯钩（俗称）	㇁	犹家
	5.11	捺钩	斜钩（俗称）	㇂	代戈
2折	5.12	横折竖折横	横折折	㇅	凹卍
	5.13	横折竖弯横	横折弯	㇍	朵
	5.14	横折竖折提	横折提	㇊	计颓鸠
	5.15	横折竖钩	横折钩	㇆（㇆）	同门却永耍万母仓／也
	5.16	横折捺钩	横斜钩（俗称）	㇠	飞风执
	5.17	竖折横折竖	竖折折	㇞	鼎卐亞吳
	5.18	竖折横折撇	竖折撇	ㄣ（ㄣ、ㄣ）	专／奊／矢
	5.19	竖弯横钩	竖弯钩	㇟	己匕电心
3折	5.20	横折竖折横折竖	横折折折	㇎	凸
	5.21	横折竖折横折撇	横折折撇	㇋	及延
	5.22	横折竖弯横钩	横折弯钩	㇈（乙）	几丸／艺亿
	5.23	横折撇折弯竖钩	横撇弯钩（俗称）	㇌	阳部
	5.24	竖折横折竖钩	竖折折钩	㇉（㇉）	马与钙／号弓
4折	5.25	横折竖折横折竖钩	横折折折钩	㇡（㇡）	乃／杨

【附录2-3-1完】

由于《GB 13000.1 字符集汉字折笔规范》规定的是汉字印刷宋体的折笔

笔形，所以并不完全适用于楷体。如楷体“心”字的折笔笔形卧钩“㇃”在该规范中就没有了，因为该规范依据的是“心”的印刷宋体笔形，那就只能把该折笔笔形归入竖弯钩了。又如“辶”中之折笔，该规范归入横折，而楷体“辶”中之折笔，应归入横折折撇。为便于识字写字教学，现根据我们的看法编制了汉字楷体笔形表，供大家参考。

表2-3-1　汉字楷体笔形表

基本笔形类别	次级笔形类别	笔　形	名　称	例　字
横	横	一	横	末　上
	提	㇀	提（挑）	地　虫
		㇀	点提（点挑）	冰　河
竖	竖	丨	竖	兵　杨
		丨	悬针竖	中　十
	竖钩	亅	竖钩	小　打
撇	撇	丿	撇（斜撇）	人　木
		㇒	平撇	手　千
		丿	竖撇	爪　用
点	点	丶	点（斜点）	六　请
		丶	竖点	小　办
		丶	长点	艰　爻
	捺	㇏	捺（斜捺）	入　义
		㇏	平捺	之　足
折	折	㇕	横折	口　敢
		㇇	横撇	又　水
		㇗	竖折	山　母
		㇜	撇折	去　丝
		㇛	撇点	好　巢
		㇅	横折折	凹
		㇞	竖折折	鼎
		ㄣ	竖折撇	专　转
		㇎	横折折折	凸
		㇋	横折折撇	建　边
	弯	㇄	竖弯	四　西
		㇍	横折弯	铅　设

续表

基本笔形类别	次级笔形类别	笔　形	名　称	例　字
折	钩	㇖	横钩	饮 农
		㇙	竖提	民 以
		㇢	撇钩	乄
		㇁	弯钩	子 狗
		㇂	斜钩	戈 我
		㇃	卧钩	心 必
		㇊	横折提	话 语
		㇆	横折钩	月 刀
		㇟	竖弯钩	儿 毛
		㇠	横折斜钩	飞 迅
		㇈	横折弯钩	九 瓦
		㇌	横撇弯钩	陈 那
		㇉	竖折折钩	马 弓
		㇡	横折折折钩	乃 扬

在此值得补充说明的是，楷书对笔画的书写特别讲究。由于楷体“永”字包含了楷书中的各种典型笔画，写好“永”字对写好楷体具有重要的意义，所以楷书产生后便有“永字八法”之说。现将《全唐文》卷三百三十八所载颜真卿《永字八法颂》介绍如下，供大家练毛笔字时参考。其文云：

侧，蹲鸱而坠石；勒，缓纵以藏机。弩，湾环而势曲；趯，峻快以如锥。策，依稀而似勒；掠，仿佛以宜肥。啄，腾凌而速进；磔，抑趞以迟移。

“侧”指楷书的“点”要依靠笔之侧面成形，其形应如鸱（chī，鹞鹰）之蹲，背圆腹平，举首仰望；其运笔之快应如空中之石坠地，即东晋卫夫人（或以为王羲之所作）《笔阵图》所谓“丶，如高峰坠石”。

“勒”指楷书的“横”如马之勒口，其形应该平直而稳健，避免轻飘和板滞，故运笔稍缓，不露笔锋，以保持“无往不收”之笔势。

“弩”(用机械力量射箭的强弓）或作“努”(用力)，古字通，指楷书的“竖”要体现其支撑力，此竖过于挺直反而僵硬无力，稍有弯势则显得坚韧有力。

“趯”（跳跃）指楷书的“钩”在书写时应该先将笔一顿，然后快速跃起，使其形如尖锥。

“策”指楷书的“提”如竹制马鞭（策）。使用马之勒口可使马缓行，使用鞭策则可使马快走，故“勒”笔要缓，“策”笔要快，“勒”笔要收，“策”笔要提，两者形似而神非。

“掠”指楷书的“撇”应该一掠而过。一掠而过，便有仿佛感；稍肥，则有力。

“啄”指楷书的“短撇”如鸟喙取食，其笔势应如猛禽从高空急下啄物，斜下而见速。

“磔”（zhé，古代将肢体分裂的酷刑）指楷书的“捺”要有波折而形如大刀，运笔时应沉着用力，适当控制（抑），徐徐运行（趞，què），最后按笔缓缓作收。

2. 掌握汉字笔画的好处

（1）掌握了笔画的形状，才能把字写好写对。有人将“觉”的上部错写成“⺌”，既难看，又易被人看作是“党”字，这就是因为没有掌握点、竖之别所致。又有人把“冒”的上部写成“曰”或“日”，实际上也成了错字，因为“冒”的第三笔、第四笔和第一笔、第二笔是相离关系而非相接关系。

（2）掌握了笔画，才能正确计算笔数。有人误将“女”“及”“夃”数成四画，就是因为误把撇点（𡿨）、横折折撇（㇋）、横折折折钩（㇡）数成了两画所致。

当然，对于相离、相交的笔画，如“八”“十”之类，计算笔数时一般不会失误。数错笔数的往往是相互连接的笔画，所以遇到相互连接的笔画时就要注意区分“相连”和“相接”：如果是相连的折笔，就是一画；如果是相接的其他笔形，就要分算两画。

除了参考上面的折笔笔形表，一般来说，对于相互连接的笔画计数，我们可以利用以下的规律来判断：

①各种钩是折笔的一部分，不能分开计数，应该和其相连笔形合起来算一画；

②右上角连接的笔画属于相连关系，应该算一画，如“己”的右上角；

③左上角、右下角连接的笔画属于相接关系，应该分开计数而为两画，如“己”的右下角、左上角；

④左下角连接的笔画，如果在四周连接的包围结构外侧，应该分开计数而为两画，如“口”“罗”“甲”“由”“西”以及“凹”“凸”的外侧左下角，但有少数例外，如“毌”“贯”的左下角是一画；如果在其他结构中或不在四周连接的包围结构外侧，就是一画，如“山”“巨”“巳”“凶”“乐”“车”“互”“几”“朵”“鸟”“亞”“专”“及”“乃”“母”的左下角、“世”的外侧左下角以及“凹”“凸”

的内侧左下角，但有少数例外，如“甘”和“世”内部的左下角分属两画。

（3）掌握了笔画类别及笔数，才能准确地编制与查检字典、词典的笔画索引。其实，虽然现在大部分词典（如《现代汉语词典》）的字词都以汉语拼音字母次序排列，但这些词典中的同音字还是按笔数与起笔笔形排列的。所以，掌握了笔形、笔数，才能更快地查检现在的各种词典。

（二）部件

1. 什么是部件

部件是根据汉字的构形规律对现行汉字进行拆分而得到的构字材料，反言之，也可以说它是由笔画组成的具有组配汉字功能的基本构字单位。有些部件相当于笔画，如“丨”“丶”；有些部件可独立成字，如“口”；有些部件则不能独立成字，如“冂”。反过来考察，有的字由一个部件构成，如“及”“黑”；有的字则由多个部件构成，如“戇”由“立”“日”“十”“夂”“工”“贝”“心”七个部件构成。

2. 部件的作用与拆分原则

部件是随着计算机中文信息处理的需要而产生的。将 20902 个汉字拆分成 560 个部件，计算机需要处理的中文信息就降低到原来的 1/37 以下，这就大大减少了中文信息处理的困难。

然而，要使任何人对任何汉字的拆分都一致，就必须有一个简便可行的原则。这原则就是：如果继续拆分为二后还能成字的，就再拆分；如果拆分后已不成字且失去组配汉字的功能而不能作为其他汉字的构成部分的，则不再拆分。如“给”字，可先拆分为“纟”“合”；“纟”如果再拆分为二则不成字，而且其中的一提也不能作为其他汉字的构成部分，所以“纟”不再拆分；而“合”可拆为“亼”“口”，因为“口”成字；至于“亼”，可继续拆分为“人”“一”，因为“人”“一”都成字。

3. 部件规范

部件拆分不但有利于计算机信息处理，而且对汉字教学也有好处。国家语言文字工作委员会 1997 年 12 月 1 日发布了语言文字规范《信息处理用 GB 13000.1 字符集汉字部件规范》（GF 3001—1997），于 1998 年 5 月 1 日起实施。为便于学习，今将该规范附录于此（原表第 178 个部件作“氺”，与第 177 个部件混同，今据其例字订正；原表第 360 个部件“旡”之后无“*”，今据其附表补上，以保持前后一致）。我们在学习时，应该注意区别形似部件，如“丅”与“丁”，

“刂”与“刂”，“⺍”与“⺌”，“口”与“囗”，“廾”与“丌”，等等。

【附录2-3-2】

国家语言文字工作委员会语言文字规范

GF 3001—1997

信息处理用GB 13000.1字符集汉字部件规范

Chinese Character Component Standard of GB 13000.1 Character Set for Information Processing

---

1　主题内容与适用范围

1.1　主题内容

本规范是根据汉字的构形规律、现行汉字的发展现实和汉字的历史承袭性，采用“从形出发、尊重理据、立足现代、参考历史”的原则制定的。

本规范给出了 GB 13000.1 字符集的《汉字基础部件表》及其使用规则。

本规范对中文信息处理，特别是对汉字键盘输入方法，具有规范作用。

1.2　适用范围

本规范主要用于中文信息处理领域的设计、管理、科研、教学和出版等方面，也可供汉字教学参考。

2　引用标准

GB 13000.1	信息技术　通用多八位编码字符集（UCS）第一部分　体系结构与基本多文种平面
GB/T 12200.1	汉语信息处理词汇　01 部分：基本术语
GB/T 12200.2	汉语信息处理词汇　02 部分：汉语和汉字
GB 16794.1—1997	信息技术　通用多八位编码字符集（Ⅰ区）汉字 48 点阵字型第一部分：宋体

3　术语

3.1　笔画　stroke

构成楷书汉字字形的最小连笔单位。

3.2 笔形 stroke feature

笔画的具体形状。楷书汉字的笔形依据笔势和走向可以分为数十种，其最基本的类别为横（一）、竖（丨）、撇（丿）、点（丶）、折（㇆）五类。

3.3 笔顺 stroke order

书写每个汉字时笔画的次序和方向。

3.4 笔数 stroke count

构成一个汉字或汉字部件的笔画数。

3.5 字形 character form

构成方块汉字的二维图形。构成汉字字形的要素是笔画、笔数及汉字部件的位置关系等。

3.6 汉字部件 Chinese character component

由笔画组成的具有组配汉字功能的构字单位。简称“部件”。

例如：木 心 口 也

氵 亻 刂 礻

3.7 成字部件和非成字部件 character formation component；character non-formation component

可以独立成字的部件称成字部件。

例如：“另”“吉”“唱”“向”中的“口”

“河”“苛”“荷”“歌”中的“可”

不能独立成字的部件称非成字部件。

例如：“筒”“刚”“网”“铜”中的“冂”

“疾”“病”“疼”“嫉”中的“疒”

3.8 基础部件和合成部件 basic component；compound component

最小的不再拆分的部件称基础部件，也称单纯部件。基础部件处于汉字结构的最底层，又称末级部件。

例如：“男”中的“田”“力”

“江”中的“氵”“工”

由两个以上的基础部件组成的部件称合成部件。

例如：“想”“箱”“厢”“湘”“霜”“孀”中的“相”

“倍”“部”“菩”“涪”“焙”“蓓”中的“音”

3.9 汉字结构 Chinese character structure

部件构成汉字的方式和规则。

3.10　结构理据　structure origin

根据字源或参考字源，从汉字的部件组合中分析出的造字意图，称结构理据。

例如："旦"的理据是像太阳（日）从地平线（一）升起；

"架"的理据是从"木"，"加"声。

3.11　部件拆分　component disassembly

将汉字拆分为部件称部件拆分。

3.12　有理据拆分和无理据拆分　original disassembly；

unoriginal disassembly

根据结构理据所进行的部件拆分，称有理据拆分；当无法分析理据或理据与字形发生矛盾时，依照字形所进行的部件拆分，称无理据拆分。

4《汉字基础部件表》说明

《汉字基础部件表》是对 GB 13000.1 字符集中的 20902 个汉字逐个进行拆分、归纳和统计后制定的。它是本规范的主表。另有一个附表。

4.1　序号和组号

《汉字基础部件表》中的 560 个部件，均为独立使用的部件。为表示部件之间的关系，将相关部件归纳为 393 组。依各组组字字数降序排列，用序号和组号标识其排列顺序。

4.2　主形部件

《汉字基础部件表》各组第一个部件为主形部件，该部件选自同组部件，具有代表和称说本组部件的作用。

4.3　附形部件

《汉字基础部件表》各组主形部件之后所列的相关部件为附形部件。附形部件包括与主形部件同源，仅在书写上略有差异的部件，也包括与主形部件形体近似的部件。附形部件用"（ ）"表示。

4.4　例字

在《汉字基础部件表》各部件后面，列出若干例字用以提示部件不同的意源、部位和笔画变形。

4.5　非 G 列汉字专用部件

在《汉字基础部件表》及附表中，GB 13000.1 字符集中 G 列以外汉字专用的部件，均用"*"标识。

4.6 部件检索

为便于检索，本规范附有《笔画排序汉字基础部件检索表》，在此表中可按笔数及笔形检索出部件在主表中的位置。

5 《汉字基础部件表》使用规则

5.1 用本部件表进行部件拆分时，相离、相接可拆；交重不拆（可拆成笔画）。极少数不影响结构和笔数的笔画搭挂，按相接处理。

例如：明——拆分为“日”“月”（相离）
札——拆分为“木”“乚”（相离）
名——拆分为“夕”“口”（相接）
韭——拆分为“非”“一”（相接）

串——不可拆分为“中”“中”（交重）
东——不可拆分为“七”“小”（交重）

幾——拆分为“幺”“幺”“戈”“人”（“人”搭挂在“戈”上）
孝——拆分为“耂”“子”（“子”搭挂在“耂”上）

5.2 字形符合理据的，进行有理据拆分；无法分析理据或形与源矛盾的，依形进行无理据拆分。对多部件的汉字进行拆分时，应先依汉字组合层次做有理据拆分，直至不能进行有理据拆分而仍需拆分时，再做无理据拆分。

例如：分——拆分为“八”“刀”（根据字源，有理据拆分）
赤——拆分为“土”“㣺”（参考字源，有理据拆分）
亦——拆分为“亠”“㣺”（无法分析理据，无理据拆分）
虎——拆分为“虍”“几”（形、源矛盾，无理据拆分）
東——東（形、源矛盾，依形不再拆分）

给——拆分为“纟”“合”（第一层，有理据拆分）
合——拆分为“亼”“口”（第二层，有理据拆分）
亼——拆分为“人”“一”（第三层，无理据拆分）

暴——一次拆分为“日”“龷”“八”“氺”

5.3 因在字中所处的部位不同而产生了笔画变形或比例变化的部件，可与本部件表的相应部件认同使用。

例如：扌（提土旁）——与“土”认同使用

钅（金　旁）——与“金”认同使用

訁（言　旁）——与“言”认同使用

朩（木　底）——与“木”认同使用

5.4　本部件表中的部件均为基础部件，不得再行拆分。表中部件没有包容关系，不得将大部件拆分为小部件。

例如：非——不得再拆分为“丬”和“𠂎”

矛——不得再拆分为“龴”和“丆”

疒——不得再拆分为“广”和“冫”两个小部件

广——不得再拆分为“丶”和“厂”两个小部件

田——不得再拆分为“囗”和“十”两个小部件

5.5　本部件表中的部件，可组合成成字部件使用，但不得组合出非成字部件使用。

例如：可用“龷”“由”“八”组合成“黄”，作为部件使用

可用“自”“田”“丌”组合成“鼻”，作为部件使用

不得用“龷”“由”组合出“𠁥”，作为部件使用

不得用“自”“田”组合成“畠”，作为部件使用

汉 字 基 础 部 件 表

序号	组号	部件	例　字	序号	组号	部件	例　字
1	1	口	吐扣司占吊高兽豆	13		（入）	汆釞
2	2	一	元旦与闩	14	7	土	地圭吐圣去啬
3	3	八	扒分兑兴癸	15		（士）	吉壮志壿
4		（丷）	半兑来兽	16	8	龷	草宽
5	4	木	村林杏來呆困	17	9	亻	仁亿
6		（朩）	亲余寨	18	10	氵	河衍
7		（朮）*	朮痲	19	11	月	胖朋朗服
8	5	日	时昌旦早旬复者	20		（⺼）	青有背
9		（曰）	汩	21		（⺝）*	朣朌
10		（冃）	冒冕	22		（夕）	炙祭將然
11		（冂）*	冂冑	23		（彑）*	亙
12	6	人	从囚欠队谷合亥傘	24	12	灬	然庶盡

续表

序号	组号	部件	例　字	序号	组号	部件	例　字
25	13	金	鍚涂鉴	60	29	丿	乇么失乒
26		（钅）	银	61	30	言	議信辯訇詣
27	14	十	什午协卖南	62		（讠）	论
28	15	田	畔畜画男佃思畏	63	31	冖	冠帚罕
29	16	纟	红	64	32	虫	虹茧浊
30		（糹）	紅	65	33	火	灯炎伙灭灰灵
31		（糸）	紫系絲辮	66	34	冂	同网
32		（纟）	丝	67		（⺆）	周
33		（幺）	幼玄後幽	68		（冂）	奂奥
34	17	文	纹刘吝斐	69	35	䒑	前并豆
35		（攵）	攻變	70	36	山	峡崇岔仙岁
36		（夂）	冬麦	71	37	厶	私公丢允厷勾牟
37		（夊）	夊	72	38	王	珠主旺闰弄噩呈
38	18	贝	财质则员狈	73		（玉）	国宝钰
39		（貝）	購贊	74	39	勹	包勺
40	19	七	柒皂乇	75	40	心	想沁闷慶
41		（七）	切	76		（⺗）	恭慕
42		（匕）	仑它尼匙北旨比	77	41	小	孙少尖京尔
43		（𠤔）	比顷	78		（⺌）	尚肖光
44		（𠤎）	化	79	42	阝	阳都
45		（丬）	北	80	43	立	站竖泣拉
46	20	又	友双叉凤劝仅发难圣	81	44	禾	和秋秀颖秦乘
47		（又）	祭	82	45	鸟	鸟岛枭
48	21	亠	亩亥	83		（鳥）	鳥裊梟
49	22	大	太关夾夺	84	46	衣	依袋裁
50	23	止	址正企步歧	85		（衤）	补初
51		（𤴓）	延	86		（𧘇）	裹哀表
52		（⺪）	足疋走	87	47	忄	快怪
53		（⻎）*	辵	88	48	主	隹雀榷
54		（心）*	歷	89	49	竹	竹
55	24	扌	提	90		（⺮）	笛笑
56	25	女	妹妆囡妄汝	91	50	目	睛督相盾瞿
57	26	⺈	角争免	92	51	辶	进连
58	27	宀	宝穴空	93	52	几	机凡朵亢
59	28	丶	主义凡叉乓刃勺	94	53	石	碗磨泵

续表

序号	组号	部件	例　字	序号	组号	部件	例　字
95	54	寸	付尊村	130		(巳)	攺
96	55	囗	围回	131		(㔾)	顾
97	56	车	轮军库轰	132	76	尸	层尾卢
98		(車)	輔輿	133	77	爪	抓笊爬
99	57	刂	刚别	134		(爫)	采妥受奚
100		(丿)	班辨	135	78	彡	形杉彦须[illegible]
101		(丨丿)	师	136	79	子	李团享好孔
102		(丨丨)	临坚	137		(孑)	孑
103	58	厂	厰厦岸	138		(孓)	孓
104	59	四	泗	139	80	疒	病
105		(罒)	罗曼	140	81	耳	聪取聂洱聂
106	60	𠂉	午每矢	141	82	卜	仆赴
107	61	广	廣圹庄	142		(⺊)	占卢支卤
108	62	白	伯帛皤百	143	83	羊	样羣氧
109	63	工	江巧式贡巫	144		(⺶)	羚翔差着
110	64	乂	艾爻义风区爽	145		(⺷)	美羔義
111	65	马	马	146	84	冫	冰匀
112		(馬)	馬憑	147		(⺀)	冬寒尽头斗於
113	66	力	肋助办劣历边	148	85	兀	元光尧尷
114	67	皿	盘血	149		(尢)	尤无尬
115	68	𠂇	右友戎	150	86	儿	兄匹克
116	69	米	料粟迷娄类	151	87	犭	犹狗
117	70	示	宗祘标票	152	88	龶	半击用奉
118		(礻)	祖视	153		(龵)	判
119	71	门	闪问们	154	89	牛	件牢牲
120		門	開悶	155		(⺧)	告先
121	72	丆	页面	156	90	凵	凶出击画
122	73	巾	布帆吊匝帅	157	91	习	羽
123	74	刀	刃分切召	158	92	戈	伐戔划戛
124		(⺈)	叼	159	93	丂	号考亏兮巧
125	75	巳	包导氾	160		(丁)	可
126		(已)	已	161	94	龷	共昔巷暴
127		(己)	记忌岂	162	95	雨	雪扇
128		(㔾)	仓卷犯	163	96	廾	弄开升
129		(己)	改凯	164		(卄)	廿

续表

序号	组号	部件	例　字	序号	组号	部件	例　字
165	97	𠂉	欠亇	200		（肀）	唐肃
166	98	乛	买疋	201		（𦍌）	盡賷
167		（⺄）	今疏	202		（肅）	庸
168	99	彳	很街	203		（肀）	聿
169	100	夕	名多外宛奖罗舛	204		（⺻）	隶
170	101	夫	扶规	205	115	西	牺茜迺
171	102	方	旅仿房	206		（覀）	要
172	103	食	飧餐	207		（襾）	襾
173		（飠）	飽	208	116	斤	斩匠斧颀
174		（饣）	饭	209	117	臼	兒舀臿
175	104	酉	酊酒酋	210	118	艮	很垦良
176	105	水	冰凼氽沓	211		（𠔉）	即既郎
177		（氺）	泰暴录黍	212	119	彐	雪归当寻
178		（米）	犀褒屬	213		（ヨ）	录
179		（氺）	罘	214		（彐）*	婕
180	106	龶	青素毒责	215	120	丰	夆艳玤砉
181	107	虍	虎虏廬	216		（丰）	寿邦
182	108	乚	孔胤甒	217		（丯）*	丯
183		（乚）	甚断匃陋眞県値	218	121	见	视规觉
184	109	豕	家圂豬逐豚	219		（見）	現覓
185		（豸）	象豪	220	122	弓	引躬弩
186		（豖）	啄冢剢瘃	221	123	戊	戍成威
187	110	二	式些仁竺	222		（戉）	越钺
188	111	川	训顺	223	124	耂	老考者
189		（⺌）	流侃荒	224	125	丁	钉亭厅
190		（巛）	巡巠	225	126	犬	伏器狱
191		（𡿧）*	淄	226	127	中	出蚩艸
192		（巜）	粼兪	227		（屮）	逆芻艸辥
193	112	干	旱刊肝	228	128	㐄	韋舛降
194		（𠂇）	幵	229	129	户	启妒芦
195	113	匚	区叵汇	230		（戶）*	戶
196		（匸）	匸	231		（戸）	所戸
197	114	聿	津肇蠹	232	130	革	鞋羣缂
198		（⺺）	畫書	233	131	𧘇	丧畏展
199		（肀）	肅	234		（𠂢）	旅派

续表

序号	组号	部件	例字
235	132	丨	旧候
236		（亅）	寧亇
237	133	由	油宙迪粤黄
238		（甴）	甴
239	134	长	帐苌
240		（長）	張
241		（镸）	肆髟套
242	135	〃	勿昜
243	136	龴	令甬亂疑
244	137	舟	船俯盘
245	138	𢉖	鹿慶鹛
246	139	卩	节印卫卯卵
247		（⺋）	报
248	140	歹	列夙
249	141	册	删姗箣
250		（冊）*	刪姍柵
251		（冊）	扁侖嗣龠
252	142	𠆭	骨
253		（冎）	咼
254	143	厂	反后卮
255	144	而	耐耍需偭
256	145	𠀎	其
257	146	臣	卧姬宦臧
258		（𦣝）*	𩠐
259	147	业	業显凿
260		（𭁪）*	虚
261	148	未	味朱
262		（末）	昧茉
263	149	自	鼻咱息乱首
264	150	非	匪韭排剕罪
265	151	毛	笔尾毡毫毻
266	152	几	风
267	153	巴	吧爸岊
268	154	廿	堇度
269	155	𡗗	寒青襄
270	156	且	助宜咀县
271	157	矛	茅務柔
272	158	缶	缸陶窑
273	159	千	仟舌乖舌
274	160	中	仲盅衷𠷎
275	161	甫	俌圃庯尃莆
276	162	氏	纸昏氐
277	163	丬	齐氚
278		（川）	肃渊
279	164	𠫔	至
280	165	束	辣速
281		（朿）*	枣
282	166	里	哩厘童野
283	167	廴	延建
284	168	母	姆每毓繁纛毎
285		（毋）	毒
286		（毌）	贯
287	169	弋	式贰
288	170	手	掌拿
289		（手）	拜掰看
290	171	氺	隶函脊率
291	172	龙	拢垄笼
292		（巨）	龍
293	173	癶	登癸發
294	174	乙	亿乞
295	175	且	具直縣
296	176	丬	壮将
297		（爿）	牀
298	177	單	单單
299	178	世	屉抴枼
300	179	皮	坡疲颇
301	180	黑	嘿墨默
302	181	亡	忙忘氓望罔
303	182	瓦	佤瓩瓷
304	183	⺍	兴学举佥

续表

序号	组号	部件	例　字	序号	组号	部件	例　字
305	184	龶	韋	340	208	亦	亦赤
306		(龶)*	支	341		(亦)	变
307	185	𡗗	春奉秦	342		𠂉	临
308	186	也	他笹	343	210	电	黾奄
309	187	丸	执芄	344		(电)	電竜
310	188	不	丕呸罘还	345		(黾)*	亀
311	189	内	纳丙氝	346	211	气	氣氧忾
312		(内)*	呐	347	212	彑	彝彔彖彙疊
313	190	父	斧爸	348	213	由	卑
314	191	罒	曾會	349	214	万	厉迈
315	192	果	巢夥棵裹	350	215	与	与焉薦
316	193	上	让叔	351		(与)*	耇
317		(上)*	丄	352	216	冉	再呥
318	194	少	步賓歲	353		(冄)*	髯
319	195	卯	留劉	354	217	央	映盎英
320		(丣)	桺	355	218	臼	鼠
321		(丣)*	丣	356	219	豸	豹
322		(丣)*	畱	357	220	曲	粬農
323	196	釆	番释悉	358	221	𠂤	阜追師薛
324	197	鬼	塊魔魅	359	222	旡	既潛炁[illegible]
325	198	臼	學舉興	360		(先)*	先
326	199	亚	哑恶壶氩	361	223	耒	耕诔
327		(亞)	俹惡氬	362	224	兆	佻晁逃
328		(亜)*	唖悪	363	225	乍	作岝厏
329	200	身	射裑	364	226	必	泌苾邲
330		(㐆)	殷	365	227	甘	某甜
331	201	乃	仍疓氖秀	366	228	叀	惠専
332	202	免	免兔逸	367	229	乡	亥夂遠
333		(兎)*	兎	368	230	币	兩爾両
334	203	兼	兼廉	369	231	屯	纯囤芚顿
335	204	柬	練	370	232	丫	鬲
336		(东)	拣练	371	233	毌	婁
337	205	禺	偶寓愚颙	372	234	巨	距苣
338	206	㇆	司局幻	373	235	牙	呀穿邪
339	207	九	仇宄杂虓馗	374	236	瓜	弧瓢瓞瓣

续表

序号	组号	部件	例　字	序号	组号	部件	例　字
375	237	了	亨疗钌丞	410	270	𣶒	淵
376	238	コ	假叵兜	411	271	戸	倉
377	239	弗	佛氟第艴	412	272	予	序妤预
378	240	我	俄峩鹅	413	273	甲	匣呷閘鸭
379	241	重	動偅董衝	414		(甲)	甲
380	242	尹	伊君笋	415	274	申	臾
381	243	丘	邱乒蚯	416	275	片	版扸
382	244	弔	弟伄盄	417	276	为	伪
383	245	五	伍吾	418		(爲)	僞曡寫鄬
384	246	丌	畀亓	419		(為)	媯蔿
385	247	月	齊	420	277	丑	妞羞
386	248	尸	眉声	421	278	卌	無
387	249	㠯	官耜苢	422	279	㐅	鹵𡿺傻
388	250	民	岷刡昬笢罠	423	280	求	救俅莍逑
389	251	丶	夂	424	281	垂	睡甀菙
390	252	㇕	敢甹	425	282	黽	繩鼉
391	253	丫	齊吖	426	283	卯	卯卿
392	254	内	离	427	284	曲	曹
393	255	申	伸畅审	428		(叀)＊	曺叀専恵
394	256	肀	争	429	285	尺	迟尽呎咫
395	257	㡀	敝蔽鳖	430	286	𠦒	華
396	258	于	吁宇盂迂	431	287	⺄	虱
397	259	下	吓苄	432	288	㐅	匆囱
398		(丅)＊	丅	433	289	韦	伟围违韬
399	260	𠂆	齊	434	290	卅	卅
400	261	冘	沈鸩	435		(卌)	带
401	262	东	冻陈	436		(𠀍)	帶
402		(東)	棟東鶇氭	437		(丗)＊	带
403	263	𠃜	假	438	291	乎	呼虖
404	264	冃	高冋	439	292	戈	尧
405	265	夬	决	440	293	丹	坍彤旃
406	266	𡉚	堇	441		(円)＊	青
407	267	乡	鄉雍	442	294	𠃓	杨疡飏
408	268	及	汲岌	443	295	戋	钱浅盏
409	269	更	便郠甦	444		(戔)＊	錢賎

续表

序号	组号	部件	例　字
445		(戋)	戓
446	296	乌	乌
447		(乌)	烏
448	297	朿	刺棘枣
449	298	曲	典
450	299	夷	姨荑痍鴺
451	300	ユ	侯
452	301	ス	茎经劲
453	302	疌	捷婕
454	303	畢	嗶篳
455	304	久	玖灸疚羑
456	305	𠂉	农隺
457	306	之	芝乏
458	307	井	耕进
459	308	𦰩	漢
460	309	勹	黎犁
461	310	禹	属瑀萬
462	311	熏	勳薰獯
463	312	丩	收叫
464	313	本	体笨𣐊
465	314	𠀐	囊蠹叓
466	315	肉	腐
467	316	串	患窜賗
468		(弗)	弗
469	317	永	泳𥘨羕
470	318	𦣻	戞憂
471	319	⺕	虐疟
472		(⺕)	印褎
473		(⺕)*	仓
474	320	市	芾沛
475		(巿)*	柿
476	321	⺻	妻
477	322	𠂤	段
478	323	𦣞	颐宧
479		(𦣝)*	熙
480	324	臾	谀庾
481		(叓)*	萸
482		(臾)*	觖
483	325	𣦵	餐
484	326	龙	牻
485	327	象	像勨
486	328	才	财鼐团闭
487	329	冂*	隽
488	330	两	俩魉
489	331	𠂎	印兜
490	332	⺢	丞
491	333	𦈢	卸御
492	334	鬥	鬪
493	335	𠂈	以
494	336	斥	坼
495	337	肀	庚
496	338	𠂔	制
497		(𠂔)*	𠩄
498	339	州	洲䑡
499	340	𣎵	鼎
500	341	𠁥	衰
501		(𠁥)*	簑
502	342	𠂔	姊
503	343	乐	烁
504	344	曳	拽曳
505	345	乑	眾聚
506	346	戢	㦸蕺
507	347	三	仨叁式闫
508	348	丱	芈哔苟
509	349	夊	夜
510	350	㑒 *	剑俭
511	351	𠃑 *	吴呉
512	352	𠂇	发
513	353	刄 *	仭
514	354	飞	飞

续表

序号	组号	部件	例　字	序号	组号	部件	例　字
515		(飛)	飛	538	374	乇	甩
516	355	专	传	539	375	冂	繭
517	356	丈	仗	540	376	罒	临
518	357	丏	沔髩	541	377	卍	卍
519	358	冄	那	542		(卐)	卐
520	359	年	哖鵇	543	378	吏	使
521	360	龜	櫷鬮鼈	544	379	秉	棅
522	361	乁	弯	545	380	乘 *	剩
523		(乀)*	少	546	381	臿 *	插
524	362	开 *	発	547		(臿)*	插
525	363	丐	钙	548	382	亞	壺
526	364	史	驶	549		(亜)*	壷
527	365	丱	聯關	550	383	メ *	メ
528	366	𤣥	牽	551	384	乜	乜
529	367	事	傳剚	552	385	个	个
530		(事)*	事	553	386	书	书
531	368	𢦏	羲	554	387	爫 *	埒
532	369	力 *	别	555	388	凸	凸
533	370	矢	臾揳	556	389	𡕒 *	壽
534	371	凹	兕坒	557	390	𣎆	棄
535	372	𠁁 *	斲	558	391	承	承
536		(𠁁)*	鬭	559	392	丙	弼
537	373	亐 *	污	560	393	乇 *	托

附表　笔画排序汉字基础部件检索表

笔数	首笔	部件	序号	笔数	首笔	部件	序号	笔数	首笔	部件	序号
1	一	一	2	1	丶	乀 *	523	1	㇕	乚	182
	丨	丨	235		㇕	乛	166			𠃊	183
		亅	236			㇇	167			𠃑 *	511
	丿	丿	60			乙	294	2	一	二	187
	丶	丶	59			㇆	338			十	27
		㇏	389			㇇	390			丁	160
		乁	522			㇈	431			丁	224

续表

笔数	首笔	部件	序号
2	一	丅 *	398
		厂	103
		ナ	115
		丆	121
		七	40
		七	41
		匕	43
		丂	159
		匚	195
		匸	196
		ㄎ	350
	丨	⺊	142
		上 *	317
		刂	99
		刂	102
		リ	101
		卜	141
		冂	66
		冂	68
	丿	𠂉	106
		亻	17
		丿丨	277
		丿丨	278
		ノノ	242
		𠂆	254
		八	3
		人	12
		入	13
		乂	110
		匕	42
		𠤎	44
		𠂊	57
		⺆	67
2	丿	勹	74
		几	93
		儿	150
		⺈	165
		八	266
		九	339
		亏 *	351
		𠃊	489
		力 *	532
	丶	亠	48
		冫	146
		丷	4
		丬	100
		⺀	147
		讠	62
		冖	63
	乛	刁	124
		コ	376
		ユ	451
		阝	79
		凵	156
		卩	246
		卩	247
		了	375
		丩	463
		马	111
		力	113
		刀	123
		乃	331
		ㄉ	367
		𠂇	512
		又	46
		ㄡ	47
2	乛	厶	71
		龴	243
		廴	283
		ス	452
		㐅 *	550
		レ	493
		幺	32
		㔾	128
		巳	131
		巛	192
		乜	551
3	一	三	507
		龶	152
		干	193
		于	396
		丰	153
		亍	194
		亐 *	537
		乇	538
		土	14
		士	15
		扌	55
		工	109
		艹	16
		廾	164
		才	486
		寸	95
		下	397
		井	163
		丌	384
		大	49
		丈	517
		兀	148

续表

笔数	首笔	部件	序号	笔数	首笔	部件	序号	笔数	首笔	部件	序号
3	一	九	149	3	丿	夂	36	3	乛	弓	220
		巨	471			夊	37			子	136
		巨 *	473			夕	169			孑	137
		牛	228			丸	309			丑	305
		万	349			⺁	399			中	226
		戈	439			及	408			屮	227
		云	279			久	455			孓	138
		弋	287			饣	174			也	308
		矢	533			乌	446			女	56
	丨	ㅓ	45		丶	丬	296			刃	442
		上	316			广	107			卩	233
		止	51			亡	302			⺢	490
		少	318			门	119			刄 *	513
		小	77			丷	69			飞	514
		⺌	78			丫	391			习	157
		口	1			⺍ *	53			心 *	54
		囗	96			氵	18			纟	29
		山	70			忄	87			彑	347
		巾	122			⺍	304			乡	407
		冂	539			宀	58			幺	33
	丿	千	273			夕	456			巛	190
		𠂉	342			辶	92	4	一	丰	215
		毛 *	560			之	457			丯	216
		川	188		乛	彐	212			王	72
		川	189			ヨ	213			龶	180
		彳	168			ヨ *	214			井	458
		彡	135			⺕ *	306			朩	6
		乂	432			尸	132			夫	170
		个	552			巳	125			无 *	524
		巨	472			已	126			韦	433
		犭	151			己	127			专	516
		丂	426			己	129			耂	223
		勹	460			巳	130			丏	525

续表

笔数	首笔	部件	序号	笔数	首笔	部件	序号	笔数	首笔	部件	序号
4	一	龷	161	4	丨	冄 *	353	4	丿	𧘇	86
		廿	268			冊	500			氏	234
		卝	508			中	274			⺼ *	21
		卌	435			円 *	441			丹	440
		木	5			罒	540			夕	22
		朩 *	7			冋 *	487			夕 *	23
		五	383			贝	38			夂	509
		而	368			水	176			鸟	82
		市	474			内	311		丶	文	34
		丏	518			內 *	312			丷	290
		卅	434			见	218			方	171
		不	310			冈	392			⺶	370
		犬	225		丿	牛	154			火	65
		歹	248			手	288			为	417
		戸 *	230			龵	289			灬	24
		巨	372			毛	265			户	229
		车	97			气	346			礻	118
		牙	373			⺧	155			冘	400
		屯	369			攵	35			心	75
		戈	158			长	239		𠃍	肀	200
		无	359			爿	385			⺺	204
		旡 *	360			片	416			⺕	394
		瓦	303			⺗	340			尹	380
	丨	止	50			斤	208			尸	411
		龰	52			爪	133			⺝	519
		𠁣	404			丯 *	217			夬	405
		⺗	341			戶	231			尺	429
		小	76			父	313			弔	382
		日	8			爫	134			丑	420
		曰	9			乡 *	554			卐	542
		⺜	10			月	19			卍	541
		冃 *	11			氏	276			爿	297
		⺝	20			朩	502			尸	386

续表

笔数	首笔	部件	序号	笔数	首笔	部件	序号	笔数	首笔	部件	序号
4	㇕	巴	267	5	丨	氺	177	5	丿	斥	494
		予	412			氺	178			瓜	374
		毌	286			目	91			乎	438
		毋	285			且	270			乐	503
		书	553			申	393			册	249
		巛 *	191			甲	413			卯	319
5	一	𡗗	307			甲	414		丶	疒	139
		玉	73			电	343			立	80
		龷	269			电	344			衤	85
		𠀐 *	501			田	28			必	364
		示	117			由	237			永	469
		未	261			冉	352		㇕	聿	199
		末	262			冊	251			⺻	201
		𣎳 *	497			央	354			𦘒	495
		戋	443			央 *	510			艮	211
		甘	365			史	526			𠂤	403
		世	299			冗	332			民	388
		丗 *	437			宂 *	333			弗	377
		卌	421			巨	387			卯	527
		本	464			凷	238			皮	300
		朩 *	475			罒	105			癶	293
		𠁣	465			皿	114			矛	271
		石	94			冊 *	250			母	284
		戊	221			凹	534	6	一	耒	361
		龙	291			四	104			戋 *	444
		𡗕	476			冎	253			馬	112
		东	401			𠙵	252			耳	140
		戉	222		丿	钅	26			其	256
		东	336			乍	363			亚	326
	丨	凸	555			禾	81			亩 *	428
		步	483			𠂤	477			臣	257
		业	259			丘	381			吏	543
		氺	179			白	108			覀	206

续表

笔数	首笔	部件	序号
6	一	襾	207
		朿	448
		西	205
		囟	559
		卌	436
		而	255
		夷	450
		戋	445
	丨	虍	181
		业 *	260
		且	295
		甲	298
		吏 *	481
		臾 *	482
		曳	504
		虫	64
		曲	357
		曲	449
		罒	314
		肉	466
	丿	缶	272
		缶	496
		年	520
		竹	89
		⺮	90
		乑	505
		臼	209
		自	263
		由	348
		乌	447
		𠂤	358
6	丿	肙	330
		舟	244
		兆	362
		氺	422
		豕	185
	丶	主	88
		衣	84
		羊	143
		𦍌	144
		𦍋	145
		米	116
		州	498
	㇕	聿	197
		肀	198
		肃	203
		艮	210
		糸	31
		糸	30
7	一	平	430
		镸	241
		丑 *	258
		亚 *	322
		臣	478
		臣 *	479
		求	423
		車	98
		甫	275
		更	409
		亜 *	328
		曲	427
		束	280
7	一	夹 *	281
		两	488
		酉	175
		丣	320
		豕	184
		龙	484
		事 *	530
		㠯	292
	丨	里	282
		里	406
		貝	39
		見	219
		串	467
	丿	缶	491
		我	378
		重 *	547
		臼	325
		申	415
		身	329
		乌	83
		采	323
		豸	356
	丶	言	61
		产	245
		亥	528
		尚	395
	㇕	隶	334
		㸚	499
		丣 *	321
		臥	355
8	一	圭 *	556

续表

笔数	首笔	部件	序号	笔数	首笔	部件	序号	笔数	首笔	部件	序号
8	一	長	240	8	丿	臾	480	9	丶	𡦹	548
		亞	327			金	25			為	419
		枼	557			飠	173		㇆	飛	515
		叀	366		丶	亟 *	549	10	一	鬥	492
		東	402		㇆	門	120		丨	畢	454
		事	529			𦘒	202		丿	𢦔	531
		雨	162			承	558		㇆	𦥑 *	535
		亘	470	9	一	革	232	11	一	𦰩	459
		豖	186			柬	335		丿	𦥑 *	536
		疌	453		丨	黾 *	345			象	485
	丨	非	264			禺	337	12	丨	戢	506
		果	315		丿	乘 *	545			黑	301
		𠁥	371			重	379		丿	爲	418
		弗	468			臿 *	546	13	丨	黽	425
	丿	垂	424			鬼	324	14	丿	熏	462
		秉	544			禹	461	16	丿	龜	521
		丱	410			食	172				

【附录2-3-2完】

二、构字材料间的组合关系

掌握汉字的笔画与部件之间的组合关系，对于我们写出匀称美观的汉字、进行部件拆分，都具有重要的意义。至于其组合关系，可按其性质分为如下两类。

（一）组织相处关系

现行汉字的笔画或部件之间有三种相处关系：

（1）相离关系。如“八”字的撇和捺、“明”字的“日”和“月”之间就是相离关系。

（2）相接关系。如“人”字的撇和捺、“早”字的“日”和“十”之间就是相接关系。

（3）相交关系。如“乂”字的撇和捺、“申”字的“日”与“丨”之间就是相交关系。

此外，还有少数汉字的笔画或部件之间只是一种搭挂关系，这种搭挂表面上好像存在笔画的相交，实际上只是一种相接关系。如“孝”字的“耂”与“子”之间的关系便是如此。

（二）方位配合关系

所谓方位配合关系，是就上述相离、相接关系的汉字而言的；至于相交关系的汉字，则不在此列。从方块汉字的整个二维图形来看，汉字中笔画或部件的方位配合关系大致有以下五种。

（1）上下关系（包括上中下关系）。如：蚕、是、森、想、奚、兽。

（2）左右关系（包括左中右关系）。如：何、地、狱、班。

（3）斜倚关系。其中或左上斜倚右下，如：压、右、么、房；或右上斜倚左下，如：赶、建、虱、氧。

（4）包围关系。其中两面包围的，有左下包围，如：旭、毯、勉；有右上包围，如：司、勾。三面包围的，有上包围，如：风、向；有下包围，如：凶、击；有左包围，如：匠、叵。四面包围的，如：囚、围。

（5）挂靠关系，即一部分部件挂靠在另一部件所构成的框架上。如“爽”“奭”是“乂”“百”等部件挂靠在“大”字构成的框架上，“乘”“乖”是“コ”、“匕”分别挂靠在“禾”“千”上，“噩”是“口”挂靠在“王”字上，“坐”“巫”是“人”挂靠在“土”“工”上，“幽”“豳”是“幺”“豕”挂靠在“山”上。

上述几种关系是从整个字形来观察得出的结论。如果进一步分析，有些字存在更复杂的配合关系。如上举“森”“想”二字，其整个字形的部件配合属上下关系，但如果进一步分析“森”之下半部与“想”之上半部，则又存在左右关系。不过，汉字中的合体字无论怎么复杂，在某一层面上进行分析时，其部件的方位配合关系不外上述几种。

掌握部件的方位配合关系很重要。如果把部件的位置搞错了，就会变成错别字（如“案件”写成“桉件”就成了别字）或不合现行规范的异体字（如“峯”）。

三、笔顺

（一）笔顺及其效用

书写汉字时笔画的走向和先后次序叫笔顺。掌握了汉字的笔顺，不但写起字来比较顺手，而且也有利于字典的查检，因为字典中的笔画检字是以汉字每一笔的笔形排列的，这就涉及笔顺问题。如“比”“切”同为四画，其开头两笔同为先横后折，之所以“比”在检字索引中排在前，就是因为“比”的后两笔是先撇后折，而“切”的后两笔是先折后撇。

（二）笔顺规范

为了规范汉字的书写笔顺，国家语言文字工作委员会和中华人民共和国新闻出版署曾在1988年3月25日与1997年4月7日分别发布了《现代汉语通用字表》和《现代汉语通用字笔顺规范》。前者根据通用汉字的笔画数、笔顺将7000个汉字作了先后排列，其规范笔顺是隐性的，所以有时候还难以根据其字序推断出规范笔顺，甚至还会因理解不同而推断出不规范的笔顺；后者则将前者隐性的笔顺规范变成了显性的，更便于学习与掌握。1999年10月1日国家语言文字工作委员会又发布了语言文字规范《GB 13000.1字符集汉字笔顺规范》（GF 3002—1999），于2000年1月1日实施。该规范给出了20902个汉字的序号式笔顺，虽然收的字比两年前发布的《现代汉语通用字笔顺规范》多得多，但并不实用，因为其中很多生僻字实际上很少使用，即使使用也可以利用前者的实例进行类推，而它只提供序号式笔顺也远不如前者的跟随式笔顺直观明了、便于教学。

（三）汉字笔顺的大体规则

（1）先横后竖、先横后撇或先横后折，如：十、节、厂、友、七、于；

（2）先撇后捺或先撇后折，如：人、入、么、九；

（3）先上后下，如：主、立、台、辜；

（4）先左后右，如：亿、以、班、辩；

（5）先中间后两边，如：水、止、办、承；

（6）先上包后内实，如：风、匀、闪、局；

（7）先进入后合围，如：田、皿、国、囚；

（8）先内实后下包，如：凶、击、函、幽；

（9）右上点最后加，如：犬、戈、龙、式；

（10）主体横、竖最后写，如：女、毋、册、中、半、串；

（11）斜倚关系看重心，重心在上先写上，如：房、虱、氧、包、寸；重心在左先写左，如：赵、毯；但“辶”“廴”“乚”要后写，如：连、廷、陋。

（四）容易写错笔顺的字

上述笔顺规则当然不能涵盖所有汉字的笔顺，如“九”是先撇后折，但“力”则先折后撇。现根据1997年发布的《现代汉语通用字笔顺规范》将笔顺易误之字的笔顺列成表2-3-2以供参考。该规范中的笔顺用三种形式表示：一是跟随式，即逐笔显示其笔顺；二是笔画式，即用一（横）、丨（竖）、丿（撇）、丶（点）、乛（折）五种基本笔画表示，其中㇀（提）归为一（横），亅（竖钩）归为丨（竖），㇏（捺）归为丶（点），各种折笔归为乛（折）；三是序号式，即分别用1、2、3、4、5表示横、竖、撇、点、折。

应补充说明的是，有些汉字的笔顺规范似可改善。如“乃”字（包括“仍、扔、奶、孕、秀、诱、盈、透、绣、锈、携”中的“乃”）可改为先撇后折，以与形近的“及”字笔顺一致。“车”（包括“军、阵、库、轰、挥、荤、浑、莲、晕、辈、辉、链、舆、撵”中的“车”）的末两笔可改为先竖后横，以与用作左旁的“车”（如“轧”中的“车”）笔顺一致。“讯、汛、迅”中的“卂”可改为先竖后折再横，以与形近之“凡”“丸”的笔顺一致。“出”（包括“拙、茁、屈、础、倔、祟”中的“出”）可先写中间一竖，以与“山”字的笔顺一致。“皮”（包括“坡、披、彼、波、玻、破、皱、疲、被、菠、婆、颇、跛、簸”中的“皮”）的开头两笔可改为先撇后折，以与形近之“及”的笔顺一致。“母”（包括“每、拇、姆、毒、侮、诲、海、悔、梅、晦、敏、霉”中的“母”）的末两笔可改为先点后横，这样改不但可与形近的“毋”及“贯”中之“毌”的笔顺保持一致，而且也符合主体横画最后写的笔顺原则。同样，“舟”（包括“舰、舱、般、航、盘、舶、船、舷、舵、艇、搬、艘”中的“舟”）之横也应最后写。当然，这些都是我个人的看法，不必作为定论，仅供编修规范者及读者参考。

表2-3-2　笔顺易误字之笔顺规范表

字	1	2	3	4	5
七（2画）	一	七			
	一	乛			
	1	5			
九（2画）	丿	九			
	丿	乛			
	3	5			
匕（2画）	㇒	匕			
	丿	乛			
	3	5			
刁（2画）	𠃍	刁			
	乛	一			
	5	1			
乃（2画）	㇌	乃			
	乛	丿			
	5	3			
与（3画）	一	与	与		
	一	乛	一		
	1	5	1		
万（3画）	一	丁	万		
	一	乛	丿		
	1	5	3		
及（3画）	丿	乃	及		
	丿	乛	丶		
	3	5	4		
叉（3画）	フ	又	叉		
	乛	丶	丶		
	5	4	4		
区（4画）	一	丆	㐅	区	
	一	丿	丶	乛	
	1	3	4	5	
匹（4画）	一	厂	兀	匹	
	一	丿	乛	乛	
	1	3	5	5	
车①（4画）	一	车	车	车	
	一	乛	一	丨	
	1	5	1	2	
巨（4画）	一	巨	巨	巨	
	一	乛	一	乛	
	1	5	1	5	
比（4画）	一	上	比	比	
	一	乛	丿	乛	
	1	5	3	5	
牛②（4画）	丿	𠂉	牛	牛	
	丿	一	一	丨	
	3	1	1	2	
方（4画）	丶	亠	方	方	
	丶	一	乛	丿	
	4	1	5	3	
火（4画）	丶	丷	少	火	
	丶	丿	丿	丶	
	4	3	3	4	
为（4画）	丶	丶丿	为	为	
	丶	丿	乛	丶	
	4	3	5	4	
丑（4画）	𠃍	刀	丑	丑	
	乛	丨	一	一	
	5	2	1	1	
书（4画）	乛	书	书	书	
	乛	乛	丨	丶	
	5	5	2	4	
册（4画）	𠃊	册	册	册	
	乛	乛	丿	一	
	5	5	3	1	
世（5画）	一	十	廿	廿	世
	一	丨	丨	一	乛
	1	2	2	1	5
可（5画）	一	可	可	可	可
	一	丨	乛	一	丨
	1	2	5	1	2
轧（5画）	一	车	车	车	轧
	一	乛	丨	一	乛
	1	5	2	1	5
北（5画）	丨	北	北	北	北
	丨	一	一	丿	乛
	2	1	1	3	5
凸（5画）	丨	凸	凸	凸	凸
	丨	一	丨	乛	一
	2	1	2	5	1
凹（5画）	丨	凹	凹	凹	凹
	丨	乛	丨	乛	一
	2	5	2	5	1
必（5画）	丶	心	心	必	必
	丶	乛	丶	丿	丶
	4	5	4	3	4
讯（5画）	丶	讠	讯	讯	讯
	丶	乛	乛	一	丨
	4	5	5	1	2
出（5画）	𠃊	凵	屮	出	出
	乛	丨	丨	乛	丨
	5	2	2	5	2
皮（5画）	乛	厂	皮	皮	皮
	乛	丿	丨	乛	丶
	5	3	2	5	4
母（5画）	𠃊	母	母	母	母
	乛	乛	丶	一	丶
	5	5	4	1	4

字	1	2	3	4	5	6	7	8
耳（6画）	一	丆	丌	丌	耳	耳		
	一	丨	丨	一	一	一		
	1	2	2	1	1	1		
臣（6画）	一	丅	丂	丐	臣	臣		
	一	丨	乛	一	丨	乛		
	1	2	5	1	2	5		
成（6画）	一	厂	厅	戊	成	成		
	一	丿	乛	乛	丿	丶		
	1	3	5	5	3	4		
夷（6画）	一	𠃌	彐	弓	夷	夷		
	一	乛	一	乛	丿	丶		
	1	5	1	5	3	4		
臼（6画）	丿	丨	𠂉	臼	臼	臼		
	丿	丨	一	乛	一	一		
	3	2	1	5	1	1		
舟（6画）	丿	丿	冂	舟	舟	舟		
	丿	丿	乛	丶	一	丶		
	3	3	5	4	1	4		
兆（6画）	丿	丬	丬	兆	兆	兆		
	丿	丶	一	乛	丿	丶		
	3	4	1	5	3	4		
负（6画）	丿	⺈	𠂊	负	负	负		
	丿	乛	丨	乛	丿	丶		
	3	5	2	5	3	4		
巫（7画）	一	丅	丌	丌	巫	巫	巫	
	一	丨	丿	丶	丿	丶	一	
	1	2	3	4	3	4	1	
男（7画）	丨	冂	日	田	田	男	男	
	丨	乛	一	丨	一	乛	丿	
	2	5	1	2	1	5	3	
坐（7画）	丿	人	从	从	丛	坐	坐	
	丿	丶	丿	丶	一	丨	一	
	3	4	3	4	1	2	1	
免（7画）	丿	⺈	𠂊	色	色	免	免	
	丿	乛	丨	乛	一	丿	乛	
	3	5	2	5	1	3	5	
角（7画）	丿	⺈	𠂊	角	角	角	角	
	丿	乛	丿	乛	一	一	丨	
	3	5	3	5	1	1	2	
卵（7画）	丿	𠂆	𠂆	卯	卯	卵	卵	
	丿	乛	丶	丿	乛	丨	丶	
	3	5	4	3	5	2	4	
丧（8画）	一	十	十	丧	丧	丧	丧	丧
	一	丨	丶	丿	一	乛	丿	丶
	1	2	4	3	1	5	3	4
雨③（8画）	一	丆	冂	币	雨	雨	雨	雨
	一	丨	乛	丨	丶	丶	丶	丶
	1	2	5	2	4	4	4	4
妻（8画）	一	彐	彐	彐	妻	妻	妻	妻
	一	乛	一	一	丨	乛	丿	一
	1	5	1	1	2	5	3	1
非（8画）	丨	丨	丨	丨	非	非	非	非
	丨	一	一	一	丨	一	一	一
	2	1	1	1	2	1	1	1
垂（8画）	丿	二	千	手	垂	垂	垂	垂
	丿	一	丨	一	丨	丨	一	一
	3	1	2	1	2	2	1	1
卑（8画）	丿	丨	白	白	白	卑	卑	卑
	丿	丨	乛	一	一	丿	一	丨
	3	2	5	1	1	3	1	2
周（8画）	丿	冂	月	用	用	周	周	周
	丿	乛	一	丨	一	丨	乛	一
	3	5	1	2	1	2	5	1
疟（8画）	丶	亠	广	疒	疒	疒	疟	疟
	丶	一	丿	丶	一	一	乛	一
	4	1	3	4	1	1	5	1
肃（8画）	乛	彐	彐	肀	肃	肃	肃	肃
	乛	一	一	丨	丿	丨	丿	丶
	5	1	1	2	3	2	3	4
虱（8画）	乁	乁	几	虱	虱	虱	虱	虱
	乛	丿	丨	乛	一	丨	一	丶
	5	3	2	5	1	2	1	4

字	1	2	3	4	5	6	7	8	9	10
贯（8画）	㇄	口	口	毌	毌	毌	贯	贯		
	乛	乛	丨	一	丨	乛	丿	丶		
	5	5	2	1	2	5	3	4		
贰（9画）	一	二	三	三	三	贰	贰	贰	贰	
	一	一	一	丨	乛	丿	丶	乛	丶	
	1	1	1	2	5	3	4	5	4	
幽（9画）	丨	丩	纟	纟	幺	幺	幺	幽	幽	
	丨	乛	乛	丶	乛	乛	丶	乛	丨	
	2	5	5	4	5	5	4	5	2	
叟（9画）	丿	𠂉	𠂉	臼	臼	臼	申	叟	叟	
	丿	丨	一	乛	一	一	丨	乛	丶	
	3	2	1	5	1	1	2	5	4	
美（9画）	丶	丷	䒑	䒑	丷	𦍌	𦍌	美	美	
	丶	丿	一	一	丨	一	一	丿	丶	
	4	3	1	1	2	1	1	3	4	
姜（9画）	丶	丷	䒑	䒑	丷	𦍌	姜	姜	姜	
	丶	丿	一	一	丨	一	乛	丿	一	
	4	3	1	1	2	1	5	3	1	
扁（9画）	丶	亠	亠	户	户	启	启	扁	扁	
	丶	乛	一	丿	丨	乛	一	丨	丨	
	4	5	1	3	2	5	1	2	2	
癸（9画）	㇇	㇇	癶	癶	癶	癶	癶	癸	癸	
	乛	丶	丿	丿	丶	一	一	丿	丶	
	5	4	3	3	4	1	1	3	4	
乘（10画）	一	二	千	千	千	千	乖	乖	乘	乘
	丿	一	丨	丨	一	一	丿	乛	丿	丶
	3	1	2	2	1	1	3	5	3	4
鬯（10画）	丿	乂	乂	乂	乂	乂	凶	凶	鬯	鬯
	丿	丶	丶	丶	丶	丶	乛	丨	丿	乛
	3	4	4	4	4	4	5	2	3	5
脊（10画）	丶	丶	丷	丷	兴	兴	兴	脊	脊	脊
	丶	一	丿	丶	丿	丶	丨	乛	一	一
	4	1	3	4	3	4	2	5	1	1
唐（10画）	丶	亠	广	户	庐	庐	唐	唐	唐	唐
	丶	一	丿	乛	一	一	丨	丨	乛	一
	4	1	3	5	1	1	2	2	5	1

害（10画）	丶	丷	宀	宀	宀	宀	宔	宔	害	害		
	丶	丶	㇇	一	一	一	丨	丨	㇕	一		
	4	4	5	1	1	1	2	2	5	1		
蚩（10画）	乚	凵	屮	屮	屮	岀	岀	蚩	蚩	蚩		
	㇗	丨	丨	一	丨	㇕	一	丨	一	丶		
	5	2	2	1	2	5	1	2	1	4		
爽（11画）	一	丆	丆	丆	丆	丆	丆	丆	丆	爽	爽	
	一	丿	丶	丿	丶	丿	丶	丿	丶	丿	丶	
	1	3	4	3	4	3	4	3	4	3	4	
兜（11画）	丿	亻	白	白	白	白	白	白	白	兜	兜	
	丿	丨	㇕	一	一	丿	㇕	㇕	一	丿	㇟	
	3	2	5	1	1	3	5	5	1	3	5	
象（11画）	丿	⺈	⺈	色	色	免	象	象	象	象	象	
	丿	㇇	丨	㇕	一	丿	㇇	丿	丿	丿	丶	
	3	5	2	5	1	3	5	3	3	3	4	
祭（11画）	丿	ク	夕	夕	夕	夗	癶	癶	祭	祭	祭	
	丿	㇇	丶	丶	㇇	丶	一	一	丨	丿	丶	
	3	5	4	4	5	4	1	1	2	3	4	
率（11画）	丶	亠	亠	玄	玄	玄	玄	玄	玄	率	率	
	丶	一	㇜	㇜	丶	丶	一	丿	丶	一	丨	
	4	1	5	5	4	4	1	3	4	1	2	
敝（11画）	丶	丷	丷	尚	尚	尚	尚	敝	敝	敝	敝	
	丶	丿	丨	㇕	丨	丿	丶	丿	一	丿	丶	
	4	3	2	5	2	3	4	3	1	3	4	
渊（11画）	丶	丶	氵	氵	氵	氵	氵	渊	渊	渊	渊	
	丶	丶	一	丿	丶	丿	一	丨	丿	丶	丨	
	4	4	1	3	4	3	1	2	3	4	2	
插（12画）	一	十	扌	扌	扌	扦	扦	插	插	插	插	插
	一	丨	一	丿	一	丨	丿	丨	一	㇕	一	一
	1	2	1	3	1	2	3	2	1	5	1	1
鼎（12画）	丨	冂	日	目	目	鼎	鼎	鼎	鼎	鼎	鼎	鼎
	丨	㇕	一	一	一	㇕	一	丿	丨	一	丨	㇕
	2	5	1	1	1	5	1	3	2	1	2	5
登（12画）	㇇	㇇	癶	癶	癶	癶	癶	登	登	登	登	登
	㇇	丶	丿	丿	丶	一	丨	㇕	一	丶	丿	一
	5	4	3	3	4	1	2	5	1	4	3	1

缘 （12画）	ㄥ	乡	纟	纟	纟	纟	纟	纟	缘	缘	缘	缘								
	乛	乛	一	乛	乛	一	丿	乛	丿	丿	丿	丶								
	5	5	1	5	5	1	3	5	3	3	3	4								
颐 （13画）	一	丅	丅	丙	丙	丙	臣	臣	臣	臣	臣	颐	颐							
	一	丨	丨	乛	一	丨	乛	一	丿	丨	乛	丿	丶							
	1	2	2	5	1	2	5	1	3	2	5	3	4							
解 （13画）	丿	⺈	𠂊	角	角	角	角	角	角	角	角	角	解							
	丿	乛	丿	乛	一	一	丨	乛	丿	丿	一	一	丨							
	3	5	3	5	1	1	2	5	3	3	1	1	2							
墙 （14画）	一	十	土	圹	圹	圹	圹	圹	圹	墙	墙	墙	墙	墙						
	一	丨	一	一	丨	丶	丿	一	丨	乛	丨	乛	一	一						
	1	2	1	1	2	4	3	1	2	5	2	5	1	1						
舆 （14画）	丿	⺁	F	F	F	F	F	F	臼	臼	臼	臼	舆	舆						
	丿	丨	一	一	一	乛	一	丨	乛	一	一	一	丿	丶						
	3	2	1	1	1	5	1	2	5	1	1	1	3	4						
僚 （14画）	丿	亻	仁	仁	伕	伕	伕	伕	僚	僚	僚	僚	僚	僚						
	丿	丨	一	丿	丶	丶	丿	丨	乛	一	一	丨	丿	丶						
	3	2	1	3	4	4	3	2	5	1	1	2	3	4						
燕 （16画）	一	十	廾	廿	廿	廿	甘	甘	甘	甘	甘	燕	燕	燕	燕	燕				
	一	丨	丨	一	丨	乛	一	丨	一	一	丿	乛	丶	丶	丶	丶				
	1	2	2	1	2	5	1	2	1	1	3	5	4	4	4	4				
噩 （16画）	一	丅	丅	可	可	可	可	可	噩	噩	噩	噩	噩	噩	噩	噩				
	一	丨	丨	乛	一	丨	乛	一	一	丨	乛	一	丨	乛	一	一				
	1	2	2	5	1	2	5	1	1	2	5	1	2	5	1	1				
藏 （17画）	一	十	艹	艹	芦	芦	芦	芦	芦	芦	芦	芦	芦	藏	藏	藏	藏			
	一	丨	丨	一	丿	乛	一	丿	一	丨	乛	一	丨	乛	乛	丿	丶			
	1	2	2	1	3	5	1	3	1	2	5	1	2	5	5	3	4			
鬓 （20画）	一	𠂉	𠂉	𠂉	镸	镸	镸	髟	髟	髟	髟	髟	髟	鬓	鬓	鬓	鬓	鬓	鬓	鬓
	一	丨	一	一	一	乛	丶	丿	丿	丿	丶	丶	乛	丿	丨	一	丨	一	丿	丶
	1	2	1	1	1	5	4	3	3	3	4	4	5	3	2	1	2	1	3	4

注：①“车”用作偏旁“车”时，笔顺为一乛丨一。

②“牛”用作偏旁“牜”时，笔顺为丿一丨一。

③“雨”用作雨字头“⻗”（宋体）时，其中四个短横“一”仍视为点“丶”。

四、偏旁

（一）偏旁的内涵与拆分

传统文字学把不可拆分的独体字叫“文”（如六书中的象形字、指事字），把独体字合成的合体字叫“字”（如六书中的会意字、形声字）；又称合体字的左边为偏，右边为旁。然而，随着历史的发展和字形的变化，现在的独体字和合体字和古代已有所不同，而通常所谓的偏旁，其内涵实不论上下左右或内外，凡合体字通过一次拆分而成的表示一定意义或语音的汉字组成部分都叫偏旁。如会意字“休”中的“亻”和“木”、“尘”中的“小”和“土”、“匠”中的“匚”和“斤”，形声字“偏”中的“亻”和“扁”、“房”中的“户”与“方”、“围”中的“囗”与“韦”，都是偏旁。其中表意的意符“亻”“木”“小”“土”“匚”“斤”和“亻”“户”“囗”叫形旁，表音的声符“扁”“方”“韦”叫声旁。

关于现行汉字的偏旁，有如下四点需要进一步加以说明。

一是现行汉字中的有些偏旁由于字形变化太大或字形割裂而丧失了表示意义或语音的功能，但我们还是把它们当作偏旁。如“春”原作“萅”，从艸，从日，屯声，现在变为“春”，其字头“𡗗”就不表示什么音义了，但还是被当作偏旁。又如“党”，原从儿（古文“人”），尚声，现在根据其现代字形将字头“⺌”当作偏旁，原来的“尚”字被割裂，也就丧失了表音功能。

二是上面所举的“休”“房”等是组合关系最简单的合体字，并不能代表所有合体字的情况，因为有些合体字（包括会意字和形声字）并非简单地由两个意符或一个意符和一个声符组合而成，而是由更多的意符或两个以上的意符和声符一次性组合而成的。尽管如此，人们进行偏旁拆分时一般还是以一分为二的视角分出其主要的偏旁以便归部。例如：会意字“森”由三个意符“木”一次性组成，但进行偏旁拆分时则视为上下结构而归入木字旁；“解”从“刀”判“牛”“角”，实由三个意符一次性组成，但进行偏旁拆分时则视为左右结构而归入角字旁；“祭”是用“又”（右手）持“肉”以“示”神，实由三个意符一次性组成，但进行偏旁拆分时则视为上下结构而归入示字旁；“夾”从“大”（人）腋下夹持两“人”，实由三个意符一次性组成，但进行偏旁拆分时则视为挂靠结构而归入“大”部。形声字“萅”(“春”之古字)表示“日”暖“艸”长的春天，实由“艸”“日”两个意符和一个声符“屯”一次性组成，但进行偏旁拆分时则视为上下结构而归入草字头；“寶”从“玉”“贝”在“宀”(房屋)中，实由三个意符和一个声符“缶”一次性组成，但进行偏旁拆分时则视为上下结构而归入宝盖头“宀”部。

三是早期的偏旁拆分比较注重意符的完整性，后来由于受到字形的影响，有些字的偏旁拆分往往对意符的完整性注意不够。例如：“章”原指乐章，即音乐的一个段落，所以《说文》将它拆分为“音”“十”(“十”是汉字数字中的一个段落，所以用来表示段落)两个偏旁而归“音”部，但后来却被称为“立早章”而归入“立”部；“竟”原指乐曲结束，所以《说文》将它拆分为“音”“儿”(古文“人”)两个偏旁而归“音”部，但后来却被归入“立”部。“徒”(徒步行走，从辵，土声)、“徙”(从辵，止声)在《说文》中都属“辵”部，后来都归入“彳”部，其意符的完整性就被破坏了。当然，至于原来的“萅”字归“艸”部，后来变为“春”字归“日”部，完全是字形变化所致，当作别论。

四是在实际使用中，人们往往把“偏旁”局限于指称表意的形旁，而不用它来指称声旁。像“灞”字，一般只说成是“三点水一个霸字”，而不说“三点水一个霸字旁”。这些合体字的声旁当然可进一步拆分出偏旁或部件来，但应该明了，偏旁与部件是两个不同的概念。

(二)偏旁与部件的区别

从表面上看，有很多偏旁是与部件相同的，但这两个术语的内涵诚然是不同的。虽然现行汉字中有些偏旁所表示的意义或语音已经不那么明朗，有些偏旁更是说不出它所表示的意义来，但它原本的拆分原则是考虑音、义的，而且拆分的对象也只限于合体字而不包括独体字，只有少数偏旁在拆分时只顾字形而不顾音、义；而部件的拆分则主要着眼于字形而不太注重音、义，拆分的对象也不限于合体字。所以，“义”“凡”“太”“刃”“无”“支”“尤”“正”“百”“灭”“平”“亦”“术”“成”“主”“乒”“乓”“半”“卡”“勺”“卫”“办”“么”“叉”“天”“夭”“来”“韭”“高”“良”等独体字，可以进一步作部件拆分，但不能再分出偏旁。又如“灞”字，拆分为偏旁只有两个，即形旁“氵”和声旁“霸”；但拆分成部件则有四个，即“氵”“雨”“革”“月”。再如“戆”字，只有形旁“心”和声旁“赣”两个偏旁，但拆分成部件则有七个（见上文对部件的介绍）。即使那些根据现行汉字的字形而不顾其音、义拆分出来的偏旁，其实也与部件有别，因为它们的拆分原则并不相同，所以有的偏旁并不是部件（如“⺍”“𠦝”），而有很多部件也不是偏旁。下面列出现行汉字的常用偏旁及其名称（偏旁名称尚无统一的规范，现只列出较为通行的说法），可与前文所附的部件表对照学习。

表2-3-3　汉字偏旁名称表

乚（乱字边）	土（提土旁）	宀（宝盖头）	日（日字旁）
十（十字儿）	艹（草字头）	辶（走之儿）	曰（曰字头）
厂（厂字旁）	丌（鼻字底）	彐（雪字底）	贝（贝字旁）
匚（区字框）	廾（弄字底）	尸（尸字旁）	见（见字旁）
丂（攷字旁）	大（大字头）	弓（弓字旁）	手（手字旁）
刂（立刀旁）	尢（尤字旁）	子（子字旁）	龵（看字头）
冂（同字框）	兀（尧字底）	屮（蚩字头）	毛（毛字旁）
亻（单人旁）	扌（提手旁）	女（女字旁）	气（气字旁）
八（八字头）	寸（寸字旁）	纟（绞丝旁）	牜（牛字旁）
人（人字头）	弋（弋字框）	马（马字旁）	攵（反文旁）
⺈（角字头）	小（小字头）	幺（幼字旁）	片（片字旁）
勹（包字头）	⺌（光字头）	巛（三拐儿）	斤（斤字旁）
几（风字框）	口（口字旁）	王（王字旁）	父（父字头）
亠（六字头）	囗（方框儿）	龶（青字头）	爫（爪字头）
冫（两点水）	巾（巾字旁）	韦（韦字旁）	月（月字旁）
丷（兰字头）	山（山字旁）	耂（老字头）	欠（欠字旁）
冖（秃宝盖）	彳（双人旁）	龷（共字头）	风（风字旁）
讠（言字旁）	彡（三撇儿）	木（木字旁）	殳（殳字旁）
凵（凶字框）	犭（反犬旁）	支（支字旁）	文（文字旁）
丩（纠字边）	夕（夕字旁）	歹（歹字旁）	方（方字旁）
卩（单耳刀）	夂（折文儿）	车（车字旁）	火（火字旁）
阝（双耳刀）	饣（食字旁）	戈（戈字旁）	灬（四点底）
力（力字旁）	广（广字旁）	旡（既字边）	户（户字旁）
厶（私字儿）	丬（将字旁）	瓦（瓦字旁）	礻（示字旁）
又（又字旁）	忄（竖心旁）	止（止字旁）	心（心字底）
廴（建字旁）	门（门字框）	攴（敲字边）	爿（戕字旁）
工（工字旁）	氵（三点水）	⺗（心字底）	𡗗（春字头）

甘（甘字旁）	皮（皮字旁）	羊（羊字旁）	𠦝（韩字旁）
石（石字旁）	癶（登字头）	⺶（羔字头）	雨（雨字头）
龸（党字头）	矛（矛字旁）	龹（卷字头）	齿（齿字旁）
目（目字旁）	耒（耒字旁）	米（米字旁）	隹（隹字旁）
田（田字旁）	耳（耳字旁）	聿（建字里）	鱼（鱼字旁）
罒（四字头）	𢦏（栽字头）	艮（艮字边）	革（革字旁）
皿（皿字底）	臣（臣字旁）	羽（羽字旁）	面（面字旁）
钅（金字旁）	覀（西字头）	麦（麦字旁）	骨（骨字旁）
生（生字旁）	而（而字旁）	走（走字旁）	香（香字旁）
矢（矢字旁）	页（页字旁）	赤（赤字旁）	鬼（鬼字旁）
禾（禾木旁）	至（至字旁）	豆（豆字旁）	音（音字旁）
白（白字旁）	虍（虎字头）	酉（酉字旁）	髟（鬓字头）
瓜（瓜字旁）	虫（虫字旁）	豕（豕字旁）	高（高字旁）
鸟（鸟字旁）	缶（缶字旁）	𧾷（足字旁）	黄（黄字旁）
疒（病字旁）	舌（舌字旁）	身（身字旁）	鹿（鹿字旁）
立（立字旁）	⺮（竹字头）	釆（释字旁）	鼎（鼎字底）
⺍（学字头）	臼（臼字儿）	谷（谷字旁）	黑（黑字旁）
穴（穴宝盖）	自（自字头）	豸（豸字旁）	黍（黍字旁）
衤（衣字旁）	血（血字旁）	角（角字旁）	鼠（鼠字旁）
𤴔（疏字旁）	舟（舟字旁）	辛（辛字旁）	鼻（鼻字旁）

（三）形声字偏旁的组合方式

了解汉字的偏旁，对于识字具有重要作用，这在本章第二节一（三）已有说明，在此不再赘述了。须补充说明的是，形声字的形旁和声旁的相对位置是复杂的，它们至少有下列八种组合方式。

（1）左形右声。如：江、材、抬、城、帽、纬。

（2）右形左声。如：刊、邻、朗、励、锦、鹅。

（3）上形下声。如：草、竿、霜、岑、爸、寄。

（4）下形上声。如：斧、忍、岱、资、恭（从心，共声）、膏（从肉，高声）。

（5）外形内声。如：匀、匣、阁、圆、裹（从衣，果声）、街（从行，圭声）。

（6）内形外声。如：闻、齑（从韭，齐声）、輿（从车，舁声，舁音 yú）、辫（从糸，辡声，辡音 biàn）、蠃（从虫，𣎆声，𣎆音 luó）、鳳（从鸟，凡声）。

（7）形居一角。如：縠（从糸，殻声）、颖（从禾，顷声）、疆（从土，彊声，彊音 qiáng）、荆（从艸，刑声）、腾（从马，朕声）、脩（从肉，攸声）。

（8）声居一角。如：簸（从箕，皮声）、旗（从㫃，其声；㫃音 yǎn）、寐（从宀、爿，未声；宀音 mián，指宫室；爿音 qiáng，指床）、岸（从屵，干声；屵音 è，指高岸）、考（从老省，丂声；丂音 kǎo）、徒（从辵，土声）、梁（从木、水，刅声；刅音 chuāng）。

五、部首

（一）什么是部首

部首即部类之首字，它是字典中为了便于编排汉字而根据汉字笔画、偏旁所归纳出来的字类标目。凡主要笔画或偏旁相同的汉字被归为一个部类，这相同的主要笔画或偏旁便在该字典中统领某一部类的字，这些笔画与偏旁就是部首。例如，“中”“旧”“甲”“申”“串”等字中的“丨”为主要笔画，就将这些字归为一个部类而排在一起，用“丨”来统领，“丨”就是这些字的部首。又如，“扎”“打”“扑”“扫”“报”等字都以“扌”为偏旁，就将它们归为一个部类而排在一起，由“扌”来统领，“扌”就是这些字的部首。

有些部首有不同的写法，如“车”又作“⻋”“車”，“心”又作“忄”“⺗”，现在把通行的书写形式“车”“心”称为主部首，把附属于主部首的书写形式“⻋”“車”“忄”“⺗”称为附形部首。显然，附形部首有繁体（如“車”）和变形（如“⻋”“忄”“⺗”）两种。除此之外，现在又把从属于某一部首的部首也归入附形部首，如“已”“巳”并不是“己”的变形，“士”并不是“土”的变形，但为了简省部首，就把“已”“巳”归入“己”部，把“士”归入“土”部，“己”“土”是主部首，“已”“巳”“士”就是附形部首。因此，现在的附形部首有繁体、变形和从属三种。需要注意的是，“从属”的附形部首并不是主部首的变形，所以把它理解为“不同写法的部首中的一种书写形式”是错误的。附形部首一般加上括弧附于主部首之后。

（二）部首与偏旁、部件的区别

部首与偏旁既有密切的关系，又并不相同。有些部首（如“扌”）就是偏旁，有些部首（如“丨”）则不是，而有些偏旁（如“龹”“𡗗”）也不用作部首。它们的差异主要是其设置目的的不同造成的：偏旁为识字、写字而设，部首为编排汉字而设。当然，为计算机中文信息处理而设的部件与它们的差别就更大了。就内涵而论，其大体区别是：偏旁的拆分重视字义与字音，部首的确定主要考虑字形与字义，部件的拆分则主要考虑字形。

（三）部首的沿革与规范化

部首的设置有一个历史的发展过程。东汉许慎写《说文解字》时创立了部首系统，他用540个部首统摄全书9353个文字，其分部及文字归部的依据侧重于字义，如将“所”归入斤部，将“舅”归入男部。后来的《字汇》《康熙字典》则将《说文解字》以文字学原则设计的部首系统改成了以检字法为原则的部首系统，用214个部首来统摄全书文字，归字时便兼重字形了，所以将“所”归入了户部，将“舅”归入了臼部。现代所编的字典、词典，其部首的数量、内容及文字归部的方法不尽相同，这十分不利于汉字的查检。所以，汉字部首的统一具有十分重要的实用意义。

为了尽快统一汉字的部首，中国文字改革委员会和国家出版局于1983年联合发布了《汉字统一部首表（草案）》。该草案发布后，在辞书编纂、汉字标准的制定、计算机信息处理等方面的排序检索中得到广泛的应用。

《汉字统一部首表（草案）》经过多年使用，需要升级为正式标准。2009年1月12日，中华人民共和国教育部、国家语言文字工作委员会发布了语言文字规范《汉字部首表》（GF 0011—2009）和《GB 13000.1字符集汉字部首归部规范》（GF 0012—2009），于2009年5月1日实施。

《汉字部首表》是在《汉字统一部首表（草案）》的基础上制定的，主要在主部首和附形部首的确立、部首排序、部首表的使用规则等方面对《汉字统一部首表（草案）》作了适当的调整和补充，规定了汉字的主部首201个，附形部首99个。其使用规则是：一般应以主部首为主，但在某些情况下，可以根据需要作变通处理，如将主部首和附形部首同时立部（如将“车”和“車”、“玉”和“王”同时立部）。该规范主要适用于工具书编纂、汉字信息处理及其他领域的汉字排序检索，也可供汉字教学参考。

有了统一的部首表，还需要解决汉字的统一归部问题。如果汉字的归部不统一，即使有了统一的部首表也无济于事。过去就是因为在汉字部首归部方面没有统一的标准，所以不论是编纂辞书，还是在汉字信息处理时编排字符集，只能各自拟定一套部首归部检字法，这就造成了汉字归部和排序的不统一，给汉字检索带来了极大的不便。《GB 13000.1字符集汉字部首归部规范》

就是为了解决这一问题而制定的。该规范首先规定了 GB 13000.1 字符集汉字部首的归部原则和规则，然后按照《汉字部首表》规定的部首及其顺序给出了 20902 个汉字的部首归部表。

国家主管部门发布此类规范，对汉字部首排序检索的统一无疑具有重大的促进作用。该规范规定的根据汉字字形来确定部首的归部原则比较符合汉字使用的现实需要，其归部规则也具有较强的可操作性，应该加以肯定。但是，这并不意味着该规范已经尽善尽美，应该说，该规范规定的汉字部首归部规则以及有些汉字的归部尚未考虑到汉字的历史发展规律，严重破坏了汉字的构形系统和表意功能，有待改进。

如其“八（丷）部”的“分”“坌”“弅”“岔”“瓫”“贫”“炃”“忿”“枀”“瓮”“忩”“盆”“酋”“釜”“蚠”“翁”“養”“麄”等字，过去的辞书根据其下部的意符归部本是很恰当的，因为它符合汉字的理据，很好地维护了汉字传统的表意功能。现在完全抛弃其下部的意符，又割裂了上部的声符，这种“割头”的做法只能使有生命的汉字成为没有灵魂的僵尸，极不利于汉字教学，因为抛弃可以成批识记的形声系统，把汉字裂变为必须单个记忆的符号，会大大增加记忆量。至于该部的“剏”“前”“剙”等字，过去根据其右旁的字形归刀部，其实也是有理可说的，现在归入“八（丷）部”，就只能使人无语了。

再拿“厂部”来说，也很有问题。如“檿”和“㯋”，因为前一字的一撇长了一些，就被归入“厂部”，后一字的一撇短了一些，就被归入“木部”；还有“擪”和“擫”、“蟨”和“蟩”、“蹷”和“蹶”之类，其区别其实只在于偏旁的方位配合关系不同，现在前一字被归入“厂部”，后一字则被分别归入“手部”“虫部”“足部”；至于“愿”“靨”“魘”“饜”“歷”“曆”“贋”“嬮”“磿”“黶”“檿”“懕”“鷹”等字被归入“厂部”，也是既抛弃了其下部的意符，又割裂了上部的声符。诸如此类，这左边的一长撇在该规范中竟变成了割裂汉字表意功能的“屠刀”，这恐怕是设计字形的人所始料不及的。对于一般人来说，如果没有注意到这一撇的长短（特别是“檿”和“㯋”中的一撇），那就很难确定它们的部首。

总之，该规范的这种做法，不但违背了汉字注重表意的内在构形规律，而且也忽视了语言文字约定俗成的社会属性和科学的汉字教学传统。因此，该规范在没有传统观念而重形轻义的计算机中施行可能比较容易，要在国人中推行恐怕有一定的难度，因为要改变人们正确的汉字构形观而以非为是，接受上述这种与汉字教学背道而驰的结论去记忆不少和文字本身毫无意义联系的部首，绝非一年半载所能奏效。推究这种不当做法的原因，可能是受到了现代部件研究的影响吧。现代一些文字学研究者往往将传统的偏旁丢在脑后，大讲汉字部件，甚至将注重字形的部件概念和注重字义的偏旁概念混为一谈，用部件的概念去涵盖或取代偏旁的概念。

这种学理上的糊涂认识与理论上的混乱，势必会造成不科学的做法，甚至会自乱其例。

如该规范所规定的“汉字部首归部规则”第1条云：“从汉字的左、上、外位置取部首。如果左和右、上和下、外和内都是部首，则只取左、上、外位置的部首。”“案”“菉”就被按此规则从传统的“木部”调入了“宀部”“艹部”，但是，与其结构方式相同的“罙”却没有归入“冖部”而被归入了“木部”，同样，“罕”也没有归入“冖部”而被归入了“干部”。“岔”“蓦”和“蚩”是结构相同的形声字，应该作同样的拆分，但“岔”“蓦”的头部被看中，所以被割取首级而归入了“八部”“艹部”；“蚩”的头部被忽视，所以没有归入“艹部”而仍然留在“虫部”。“鼌”“鼂”和“鼋”也是结构相同的字，应该作同样的拆分，但“鼌”“鼂”的头部被看中，所以被割取“首级”而归入了“日部”；“鼋”的头部被忽视，所以没有归入“土部”而仍然留在“黾（黽）部”。同样，“鼗”的上部“卉”其实不是部首，但其头部被看中，所以被割取“首级”而从传统的“鼓部”调入了“十部”。“益”的头部和“蓺”相同，但“蓺”被归入“八（丷）部”，而“益”还是被留在“皿部”（“益”归“皿部”是传统的归部法，无可厚非，这里只是用来揭示其自相矛盾之处）；如果说把“益”的“丷”拆下不合理，那么把“合弇拿龛畣盒翕粦腐龕含贪念衾畲貪盦畬悆畬盦”中的“人”拆下而归入“人部”就更不合理了，因为“益”的上部（原为横写的“水”）现在已经不成字，而这些字的上部“合”“今”“余”还成字。更有甚者，“蠡”的头部“彑”明明是部首（“彖”就被该规范归入了“彑部”），而其下部的“蚰”不是部首（“虫”才是部首），结果却没有取上部的部首而被归入了“虫部”。

其规则第2条云：“如果汉字的左、上不是部首，右、下是部首，则取右、下位置的部首。”但是，与上述“案”“菉”等结构相似的“繄”（按照传统的偏旁观念，这 3 个字是上下结构；按照该规范对“案”“棻”的拆分方法和把“泉”“⿱敏水”归入“白部”的做法，则这 3 个字应视为上中下结构），其上部的“敏”不是部首，就应该取下面的“水”作部首，但却没有归入“水部”而被归入了“攴（攵）部”。与此相似，“幫”“幚”中的“帛”既然被拆分为二而归入“白部”，那么因为其中的“封”“邦”不是部首，就应该取下面的部首归入“巾部”，但现在却被分别归入了“寸部”“邑（阝右）部”。“雈”与“萑”不同，其上部并不是“艹”，却被归入了“艹部”而没有归入“隹部”。

其规则第 3 条云：“如果汉字的左和右、上和下都不是部首，则按照先左后右、先上后下的顺序，从偏旁的位置取部首。”但是，“⿰雀戈”字却没有按照先左后右的顺序归入“小部”（“雀”被归入“小部”）而被归入了“戈部”，“蠲”字也没有按照先上后下的顺序归入“八（丷）部”而被归入了“皿部”；“⿹𢦏虫”“截”和“戴”字形相似（“戴”中的“異”在甲骨文中像个有头、手、脚的人形，是一个整体，所以和“虫”“隹”相似），但“戴”字按照先上后下的顺序归入了“十部”，而“⿹𢦏虫”“截”却没有按照先上后下的顺序归入“十部”而被归入了“虫部”“隹部”。“眘”的上部与“仌”相似，既然“仌”被归入“人部”，则“眘”也应该按照先上后下的顺序归入“人部”，但现在却被归入了“目部”（“眘”归入“目部”符合传统的归部法，实无可厚非，这里只是用来揭示其自犯规则而已）。更有甚者，“蠶”上部的两个“天”和下部的“蚰”都不是部首，如果按照先上后下的顺序，应该取中间的部首归“日（曰）部”，现在却被归入了“虫部”（“蠶”归入“虫部”也是传统的合理归部法，这里也只是用来揭示其自乱规则而已）。

如此自乱其例的做法，无疑会造成检字的困难。之所以会铸成这种错误，无疑是因为归部者一方面受到部件研究的影响而努力想把“宀”“艹”“八（丷）”“日”“十”“人”“白”“攵”“寸”“阝右”“小”“戈”等部件彻底施之于汉字归部的工作中，所以才会无视“安”“芬”“分”“莫”“旦”“卉”“合”“今”“余”“封”“邦”的整体性，乃至把“雈”的“卝”都视为“艹”来处理以努力消除偏旁“隹”的影响；另一方面又难以彻底摆脱传统偏旁和文字的影响，所以在具体操作中仍把“木”“干”“虫”“黽”“皿”“戈”“隹”“目”等偏旁当回事，把“泉”视为不可拆分的整体，而把“冖”“艹”“土”“鼓”“彑”“水”“巾”“小”“丷”“十”“人”“日”等部件给忘了，以致出现了把“雀”拆分为“小”“隹”归入“小部”，而把“鸀”中的“雀”视为不可拆分的整体这种前后不一致的情况。

科学的汉字部首归部法，应该建立在尊重汉字历史发展及其构形规律的基础上，适当采取表意偏旁（特别是多笔表意偏旁）优先归部原则，而不应该一律采取无义部件（特别是少笔无义部件）优先归部原则，否则就会割裂汉字的历史联系，制造新的汉字部首归部混乱。例如，“厂部”的“鴈鴈鷹”、“卜部”的“鳪”、“人部”的“鸺鸠”、“几部”的“鳳凰”、“刀部”的“鳭”、“干部”的“鳱”、“艹部”的“莺”、“弋部”的“鸢”、“彳部”的“鸻”、“广部”的“鹰”、“幺部”的“鸲”、“支部”的“鸠”、“牙部”的“鸦”、“水部”的“鸿”、“月部”的“鹏鵬鸁”、“殳部”的“鷇”、“文部”的“鸡鸢”、“户部”的“扈”、“矢部”的“鸩”、“立部”的“鸡”、“至部”的“鸷”、“舌部”的“鸹”、“舟部”的“鸼”之类，应该优先取表意的“鸟（鳥）”归部，这样才符合物以群分的传统原则而不会造成群鸟乱飞的不合理现象。

总而言之，伴随中文信息处理而产生的注重字形忽视字义的“无理”拆字及归部，如今跟注重字理的汉字教学传统存在不相协调的现象。如何解决这一问题，尽量使信息处理与语文教学、文化传承之间避免矛盾，还需要我们作进一步努力。

当然，该规范只是个推荐性标准，所以我们也不必对此多加苛责，但为了保持汉字的优秀传统，作进一步的完善还是十分必要的。

现将《GB 13000.1 字符集汉字部首归部规范》改编后附于下，以便读者掌握以上两个规范。所谓改编，包括两个方面的删改。

一是删去了该规范《GB 13000.1 字符集汉字部首归部表》里绝大部分容易归部的字，仅保留其中归部时容易违反该规范的字（和以往传统归部不同的字尽量保留，单笔部首中的字由于较难把握而全部保留），并将其每字换行、分栏排列的形式改为在表格中列举属字的方式进行编排，将其所标的笔画数“一画”“二画”“五至七画”“八画以上”等改为下标的“（1”“（2”“（5 ～ 7”“（8 ～”等来引领该笔画数的汉字，同时又在部首序号前增标了部首的笔画数。这样做，既是为了节约篇幅，也是为了使读者易于把握其特点和难点，以较少的时间去掌握该规范中的全部部首及通用汉字的部首归部法。

二是删去了其附录《〈GB 13000.1 字符集汉字部首归部表〉笔画序检索表》。

应该说，原表适用于中文信息处理编排字符集和辞书编纂时的汉字排序检索，而我们改编的表更适用于汉字教学，更有利于读者掌握以上两个规范。

【附录2-3-3】

语 言 文 字 规 范

GF 0012—2009

GB 13000.1字符集汉字部首归部规范

Specification for Identifying Indexing Components of GB 13000.1 Chinese Characters Set

（经编者改编）

1 范围

本规范规定了GB 13000.1字符集汉字部首的归部原则和规则，给出了20902个汉字的部首归部表。

本规范适用于中文信息处理领域汉字排序检索，也可供辞书编纂和汉字教学参考。

2 规范性引用文件

下列文件中的条款通过本规范的引用而成为本规范的条款。凡是注明日期的引用文件，其随后所有的修改单（不包括勘误的内容）或修订版均不适用于本规范，然而，鼓励根据本规范达成协议的各方研究是否可使用这些文件的最新版本。凡是不注明日期的引用文件，其最新版本适用于本规范。

GB 13000.1－1993 信息技术 通用多八位编码字符集（UCS）第一部分：体系结构与基本多文种平面

GF 3001－1997 信息处理用GB 13000.1字符集汉字部件规范

GF 3003－1999 GB 13000.1字符集汉字字序（笔画序）规范

GF 0011－2009 《汉字部首表》

3 术语和定义

下列术语和定义适用于本规范。

3.1 偏旁 radical

合体字的构字单位。旧称合体字左为偏右为旁，今不论左、右或上、下统称作偏旁。

3.2 部首 indexing component

可以成批构字的一部分部件。凡含有某一部件构成的字，在字集中均排列在一起，该部件作为领头单位排在开头，成为查字的依据。

3.3 主部首 principal indexing component

有不同写法的部首中具有代表性的书写形式。

3.4 附形部首 associated indexing component

附属于主部首的书写形式，有繁体、变形和从属三种。

3.5 单笔部首 one-stroke indexing component

由单笔画充当的部首。

4 汉字部首归部原则

4.1 本规范使用《汉字部首表》规定的部首归部。

4.2 本规范综合考虑历史发展和现实需要，根据汉字的字形确定部首。

5 汉字部首归部规则

5.1 从汉字的左、上、外位置取部首。如果左和右、上和下、外和内都是部首，则只取左、上、外位置的部首。

示例：

彬（木） 旧（丨） 裹（亠） 暮（艹） 圆（囗） 闻（门）

5.2 如果汉字的左、上不是部首，右、下是部首，则取右、下位置的部首；半包围结构的字，如果外不是部首，内是部首，则取内。

示例：

颖（页） 荆（刀） 弯（弓） 矍（又） 岛（山） 载（车）

5.3 如果汉字的左和右、上和下都不是部首，则按照先左后右、先上后下的顺序，从偏旁的位置取部首。

示例：

蠲（皿） 嬲（田） 赜（贝） 蠢（虫） 釐（攴） 赢（月）

5.4 如果由上述位置取不到部首的左右结构、上下结构、包围结构的字或其他字，则从起笔的位置取单笔部首。

示例：

逮（一） 畅（丨） 乖（乛） 粤（丿） 举（丶） 彧（一）

三（一） 果（丨） 我（丿） 良（丶） 乖（丿） 承（乛）

5.5 如果在取部位置上少笔与多笔几个部首出现叠合时，则取多笔部首，不取少笔部首。

示例：

赣，左旁的上头有“丶”“亠”“立”“音”等部首叠合，取“音”；

靡，外框有“丶”“广”“麻”等部首叠合，取“麻”；

威，起笔处有“一”“戈”等部首叠合，取“戈”；

太，起笔处有“一”“大”等部首叠合，取“大”。

6 《GB 13000.1字符集汉字部首归部表》说明

6.1 本规范依据汉字部首归部原则和规则对GB 13000.1字符集的20902个汉字进行归部，形成了汉字部首归部表。

6.2 本规范的归部表按照《汉字部首表》的部首顺序排序，以部首统辖汉字；同部首的字依照《GB 13000.1字符集汉字字序（笔画序）规范》排序。

6.3 为方便检索，本规范在附录A（资料性附录）中给出了归部表的笔画序检索表。该表遵照《GB 13000.1字符集汉字字序（笔画序）规范》排序，在单字后括号内列出该字的主部首，如郭的部首写作“邑”，吉的部首写作“土”。

7 GB 13000.1字符集汉字部首归部表

部首画数	部首序号	部　首	属　字
1	1	一	一（1 二丁丅丆七丂（2 三亍于亐亏卄才下丌丈与万夨（3 亖丰亓开井天夫元云专丏廿五币市丐卅不屯旡互丒（4 未末丼戋正世丗卌本丙丕灭东丛丝（5 弍亚亘吏再束両亙百夹夷北丞（6 严求甫更亜東两丽丣龙来爭（7 奉表㔙亞東画事兩枣面豖疌亟（8 奏卼甚枣畐朿歪甭昼（9 茾或哥（10～焉堇棗棘奡皕畺叆爾㨗囊鼺囊
	2	丨（亅）	丨亅（1 丄（2 九（3 丮中内內冇（4 凸旧且甲甲申电由史央由冉冊凹冎（5～7 师曳曲曵粤串果䏛畅冄弗（8～临禺畢褁鶇頤
	3	丿	丿（1 乂九（2 千乇川九ㄗ勺久么丸及（3 午壬升夭乢币丰爻乏乏匆丹乌（4 生失乍丘乎乐册（5 年朱乔乒乓氼由囟甪（6 我兎囪囱卵系（7 幷垂乖秉臾（8 乘重禹俎胤（9 埀㞾烏師（11～喬粤粵粸睾舉釁

续表

部首画数	部首序号	部　首	属　字
1	4	丶	丶乀乁（2～4 义之为宂氷半必永（5～7 州农良券单（8～10 叛為举单雈巣（12～養厳
	5	乛	乛乚乙（1 刁了丩乃乂巜乜（2 乞亾亾孔孑孓卫孒也夂 双习乡（3 丟乱尹乐夬弔丑卍予毌书（4 䒤乬司民弗承 函卯（5 乩乶乷隶乸乹乫乱买（6 乺乻乼甬（7 乽乾乳乿 承虱（8 亁亂亃亄（9～12 函亂亄亂亃亅
2	6	十	十（2～5 卆卉古㕛协华克（6 直丧協卖卑（7 贲南（8 真㽧𠦒（9 㪅啬（10 博喪準（11 準（12～兢嘏戴戴𡔷𡚽矗
	7	厂（𠂆）	厂（2 厅仄历反（3 压斥卮（4 后（5 㕙（6 质（7 盾（8 虒（10 雁（11 鴈（12 愿（13 㕻魇餍鴈（14 歷曆赝（15 壓磿（16 黡檿擪懕龎 靨（17 靥（20～贋曆鷹厵
	8	匚	匚匸（2 区匹巨
	9	卜（⺊）	卜（1～3 上北卡夫占卢（4～5 赤贞芈卣（6～7 卓卤貞（8～ 桌卨鸬鼎
	10	冂（⺆）	冂（2 有冃円罓冈（3 冋回用甩（4～6 同网冏岡罔周
	11	八（丷）	八丷（1 丫（2 兮分公节（3 兰（4 共兊并关竝弟兴（5 兵兑 坌弃岔兑弟（6 其具典瓮贫㚀忿粂瓮怸並单（7 瓫盆养 剏前酋兹（8 釜岔翁朌兼（9～與蓺巽與養麄興
	12	人（亻入）	亻人入（1 亿亼个（2 介仌仑令今仓以（4 全合企众汆（5 攸佘含（6 舍命匋籴贪念（7 俞弇俎畆（8 侹倾條脩畲拿衾（9 鸺悆龛畣盒剣畬貪（10 畬畬翕禽（11 龕愈會鳰（12 僉（13 僮舗舖畣（14 舘劒劍盦（15 鵂儵（16 儵（19 䴏（20～龕䍿
	13	勹	勹（1 勺（2 勿（3 句包（4 旬匈（5 甸（7 匍匐（8 芻
	14	儿	儿先兆党兟
	15	匕	匕（3～8 北旨顷匘眞（9～匙㼡疑冀
	16	几（⺇）	几（1～3 凡凤（4～5 朵夙凫（6～9 咒凯凭凰（10～梵凳鳯鳳凴
	17	亠	亠（1 亡（2 卞六亢（3 主市玄（4 交㐬充（5 亩（6 京享夜卒 兖氓（7 哀亮亱玅（8 衮衰㐶畝衷畐离衮兹（9 亳孰烹衰 衮商商衰衺旅率（10 亵就亳裒棄豙棄（11 裹禀亶稾雍（12 褻裹豪亵（13 褒（14 褒辩褻壅（15 襄甕（17～饔亹饔
	18	冫	冫（3 冯
	19	冖	冖（2～6 冚军冐
	20	凵	凵凶击凶函
	21	卩（㔾）	卩（1～5 印卯危却（6～8 卷巹卿
	22	刀（刂⺈）	刂刀（1 刃（2 切刈产办（3 刍召（4 负争（5 奂免（6 兔臽券（7 荆（8 脅（9 龟象剪（11 赖詹奄鴖（12 复（13 复豫（14～餤龜釁

续表

部首画数	部首序号	部首	属字
2	23	力	力(2 办(3 加(4 动劣(6 势券(7 勉娈勇(8 哿脅(10 勞(11 募(12 甥(13 勰(14～勳
	24	又	又(1 叉(2 友叕邓劝(3 发叐发圣对(4 戏观欢(5 鸡(6 叔受变艰(7 叟叚(8 难桑(11～鳭叠燮雙矍
	25	厶	厶(2 厷厽允(3 弁厼台(4 丢负牟(5 县矣叏(6 叀叁参厽(7 畝羞枭叏怠垒(8 畚能(10 絫
	26	廴	廴(3～5 廵廷(6～7 建
3	27	干	干(2～4 刊邗平攼罕(6～11 顸鼾鳱
	28	工	工(2 巧卭邛功左(3 巩(4 瓨贡汞攻巫巠(6 项巭(7～11 巯愩
	29	土（士）	土士(1 圡圠(2 尧韦去(3 寺吉志在圲(4 夫壳志声毐垩坐(5 坴夌幸刧坐(6 㚖壴垫埚垩(7 袁壶(8 埶執壸壼埜(9 堯喆喜報壹(10 歫塋(11 嘉臺橐壽堨(12 賣墥(13 熹憙嚞燚(14 懿(15 嚞燾(16 懿(19 懿蠹臢(20～囍囍
	30	艹（艸）	艹艸(1 艺(4 劳(5 茔茕(6 荆荣荤荥荦荧(7 莫莹莺(8 菻堇菩萑菜萤营萦萑(9 募蒽葉孳(10 墓幕蓦夢蒙蓥蒸(11 慕暮摹蔑甍蔦(13 蓋薨(14 薈藿藁臒(15 藟繭藁(16 蘉孽蘂(17 蘊蘮蘖(18 虁(19 虁蘖
	31	寸	寸(2～6 刌寿封(7～9 尅専尉專尉尌尊(11～對導幫
	32	廾	廾弃弆弈弊
	33	大	大(1 太(2 夲夰夂夯厺头(3 夳夺(4 夽夾(5 奔奇奄奋(6 契奎牵奂(8 匏奢奞爽(9 奥奠(10 奚(12 奭樊(13～樂鞾
	34	尢（兀尣）	兀尢尣(1 尤(3 尥尧尦(4 尬(6 尳(7～尷尷
	35	弋	弋(1～5 弌弍式忒貮鸢(6～11 贰貣䧳貳鳶
	36	小（⺌）	小(1 少尐(2 尔尕(3 尘尖光当(4～6 肖尙尚尝県(7～9 覍雀尞辉(10～尠粻輝縣黨耀纛
	37	口	口(2 可右叶号只兄另台(3 向(4 呆肙员吴君吾(5 鸣咼咎(6 哉咠虽哿哥咒(7 㖁(8 啚唔高兽啓(9 啬戢單咢啻善嘗(10 嗣喿嚳(11 壽啋嵒韶嫑(12 噐嘼噕(13 器營(15 嚻嚣(16 嚴(17 嚳(19 囅譽
	38	囗	囗(2 囚四(4 圄囧
	39	山	山(1 乢(2 岂屵邮(3 出岁(4 岽岛(5 峀岳(6 峕岿幽(7 崟豈(9 崽(10 嵤(12 嶲(14 豳
	40	巾	巾(2 布帅帄(4 希(6 带帝(11 幣
	41	彳	彳(3 行彴(6 衎衍(7 衒(8 術衔衜(9 街衖衕(10 衙微衝(12 衚衛(13 衡(14 徧徽衟(16～衢

续表

部首画数	部首序号	部　首	属　字
3	42	彡	彡 (4～7 形彤须彦 (11～鬶
	43	夕	夕 (2 外夘夗夗 (3 舛名多 (4～7 舛夝 (8～9 梦够飧夠 (11～夥舞夤夢夗
	44	夂	夂攵 (2 处処冬务 (3 夅各 (4 夆条 (5～9 备复条变夏条惫 (12～憂螽燮夒夔
	45	丬（爿）	丬 爿 (3 壮妆壯 (4 状牀戕斨 (5～7 将牂 (9～牆
	46	广	广 (2 庁邝 (3 庄 (4 床応 (7 席唐 (8 庶 (9 赓 (10 鷹 (11 腐 (12 麇 (14 膺應 (15 癒鹰 (16 龐 (17 膺 (18～廱廳鷹
	47	门（門）	门門 (1 闩閂 (2 閄 (3 问
	48	宀	宀 (3 守字安 (4 牢灾 (5 宝 (6 安 (7 案害 (8 寍密 (9 甯寍 (10 塞骞骞窸寗 (11 赛搴賓蜜寧寘 (12 賨寋窼 (13 憲褰 (14 蹇謇 (17 騫 (18 騫
	49	辶（辵）	辶辵 (2 边
	50	彐（彑彑）	彐彑 (2～4 归寻彐灵 (5～7 录帚彔彖帰 (8～10 彗尋彘彙 (13～彝彠
	51	尸	尸 (1～3 尺尻尽 (4 屎屃局 (5 鸤 (6 咫屎 (9 犀孱 (11 鳲 (14～屭屭
	52	己（已巳）	己已巳 (1～3 巴邔导异改 (4～5 改攺忌卺 (6～9 巷巻巺巹 巸巽
	53	弓	弓 (1 弖引 (6 弯弮 (7 弱 (9 弻粥 (14～疆彎
	54	子	子 (1～3 孔孕存 (4 孛孜忎 (5 学孟孥 (7 孨 (9～13 孳孴
	55	屮（屮）	屮出岦芔蚩舊
	56	女	女 (2 奴 (3 妏妄 (5 妻妿 (7 娑 (8 婪 (10 嫑 (12 嫳
	57	飞（飛）	飞飛飜飝
	58	马（馬）	马馬 (2 驭 (3 骉 (4 馽駡 (5 驽驾 (6 骂騺 (9 骛
	59	幺	幺幻乣幼幾畿鴢
	60	巛	巛災甾邕巢巤疌
4	61	王（玉）	王玉 (1 玊玌 (2 㺮丟 (3 弄 (4 现 (5 玺 (6 班 (7 望 (8 琴琶 (9 聖 (10 瑿瑩 (12 璽璗 (15 璺
	62	无（旡）	无旡 (4～7 炁既旣 (8～旣暨曁鼊
	63	韦（韋）	韦韋 (2～5 郼韧韌韍 (6～8 韑韏 (9 韫韪 (10 韬
	64	木（朩）	木朩 (1 术札杢朮 (2 杀杂朵 (3 杏宋 (4 杳來杰枭罙 (5 枼柰查柋染 (6 栔栽郴桀桨桊 (7 梺彬梵桼桽梟 (8 棊棨綦棽棼棶棸棫 (9 楍楙 (10 榮 (11 樂 (12 檠橤橐橆橎檃 (13 檗 (15 櫜 (16 櫱 (18 欎 (21 欝 (22～鬱鬱

续表

部首画数	部首序号	部　首	属　字
4	65	支	支妓翅攲頍鳷豉
	66	犬（犭）	犭犬（2 犯（6 哭（8 猌猒（9 献猷（10 獒獃（11 獘獎（15 獸（16 獻
	67	歹（歺）	歹歺（2～4 列死歼殅殁（6 殚（9 飧
	68	车（车車）	车車（1 轧（3 軎（4 轰軣（5 軰（6 载輂（8 輂（13 轝
	69	牙	牙邪鸦雅牚鴉
	70	戈	戈（1 戊戉（2 戎戌戍成划（3 戒（4 或戗（5 咸威战（6 栽（7 戚戛（9 盏戥（11 戯戮（12～戲戳戳
	71	比	比（2～4 毕毕柴毞（5～8 皆毖毙粊琵
	72	瓦	瓦（2～3 瓯瓩（4 瓯（5 瓴瓴（6 瓷瓶（8 甞瓿（9 甄甆（10 甇（12 甏
	73	止	止（2～4 此步武歧走肯些（6～8 峙荮龇歯（9～10 歳頉雌蹬（11～冀齡歸
	74	攴（攵）	攴攵（2 攷（5 故敁（7 敁（8 散（9 敫鼓敖（10 嫠嫠（11 犛犛氂敵（12 整（13 斃（14～斄斅犛斃斆
	75	日（𠃛曰）	曰日（2 早旮旭（3 旱时昆旻（4 旾昔杲冒易昂昊炅曶旹（5 旾冒昷昱昶昏（6 晋晷（7 曹朂曼冕朄（8 晳暜朂最量曶戢（9 匙鼂（10 嘗暢（11 暴（12 曌曏（13 暑（14 鼂（16 曐（17～譽
	76	贝（貝）	贝貝（2 则郥（4 责败贯（8 赍赕質（11 賾（12 赟（14 贙
	77	水（氵氺）	氵水氺（2 汁炏（3 坙沓（4 汞沓烋黍（5 沯畓盗泰（6 汞（8 鸿（10 滎黎（12 澒滎（13 黏爨（14 鴻（19 灓（21 灩
	78	见（見）	见見（3 觃（4 规覔觅（5 览（9 親（10 覺（13 覹
	79	牛（牜）	牛牜（2 牝物（3 告（5 牮（6 拳（7 犓犁牽（10 犖（12 犟（16～犨
	80	手（扌手）	扌手（1 扎（2 扐（5 拜看拏（6 挈拳挙（8 掰（13 擧（15 攀
	81	气	气（2 氕氖（3 氙（4 氜氛（6 氧氣
	82	毛	毛（3～5 毪毣毡（6 毬（7 毭毮（8 毶（9 毹（13 氈氈
	83	长（镸長）	长镸長（3～5 镹镺（6～肆镼
	84	片	片（4～7 版牍（8 牍牌（10～牖
	85	斤	斤（2～4 邤劤欣（5～7 斫颀断（8～9 斯新（10～斲斶斸
	86	爪（爫）	爪爫（3 丞寽孚妥（4 爬采觅争（5 爮爰爯（6 舀爱奚（7～9 爲舜愛辂（10～孚孵爴爵繇
	87	父	父爷斧爸釜爹爺
	88	月（⺝）	月（2 有刖肌（3 彤肢肓（4 肯肴朋服朌育（5 胡背胄胄胜朏（6 朕胷脊朔朗胥（7 朙（8 朞脽勝腃（9 鹏滕塍腰腾（10 膱膭膝膂膋（11 滕膳（12 膸縢膧羸（13 膹膾羸臀臂（15 鵬鵬羸羸（16 臀（17 臜羸（18 臟（19 羸（20 羸
	89	氏	氏氐𠂌昏昏

续表

部首画数	部首序号	部　首	属　字
4	90	欠	欠(3～5 欤欧(8 欻(10 歅(11 歎(14～歡
	91	风（風）	风風(3 飏颪(5 飐(8 颹(10 飖颻(11 飘飄(12 飙
	92	殳	殳(4～6 殴段殷殺(7～8 殻殽(9 殸彀毂毀殿(10 榖穀縠(11 瞉觳(12 縠縠毇(13 轂毅斀(14～毉殼馨
	93	文	文(2～4 刘対吝彣孝忞(5～7 彦斊斋蚉紊產竟(8～11 斌鳼齑(12～斖斓斔斸
	94	方	方(2 邡(4 瓬放斻於(5 旆斿施(6 旁旆旄旂旅(7 旉族旋(9 旍(10～12 旗旟
	95	火（灬）	火灬(2 灰灯灲炛炏炂(3 灸灶(4 炙(5 点(6 烖烦烫烝(7 焂焭(8 煮焚無然(9 照煔煢(10 熊(11 熨勳(12 燕燊(14 燹爃(16 爒(18 爔(20～爨
	96	斗	斗斗斘斜斝斞斟斠斣
	97	户	戸戶户(1 戹(3 启戺(4 所戾肩房戽(6 扆扅扇(7～扈扉扊扊扃
	98	心（忄 ⺗）	忄心(1 忆(2 忌(3 忐(4 忝怂(6 恚恭(8 惎(12 㦽(13 懸(14 懟(15 聽
	99	毋（母）	毋母(2～4 毎每毑毑毒(6～9 毟毓毓
5	100	示（礻）	礻示(1 礼(2 祁(3 社(4 祎视祈(5 祘祟(6 祭(8 禁(10 禜(12 禦
	101	甘	甘邯某甛甞
	102	石	石(1 矽(2 矴矾矶(4 砉泵(8 碁(9 碧(13 礐礐(15 礬
	103	龙（龍）	龙龍(3～4 垄龏龔(5 砻襲(6 聋龚袭龓龖(7～詟龘龘
	104	业	业(2～7 邺丵業凿凿(8～業㸦鏳黻叢黼
	105	目	目(2 盯(3 盲(4 省昊眉(5 眘(6 眥眷(7 睂(9 睿瞀(11 瞖瞥(13 矍(14 矐
	106	田	田(2 町男(3 畀甾(4 畏毗昆胃畋界思(5 叜留畜(6 異累(7 畱(8 畨當(10～12 鴫嬲(13～壘罍纍疊疊罍纍疊
	107	罒	罒(3 罗(4 罚(5 罢罙(6 罛(7 買罟(8 署罣罧睘罪蜀(9 罴罳罯(10 罵罼罰罷(12 羁(13 罽
	108	皿	皿(2～3 盈盂(4 盍(5 益(11～盥盩盪盬盭盬盬
	109	生	生眚產甦甥
	110	矢	矢(3～4 知矦(6～8 矫雉(11～鴙
	111	禾	禾(2 利秂秃私(3 和秊季委(5 秦乘盉(7 嵇(8 稚香(10 稽(11 馫(14 穦
	112	白	白(1～2 癿皁皀皃皅(3～4 帛的皇泉皎(5～6 皋皛皐(7～9 皙皝(10 皞皡(13 皨(14～皩皫

续表

部首画数	部首序号	部　首	属　字
5	113	瓜	瓜瓝瓞瓟瓠瓡瓢瓤瓥
	114	鸟（鳥）	鸟鳥（1～3 鳦鸠鳧鄔鳨（4 鸨鳶（5 鸭鴌鸶（7 鹅（8 鹫（12 鷹鸞
	115	疒	疒（2 疔
	116	立	立（1 产（3 并音竏妾（4 竖亲飒竐（5 竜竞（6 豙翊（7 竦童（8 靖廉（9 飒（11～鴗競
	117	穴	穴（2 穷（3 空帘穹（4 宊突穿窂（5 窎（6 窑窓（11 鴪窵
	118	疋（⺪）	疋胥疍蛋踈疏楚疐
	119	皮	皮（3～5 皯皱（6～8 皲颇（9 皷
	120	癶	癶癷癸発癹登發凳
	121	矛	矛（4～5 柔矜矜務（7～矞蟊矡
6	122	耒	耒（2～3 耓耔（4 耕
	123	老（耂）	耂老（2～4 考孝者耆耄（5～6 耇耈耉耊耋
	124	耳	耳（1 耴（2 耵耶耶取（4 耽耻耗耿耻郰聂耸（5 职（6 联（8 聚（11 聲（12～聽
	125	臣	臣卧臥臤臦臧頣臨臩
	126	覀（襾西）	襾覀西（3～5 覀要栗贾票（6～7 覃粟賈覅（12～覆覇覈覊覉
	127	而	而耐耎耏耍恧鸸
	128	页（頁）	页頁（2 顶（3 顺（6 颏颎（7 颖頼（9 题顗（15 顰
	129	至	至（2～4 到郅致（6 载臷臵（10～臻臶
	130	虍（虎）	虍虎（2 虏虒（3 虐彪（4 虔虑（5 虚號（7 虡覤（8 虡（9 膚慮（10～虪盧虧
	131	虫	虫（1 虬（3 虿蚤（4 蚕（5 蛰蛊（6 蛓蛩蛰蛬蛮（8 蜝（9 蝨蝨（10 螢（11 螯螷蟁（15 蠢蠜蠡（16 蠥（17 蠱（18 蠶蠹（19～蠻
	132	肉	肉胬胾脔脔膂臋臀臠臠
	133	缶	缶（2～4 缷缸缺缹缺（5～8 罂（10～12 罃罄（13～罊罏罍罐
	134	舌	舌（1～4 乱刮敌舐（5～7 甜鸹辞（8～舔舕舓鴰舚
	135	竹（⺮）	竹（2 竺竻（3 竿笃（6 筈答（14 纂（15 簒
	136	臼（𦥑）	臼兒臿舁舃舂舃舄舅
	137	自	自（1～4 臬郎臬臭息（6～10 臯臰臯皋臱鼽
	138	血	血（2～4 衃衄衁衂衉衄（5～衅衈衆衇衉衊
	139	舟	舟（2 舠舠（3 舢（4 般（5 盘舡
	140	色	色艳艴艳艶艷
	141	齐（齊）	齐齊（2～4 齐剂劑齋齌（5～9 齐齍齎齏齏
	142	衣（衤）	衤衣（2 补初（4 袅（6 裁（7 裘裊裔裠（8 裱裳

续表

部首画数	部首序号	部　首	属　字
6	143	羊（⺶⺷）	羊(1 羌(2 羑(3 差羒美羙姜(4 羖羞羡羔恙(5 着盖羕羛(6 翔羡(7 義羨群羣(8 羞(9 羹(10 羲(11 羵(13 羹(14～譱羴
	144	米	米(3 籴类籼籽籹娄(5 畨粜(6 粪粦(7 粲(11 糞麓(16～糱糶糵
	145	聿（⺻⺺）	肀聿(4～6 肃書晝畫(7～9 肅肆畵肇肅盡(11～賷畵
	146	艮	艮垦恳艱
	147	羽	羽(3 羿(4 翍毣翜(5 翎習翏翌(6 翘翚(8 翥翟翣(9 翦翭翫(10 翱(11 翳翼翾(12 翻
	148	糸（纟糹）	纟糸糹(1 糺(4 纹素索紧(6 絜紫絭絲(8 綦(10 縈(12 繛
7	149	麦（麥）	麦麥(4 麸麩(5 麬(6 麯(7 麲(8 麴麴(9～麺麵
	150	走	走(2 赴赵
	151	赤	赤(2～6 郝赦赧赩赪(7～10 赭赬
	152	豆	豆(2～4 剅郖豇豉豉(6～9 豊登豎豌頭(10～豐豒豓豔豔
	153	酉	酉(2 酊(6 截酱(8 醀
	154	辰	辰辱唇脣啟蜃農薅䢅
	155	豕	豕(5 豣豞(6 豢(8～10 豬(11～蠡
	156	卤（鹵）	卤鹵(4～8 鹷鹸(9～鹾鹹
	157	里	里黑野
	158	足（⻊）	足(2 趴(3 趸(7 踅(11 蹔蹷蹩(12 蹵
	159	邑（阝右）	邑(3 邦(4 邦那郌(5 郎(9 鄉(11 鄨(12 鄬(15 鄕
	160	身	身(3～4 射躬躯(5～6 躰躲(7～8 躴(9～11 躿
	161	采	采悉釈釉番释釋
	162	谷	谷(2～4 卻郤谸谺欲(5～10 鹆谿豁(11～豅
	163	豸	豸(3 豺豹(7 貌(8 貓
	164	龟（龜）	龟龜鼊
	165	角	角(2～3 觔(4 斛(6 觜触觧解觠(8～9 觱(10～12 觲觹(13～觸觿
	166	言（讠）	讠言訁(2 计訄(4 訔(6 訾詧誊詹(12 警(13 譽譬(16 讋
	167	辛	辛(1～5 乿辜辝(6～8 辟辢辣辤(9～10 辨辩辧辦辥辨(11～辫辭辮辯辬
8	168	青	青靑(2～6 靕靓靖静(7～靝
	169	龺	(1～5 乾朝乾韩戟朝斡(6～榦榦翰翰韓雗鶾
	170	雨	雨(3 雪(4 雯(5 電雷(6 需(7 霅(8 霑霒霖霍(13 霸露(14 霴(16 靇(17～靉
	171	非	非(2～4 剕斐婓棐裴辈辈斐悲(6～9 蜚裴翡輩靠餥

续表

部首画数	部首序号	部首	属字
8	172	齿（齒）	齿齒 (1 齓 (2 龀 (4 齗龂 (5 齟龄 (6 龈齧齹 (7 龊 (10～齾
	173	黾（黽）	黾黽 (2～5 鄳鼋黿鼍 (6～10 鼌鼇鼉 (11～鼈鼊鼍
	174	隹	隹 (2～4 隼隽隻售雄集雋焦 (5～7 雎截 (8～10 雖䫜瞿雠雞雜 (11～難雧
	175	阜（阝左）	阝阜 (2 队 (9 䫥
	176	金（钅）	钅金釒 (1 钆 (2 针钊钋釙 (3 钍 (4 釡 (5 鉴 (6 鋕鋆 (9 鍳鍞鍪
	177	鱼（魚）	鱼魚 (2 鱽魛魞 (4 鲁魯 (5 鲎 (6 鲜鲞 (7 鯗 (11 鵃鱌
	178	隶	隶隸隷隸
9	179	革	革 (2 靪勒 (4 靳 (6 鞏鞋鞍
	180	面	面勔靤靦靧靨
	181	韭	韭韯韰韱齏
	182	骨	骨 (4～5 骰鹘 (8～9 髖髓 (10～11 鶻
	183	香	香 (4～7 馚 (8～10 馥 (11～馨
	184	鬼	鬼 (3～5 魃魂魅 (7～10 魏
	185	食（饣飠）	饣飠食 (2 饥飢 (3 飨 (4 饮 (5 飸 (6 蚀蝕飺餋 (7 餐 (11 饗
	186	音	音 (2～4 章竟歆韵意 (5～8 韶 (9～11 韻磬韽韼韹響 (12～韾 贛護競贑
	187	首	首馗馘
10	188	髟	髟 (2 髡 (4 髤髮 (5 髪
	189	鬲	鬲 (5～8 鬲鸟融翮鬴鬻 (9～鬷鬺鬲鸟鬻
	190	鬥	鬥 (4～8 鬦鬧鬨鬩 (10～鬪鬫鬬鬭鬮
	191	高	高 (2～4 鄗槀敲歊毃髚膏 (5～稾髛髝鷎髞髞
11	192	黄	黄黃 (4 黅黇黆 (5 黈黈黉 (6～黊黋鷬黌
	193	麻	麻 (3～5 麼麽麼摩摩麾磨縻 (6～8 麿糜縻靡靡 (9～麡魔黂縻
	194	鹿	鹿 (2～4 鄜麀麂塵麃 (5～6 麈麋麓麇 (8 麓麗麒麑麕 (10～ 麟麤
12	195	鼎	鼎鼐鼒
	196	黑	黑 (3～4 墨黓默黔 (5～7 黚點黜黛黠 (8 黨黧 (10～黳
	197	黍	黍黏黐
13	198	鼓	鼓 (5～8 鼛鼕鼖鼘鼙 (9～鼝
	199	鼠	鼠 (4 鼣鼢鼤 (5 鼫鼪 (6～8 鼰鼱
14	200	鼻	鼻 (2～4 鼼鼽鼾齀
17	201	龠	龠龡龢龣龥龤鸙

【附录2-3-3完】

第四节　汉字的规范化和标准化

中华人民共和国成立后，国家十分重视语言文字方面的工作。1954 年 12 月，政府成立了“中国文字改革委员会”（简称“文改会”，是国务院直属机构，前身是成立于 1952 年的“中国文字改革研究会”），主管语言文字的改革工作。当时的主要任务是三项：简化汉字，推广普通话，制定和推行汉语拼音方案。随着新时期工作任务的变化，1985 年 12 月 16 日国务院决定将文改会改名为“国家语言文字工作委员会”（简称“国家语委”）。次年召开的全国语言文字工作会议提出了新时期语言文字工作的主要任务：“做好现代汉语规范化工作，大力推广和积极普及普通话；研究和整理现行汉字，制订各项有关标准；进一步推行《汉语拼音方案》，研究并解决实际使用中的有关问题；研究汉语、汉字信息处理问题，参与鉴定有关成果；加强语言文字的基础研究和应用研究，做好社会调查和社会咨询、服务工作。”为了便于宣传，上述内容被概括为两句话：“讲普通话，写规范字。”

2012 年 12 月 4 日，教育部、国家语言文字工作委员会印发了《国家中长期语言文字事业改革和发展规划纲要（2012—2020 年）》，对近期现代汉语规范工作的主要任务作了进一步的规划（参见绪论第三节），但主旨无疑还是这两句话：“讲普通话，写规范字。”

关于讲普通话的问题，我们已在绪论与第一章作了论述。至于写规范字的问题，现分别论述之。

一、什么是规范的汉字

新闻出版署、国家语言文字工作委员会 1992 年 7 月 7 日发布了《出版物汉字使用管理规定》（新出联〔1992〕4 号），该《规定》第三条对规范汉字和不规范汉字作了如下界定：

> **第三条**　本规定所称的规范汉字，主要是指 1986 年 10 月根据国务院批示由国家语言文字工作委员会重新发表的《简化字总表》所收录的简化字；1988 年 3 月由国家语言文字工作委员会和新闻出版署发布的《现代汉语通用字表》中收录的汉字。
>
> 本规定所称不规范汉字，是指在《简化字总表》中被简化的繁体字；1986 年国家宣布废止的《第二次汉字简化方案（草案）》中的

简化字；在1955年淘汰的异体字（其中1986年收入《简化字总表》中的11个类推简化字和1988年收入《现代汉语通用字表》中的15个字不作为淘汰的异体字）；1977年淘汰的计量单位旧译名用字；社会上出现的自造简体字及1965年淘汰的旧字形。

该《规定》第五条至第七条又规定了可以使用繁体字和异体字的范围，并强调指出，在其他场合都必须使用规范汉字而不能使用不规范汉字。其文如下：

第五条 报纸、期刊、图书、音像制品等出版物的报头（名）、刊名、封皮（包括封面、封底、书脊等）、包装装饰物、广告宣传品等用字，必须使用规范汉字，禁止使用不规范汉字。

出版物的内文（包括正文、内容提要、目录以及版权记录项目等辅文），必须使用规范汉字，禁止使用不规范汉字。

第六条 向台湾、香港、澳门地区及海外发行的报纸、期刊、图书、音像制品等出版物，可以用简化字的一律用简化字，如需发行繁体字版本的，须报新闻出版署批准。

第七条 下列情形可以不适用第五条、第六条的规定：

（一）整理、出版古代典籍；

（二）书法艺术作品；

（三）古代历史文化学术研究著述和语文工具书中必须使用繁体字、异体字的部分；

（四）经国家有关部门批准，依法影印、拷贝的台湾、香港、澳门地区及海外其他地区出版的中文报刊、图书、音像制品等出版物。

这一规定自1992年8月1日起施行，规范了我国二十多年的汉字使用。虽然国务院2013年公布了《通用规范汉字表》，从而使规范汉字有了更为具体而明确的内容，但该规定对规范汉字、繁体字、异体字等使用场合的具体规定至今仍然具有规范作用。

2013年8月19日，国务院在中华人民共和国中央人民政府门户网站公布了国务院办公厅秘书局2013年6月18日印发的《通用规范汉字表》。该表包括如下几个部分：说明，一级字表，二级字表，三级字表；附件1《规范字与繁体字、异体字对照表》；附件2《〈通用规范汉字表〉笔画检字表》。

《通用规范汉字表》曾在2009年8月12日由教育部、国家语委发布过一个征求意见稿，引起了社会各界的广泛关注和热议，时隔四年再行公布，当然有了不少修订。该表的正式公布，无疑是我国语言文字规范工作中的一件大事。为了便于大家学习和使用规范汉字，现将国务院的通知和该表的两个说明附录于下，同时将其5个表汇编为《通用规范汉字表附繁体字、异体字对照表》（其汇编的方法和体例见该表说明）附于其后以供查阅。

我们在学习和使用《通用规范汉字表》时，应该注意以下七个方面。

（1）应该首先掌握1～3500号规范字，其次是3501～6500号规范字。这是因为：根据专家的研究和统计，汉字的使用频率是不同的。最常用的950个字，在一般文章中的出现频率为90%；2400个常用字的出现频率为99%；3800个字的出现频率为99.9%；5200个字的出现率为99.99%。也就是说，如果我们掌握了3500个常用字，就能认识一般文章中99.6%的字。

（2）该表“说明”中所谓“本表在以往相关规范文件对异体字调整的基础上，又将《第一批异体字整理表》中‘晳、喆、淼、昇、邨’等45个异体字调整为规范字”的说法是含混而不准确的。实际上，该表仅将过去6个异体字调整为规范字，它们是：5401晳、5903瞋、5910噘、6333蹚、7412凓、7615勠。至于“喆、淼、昇、邨”等字，只是将它们调整为“在部分义项和用法上可作规范字使用的异体字”（该说法见于其附件1《规范字与繁体字、异体字对照表》的说明），也就是说，它们仍然是异体字，而只在某些场合可作规范字使用，所以它们至多只是一种准规范字，而不是到处都可自由使用的正规规范字。这样的字在该表中有43个，它们是（【】中列出的是它们作为异体字时对应的规范字）：3640阪【3653坂】、4050衹【0246只（衹）】、5000袷【0402夹（夾）】、6351雠（讎）【0133仇】、6513仝【0427同】、6517氾【0865泛】、6522扞【1792捍】、6530邨【0682村】、6531吒【4226咤】、6549䜣（訢）【1158欣】、6607飏（颺）【0368扬（揚）】、6674昇【0125升】、6745迳（逕）【1163径（徑）】、6807迺【0020乃】、6837耑【0083专（專）】、6845钜（鉅）【0101巨】、6906祕【1949秘】、6907叚【2337假】、6909陞【0125升】、6932勣（勣）【2486绩（績）】、6958椏（椏）【0056丫】、6981赀（貲）【2039资（資）】、7006铲（鑪）【1238炉（爐）】、7015脩【1560修】、7133菉【2498绿（綠）】、7226堃【0964坤】、7282絜【1663洁（潔）】、7294喆【1802哲】、7313蒐【2528搜】、7332椀【2881碗】、7335甦【0677苏（蘇）】、7371淼【2755渺】、7384犇【1049奔】、7399頫（頫）【1966俯】、7442甯【0312宁（寧）】、7459線（線）【1336线（綫）】、7545筦【3123管】、7692劄【3532札】、7748麹（麴）【0424曲（麯）】、7816澂【3299澄】、7959谿【3012溪】、7982釐【1448厘】、8095龢【1131和】。如果将这些字也当作规范字，则该表已经把49个异体字调整为规范字，和其“说明”所说的“45个”不合。其所谓的“45个”究竟指哪45个呢？由于该“说明”没有具体说明，所以网上出现了一些错误的版本，把一些原来并非异体字的字都列入这45个字之中。只有深刻领会其“说明”所说的“本表在以往相关规范文件对异体字调整的基础上”这句话并对异体字的情况有所研究，才能推知这45个字应该不包括以前已经恢复为规范字的“阪”“訢”“雠”（参见本节第二部分“异体字的书写规范”中的论述）和传承字“祇”（qí）。作为国家规范，这种没有说明白的含糊“说明”无疑应加完善。

（3）应该认真掌握该表的注，以避免随意使用异体字。当然，该表对异体字的调整力度还不够（参见本节第二部分“异体字的书写规范”中的论述），且其注也并不周全。如说“絜”“读xié或jié时均可用于姓氏人名”，但除了“姓氏人名”之外，“絜”是否就只能写成“洁”呢？实际上，“絜”读xié时是不能写作“洁”的。不过，作为一个字表，不可能对用字问题详加注释，但我们在使用这种“在部分义项和用法上可作规范字使用的异体字”时，无疑应该注意甄别。

（4）除了“可作规范字使用的异体字”在使用时应加注意外，有些规范字的使用也应该避免错误的发生。例如：桔（jié）不是“橘”的简化字，只用于“桔梗”“桔槔”。“黏”（nián）的意思是能把一种东西粘（zhān）连在另一种东西上的性质，“粘”不表示这个意思；“粘”有两读，读nián时是姓，读zhān时指黏的东西附着在别的物体上或物体互相连接，也指用黏的东西使物件连接起来。关于“象、像、相”的分工，可参见本节第三部分“简化字的正确书写”中的论述。

（5）《通用规范汉字表》中有一百多个规范字（主要是类推简化字）在一般的计算机字库中尚无码位，所以目前在计算机上使用时还不很方便。对于这些规范字，我们应该采取有效的手段（如造字）严格按照该表提供的规范字形去使用，而不能勉强利用非规范字来取代。

（6）《国务院关于公布〈通用规范汉字表〉的通知》强调：“《通用规范汉字表》公布后，社会一般应用领域的汉字使用应以《通用规范汉字表》为准。”所以，我们在一般应用领域使用汉字时就应该按照《通用规范汉字表》的规定而不应该盲从某些词典。例如，商务印书馆2012年6月出版的《现代汉语词典》第6版凡例说：“本词典单字条目所用汉字形体以现在通行的为标准。繁体字、异体字加括号附列在正体字之后。”这体例应该是无可非议的，但该词典在汉字形体的具体处理时却和处理异读词一样尚欠周到（参见第一章第十节三）。如在第937页上以“髈”为正体字而把它列为单字条目，又在第1280页上以“蹄髈”为正规字形，这种做法显然有悖于现行的语言文字规范。只要对照一下《通用规范汉字表》我们就会发现，“髈”已经作为“膀”（序号为3134）的异体字而被淘汰，所以，我们以后在一般应用领域中就应该用“膀”字而不应该再用“髈”字了。即使从学理上来说，“骨”本来就和“肉”密切相关，所以《说文》云：“骨，肉之覈也。从冎有肉。”段玉裁注：“去肉为冎，在肉中为骨。”因此，就像“骯髒”简化为“肮脏”不会引起误解一样，“蹄髈”写作“蹄膀”也不会造成理解上的困难，再留用“髈”字实在没有必要。

（7）由于《通用规范汉字表》按照规范字的常用程度和笔画序来排列，所以它实际上只是给出了一个社会一般应用领域的汉字使用规范而并不便于学习，或者说，它适用于辞书编纂和信息处理或文化工作者的一般查检而不适合一般读者的学习应用。因此，它虽然整合了《第一批异体字整理表》（1955年）、《简化字总表》（1986年）、《现代汉语常用字表》（1988年）、《现代汉语通用字表》（1988年）的内容，实际上并不能兼有这些字表的学习功能。有鉴于此，《国务院关于公布〈通用规范汉字表〉的通知》中所谓的“原有相关字表停止使用”应该这样来理解：以前这些字表中有违《通用规范汉字表》的内容，不能再作为规范使用而应以《通用规范汉字表》为准。至于这些字表的学习功能，我们仍然可以利用。基于这样的认识，我们对这些字表作了修订或说明而附于后面以供大家学习。因此，读者在学习使用《通用规范汉字表》时应该同时参阅后面的这些字表和相关论述。至于我们的这种做法与全然抛弃这些字表所取得的学习效果孰优孰劣，那就由以后的实践来检验吧。

【附录 2-4-1】

国务院关于公布《通用规范汉字表》的通知

（国发〔2013〕23号）

各省、自治区、直辖市人民政府，国务院各部委、各直属机构：

国务院同意教育部、国家语言文字工作委员会组织制定的《通用规范汉字表》，现予公布。

《通用规范汉字表》是贯彻《中华人民共和国国家通用语言文字法》，适应新形势下社会各领域汉字应用需要的重要汉字规范。制定和实施《通用规范汉字表》，对提升国家通用语言文字的规范化、标准化、信息化水平，促进国家经济社会和文化教育事业发展具有重要意义。《通用规范汉字表》公布后，社会一般应用领域的汉字使用应以《通用规范汉字表》为准，原有相关字表停止使用。

国务院

2013 年 6 月 5 日

（此件公开发布）

【附录 2-4-1 完】

【附录 2-4-2】

通用规范汉字表

（2013）

说　明

一、为了贯彻《中华人民共和国国家通用语言文字法》，提升国家通用语言文字的规范化、标准化水平，满足信息时代语言生活和社会发展的需要，教育部、国家语言文字工作委员会组织制定《通用规范汉字表》。

二、本表收字 8105 个，分为三级：一级字表为常用字集，收字 3500 个，主要满足基础教育和文化普及的基本用字需要。二级字表收字 3000 个，使用度仅次于一级字。一、二级字表合计 6500 字，主要满足出版印刷、辞书编纂和信息处理等方面的一般用字需要。三级字表收字 1605 个，是姓氏人名、地名、科学技术术语和中小学语文教材文言文用字中未进入一、二级字表的较通用的字，主要满足信息化时代与大众生活密切相关的专门领域的用字需要。

三、本表在整合《第一批异体字整理表》（1955 年）、《简化字总表》（1986 年）、《现代汉语常用字表》（1988 年）、《现代汉语通用字表》（1988 年）的基础上制定。一、二级字表通过语料库统计和人工干预方法，主要依据字的使用度进行定量、收字和分级。三级字表主要通过向有关部门和群众征集用字等方法，收录音义俱全且有一定使用度的字。

四、本表一、二级字表的研制，主要使用了国家语言文字工作委员会现代汉语平衡语料库（收录 1919—2002 年人文和社会科学、自然科学、综合等三大类的 55 个学科门类的语料，9100 万字符）、现代新闻媒体动态流通语料库（收录 2001—2002 年 15 种报刊的语料，3.5 亿字符）、教育科普综合语料库（收录 1951—2003 年中小学通用教材及科普读物的语料，518 万字符）、儿童文学语料库（收录 1949—2007 年适合义务教育第一、二学段阅读的儿童文学的语料，570 万字符）、《现代汉语词典》（第五版）、《新华字典》（第十版），参考了其他语料库和工具书。

五、本表三级字的具体来源是：（1）姓氏人名用字，主要来源于 1982 年全国人口普查18省市抽样统计姓氏人名用字、公安部提供的姓氏用字及部分人名用字、群众提供的姓氏人名用字、一些古代姓氏用字和有影响的古代人名用字；（2）地名用字，主要来源于民政部和国家测绘地理信息局提供的乡镇以上地名用字、部分村级地名和部分自然实体名称的用字、主要汉语工具书中标明为“地名”的用字；（3）科学技术术语用字，主要来源于全国科学技术名词审定委员会提供的56个门类、中国社会科学院语言研究所提供的33个门类的科学技术与人文社会科学的术语用字；（4）中小学语文教材的文言文用字，主要来源于中小学语文教材文言文语料库（收录1949—2008年中小学语文教材中的文言文和普及性文言文的语料，65万字符）。

六、本表对社会上出现的在《简化字总表》和《现代汉语通用字表》之外的类推简化字进行了严格甄别，仅收录了符合本表收字原则且已在社会语言生活中广泛使用的“闫、铊、频”等226个简化字。

七、本表在以往相关规范文件对异体字调整的基础上，又将《第一批异体字整理表》中“晳、喆、淼、昇、邨”等45个异体字调整为规范字。

八、本表的字形依据《现代汉语通用字表》确定，字序遵循《GB 13000.1字符集汉字字序（笔画序）规范》的规定。

九、为方便使用，本表后附《规范字与繁体字、异体字对照表》和《〈通用规范汉字表〉笔画检字表》两个附表。

十、本表可根据语言生活的发展变化和实际需要适时进行必要补充和调整。

【附录 2-4-2 完】

【附录 2-4-3】

规范字与繁体字、异体字对照表

（2013）

说　明

一、本表的编制是为了指导正确使用《通用规范汉字表》、方便古籍阅读、促进海峡两岸及港澳地区交流。繁体字和异体字的使用，遵循《中华人民共和国国家通用语言文字法》的规定。

二、本表列出了《通用规范汉字表》中的3120个规范字及相应的繁体字、异体字。分三栏编排：第一栏是规范字及其序号。第二栏是繁体字，用圆括号括注。第三栏是异体字，用方括号括注。

三、本表收录了与2546个规范字相对应的2574个繁体字。对96组一个规范字对应多个繁体字（或传承字）的字际关系进行了分解。表中的“～”代表与规范字相同的传承字。依据《简化字总表》的规定，对在部分义项和用法上不简化的“瞭、乾、藉、麽”等字，加注予以说明。

四、本表对《第一批异体字整理表》进行了调整，收录了794组共计1023个异体字。对在部分义项和用法上可作规范字使用的“仝、甦、堃、脩”等异体字，加注说明其使用范围和用法。

【附录 2-4-3 完】

表 2-4-1　通用规范汉字表附繁体字、异体字对照表

【说明】

本表以《通用规范汉字表》之附件2《〈通用规范汉字表〉笔画检字表》为基础，加入了一级字表后的一个注、二级字表后的四个注、三级字表后的三个注以及附件1中的繁体字和异体字与注，这样，就以最小的篇幅把《通用规范汉字表》的三个字表及其附件的两个表全部包括进来了。该汇总表的体例是：

（1）以规范字为字头，它前面的序号具有区别字表的作用：1～3500号为一级字表，即常用字集，主要满足基础教育和文化普及的基本用字需要；3501～6500号为二级字表，即次常用字集，它和一级字表一起来满足出版印刷、辞书编纂和信息处理等方面的一般用字需要；6501～8105号为三级字表，是姓氏人名、地名、科学技术术语和中小学语文教材文言文用字中未进入一、二级字表的较通用的字，主要满足信息化时代与大众生活密切相关的专门领域的用字需要。

（2）凡是有繁体字、异体字对应的规范字之后根据情况列出以下三种与之对应的汉字：一是与规范字同形的传承字（用“～”加圆括号表示）；二是繁体字（用圆括号括注）；三是异体字（用方括号括注）。《通用规范汉字表》在“6776 垴”后未列繁体字“堖”，今补入。

（3）本表中的注释号根据出现位置重新排序，但在后面的注释中则加标原件中的注释号，以便与原表对照查检。原一级字表后的一个注，加标[一1]；原二级字表后的四个注，加标[二1]、[二2]、[二3]、[二4]；原三级字表后的三个注，加标[三1]、[三2]、[三3]；原附件1后的52个注，加标[附1]、[附2]、[附3]等。

另外要说明的是，语文出版社2013年8月出版的《通用规范汉字表》对国务院办公厅秘书局2013年6月18日印发的《通用规范汉字表》的字序有所调整，即根据汉字笔画序规范把“钅”“膝”的位置提前了，同时也把相关的汉字序号作了改动（涉及原来的7376～7377、7557～7568号汉字）。这些调整和改动是正确的，所以本表的字序及序号也依2013年8月版作了修改。

一画

0001 一
0002 乙

二画

0003 二
0004 十
0005 丁
0006 厂（廠）
0007 七
0008 卜（～）
（蔔）
0009 八
0010 人
0011 入
3501 乂
0012 儿（兒）
0013 匕
0014 几（～）
（幾）
0015 九
0016 刁
0017 了（～）
（瞭[1]）
0018 刀
0019 力
0020 乃 ［迺廼[2]］
0021 又
3502 乜

三画

0022 三
0023 干（～）
（乾[3]）［亁乾］
（幹）［榦］
6501 亍
0024 于
0025 亏（虧）
0026 工
0027 土
0028 士
0029 才（～）
（纔）
0030 下
0031 寸
0032 大
0033 丈
3503 兀
6502 尢
0034 与（與）
0035 万（～）
（萬）
3504 弋
0036 上
0037 小
0038 口
0039 山
0040 巾
0041 千（～）
（韆）
0042 乞
0043 川
0044 亿（億）
6503 彳
0045 个（個）［箇］
0046 夕
0047 久
0048 么（麼[4]）
0049 勺
0050 凡 ［凣］
0051 丸
0052 及
0053 广（廣）
0054 亡 ［亾］
0055 门（門）
0056 丫 ［枒椏[5]］
0057 义（義）
0058 之
0059 尸 ［屍］
0060 己
0061 已
0062 巳
0063 弓
0064 子
3505 孑
0065 卫（衛）
3506 孓
0066 也
0067 女
0068 刃
0069 飞（飛）
0070 习（習）
0071 叉
0072 马（馬）
0073 乡（鄉）
3507 幺

四画

0074 丰（～）
（豐）
0075 王
3508 亓
0076 开（開）
0077 井
0078 天
0079 夫
0080 元

0081 无（無）
3509 韦（韋）
0082 云（～）
（雲）
0083 专（專）［耑[6]］
0084 丐　　［匃匄］
0085 扎　　［紮紥］
3510 廿
0086 艺（藝）
0087 木
0088 五
0089 支
3511 丏
0090 厅（廳）
3512 卅
0091 不
3513 仄
0092 犬
0093 太
0094 区（區）
0095 历（歷）［歴歷］
（曆）［厤］
0096 歹
0097 友
0098 尤
3514 厄　　［戹阸］
0099 匹　　［疋］
0100 车（車）
0101 巨　　［鉅[7]］
0102 牙
0103 屯
0104 戈
0105 比
0106 互
0107 切
0108 瓦
0109 止
0110 少
0111 曰
0112 日
0113 中
0114 贝（貝）
0115 冈（岡）
0116 内
0117 水
0118 见（見）
0119 午
0120 牛
0121 手
0122 气（氣）
0123 毛
0124 壬
0125 升　　［昇[8] 陞[9]］
0126 夭　　［殀］
0127 长（長）
0128 仁
0129 什
3515 仃
0130 片
0131 仆（～）
（僕）
0132 化
3516 仉
0133 仇　　［讐讎[10]］
0134 币（幣）
3517 仂
0135 仍
0136 仅（僅）
0137 斤　　［觔］
0138 爪
0139 反
3518 兮
3519 刈
0140 介
0141 父
0142 从（從）
3520 爻
0143 仑（侖）［崘崙］
0144 今
0145 凶　　［兇］
0146 分
0147 乏
0148 公
0149 仓（倉）
0150 月
0151 氏
0152 勿
0153 欠
0154 风（風）
0155 丹
0156 匀
0157 乌（烏）
6504 卬
6505 殳
0158 勾
0159 凤（鳳）
3521 卞
0160 六
0161 文
0162 亢
0163 方
3522 闩（閂）
0164 火
0165 为（爲）
0166 斗（～）
（鬥）［鬦鬪鬭］
0167 忆（憶）
0168 计（計）
0169 订（訂）
0170 户
3523 讣（訃）

0171 认（認）
0172 冗　［宂］
0173 讥（譏）
0174 心
3524 尹
0175 尺
3525 夬
0176 引
0177 丑（～）
（醜）
3526 爿
0178 巴
0179 孔
0180 队（隊）
6506 𠙶
0181 办（辦）
0182 以　［㕥目］
0183 允
0184 予
0185 邓（鄧）
0186 劝（勸）
0187 双（雙）
6507 毌
0188 书（書）
3527 毋
0189 幻

五画

0190 玉
0191 刊　［栞］
0192 未
0193 末
0194 示
0195 击（擊）
3528 邗
6508 邘
6509 戋（戔）
6510 圢
0196 打
0197 巧
0198 正
0199 扑（撲）
0200 卉
0201 扒
3529 邛
0202 功
0203 扔
0204 去
0205 甘
0206 世
0207 艾
3530 艽
0208 古
0209 节（節）
3531 艿
0210 本
0211 术（～）
（術）
3532 札　［剳劄[11]］
0212 可
3533 叵
3534 匝　［帀］
0213 丙
0214 左
0215 厉（厲）
3535 丕
0216 石
0217 右
0218 布　［佈］
0219 夯
0220 戊
0221 龙（龍）
0222 平
0223 灭（滅）
0224 轧（軋）
0225 东（東）
3536 匜
3537 劢（勱）
0226 卡
0227 北
0228 占　［佔］
0229 凸
0230 卢（盧）
0231 业（業）
0232 旧（舊）
0233 帅（帥）
0234 归（歸）
0235 旦
0236 目
0237 且
0238 叶（～）
（葉）
0239 甲
0240 申
0241 叮
0242 电（電）
0243 号（號）
0244 田
0245 由
3538 卟
0246 只（衹）［衹[12] 秖］
（隻）
0247 叭
0248 史
0249 央
3539 叱
0250 兄
0251 叽（嘰）
0252 叼
0253 叫　［呌］

0254 叩 [敂]
0255 叨
3540 叻
0256 另
0257 叹（嘆）[歎]
0258 冉 [冄]
0259 皿
0260 凹
0261 囚
0262 四
0263 生
0264 矢
0265 失
6511 氕
0266 乍
0267 禾
3541 仨
0268 丘 [坵]
3542 仕
0269 付
0270 仗
0271 代
0272 仙 [僊]
3543 仟
3544 仡
3545 仫
6512 伋
0273 们（們）
0274 仪（儀）
0275 白
0276 仔
0277 他
3546 仞
0278 斥
3547 卮 [巵]
0279 瓜
6513 仝
0280 乎
0281 丛（叢）
0282 令
0283 用
0284 甩
0285 印
3548 氐
0286 尔（爾）[尒]
0287 乐（樂）
0288 句
0289 匆 [怱悤]
3549 犰
0290 册 [冊]
0291 卯 [夘戼]
0292 犯
0293 外
0294 处（處）
0295 冬（～）
（鼕）
0296 鸟（鳥）
0297 务（務）
3550 刍（芻）
0298 包
0299 饥（飢）
（饑）
0300 主
6514 冮
0301 市
3551 邝（鄺）
0302 立
0303 冯（馮）
3552 邙
0304 玄
0305 闪（閃）
0306 兰（蘭）
0307 半
0308 汁
3553 汀
0309 汇（匯）[滙]
（彙）
0310 头（頭）
6515 氿
6516 汈
0311 汉（漢）
6517 氾
6518 忉
0312 宁（寧）[寕甯[13]]
0313 穴
0314 它 [牠]
6519 宄
3554 讦（訐）
6520 𬣙（訏）
3555 讧（訌）
0315 讨（討）
0316 写（寫）
0317 让（讓）
0318 礼（禮）
3556 讪（訕）
3557 讫（訖）
0319 训（訓）
0320 议（議）
0321 必
0322 讯（訊）
0323 记（記）
0324 永
6521 讱（訒）
0325 司
0326 尼
3558 尻
0327 民
0328 弗
0329 弘
0330 出（～）
（齣）

3559 阡
0331 辽（遼）
0332 奶　　［妳嬭］
0333 奴
3560 尕
0334 召
0335 加
0336 皮
0337 边（邊）
0338 孕
0339 发（發）
（髮）
0340 圣（聖）
0341 对（對）
3561 弁
0342 台（～）
（臺）
（颱）
（檯）
0343 矛
0344 纠（糾）［糺］
3562 驭（馭）
0345 母
0346 幼
0347 丝（絲）

六画

3563 匡
3564 耒
0348 邦
3565 玎
3566 玑（璣）
0349 式
0350 迂
0351 刑
3567 邢
0352 戎
0353 动（動）［働］
3568 圩
6522 扦
3569 圬
3570 圭
0354 扛　　［摃］
0355 寺
0356 吉
0357 扣　　［釦］
6523 圲
3571 扞
0358 考　　［攷］
6524 圫
3572 圪
0359 托　　［託］
3573 圳
0360 老
0361 巩（鞏）
0362 圾
0363 执（執）
3574 圹（壙）
0364 扩（擴）
3575 扪（捫）
0365 扫（掃）
3576 圯
3577 圮
0366 地
0367 场（場）［塲］
0368 扬（揚）［敭颺[14]］
0369 耳
0370 芋
6525 芏
0371 共
3578 芊
3579 芍
6526 芃
3580 芄
3581 芨
0372 芒
0373 亚（亞）
0374 芝
3582 芑
3583 芎
3584 芗（薌）
0375 朽
0376 朴（～）
（樸）
6527 杋
0377 机（機）
6528 朸
0378 权（權）
0379 过（過）
3585 亘　　［亙］
0380 臣
0381 吏
0382 再　　［冄再］
0383 协（協）
0384 西
6529 郏
0385 压（壓）
0386 厌（厭）
3586 厍（厙）
0387 戌
0388 在
0389 百
0390 有
0391 存
0392 而
0393 页（頁）
0394 匠
0395 夸（～）
（誇）
0396 夺（奪）

3587 夼
0397 灰
0398 达（達）
3588 戍
3589 尥
0399 列
0400 死
0401 成
0402 夹（夾）［袷[15]裌］
0403 夷
0404 轨（軌）
0405 邪 ［衺］
6530 邨
0406 尧（堯）
0407 划（～）
（劃）
0408 迈（邁）
0409 毕（畢）
0410 至
0411 此
3590 乩
0412 贞（貞）
0413 师（師）
0414 尘（塵）
0415 尖
0416 劣
0417 光
0418 当（當）
（噹）
0419 早
0420 吁（～）
（籲）
0421 吐
0422 吓（嚇）
3591 旯
3592 曳
0423 虫（蟲）
0424 曲（～）
（麯）［麴[16]］
0425 团（團）
（糰）
0426 吕
0427 同 ［仝[17]衕］
0428 吊 ［弔］
6531 吒
0429 吃 ［喫］
0430 因 ［囙］
0431 吸
6532 吖
0432 吗（嗎）
0433 吆
6533 屼
0434 屿（嶼）
6534 屾
0435 屹
0436 岁（歲）［嵗］
3593 岌
0437 帆 ［㠶颿］
6535 辿
0438 回（～）
（迴）［廻逥］
3594 屺
0439 岂（豈）
0440 则（則）
0441 刚（剛）
0442 网（網）
0443 肉
3595 凼
3596 囡
6536 钆（釓）
3597 钇（釔）
0444 年 ［秊］
0445 朱（～）
（硃）
3598 缶
3599 氘
3600 氖
0446 先
3601 牝
0447 丢
0448 廷
0449 舌
0450 竹
0451 迁（遷）
0452 乔（喬）
0453 迄
0454 伟（偉）
0455 传（傳）
0456 乒
0457 乓
0458 休
0459 伍
3602 伎
0460 伏
3603 伛（傴）
0461 优（優）
0462 臼
3604 伢
0463 伐
6537 仳
0464 延
3605 佤
0465 仲
6538 伣（俔）
3606 仵
0466 件
0467 任
0468 伤（傷）
3607 伥（倀）
0469 价（價）
0470 伦（倫）

0471 份
3608 伧（傖）
0472 华（華）
0473 仰
3609 伉
0474 仿　　　［倣髣］
0475 伙（～）
（夥[18]）
0476 伪（僞）
3610 伫　　　［佇竚］
6539 伈
0477 自
0478 伊
6540 㐌
0479 血
0480 向（～）
（嚮）［曏］
3611 囟
0481 似　　　［佀］
0482 后（～）
（後）
0483 行
6541 甪
0484 舟
0485 全
0486 会（會）
0487 杀（殺）
0488 合（～）
（閤）
0489 兆
0490 企
3612 氽
0491 众（衆）［眾］
0492 爷（爺）
0493 伞（傘）［繖繖］
6542 邠
0494 创（創）［刱剏］

3613 刖
0495 肌
0496 肋
0497 朵　　　［朶］
0498 杂（雜）［襍］
3614 夙
0499 危
0500 旬
0501 旨
3615 旮
0502 旭
0503 负（負）
6543 犴
3616 刎
3617 犷（獷）
0504 匈
3618 犸（獁）
3619 舛
0505 名
0506 各
0507 多
3620 凫（鳧）
0508 争
3621 邬（鄔）
0509 色
3622 饧（餳）
6544 冱
0510 壮（壯）
0511 冲（～）
（衝）
0512 妆（妝）［粧］
0513 冰　　　［氷］
0514 庄（莊）
0515 庆（慶）
0516 亦
0517 刘（劉）
0518 齐（齊）

0519 交
0520 衣
0521 次
0522 产（産）
0523 决　　　［決］
0524 亥
6545 邡
0525 充
0526 妄
6546 闫（閆）
0527 闭（閉）
0528 问（問）
0529 闯（闖）
0530 羊
0531 并　　　［併並竝］
0532 关（關）
0533 米
0534 灯（燈）
0535 州
0536 汗
0537 污　　　［汙汚］
0538 江
6547 沥（瀝）
3623 汕
3624 汔
3625 汐
6548 汋
3626 汲
0539 汛
3627 汜
0540 池
0541 汝
0542 汤（湯）
3628 汊
3629 忖
3630 忏（懺）
0543 忙

0544 兴（興）
0545 宇
0546 守
0547 宅
0548 字
0549 安
0550 讲（講）
0551 讳（諱）
3631 讴（謳）
0552 军（軍）
3632 讵（詎）
0553 讶（訝）
3633 祁
3634 讷（訥）
0554 许（許）
0555 讹（訛）［譌］
6549 䜣（訢）
0556 论（論）
6550 讻（訩）
0557 讼（訟）
0558 农（農）［辳］
0559 讽（諷）
0560 设（設）
0561 访（訪）
6551 讵（詝）
0562 诀（訣）
3635 聿
0563 寻（尋）［尋］
0564 那
3636 艮
3637 厾
0565 迅
0566 尽（盡）
（儘）
0567 导（導）
0568 异 ［異］
0569 弛
3638 阱 ［穽］
3639 阮
0570 孙（孫）
0571 阵（陣）
6552 孖
0572 阳（陽）
0573 收
3640 阪
0574 阶（階）［堦］
0575 阴（陰）［隂］
0576 防
3641 丞
0577 奸 ［姦］
0578 如
3642 妁
0579 妇（婦）［媍］
0580 妃
0581 好
0582 她
0583 妈（媽）
0584 戏（戲）［戱］
0585 羽
0586 观（觀）
3643 牟
0587 欢（歡）［懽讙驩］
0588 买（買）
3644 纡（紆）
0589 红（紅）
3645 纣（紂）
0590 驮（馱）［駄］
0591 纤（縴）
（纖）
3646 纥（紇）
0592 驯（馴）
6553 纠（糾）
0593 约（約）
3647 纨（紈）
0594 级（級）
6554 纩（纊）
0595 纪（紀）
0596 驰（馳）
0597 纫（紉）
0598 巡 ［廵］

七画

0599 寿（壽）
3648 玕
6555 玒
0600 弄 ［挵衖］
3649 玙（璵）
0601 麦（麥）
0602 玖
6556 玓
6557 玘
6558 玚（瑒）
0603 玛（瑪）
0604 形
0605 进（進）
0606 戒
0607 吞
0608 远（遠）
0609 违（違）
0610 韧（韌）［靭靱韌］
6559 刬（剗）
0611 运（運）
0612 扶
0613 抚（撫）
0614 坛（壇）
（罎）［罈壜］
3650 抟（摶）
0615 技
0616 坏（壞）

3651 抔
6560 坂（堰）
0617 抠（摳）
6561 坜（壢）
0618 扰（擾）
0619 扼　　［搤］
0620 拒
6562 坉
6563 扽
0621 找
0622 批
0623 址　　［阯］
0624 扯　　［撦］
0625 走
0626 抄
0627 贡（貢）
0628 汞
0629 坝（壩）
（壩）
0630 攻
0631 赤
3652 圻
0632 折（～）
（摺）
0633 抓
3653 坂　　［阪[19]岅］
0634 扳
6564 坨（埨）
0635 抡（掄）
6565 坋
0636 扮
0637 抢（搶）
6566 抵
0638 孝
0639 坎　　［埳］
3654 坍
0640 均

3655 坞（塢）［隖］
0641 抑
0642 抛
0643 投
3656 抃
0644 坟（墳）
0645 坑　　［阬］
0646 抗
0647 坊
6567 扬（搵）
0648 抖
0649 护（護）
0650 壳（殼）
0651 志　　［誌］
0652 块（塊）
3657 抉
0653 扭
0654 声（聲）
0655 把
0656 报（報）
0657 拟（擬）［儗］
0658 却　　［卻卻］
0659 抒
0660 劫　　［刦刧刼］
3658 扨（攖）
6568 毐
0661 芙
3659 芫
0662 芜（蕪）
0663 苇（葦）
3660 邯
3661 芸（～）
（蕓）
3662 芾
6569 芰
6570 苶
3663 苈（藶）

6571 苊
6572 芷
3664 苣
0664 芽
6573 芘
3665 芷
3666 芮
3667 苋（莧）
3668 芼
3669 苌（萇）
0665 花　　［苍蘤］
0666 芹
0667 芥
3670 苁（蓯）
3671 芩
0668 芬
0669 苍（蒼）
3672 芪
6574 芴
3673 芡
3674 芟
3675 苄
6575 芠
0670 芳
0671 严（嚴）
6576 苈（蔿）
3676 苎（苧）
0672 芦（蘆）
0673 芯
0674 劳（勞）
0675 克（～）
（剋[20]）［尅］
0676 芭
6577 芤
0677 苏（蘇）［甦[21]蘓］
（囌）
3677 苡

0678 杆 ［桿］
0679 杠 ［槓］
0680 杜
0681 材
0682 村 ［邨[22]］
6578 杕
0683 杖
3678 杌
6579 杙
0684 杏
6580 杄
0685 杉
0686 巫
3679 杓
0687 极（極）
6581 杧
3680 杞
0688 李
0689 杨（楊）
3681 杈
6582 杩（榪）
0690 求
3682 忑
3683 孛
0691 甫
0692 匣
0693 更
0694 束
0695 吾
0696 豆 ［荳］
0697 两（兩）
3684 邴
0698 酉
0699 丽（麗）
0700 医（醫）
0701 辰
0702 励（勵）
3685 邳
0703 否
0704 还（還）
3686 矶（磯）
3687 奁（奩）［匳匲籢］
6583 尪
3688 豕
6584 尨
0705 尬
0706 歼（殲）
0707 来（來）
3689 忒
0708 连（連）
3690 欤（歟）
0709 轩（軒）
6585 轪（軑）
6586 轫（軏）
3691 轫（軔）［軔］
3692 迓
6587 邶
3693 邶
3694 忐
6588 芈
0710 步
0711 卤（鹵）
（滷）
3695 卣
3696 邺（鄴）
0712 坚（堅）
0713 肖
3697 旰
0714 旱
6589 旴
0715 盯
0716 呈
0717 时（時）［旹］
0718 吴
3698 呋
3699 呒（嘸）
0719 助
0720 县（縣）
0721 里（～）
（裏）［裡］
3700 呓（囈）
0722 呆 ［獃］
6590 旵
0723 吱
0724 吠
3701 呔
0725 呕（嘔）
0726 园（園）
3702 呖（嚦）
3703 呃
0727 旷（曠）
0728 围（圍）
0729 呀
0730 吨（噸）
3704 旸（暘）
3705 吡
3706 町
0731 足
3707 虬 ［虯］
0732 邮（郵）
0733 男
0734 困（～）
（睏）
0735 吵
0736 串
3708 呗（唄）
0737 员（員）
0738 呐
6591 呙（咼）
3709 吽
0739 听（聽）

6592 吺
0740 吟　　　［唫］
0741 吩
0742 呛（嗆）
0743 吻　　　［脗］
0744 吹
0745 呜（嗚）
0746 吭
3710 吣
3711 吲
0747 吧
0748 邑
0749 吼
0750 囤
0751 别（～）
　　　（彆）
0752 吮
6593 岍
3712 帏（幃）
3713 岐
0753 岖（嶇）
6594 岈（嶇）
6595 岠
3714 岈
0754 岗（崗）
3715 岘（峴）
0755 帐（帳）
3716 岑
3717 岚（嵐）
3718 兕
6596 岜
0756 财（財）
6597 吝
6598 囧
3719 囵（圇）
3720 囫
6599 贬（貶）

0757 针（針）［鍼］
0758 钉（釘）
3721 钊（釗）
3722 钋（釙）
3723 钌（釕）
3724 迕
3725 氙
3726 氚
0759 牡
0760 告
3727 牤
0761 我
0762 乱（亂）
0763 利
0764 秃
0765 秀
0766 私
6600 呑
0767 每
3728 佞
0768 兵
3729 邱
0769 估
0770 体（體）
0771 何
0772 佐
6601 伾
0773 佑
3730 攸
0774 但
0775 伸
0776 佃
3731 佚
0777 作
0778 伯
0779 伶
0780 佣（傭）

0781 低
0782 你　　　［妳］
3732 佝
3733 佟
6602 㑳（儰）
0783 住
0784 位
6603 伭
0785 伴
3734 佗
6604 佖
0786 身
0787 皂　　　［皁］
0788 伺
6605 伲
0789 佛　　　［彿髴］
3735 伽
0790 囱
6606 佁
0791 近
0792 彻（徹）
0793 役
3736 彷
0794 返
3737 佘
0795 余（～）
　　　（餘）
0796 希
3738 佥（僉）
0797 坐
0798 谷（～）
　　　（穀）
3739 孚
0799 妥
3740 豸
0800 含
0801 邻（鄰）［隣］

3741 坌
0802 岔
0803 肝
3742 肟
0804 肛　　　[疘]
0805 肚
0806 肘
0807 肠（腸）[膓]
3743 邸
0808 龟（龜）
0809 甸
3744 奂
0810 免
3745 劬
0811 狂
0812 犹（猶）
0813 狈（狽）
3746 狄
6607 飏（颺）
0814 角
0815 删　　　[刪]
6608 狃
3747 狁
3748 鸠（鳩）
0816 条（條）
0817 彤
0818 卵
0819 灸
0820 岛（島）[嶋]
3749 邹（鄒）
0821 刨　　　[鉋鑤]
3750 饨（飩）
0822 迎
3751 饩（餼）
3752 饪（飪）[餁]
3753 饫（飫）
3754 饬（飭）

0823 饭（飯）
0824 饮（飲）[歙]
0825 系（～）
（係）
（繫）
0826 言
0827 冻（凍）
0828 状（狀）
0829 亩（畝）[畂 畮 畆 畒畮]
0830 况　　　[況]
3755 亨
3756 庑（廡）
0831 床　　　[牀]
3757 庋
0832 库（庫）
0833 庇
3758 疔
0834 疗（療）
3759 疖（癤）
0835 吝　　　[悋]
0836 应（應）
0837 这（這）
0838 冷
0839 庐（廬）
0840 序
0841 辛
3760 肓
0842 弃　　　[棄]
0843 冶
0844 忘
0845 闰（閏）
3761 闱（闈）
0846 闲（閑）[閒]
3762 闳（閎）
0847 间（間）
3763 闵（閔）

6609 闶（閌）
0848 闷（悶）
3764 羌　　　[羌羗]
0849 判
0850 兑
0851 灶（竈）
0852 灿（燦）
0853 灼
3765 炀（煬）
0854 弟
3766 沣（灃）
0855 汪
6610 汧
6611 汫
3767 沅
6612 沄（澐）
6613 沩（溈）
6614 沄（澐）
0856 沐
0857 沛
3768 沔
0858 汰
3769 沤（漚）
0859 沥（瀝）
3770 沌
6615 沘
3771 沏
3772 沚
0860 沙
3773 汩
3774 汨
6616 沨（渢）
6617 汭
0861 汽
0862 沃
3775 沂
6618 汶

0863 沦（淪）
0864 汹 ［洶］
3776 汾
0865 泛 ［氾[23] 汎］
0866 沧（滄）
3777 沨（渢）
0867 没
0868 沟（溝）
3778 汴
3779 汶
3780 沆
3781 沩（溈）
0869 沪（滬）
0870 沈（～）
（瀋）
0871 沉
0872 沁
3782 泐
6619 沇
3783 怃（憮）
6620 忮
0873 怀（懷）
3784 怄（慪）
0874 忧（憂）
6621 忳
3785 忡
3786 忤 ［啎］
3787 忾（愾）
3788 怅（悵）
3789 忻
3790 忪
3791 怆（愴）
6622 忺
3792 忭
0875 忱
0876 快
3793 忸
0877 完
0878 宋
0879 宏
0880 牢
0881 究
0882 穷（窮）
0883 灾 ［災烖菑］
0884 良
6623 𫍣（諓）
0885 证（證）
3794 诂（詁）
3795 诃（訶）
0886 启（啓）［唘啟］
0887 评（評）
0888 补（補）
0889 初
0890 社
0891 祀 ［禩］
6624 祃（禡）
3796 诅（詛）
0892 识（識）
6625 诇（詗）
0893 诈（詐）
0894 诉（訴）［愬］
0895 罕
0896 诊（診）
3797 诋（詆）
3798 诌（謅）
6626 邲
0897 词（詞）［䛐］
6627 诎（詘）
3799 诏（詔）
6628 诐（詖）
0898 译（譯）
3800 诒（詒）
0899 君
0900 灵（靈）
0901 即
0902 层（層）
0903 屁
6629 屃（屓）
0904 尿
0905 尾
0906 迟（遲）
0907 局 ［侷跼］
6630 弪（弳）
0908 改
0909 张（張）
0910 忌
0911 际（際）
0912 陆（陸）
0913 阿
3801 孜
3802 陇（隴）
0914 陈（陳）
6631 岊
6632 阽
0915 阻
6633 𨚕
6634 阼
0916 附 ［坿］
0917 坠（墜）
3803 陀
3804 陂
3805 陉（陘）
3806 妍
6635 妧
3807 妩（嫵）
6636 妘
0918 妓
3808 妪（嫗）
3809 妣
0919 妙 ［玅］
3810 妊 ［姙］

0920 妖
3811 妗
0921 姊 ［姉］
0922 妨
3812 妫（媯）
0923 妒 ［妬］
3813 妞
3814 姒
3815 妤
0924 努
3816 邵
3817 劭
0925 忍
3818 刭（剄）
0926 劲（勁）
6637 郱
3819 甬
3820 邰
0927 矣
0928 鸡（鷄）［雞］
0929 纬（緯）
3821 纭（紜）
0930 驱（驅）［駈敺］
6638 纮（紘）
0931 纯（純）
3822 纰（紕）
0932 纱（紗）
6639 驲（馹）
0933 纲（綱）
0934 纳（納）
3823 纴（紝）
0935 驳（駁）［駮］
0936 纵（縱）
3824 纶（綸）
0937 纷（紛）
0938 纸（紙）［帋］
6640 𫘣（駇）
0939 纹（紋）
0940 纺（紡）
6641 纻（紵）
0941 驴（驢）
6642 𬘘（紞）
6643 𫘝（駃）
6644 纼（紖）
0942 纽（紐）
3825 纾（紓）

八画

0943 奉
6645 玤
6646 玞
0944 玩 ［翫］
3826 玮（瑋）
0945 环（環）
3827 玡
3828 玭
0946 武
0947 青
0948 责（責）
0949 现（現）
0950 玫
3829 玠
3830 玢
6647 玱（瑲）
3831 玥
0951 表（～）（錶）
6648 玟
3832 玦
3833 盂
3834 忝
0952 规（規）［槼］
3835 匦（匭）
0953 抹
0954 卦
6649 邽
3836 坩
6650 邿
0955 坷
0956 坯
0957 拓 ［搨］
0958 拢（攏）
0959 拔
0960 坪
3837 抨
0961 拣（揀）
3838 拤
3839 坫
3840 拈
3841 垆（壚）
0962 坦
6651 坥
0963 担（擔）
0964 坤 ［堃[24]］
0965 押
3842 抻
0966 抽
3843 劼
0967 拐 ［柺］
6652 坰
3844 拃
0968 拖 ［拕］
3845 拊
0969 者
0970 拍
0971 顶（頂）
3846 坼
0972 拆
6653 坬
6654 坽

0973 拎
0974 拥（擁）
3847 抵
0975 抵　　　［牴觝］
0976 拘
0977 势（勢）
0978 抱
0979 拄
0980 垃
0981 拉
0982 拦（攔）
0983 幸　　　［倖］
0984 拌
3848 扻（攦）
0985 拧（擰）
3849 坨
3850 坭
3851 抿
0986 拂
0987 拙
0988 招
0989 坡
0990 披
0991 拨（撥）
0992 择（擇）
6655 奔
0993 抬
0994 拇
3852 坳　　　［坳］
0995 拗　　　［抝］
6656 耵
0996 其
3853 耶
0997 取
0998 茉
3854 苷
0999 苦

3855 苯
1000 昔
1001 苛
3856 苤
1002 若
6657 郝
1003 茂
3857 茏（蘢）
1004 苹（蘋[25]）
3858 苫
3859 苜
3860 苴
1005 苗
6658 苋
1006 英
3861 苒
3862 苘
3863 茌
3864 苻
3865 苓
3866 茚
6659 苠
1007 苟
3867 茆
3868 茑（蔦）
1008 苑
1009 苞
1010 范（～）
　　　（範）
6660 苧（薴）
3869 茕
3870 茔（塋）
6661 苾
3871 茕（煢）
1011 直
6662 苠
3872 茀

1012 茁
3873 苕
1013 茄
1014 茎（莖）
1015 苔
1016 茅
1017 枉
6663 枅
1018 林
1019 枝
1020 杯　　　［盃桮］
1021 枢（樞）
3874 枥（櫪）
1022 柜（櫃）
3875 枇
3876 杪
3877 杳
6664 枫（棡）
6665 枘
3878 枧（梘）
3879 杵
1023 枚
3880 枨（棖）
1024 析
1025 板（～）
　　　（闆）
6666 枍
3881 枞（樅）
1026 松（～）
　　　（鬆）
1027 枪（槍）［鎗］
1028 枫（楓）
1029 构（構）［搆］
1030 杭
3882 枋
1031 杰　　　［傑］
1032 述

1033 枕
3883 杻
3884 杷
3885 杼
1034 丧（喪）
1035 或
1036 画（畫）
1037 卧
1038 事
1039 刺
1040 枣（棗）
1041 雨
1042 卖（賣）
3886 矸
6667 矼
1043 郁（～）
（鬱）［欝鬰］
6668 矻
1044 矾（礬）
1045 矿（礦）［鑛］
3887 砀（碭）
1046 码（碼）
1047 厕（厠）［廁］
1048 奈
3888 剞
1049 奔 ［奔逩犇[26]］
1050 奇
6669 叵
3889 奄
1051 奋（奮）
1052 态（態）
3890 瓯（甌）
1053 欧（歐）
1054 殴（毆）
1055 垄（壟）
3891 殁
3892 郏（郟）
1056 妻
1057 轰（轟）
1058 顷（頃）
1059 转（轉）
3893 轭（軛）
1060 斩（斬）
1061 轮（輪）
6670 软（軝）
1062 软（軟）［輭］
1063 到
3894 郅
3895 鸢（鳶）
1064 非
1065 叔
1066 歧
1067 肯 ［肎］
1068 齿（齒）
1069 些
1070 卓
1071 虎
1072 虏（虜）［虜］
1073 肾（腎）
1074 贤（賢）
1075 尚
3896 盱
1076 旺
1077 具
3897 昊
6671 昉（暐）
3898 昙（曇）
1078 味
3899 杲
1079 果 ［菓］
3900 昃
1080 昆 ［崐崑］
1081 国（國）
1082 哎
1083 咕
1084 昌
1085 呵
3901 咂
1086 畅（暢）
6672 岘（晛）
6673 昨
6674 昪
3902 呸
3903 昕
6675 昄
1087 明
6676 昒
1088 易
1089 咙（嚨）
3904 昀
1090 昂
3905 旻
3906 昉
3907 炅
6677 畀
3908 咔
3909 畀
3910 虮（蟣）
1091 迪
1092 典
1093 固
1094 忠
3911 咀
3912 呷
1095 呻
3913 黾（黽）
6678 呋
1096 咒 ［呪］
1097 咋
1098 咐
3914 呱

1099 呼　［虖嘑謼］
3915 呤
3916 咚
1100 鸣（鳴）
3917 咆
3918 咛（嚀）
6679 咇
1101 咏　［詠］
1102 呢
1103 咄
3919 呶
1104 咖
6680 咍
3920 呣
3921 呦
3922 咝（噝）
6681 岵
3923 岢
1105 岸　［屽］
1106 岩　［喦巗巖］
6682 岽（崬）
1107 帖
1108 罗（羅）
3924 岿（巋）
6683 岨
3925 岬
3926 岫
1109 帜（幟）
3927 帙　［袟袠］
6684 岞
1110 帕
1111 岭（嶺）
3928 峋
3929 峁
3930 刿（劌）
6685 峂
6686 峒

3931 迥　［逈］
3932 岷
3933 剀（剴）
1112 凯（凱）
3934 帔
3935 峄（嶧）
6687 囷
3936 沓
1113 败（敗）
1114 账（賬）
1115 贩（販）
1116 贬（貶）
1117 购（購）
1118 贮（貯）
3937 囹
1119 图（圖）
3938 罔　［㒺］
3939 钍（釷）
6688 𫓧（鉽）
3940 钎（釺）
3941 钏（釧）
6689 钐（釤）
1120 钓（釣）
3942 钒（釩）
6690 钔（鍆）
3943 钕（釹）
6691 钖（鍚）
3944 钗（釵）
3945 邾
1121 制（～）（製）
1122 知
1123 迭
1124 氛　［雰］
3946 迮
1125 垂
3947 牦　［犛氂］

1126 牧
1127 物
6692 牥
1128 乖
1129 刮（～）（颳）
1130 秆　［稈］
1131 和　［咊龢[27]］
1132 季
1133 委
3948 竺
1134 秉
3949 迤
1135 佳
1136 侍
3950 佶
1137 岳　［嶽］
3951 佬
6693 佴
1138 供
1139 使
3952 佰
3953 侑
3954 侉
1140 例
1141 侠（俠）
3955 臾
1142 侥（僥）［儌］
1143 版
1144 侄　［妷姪］
6694 垈
3956 岱
1145 侦（偵）［遉］
1146 侣
3957 侗
3958 侃　［偘］
1147 侧（側）

3959 侏
6695 侁
1148 凭（憑）［凴］
6696 侹
6697 佸
1149 侨（僑）
6698 佺
3960 侩（儈）
3961 佻
3962 佾
1150 佩
1151 货（貨）
1152 侈
6699 侂
6700 侪
6701 侂
3963 侪（儕）
3964 佼
1153 依
6702 佽
3965 佯
6703 侘
3966 侬（儂）
3967 帛
1154 卑
1155 的
1156 迫　　［廹］
3968 阜
3969 侔
1157 质（質）
1158 欣　　［訢[28]］
6704 邱
1159 征（～）
（徵[29]）
3970 徂
1160 往　　［徃］
1161 爬
1162 彼
1163 径（徑）［逕[30]］
1164 所
6705 舠
1165 舍（～）
（捨）
1166 金
3971 刽（劊）
6706 郐（鄶）
1167 刹
6707 郃
1168 命　　［侖］
1169 肴　　［餚］
3972 郄
1170 斧
3973 怂（慫）
1171 爸
1172 采　　［採寀］
3974 籴（糴）
1173 觅（覓）［覔］
1174 受
1175 乳
1176 贪（貪）
1177 念　　［唸］
1178 贫（貧）
6708 攽
1179 忿
3975 瓮　　［甕罋］
3976 戗（戧）
3977 肼
1180 肤（膚）
3978 朊（膞）
1181 肺
1182 肢
3979 肽
3980 肱
3981 肫
1183 肿（腫）
6709 肭
1184 胀（脹）
6710 肸
1185 朋
6711 肷
1186 股
1187 肮（骯）
1188 肪
1189 肥
1190 服
1191 胁（脅）［脇］
1192 周　　［週］
3982 剁
1193 昏　　［昬］
3983 迩（邇）
3984 郇
1194 鱼（魚）
1195 兔　　［兎兔］
6712 狉
3985 狙
3986 狎
1196 狐
1197 忽
6713 狝（獮）
1198 狗
3987 狍
1199 狞（獰）
3988 狒
3989 咎
1200 备（備）［俻］
3990 炙
3991 枭（梟）
3992 饯（餞）
1201 饰（飾）
1202 饱（飽）
1203 饲（飼）［飤］

6714 饳（餶）
3993 饴（飴）
3994 洌
1204 变（變）
1205 京
1206 享　　　［亯］
3995 冼
1207 庞（龐）
1208 店
1209 夜　　　［亱］
1210 庙（廟）
1211 府
1212 底
3996 庖
1213 疟（瘧）
3997 疠（癘）
3998 疝
1214 疙
1215 疚
3999 疡（瘍）
1216 剂（劑）
1217 卒　　　［卆］
1218 郊
6715 兖
4000 兖
1219 庚
1220 废（廢）［癈］
1221 净　　　［淨］
4001 妾
1222 盲
1223 放
1224 刻
6716 於
4002 劾
1225 育
1226 氓
1227 闸（閘）［牐］
1228 闹（鬧）［閙］
1229 郑（鄭）
1230 券　　　［劵］
1231 卷（～）
（捲）
1232 单（單）
4003 炜（煒）
4004 炬（熓）
1233 炬
4005 炖
1234 炒
4006 炘
6717 炌
4007 炝（熗）
1235 炊
6718 炆
1236 炕　　　［匟］
1237 炎
1238 炉（爐）［鑪[31]］
4008 炔
1239 沫
1240 浅（淺）
1241 法　　　［灋灋］
4009 泔
1242 泄　　　［洩］
1243 沽
4010 沭
1244 河
4011 泷（瀧）
6719 泙
1245 沾　　　［霑］
4012 泸（瀘）
1246 泪　　　［淚］
1247 沮
6720 沺
1248 油
4013 泱
6721 泂
4014 泗
4015 泗
1249 泊
4016 泠
6722 泜
4017 泺（濼）
1250 沿
6723 泃
4018 泖
1251 泡
1252 注　　　［註］
1253 泣
4019 泫
4020 泮
1254 泞（濘）
4021 沱
1255 泻（瀉）
1256 泌
1257 泳
1258 泥
4022 泯　　　［泯］
1259 沸
4023 泓
1260 沼
6724 泇
1261 波
1262 泼（潑）
1263 泽（澤）
4024 泾（涇）
1264 治
1265 怔
1266 怯
4025 怙
4026 怵
1267 怖
4027 怦

4028 怛
4029 怏
1268 性
4030 怍
1269 怕
1270 怜（憐）
4031 㤘（㥮）
4032 怩
4033 怫
6725 怊
4034 怿（懌）
1271 怪　　　［恠］
1272 怡
6726 峃（嶨）
1273 学（學）
1274 宝（寶）［寳］
1275 宗
1276 定
4035 宕
1277 宠（寵）
1278 宜
1279 审（審）
1280 宙
1281 官
1282 空
1283 帘（～）
（簾）
6727 穸
4036 穹
1284 宛
1285 实（實）［寔］
4037 宓
4038 诓（誆）
4039 诔（誄）
1286 试（試）
1287 郎
4040 诖（詿）
1288 诗（詩）
4041 诘（詰）
4042 戾
1289 肩
1290 房
4043 诙（詼）
4044 戽
1291 诚（誠）
4045 郓（鄆）
1292 衬（襯）
1293 衫
4046 衩
4047 袄
4048 祎（禕）
4049 祉
1294 视（視）［眎眡］
1295 祈
4050 祇
6728 祋
6729 祊
6730 诇（詗）
4051 诛（誅）
4052 诜（詵）
1296 话（話）［語］
1297 诞（誕）
4053 诟（詬）
4054 诠（詮）
1298 诡（詭）
1299 询（詢）
4055 诣（詣）
4056 诤（諍）
1300 该（該）
1301 详（詳）
4057 诧（詫）
4058 诨（諢）
6731 诅（詪）
4059 诩（詡）
1302 建
6732 郛（鄩）
1303 肃（肅）
1304 录（録）
1305 隶（隸）［隷隸］
1306 帚　　　［箒］
1307 屉
1308 居
1309 届　　　［屆］
1310 刷
6733 鸤（鳲）
1311 屈
1312 弧
1313 弥（彌）
（瀰）
1314 弦　　　［絃］
6734 弢
6735 弨
1315 承
1316 孟
1317 陋
4060 戕
1318 陌
6736 陑
1319 孤
4061 孢
1320 陕（陝）
4062 亟
6737 陔（隑）
6738 陎
1321 降
6739 陕（隮）
1322 函　　　［圅］
4063 陔
1323 限
6740 卺
6741 嵋

1324 妹
1325 姑
6742 妭
4064 妲
1326 姐
4065 妯
1327 姓
6743 姈
4066 姗　　　［姍］
1328 妮
6744 ⿰女圣（娙）
1329 始
4067 帑
4068 弩
4069 孥
4070 驽（駑）
1330 姆
4071 虱　　　［蝨］
1331 迢
4072 迦
1332 驾（駕）
6745 迳（逕）
1333 叁
1334 参（參）［叅葠蓡］
4073 迨
1335 艰（艱）
6746 叕
1336 线（綫）［線[32]］
4074 绀（紺）
4075 绁（紲）［絏］
6747 ⿰马丕（駓）
4076 绂（紱）
1337 练（練）
6748 驵（駔）
1338 组（組）
1339 绅（紳）
1340 细（細）
1341 驶（駛）
1342 织（織）
6749 ⿰马冋（駉）
6750 ⿰纟冋（絅）
4077 驷（駟）
4078 驸（駙）
1343 驹（駒）
1344 终（終）
6751 驺（騶）
4079 绉（縐）
1345 驻（駐）
6752 ⿰马玄（⿰馬玄）
1346 绊（絆）
1347 驼（駝）［駞］
6753 绋（紼）
4080 绌（絀）
1348 绍（紹）
4081 驿（驛）
1349 绎（繹）
1350 经（經）
4082 骀（駘）
6754 绐（紿）
1351 贯（貫）
4083 甾

九画

6755 砉
6756 耔
1352 契
1353 贰（貳）
6757 㛃
1354 奏
1355 春　　　［旾］
1356 帮（幫）［幇幚］
4084 珏
4085 珐　　　［琺］
4086 珂
4087 珑（瓏）
6758 玶
1357 玷
6759 珇
6760 珅
4088 玳　　　［瑇］
4089 珀
4090 顸（頇）
1358 珍　　　［珎］
1359 玲
6761 ⿰王乐（瓅）
1360 珊　　　［珊］
6762 珋
6763 玹
6764 珌
4091 珉
6765 玿
4092 珈
1361 玻
1362 毒
1363 型
6766 韨（韍）
1364 拭
6767 垚
1365 挂　　　［罣掛］
1366 封
1367 持
4093 拮
1368 拷
1369 拱
4094 垭（埡）
4095 挝（撾）
4096 垣
1370 项（項）
1371 垮
1372 挎

6768 垯（墶）
4097 挞（撻）
1373 城
1374 挟（挾）
1375 挠（撓）
4098 垤
1376 政
1377 赴
1378 赵（趙）
4099 赳
4100 贲（賁）
6769 垙
4101 垱（壋）
1379 挡（擋）［攩］
1380 拽
4102 垌
1381 哉
6770 垲（塏）
1382 挺
1383 括 ［捪］
6771 埏
4103 郝
6772 垍
4104 垧
1384 垢
6773 耇
1385 拴
1386 拾
1387 挑
1388 垛 ［垜］
1389 指
1390 垫（墊）
6774 𪣻
6775 垎
1391 挣
1392 挤（擠）
6776 垴（堖）
4105 垓
6777 垟
1393 拼
6778 垞
6779 挓
1394 挖
6780 垵
1395 按
1396 挥（揮）
6781 垏
4106 挦（撏）
1397 挪
4107 垠
1398 拯
6782 掺
1399 某
1400 甚
1401 荆
6783 荖
1402 茸
6784 荁
1403 革
4108 茜
1404 茬
1405 荐（薦）
6785 荙（薘）
1406 巷
4109 荚（莢）
4110 荑
4111 贳（貰）
6786 荛（蕘）
4112 荜（蓽）
6787 茈
1407 带（帶）
1408 草 ［艸］
1409 茧（繭）［蠒］
4113 莒
4114 茼
1410 茵
4115 茴
4116 茱
4117 莛
4118 荞（蕎）［荍］
4119 茯
6788 茦
4120 茌
4121 荇
4122 荃
4123 荟（薈）
1411 茶
4124 荀
4125 茗
4126 荠（薺）
4127 茭
4128 茨
1412 荒
6789 荄
6790 茺
6791 𬜯（蕳）
4129 茔（塋）
6792 荓
6793 茳
1413 茫
1414 荡（蕩）［盪］
1415 荣（榮）
1416 荤（葷）
4130 荥（滎）
4131 荦（犖）
1417 荧（熒）
4132 荨（蕁）
6794 𦰡
6795 茛
1418 故
4133 荩（藎）

1419 胡（～）［衚］
（鬍）
4134 剋　［尅］
4135 荪（蓀）
1420 荫（蔭）［廕］
4136 茹
1421 荔　［茘］
1422 南
4137 荬（蕒）
6796 荭（葒）
4138 荮（葤）
1423 药（藥）
1424 标（標）
4139 柰
1425 栈（棧）
6797 𬃊
1426 柑
1427 枯
4140 栉（櫛）
4141 柯
1428 柄
4142 柘
4143 栊（櫳）
4144 柩
4145 枰
1429 栋（棟）
4146 栌（櫨）
1430 相
1431 查　［査］
4147 柙
4148 枵
4149 柚
4150 枳
6798 柷
4151 柞
1432 柏　［栢］
4152 柝

4153 栀　［梔］
6799 柃
4154 柢
4155 栎（櫟）
4156 枸
1433 栅　［柵］
1434 柳　［栁桺］
6800 柊
6801 枹
1435 柱
1436 柿　［柹］
1437 栏（欄）
4157 柈
1438 柠（檸）
4158 柁
6802 栐
6803 柖
4159 枷
4160 柽（檉）
1439 树（樹）
1440 勃
4161 剌
6804 郚
6805 剅
1441 要
6806 鸸（鴯）
4162 酊
6807 迺
4163 郦（酈）
1442 柬
1443 咸（～）
（鹹）
6808 厖
1444 威
1445 歪
4164 甭
1446 研

6809 砆
1447 砖（磚）［塼甎］
1448 厘　［釐[33]］
4165 砗（硨）
1449 厚
6810 砑
4166 砘
4167 砒
1450 砌
1451 砂
1452 泵
1453 砚（硯）
4168 斫　［斮斲斵］
4169 砭
1454 砍
4170 砜（碸）
6811 砄
1455 面（～）
（麵）［麪］
1456 耐
6812 耏
1457 耍
4171 奎
4172 耷
6813 奓
1458 牵（牽）
1459 鸥（鷗）
4173 虺
6814 䶮（龑）
1460 残（殘）
4174 殂
1461 殃
4175 殇（殤）
4176 殄
4177 殆
4178 轱（軲）
4179 轲（軻）

4180 轳（轤）
1462 轴（軸）
6815 轵（軹）
4181 轶（軼）
6816 轷（軤）
4182 轸（軫）
6817 轹（轢）
6818 轺（軺）
1463 轻（輕）
1464 鸦（鴉）［鵶］
4183 虿（蠆）
1465 皆
4184 毖
1466 韭 ［韮］
1467 背 ［揹］
1468 战（戰）
4185 觇（覘）
1469 点（點）
1470 虐
1471 临（臨）
1472 览（覽）
1473 竖（竪）［豎］
4186 尜
1474 省
1475 削
1476 尝（嘗）［甞嚐］
4187 哐
1477 昧
4188 眄
4189 眍（瞘）
4190 哪
1478 盹
1479 是 ［昰］
4191 郢
4192 眇 ［耿］
6819 昺
6820 晛（晛）
4193 眊
1480 盼
1481 眨
6821 昽（曨）
6822 昀
4194 眈
1482 哇
6823 咡
1483 哄 ［閧鬨］
1484 哑（啞）
1485 显（顯）
1486 冒 ［冐］
6824 咺
1487 映 ［暎］
4195 禺
4196 哂
1488 星
6825 昳
1489 昨
6826 眕
4197 咴
6827 哒（噠）
6828 昤
6829 眗
4198 曷
4199 昴
1490 咧
4200 昱
6830 昡
4201 昵 ［暱］
4202 咦
4203 哓（嘵）
1491 昭
4204 哔（嗶）
6831 咥
6832 昪
4205 畎
1492 畏
4206 毗 ［毘］
1493 趴
4207 呲
1494 胃
4208 胄
1495 贵（貴）
4209 畋
4210 畈
1496 界
6833 虷
1497 虹
1498 虾（蝦）
4211 虼
4212 虻 ［蝱］
1499 蚁（蟻）
6834 虸
1500 思
1501 蚂（螞）
4213 盅
4214 咣
1502 虽（雖）
1503 品
6835 哃
1504 咽 ［嚥］
1505 骂（罵）［傌駡］
4215 哕（噦）
4216 剐（剮）
4217 郧（鄖）
1506 勋（勛）［勳］
4218 咻
1507 哗（嘩）［譁］
1508 咱 ［偺喒偺喒］
4219 囿
4220 咿 ［吚］
1509 响（響）
4221 哌

4222 哙（噲）
1510 哈
4223 哚
4224 咯
1511 哆
1512 咬　　　［齩］
1513 咳　　　［欬］
4225 咩　　　［哶 哔］
1514 咪
4226 咤　　　［吒[34]］
4227 哝（噥）
1515 哪
4228 哏
4229 哞
1516 哟（喲）
4230 峙
6836 峘
6837 峃
1517 炭
6838 峛
1518 峡（峽）
4231 峣（嶢）
4232 罘
4233 帧（幀）
1519 罚（罰）［罸］
6839 𡶴
4234 峒　　　［峝］
4235 峤（嶠）
6840 峗
4236 峋
4237 峥
6841 峧
6842 帡
1520 贱（賤）
1521 贴（貼）
4238 贶（貺）
1522 贻（貽）

1523 骨
1524 幽
6843 钘（鈃）
6844 𫓧（鈇）
1525 钙（鈣）
4239 钚（鈈）
4240 钛（鈦）
6845 钜（鉅）
1526 钝（鈍）
1527 钞（鈔）
1528 钟（鍾[35]）
（鐘）
4241 钡（鋇）
1529 钢（鋼）
1530 钠（鈉）
6846 𫓹（鋹）
6847 𬬱（釿）
4242 钣（鈑）
6848 𬬭（錀）
4243 钤（鈐）
1531 钥（鑰）
1532 钦（欽）
1533 钧（鈞）
4244 钨（鎢）
1534 钩（鈎）［鉤］
6849 钪（鈧）
4245 钫（鈁）
6850 钬（鈥）
6851 钭（鈄）
1535 钮（鈕）
4246 钯（鈀）
1536 卸
1537 缸
1538 拜
1539 看
1540 矩　　　［榘］
6852 矧

1541 毡（氈）［氊］
4247 氡
4248 氟
1542 氢（氫）
4249 牯
1543 怎
4250 郜
1544 牲
1545 选（選）
1546 适（適）
6853 秬
4251 秕　　　［粃］
1547 秒
1548 香
1549 种（～）
（種）
4252 秭
1550 秋（～）［秌 龝］
（鞦）
1551 科
1552 重
1553 复（復）
（複）
1554 竿
4253 竽
4254 笈
4255 笃（篤）
4256 俦（儔）
1555 段
4257 俨（儼）
4258 俅
1556 便
1557 俩（倆）
4259 俪（儷）
6854 俫（倈）
6855 舁
4260 叟

4261 岱
1558 贷（貸）
4262 垈
1559 顺（順）
1560 修 ［脩[36]］
1561 俏
4263 俣
4264 俚
1562 保
6856 俜
1563 促
1564 俄
1565 俐
1566 侮
6857 俙
1567 俭（儉）
1568 俗
1569 俘
1570 信
6858 俍
1571 皇
1572 泉
4265 皈
1573 鬼
1574 侵
1575 禹
1576 侯
1577 追
4266 俑
4267 俟 ［竢］
1578 俊 ［儁㑺］
1579 盾
6859 扂
4268 逅
6860 衎
1580 待
1581 徊

4269 徇 ［狥］
4270 徉
1582 衍
1583 律
1584 很
1585 须（須）
（鬚）
4271 舢
6861 舣（艤）
1586 叙 ［敍敘］
4272 俞
6862 弇
4273 郗
1587 剑（劍）［劒］
6863 剣
1588 逃
4274 俎
4275 郤
4276 爰
4277 郛
1589 食
4278 瓴
1590 盆
6864 鸧（鶬）
6865 胨
6866 胠
6867 胋
1591 胚 ［肧］
1592 胧（朧）
6868 胈
4279 胨（腖）
6869 胩
4280 胪（臚）
1593 胆（膽）
4281 胛
4282 胂
1594 胜（勝）

4283 胙
6870 胣
4284 胍
4285 胗
4286 胝
4287 朐
1595 胞
1596 胖
1597 脉 ［脈衇衂］
6871 胐
4288 胫（脛）［踁］
1598 胎
4289 鸨（鴇）
4290 匍
1599 勉
4291 狨
1600 狭（狹）［陿］
1601 狮（獅）
1602 独（獨）
4292 狯（獪）
1603 狰
1604 狡
6872 飐（颭）
4293 飑（颮）
4294 狩
1605 狱（獄）
1606 狠
4295 狲（猻）
4296 訇
6873 訄
4297 逄
4298 昝
1607 贸（貿）
1608 怨
1609 急
1610 饵（餌）
1611 饶（饒）

1612 蚀（蝕）
4299 饷（餉）［饟］
4300 饹（餎）
4301 饹（餎）
1613 饺（餃）
6874 饻（餏）
4302 胤
1614 饼（餅）
1615 峦（巒）
1616 弯（彎）
4303 孪（孿）
4304 娈（孌）
1617 将（將）
1618 奖（獎）［奬］
1619 哀
1620 亭
1621 亮
6875 庤
1622 度
4305 弈
4306 奕
1623 迹　　　［跡蹟］
1624 庭
4307 庥
4308 疬（癧）
4309 疣
4310 疥
4311 疭（瘲）
1625 疮（瘡）
1626 疯（瘋）
1627 疫
6876 疢
1628 疤
4312 庠
1629 咨
1630 姿
1631 亲（親）

4313 竑
1632 音
4314 彦
4315 飒（颯）［颭］
1633 帝
1634 施
1635 闺（閨）
1636 闻（聞）
4316 闼（闥）
1637 闽（閩）
4317 闾（閭）
4318 闿（闓）
1638 阀（閥）
1639 阁（閣）［閤］
4319 阂（閡）
1640 差
1641 养（養）
1642 美
4320 羑
1643 姜（～）
（薑）
4321 迸
1644 叛
1645 送
1646 类（類）
4322 籼　　　［秈］
1647 迷
1648 籽
1649 娄（婁）
1650 前
4323 酋
1651 首
1652 逆
1653 兹
1654 总（總）
6877 炣
4324 炳

4325 炻
1655 炼（煉）［鍊］
6878 炟
4326 炽（熾）
4327 炯　　　［炯］
1656 炸
4328 烀
6879 烔
1657 烁（爍）
1658 炮　　　［砲礮］
4329 炷
1659 炫
1660 烂（爛）
4330 烃（烴）
1661 剃　　　［薙鬀］
6880 洭
1662 洼（窪）
1663 洁（潔）［絜[37]］
6881 洘
4331 洱
1664 洪
4332 洹
6882 洓
1665 洒（灑）
4333 洧
6883 洿
6884 洑
4334 洌
4335 浃（浹）
1666 柒
1667 浇（澆）
6885 泚
6886 浈（湞）
6887 浉（溮）
6888 洸
1668 浊（濁）
1669 洞

4336 洇
4337 洄
1670 测（測）
4338 洙
1671 洗
1672 活
6889 洑
4339 涎　　［次］
4340 洎
6890 洢
4341 洫
1673 派
4342 浍（澮）
1674 洽
4343 洮
1675 染
6891 洈
4344 洵
6892 洚
6893 洺
1676 洛
1677 浏（瀏）
1678 济（濟）
6894 洨
6895 浐（滻）
6896 洗
1679 洋
6897 洴
6898 洣
1680 洲
1681 浑（渾）
4345 浒（滸）
1682 浓（濃）
1683 津
4346 浔（潯）
4347 浕（濜）
4348 洳
4349 恸（慟）
1684 恃
1685 恒　　［恆］
4350 恓
4351 恹（懨）
1686 恢
1687 恍　　［怳］
4352 恫
4353 恺（愷）
4354 恻（惻）
1688 恬
1689 恤　　［卹邺賉］
1690 恰
4355 恂
4356 恪
6899 恔
1691 恼（惱）
4357 恽（惲）
1692 恨
1693 举（舉）［擧］
1694 觉（覺）
1695 宣
1696 宦
4358 宥
6900 宬
1697 室
1698 宫
1699 宪（憲）
1700 突
1701 穿
6901 窀
1702 窃（竊）
1703 客
1704 诫（誡）
1705 冠
1706 诬（誣）
1707 语（語）
6902 扂
1708 扁
4359 扃
6903 祎（禕）
4360 衲
4361 衽　　［袵］
1709 袄（襖）
4362 衿
4363 袂
4364 祛
4365 祜
6904 祏
6905 祐
4366 祓
1710 祖
1711 神
1712 祝
4367 祚
4368 诮（誚）
4369 祗
4370 祢（禰）
6906 祕
1713 祠
1714 误（誤）
4371 诰（誥）
1715 诱（誘）
1716 诲（誨）
4372 诳（誑）
4373 鸩（鴆）［酖］
1717 说（説）
4374 昶
1718 诵（誦）
4375 郡
1719 垦（墾）
1720 退
1721 既
6907 叚

1722 屋
1723 昼（晝）
4376 咫
1724 屏
1725 屎
4377 弭
1726 费（費）
1727 陡
1728 逊（遜）
4378 垌
1729 眉
4379 胥
1730 孩
4380 陛
4381 陟
6908 陧
1731 陨（隕）
6909 陞
1732 除
1733 险（險）
1734 院
6910 娀
1735 娃
6911 姞
1736 姥
4382 娅（婭）
4383 姮
6912 姱
1737 姨
4384 娆（嬈）
1738 姻 ［婣］
4385 姝
1739 娇（嬌）
6913 姤
6914 姶
1740 姚
6915 姽
4386 姣
4387 姘
4388 姹
1741 娜
1742 怒
1743 架
1744 贺（賀）
1745 盈
4389 怼（懟）
4390 羿
6916 枲
1746 勇
4391 炱
1747 怠
1748 癸
1749 蚤
1750 柔
4392 矜
1751 垒（壘）
1752 绑（綁）
1753 绒（絨）［毧羢］
1754 结（結）
4393 绔（絝）
4394 骁（驍）
1755 绕（繞）［遶］
6917 绖（絰）
6918 骃（駰）
6919 绗（絎）
6920 骁（駪）
6921 绠（綎）
1756 骄（驕）
6922 綖（綖）
4395 骅（驊）
4396 绗（絎）
1757 绘（繪）
1758 给（給）
1759 绚（絢）
6923 彖
4397 绛（絳）
1760 骆（駱）
1761 络（絡）
1762 绝（絕）
1763 绞（絞）
1764 骇（駭）
1765 统（統）
4398 骈（駢）
6924 彖（彖）

十画

1766 耕 ［畊］
1767 耘
4399 耖
1768 耗
1769 耙
1770 艳（艷）［豔艷］
4400 挈
6925 恝
1771 泰
1772 秦
6926 珪
4401 珥
4402 珙
6927 珛
4403 顼（頊）
6928 珹
6929 琊
6930 玼
6931 珖
4404 珰（璫）
6932 勣（勣）
1773 珠
6933 珽
6934 珣

4405 珩
4406 珧
4407 珣
4408 珞
4409 琤
6935 琉
1774 班
4410 珲（琿）
6936 珒
6937 珸（瑦）
6938 珢
4411 敖
6939 珕
6940 珝
1775 素
1776 匿
1777 蚕（蠶）
1778 顽（頑）
1779 盏（盞）［琖醆］
1780 匪
4412 恚
6941 埗（塝）
1781 捞（撈）
1782 栽
4413 埔
1783 捕
1784 埂
1785 捂
1786 振
1787 载（載）
6942 埗
1788 赶（趕）
1789 起
1790 盐（鹽）
1791 捎
6943 垾
1792 捍［扞[38]］
4414 埕
1793 捏［揑］
4415 埘（塒）
1794 埋
1795 捉
1796 捆［綑］
1797 捐
4416 埙（塤）［壎］
4417 埚（堝）
1798 损（損）
1799 袁
4418 挹
1800 捌
1801 都
1802 哲［喆[39]］
1803 逝
4419 耆
4420 耄
1804 捡（撿）
1805 挫
4421 埒
4422 捋
6944 垺
1806 换
1807 挽［輓］
6945 埆
4423 贽（贄）
1808 挚（摯）
1809 热（熱）
1810 恐
1811 捣（搗）［擣擣］
6946 埣
4424 垸
6947 埌
1812 壶（壺）
4425 捃
6948 埇
1813 捅
4426 盍［盇］
1814 埃
1815 挨
1816 耻［恥］
1817 耿
1818 耽［躭］
1819 聂（聶）
6949 莰
6950 茝
4427 莩
4428 莆
6951 莾（莾）
6952 郝
1820 恭
1821 莽
1822 莱（萊）
1823 莲（蓮）
4429 莳（蒔）
1824 莫
4430 莴（萵）
4431 莪
1825 莉
4432 莠
4433 莓
1826 荷
4434 莜
4435 莅［涖蒞］
4436 荼
6953 莶（薟）
6954 莝
4437 莩
4438 荽
1827 获（獲）
（穫）
4439 莸（蕕）
4440 荻

4441 莘
1828 晋　　　［晉］
1829 恶（惡）
　　（噁）
4442 莎
4443 莞
6955 䓖（藭）
1830 莹（瑩）
4444 莨
1831 莺（鶯）［鸎］
1832 真
6956 莙
4445 鸪（鴣）
4446 莼（蒓）［蓴］
1833 框
1834 梆
6957 栻
1835 桂
1836 桔
4447 栲
4448 栳
6958 桠（椏）
4449 郴
4450 桓
1837 栖　　　［棲］
6959 梾（棶）
4451 桡（橈）
4452 桎
4453 桢（楨）
6960 桄
1838 档（檔）
6961 梠
1839 桐
4454 桤（榿）
1840 株
4455 梃
4456 栝
1841 桥（橋）
6962 栴
4457 桕
6963 梴
1842 桦（樺）
4458 桁
1843 栓
4459 桧（檜）
1844 桃
4460 桅
6964 栒
1845 格
1846 桩（樁）
1847 校
1848 核　　　［覈］
1849 样（樣）
4461 栟
4462 桉
1850 根
4463 栩
4464 逑
1851 索
4465 逋
4466 彧
1852 哥
1853 速
4467 鬲
4468 豇
1854 逗
1855 栗　　　［慄］
1856 贾（賈）
4469 酐
6965 酎
1857 酌
1858 配
6966 酏
6967 颏（頦）
4470 逦（邐）
1859 翅　　　［翄］
1860 辱
1861 唇　　　［脣］
4471 厝
4472 孬
1862 夏
4473 砝
4474 砹
6968 砵
1863 砸
4475 砺（礪）
1864 砰
4476 砧　　　［碪］
6969 砠
4477 砷
4478 砟
4479 砼
4480 砥
1865 砾（礫）
6970 砫
6971 砬
4481 砣
1866 础（礎）
1867 破
6972 硁（硜）
6973 恧
1868 原
1869 套
4482 剞
1870 逐
4483 砻（礱）
1871 烈
1872 殊
1873 殉
6974 翃
1874 顾（顧）

6975 郪
4484 轼（軾）
4485 轾（輊）
6976 辀（輈）
1875 轿（轎）
6977 辁（輇）
6978 辂（輅）
4486 较（較）
1876 较（較）
6979 跲
4487 鸫（鶇）
1877 顿（頓）
4488 趸（躉）
1878 毙（斃）［獘］
1879 致（～）
（緻）
6980 剕
4489 龀（齔）
1880 柴
6981 赀（貲）
1881 桌　　［槕］
4490 鸬（鸕）
4491 虔
1882 虑（慮）
1883 监（監）
1884 紧（緊）［緊緊］
4492 逍
1885 党（～）
（黨）
4493 眬（矓）
6982 哜
4494 唛（嘜）
1886 逞
6983 晅
1887 晒（曬）
4495 晟
4496 眩
1888 眠
1889 晓（曉）
6984 晊
4497 眙
6985 唝（嗊）
4498 哧
6986 哳
1890 哮
1891 唠（嘮）
1892 鸭（鴨）
1893 晃　　［提］
6987 哱
6988 尋
1894 哺
4499 哽
4500 唔
6989 晔（曄）
1895 晌
4501 晁
1896 剔
6990 晐
4502 晏
6991 晖（暉）
1897 晕（暈）
4503 鸮（鴞）
4504 趵
4505 趿
6992 畖
4506 畛
1898 蚌
4507 蚨
4508 蚜
4509 蚍
4510 蚋
4511 蚬（蜆）
1899 畔
4512 蚝　　［蠔］
4513 蚧
1900 蚣
1901 蚊　　［蟁蟁］
6993 蚄
1902 蚪
1903 蚓
6994 蚆
1904 哨
4514 唢（嗩）
1905 哩
1906 圃
1907 哭
6995 郻（鄍）
4515 圄
1908 哦
4516 唣　　［唕］
4517 唏
1909 恩　　［恖］
4518 盎
4519 唑
1910 鸯（鴦）
1911 唤
1912 唁
1913 哼
1914 唧
1915 啊
1916 唉
1917 唆
6996 帱（幬）
6997 崁
4520 崂（嶗）
6998 峿
6999 峚（崟）
4521 崃（崍）
4522 罡
1918 罢（罷）
4523 罟

1919 峭 ［陗］
1920 峨 ［峩］
7000 崄（嶮）
4524 峪
1921 峰 ［峯］
7001 帨
7002 崀
1922 圆（圓）
4525 觊（覬）
1923 峻
1924 贼（賊）
1925 贿（賄）
1926 赂（賂）
1927 赃（贜）
4526 赅（賅）
7003 赆（贐）
4527 钰（鈺）
1928 钱（錢）
4528 钲（鉦）
1929 钳（鉗）
4529 钴（鈷）
4530 钵（鉢）［盋缽］
7004 𬬹（鉥）
7005 钜（鉅）
4531 钹（鈸）
4532 钺（鉞）
1930 钻（鑽）［鑚］
7006 𬬻（鑪）
4533 钽（鉭）
4534 钼（鉬）
1931 钾（鉀）
7007 𬬺（鉮）
4535 钿（鈿）
4536 铀（鈾）
1932 铁（鐵）
4537 铂（鉑）
1933 铃（鈴）
4538 铄（鑠）
1934 铅（鉛）［鈆］
4539 铆（鉚）
4540 铈（鈰）
4541 铉（鉉）
4542 铊（鉈）
4543 铋（鉍）
4544 铌（鈮）
7008 𬬸（鉊）
4545 铍（鈹）
4546 䥽（鏺）
4547 铎（鐸）
7009 𫓩（鉧）
7010 眚
7011 牲
1935 缺
4548 氩（氬）
4549 氤
4550 氦
1936 氧
1937 氨
4551 毪
1938 特
1939 牺（犧）
1940 造
1941 乘 ［乗椉］
1942 敌（敵）
4552 秖
4553 秣
4554 秫
1943 秤
1944 租
1945 积（積）
1946 秧
4555 盉
1947 秩
1948 称（稱）
1949 秘 ［祕[40]］
1950 透
4556 笄
4557 笕（筧）
1951 笔（筆）
1952 笑 ［咲］
4558 笊
7012 笫
4559 笏
1953 笋 ［筍］
4560 笆
4561 俸
4562 倩
1954 债（債）
4563 俵
7013 倻
1955 借（～）
（藉[41]）
4564 偌
1956 值
7014 倴
1957 倚
1958 俺
1959 倾（傾）
1960 倒
4565 俳
4566 俶
4567 倬
4568 倏 ［倐儵］
7015 脩
1961 倘
1962 俱
7016 倮
1963 倡
1964 候
7017 倕
1965 赁（賃）

4569 恁
4570 倭
4571 倪
4572 俾
4573 倜
4574 隼
4575 隽 ［雋］
7018 倞
1966 俯 ［俛頫[42]］
1967 倍
1968 倦 ［勌］
7019 𫢸（僤）
7020 倓
7021 倧
4576 倌
4577 倥
4578 臬
1969 健
1970 臭
1971 射 ［䠶］
4579 皋 ［皐臯］
1972 躬 ［躳］
1973 息
4580 郫
4581 倨
1974 倔
7022 衃
4582 衄 ［衂䶊］
4583 颀（頎）
1975 徒
4584 徕（徠）
7023 虒
1976 徐
1977 殷 ［慇］
7024 舭
7025 舯
1978 舰（艦）
1979 舱（艙）
1980 般
1981 航
4585 舫
7026 舥
7027 瓞
1982 途
1983 拿 ［拏舒挐］
4586 釜
1984 耸（聳）
1985 爹
1986 舀
1987 爱（愛）
1988 豺
1989 豹
4587 奚
7028 鬯
4588 衾
7029 鸰（鴒）
1990 颁（頒）
1991 颂（頌）
1992 翁
4589 胯
1993 胰
4590 胱
4591 胴
4592 胭 ［臙］
4593 脍（膾）
7030 脎
7031 朓
1994 脆 ［脃］
1995 脂
1996 胸 ［胷］
1997 胳 ［肐］
1998 脏（臟）
（髒）
1999 脐（臍）
2000 胶（膠）
2001 脑（腦）
7032 胲
4594 胼
4595 朕
4596 脒
4597 胺
2002 脓（膿）
4598 鸱（鴟）
7033 虓
4599 玺（璽）
7034 鱽（魛）
4600 鸲（鴝）
2003 逛
7035 狴
2004 狸 ［貍］
4601 狷 ［獧］
4602 猁
4603 狳
4604 猃（獫）
4605 狺
4606 逖
2005 狼
2006 卿
7036 狃
7037 狻
2007 逢
4607 桀
2008 驼（駝）
2009 留 ［畄㽞畱］
4608 袅（裊）［嫋褭嬝］
7038 眢
2010 驽（駑）
2011 皱（皺）
4609 饽（餑）
7039 𫗧（餗）
2012 饿（餓）

2013 馁（餒）
2014 凌
4610 凇
2015 凄 ［淒悽］
4611 栾（欒）
4612 挛（攣）
2016 恋（戀）
2017 桨（槳）
2018 浆（漿）
2019 衰
7040 勍
2020 衷
2021 高
4613 亳
2022 郭
2023 席 ［蓆］
2024 准（～）
（準）
2025 座
2026 症（～）
（癥）
4614 疳
4615 疴 ［痾］
2027 病
4616 疸
4617 疽
2028 疾
7041 痄
2029 斋（齋）［亝］
2030 疹
4618 痈（癰）
2031 疼
4619 疱 ［皰］
7042 疰
7043 痃
4620 痂
2032 疲
4621 痉（痙）
2033 脊
2034 效 ［効傚］
2035 离（離）
4622 衮
2036 紊
2037 唐
4623 凋
4624 颃（頏）
2038 瓷
2039 资（資）［貲[43]］
4625 恣
2040 凉 ［涼］
2041 站
2042 剖
2043 竞（競）
2044 部
7044 竘
2045 旁
4626 旆
4627 旄
2046 旅
4628 旃
2047 畜
4629 阃（閫）
4630 阄（鬮）
4631 阊（閶）
2048 阅（閱）
4632 阆（閬）
7045 羖
2049 羞
7046 羓
2050 羔
4633 恙
2051 瓶 ［缾］
7047 桊
2052 拳
7048 敉
2053 粉
2054 料
4634 粑
2055 益
2056 兼
4635 朔
4636 郸（鄲）
2057 烤
2058 烘
4637 烜
7049 焆
2059 烦（煩）
2060 烧（燒）
2061 烛（燭）
7050 烔
2062 烟 ［菸煙］
7051 烶
7052 烻
4638 烨（燁）［爗］
4639 烩（燴）
2063 烙
4640 烊
4641 剡
4642 郯
7053 𬊈（燖）
4643 烬（燼）
2064 递（遞）
2065 涛（濤）
2066 浙 ［淛］
7054 涍
2067 涝（澇）
7055 浡
2068 浦
7056 浭
4644 涑
4645 浯

2069 酒
4646 涞（淶）
4647 涟（漣）
2070 涉
4648 娑
2071 消
4649 涅 ［湼］
7057 浬
4650 涠（潿）
7058 𬇙
4651 浞
4652 涓
7059 涢（溳）
2072 涡（渦）
4653 浥
4654 涔
2073 浩
7060 涐
7061 浰
2074 海
4655 浜
7062 浟
2075 涂（～）
（塗）
4656 浠
2076 浴
2077 浮
7063 浛
2078 涣
7064 浼
7065 浲
2079 涤（滌）
2080 流
2081 润（潤）
2082 涧（澗）
2083 涕
4657 浣 ［澣］
2084 浪
2085 浸
2086 涨（漲）
2087 烫（燙）
2088 涩（澀）［澁濇］
2089 涌 ［湧］
7066 涘
4658 浚 ［濬］
7067 悈
2090 悖 ［誖］
4659 悚
2091 悟
4660 悭（慳）
2092 悄
2093 悍 ［猂］
4661 悝
7068 悃
4662 悒
2094 悔
2095 悯（憫）
2096 悦
4663 悌
7069 悢
4664 悛
7070 𬒈（礐）
2097 害
2098 宽（寬）
7071 宧
4665 宸
2099 家（～）
（傢）
2100 宵
2101 宴 ［醼讌］
2102 宾（賓）
2103 窍（竅）
7072 窅
2104 窄
7073 窊
2105 容
7074 窎（窵）
4666 窈
4667 剜
2106 宰
2107 案
2108 请（請）
2109 朗
2110 诸（諸）
4668 诹（諏）
2111 诺（諾）
2112 读（讀）
7075 扅
7076 扆
4669 冢 ［塚］
4670 诼（諑）
2113 扇
2114 诽（誹）
2115 袜（襪）［韈韤］
7077 袪
4671 袒 ［襢］
2116 袖
7078 袗
2117 袍
4672 袢
2118 被
7079 袯（襏）
4673 祯（禎）
7080 祧
2119 祥
2120 课（課）
2121 冥 ［冥寘］
4674 诿（諉）
4675 谀（諛）
7081 寉
2122 谁（誰）

4676 谂（諗）
2123 调（調）
2124 冤　　　［寃寃］
4677 谄（諂）［諂］
2125 谅（諒）
2126 谆（諄）
4678 谇（誶）
2127 谈（談）
2128 谊（誼）
2129 剥
2130 恳（懇）
7082 垦
2131 展
2132 剧（劇）
2133 屑
4679 屐
4680 屙
2134 弱
2135 陵
4681 陬
4682 勐
4683 奘
7083 疍
4684 牂
4685 蚩
2136 祟
4686 陲
7084 陧
7085 陴
2137 陶
2138 陷
2139 陪
7086 烝
4687 姬
4688 娠
2140 娱
4689 娌
4690 娉
2141 娟
4691 娲（媧）
2142 恕
2143 娥
4692 娩
4693 娴（嫻）［嫺］
4694 娣
2144 娘　　　［孃］
4695 娓
4696 婀　　　［娿］
7087 砮
7088 娴
7089 哿
4697 畚
7090 翀
7091 翂
2145 通
2146 能
2147 难（難）
4698 逡
2148 预（預）
2149 桑　　　［桒］
7092 剟
4699 绠（綆）
4700 骊（驪）
4701 绡（綃）
4702 骋（騁）
2150 绢（絹）
2151 绣（綉）［繡］
7093 骍（騂）
7094 绤（綌）
2152 验（驗）［騐］
7095 绥（綏）
4703 绥（綏）
4704 绦（縧）［絛縚］
7096 骍（騂）

2153 继（繼）
4705 绨（綈）
7097 综（綜）
4706 骎（駸）
2154 骏（駿）
4707 邕
4708 鸶（鷥）

十一画

4709 彗
4710 耜
7098 耝
4711 焘（燾）
4712 舂
7099 琎（璡）
2155 球　　　［毬］
7100 珸
4713 琏（璉）
2156 琐（瑣）［瑣］
7101 珵
2157 理
7102 琄
4714 琇
7103 琈
7104 琀
4715 麸（麩）［粰麰］
2158 琉　　　［瑠璢］
2159 琅　　　［瑯］
7105 珺
2160 捧
7106 掭
2161 堵
7107 埭
4716 掫
2162 措
2163 描

4717 埴
2164 域
7108 堐
2165 捺
7109 埼
7110 掎
4718 埯
2166 掩
2167 捷 ［捷］
4719 掼
2168 排
2169 焉
2170 掉
4720 掳（擄）
7111 埫
4721 掴（摑）
4722 埸
7112 堌
4723 埵
2171 捶 ［搥］
2172 赦
4724 赧
2173 堆
2174 推
4725 埤
2175 捭
4726 埠
7113 晢
2176 掀
4727 逵
2177 授
4728 埝
2178 捻
4729 堋
2179 教
4730 堍
2180 掏 ［搯］
2181 掐
4731 掬
4732 鸷（鷙）
2182 掠
2183 掂
4733 掖
4734 捽
2184 培
4735 掊
2185 接
4736 埥
2186 掷（擲）
7114 埠（壈）
4737 掸（撣）
7115 掞
7116 埪
2187 控
7117 壶（壺）
4738 捩
4739 掮
2188 探
4740 悫（慤）
4741 埭
4742 埽
2189 据（～）
（據）［攄］
2190 掘
2191 掺（摻）
7118 掇
4743 掇
4744 掼（摜）
2192 职（職）
4745 聃
2193 基
2194 聆
2195 勘
2196 聊
7119 聍（聹）
2197 娶
4746 菁
7120 菝
2198 著
2199 菱 ［蔆］
7121 萚（蘀）
4747 萁
7122 菥
4748 菘
4749 堇
2200 勒
2201 黄
7123 萧
4750 萘
7124 萮
4751 萋
7125 勚（勩）
2202 菲
4752 菽
7126 菖
4753 萬
2203 萌
4754 萜
2204 萝（蘿）
2205 菌
2206 萎
4755 萸
4756 萑
7127 萆
7128 菂
2207 菜
7129 菍
4757 棻
4758 菔
4759 菟
2208 萄

4760 莒
2209 菊
4761 萃
2210 菩
7130 菼
4762 菏
2211 萍
4763 菹
2212 菠
7131 菪
4764 菪
4765 菅
4766 菀
2213 萤（螢）
2214 营（營）
7132 萦（縈）
4767 萦（縈）
2215 乾
2216 萧（蕭）
7133 菉
7134 菡
4768 菰
4769 菡
2217 萨（薩）
2218 菇
7135 梼（檮）
2219 械
7136 梽
2220 彬
2221 梦（夢）
4770 梵
2222 婪　　［惏］
7137 梓
2223 梗
2224 梧
7138 梾（棶）
4771 梿（槤）

2225 梢
7139 桯
7140 梣
4772 梏
2226 梅　　［楳槑］
7141 梌
4773 觋（覡）
2227 检（檢）
4774 桴
4775 桷
4776 梓
2228 梳
4777 棁
2229 梯
4778 桫
7142 桹
4779 棂（欞）
2230 桶
2231 梭
2232 救　　［捄］
4780 啬（嗇）
4781 郾
4782 匮（匱）
2233 曹
4783 敕　　［勅勑］
2234 副
7143 敔
4784 豉
2235 票
4785 鄄
2236 酝（醞）
4786 酞
2237 酗
4787 酚
2238 厢　　［廂］
7144 厣（厴）
2239 戚　　［慼慽］

4788 戛　　［戞］
4789 硎
2240 硅
7145 硔
4790 硭
4791 硒
2241 硕（碩）
7146 硖（硤）
4792 硖（硤）
4793 硗（磽）
4794 硐
7147 硙（磑）
7148 硚（礄）
4795 硇
7149 硊
4796 硌
7150 硍
7151 勔
4797 鸸（鴯）
4798 瓠
4799 匏
2242 奢
2243 盔
2244 爽
4800 厩　　［廄廐］
2245 聋（聾）
4801 龚（龔）
2246 袭（襲）
7152 䴕（鴷）
4802 殒（殞）
4803 殓（殮）
4804 殍
2247 盛
4805 赉（賚）
2248 匾
4806 雩
2249 雪

4807 辄（輒）［輙］
2250 辅（輔）
2251 辆（輛）
4808 堑（塹）
7153 龅（齙）
7154 逴
2252 颅（顱）
2253 虚
2254 彪
2255 雀
2256 堂
2257 常
2258 眶
4809 眭
7155 啈
4810 眦　　［眥］
4811 啧（嘖）
2259 匙
4812 晡
4813 晤
2260 晨
4814 眺　　［覜］
4815 眵
2261 睁
2262 眯　　［瞇］
2263 眼
4816 眸
2264 悬（懸）
2265 野　　［埜壄］
4817 圊
7156 啫
2266 啪
2267 啦
4818 喏
4819 喵
4820 啉
4821 勖　　［勗］
2268 曼
7157 晭
2269 晦
4822 晞
4823 晻
4824 晗
4825 冕
2270 晚
2271 啄
7158 䀶
4826 啭（囀）
7159 晙
2272 啡
4827 畦
7160 畤
7161 畛（畛）
7162 趼
4828 趺
7163 跂
2273 距
2274 趾
2275 啃
2276 跃（躍）
4829 啮（嚙）［齧囓］
4830 跄（蹌）
2277 略　　［畧］
4831 蚶
4832 蛄
7164 蚵
4833 蛎（蠣）
7165 蚲
7166 蛛（蝀）
4834 蛆
4835 蚰
7167 蚺
4836 蛊（蠱）
4837 圉
4838 蚱
2278 蚯
4839 蛉
2279 蛀
2280 蛇　　［虵］
4840 蛏（蟶）
4841 蚴
2281 唬
2282 累（～）
（纍）
2283 鄂
2284 唱
2285 患
2286 啰（囉）
2287 唾
2288 唯
2289 啤
2290 啥
4842 啁
4843 啕
4844 唿
4845 啐
4846 唼
4847 唷
7168 啴（嘽）
4848 啖　　［啗噉］
4849 啵
4850 啶
4851 啷
4852 唳
2291 啸（嘯）
4853 唰
4854 啜
4855 帻（幘）
7169 翈
4856 崚
7170 崧

2292 崖
2293 崎
4857 崦
2294 崭（嶄）［嶃］
2295 逻（邏）
4858 帼（幗）
4859 崮
2296 崔
2297 帷
7171 崟
4860 崤
2298 崩
7172 崞
7173 崒
2299 崇
4861 崆
7174 崌
2300 崛
7175 崡
4862 赇（賕）
4863 赈（賑）
2301 婴（嬰）
4864 赊（賒）
2302 圈
7176 铏（鉶）
7177 𬬱（鮭）
2303 铐（銬）
4865 铑（銠）
4866 铒（鉺）
7178 𬬻（鉷）
7179 铕（銪）
7180 𫟼（鐽）
7181 𫓽（鍼）
4867 铗（鋏）
7182 铘（鋣）
4868 铙（鐃）
7183 铚（銍）
2304 铛（鐺）
2305 铝（鋁）
2306 铜（銅）
7184 铞（銱）
4869 铟（銦）
4870 铠（鎧）
4871 铡（鍘）
4872 铢（銖）
4873 铣（銑）
7185 铦（銛）
4874 铤（鋌）
4875 铧（鏵）
4876 铨（銓）
4877 铩（鎩）
4878 铪（鉿）
4879 铫（銚）
2307 铭（銘）
4880 铬（鉻）
4881 铮（錚）
4882 铯（銫）
4883 铰（鉸）
4884 铱（銥）
2308 铲（鏟）［剷］
4885 铳（銃）
7186 铴（鐋）
4886 铵（銨）
2309 银（銀）
4887 铷（銣）
2310 矫（矯）
4888 氪
4889 牾
7187 牻
7188 牿
2311 甜
4890 鸹（鴰）
2312 秸　［稭］
2313 梨　［棃］
2314 犁　［犂］
7189 稆
2315 秽（穢）
2316 移　［迻］
4891 秾（穠）
4892 透
4893 笺（箋）［牋椾］
4894 筇
2317 笨
4895 笸
2318 笼（籠）
4896 笪
2319 笛
2320 笙
4897 笮
2321 符
7190 笱
4898 笠
4899 笥
2322 第
7191 笯
4900 笤
4901 笳
4902 笾（籩）
4903 笞
2323 敏
7192 偰
4904 偾（僨）
7193 偡
2324 做
7194 鸺（鵂）
4905 偃
7195 偭
4906 偕
2325 袋
2326 悠
2327 偿（償）

2328 偶
4907 偈
2329 偎
7196 偲
4908 傀
2330 偷 ［婾］
7197 偁
2331 您
4909 偬 ［傯］
2332 售
2333 停
4910 偻（僂）
2334 偏
2335 躯（軀）
7198 皑
4911 皑（皚）
2336 兜 ［兠］
4912 皎
2337 假 ［叚[44]］
7199 鄓
7200 偓
2338 衅（釁）
4913 鸧（鶬）
7201 徛
2339 徘
2340 徙
4914 徜
2341 得
2342 衔（銜）［啣衘］
7202 衒
4915 舸
4916 舻（艫）
7203 舳
2343 盘（盤）
4917 舴
2344 舶
7204 舲
2345 船 ［舩］
7205 鸼（鵃）
4918 舷
2346 舵
2347 斜
7206 悆
7207 鄃
4919 龛（龕）
2348 盒
2349 鸽（鴿）
7208 瓻
2350 敛（斂）［歛］
2351 悉
2352 欲 ［慾］
2353 彩 ［綵］
7209 貙（貙）
2354 领（領）
4920 翎
2355 脚 ［腳］
2356 脖 ［頳］
2357 脯
2358 豚
7210 脶（腡）
2359 脸（臉）
7211 脞
7212 脟
4921 脬
2360 脱
7213 脪
4922 脘
4923 脲
4924 匐
7214 鲃（䰾）
2361 象
2362 够 ［夠］
2363 逸
2364 猜
2365 猪 ［豬］
2366 猎（獵）
2367 猫 ［貓］
4925 猗
7215 猇
2368 凰
2369 猖
4926 猡（玀）
7216 猊
4927 猞
7217 猄
4928 猝
4929 斛
7218 觖
4930 猕（獼）
2370 猛
4931 馗
2371 祭
4932 馃（餜）
4933 馄（餛）
2372 馅（餡）
2373 馆（館）［舘］
2374 凑 ［湊］
2375 减 ［減］
4934 鸾（鸞）
7219 烹
2376 毫
4935 孰
2377 烹
7220 庱
2378 庶 ［庻］
4936 庹
2379 麻 ［蔴］
2380 庵 ［菴］
7221 庼（廎）
4937 庾
7222 庳

4938 痔
4939 痍
7223 痓
4940 疵
2381 痊
2382 痒（癢）
2383 痕
7224 鸡（鵁）
2384 廊
2385 康
2386 庸
2387 鹿
2388 盗
2389 章
2390 竟
7225 竫
4941 翊
2391 商
4942 旌
2392 族
4943 旎
2393 旋（～）
（鏇）
7226 堃
2394 望　［朢］
4944 衮
2395 率
4945 阁（閣）
4946 阈（閾）
4947 阉（閹）
4948 阊（閶）
4949 阋（鬩）
7227 阌（閿）
4950 阎（閻）
2396 阁（閤）
4951 阏（閼）
2397 阐（闡）

2398 着
2399 羚
7228 羝
4952 羟（羥）
2400 盖（蓋）
7229 羕
2401 眷　［睠］
4953 粝（糲）
2402 粘
2403 粗　［觕麤］
4954 粕
2404 粒
2405 断（斷）
2406 剪
2407 兽（獸）
4955 敝
4956 焐
2408 焊　［釬銲］
7230 焆
4957 烯
4958 焓
2409 焕
4959 烽
4960 焖（燜）
4961 烷
7231 烺
4962 焗
7232 焌
2410 清
4963 渍（漬）
2411 添
4964 渚
2412 鸿（鴻）
4965 淇
2413 淋　［痳］
4966 淅
4967 淞

4968 渎（瀆）
2414 涯
2415 淹
4969 涿
2416 渠
2417 渐（漸）
2418 淑
4970 淖
4971 挲　［抄］
2419 淌
7233 淏
2420 混
7234 涸（瀃）
4972 淠
7235 淟
4973 涸
4974 渑（澠）
2421 淮
4975 淦
2422 淆　［殽］
2423 渊（淵）
2424 淫　［婬滛］
7236 淜
4976 淝
2425 渔（漁）
2426 淘
7237 淴
2427 淳　［湻］
2428 液
4977 淬
4978 涪
2429 淤
7238 淯
7239 湴
2430 淡
4979 淙
2431 淀（～）
（澱）

4980 淯
7240 涴
2432 深　　　［湥］
4981 渌
2433 涮
2434 涵
2435 婆
7241 𬇙（𤄙）
2436 梁　　　［樑］
2437 渗（滲）
4982 淄
2438 情
4983 恹（懨）［懕］
7242 悛
4984 悻
2439 惜
2440 惭（慚）［慙］
4985 悱
2441 悼
4986 惝
2442 惧（懼）
2443 惕
4987 惘
4988 悸
2444 惟
4989 惆
7243 惛
4990 惚
2445 惊（驚）
4991 惇　　　［㥏］
2446 惦
2447 悴　　　［顇］
4992 惮（憚）
7244 惔
7245 悰
2448 惋
2449 惨（慘）
7246 惙
2450 惯（慣）
2451 寇　　　［冦宼］
2452 寅
2453 寄
7247 寁
2454 寂
7248 逭
2455 宿　　　［㝛］
2456 窒
2457 窑　　　［窰窯］
4993 窕
2458 密
2459 谋（謀）
4994 谌（諶）
2460 谍（諜）
2461 谎（謊）
7249 谭（譚）
4995 谏（諫）
7250 諴（諴）
4996 扈
4997 皲（皸）
2462 谐（諧）
4998 谑（謔）
4999 裆（襠）
2463 袱
5000 袷
7251 袼
7252 裈（褌）
5001 裉
2464 祷（禱）
2465 祸（禍）［旤］
7253 祲
7254 谍（諟）
5002 谒（謁）
2466 谓（謂）
5003 谔（諤）
7255 谀（諛）
5004 谕（諭）
5005 谖（諼）
5006 谗（讒）
5007 谙（諳）
2467 谚（諺）
5008 谛（諦）
2468 谜（謎）
5009 谝（諞）
7256 谞（諝）
5010 逯
2469 逮
2470 敢
2471 尉
2472 屠
7257 艴
7258 弸
7259 弶
2473 弹（彈）
2474 随
2475 堕（墮）
5011 郿
2476 随（隨）
2477 蛋
2478 隅
5012 隈
7260 隤（隤）
5013 粜（糶）
5014 隍
5015 隗
7261 隃
2479 隆
2480 隐（隱）
5016 婧
5017 婊
7262 婞

7263 娵
7264 婼
7265 媖
7266 婳（嫿）
7267 婍
5018 婕
7268 婌
7269 婫
5019 娼
5020 婢
7270 婤
2481 婚
7271 婘
5021 婵（嬋）
2482 婶（嬸）
7272 婠
2483 婉
5022 胬
5023 袈
2484 颇（頗）
2485 颈（頸）
5024 翌
5025 恿　［慂慂］
5026 欸
7273 绩（綪）
2486 绩（績）［勣[45]］
2487 绪（緒）
5027 绫（綾）
5028 骐（騏）
7274 綝（綝）
2488 续（續）
2489 骑（騎）
5029 绮（綺）
7275 騑（騑）
5030 绯（緋）
2490 绰（綽）
5031 绱（緔）
5032 骒（騍）
5033 绲（緄）
2491 绳（繩）
5034 骓（騅）
2492 维（維）
2493 绵（綿）［緜］
5035 绶（綬）
2494 绷（綳）［繃］
2495 绸（綢）［紬］
7276 驹（駒）
7277 绹（綯）
5036 绺（綹）
7278 绽（綻）
7279 綧（綧）
5037 绻（綣）
2496 综（綜）
2497 绽（綻）
5038 绾（綰）
7280 骕（驌）
7281 騄（騄）
2498 绿（綠）［菉[46]］
5039 骖（驂）
2499 缀（綴）
5040 缁（緇）
2500 巢

十二画

5041 耠
7282 絜
5042 琫
5043 琵
7283 珷
2501 琴　［琹］
5044 琶
5045 琪
5046 瑛
2502 琳
5047 琦
2503 琢
7284 琲
7285 琡
5048 琥
5049 琨
5050 靓（靚）
7286 琟
2504 琼（瓊）
2505 斑
5051 琰
5052 琮
7287 琔
5053 琯
5054 琬
5055 琛
7288 琭
5056 琚
5057 辇（輦）
2506 替
5058 鼋（黿）
5059 揳
2507 揍
7289 堾
2508 款　［欵］
7290 堼
2509 堪
7291 揕
5060 堞
5061 搽
2510 塔　［墖］
2511 搭
5062 揸
2512 堰
5063 揠
5064 堙　［陻］

7292 堙
7293 堧
2513 揩
2514 越
5065 趄
2515 趁 ［趂］
2516 趋（趨）
2517 超
2518 揽（攬）
2519 堤 ［隄］
2520 提
7294 喆
5066 揖
2521 博 ［愽］
5067 颉（頡）
7295 堨
2522 揭
2523 喜
2524 彭
2525 揣
5068 塄
5069 揿（撳）［搇］
2526 插 ［揷］
2527 揪 ［揫］
7296 塅
2528 搜 ［蒐[47]］
2529 煮 ［煑］
7297 堠
5070 耋
5071 揄
2530 援
2531 搀（攙）
5072 蛩
5073 蛰（蟄）
7298 絷（縶）
5074 塆（壪）
2532 裁
2533 搁（擱）
2534 搓
7299 𪣻（塿）
2535 搂（摟）
2536 搅（攪）
2537 壹
7300 塥
2538 握
5075 摒
5076 揆
2539 搔
2540 揉
5077 掾
7301 葜
5078 聒
2541 斯
2542 期 ［朞］
2543 欺
7302 惎
2544 联（聯）
5079 葑
5080 葚
2545 葫
7303 萳
7304 葙
7305 靬
5081 靰
5082 靸
2546 散 ［㪚］
7306 葴
5083 葳
2547 惹
7307 蒇（蕆）
2548 葬 ［塟䒙］
7308 蒈
7309 鄚
2549 募
5084 葺
2550 葛
7310 蒉（蕢）
5085 葸
5086 萼 ［蕚］
7311 蓇
7312 萩
2551 董
5087 葆
7313 蒐
5088 葩
7314 葰
7315 葎
2552 葡
2553 敬
2554 葱 ［蔥］
2555 蒋（蔣）
5089 葶
2556 蒂 ［蔕］
5090 蒌（蔞）
7316 鄗
7317 蒎
2557 落
5091 萱 ［萲蕿蘐藼］
7318 葖
7319 蒄
7320 萹
2558 韩（韓）
5092 戟
2559 朝
5093 葭
2560 辜
2561 葵
2562 棒
5094 楮
2563 棱 ［稜］
2564 棋 ［棊碁］

2565 椰
7321 楮
2566 植
2567 森
7322 棼
5095 棼
2568 焚
7323 棫
5096 椟（櫝）
2569 椅
7324 椓
2570 椒
5097 棹　　　［櫂］
2571 棵
2572 棍
5098 椤（欏）
5099 棰　　　［箠］
2573 椎
2574 棉
7325 椑
7326 椟（櫝）
7327 鸦（鴉）
5100 赍（賫）［賷齎］
2575 棚
7328 椆
5101 椋
5102 椁　　　［槨］
7329 棓
7330 棬
5103 椪
7331 棪
2576 棕　　　［椶］
2577 棺
7332 椀
2578 榔
7333 楗
5104 棣
5105 椐
2579 椭（橢）
5106 鹁（鵓）
2580 惠
7334 鹂（鸝）
7335 甦
2581 惑
2582 逼　　　［偪］
5107 覃
2583 粟
2584 棘
2585 酣
5108 酤
5109 酢
2586 酥
5110 酡
7336 酦（醱）
5111 鹂（鸝）
7337 觌（覿）
2587 厨　　　［厨廚］
2588 厦　　　［廈］
7338 奡
7339 硒
2589 硬
2590 硝
7340 硪
2591 确（確）
2592 硫
2593 雁　　　［鴈］
7341 欹
5112 厥
7342 詟（讋）
2594 殖
2595 裂
2596 雄
5113 殚（殫）
5114 殛
2597 颊（頰）
2598 雳（靂）
5115 雯
5116 雱
5117 辊（輥）
5118 辋（輞）
7343 輗（輗）
5119 椠（槧）
2599 暂（暫）［蹔］
7344 辌（輬）
5120 辍（輟）
5121 辎（輜）
2600 雅
2601 翘（翹）
7345 棐
2602 辈（輩）
5122 斐
2603 悲
7346 龂（齗）
7347 龄（齡）
2604 紫
2605 凿（鑿）
7348 凿
2606 辉（輝）［煇］
2607 敞
2608 棠
7349 牚
2609 赏（賞）
2610 掌
2611 晴
2612 睐（睞）
2613 暑
2614 最　　　［冣冣］
2615 晰　　　［晳］
5123 睄
2616 量
7350 睎

5124 睑（瞼）
5125 睇
2617 鼎
5126 睃
2618 喷（噴）
7351 晫
5127 戥
5128 喋 ［啑］
5129 嗒
5130 喃
2619 喳
2620 晶
7352 晪
2621 喇
2622 遇
2623 喊
5131 喱
5132 喹
2624 遏
5133 晷
2625 晾
2626 景
7353 睒
5134 喈
2627 畴（疇）
2628 践（踐）
5135 跖 ［蹠］
2629 跋
2630 跌
5136 跗
5137 跞（躒）
5138 跚
2631 跑
5139 跎
5140 跏
2632 跛
5141 跆
7354 踇
2633 遗（遺）
2634 蛙 ［鼃］
5142 蛱（蛺）
5143 蛲（蟯）
5144 蛭
5145 蛳（螄）
5146 蛐
5147 蛔 ［蚘痐蛕蜖］
2635 蛛
2636 蜓
5148 蛞
2637 蜒
2638 蛤
5149 蛴（蠐）
5150 蛟
5151 蛘
7355 蛑
7356 畯
5152 喁
2639 喝
2640 鹃（鵑）
2641 喂 ［餧餵］
5153 喟
7357 斝
2642 喘
5154 啾
5155 嗖
7358 喤
2643 喉
2644 喻
5156 喑 ［瘖］
2645 啼 ［嗁］
5157 嗟
5158 喽（嘍）
5159 嗞
2646 喧 ［諠］
5160 喀
5161 喔
5162 喙
7359 嵙
7360 嵁
2647 嵌
7361 嵽（嵽）
5163 嵘（嶸）
5164 嵖
2648 幅
7362 嵝
7363 崴
5165 崴
5166 遄
5167 詈
2649 帽 ［帽］
5168 嵎
5169 崽
7364 崿
7365 嵚（嶔）
5170 嵬
5171 嵛
7366 翙（翽）
5172 嵯
5173 嵝（嶁）
5174 嵫
5175 幄
7367 𫖮（顗）
5176 嵋
7368 圌
7369 圐
2650 赋（賦）
2651 赌（賭）
2652 赎（贖）
2653 赐（賜）
7370 赑（贔）
7371 淼

7372 赒（賙）
2654 赔（賠）
5177 赕（賧）
2655 黑
2656 铸（鑄）
7373 铸（鏤）
7374 铹（鐒）
7375 铺（鉗）
7376 铼（錸）
2657 铺（鋪）［舖］
5178 铻（鋙）
5179 铼（錸）
7377 铽（鋱）
2658 链（鏈）
5180 铿（鏗）
2659 销（銷）
2660 锁（鎖）［鎻］
5181 锃（鋥）
2661 锄（鋤）［鉏耡］
5182 锂（鋰）
7378 锅（鋗）
2662 锅（鍋）
5183 锆（鋯）
5184 锇（鋨）
2663 锈（銹）［鏽］
5185 锉（銼）［剉］
7379 锊（鋝）
2664 锋（鋒）
2665 锌（鋅）
7380 锍（鋶）
7381 锎（鐦）
5186 锏（鐧）
2666 锐（鋭）
5187 锑（銻）
7382 铉（鉉）
5188 锒（鋃）
7383 锓（鋟）
5189 锔（鋦）
5190 锕（錒）
2667 甥
7384 犇
5191 掣
2668 掰
2669 短
2670 智
5192 矬
5193 氰
5194 毳
2671 氮
2672 毯
5195 毽
2673 氯
5196 犊（犢）
5197 犄
5198 犋
5199 鹄（鵠）
5200 犍
2674 鹅（鵝）［鵞鵞］
7385 颋（頲）
2675 剩　　　［賸］
5201 嵇
2676 稍
2677 程
7386 稌
2678 稀
5202 黍
5203 稃
2679 税
5204 稂
2680 筐
7387 筀
2681 等
7388 筘
2682 筑（～）
（築）
2683 策　　　［筴筞］
5205 筚（篳）
2684 筛（篩）
7389 筜（簹）
7390 筥
2685 筒　　　［筩］
7391 筅
2686 筏　　　［栰］
5206 筵
5207 筌
2687 答
2688 筋
2689 筝
5208 傣
2690 傲
7392 傃
2691 傅
5209 傈
7393 傉
5210 舄
5211 牍（牘）
2692 牌
7394 傜
5212 傥（儻）
2693 堡
7395 傒
2694 集
2695 焦
2696 傍
5213 傧（儐）
2697 储（儲）
7396 傕
5214 遑
2698 皓　　　［暠皜］
2699 皖
2700 粤

2701 奥
5215 傩（儺）
5216 遁 ［遯］
2702 街
2703 惩（懲）
2704 御（～）
（禦）
5217 徨
2705 循
5218 媭（嬃）
7397 舾
2706 艇
2707 舒
5219 畲
7398 畬
5220 弑
2708 逾 ［踰］
5221 颌（頜）
5222 翕
7399 ⿰犭页（⿰犭頁）
5223 釉
2709 番
2710 释（釋）
5224 鹆（鵒）
2711 禽
5225 舜
5226 貂
5227 腈
7400 脿
2712 腊（臘）［臈］
5228 腌 ［醃］
5229 腓
7401 腘（膕）
5230 腆
7402 䐃
5231 腴
2713 脾

2714 腋
5232 腑
7403 腙
5233 腚
2715 腔
2716 腕
5234 腱
7404 腒
7405 𬱟（頠）
5235 鱿（魷）
5236 鲀（魨）
2717 鲁（魯）
5237 鲂（魴）
7406 鲃（䰾）
5238 颍（潁）
7407 猰
7408 ⿱乇鸟（⿱乇鳥）
5239 猢
5240 猹
2718 猩
5241 猥
2719 猬 ［蝟］
7409 猯
2720 猾
2721 猴
7410 㺄
5242 飔（颸）［颸］
5243 觞（觴）
5244 觚
5245 猱
2722 惫（憊）
5246 颎（熲）
5247 飧 ［飱］
2723 然
5248 馇（餷）
2724 馈（饋）［餽］
7411 馉（餶）

5249 馊（餿）
2725 馋（饞）
5250 亵（褻）
7412 凓 [48]
2726 装（裝）
2727 蛮（蠻）
5251 脔（臠）
2728 就
7413 鄗
2729 敦 ［⿰亯攵］
5252 裒
7414 𢋈（廞）
7415 廋
7416 廆
2730 斌
5253 痣
5254 痨（癆）
5255 痦
2731 痘
5256 痞
2732 痢
5257 痤
2733 痪
5258 痫（癇）
5259 痧
2734 痛
7417 鄌
5260 赓（賡）
7418 粢
5261 竦
2735 童
5262 瓿
2736 竣
5263 啻
7419 遆
7420 旐
5264 颏（頦）

5265 鹇（鷳）
7421 闿（闓）
5266 阑（闌）
5267 阒（闃）
2737 阔（闊）［濶］
5268 阕（闋）
2738 善
2739 翔
2740 羡
2741 普
2742 粪（糞）
5269 粞
2743 尊
2744 奠
5270 遒
2745 道
2746 遂
5271 孳
2747 曾
5272 焯
5273 焜
2748 焰　　　　［燄］
7422 焞
5274 焙
7423 焯（燀）
7424 欻
5275 焱
5276 鹈（鵜）
7425 渍（漬）
5277 湛
2749 港
5278 渫
2750 滞（滯）
7426 溚
7427 溁（濚）
2751 湖
2752 湘
2753 渣
2754 渤
5279 湮
5280 湎
7428 湝
5281 湜
2755 渺　　　　［淼[49]渺］
2756 湿（濕）［溼］
2757 温
2758 渴
5282 渭
2759 溃（潰）
5283 湍
2760 溅（濺）
2761 滑
2762 湃
5284 湫
5285 溲
5286 湟
5287 溆
2763 渝
7429 湸
5288 湲
7430 溢
7431 湓
2764 湾（灣）
7432 渟
2765 渡
2766 游　　　　［遊］
7433 溠
7434 渼
7435 溇（漊）
5289 湔
2767 滋
5290 湉
2768 渲
2769 溉
5291 渥
7436 湣
5292 湄
7437 滑
5293 滁
7438 湰
2770 愤（憤）
2771 慌
2772 惰
7439 愐
5294 愠
5295 惺
5296 愦（憒）
2773 愕
5297 惴
2774 愣
5298 愀
5299 愎
2775 惶
2776 愧　　　　［媿］
2777 愉
5300 愔
7440 愃
2778 慨　　　　［嘅］
5301 喾（嚳）
7441 敩（斆）
2779 割
2780 寒
2781 富
2782 寓　　　　［庽］
2783 窜（竄）
2784 窝（窩）
2785 窖
2786 窗　　　　［窓窻牎牕
　　　　　　　　　　　　窻］
2787 窘
7442 寍
5302 寐

5303 谟（謨）［謩］
5304 扉
2788 遍 ［徧］
7443 棨
2789 雇 ［僱］
7444 扊
5305 裢（褳）
5306 裎
7445 裣（襝）
2790 裕
2791 裤（褲）［袴］
5307 裥（襇）
2792 裙 ［帬裠］
5308 祾
5309 祺
7446 祼
5310 谠（讜）
2793 禅（禪）
2794 禄
5311 幂 ［冪］
5312 谡（謖）
2795 谢（謝）
2796 谣（謠）
2797 谤（謗）
5313 谥（謚）［諡］
2798 谦（謙）
5314 谧（謐）
5315 遐
2799 犀
2800 属（屬）
2801 屡（屢）
5316 孱
5317 弼
2802 强 ［強彊］
2803 粥
5318 巽
2804 疏 ［踈］
2805 隔
5319 骘（騭）
2806 隙
2807 隘
2808 媒
7447 婻
7448 媆
7449 媞
5320 媪
2809 絮
7450 㛹
2810 嫂
7451 媓
5321 媛
5322 婷
7452 媂
7453 媄
2811 媚
2812 婿 ［壻］
5323 巯（巰）
7454 毵（毿）
5324 翚（翬）
2813 登
5325 皴
7455 矞
5326 婺
5327 骛（騖）
7456 𬳿（䮸）
5328 缂（緙）
5329 缃（緗）
5330 缄（緘）［椷］
2814 缅（緬）
5331 彘
2815 缆（纜）
7457 骎（騠）
5332 缇（緹）
5333 缈（緲）
2816 缉（緝）
7458 缊（緼）
5334 缌（緦）
2817 缎（緞）
7459 缐（線）
5335 缑（緱）
5336 缒（縋）
2818 缓（緩）
2819 缔（締）
2820 缕（縷）
2821 骗（騙）
2822 编（編）
5337 缗（緡）
7460 骙（騤）
2823 骚（騷）
2824 缘（緣）
5338 飨（饗）

十三画

5339 耢（耮）
7461 瑃
2825 瑟
5340 瑚
7462 瑓
2826 鹉（鵡）
7463 瑅
5341 瑁
7464 瑆
7465 鹋（鶓）
2827 瑞
7466 瑖
7467 瑝
7468 瑔
2828 瑰 ［瓌］
7469 瑀
5342 瑜

5343 瑗
7470 瑅
7471 瑳
5344 瑄
5345 瑕
7472 瑂
7473 嶅
5346 遨
5347 骜（驁）
7474 瑑
2829 瑙
7475 遘
5348 韫（韞）
2830 魂　　　［䰟］
5349 髡
7476 髢
2831 肆
2832 摄（攝）
2833 摸
2834 填
2835 搏
7477 塥
5350 塬
5351 鄢
5352 趔
5353 趑
5354 摅（攄）
2836 塌
5355 摁
2837 鼓　　　［皷］
7478 堽
2838 摆（擺）
（襬）
7479 赪（赬）
2839 携　　　［擕攜攜攜］
5356 蜇
5357 搋

2840 搬
2841 摇
2842 搞
7480 摛
2843 塘
5358 搪
7481 塝
7482 搒
5359 搐
5360 搛
5361 搠
5362 摈（擯）
5363 彀
5364 毂（轂）
7483 搌
5365 搦
2844 摊（攤）
5366 搡
2845 聘
5367 蓁
5368 戡
2846 斟
2847 蒜
7484 蒱
5369 蓍
5370 鄞
2848 勤　　　［懃］
2849 靴　　　［鞾］
5371 靳
2850 靶
2851 鹊（鵲）
5372 蓐
2852 蓝（藍）
2853 墓
2854 幕　　　［幙］
5373 蓦（驀）
5374 鹋（鶓）

5375 蒽
7485 蒨
5376 蓓
5377 蓖
7486 蓏
5378 蓊
5379 蒯
5380 蓟（薊）
2855 蓬
5381 蓑　　　［簑］
5382 蒿
5383 蒺
5384 蓠（蘺）
7487 蒟
5385 蒟
5386 蒡
2856 蓄
5387 蒹
5388 蒴
2857 蒲
5389 蒗
2858 蓉
2859 蒙（～）
（濛）
（懞）
（矇）
7488 蒴
7489 蓂
5390 蓥（鎣）
5391 颐（頤）
7490 蒻
2860 蒸
2861 献（獻）
7491 蓣（蕷）
5392 楔
2862 椿
7492 椹

7493 楪
5393 楠 ［枏柟］
2863 禁
5394 楂
7494 榃
2864 楚
5395 楝
2865 楷
2866 榄（欖）
2867 想
5396 楫 ［檝］
7495 榅
7496 楒
7497 楞
5397 楸
5398 椴
7498 楩
2868 槐
5399 槌
5400 楯
5401 皙[50]
2869 榆
7499 榇（櫬）
7500 椸
5402 榈（櫚）
5403 槎
2870 楼（樓）
5404 榉（櫸）
5405 楦 ［楥］
2871 概 ［槩］
5406 楣
5407 楹
7501 楙
5408 椽
5409 裘
2872 赖（賴）［頼］
5410 剽

5411 甄
7502 歅
5412 酮
5413 酰
5414 酯
5415 酩
2873 酪
2874 酬 ［酧詶醻］
7503 酞（醲）
5416 蜃
2875 感
7504 碃
5417 碛（磧）
7505 碏
7506 硝
2876 碍（礙）
2877 碘
5418 碓
2878 碑
5419 硼
5420 碉
7507 碈
2879 碎
5421 碚
2880 碰 ［掽踫］
7508 碑（礶）
5422 碇 ［矴椗］
7509 硿
2881 碗 ［瓮盌椀[51]］
2882 碌 ［磟］
5423 碜（磣）
5424 鹌（鵪）
2883 尴（尷）
7510 鄠
2884 雷
2885 零[52]
2886 雾（霧）

2887 雹
5425 辏（輳）
2888 辐（輻）
2889 辑（輯）
7511 辒（轀）
2890 输（輸）
7512 𬨎（輶）
7513 𫐓（輮）
2891 督
2892 频（頻）
5426 龃（齟）
2893 龄（齡）
5427 龅（齙）
7514 龆（齠）
7515 觜
5428 訾
5429 粲
5430 虞
2894 鉴（鑒）［鍳鑑］
7516 鄚
2895 睛
2896 睹 ［覩］
2897 睦
2898 瞄
5431 睚
5432 嗪
2899 睫
5433 韪（韙）
5434 嗷
5435 嗉
7517 睐
2900 睡
5436 睨
5437 睢
5438 雎
5439 睥
2901 睬 ［保］

7518 鹍（鵾）
5440 嘟
2902 嗜
5441 嗑
5442 嗫（囁）
5443 嘀
7519 嗯[53]（嗯）
5444 嗔
2903 鄙
2904 嗦
5445 嗝
2905 愚
5446 戥
5447 嗄
2906 暖　　　［暝煖煗］
7520 曼
2907 盟
5448 煦
2908 歇
2909 暗　　　［晻闇］
7521 暅
5449 暄
2910 暇
2911 照　　　［炤］
5450 遢
5451 暌
2912 畸
5452 跬
7522 跱
2913 跨
5453 跶（躂）
2914 跷（蹺）［蹻］
5454 跸（蹕）
5455 跐
5456 跣
5457 跹（躚）
2915 跳
2916 跺　　　［跥］
2917 跪
2918 路
5458 跻（躋）
2919 跤
2920 跟
2921 遣
7523 蛐
5459 蛸
2922 蜈
7524 蜎
2923 蜗（蝸）
2924 蛾
5460 蜊
5461 蜍
5462 蜉
2925 蜂　　　［蠭蠭］
5463 蜣
2926 蜕
5464 畹
5465 蛹
5466 嗣
5467 嗯
2927 嗅
5468 嗥　　　［嘷獋］
5469 嗲
5470 嗳（噯）
2928 嗡
5471 嗌
5472 嗍
5473 嗨
5474 嗐
5475 嗤
5476 嗵
2929 嗓
2930 署
2931 置　　　［寘］
5477 罨
2932 罪　　　［辠］
2933 罩
2934 蜀
2935 幌
5478 嵊
7525 嵲
5479 嵩
5480 嵴
7526 骨（賵）
7527 骱
5481 骰
7528 锖（錆）
5482 锗（鍺）
7529 锘（錤）
2936 错（錯）
7530 锘（鍩）
2937 锚（錨）
7531 锳（鍈）
5483 锛（錛）
5484 锜（錡）
5485 锝（鍀）
5486 锞（錁）
5487 锟（錕）
2938 锡（錫）
5488 锢（錮）
2939 锣（鑼）
2940 锤（錘）［鎚］
2941 锥（錐）
2942 锦（錦）
7532 锧（鑕）
5489 锨（鍁）
7533 锪（鍃）
7534 錞（錞）
7535 锫（錇）
5490 锩（錈）
7536 锬（錟）

7537 铍（鈹）
5491 锭（錠）
2943 键（鍵）
2944 锯（鋸）
2945 锰（錳）
5492 锱（錙）
2946 矮
5493 雉
5494 氲
5495 犏
2947 辞（辭）［辤］
5496 歃
7538 稑
7539 稙
5497 稞
2948 稚［穉稺］
5498 稗［粺］
5499 稔
2949 稠
2950 颓（頹）［穨］
2951 愁
7540 穇（穇）
2952 筹（籌）
7541 篑（簣）
5500 筠
5501 筢
5502 筮
7542 筻
5503 筲［箾］
7543 筼（篔）
7544 筶
5504 筱
2953 签（簽）
（籤）
2954 简（簡）
2955 筷
7545 筦
7546 篑
2956 毁［燬譭］
2957 舅
2958 鼠
5505 牒
5506 煲
2959 催
2960 傻
2961 像
7547 傺
2962 躲
7548 鹎（鵯）
2963 魁
5507 敫
7549 僇
2964 衙
2965 微
5508 徭
5509 愆［諐］
5510 艄
7550 艅
7551 艉
5511 觎（覦）
5512 毹
2966 愈［瘉癒］
7552 䜣
2967 遥
7553 貆
5513 貊
5514 貅
5515 貉
5516 颔（頷）
2968 腻（膩）
5517 腠
5518 腩
2969 腰
5519 腼
7554 腽
2970 腥
2971 腮［顋］
5520 腭［齶］
7555 腨
2972 腹
2973 腺
7556 腯
5521 腧
2974 鹏（鵬）
5522 塍［塖］
5523 媵
2975 腾（騰）
7557 膢（膢）
2976 腿［骽］
5524 詹
5525 鲅（鮁）
5526 鲆（鮃）
5527 鲇（鮎）
5528 鲈（鱸）
7558 鲉（鮋）
7559 鲊（鮓）
5529 稣（穌）
5530 鲋（鮒）
7560 鲌（鮊）
7561 鲄（鮣）
7562 鲍（鮈）
2977 鲍（鮑）
7563 鲍（鮀）
7564 鲏（鮍）
5531 鲐（鮐）
7565 雊
5532 肄
2978 猿［猨蝯］
2979 颖（穎）［頴］
5533 鸽（鴿）
7566 猺

7567 飔（颸）
5534 飕（颼）
7568 鲑
5535 觥
2980 触（觸）
2981 解
5536 遛
2982 煞
2983 雏（雛）
7569 馌（饁）
2984 馍（饃）［饝］
2985 馏（餾）
5537 馐（饈）
2986 酱（醬）
5538 鹑（鶉）
7570 裛
2987 禀 ［稟］
5539 亶
7571 廒
5540 瘃
5541 痱 ［疿］
2988 痹 ［痺］
5542 痼
2989 廓
2990 痴 ［癡］
5543 痿
5544 瘐
5545 瘁
7572 瘀
7573 瘅（癉）
2991 痰
5546 瘆（瘮）
2992 廉 ［亷廉］
7574 鄌
7575 鹒（鶊）
7576 鄘
7577 麀
5547 麂
5548 裔
2993 靖
2994 新
7578 鄣
5549 歆
2995 韵 ［韻］
2996 意
5550 旒
5551 雍 ［雝］
5552 阖（闔）
5553 阗（闐）
7579 阘（闒）
7580 阙（闋）
5554 阙（闕）
5555 羧
5556 豢
2997 誊（謄）
5557 粳 ［秔稉粳］
2998 粮（糧）
2999 数（數）
3000 煎
5558 猷
3001 塑
3002 慈
3003 煤
7581 煁
5559 煳
7582 烇
7583 煴
7584 煋
5560 煜
5561 煨
7585 焆
7586 煓
5562 煅
3004 煌
5563 煊
5564 煸
5565 煺
5566 滟（灧）
5567 溱
5568 溘
7587 滠（灄）
3005 满（滿）
5569 漭
3006 漠
7588 溍
5570 滢（瀅）
3007 滇
7589 溹
5571 溥
7590 滆
5572 溧
5573 溽
3008 源
3009 滤（濾）
3010 滥（濫）
5574 裟
7591 溭
5575 溻
5576 溷
7592 溦
5577 滗（潷）
5578 滫
5579 溴
7593 溵
5580 滏
3011 滔
3012 溪 ［谿[54]］
5581 滃
3013 溜
5582 滦（灤）
7594 漷

7595 溦
3014 漓（～）
（灕）
3015 滚
5583 溏
5584 滂
3016 溢
3017 溯 ［泝遡］
3018 滨（濱）
3019 溶
5585 滓
5586 溟
7596 溍
3020 溺
7597 滍
3021 粱
3022 滩（灘）
5587 滪（澦）
5588 愫
7598 愭
5589 慑（懾）［慴］
3023 慎 ［昚］
7599 慥
7600 慆
5590 慊
3024 誉（譽）
5591 蓥（鎣）
3025 塞
5592 骞（騫）
3026 寞
3027 窥（窺）［闚］
5593 窦（竇）
5594 窠
5595 窣
3028 窟
3029 寝（寢）［寑］
7601 塱
3030 谨（謹）
7602 禛（禛）
5596 裱
3031 褂
5597 褚
3032 裸 ［躶臝］
7603 裼
5598 裨
5599 裾
5600 裰
5601 褉
3033 福
7604 禋
7605 禔
7606 褅
7607 褖
5602 谩（謾）
5603 谪（謫）［讁］
7608 谫（譾）
3034 谬（謬）
7609 鹔（鷫）
7610 颋（頲）
3035 群 ［羣］
3036 殿
3037 辟（～）
（闢）
7611 愍
3038 障
5604 媾
5605 嫫
7612 嫄
3039 媳
5606 媲
7613 媱
5607 嫒（嬡）
3040 嫉
3041 嫌
3042 嫁
5608 嫔（嬪）
5609 媸
7614 戬
7615 勠[55]
7616 戣
3043 叠 ［曡疉疊］
5610 缙（縉）
5611 缜（縝）
3044 缚（縛）
5612 缛（縟）
7617 骉（驫）
5613 辔（轡）
7618 骙（騤）
3045 缝（縫）
5614 骝（騮）
7619 缞（縗）
5615 缟（縞）
3046 缠（纏）
5616 缡（縭）
5617 缢（縊）
5618 缣（縑）
3047 缤（繽）
5619 骗（騙）
3048 剿 ［勦勦］

十四画

7620 耤
5620 耥
7621 瑧
5621 璈
7622 瑀（瑀）
7623 瑨
7624 瑱
3049 静
3050 碧

5622 瑶
7625 瑷（璦）
3051 璃　　　［琍瓈］
5623 瑭
7626 瑢
5624 獒
3052 赘（贅）
3053 熬
5625 觏（覯）
7627 斠
5626 慝
5627 嫠
5628 韬（韜）
5629 叆（靉）
7628 搘
5630 髦
7629 墕
7630 墈
7631 墐
7632 墘
3054 墙（墻）［牆］
5631 摽
7633 摴
3055 墟
5632 墁
5633 摺
5634 摞
3056 嘉
3057 摧
5635 撄（攖）
3058 赫
3059 截
5636 翥
5637 踅
3060 誓
7634 銎
5638 摭

7635 墉
5639 墉
3061 境
3062 摘
5640 墒
3063 摔
3064 撇
7636 墚
5641 榖
7637 撖
7638 摎
5642 綦
3065 聚
5643 蔫
5644 蔷（薔）
5645 靺
5646 靼
5647 鞅
7639 靽
7640 鞁
5648 靿
7641 蔌
7642 蔈
3066 慕
3067 暮
3068 摹
3069 蔓
3070 蔑（～）
（衊）
5649 甍
5650 蔸
7643 蓰
7644 蔹（蘞）
3071 蔡
3072 蔗
5651 蔟
5652 蔺（藺）

5653 戬
3073 蔽
7645 蕖
5654 蕖
5655 蔻
5656 蓿
3074 蔼（藹）
5657 斡
3075 熙　　　［煕熈］
3076 蔚
5658 鹕（鶘）
3077 兢
7646 嘏
5659 蓼
5660 榛
5661 榧
7647 榰
3078 模
7648 榑
7649 槚（檟）
3079 槛（檻）
7650 棁（欓）
5662 榻
5663 榫
7651 榤
5664 榭
5665 槔
3080 榴
5666 榱
5667 槁　　　［槀］
3081 榜　　　［牓］
5668 槟（檳）
3082 榨　　　［搾］
3083 榕
5669 槠（櫧）
5670 榷　　　［搉榷］
7652 榍

7653 韭
7654 鸥（鷗）
3084 歌　　［謌］
3085 遭
5671 楚
3086 酵
5672 酽（釅）
7655 酺
7656 酾（釃）
7657 酲
3087 酷
5673 酶
7658 酴
5674 酹
3088 酿（釀）
3089 酸
5675 厮　　［廝］
7659 碶
5676 碡
3090 碟
5677 碴　　［餷］
3091 碱　　［堿鹻鹼］
7660 碜
7661 碛（磧）
5678 碣
7662 碨
7663 碍
3092 碳
5679 碲
5680 磋
3093 磁
7664 碹
7665 碥
3094 愿（願）
7666 劂
5681 臧
5682 豨

5683 殡（殯）
3095 需
5684 霆
5685 霁（霽）
5686 辕（轅）
3096 辖（轄）
3097 辗（輾）
5687 蜚
5688 裴
5689 翡
3098 雌
5690 龇（齜）
5691 龈（齦）
7667 凿（鑿）
5692 睿　　［叡］
3099 裳
7668 䴗（鵙）
3100 颗（顆）
7669 夥
3101 瞅　　［田瞅］
7670 瞍
5693 瞜（瞜）
5694 睽
3102 墅
5695 嘞
5696 嘈
3103 嗽　　［嗽］
5697 嘌
5698 喊
5699 嘎　　［嘎］
5700 暧（曖）
7671 鹖（鶡）
5701 暝
7672 曩
5702 踌（躊）
5703 踉
7673 踞

3104 踊（踴）
3105 蜻
5704 蜞
3106 蜡（蠟）
5705 蜥
5706 蜮
7674 蜾
5707 蝈（蟈）
5708 蜴
3107 蝇（蠅）
3108 蜘
5709 蜱
5710 蜩
5711 蜷
3109 蝉（蟬）
5712 蜿
5713 螂　　［蜋］
5714 蜢
5715 嘘
5716 嘡
5717 鹗（鶚）
5718 嘣
5719 嘤（嚶）
5720 嘚
3110 嘛
3111 嘀
5721 嗾
5722 嘧
7675 幖
5723 罴（羆）
5724 罱
5725 幔
5726 嶂
5727 幛
7676 嶍
5728 赙（賻）
7677 圖

5729 罂（罌）［甖］
3112 赚（賺）
5730 骷
5731 骶
5732 鹘（鶻）
5733 锲（鍥）
7678 𨱏（鎝）
5734 锴（鍇）
5735 锶（鍶）
5736 锷（鍔）
5737 锸（鍤）
3113 锹（鍬）［鍫］
7679 锺（鍾）
3114 锻（鍛）
7680 锼（鎪）
7681 锽（鍠）
7682 锻（鍭）
7683 锾（鍰）
5738 锵（鏘）
7684 锿（鎄）
3115 镀（鍍）
5739 镁（鎂）
5740 镂（鏤）
7685 镃（鎡）
7686 镄（鐨）
7687 镅（鎇）
3116 舞
5741 犒
3117 舔
7688 馝
3118 稳（穩）
7689 鹙（鶖）
3119 熏　　［燻］
5742 箐
5743 箦（簀）
5744 箧（篋）
5745 箍

5746 箸　　［筯］
7690 箨（籜）
3120 箕
5747 箬　　［篛］
7691 箖
3121 算
5748 箅
3122 箩（籮）
7692 箚
5749 箪（簞）
5750 箔
3123 管　　［筦[56]］
5751 箜
5752 箢
3124 箫（簫）
5753 箓（籙）
5754 毓
3125 舆（輿）
5755 僖
5756 儆
5757 僳
3126 僚
5758 僭
7693 僬
5759 劁
7694 僦
5760 僮
7695 僔
3127 僧
3128 鼻
3129 魄
3130 魅
5761 魃
5762 魆
7696 僎
5763 睾
7697 槃

5764 艋
7698 ⿱斜土
5765 鄱
3131 貌
3132 膜
3133 膊
5766 膈
3134 膀　　［髈］
5767 膑（臏）
5768 鲑（鮭）
7699 鲒（鮚）
5769 鲔（鮪）
7700 鲕（鮞）
7701 𫚕（鰤）
7702 鲖（鮦）
7703 鲗（鰂）
7704 鲘（鮜）
7705 鲙（鱠）
7706 𬶋（鮡）
7707 𬶍（鮠）
5770 鲚（鱭）
5771 鲛（鮫）
3135 鲜（鮮）［尠尟鱻］
7708 𩽾（鮟）
5772 鲟（鱘）
7709 夐
3136 疑
5773 獐　　［麞］
7710 獍
7711 飗（飀）
7712 𬸚（鸑）
5774 觫
5775 雒
3137 孵
5776 夤
5777 馑（饉）
3138 馒（饅）

7713 凘
5778 銮（鑾）
3139 裹
3140 敲
3141 豪
3142 膏
5779 塾
7714 廑
3143 遮
5780 麽
7715 廙
3144 腐
3145 瘩　　［瘩］
5781 瘌
7716 瘥（瘥）
3146 瘟
3147 瘦
5782 瘊
7717 瘥
5783 瘘（瘻）
7718 瘕
5784 瘙
5785 廖
3148 辣　　［辢］
3149 彰
3150 竭
5786 韶
3151 端
3152 旗　　［旂］
5787 旖
5788 膂
5789 阚（闞）
5790 鄯
7719 鲞（鯗）
5791 鲝（鮝）
3153 精
5792 粿
5793 粼
3154 粹
5794 粽　　［糉］
5795 糁（糝）
3155 歉
5796 槊
5797 鹚（鷀）［鶿］
3156 弊　　［獘］
7720 鄫
3157 熄
5798 熘
7721 熇
3158 熔
3159 煽
5799 熥
7722 潙
7723 潋
5800 潢
7724 潆（瀠）
3160 潇（瀟）
7725 溇
3161 漆
5801 漕
3162 漱　　［潄］
3163 漂
5802 漙
3164 漫
7726 漯
5803 漯
5804 漉
7727 漼
7728 潆
7729 潽
5805 潋（瀲）
5806 潴
5807 漪
7730 潦
5808 漉
5809 漳
3165 滴
5810 漩
3166 漾
3167 演
5811 澉
3168 漏
7731 潍
7732 漻
5812 潍（濰）
7733 慬
3169 慢
3170 慷
5813 慵
3171 寨　　［砦］
3172 赛（賽）
5814 搴
3173 寡
7734 窬
5815 窨
7735 窭（窶）
3174 察　　［詧］
3175 蜜
5816 寤
3176 寥
7736 窠
7737 谌（諶）
3177 谭（譚）
3178 肇
5817 綮
5818 谮（譖）
5819 褡
5820 褙
3179 褐
5821 褓　　［緥］
7738 褕

5822 褛（褸）
5823 褊
3180 褪
7739 禛
7740 禚
5824 谯（譙）
5825 谰（讕）
3181 谱（譜）
5826 谲（譎）
5827 暨
5828 屣
5829 鹛（鶥）
7741 隩
3182 隧
5830 嫣
5831 嫱（嬙）
3183 嫩　　　［嫰］
5832 嫖
7742 嫕
7743 嫭
5833 嫦
5834 嫚
5835 嫘
7744 嫜
5836 嫡
7745 嫪
5837 鼐
5838 翟
3184 翠
3185 熊
3186 凳　　　［櫈］
5839 瞀
5840 鹜（鶩）
5841 骠（驃）
5842 缥（縹）
5843 缦（縵）
3187 骡（騾）［驘］
5844 缧（縲）
5845 缨（纓）
5846 骢（驄）
7746 缜（縝）
3188 缩（縮）
5847 缪（繆）
5848 缫（繅）

十五画

3189 慧
5849 耦
5850 耧（耬）
5851 瑾
5852 璜
7747 𬍤
5853 璀
5854 璎（瓔）
5855 璁
7748 麹（麴）
5856 璋
5857 璇　　　［璿］
7749 璆
7750 漦
5858 奭
7751 叇（靆）
3190 撵（攆）
5859 髯　　　［髥］
5860 髫
5861 撷（擷）
3191 撕
3192 撒
5862 撅
3193 撩
3194 趣
3195 趟
7752 墣
3196 撑　　　［撐］
3197 撮
3198 撬
5863 赭
7753 墦
3199 播
3200 擒
5864 撸（擼）
5865 鋆
3201 墩　　　［墪］
3202 撞
3203 撤
7754 墡
5866 撙
3204 增
5867 撺（攛）
5868 墀
3205 撰　　　［譔］
5869 聩（聵）
3206 聪（聰）
5870 觐（覲）
3207 鞋　　　［鞵］
5871 鞑（韃）
5872 蕙
5873 鞒（鞽）
3208 鞍　　　［鞌］
5874 蕈
5875 蕨
5876 蕤
5877 蕞
5878 蕺
5879 瞢
3209 蕉
7755 劐
7756 薁
5880 蕃
5881 蕲（蘄）

7757 蕰
3210 蕊 ［蕋橤蘂］
5882 赜（賾）
7758 蔃
3211 蔬
3212 蕴（藴）
7759 鼒
5883 槿
3213 横
5884 樯（檣）［艢］
3214 槽
7760 槱
5885 槭
5886 樗
5887 樘
3215 樱（櫻）
5888 樊
3216 橡
5889 槲
3217 樟
3218 橄
3219 敷
7761 鹝（鷊）
3220 豌
3221 飘（飄）［飃］
3222 醋
5890 醌
3223 醇 ［醕］
3224 醉
5891 醅
5892 靥（靨）
5893 魇（魘）
5894 餍（饜）
3225 磕
3226 磊
5895 磔
5896 磙

3227 磅
7762 磏
3228 碾
7763 磉
7764 殣
7765 慭（憖）
3229 震
3230 霄
3231 霉（黴）
7766 霅
5897 霈
5898 辘（轆）
5899 龉（齬）
5900 龊（齪）
5901 觑（覷）
5902 瞌
3232 瞒（瞞）
5903 瞋[57]
3233 题（題）
7767 瞙
3234 暴
3235 瞎
5904 瞑
3236 嘻 ［譆］
5905 嘭
5906 噎
3237 嘶
5907 噶
3238 嘲
5908 颙（顒）
5909 暹
5910 噘[58]
3239 嘹
3240 影
7768 暲
7769 暶
7770 踦

5911 踔
5912 踝
3241 踢
3242 踏
5913 踟
5914 踒
5915 踬（躓）
3243 踩 ［跴］
5916 踮
7771 踣
5917 踯（躑）
3244 踪 ［蹤］
5918 踺
5919 踞
5920 蝽
3245 蝶 ［蜨］
7772 䗖（螮）
5921 蝾（蠑）
3246 蝴
5922 蝻
7773 蝘
7774 蝲
3247 蝠
5923 蝰
3248 蝎 ［蠍］
3249 蝌
5924 蝮
5925 螋
3250 蝗
5926 蝓
5927 蝣
5928 蝼（螻）
7775 蝤
3251 蝙
5929 噗
5930 嘬
5931 颚（顎）

3252 嘿
5932 噍
5933 噢
5934 噙
5935 噜（嚕）
7776 噇
7777 噂
5936 噌
3253 嘱（囑）
7778 噀
5937 噔
5938 颛（顓）
7779 罶
5939 幞
7780 嶲
7781 嶓
5940 幡
7782 嶡
3254 幢
5941 嶙
7783 嶟
7784 嶒
5942 嶝
3255 墨
5943 骺
5944 骼
5945 骸
5946 镊（鑷）
7785 镆（鏌）
3256 镇（鎮）
7786 镈（鎛）
5947 镉（鎘）
7787 锐（鑭）
5948 镌（鐫）
5949 镍（鎳）
7788 镎（鎿）
7789 镏（鎦）
5950 镏（鎦）
3257 镐（鎬）
3258 镑（鎊）
5951 镒（鎰）
5952 镓（鎵）
5953 镔（鑌）
7790 镕（鎔）
3259 靠
7791 稹
3260 稽
5954 稷
3261 稻
3262 黎
3263 稿　［稾］
3264 稼
3265 箱
5955 箴
5956 篑（簣）
5957 篁
5958 篌
3266 篓（簍）
3267 箭
3268 篇
5959 篆
3269 僵　［殭］
5960 牖
7792 儇
5961 儋
3270 躺
7793 皞
7794 皛
3271 僻
3272 德　［悳］
7795 鹏（鵬）
5962 徵
3273 艘
7796 艎
5963 磐
7797 艏
5964 虢
5965 鹞（鷂）
7798 鹟（鶲）
3274 膝　［厀］
5966 膘　［臕］
3275 膛
5967 縢
5968 鲠（鯁）［骾］
5969 鲡（鱺）
5970 鲢（鰱）
5971 鲣（鰹）
5972 鲥（鰣）
3276 鲤（鯉）
7799 鲩（鯇）
7800 鲦（鰷）
5973 鲧（鯀）
5974 鲩（鯇）
7801 鲪（鮶）
3277 鲫（鯽）
7802 鲬（鯒）
7803 獉
5975 獗
5976 獠
7804 觭
5977 觯（觶）
7805 鹠（鶹）
5978 馓（饊）
5979 馔（饌）［籑］
3278 熟
3279 摩
5980 麾
3280 褒　［襃］
5981 廛
5982 瘛
5983 瘼

3281 瘪（癟）［癟］
5984 瘢
3282 瘤　　［癅］
5985 瘠
3283 瘫（癱）
5986 齑（齏）
7806 鹡（鶺）
3284 凛
3285 颜（顏）
3286 毅
5987 羯
5988 羰
3287 糊　　［粘餬］
5989 [illegible]
7807 糇　　［餱］
5990 遴
5991 糌
5992 糍　　［餈］
7808 糈
5993 糅
7809 翦
3288 遵
7810 鹚（鷀）
7811 鹣（鶼）
3289 憋
7812 熛
5994 熜
5995 熵
5996 熠
7813 潖
3290 潜　　［濳］
5997 澍
3291 澎
5998 澌
7814 潵
3292 潮
5999 潸
3293 潭
7815 [illegible]
6000 潦
3294 鲨（鯊）
7816 澂
6001 潲
6002 鋈
6003 潟
3295 澳
3296 潘
7817 澛（瀂）
6004 潼
3297 澈
7818 [illegible]
3298 澜（瀾）
7819 潽
7820 潾
6005 潺
3299 澄　　［澂 59］
7821 潏
3300 懂
7822 憭
6006 憬
3301 憔　　［癄顦］
3302 懊
6007 憧
3303 憎
7823 憕
7824 鹜（鶩）
7825 戭
6008 寮
6009 窳
3304 额（額）［頟］
6010 谳（讞）
3305 翩
3306 褥
6011 褴（襤）
6012 褟
6013 褫
7826 褯
7827 褶
3307 谴（譴）
7828 [illegible]（譞）
3308 鹤（鶴）
6014 谵（譫）
3309 憨
6015 熨
3310 慰
3311 劈
3312 履
6016 屦（屨）
6017 嬉
7829 嫽
6018 勰
6019 戮　　［剹］
7830 遹
6020 螯
3313 豫
6021 缬（纈）
3314 缭（繚）
6022 缮（繕）
7831 𬴊（驎）
6023 缯（繒）
6024 骣（驏）
6025 畿

十六画

6026 耩
6027 耨
6028 耪
7832 璥
6029 璞
6030 璟

6031 靛
6032 璠
6033 璘
7833 璲
6034 聱
6035 螯
7834 璒
6036 髻
6037 髭
6038 髹
6039 擀
3315 撼
3316 擂
3317 操　　　　[捺掾]
6040 熹
7835 憙
6041 髦
7836 擐
3318 擅
6042 擞（擻）
6043 縠
6044 磬
7837 鄹
6045 颞（顳）
6046 蕻
7838 薳
6047 鞘
7839 鞔
3319 燕　　　　[鷰]
7840 黇
6048 颟（顢）
6049 薤
3320 蕾
7841 𬞟（蘋）
7842 蕗
3321 薯　　　　[藷]
6050 薨
3322 薛
3323 薇
6051 檠
3324 擎
7843 薢
3325 薪
6052 薏
7844 蕹
6053 薮（藪）
3326 薄
3327 颠（顛）
3328 翰
3329 噩
6054 薜
6055 薅
6056 樾
7845 橞
3330 橱　　　　[櫥]
6057 橛　　　　[橜]
7846 橑
6058 橇
6059 樵
6060 檎
6061 橹（櫓）[樐𣟄艣艪]
7847 橦
6062 樽　　　　[罇]
6063 樨
3331 橙
3332 橘
6064 橼（櫞）
6065 墼
3333 整
6066 橐
3334 融　　　　[螎]
6067 翮
3335 瓢
6068 醛
6069 醐
6070 醍
3336 醒
6071 醚
7848 醑
7849 觱
7850 磡
7851 䃚
7852 磜
6072 磲
6073 赝（贋）[贗]
6074 飙（飆）
7853 豮（豶）
6075 殪
6076 霖
6077 霏
6078 霓　　　　[蜺]
3337 霍
3338 霎
6079 錾（鏨）
3339 辙（轍）
6080 辚（轔）
7854 𫐐（䡵）
6081 臻
3340 冀
7855 𬺈（齮）
7856 𬺉（齯）
7857 𬺊（齹）
3341 餐
6082 遽
7858 虤
6083 氅
6084 瞟
7859 瞦
6085 瞠
6086 瞰　　　　[矙]
6087 嚄

6088 嗃
6089 噤
7860 嬰
6090 噋
7861 曈
7862 曒
6091 蹀
7863 踖
7864 踶
6092 踹
6093 踵
6094 踽
3342 嘴
3343 踱
3344 蹄　［蹏］
6095 蹉
6096 蹁
3345 蹂
6097 螨（蟎）
6098 蟒
3346 螟　［蓂］
6099 螈
7865 螉
6100 螅
6101 螭
7866 螗
3347 螃
6102 螠
6103 螟
6104 噱
7867 瞘
3348 器
3349 噪　［譟］
6105 噬
6106 噫
6107 噻
6108 噼

7868 嶫
7869 幪
7870 巘（巚）
6109 罹
7871 嶦
6110 圜
3350 鹦（鸚）
3351 赠（贈）
3352 默
3353 黔
7872 锴（鍇）
6111 锗（鍺）
7873 锁（鑛）
6112 镖（鏢）
6113 镗（鏜）
6114 镘（鏝）
6115 镚（鏰）
6116 镛（鏞）
3354 镜（鏡）
6117 镝（鏑）
6118 镞（鏃）
7874 镦（鐓）
6119 镠（鏐）
6120 氇（氌）
6121 氆
3355 赞（贊）［賛讚］
6122 憩　［憇］
6123 穑（穡）
7875 穇
3356 穆
7876 穄
6124 篝
7877 篚
6125 篥
3357 篮（籃）
3358 篡　［簒］
7878 篯（籛）

7879 篙
6126 篦
6127 篪
3359 篷
6128 篙
3360 篱（～）
（籬）
6129 盥
3361 儒
6130 劓
7880 勳
6131 翱　［翶］
6132 魉（魎）
6133 魈
3362 邀
7881 衞
6134 儆
3363 衡
6135 歙
7882 盦
3364 膨
6136 膳　［饍］
7883 膰
7884 滕
6137 膦
6138 膙
3365 雕　［彫琱鵰］
7885 鲭（鯖）
6139 鲮（鯪）
7886 鲯（鯕）
7887 鲰（鯫）
6140 鲱（鯡）
6141 鲲（鯤）
6142 鲳（鯧）
6143 鲴（鯝）
6144 鲵（鯢）
6145 鲷（鯛）

3366 鲸（鯨）
7888 鲺（鯴）
7889 鲹（鰺）
6146 鳃（鰓）
6147 獴
6148 獭（獺）
6149 獬
6150 邂
7890 馇（餷）
7891 弹（彈）
6151 鹧（鷓）
3367 磨
6152 廨
6153 赟（贇）
7892 癀
7893 瘭
6154 瘰
6155 廪
6156 瘿（癭）
6157 瘵
6158 瘴
6159 癃
3368 瘾（癮）
3369 瘸
6160 瘳
6161 斓（斕）
6162 麇
6163 麈
3370 凝
3371 辨
3372 辩（辯）
6164 嬴
7894 鸯（鴦）
6165 壅
7895 羱
6166 羲
7896 糒
3373 糙
6167 糗
3374 糖　[餹]
3375 糕　[餻]
6168 瞥
6169 甑
6170 燎
7897 燋
6171 燠
7898 燔
6172 燔
3376 燃
6173 燧
7899 燊
7900 燚
7901 燏
7902 濩
7903 濋
6174 濑（瀨）
7904 澪
3377 濒（瀕）
7905 濾
6175 濉
6176 潞
6177 澧
3378 澡
7906 澴
3379 激
6178 澹
6179 澥
6180 澶
6181 濂
7907 澭
7908 澼
7909 憷
3380 懒（懶）[嬾]
3381 憾
7910 懀
3382 懈
7911 憬
7912 黉（黌）
6182 褰
6183 寰
6184 窸
3383 窿
6185 褶
6186 禧
3384 壁
3385 避
6187 嬖
6188 犟
6189 隰
7913 嬛
6190 嬗
7914 鹨（鷚）
7915 翯
6191 颡（顙）
3386 缰（繮）[韁]
6192 缱（繾）
6193 缲（繰）
6194 缳（繯）
3387 缴（繳）
7916 缮（繕）

十七画

7917 瑑
7918 瓛（瓛）
6195 璨
6196 璩
6197 璐
6198 璪
7919 璥
7920 璮

7921 鬏
3388 戴
6199 蟞
6200 擤
6201 壕
7922 擿
3389 擦
6202 觳
6203 罄
6204 擢
3390 藉
6205 薹
6206 鞡
3391 鞠
6207 鞬
3392 藏
6208 薷
6209 薰
3393 藐
6210 藓（蘚）
7923 薿
6211 藁
7924 薸
3394 檬
7925 檑
7926 檵
6212 檄
3395 檐 ［簷］
7927 檞
6213 檩
3396 檀
6214 懋
6215 醢
7928 醨
6216 翳 ［瞖］
7929 繄
7930 礑

3397 礁
7931 磻
6217 礅
3398 磷 ［粦燐］
6218 磴
6219 鹩（鷯）
3399 霜
3400 霞
6220 龋（齲）
6221 龌（齷）
6222 豳
6223 壑
6224 黻
7932 瞫
3401 瞭
3402 瞧
3403 瞬
3404 瞳
7933 瞵
3405 瞩（矚）
3406 瞪
6225 嚏
3407 曙
6226 嚅
6227 蹑（躡）
6228 蹒（蹣）
3408 蹋
3409 蹈
6229 蹊
7934 蹐
6230 蟥
7935 蟏（蠨）
6231 螬
6232 螵
6233 疃
6234 螳
3410 螺

3411 蟋
6235 蟑
3412 蟀
3413 嚎
7936 嘛（嚹）
6236 嚓
6237 羁（羈）［覊］
6238 罽
6239 罾
6240 嶷
3414 赡（贍）
6241 黜
6242 黝
6243 髁
6244 髀
7937 镱（鐿）
6245 镡（鐔）
6246 镢（钁）
6247 镣（鐐）
7938 镤（鏷）
7939 镖（鏢）
7940 镭（鐳）
7941 镥（鑥）
6248 镦（鐓）
6249 镧（鑭）
7942 镨（鐠）
7943 镩（鑹）
7944 镈（鏄）
7945 镒（鎰）
6250 镩（鑹）
6251 镪（鏹）
6252 镫（鐙）
7946 镝（鏑）
6253 罅
7947 矰
3415 穗
7948 穙

6254 黏
7949 穜
7950 穟
3416 魏
7951 簕
3417 簧
6255 簌
6256 篾
7952 簃
6257 篼
7953 簏
3418 簇
6258 簖（籪）
6259 簋
3419 繁 ［緐］
6260 鼢
6261 黛
6262 儡
6263 鹪（鷦）
7954 儦
6264 鼾
6265 皤
6266 魍
7955 魋
7956 臅
3420 徽 ［徽］
7957 艚
6267 龠
7958 鹬（鷸）
3421 爵
6268 繇
6269 貘
6270 邈
6271 貌
7959 豁
6272 臌
3422 朦
3423 臊

6273 膻 ［羴羶］
6274 臆
6275 臃
7960 鲭（鯖）
6276 鲼（鱝）
6277 鲽（鰈）
7961 鲗（鰂）
7962 鳊（鯿）
7963 鲸（鰊）
7964 鲶（鯰）
6278 鳀（鯷）
7965 鳁（鰛）
7966 鳂（鰃）
6279 鳃（鰓）
3424 鳄（鱷）［鰐］
6280 鳅（鰍）［鰌］
6281 鳇（鰉）
7967 鳈（鰁）
7968 鳉（鱂）
6282 鳊（鯿）
7969 獯
6283 螽
6284 燮 ［爕］
6285 鹫（鷲）
6286 襄
7970 麈
6287 糜
6288 縻
6289 膺
6290 癍
3425 癌
6291 麋
3426 辫（辮）
3427 赢（贏）
3428 糟 ［蹧］
3429 糠 ［粇穅］
7971 馘
3430 燥

6292 懑（懣）
6293 濡
6294 濮
6295 濞
6296 濠
6297 濯
3431 懦
3432 豁
6298 蹇
6299 謇
6300 邃
7972 襕（襴）
7973 襚
6301 襁 ［繦］
7974 鹭（鷺）
7975 蟹
3433 臀 ［臋］
6302 檗
7976 甓
3434 臂
6303 擘
6304 孺
6305 隳
7977 嬬
6306 嬷
7978 嬥
3435 翼
6307 蟊
6308 鹬（鷸）
6309 鍪
3436 骤（驟）
7979 缥（縹）
7980 缧（縲）

十八画

7981 璿
6310 鳌

6311 鳌（鰲）［鼇］
7982 [illegible]
7983 鬶（鬹）
6312 鬈
6313 鬃　　　［騌鬉騣］
6314 瞽
3437 藕
7984 爇
6315 鞯（韉）
7985 鞳
7986 鞮
6316 鞨
3438 鞭
6317 鞫
6318 鞧
6319 鞣
7987 𬟁（虉）
7988 藟
6320 藜　　　［蔾］
6321 藠
3439 藤　　　［籐］
7989 藦
7990 藨
6322 藩
7991 鹲（鸏）
7992 檫
3440 覆
6323 醪
7993 黡（黶）
6324 蹙
7994 礞
6325 礓
7995 礌
7996 [illegible]
6326 燹
6327 餮
6328 瞿

3441 瞻
6329 曛
6330 颢（顥）
6331 曜
6332 躇
6333 蹚[60]　　　［[illegible]］
3442 蹦
6334 鹭（鷺）
7997 蹢
7998 蹜
6335 蟛
6336 蟪
7999 蟫
8000 [illegible]
6337 蟠
6338 蟮
8001 嚚
3443 嚣（囂）
6339 鹮（䴉）
6340 黠
6341 黟
8002 髃
6342 髅（髏）
6343 髂
6344 镬（鑊）
6345 镭（鐳）
8003 镮（鐶）
6346 镯（鐲）
3444 镰（鐮）［鎌鐮］
8004 镱（鐿）
8005 酂（酇）
8006 馧
6347 馥
8007 簋
6348 簟
8008 簝
6349 簪　　　［簮］

8009 簰
8010 鼫
6350 鼬
8011 鼩
6351 雠（讎）［讐］
8012 曒
6352 艟
3445 翻　　　［繙飜］
8013 臑
8014 臜（臢）
3446 鳍（鰭）
6353 鳎（鰨）
6354 鳏（鰥）
6355 鳐（鰩）
8015 鳑（鰟）
8016 鳒（鰜）
8017 [illegible]
8018 鹯（鸇）
3447 鹰（鷹）
6356 癞（癩）
8019 癗
6357 癔
6358 癜
6359 癖
8020 [illegible]
8021 旞
8022 翷
6360 糨
8023 韂（韂）
6361 蹩
8024 [illegible]
8025 瀔
3448 瀑
8026 瀍
8027 瀌
6362 鎏
6363 懵

3449 襟
8028 襘
3450 璧
8029 鹛（鶥）
3451 戳
8030 缨（纓）
6364 彝
6365 邋

十九画

6366 鬏
6367 攉
8031 嚭
6368 攒（攢）
6369 鞲
6370 鞴
6371 藿
6372 蘧
3452 孽　［孼］
6373 蘅
3453 警
3454 蘑
3455 藻
6374 麓
8032 櫢
3456 攀
8033 礮
8034 醭
6375 醮
6376 醯
6377 酃
6378 霪
6379 霭（靄）
6380 霨
6381 黼
3457 曝
6382 嚯
6383 蹰　［躕］
6384 蹶
6385 蹽
6386 蹼
8035 蹯
6387 蹴　［蹵］
6388 蹾
3458 蹲
3459 蹭
6389 蹿（躥）
3460 蹬
6390 蠖
6391 蠓
8036 蠋
6392 蟾
6393 蠊
3461 巅（巔）
8037 髃
6394 黢
6395 髋（髖）
6396 髌（髕）
6397 镲（鑔）
6398 籀
3462 簸
6399 籁（籟）
3463 簿
8038 鳘（鰵）
8039 儳
8040 儴
6400 齁
6401 魑
6402 艨
8041 鼗
6403 鳓（鰳）
6404 鳔（鰾）
6405 鳕（鱈）
6406 鳗（鰻）
8042 鳙（鰫）
8043 鳒（鰜）
6407 鳙（鱅）
8044 鳚（鳚）
8045 鳛（鰼）
3464 蟹　［蠏］
3465 颤（顫）
3466 靡
3467 癣（癬）
6408 麒
8046 麑
6409 麈
8047 麖
3468 瓣
8048 羸
6410 羸
3469 羹
3470 鳖（鱉）［鼈］
3471 爆
6411 熻
6412 瀚
6413 瀣
6414 瀛
6415 襦
6416 谶（讖）
8049 襚（襚）
6417 襞
3472 疆
8050 嬿
6418 骥（驥）
6419 缵（纘）

二十画

6420 瓒（瓚）
8051 鬓

3473 鬓（鬢）
3474 壤
6421 攘
3475 馨
6422 蘩
6423 蘖
8052 蘘
8053 欂
8054 醵
6424 醴
6425 霰
8055 颥（顬）
6426 酆
8056 甗
3476 耀 ［燿］
8057 鄺
6427 矍
6428 曦
3477 躁
6429 躅
3478 蠕 ［蝡］
6430 鼍（鼉）
3479 嚼
3480 嚷
8058 巇
3481 巍
8059 酇
6431 巉
6432 黩（黷）
6433 黥
6434 黪（黲）
8060 髎
6435 镳（鑣）
6436 镴（鑞）
6437 黧
3482 籍
6438 纂 ［篹］
6439 鼍
6440 鼯
8061 犨
6441 臜（臢）
8062 鳍（鰭）
6442 鳜（鱖）
6443 鳝（鱔）［鱓］
3483 鳞（鱗）
6444 鳟（鱒）
6445 獾 ［貛貛］
3484 魔
8063 鬖
3485 糯 ［稬穤］
8064 爔
8065 爔
3486 灌
8066 灟
8067 瀹
8068 瀼
8069 瀵
8070 襫
3487 譬
6446 孀
8071 孅
8072 骦（驦）
6447 骧（驤）
8073 纕（纕）

二十一画

8074 耰
3488 蠢 ［惷］
6448 瓘
8075 瓔
8076 瓖
8077 鬘
8078 趯
6449 鼙
6450 醺
6451 礴
3489 霸 ［覇］
3490 露
3491 霹
6452 颦（顰）
8079 龇（齜）
6453 曩
3492 躏（躪）
8080 罍
3493 黯
3494 髓
8081 鼱
8082 鳠（鱯）
8083 鳡（鱤）
6454 鳢（鱧）
8084 鳣（鱣）
6455 癫（癲）
6456 麝
3495 赣（贛）［灨灨］
6457 夔
8085 爟
8086 爚
6458 爝
8087 灈
6459 灏（灝）
6460 禳
6461 鐾
6462 羼
6463 蠡

二十二画

6464 耱
6465 懿
8088 韂
6466 蘸
6467 鹳（鸛）
8089 蘖

8090 蘼
3496 囊
8091 礵
8092 鹴（鸘）
6468 霾
6469 氍
6470 饕
8093 躔
6471 躐
6472 髑
6473 镵（鑱）
3497 镶（鑲）
6474 穰
8094 皭
8095 龢
8096 鳣（鱣）
3498 瓤
8097 亹
6475 饔
6476 鬻

二十三画

6477 鬟
6478 趱（趲）
6479 攫
6480 攥
6481 颧（顴）
6482 躜（躦）
3499 罐　　［鑵］
8098 籥
6483 鼹　　［鼴］
8099 鼷
8100 𫚭（鱲）
8101 玃
6484 癯
6485 麟　　［麐］
6486 蠲

二十四画

3500 矗
6487 蠹
8102 醾
6488 躞
6489 衢
6490 鑫
6491 灞
6492 襻

二十五画

6493 纛
6494 鬣
6495 攮
6496 囔
8103 齇
8104 觿
6497 馕（饢）
6498 戆（戇）

二十六画

8105 蠼

三十画

6499 爨

三十六画

6500 齉

1（附1）瞭：读 liào 时不简化作“了”，如“瞭望”“瞭哨”。

2（附2）迺：可用于姓氏人名、地名。

3（附3）乾：读 qián 时不简化作“干”，如“乾坤”“乾隆”。

4（附4）麽：读 mó 时不简化作“么”，如“幺麽小丑”。

5（附5）榘：可用于姓氏人名、地名和科学技术术语，但须类推简化作“榘”（参见本表序号 6958），如“五榘果科”。

6（附6）耑：可用于姓氏人名，读 duān。读 zhuān 时用“专”。

7（附7）鉅：可用于姓氏人名、地名，但须类推简化作“钜”（参见本表序号 6845）。

8（附8）昇：可用于姓氏人名，如“毕昇”。

9（附9）陞：可用于姓氏人名、地名。

10（附10）讎：用于“校讎”“讎定”“仇讎”等，但须类推简化作“雠”（参见本表序号

6351）。其他意义用“仇”。

11（附50）劄：用于科学技术术语，如中医学中的“目劄”。其他意义用“札”。

12（附11）祇：用于表示地神，读 qí。读 zhǐ 时用“只”。

13（附12）甯：可用于姓氏人名。

14（附13）飏：可用于姓氏人名，但须类推简化作“飏”（参见本表序号 6607）。

15（附14）袷：用于“袷袢”，读 qiā。读 jiá 时用“夹”。

16（附15）麹：可用于姓氏人名，但须类推简化作“麹”（参见本表序号 7748）。

17（附16）仝：可用于姓氏人名。

18（附17）夥：作“多”解时不简化作“伙”。

19（附51）阪：可用于地名，如“大阪”。

20（附18）尅：表示训斥、打人时读 kēi，不简化作“克”。

21（附19）甦：可用于姓氏人名。

22（附20）邨：可用于姓氏人名。

23（附21）氾：可用于姓氏人名，读 fán。读 fàn 时用“泛”。

24（附22）埜：可用于姓氏人名。

25（附23）蘋：用于表示植物名时简化作“蘋”（参见本表序号 7841），不简化作“苹”。

26（附24）犇：可用于姓氏人名。

27（附25）龢：可用于姓氏人名。

28（附26）訢：可用于姓氏人名，但须类推简化作“䜣”（参见本表序号 6549）。

29（附27）徵：用于表示“宫商角徵羽”五音之一时读 zhǐ，不简化作“征”。

30（附28）逕：可用于姓氏人名、地名，但须类推简化作“迳”（参见本表序号 6745）。

31（附29）鑪：用于科学技术术语，指一种人造的放射性元素（符号为 Rf），但须类推简化作“鈩”（参见本表序号 7006）。

32（附30）綫：可用于姓氏人名，但须类推简化作“线”（参见本表序号 7459）。

33（附31）釐：可用于姓氏人名，读 xī。读 lí 时用“厘”。

34（附52）吒：可用于姓氏人名，读 zhā，如“哪吒”。读 zhà 时用“咤”。

35（附32）鍾：用于姓氏人名时可简化作“锺”（参见本表序号 7679）。

36（附33）脩：用于表示干肉，如“束脩”。其他意义用“修”。

37（附34）絜：读 xié 或 jié 时均可用于姓氏人名。

38（附35）扞：用于表示相互抵触，如“扞格”。其他意义用“捍”。

39（附36）喆：可用于姓氏人名。

40（附37）祕：可用于姓氏人名。

41（附38）藉：读 jí 或用于慰藉、衬垫义时不简化作“借”，如“狼藉（jí）”“枕藉（jiè）”。

42（附39）頫：可用于姓氏人名，但须类推简化作“𫖯”（参见本表序号 7399），如“赵孟𫖯”。

43（附40）賫：可用于姓氏人名和表示计量义，但须类推简化作“赍”（参见本表序号 6981）。

44（附 41）叚：可用于姓氏人名，读 xiá。读 jiǎ 时用“假”。

45（附 42）勣：可用于姓氏人名，但须类推简化作“勣”（参见本表序号 6932）。

46（附 43）菉：可用于姓氏人名、地名。

47（附 44）蒐：用于表示草名和春天打猎。其他意义用“搜”。

48（三 1）凓：义为寒冷。不再作为“栗”的异体字。

49（附 45）淼：可用于姓氏人名、地名。

50（二 1）晳：义为人的皮肤白。不再作为“晰”的异体字。

51（附 46）椀：用于科学技术术语，如“橡椀”。其他意义用“碗”。

52（一 1）零：与表数目的汉字“一二三四五六七八九”连用时可用“〇”替代。

53（三 2）噁：化学名词用字，读 è，如“二噁英”等。

54（附 47）谿：可用于姓氏人名。

55（三 3）勠：义为合力、齐力。不再作为“戮”的异体字。

56（附 48）筦：可用于姓氏人名。

57（二 2）瞋：义为发怒时睁大眼睛。不再作为“嗔”的异体字。

58（二 3）噘：义为噘嘴。不再作为“撅”的异体字。

59（附 49）澂：可用于姓氏人名。

60（二 4）蹚：义为蹚水、蹚地，读 tāng。不再作为“趟（tàng）”的异体字。

二、异体字的书写规范

（一）什么是异体字

异体字，是音同、义同而字形不同的字。它们实际上是同一个词的不同书写形式，其中最通行的字形一般称为“正体字”或“正字”，或称为“通用字”“规范字”，其余的叫“异体字”，或称为“或体”“俗体”（《说文解字》又将“或体”“俗体”“古文”等合称为“重文”）。

异体字自古就有了。甲骨文、金文、六国古文中有很多异体字。秦统一天下后“书同文”——使用字形统一的小篆，但从《说文解字》所收的小篆来看，也还有不少异体字，如其“士部”说“壻”或从“女”作“婿”，“几部”说“処”或从“虍”声作“處”，“衣部”说“褎”俗从“由”作“袖”，这些都是当时的异体字。当然，异体字中的正体、或体、俗体之别并不是一成不变的。《说文解字》以“壻”“処”“褎”为正体，以“婿”“處”为或体，以“袖”为俗体，这只是当时的规范。随着时代的变化发展，“婿”“處”“袖”在后来某一时期反而成了规范的正体字。

异体字之间的差异大致有如下七种。

（1）会意字所取意符不同，如：明—朙，尘—塵，葬—塟，灾—災，弃—棄，脉—衇，奔—犇。

（2）形声字所取意符不同，如：唇—脣，嘆—歎，咏—詠，睹—覩，坑—阬，鶏—雞，敕—勅，驅—敺。

（3）形声字所取声符不同，如：褲—袴，時—旹，綫—線，蚓—螾，梅—楳，猿—猨。

（4）形声字所取意符声符均不同，如：村—邨，剩—賸，迹—蹟，视—眡，暖—煖，櫓—艣。

（5）会意字与形声字的不同，如：泪—淚，岩—巖，岳—嶽，灾—烖，淼—渺，埜—野。

（6）部件数量或形状不同，如：雷—靁，累—纍，集—雧，洼—漥，采—採，叠—疊疊疊。

（7）部件位置不同，如：慚—慙，鵝—鵞，群—羣，和—咊，够—夠，花—苍，裏—裡，雜—襍。

（二）异体字的整理与规范

汉字发展至今，异体字很多，这白白增加了识字、用字时的负担，所以必须进行整理以精简字数。为此，中华人民共和国文化部和中国文字改革委员会在1955年12月22日发布了《第一批异体字整理表》（下简称《整理表》），表中列出“异体字”810组，淘汰了1055个“异体字”；1956年3月23日，文化部和文改会发出补充通知，恢复了“阪”“挫”两个字为选用字（原作为“坂”“锉”的“异体字”而被淘汰），所以当时实际淘汰的“异体字”为810组1053个。

1992年，国家语言文字工作委员会编辑组编《语言文字规范手册》（简要本）时，对《整理表》又有所修改，删去了“諂〔謟〕”一组以及“粳”组中的“秔”，所以该手册（语文出版社1992年12月第1版）中的《第一批异体字整理表》列出的“异体字”为809组，淘汰的“异体字”为1051个。

根据1964年5月中国文字改革委员会所编的、1986年10月国家语言文字工作委员会重新发表的《简化字总表·第三表》，“晔、刬、詟、鲙、鳝、䜣、诃、讵、谯、雠、䌷”11个类推简化字后来已不再作为被淘汰的异体字（原作为“烨、铲、慑、脍、鳅、欣、呵、诳、宴、仇、绸”的异体字而被淘汰）而不准使用（其中“晔、鲙、诃、雠”四字也收入了《现代汉语通用字表》）。

同样，根据1988年3月国家语言文字工作委员会和中华人民共和国新闻出版署联合发布的《现代汉语通用字表》，原被《整理表》淘汰的“邱、彷、於、桉、晖、凋、菰、愣、溷、蕳、骼、徼、澹、薰、黏”15个字（原作为“丘、仿、于、案、辉、雕、菇、楞、混、剪、胳、侥、淡、熏、粘”的异体字而被淘汰）也都被确认为规范字而可以使用了。

还有，根据1993年9月3日国家语言文字工作委员会文字应用管理司《关于“镕”字使用问题的批复》，又恢复了“镕”字为规范字而不再作为“熔”的异体字被淘汰了。

由此可见，《第一批异体字整理表》从1955年发布以来，虽未正式重加修正而另出修订表，实际上已由文改会、国家语委作了部分修正。它已由原来的810组减少到794组，淘汰的“异体字”也由原来的1055个减少到1024个。

《第一批异体字整理表》淘汰的“异体字”包括三种情况：

（1）真正的异体字，即音、义完全相同而字形不同的字。如“泪”与“淚”音义相同，淘汰“淚”。

（2）同音包孕“异体字”，即其读音相同而义项多少不同的异形字。如“念”与“唸”读音相同，“唸”只表示读，可包孕于“念”的义项之中，就把“唸”淘汰了。

（3）多音包孕“异体字”，即两字之中有一个是多音字，当它们读音相同时所表示的意义相同，就淘汰其中的一个。如“于〔於〕”一组，“於”有wū、yū、yú三个读音，当它读yú的时候与“于”的音义相同，于是就把它淘汰了。

应该指出的是，《第一批异体字整理表》对汉字的淘汰是有不妥之处的。有些所谓包孕字，实际上并不能包孕被淘汰字的义项；至于对多音包孕异体字的处理，就更不得当了。所以，文改会与国家语委后来所作的几次修正是十分必要的。其实，除了这些修正外，《整理表》中还有一些被淘汰的“异体字”也不宜淘汰，而应该作为规范字继续使用，因为这些所谓的“异体字”并不是真正的异体字，而是古代遗留下来的一些通假字或通用字。如“筴、鉏、箠、剉、繙、雰、俛、閤、罣、餬、讙、絜、鉅、挐、撚、蹻、莜、榮、寔、谿、晳、𨜒、倐、遊、劄、饏、貲、簹”等都不宜淘汰，因为它们的意义并不是表中所列的相应的正体字所能包容或明确表示的。如果我们完全依从该表，就会把“繙帑”错写成“翻帑”，把“雪雰雰”错写成“雪氛氛”，把“僶俛”错写成“僶俯”，把“閤第光临”错写成“阖第光临”，把“罣误”错写成“挂误”，把“白晳”（皮肤白）错写成"白晰"，把"赀计"错写成"资计"。诸如此类的问题，都是我们在使用该表时应该注意的（详见张觉《关于异体字淘汰与使用问题的学术思考》，载上海《编辑学刊》2001年第3期）。据说有一次广州某旅行社到香港去做了一则"珠江夜游"的广告，使香港人大吃一惊：夜晚在珠江中游泳，不是太危险了吗？其实，如果不把"遊"字淘汰，写成"珠江夜遊"，就不会有此误解了。

《第一批异体字整理表》既然有很多不当之处，所以要求修订此表的呼声不断，但从1993年恢复"镕"字为规范字以后，在近二十年的时间中国家有关部门一直没有再出台调整方案。

由于异体字的排版印刷较为困难，所以过去印行的《整理表》很少，人们碰到异体字时，往往根据商务印书馆出版的《现代汉语词典》来处理。但是，该词典在异体字处理方面对《整理表》的规范执行得很不够，这就增加了社会用字的混乱现象。即以2005年6月第5版《现代汉语词典》而论，其《凡例》说："本词典单字条目所用汉字形体以现在通行的为标准。繁体字、异体字加括号附列在正体之后。"但是，我们只要对照一下就会发现，有不少被《整理表》淘汰的异体字在该词典中却被当作通行的"正体字"列入了"单字条目"，并没有加括号附列在正体字之后，如：䆛、膀、獘、盇、詧、弃、害、牴、㛂、搤、瀍、髣、彿、髴、匃、暠、畊、搆、瓌、嘑、衚、悗、楡、傚、偈、踻、袴、崑、竗、儗、詟、琹、懃、脊、弃、旨、昰、儵、禩、愬、薙、衕、拕、蝨、殺、咲、鞵、燿、墪、迻、㠯、瞖、慇、歛、暎、𨿸、湧、㦲、砦、炤、蹠、衺、寘、斮、斲、宧。还有一些异体字，如"赣""謌""驢""崙""裹""飤""餹""積""駞""譆""陘""塹""琖""駿"等，《现代汉语词典》不但将它们作为正体列入了单字条目，还将其中的"貝""言""馬""侖""食""夾""車""戔"等偏旁作了类推简化，因而增加了汉字的字数，给计算机的处理带来了很大的麻烦，现在一般的电脑都难以输出该词典单字条目所列出的这些经类推简化而形成的汉字形体。

对于这一问题，我在《关于异体字淘汰与使用问题的学术思考》和本书2002年初版中早就进行了批评，但其2005年第5版依然如故。当然，2012年6月出版的第6版《现代汉语词典》已经对这些问题作了修改。考虑到现在使用其第5版的读者尚有不少，所以我们在此提醒读者：使用其第5版时应该注意，不能把字头中的异体字当作规范字来使用。

1955年12月22日文化部、文改会《关于发布〈第一批异体字整理表〉的联合通知》规定："从 1956 年 2 月 1 日起"，"全国出版的报纸、杂志、图书一律停止使用表中括弧内的异体字。但翻印古书须用原文原字的，可作例外。……商店原有牌号不受限制。停止使用的异体字中，有用作姓氏的，在报刊图书中可以保留原字，不加变更，但只限于作为姓用。"虽然因《整理表》对异体字的处理有不当之处而备受批评，其中的异体字现在也有所调整，但这一用字原则至今仍有规范作用。

为了便于读者学习掌握《整理表》，本书初版时曾将国家语委编辑组所编的《语言文字规范手册》（简要本）中所载的《整理表》修改后附于书中。当时我们的修改有如下四项。

一是删去了上述 27 个已经国家语委确认而恢复使用的字。这样，原来的 809 组异体字便减少到 794 组，淘汰的异体字也由 1051 个减少到 1024 个。

二是表中字序根据现在的通行读音（主要根据《普通话异读词审音表》）作了调整。涉及的文字是："戛"从 ga 移入 jia，"粳"从 geng 移入 jing，"括"从 gua 移入 kuo，"碌"从 lu 移入 liu，"虜"从 luo 移入 lu，"虻"从 mang 移入 meng，"嫩"从 nun 移入 nen，"蠕"从 ruan 移入 ru，"浣"从 wan 移入 huan，"厦"从 xia 移入 sha，"淆"从 yao 移入 xiao，"拗"从 yao 移入 ao，"暫"从 zhan 移入 zan，"慑"从 zhe 移入 she，"樽"从 zuan 移入 zun。

三是将"寶〔寳〕""閙〔鬧〕""牆〔墻〕""祇〔衹〕"改成"寳〔寶〕""鬧〔閙〕""墻〔牆〕""衹〔祇〕"。因为根据《简化字总表》，"寳""鬧""墻""衹"才是正体字，所以修改后可与《简化字总表》保持一致。

四是纠正了其中的错别字。如把"梗"改为"稉"，把"粘"改为"粘"，把"鐮"改为"鐮"，把"籖"改为"籤"，把"桒"改为"桒"，把"剎"改为"剎"，把"艷"改为"艶"，把"沾"改为"沾"，等等。

2013 年 8 月 19 日，国务院公布了教育部、国家语委组织制定的《通用规范汉字表》。该表对《第一批异体字整理表》进行了调整，其附件 1 收录了 794 组共计 1023 个异体字，同时，对在部分义项和用法上可作规范字使用的异体字，加注说明了其使用范围和用法，从而成为取代《第一批异体字整理表》的新规范。

相对于本书初版所附录的根据以往有关文件整理过的《第一批异体字整理表》（修订版），如果着眼于其数量的变化，其调整之处可以分为如下五类。

（1）减组（减 6 组，减 5 字而增 1 字）。此类有四种情况：一是把原来的异体字调整为规范字而减组，如把"瞋""噘"调整为规范字而减去了"嗔

〔瞋〕”“撅〔噘〕”两组，这样的减组减少了 2 个被淘汰的异体字；二是删除了虽未进入规范字表但过去认定有误的异体字而减组，如把“撚”“挼挼”删除而减去了“拈〔撚〕”“挪〔挼挼〕”两组，这样的减组减少了 3 个被淘汰的异体字；三是把原来的异体字所对应的规范字调整为异体字而减组，如把“鹼”调整为“碱”的异体字而减去了“鹼〔鹻〕”一组，这样的减组反而增加了 1 个被淘汰的异体字“鹼”；四是调整了异体字的归属而减组，如把过去 shen 下的“葠蓡”并入 can 下的“参〔叅〕”而成为“1334 参（參）［叅葠蓡］”，从而减去了“参〔葠蓡〕”一组，这样的减组并未增减被淘汰的异体字数。

（2）增组（增 6 组，实增 5 字而虚增 2 字）。此类有四种情况：一是根据 1955 年的《第一批异体字整理表》把过去已经不作为异体字看待的字又确定为被淘汰的异体字而增组，如“謟”“鰌”（原简化为“䲡”）、“紬”（原简化为“䌷”）又被作为“諂”“鰍”“綢”的异体字而增加了“4677 谄（諂）［謟］”“6280 鳅（鰍）［鰌］”“2495 绸（綢）［紬］”三组，这样的增组增加了 3 个被淘汰的异体字；二是把过去已经调整为规范字的字改成了在部分义项和用法上可作规范字使用的异体字而增组，如“訢”（原简化为“䜣”）又被作为“欣”的异体字而增加了“1158 欣［訢］”一组，这样的增组增加了 1 个异体字；三是把过去已经调整为规范字的字改成了在部分义项和用法上可作规范字使用的异体字并另列条目而增组，如“讎”（原简化为“雠”）又被作为“仇”的异体字而列为“0133 仇［讐讎］”，但同时又将其另列条目而增加了“6351 雠（讎）［讐］”一组，这样的调整实增了 1 个异体字“讎”、虚增（重复）了 1 个异体字“讐”；四是把某些繁体字调整为规范字后另列条目而增组，如“剋”既作为“克”的繁体字而在“0675 克（剋）”之后列有异体字“尅”，又调整为规范字而增加了“4134 剋［尅］”一组，这样的增组虚增（重复）了 1 个异体字“尅”。

（3）减字而未减组（减 7 字）。此类有两种情况：一是把原来的异体字调整为规范字而减少了异体字数，如把“溧”“勠”“蹚”“晳”（原分别作为“栗”“戮”“趟”“晰”的异体字而被淘汰）调整为规范字而从异体字中删去（“趟〔趾蹚蹡〕”一组调整为“蹚〔蹡〕”，所以未减组）；二是删除了虽未进入规范字表但过去认定有误的异体字，如删去了“騃”“娫”“趾”（原分别作为“呆”“婀”“趟”的“异体字”而被淘汰）。

（4）增字而未增组（增 3 字）。此类有三种情况：一是把过去已经调整为规范字的字又改成了被淘汰的异体字，如“讌”（原简化为“䜩”）又被作为“宴”的异体字而列于“2101 宴”之后；二是把过去已经删除的异体字调整为在部分义项和用法上可作规范字使用的异体字，如“3640 阪”又被当作“3653 坂”的异体字而列于其后；三是把过去删除的异体字重新补入，如在“5557 粳”后重新补入“粇”。

（5）有所调整而未增减异体字数。此类有两种情况：一是调整归属，如把“鹻”（原为“鹼”的异体字）调整为“碱”的异体字而改置于“3091 碱”字之后；二是调整字形，如把“寗”改成了“甯”（见“0312 宁”），把“壄”改成了“埜”（见“2265 野”）。

经过这样的调整，《通用规范汉字表》列出的异体字仍然是 794 组，但由于减少了 12 字，增加了 11 字，所以列出的异体字共计 1023 个。其实，这 1023 个异体字中有 4 个是重复出现的，它们是原有的“妳”（“奶”“你”的异体字）和这次重新补入或重置的“粇”（“粳”“糠”的异体字）、“讐”（“仇”“雠”的异体字）、“尅”（“剋”的异体字而分列于“克”“剋”）。所以，根据这最新的规范，实际淘汰的异体字为 1019 个。

如果着眼于性质的变化，则《通用规范汉字表》对以往异体字的调整可以分为如下八类。

（1）把原来的异体字调整为规范字，如把“瞋”“噘”“溧”“勠”“蹚”“晳”（原分别作为“嗔”“撅”“栗”“戮”“趟”“晰”的异体字而被淘汰）调整为规范字。

（2）删除了虽未进入规范字表但过去认定有误的异体字，如把“騃”“婐”“跐”“撚”“挼挼”（原分别作为“呆”“婀”“趟”“拈”“挪”的“异体字”而被淘汰）删除了。

（3）把过去已经当作规范字的字调整为在部分义项和用法上可作规范字使用的异体字，如“阪”“訢”（规范字为“䜣”）、“雔”（规范字为“雠”）又被当作“坂”“欣”“仇”的异体字。

（4）把过去已经不作为异体字看待的字调整为被淘汰的异体字，如把“謟”“鰌”“紬”“鹼”“讌”调整为“谄”“鳅”“绸”“碱”“宴”的异体字。

（5）把过去删除的异体字重新补入，如在“粳”后重新补入“粇”。

（6）把原有的异体字重复列出，如“讐”重复列于“仇”“雠”之后，“尅”重复列于“克”“剋”之后。

（7）调整字形，如把“寗”“壄”改为“甯”“埜”。

（8）调整归属，如把“鹻”（原为“鹼”的异体字）调入“碱”，把“蓡蓡”并入“参〔叅〕”。

应该说，《通用规范汉字表》对异体字的调整力度并不大，把异体字调整为正式规范字的其实只有6个，其他一些字只是部分恢复了规范字的身份，而很多应该恢复为规范字的异体字（参见上文）仍然没有得到调整。

《第一批异体字整理表》是我国语言文字规范化方面的基本文件之一，具有重大的历史影响，虽然《通用规范汉字表》公布后该表应该停止使用，但由于其根据音序而集中编排的方式较之《通用规范汉字表》按照规范字常用程度和笔画序分散编排的方式更有利于我们掌握其内容，所以现根据《通用规范汉字表》的调整内容将本书初版的《第一批异体字整理表》（修订版）重新整理成《第一批异体字整理表》（2013年修订版）附于下，以便读者查阅学习。在此要说明的有如下三点：

（1）由于本表根据音序排列，所以shen下的“參〔葠蓡〕”一组仍然留在原位而不依从《通用规范汉字表》归入can下的“參〔叅〕”。因此，本表收录的异体字为795组共计1023个（其中有4个重复）。

（2）对于《通用规范汉字表》调整为规范字或在部分义项和用法上可作规范字使用的异体字的，加标保留符号“△”和注释号，该注释号与表2-4-1后的注释相对应，请参见其注文，以了解其使用场合而选择使用。

（3）根据《通用规范汉字表》调整了一些字的字形：把“船”改为“船”，把“廐廄廏”改为“廐廄廏”，把“慨”改为“慨”，把“碌”改为“碌”，把“菉”改为“菉”。

【附录2-4-4】

第一批异体字整理表

（2013年修订版）

A

鰲〔鼇〕
翱〔翶〕

an
庵〔菴〕
暗〔闇晻〕
鞍〔鞌〕
岸〔屽〕

ao
坳〔垇〕
拗〔抝〕

B

ba
霸〔覇〕

bai
柏〔栢〕
稗〔粺〕

ban
坂〔阪△[19]岅〕

bang
幫〔幚幇〕
膀〔髈〕
榜〔牓〕

bao
刨〔鉋鑤〕
褓〔緥〕
寶〔寳〕
褒〔襃〕

bei
背〔揹〕
備〔俻〕
悖〔誖〕
杯〔盃桮〕

ben
奔〔犇△[26]逩〕

beng
綳〔繃〕

bi

痹〔痺〕
逼〔偪〕
斃〔獘〕
秘〔祕△40〕
弊〔獘〕
秕〔粃〕

bian

遍〔徧〕

biao

膘〔臕〕

bie

鱉〔鼈〕
癟〔癟〕

bing

冰〔氷〕
并〔併並竝〕
禀〔稟〕

bo

鉢〔缽盋〕
博〔愽〕
駁〔駮〕
脖〔頦〕

bu

布〔佈〕

C

cai

睬〔倸〕
踩〔跴〕
采〔寀採〕
彩〔綵〕

can

慚〔慙〕
參〔叅〕

cao

草〔艸〕
操〔捺摻〕

ce

册〔冊〕
厠〔廁〕
策〔筞筴〕

cha

碴〔餷〕
查〔査〕
察〔詧〕
插〔揷〕

chan

諂〔讇〕
鏟〔剷〕

chang

嘗〔嚐甞〕
腸〔膓〕
場〔塲〕

che

扯〔撦〕

chen

趁〔趂〕

cheng

乘〔乗椉〕
撑〔撐〕
澄〔澂△59〕
塍〔堘〕

chi

吃〔喫〕
翅〔翄〕
耻〔恥〕
痴〔癡〕
敕〔勅勑〕

chou

仇〔讎讐△10〕
讐△10〔讎〕

瞅〔瞧田〕
酬〔酧詶醻〕
綢〔紬〕

chu

鋤〔鉏耡〕
躕〔蹰〕
橱〔櫥〕
厨〔廚廚〕

chuan

船〔舩〕

chuang

創〔剏剙〕
窗〔窓窻牎牕〕
床〔牀〕

chui

捶〔搥〕
棰〔箠〕
錘〔鎚〕

chun

唇〔脣〕
春〔旾〕
醇〔醕〕
蠢〔惷〕
淳〔湻〕
蒓〔蓴〕

ci

詞〔䛐〕
辭〔辤〕
糍〔餈〕
鷀〔鶿〕

cong

匆〔悤怱〕
葱〔蔥〕

cou

凑〔湊〕

cu

粗〔觕麤〕

蹴〔蹵〕

cuan

篡〔簒〕

cui

脆〔脃〕
悴〔顇〕

cun

村〔邨△22〕

cuo

銼〔剉〕

D

da

瘩〔瘩〕

dai

呆〔獃〕
玳〔瑇〕

dan

啖〔啗噉〕
耽〔躭〕

dang

擋〔攩〕
蕩〔盪〕

dao

搗〔擣擣〕
島〔㠀〕

de

德〔悳〕

deng

凳〔櫈〕

di

堤〔隄〕
抵〔牴觝〕
蒂〔蔕〕

diao

雕〔彫鵰琱〕

吊〔弔〕

die

蝶〔蜨〕
叠〔疊曡疉〕
喋〔啑〕

ding

碇〔椗矴〕

dong

動〔働〕

dou

兜〔兠〕
鬥〔鬦鬪鬭〕
豆〔荳〕

du

睹〔覩〕
妒〔妬〕

dun

敦〔敵〕
惇〔惽〕
遁〔遯〕
墩〔墪〕

duo

朵〔朶〕
垛〔垜〕
跺〔跥〕

E

e

額〔頟〕
扼〔搤〕
萼〔蕚〕
峨〔峩〕
鵝〔鵞䳘〕
婀〔娿〕
厄〔阨戹〕
鰐〔鱷〕

腭〔齶〕
訛〔譌〕

en

恩〔恖〕

er

爾〔尒〕

F

fa

罰〔罸〕
筏〔栰〕
法〔灋㳒〕
珐〔琺〕

fan

繁〔緐〕
翻〔飜繙〕
凡〔凢〕
帆〔㠶颿〕
泛〔汎氾△[23]〕

fang

仿〔髣倣〕

fei

痱〔疿〕
廢〔癈〕

fen

氛〔雰〕

feng

蜂〔蠭𧒂〕
峰〔峯〕

fu

俯〔俛頫△[42]〕
佛〔彿髴〕
婦〔媍〕
附〔坿〕
麩〔粰麱〕

G

ga

嘎〔嘠〕

gai

丐〔匃匄〕
概〔槩〕

gan

贛〔贑灨〕
秆〔稈〕
杆〔桿〕
乾〔乹乾〕
幹〔榦〕

gang

杠〔槓〕
扛〔摃〕
肛〔疘〕

gao

皋〔皐臯〕
槁〔槀〕
糕〔餻〕
稿〔稾〕

ge

閣〔閤〕
胳〔肐〕
歌〔謌〕
個〔箇〕

gen

亘〔亙〕

geng

耕〔畊〕
鯁〔骾〕

gong

躬〔躳〕

gou

够〔夠〕
鈎〔鉤〕

構〔搆〕

gu

雇〔僱〕
鼓〔皷〕

gua

挂〔掛罣〕

guai

拐〔柺〕
怪〔恠〕

guan

管〔筦△[56]〕
館〔舘〕
罐〔鑵〕

gui

規〔槼〕
瑰〔瓌〕

guo

果〔菓〕
椁〔槨〕

H

han

函〔圅〕
悍〔猂〕
焊〔釬銲〕
捍〔扞△[38]〕

hao

嗥〔嘷獋〕
皓〔皜暠〕
蚝〔蠔〕

he

盍〔盇〕
核〔覈〕
和〔龢△[27]咊〕

heng

恒〔恆〕

hong

哄〔閧鬨〕

hou

糇〔餱〕

hu

呼〔虖嘑謼〕

糊〔粘餬〕

胡〔衚〕

hua

話〔語〕

嘩〔譁〕

花〔苍蘤〕

huan

獾〔貛貆〕

歡〔懽讙驩〕

浣〔澣〕

huang

恍〔怳〕

晃〔挸〕

hui

毁〔燬譭〕

蛔〔蛕蚘痐蛔〕

輝〔煇〕

匯〔滙〕

迴〔廻逥〕

徽〔微〕

hun

魂〔䰟〕

昏〔昬〕

huo

禍〔旤〕

J

ji

羈〔覊〕

鷄〔雞〕

楫〔檝〕

績〔勣△[45]〕

迹〔跡蹟〕

期〔朞〕

賫〔賷齎〕

jia

假〔叚△[44]〕

夾〔裌袷△[15]〕

戛〔戞〕

jian

箋〔牋椾〕

劍〔劒〕

鑒〔鑑鍳〕

緘〔椷〕

奸〔姦〕

碱〔堿鹻鹼〕

减〔減〕

繭〔蠒〕

jiang

繮〔韁〕

僵〔殭〕

獎〔奬〕

jiao

僥〔儌〕

叫〔呌〕

剿〔勦勦〕

脚〔腳〕

jie

秸〔稭〕

届〔屆〕

階〔堦〕

潔〔絜△[37]〕

劫〔刧刼刦〕

杰〔傑〕

捷〔捷〕

jin

斤〔觔〕

晋〔晉〕

緊〔緊緊〕

jing

粳〔稉杭秔〕

阱〔穽〕

徑〔逕△[30]〕

凈〔淨〕

脛〔踁〕

jiong

炯〔烱〕

迥〔逈〕

jiu

韭〔韮〕

救〔捄〕

糾〔糺〕

揪〔揫〕

厩〔廐廄〕

ju

巨〔鉅△[7]〕

矩〔榘〕

局〔侷跼〕

據〔攄〕

舉〔擧〕

颶〔颶〕

juan

狷〔獧〕

眷〔睠〕

倦〔勌〕

jue

橛〔橜〕

决〔決〕

jun

俊〔儁㑺〕

浚〔濬〕

雋〔隽〕

K

kai

慨〔嘅〕

kan

刊〔栞〕

瞰〔矙〕

侃〔偘〕

坎〔埳〕

kang

糠〔穅粇〕

炕〔匟〕

kao

考〔攷〕

ke

咳〔欬〕

疴〔痾〕

剋〔尅〕

kei

剋△[20]〔尅〕

ken

肯〔肎〕

keng

坑〔阬〕

kou

寇〔寇寇〕

叩〔敂〕

扣〔釦〕

ku

褲〔袴〕

kuan

款〔欵〕

kuang

况〔況〕

礦〔鑛〕

kui

饋〔餽〕

愧〔媿〕
窺〔闚〕
kun
昆〔崑崐〕
捆〔綑〕
坤〔堃[△24]〕
kuo
闊〔濶〕
括〔搯〕

L

la
辣〔辢〕
臘〔臈〕
lai
賴〔頼〕
lan
懶〔嬾〕
婪〔惏〕
lang
螂〔蜋〕
琅〔瑯〕
lei
泪〔淚〕
leng
棱〔稜〕
li
厘〔釐[△33]〕
裏〔裡〕
歷〔歴歷〕
曆〔厤〕
莅〔蒞涖〕
犁〔犂〕
狸〔貍〕
梨〔棃〕
隸〔隷隸〕
藜〔蔾〕
栗〔慄〕
璃〔琍瓈〕
荔〔茘〕
lian
廉〔亷廉〕
鐮〔鐮鎌〕
奩〔匲匳籢〕
煉〔鍊〕
斂〔歛〕
liang
梁〔樑〕
涼〔凉〕
lin
麟〔麐〕
吝〔恡〕
鄰〔隣〕
淋〔痳〕
磷〔燐粦〕
ling
菱〔蔆〕
liu
留〔畄畱畂〕
琉〔瑠璢〕
瘤〔癅〕
柳〔桺栁〕
碌〔磟〕
long
弄〔衖挵〕
lu
櫓〔艪𣟄艣樐〕
戮〔剹〕
爐〔鑪[△31]〕
虜〔虜〕
lü
綠〔菉[△46]〕
lüe
略〔畧〕
lun
侖〔崘崙〕
luo
裸〔躶臝〕
騾〔驘〕

M

ma
罵〔駡傌〕
麻〔蔴〕
蟆〔蟇〕
mai
脉〔脈衇䘑〕
mao
冒〔冐〕
帽〔帽〕
卯〔夘戼〕
猫〔貓〕
牦〔犛氂〕
mei
梅〔楳槑〕
meng
虻〔蝱〕
mi
冪〔羃〕
眯〔瞇〕
覓〔覔〕
mian
綿〔緜〕
麵〔麪〕
miao
眇〔𦕈〕
渺〔渺淼[△49]〕
妙〔玅〕
mie
咩〔哶咩〕
min
泯〔冺〕
ming
命〔𠅃〕
冥〔冥冥〕
mo
饃〔饝〕
謨〔謩〕
mu
幕〔幙〕
畝〔畒畮畆畂畞〕

N

na
拿〔𢪛拏挐〕
nai
奶〔嬭妳〕
乃〔迺[△2]廼〕
nan
楠〔枬柟〕
nao
鬧〔閙〕
nen
嫩〔嫰〕
ni
霓〔蜺〕
你〔妳〕
昵〔暱〕
擬〔儗〕
nian
念〔唸〕
年〔秊〕
niang
娘〔孃〕

niao

裊〔嫋嬝褭〕

nie

嚙〔齧囓〕

揑〔捏〕

涅〔涅〕

孽〔孼〕

ning

寧〔寕甯△13〕

nong

農〔辳〕

nü

衄〔衂䘐〕

nuan

暖〔煖㬉㜹〕

nuo

糯〔稬稬〕

P

pao

疱〔皰〕

炮〔砲礮〕

pei

胚〔肧〕

peng

碰〔掽踫〕

pi

毗〔毘〕

匹〔疋〕

piao

飘〔飃〕

ping

凭〔凴〕

瓶〔缾〕

po

迫〔廹〕

pu

鋪〔舖〕

Q

qi

戚〔慼慽〕

啓〔啟晵〕

棋〔碁棊〕

栖〔棲〕

凄〔淒悽〕

旗〔旂〕

弃〔棄〕

憩〔憇〕

qian

鉛〔鈆〕

潛〔濳〕

愆〔諐〕

qiang

强〔彊強〕

襁〔繦〕

墻〔牆〕

檣〔艢〕

羌〔羗羌〕

槍〔鎗〕

qiao

憔〔顦癄〕

蹺〔蹻〕

峭〔陗〕

蕎〔荍〕

鍬〔鍫〕

qie

愜〔㥦〕

qin

寢〔寑〕

勤〔懃〕

琴〔琹〕

揿〔搇〕

qiu

丘〔坵〕

虬〔虯〕

鰍〔鰌〕

秋〔秌龝〕

球〔毬〕

qu

麯〔麴△16〕

驅〔駈敺〕

quan

券〔劵〕

que

榷〔搉権〕

却〔卻郄〕

qun

群〔羣〕

裙〔帬裠〕

R

ran

冉〔冄〕

髯〔髥〕

rao

繞〔遶〕

ren

韌〔靭靱韧〕

軔〔䡅〕

飪〔餁〕

衽〔袵〕

妊〔姙〕

rong

冗〔宂〕

絨〔羢毧〕

融〔螎〕

ru

蠕〔蝡〕

ruan

軟〔輭〕

rui

蕊〔蘂橤蘃〕

睿〔叡〕

ruo

箬〔篛〕

S

sa

飒〔颯〕

sai

腮〔顋〕

san

傘〔傘繖〕

散〔㪔〕

sang

桑〔桒〕

se

澀〔澁濇〕

sha

厦〔廈〕

shan

鳝〔鱓〕

删〔刪〕

姗〔姍〕

栅〔柵〕

珊〔珊〕

膳〔饍〕

膻〔羶羴〕

shao

筲〔籍〕

she

蛇〔虵〕

射〔䠶〕

懾〔慴〕

shen
深〔㴱〕
慎〔昚〕
參〔蓡葠〕

sheng
升〔陞△9 昇△8〕
剩〔賸〕

shi
虱〔蝨〕
是〔昰〕
尸〔屍〕
濕〔溼〕
謚〔諡〕
實〔寔〕
時〔旹〕
視〔眡眎〕
柿〔梯〕

shu
倏〔倐儵〕
庶〔庻〕
竪〔豎〕
漱〔潄〕
疏〔踈〕
薯〔藷〕

si
飼〔飤〕
祀〔禩〕
厮〔廝〕
俟〔竢〕
似〔佀〕

sou
嗽〔嗽〕
搜〔蒐△47〕

su
溯〔泝遡〕
宿〔宿〕
訴〔愬〕

蘇〔蘓甦△21〕

sui
歲〔嵗〕

sun
笋〔筍〕
飧〔飱〕

suo
瑣〔璅〕
鎖〔鎻〕
蓑〔簑〕
挲〔挱〕

T

ta
塔〔墖〕
拓〔搨〕
它〔牠〕

tan
嘆〔歎〕
罎〔罈壜〕
袒〔襢〕

tang
蹚△60〔趟〕
糖〔餹〕

tao
掏〔搯〕
縧〔絛縚〕

teng
藤〔籐〕

ti
剃〔薙鬀〕
啼〔嗁〕
蹄〔蹏〕

tiao
眺〔覜〕

tong
筒〔筩〕
同〔仝△17 衕〕
峒〔峝〕

tou
偷〔媮〕

tu
兔〔兎兎〕

tui
腿〔骽〕
頹〔穨〕

tun
臀〔臋〕

tuo
馱〔駄〕
托〔託〕
駝〔駞〕
拖〔拕〕

W

wa
蛙〔鼃〕
襪〔韈韤〕

wan
挽〔輓〕
玩〔翫〕
碗〔盌椀△51 瓮〕

wang
亡〔亾〕
望〔朢〕
往〔徃〕
罔〔㒺〕

wei
喂〔餵餧〕
猬〔蝟〕

wen
吻〔脗〕

蚊〔蟁螡〕

weng
瓮〔甕罋〕

wu
污〔汙汚〕
塢〔隖〕
忤〔啎〕

X

xi
嘻〔譆〕
溪〔谿△54〕
晰〔晳〕
席〔蓆〕
熙〔凞熈〕
戲〔戱〕
膝〔厀〕

xia
狹〔陿〕

xian
銜〔衘啣〕
弦〔絃〕
仙〔僊〕
鮮〔尠鱻尟〕
閑〔閒〕
嫻〔嫺〕
涎〔次〕
綫〔線△32〕
籼〔秈〕

xiang
享〔亯〕
餉〔饟〕
嚮〔曏〕
厢〔廂〕

xiao
淆〔殽〕

笑〔咲〕
效〔効傚〕

xie

脅〔脇〕
邪〔衺〕
蟹〔蠏〕
燮〔爕〕
蝎〔蠍〕
泄〔洩〕
絏〔緤〕
鞋〔鞵〕
携〔攜擕攜攜〕

xin

欣〔訢[△28]〕

xing

幸〔倖〕

xiong

汹〔洶〕
凶〔兇〕
胸〔胷〕

xiu

修〔脩[△36]〕
綉〔繡〕
銹〔鏽〕

xu

叙〔敘敍〕
勖〔勗〕
恤〔卹賉䘏〕
婿〔壻〕

xuan

喧〔諠〕
楦〔楥〕
萱〔萲蕿藼蘐〕
璇〔璿〕

xue

靴〔鞾〕

xun

熏〔燻〕
徇〔狥〕
勛〔勳〕
埙〔壎〕
尋〔尋〕
巡〔廵〕

Y

ya

鴉〔鵶〕
丫〔枒椏[△5]〕

yan

贋〔贗〕
雁〔鴈〕
驗〔騐〕
烟〔煙菸〕
胭〔臙〕
燕〔鷰〕
鼹〔鼴〕
腌〔醃〕
咽〔嚥〕
檐〔簷〕
岩〔巗巖嵒〕
焰〔燄〕
艷〔豔豓〕
宴〔讌醼〕

yang

揚〔颺[△14]敭〕

yao

肴〔餚〕
耀〔燿〕
咬〔齩〕
窑〔窰窯〕
夭〔殀〕

ye

野〔埜壄〕
夜〔亱〕
燁〔爗〕

yi

翳〔瞖〕
异〔異〕
咿〔吚〕
移〔迻〕
以〔㕥㠯〕

yin

因〔囙〕
殷〔慇〕
飲〔歙〕
淫〔婬滛〕
喑〔瘖〕
堙〔陻〕
陰〔隂〕
吟〔唫〕
蔭〔廕〕
姻〔婣〕

ying

罌〔甖〕
穎〔頴〕
映〔暎〕
鶯〔鸎〕

yong

咏〔詠〕
涌〔湧〕
恿〔慂惥〕
雍〔雝〕

you

游〔遊〕

yu

寓〔庽〕
欲〔慾〕
逾〔踰〕
愈〔瘉癒〕
鬱〔欝鬰〕

yuan

冤〔寃寃〕
猿〔猨蝯〕

yue

岳〔嶽〕

yun

韵〔韻〕

Z

za

雜〔襍〕
匝〔帀〕

zai

灾〔災烖菑〕
再〔再再〕

zan

咱〔喒偺偺偺〕
贊〔賛讚〕
簪〔簮〕
暫〔蹔〕

zang

葬〔塟塟〕

zao

唣〔唕〕
糟〔蹧〕
噪〔譟〕
皂〔皁〕

zha

札〔剳劄[△11]〕
閘〔牐〕
榨〔搾〕
扎〔紥紮〕
咤〔吒[△34]〕

zhai

寨〔砦〕
齋〔亝〕

zhan

盞〔琖醆〕

氈〔氊〕
占〔佔〕
嶄〔嶃〕
沾〔霑〕

zhang

獐〔麞〕

zhao

照〔炤〕
棹〔櫂〕

zhe

浙〔淛〕
輒〔輙〕
謫〔讁〕
哲〔喆[△39]〕

zhen

針〔鍼〕
鴆〔酖〕
砧〔碪〕
珍〔珎〕
偵〔遉〕

zhi

卮〔巵〕
帙〔袟袠〕
址〔阯〕
置〔寘〕
跖〔蹠〕
栀〔梔〕
祗〔祇[△12]秖〕
志〔誌〕
紙〔帋〕
稚〔穉稺〕
侄〔姪妷〕

zhong

冢〔塚〕
衆〔眾〕

zhou

周〔週〕
咒〔呪〕
帚〔箒〕

zhu

煮〔煑〕
箸〔筯〕
伫〔竚佇〕
注〔註〕
猪〔豬〕

zhuan

磚〔甎塼〕
撰〔譔〕
專〔耑[△6]〕
饌〔簒〕

zhuang

妝〔粧〕

zhuo

斫〔斲斵斮〕
桌〔槕〕

zi

姊〔姉〕
資〔貲[△43]〕
眦〔眥〕

zong

偬〔傯〕
鬃〔騌騣鬉〕
踪〔蹤〕
棕〔椶〕
粽〔糉〕

zu

卒〔卆〕

zuan

纂〔篹〕
鑽〔鑚〕

zui

最〔冣冣〕
罪〔辠〕

zun

樽〔罇〕

【附录 2-4-4 完】

三、简化字的正确书写

（一）简化字及其规范

简化字，又称简体字，是相对于繁体字的一个概念，指笔画少于繁体字的字。

简体字和繁体字的关系，从本质上来说，应该是一种异体字之间的关系。但是，有些简体与繁体之间的关系较复杂，所以它们又不能全部被看作异体字。而且，有些简化字是新造出来的，其简化的目的只在于减少笔画，实际上却增加了汉字的字数，与整理异体字的目的（精简字数）不同。所以，我们将它与整理异体字的问题分开论述。

汉字自古就有简体、繁体之别。甲骨文乃至小篆，都有繁体、简体并存的现象，如“从”与“從”并存，“网”与“網”并存。后代楷书中的简体字更多。现在我们使用的简化字，大都是古代的简体字。

应该说明的是，过去所谓的简体字，往往缺乏书写规范；现在所说的简化字，则有政府公布的书写规范。几十年来我们遵循的简化字规范，是中国文字改革委员会 1964 年 5 月所编的、国家语言文字工作委员会 1986 年 10 月修改后重新发表的《简化字总表》，该总表共有三个表和两个附录。

《简化字总表》中的三个表是我国语言文字规范化方面的基本文件之一，具有重大的历史影响，虽然 2013 年 8 月 19 日国务院公布《通用规范汉字表》后该表应该停止使用，但由于其根据音序和简化功能分类编排的方式较之《通用规范汉字表》按照规范字常用程度和笔画序而分散编排的方式更有利于我们掌握其内容，且其中极有实用价值的脚注更是《通用规范汉字表》所缺乏的，所以现将《简化字总表》中的三个表及注附录于此，以便读者查阅学习。至于其附录，则不再赘录，这是因为：第一个附录是从《第一批异体字整理表》中摘录出来的 39 组字，已见于【附录 2-4-4】，没有必要再重复列出；第二个附录列出的是经国务院批准而更改的生僻地名用字，我们已经归入本节第四部分“地名用字的书写规范”，而且有所说明，比该附录更为完善了。

在此还要说明的是，下面附录的《简化字总表》为 1986 年版，而《通用规范汉字表》对该表的简繁字有所调整，这应该引起我们的注意，所以使用该表时，请参阅下文“使用《简化字总表》时的注意事项”。

【附录 2-4-5】

简化字总表

（1986年版）

第一表

不作简化偏旁用的简化字

本表共收简化字350个，按读音的拼音字母顺序排列。本表的简化字都不得作简化偏旁使用。

A	**B**	帮〔幫〕	标〔標〕	**C**	层〔層〕
		宝〔寶〕	表〔錶〕		搀〔攙〕
碍〔礙〕	坝〔壩〕	报〔報〕	别〔彆〕	才〔纔〕	谗〔讒〕
肮〔骯〕	板〔闆〕	币〔幣〕	卜〔蔔〕	蚕〔蠶〕①	馋〔饞〕
袄〔襖〕	办〔辦〕	毙〔斃〕	补〔補〕	灿〔燦〕	缠〔纏〕②

① 蚕：上从天，不从夭。

② 缠：右从㢆，不从厘。

忏〔懺〕
偿〔償〕
厂〔廠〕
彻〔徹〕
尘〔塵〕
衬〔襯〕
称〔稱〕
惩〔懲〕
迟〔遲〕
冲〔衝〕
丑〔醜〕
出〔齣〕
础〔礎〕
处〔處〕
触〔觸〕
辞〔辭〕
聪〔聰〕
丛〔叢〕

D

担〔擔〕
胆〔膽〕
导〔導〕
灯〔燈〕
邓〔鄧〕
敌〔敵〕
籴〔糴〕
递〔遞〕
点〔點〕
淀〔澱〕
电〔電〕
冬〔鼕〕
斗〔鬥〕
独〔獨〕
吨〔噸〕
夺〔奪〕
堕〔墮〕

E

儿〔兒〕

F

矾〔礬〕
范〔範〕
飞〔飛〕
坟〔墳〕
奋〔奮〕
粪〔糞〕
凤〔鳳〕
肤〔膚〕
妇〔婦〕
复〔復〕
〔複〕

G

盖〔蓋〕
干〔乾〕[1]
〔幹〕
赶〔趕〕
个〔個〕
巩〔鞏〕
沟〔溝〕
构〔構〕
购〔購〕
谷〔穀〕
顾〔顧〕
刮〔颳〕
关〔關〕
观〔觀〕
柜〔櫃〕

H

汉〔漢〕
号〔號〕
合〔閤〕
轰〔轟〕
后〔後〕
胡〔鬍〕
壶〔壺〕
沪〔滬〕
护〔護〕
划〔劃〕
怀〔懷〕
坏〔壞〕[2]
欢〔歡〕
环〔環〕
还〔還〕
回〔迴〕
伙〔夥〕[3]
获〔獲〕
〔穫〕

J

击〔擊〕
鸡〔鷄〕
积〔積〕
极〔極〕
际〔際〕
继〔繼〕
家〔傢〕
价〔價〕
艰〔艱〕
歼〔殲〕
茧〔繭〕
拣〔揀〕
硷〔鹼〕
舰〔艦〕
姜〔薑〕
浆〔漿〕[4]
桨〔槳〕
奖〔獎〕
讲〔講〕
酱〔醬〕
胶〔膠〕
阶〔階〕
疖〔癤〕
洁〔潔〕
借〔藉〕[5]
仅〔僅〕
惊〔驚〕
竞〔競〕
旧〔舊〕
剧〔劇〕
据〔據〕
惧〔懼〕
卷〔捲〕

K

开〔開〕
克〔剋〕
垦〔墾〕
恳〔懇〕
夸〔誇〕
块〔塊〕
亏〔虧〕
困〔睏〕

L

腊〔臘〕
蜡〔蠟〕
兰〔蘭〕
拦〔攔〕
栏〔欄〕
烂〔爛〕
累〔纍〕
垒〔壘〕
类〔類〕[6]
里〔裏〕
礼〔禮〕
隶〔隸〕
帘〔簾〕
联〔聯〕
怜〔憐〕
炼〔煉〕
练〔練〕
粮〔糧〕
疗〔療〕
辽〔遼〕
了〔瞭〕[7]
猎〔獵〕
临〔臨〕[8]
邻〔鄰〕
岭〔嶺〕[9]
庐〔廬〕
芦〔蘆〕
炉〔爐〕
陆〔陸〕
驴〔驢〕
乱〔亂〕

---

① 乾坤、乾隆的乾读 qián（前），不简化。
② 不作坯。坯是砖坯的坯，读 pī（批），坏坯二字不可互混。
③ 作多解的夥不简化。
④ 浆、桨、奖、酱：右上角从夕，不从⺈或⺍。
⑤ 藉口、凭藉的藉简化作借，慰藉、狼藉等的藉仍用藉。
⑥ 类：下从大，不从犬。
⑦ 瞭：读 liǎo（了解）时，仍简作了，读 liào（瞭望）时作瞭，不简作了。
⑧ 临：左从一短竖一长竖，不从刂。
⑨ 岭：不作岺，免与岑混。

M

么〔麽〕①
霉〔黴〕
蒙〔矇〕〔濛〕〔懞〕
梦〔夢〕
面〔麵〕
庙〔廟〕
灭〔滅〕
蔑〔衊〕
亩〔畝〕

N

恼〔惱〕
脑〔腦〕
拟〔擬〕
酿〔釀〕
疟〔瘧〕

P

盘〔盤〕
辟〔闢〕
苹〔蘋〕
凭〔憑〕
扑〔撲〕
仆〔僕〕②
朴〔樸〕

Q

启〔啓〕
签〔籤〕
千〔韆〕
牵〔牽〕
纤〔縴〕〔纖〕③
窍〔竅〕
窃〔竊〕
寝〔寢〕
庆〔慶〕④
琼〔瓊〕
秋〔鞦〕
曲〔麯〕
权〔權〕
劝〔勸〕
确〔確〕

R

让〔讓〕
扰〔擾〕
热〔熱〕
认〔認〕

S

洒〔灑〕
伞〔傘〕
丧〔喪〕
扫〔掃〕
涩〔澀〕
晒〔曬〕
伤〔傷〕
舍〔捨〕
沈〔瀋〕
声〔聲〕
胜〔勝〕
湿〔濕〕
实〔實〕
适〔適〕⑤
势〔勢〕
兽〔獸〕
书〔書〕
术〔術〕⑥
树〔樹〕
帅〔帥〕
松〔鬆〕
苏〔蘇〕〔囌〕
虽〔雖〕
随〔隨〕

T

台〔臺〕〔檯〕〔颱〕
态〔態〕
坛〔壇〕〔罎〕
叹〔嘆〕
誊〔謄〕
体〔體〕
粜〔糶〕
铁〔鐵〕
听〔聽〕
厅〔廳〕⑦
头〔頭〕
图〔圖〕
涂〔塗〕
团〔團〕〔糰〕
椭〔橢〕

W

洼〔窪〕
袜〔襪〕⑧
网〔網〕
卫〔衛〕
稳〔穩〕
务〔務〕
雾〔霧〕

X

牺〔犧〕
习〔習〕
系〔係〕〔繫〕⑨
戏〔戲〕
虾〔蝦〕
吓〔嚇〕⑩
咸〔鹹〕
显〔顯〕
宪〔憲〕
县〔縣〕⑪
响〔響〕
向〔嚮〕
协〔協〕
胁〔脅〕
亵〔褻〕
衅〔釁〕
兴〔興〕
须〔鬚〕
悬〔懸〕
选〔選〕
旋〔鏇〕

Y

压〔壓〕⑫
盐〔鹽〕
阳〔陽〕
养〔養〕
痒〔癢〕
样〔樣〕
钥〔鑰〕
药〔藥〕
爷〔爺〕

---

① 读 me 轻声。读 yāo（夭）的么应作幺（么本字）。吆应作吆。麽读 mó（摩）时不简化，如幺麽小丑。
② 前仆后继的仆读 pū（扑）。
③ 纤维的纤读 xiān（先）。
④ 庆：从大，不从犬。
⑤ 古人南宫适、洪适的适（古字罕用）读 kuò（括）。此适字本作适，为了避免混淆，可恢复本字适。
⑥ 中药苍术、白术的术读 zhú（竹）。
⑦ 厅：从厂，不从广。
⑧ 袜：从末，不从未。
⑨ 系带子的系读 jì（计）。
⑩ 恐吓的吓读 hè（赫）。
⑪ 县：七笔。上从且。
⑫ 压：六笔。土的右旁有一点。

叶〔葉〕①
医〔醫〕
亿〔億〕
忆〔憶〕
应〔應〕
痈〔癰〕
拥〔擁〕
佣〔傭〕
踊〔踴〕
忧〔憂〕
优〔優〕
邮〔郵〕
余〔餘〕②
御〔禦〕
吁〔籲〕③
郁〔鬱〕
誉〔譽〕
渊〔淵〕
园〔園〕
远〔遠〕
愿〔願〕
跃〔躍〕
运〔運〕
酝〔醞〕

Z

杂〔雜〕
赃〔贜〕
脏〔臟〕
〔髒〕
凿〔鑿〕
枣〔棗〕
灶〔竈〕
斋〔齋〕
毡〔氈〕
战〔戰〕
赵〔趙〕
折〔摺〕④
这〔這〕
征〔徵〕⑤
症〔癥〕
证〔證〕
只〔隻〕
〔衹〕
致〔緻〕
制〔製〕
钟〔鐘〕
〔鍾〕
肿〔腫〕
种〔種〕
众〔衆〕
昼〔晝〕
朱〔硃〕
烛〔燭〕
筑〔築〕
庄〔莊〕⑥
桩〔樁〕
妆〔妝〕
装〔裝〕
壮〔壯〕
状〔狀〕
准〔準〕
浊〔濁〕
总〔總〕
钻〔鑽〕

第二表
可作简化偏旁用的简化字和简化偏旁

本表共收简化字132个和简化偏旁14个。简化字按读音的拼音字母顺序排列，简化偏旁按笔数排列。

A

爱〔愛〕

B

罢〔罷〕
备〔備〕
贝〔貝〕
笔〔筆〕
毕〔畢〕
边〔邊〕
宾〔賓〕

C

参〔參〕
仓〔倉〕
产〔產〕
长〔長〕⑦
尝〔嘗〕⑧
车〔車〕
齿〔齒〕
虫〔蟲〕
刍〔芻〕
从〔從〕
窜〔竄〕

D

达〔達〕
带〔帶〕
单〔單〕
当〔當〕
〔噹〕
党〔黨〕
东〔東〕
动〔動〕
断〔斷〕
对〔對〕
队〔隊〕

E

尔〔爾〕

F

发〔發〕
〔髮〕
丰〔豐〕⑨
风〔風〕

G

冈〔岡〕
广〔廣〕
归〔歸〕
龟〔龜〕
国〔國〕
过〔過〕

H

华〔華〕
画〔畫〕
汇〔匯〕
〔彙〕
会〔會〕

J

几〔幾〕
夹〔夾〕
戋〔戔〕
监〔監〕
见〔見〕
荐〔薦〕
将〔將〕⑩
节〔節〕
尽〔盡〕
〔儘〕
进〔進〕

---

① 叶韵的叶读 xié（协）。
② 在余和馀意义可能混淆时，仍用馀。如文言句“馀年无多”。
③ 喘吁吁，长吁短叹的吁读 xū（虚）。
④ 在折和摺意义可能混淆时，摺仍用摺。
⑤ 宫商角徵羽的徵读 zhǐ（止），不简化。
⑥ 庄：六笔。土的右旁无点。
⑦ 长：四笔。笔顺是：ˊ 𠂉 ⻓ 长。
⑧ 尝：不是賞的简化字。賞的简化字是赏（见第三表）。
⑨ 四川省酆都县（党按：今属重庆市）已改丰都县。姓酆的酆不简化作邦。
⑩ 将：右上角从夕，不从𠂊或爫。

举〔舉〕

K

壳〔殼〕[1]

L

来〔來〕
乐〔樂〕
离〔離〕
历〔歷〕
〔曆〕
丽〔麗〕[2]
两〔兩〕
灵〔靈〕
刘〔劉〕
龙〔龍〕
娄〔婁〕
卢〔盧〕
虏〔虜〕
卤〔鹵〕
〔滷〕
录〔録〕
虑〔慮〕
仑〔侖〕
罗〔羅〕

M

马〔馬〕[3]
买〔買〕
卖〔賣〕[4]
麦〔麥〕
门〔門〕
黾〔黽〕[5]

N

难〔難〕
鸟〔鳥〕[6]
聂〔聶〕
宁〔寧〕[7]
农〔農〕

Q

齐〔齊〕
岂〔豈〕
气〔氣〕
迁〔遷〕
佥〔僉〕
乔〔喬〕
亲〔親〕
穷〔窮〕
区〔區〕[8]

S

啬〔嗇〕
杀〔殺〕
审〔審〕
圣〔聖〕
师〔師〕
时〔時〕
寿〔壽〕
属〔屬〕
双〔雙〕
肃〔肅〕[9]
岁〔歲〕
孙〔孫〕

T

条〔條〕[10]

W

万〔萬〕
为〔爲〕
韦〔韋〕
乌〔烏〕[11]
无〔無〕[12]

X

献〔獻〕
乡〔鄉〕
写〔寫〕[13]
寻〔尋〕

Y

亚〔亞〕
严〔嚴〕
厌〔厭〕
尧〔堯〕[14]
业〔業〕
页〔頁〕
义〔義〕[15]
艺〔藝〕
阴〔陰〕
隐〔隱〕
犹〔猶〕
鱼〔魚〕
与〔與〕
云〔雲〕

Z

郑〔鄭〕
执〔執〕
质〔質〕
专〔專〕

简化偏旁

讠〔言〕[16]
饣〔食〕[17]
𠃓〔昜〕[18]
纟〔糸〕
〢又〔臤〕
𫇦〔𤇾〕
〢𠂉〔臨〕
只〔戠〕
钅〔金〕[19]
⺍〔𦥯〕
𠬝〔睪〕[20]
𢀖〔巠〕
亦〔䜌〕
呙〔咼〕

---

① 壳：几上没有一小横。
② 丽：七笔。上边一横，不作两小横。
③ 马：三笔。笔顺是：㇆马马。上部向左稍斜，左上角开口，末笔作左偏旁时改作平挑。
④ 卖：从十从买，上不从士或土。
⑤ 黾：从口从电。
⑥ 鸟：五笔。
⑦ 作门屏之间解的宁（古字罕用）读 zhù（柱）。为避免此宁字与寧的简化字混淆，原读 zhù 的宁作宀。
⑧ 区：不作区。
⑨ 肃：中间一竖下面的两边从⺊，下半中间不从米。
⑩ 条：上从夂，三笔，不从攵。
⑪ 乌：四笔。
⑫ 无：四笔。上从二，不可误作旡。
⑬ 写：上从冖，不从宀。
⑭ 尧：六笔。右上角无点，不可误作尧。
⑮ 义：从乂（读 yì）加点，不可误作叉（读 chā）。
⑯ 讠：二笔。不作讠。
⑰ 饣：三笔。中一横折作乛，不作丶或点。
⑱ 𠃓：三笔。
⑲ 钅：第二笔是一短横，中两横，竖折不出头。
⑳ 睾丸的睾读 gāo（高），不简化。

第三表

应用第二表所列简化字和简化偏旁得出来的简化字

本表共收简化字1753个（不包含重见的字。例如“缆”分见“纟、𠂉、见”三部，只算一字），以第二表中的简化字和简化偏旁作部首，按第二表的顺序排列。同一部首中的简化字，按笔数排列。

爱
嗳〔噯〕
嫒〔嬡〕
叆〔靉〕
瑷〔璦〕
暧〔曖〕
罢
摆〔擺〕
〔襬〕
罴〔羆〕
䎬〔䎱〕
备
惫〔憊〕
贝
贞〔貞〕
则〔則〕
负〔負〕
贡〔貢〕
呗〔唄〕
员〔員〕
财〔財〕
狈〔狽〕
责〔責〕
厕〔廁〕
贤〔賢〕
账〔賬〕
贩〔販〕
贬〔貶〕
败〔敗〕
贮〔貯〕
贪〔貪〕
贫〔貧〕
侦〔偵〕
侧〔側〕
货〔貨〕
贯〔貫〕
测〔測〕
浈〔湞〕
恻〔惻〕
贰〔貳〕
贲〔賁〕
贳〔貰〕
费〔費〕
郧〔鄖〕
勋〔勛〕
帧〔幀〕
贴〔貼〕
贶〔貺〕
贻〔貽〕
贱〔賤〕
贵〔貴〕
钡〔鋇〕
贷〔貸〕
贸〔貿〕
贺〔賀〕
陨〔隕〕
涢〔溳〕
资〔資〕
祯〔禎〕
贾〔賈〕
损〔損〕
贽〔贄〕
埙〔塤〕
桢〔楨〕
唝〔嗊〕
唢〔嗩〕
赅〔賅〕
圆〔圓〕
贼〔賊〕
贿〔賄〕
赆〔贐〕
赂〔賂〕
债〔債〕
赁〔賃〕
渍〔漬〕
惯〔慣〕
琐〔瑣〕
赉〔賚〕
匮〔匱〕
掼〔摜〕
殒〔殞〕
勚〔勩〕
赈〔賑〕
婴〔嬰〕
啧〔嘖〕
赊〔賒〕
帻〔幘〕
偾〔僨〕
铡〔鍘〕
绩〔績〕
溃〔潰〕
溅〔濺〕
赓〔賡〕
愦〔憒〕
愤〔憤〕
蒉〔蕢〕
赍〔賫〕
蒇〔蕆〕
䞍〔䝼〕
赔〔賠〕
赕〔賧〕
遗〔遺〕
赋〔賦〕
喷〔噴〕
赌〔賭〕
赎〔贖〕
赏〔賞〕①
赐〔賜〕
赒〔賙〕
锁〔鎖〕
馈〔饋〕
赖〔賴〕
赪〔赬〕
碛〔磧〕
㱮〔殨〕
赗〔賵〕
腻〔膩〕
赛〔賽〕
䙌〔䙡〕
赘〔贅〕
撄〔攖〕
槚〔檟〕
嘤〔嚶〕
赚〔賺〕
赙〔賻〕
罂〔罌〕
镄〔鐨〕
箦〔簀〕
鲗〔鰂〕
缨〔纓〕
璎〔瓔〕
聩〔聵〕
樱〔櫻〕
赜〔賾〕
篑〔簣〕
濑〔瀨〕
瘿〔癭〕
懒〔懶〕
赝〔贗〕
豮〔豶〕
赠〔贈〕
鹦〔鸚〕
獭〔獺〕
赞〔贊〕
赢〔贏〕
赡〔贍〕
癞〔癩〕
攒〔攢〕
籁〔籟〕
缵〔纘〕
瓒〔瓚〕
臜〔臢〕
赣〔贛〕
趱〔趲〕
躜〔躦〕
戆〔戇〕
笔
滗〔潷〕
毕
荜〔蓽〕
哔〔嗶〕
筚〔篳〕
跸〔蹕〕
边
笾〔籩〕
宾
傧〔儐〕
滨〔濱〕
摈〔擯〕
嫔〔嬪〕
缤〔繽〕
殡〔殯〕
槟〔檳〕
膑〔臏〕
镔〔鑌〕
髌〔髕〕
鬓〔鬢〕
参
渗〔滲〕
惨〔慘〕

① 赏：不可误作尝。尝是嘗的简化字（见第二表）。

掺〔摻〕
骖〔驂〕
毵〔毿〕
瘆〔瘮〕
碜〔磣〕
䅟〔穇〕
糁〔糝〕

仓

伧〔傖〕
创〔創〕
沧〔滄〕
怆〔愴〕
苍〔蒼〕
抢〔搶〕
呛〔嗆〕
炝〔熗〕
玱〔瑲〕
枪〔槍〕
戗〔戧〕
疮〔瘡〕
鸧〔鶬〕
舱〔艙〕
跄〔蹌〕

产

浐〔滻〕
萨〔薩〕
铲〔鏟〕

长

伥〔倀〕
怅〔悵〕
帐〔帳〕
张〔張〕
枨〔棖〕
账〔賬〕
胀〔脹〕
涨〔漲〕

尝

鲿〔鱨〕

车

轧〔軋〕
军〔軍〕
轨〔軌〕
厍〔厙〕
阵〔陣〕
库〔庫〕
连〔連〕
轩〔軒〕
诨〔諢〕
郓〔鄆〕
轫〔軔〕
轭〔軛〕
匦〔匭〕
转〔轉〕
轮〔輪〕
斩〔斬〕
软〔軟〕
浑〔渾〕
恽〔惲〕
砗〔硨〕
轶〔軼〕
轲〔軻〕
轱〔軲〕
轷〔軤〕
轻〔輕〕
轳〔轤〕
轴〔軸〕
挥〔揮〕
荤〔葷〕
轹〔轢〕
轸〔軫〕
轺〔軺〕
涟〔漣〕
珲〔琿〕
载〔載〕
莲〔蓮〕
较〔較〕
轼〔軾〕
轾〔輊〕
辂〔輅〕
轿〔轎〕
晕〔暈〕
渐〔漸〕
惭〔慚〕
皲〔皸〕
琏〔璉〕
辅〔輔〕
辄〔輒〕
辆〔輛〕
堑〔塹〕
啭〔囀〕
崭〔嶄〕
裤〔褲〕
裢〔褳〕
辇〔輦〕
辋〔輞〕
辍〔輟〕
辊〔輥〕
椠〔槧〕
辎〔輜〕
暂〔暫〕
辉〔輝〕
辈〔輩〕
链〔鏈〕
翚〔翬〕
辏〔輳〕
辐〔輻〕
辑〔輯〕
输〔輸〕
毂〔轂〕
辔〔轡〕
辖〔轄〕
辕〔轅〕
辗〔輾〕
舆〔輿〕
辘〔轆〕
撵〔攆〕
鲢〔鰱〕
辙〔轍〕
錾〔鏨〕
辚〔轔〕

齿

龀〔齔〕
啮〔嚙〕
龆〔齠〕
龅〔齙〕
龃〔齟〕
龄〔齡〕
龇〔齜〕
龈〔齦〕
龉〔齬〕
龊〔齪〕
龌〔齷〕
龋〔齲〕

虫

蛊〔蠱〕

刍

诌〔謅〕
㑇〔㑳〕
邹〔鄒〕
㤘〔㥮〕
驺〔騶〕
绉〔縐〕
皱〔皺〕
趋〔趨〕
雏〔雛〕

从

苁〔蓯〕
纵〔縱〕
枞〔樅〕
怂〔慫〕
耸〔聳〕

窜

撺〔攛〕
镩〔鑹〕
蹿〔躥〕

达

㳠〔澾〕
闼〔闥〕
挞〔撻〕
哒〔噠〕
鞑〔韃〕

带

滞〔滯〕

单

郸〔鄲〕
惮〔憚〕
阐〔闡〕
掸〔撣〕
弹〔彈〕
婵〔嬋〕
禅〔禪〕
殚〔殫〕
瘅〔癉〕
蝉〔蟬〕
箪〔簞〕
蕲〔蘄〕
冁〔囅〕

当

挡〔擋〕
档〔檔〕
裆〔襠〕
铛〔鐺〕

党

谠〔讜〕
傥〔儻〕
镋〔鎲〕

东

冻〔凍〕
陈〔陳〕
岽〔崬〕
栋〔棟〕
胨〔腖〕
鸫〔鶇〕

动

恸〔慟〕

断

簖〔籪〕

对

怼〔懟〕

队

坠〔墜〕

尔

迩〔邇〕
弥〔彌〕
〔瀰〕
祢〔禰〕
玺〔璽〕
猕〔獼〕

发

泼〔潑〕
废〔廢〕
拨〔撥〕
钹〔鈸〕

丰

沣〔灃〕
艳〔艷〕
滟〔灩〕

风

讽〔諷〕
沨〔渢〕
岚〔嵐〕

枫〔楓〕
疯〔瘋〕
飒〔颯〕
砜〔碸〕
飓〔颶〕
飔〔颸〕
飕〔颼〕
飗〔飀〕
飘〔飄〕
飙〔飆〕

冈

刚〔剛〕
㧏〔掆〕
岗〔崗〕
纲〔綱〕
㭎〔棡〕
钢〔鋼〕

广

邝〔鄺〕
圹〔壙〕
扩〔擴〕
犷〔獷〕
纩〔纊〕
旷〔曠〕
矿〔礦〕

归

岿〔巋〕

龟

阄〔鬮〕

国

掴〔摑〕
帼〔幗〕
腘〔膕〕
蝈〔蟈〕

过

挝〔撾〕

华

哗〔嘩〕
骅〔驊〕
烨〔燁〕
桦〔樺〕
晔〔曄〕
铧〔鏵〕

画

婳〔嫿〕

汇

㧟〔擓〕

会

刽〔劊〕
郐〔鄶〕
侩〔儈〕
浍〔澮〕
荟〔薈〕
哙〔噲〕
狯〔獪〕
绘〔繪〕
烩〔燴〕
桧〔檜〕
脍〔膾〕
鲙〔鱠〕

几

讥〔譏〕
叽〔嘰〕
饥〔饑〕
机〔機〕
玑〔璣〕
矶〔磯〕
虮〔蟣〕

夹

郏〔郟〕
侠〔俠〕
陕〔陝〕
浃〔浹〕
挟〔挾〕
荚〔莢〕
峡〔峽〕
狭〔狹〕
惬〔愜〕
硖〔硤〕
铗〔鋏〕
颊〔頰〕
蛱〔蛺〕
瘗〔瘞〕
箧〔篋〕

戋

刬〔剗〕
浅〔淺〕
饯〔餞〕
线〔綫〕
残〔殘〕
栈〔棧〕
贱〔賤〕
盏〔盞〕
钱〔錢〕
笺〔箋〕
溅〔濺〕
践〔踐〕

监

滥〔濫〕
蓝〔藍〕
尴〔尷〕
槛〔檻〕
褴〔襤〕
篮〔籃〕

见

苋〔莧〕
岘〔峴〕
觃〔覎〕
视〔視〕
规〔規〕
现〔現〕
枧〔梘〕
觅〔覓〕
觉〔覺〕
砚〔硯〕
觇〔覘〕
览〔覽〕
宽〔寬〕
蚬〔蜆〕
觊〔覬〕
笕〔筧〕
觋〔覡〕
觌〔覿〕
靓〔靚〕
搅〔攪〕
揽〔攬〕
缆〔纜〕
窥〔窺〕
榄〔欖〕
觎〔覦〕
觏〔覯〕
觐〔覲〕
觑〔覷〕
髋〔髖〕

荐

鞯〔韉〕

将

蒋〔蔣〕
锵〔鏘〕

节

栉〔櫛〕

尽

浕〔濜〕
荩〔藎〕
烬〔燼〕
赆〔贐〕

进

琎〔璡〕

举

榉〔櫸〕

壳

悫〔慤〕

来

涞〔淶〕
莱〔萊〕
崃〔崍〕
徕〔徠〕
赉〔賚〕
睐〔睞〕
铼〔錸〕

乐

泺〔濼〕
烁〔爍〕
栎〔櫟〕
轹〔轢〕
砾〔礫〕
铄〔鑠〕

离

漓〔灕〕
篱〔籬〕

历

沥〔瀝〕
坜〔壢〕
苈〔藶〕
呖〔嚦〕
枥〔櫪〕
疬〔癧〕
雳〔靂〕

丽

俪〔儷〕
郦〔酈〕
逦〔邐〕
骊〔驪〕
鹂〔鸝〕
酾〔釃〕
鲡〔鱺〕

两

俩〔倆〕
唡〔啢〕
辆〔輛〕
满〔滿〕
瞒〔瞞〕
颟〔顢〕
螨〔蟎〕
魉〔魎〕
懑〔懣〕
蹒〔蹣〕

灵

棂〔欞〕

刘

浏〔瀏〕

龙

陇〔隴〕
泷〔瀧〕
宠〔寵〕
庞〔龐〕
垄〔壟〕
拢〔攏〕
茏〔蘢〕
咙〔嚨〕
珑〔瓏〕
栊〔櫳〕
䶮〔龑〕
昽〔曨〕
胧〔朧〕
砻〔礱〕
袭〔襲〕
聋〔聾〕
龚〔龔〕
龛〔龕〕

笼〔籠〕
詟〔讋〕

娄

偻〔僂〕
溇〔漊〕
蒌〔蔞〕
搂〔摟〕
嵝〔嶁〕
喽〔嘍〕
缕〔縷〕
屡〔屢〕
数〔數〕
楼〔樓〕
瘘〔瘻〕
褛〔褸〕
窭〔窶〕
瞜〔瞜〕
镂〔鏤〕
屦〔屨〕
蝼〔螻〕
篓〔簍〕
耧〔耬〕
薮〔藪〕
擞〔擻〕
髅〔髏〕

卢

泸〔瀘〕
垆〔壚〕
栌〔櫨〕
轳〔轤〕
胪〔臚〕
鸬〔鸕〕
颅〔顱〕
舻〔艫〕
鲈〔鱸〕

虏

掳〔擄〕

卤

鹾〔鹺〕

录

箓〔籙〕

虑

滤〔濾〕
摅〔攄〕

仑

论〔論〕
伦〔倫〕
沦〔淪〕
抡〔掄〕
囵〔圇〕
纶〔綸〕
轮〔輪〕
瘪〔癟〕

罗

萝〔蘿〕
啰〔囉〕
逻〔邏〕
猡〔玀〕
椤〔欏〕
锣〔鑼〕
箩〔籮〕

马

冯〔馮〕
驭〔馭〕
闯〔闖〕
吗〔嗎〕
犸〔獁〕
驮〔馱〕
驰〔馳〕
驯〔馴〕
妈〔媽〕
玛〔瑪〕
驱〔驅〕
驳〔駁〕
码〔碼〕
驼〔駝〕
驻〔駐〕
驵〔駔〕
驾〔駕〕
驿〔驛〕
驷〔駟〕
驶〔駛〕
驹〔駒〕
驺〔騶〕
骀〔駘〕
驸〔駙〕
驽〔駑〕
骂〔罵〕
蚂〔螞〕
笃〔篤〕
骇〔駭〕
骈〔駢〕
骁〔驍〕
骄〔驕〕
骅〔驊〕
骆〔駱〕
骊〔驪〕
骋〔騁〕
验〔驗〕
骏〔駿〕
骎〔駸〕
骑〔騎〕
骐〔騏〕
骒〔騍〕
骓〔騅〕
骖〔驂〕
骗〔騙〕
骘〔騭〕
骛〔騖〕
骚〔騷〕
骞〔騫〕
骜〔驁〕
蓦〔驀〕
腾〔騰〕
骝〔騮〕
骟〔騸〕
骠〔驃〕
骢〔驄〕
骡〔騾〕
羁〔羈〕
骤〔驟〕
骥〔驥〕
骧〔驤〕

买

荬〔蕒〕

卖

读〔讀〕
渎〔瀆〕
续〔續〕
椟〔櫝〕
觌〔覿〕
赎〔贖〕
犊〔犢〕
牍〔牘〕
窦〔竇〕
黩〔黷〕

麦

唛〔嘜〕
麸〔麩〕

门

闩〔閂〕
闪〔閃〕
们〔們〕
闭〔閉〕
闯〔闖〕
问〔問〕
扪〔捫〕
闱〔闈〕
闵〔閔〕
闷〔悶〕
闰〔閏〕
闲〔閑〕
间〔間〕
闹〔閙〕①
闸〔閘〕
钔〔鍆〕
阂〔閡〕
闺〔閨〕
闻〔聞〕
闼〔闥〕
闽〔閩〕
闾〔閭〕
闿〔闓〕
[illegible]
阁〔閣〕
阀〔閥〕
润〔潤〕
涧〔澗〕
悯〔憫〕
阆〔閬〕
阅〔閱〕
阃〔閫〕
阄〔鬮〕①
[illegible]
娴〔嫻〕
[illegible]
阈〔閾〕
阉〔閹〕
阊〔閶〕
阍〔閽〕
阌〔閿〕
阋〔鬩〕①
阐〔闡〕
阎〔閻〕
焖〔燜〕
阑〔闌〕
裥〔襇〕
阔〔闊〕
痫〔癇〕
鹇〔鷳〕
阕〔闋〕
阒〔闃〕
搁〔擱〕
锏〔鐧〕
锎〔鐦〕
阙〔闕〕
阖〔闔〕
阗〔闐〕
榈〔櫚〕
简〔簡〕
谰〔讕〕
阚〔闞〕
蔺〔藺〕
澜〔瀾〕

---

① 鬥字头的字，一般也写作門字头，如鬧、鬮、鬩写作閙、閹、鬩。因此，这些鬥字头的字可简化作门字头。但鬥争的鬥应简作斗（见第一表）。

襕〔襴〕
鼋〔黿〕
镧〔鑭〕
躏〔躪〕

黾

渑〔澠〕
绳〔繩〕
鼋〔黿〕
蝇〔蠅〕
鼍〔鼉〕

难

傩〔儺〕
滩〔灘〕
摊〔攤〕
瘫〔癱〕

鸟

凫〔鳧〕
鸠〔鳩〕
岛〔島〕
茑〔蔦〕
鸢〔鳶〕
鸣〔鳴〕
枭〔梟〕
鸩〔鴆〕
鸦〔鴉〕
䴓〔鳾〕
鸥〔鷗〕
鸨〔鴇〕
鸧〔鶬〕
窎〔窵〕
莺〔鶯〕
鸪〔鴣〕
捣〔搗〕
鸫〔鶇〕
鸬〔鸕〕
鸭〔鴨〕
鸯〔鴦〕
鸮〔鴞〕
鸰〔鴒〕
鸲〔鴝〕
鸳〔鴛〕
鸵〔鴕〕
袅〔裊〕
鸱〔鴟〕
鸶〔鷥〕
鸾〔鸞〕
䴔〔鵁〕
鸿〔鴻〕
鸷〔鷙〕
鸸〔鴯〕
䴕〔鴷〕
鸼〔鵃〕
鸽〔鴿〕
鸹〔鴰〕
鸺〔鵂〕
鸻〔鴴〕
鹈〔鵜〕
鹇〔鷳〕
鹁〔鵓〕
鹂〔鸝〕
鹃〔鵑〕
鹆〔鵒〕
鹄〔鵠〕
鹅〔鵝〕
鹑〔鶉〕
鹒〔鶊〕
䴖〔鶄〕
鹉〔鵡〕
鹊〔鵲〕
鹋〔鶓〕
鹌〔鵪〕
鹏〔鵬〕
鹐〔鵮〕
鹚〔鷀〕
鹕〔鶘〕
鹖〔鶡〕
䴗〔鶪〕
鹗〔鶚〕
鹘〔鶻〕
鹙〔鶖〕
鹜〔鶩〕
鹛〔鶥〕
鹤〔鶴〕
鹣〔鶼〕
鹞〔鷂〕
鹡〔鶺〕
䴘〔鷉〕
鹧〔鷓〕
鹥〔鷖〕
鹦〔鸚〕
鹨〔鷚〕
鹫〔鷲〕
鹩〔鷯〕
鹪〔鷦〕
鹬〔鷸〕
鹰〔鷹〕
鹯〔鸇〕
鹭〔鷺〕
䴙〔鸊〕
鹳〔鸛〕

聂

慑〔懾〕
滠〔灄〕
摄〔攝〕
嗫〔囁〕
镊〔鑷〕
颞〔顳〕
蹑〔躡〕

宁

泞〔濘〕
拧〔擰〕
咛〔嚀〕
狞〔獰〕
柠〔檸〕
聍〔聹〕

农

侬〔儂〕
浓〔濃〕
哝〔噥〕
脓〔膿〕

齐

剂〔劑〕
侪〔儕〕
济〔濟〕
荠〔薺〕
挤〔擠〕
脐〔臍〕
蛴〔蠐〕
跻〔躋〕
霁〔霽〕
鲚〔鱭〕
齑〔齏〕

岂

剀〔剴〕
凯〔凱〕
恺〔愷〕
闿〔闓〕
垲〔塏〕
桤〔榿〕
觊〔覬〕
硙〔磑〕
皑〔皚〕
铠〔鎧〕

气

忾〔愾〕
饩〔餼〕

迁

跹〔躚〕

佥

剑〔劍〕
俭〔儉〕
险〔險〕
捡〔撿〕
猃〔獫〕
验〔驗〕
检〔檢〕
殓〔殮〕
敛〔斂〕
脸〔臉〕
裣〔襝〕
睑〔瞼〕
签〔簽〕
潋〔瀲〕
蔹〔蘞〕

乔

侨〔僑〕
挢〔撟〕
荞〔蕎〕
峤〔嶠〕
骄〔驕〕
娇〔嬌〕
桥〔橋〕
轿〔轎〕
硚〔礄〕
矫〔矯〕
鞒〔鞽〕

亲

榇〔櫬〕

穷

䓖〔藭〕

区

讴〔謳〕
伛〔傴〕
沤〔漚〕
怄〔慪〕
抠〔摳〕
奁〔奩〕
呕〔嘔〕
岖〔嶇〕
妪〔嫗〕
驱〔驅〕
枢〔樞〕
瓯〔甌〕
欧〔歐〕
殴〔毆〕
鸥〔鷗〕
眍〔瞘〕
躯〔軀〕

啬

蔷〔薔〕
墙〔墻〕
嫱〔嬙〕
樯〔檣〕
穑〔穡〕

杀

铩〔鎩〕

审

谉〔讅〕
婶〔嬸〕

圣

柽〔檉〕
蛏〔蟶〕

师

浉〔溮〕
狮〔獅〕
蛳〔螄〕
筛〔篩〕

时

埘〔塒〕
莳〔蒔〕
鲥〔鰣〕

寿
俦〔儔〕
涛〔濤〕
祷〔禱〕
焘〔燾〕
畴〔疇〕
铸〔鑄〕
筹〔籌〕
踌〔躊〕
属
嘱〔囑〕
瞩〔矚〕
双
扨〔㩳〕
肃
萧〔蕭〕
啸〔嘯〕
潇〔瀟〕
箫〔簫〕
蟏〔蠨〕
岁
刿〔劌〕
哕〔噦〕
秽〔穢〕
孙
荪〔蓀〕
狲〔猻〕
逊〔遜〕
条
涤〔滌〕
绦〔縧〕
鲦〔鰷〕
万
厉〔厲〕
迈〔邁〕
励〔勵〕
疠〔癘〕
虿〔蠆〕
趸〔躉〕
砺〔礪〕
粝〔糲〕
蛎〔蠣〕
为
伪〔僞〕
沩〔潙〕
妫〔嬀〕
韦
讳〔諱〕
伟〔偉〕
闱〔闈〕
违〔違〕
苇〔葦〕
韧〔韌〕
帏〔幃〕
围〔圍〕
纬〔緯〕
炜〔煒〕
祎〔禕〕
玮〔瑋〕
韨〔韍〕
涠〔潿〕
韩〔韓〕
韫〔韞〕
韪〔韙〕
韬〔韜〕
乌
邬〔鄔〕
坞〔塢〕
呜〔嗚〕
钨〔鎢〕
无
怃〔憮〕
庑〔廡〕
抚〔撫〕
芜〔蕪〕
呒〔嘸〕
妩〔嫵〕
献
谳〔讞〕
乡
芗〔薌〕
飨〔饗〕
写
泻〔瀉〕
寻
浔〔潯〕
荨〔蕁〕
挦〔撏〕
鲟〔鱘〕
亚
垩〔堊〕
垭〔埡〕
挜〔掗〕
哑〔啞〕
娅〔婭〕
恶〔惡〕
〔噁〕
氩〔氬〕
壶〔壺〕
严
俨〔儼〕
酽〔釅〕
厌
恹〔懨〕
厣〔厴〕
靥〔靨〕
餍〔饜〕
魇〔魘〕
黡〔黶〕
尧
侥〔僥〕
浇〔澆〕
挠〔撓〕
荛〔蕘〕
峣〔嶢〕
哓〔嘵〕
娆〔嬈〕
骁〔驍〕
绕〔繞〕
饶〔饒〕
烧〔燒〕
桡〔橈〕
晓〔曉〕
硗〔磽〕
铙〔鐃〕
翘〔翹〕
蛲〔蟯〕
跷〔蹺〕
业
邺〔鄴〕
页
顶〔頂〕
顷〔頃〕
项〔項〕
顸〔頇〕
顺〔順〕
须〔須〕
颃〔頏〕
烦〔煩〕
顼〔頊〕
顽〔頑〕
顿〔頓〕
颀〔頎〕
颁〔頒〕
颂〔頌〕
倾〔傾〕
预〔預〕
庼〔廎〕
硕〔碩〕
颅〔顱〕
领〔領〕
颈〔頸〕
颇〔頗〕
颏〔頦〕
颊〔頰〕
颉〔頡〕
颍〔潁〕
颌〔頜〕
颋〔頲〕
滪〔澦〕
颐〔頤〕
蓣〔蕷〕
频〔頻〕
颓〔頽〕
颔〔頷〕
颖〔穎〕
颗〔顆〕
额〔額〕
颜〔顔〕
撷〔擷〕
题〔題〕
颙〔顒〕
颛〔顓〕
缬〔纈〕
濒〔瀕〕
颠〔顛〕
颟〔顢〕
颞〔顳〕
颡〔顙〕
嚣〔囂〕
颢〔顥〕
颤〔顫〕
巅〔巔〕
颥〔顬〕
癫〔癲〕
灏〔灝〕
颦〔顰〕
颧〔顴〕
义
议〔議〕
仪〔儀〕
蚁〔蟻〕
艺
呓〔囈〕
阴
荫〔蔭〕
隐
瘾〔癮〕
犹
莸〔蕕〕
鱼
鱽〔魛〕
渔〔漁〕
鲂〔魴〕
鱿〔魷〕
鲁〔魯〕
鲎〔鱟〕
蓟〔薊〕
鲆〔鮃〕
鲏〔鮍〕
鲅〔鮁〕
鲈〔鱸〕
鲇〔鮎〕
鲊〔鮓〕
䲟〔鮣〕
稣〔穌〕
鲋〔鮒〕
鲍〔鮑〕
鲐〔鮐〕
鲞〔鯗〕
鲝〔鮺〕
鲚〔鱭〕

鲛（鮫）
鲜（鮮）
鲑（鮭）
鲒（鮚）
鲔（鮪）
鲟（鱘）
鲗（鰂）
鲖（鮦）
鲙（鱠）
鲨（鯊）
噜（嚕）
鲡（鱺）
鲠（鯁）
鲢（鰱）
鲫（鯽）
鲥（鰣）
鲩（鯇）
鲣（鰹）
鲤（鯉）
鲦（鰷）
鲧（鯀）
橹（櫓）
氇（氌）
鲸（鯨）
鲭（鯖）
鲮（鯪）
鲰（鯫）
鲲（鯤）
鲻（鯔）
鲳（鯧）
鲱（鯡）
鲵（鯢）
鲷（鯛）
鲶（鯰）
藓（蘚）
䲡（鰌）
䲠（鰆）
鲿（鱨）
鳊（鯿）
鲽（鰈）
鳁（鰛）
鳃（鰓）
鳄（鰐）
镥（鑥）
鳅（鰍）
鳆（鰒）
鳇（鰉）
鳌（鰲）
[illegible]
䲢（鰧）
鳒（鰜）
鳍（鰭）
鳎（鰨）
鳏（鰥）
鳑（鰟）
癣（癬）
鳖（鱉）
鳙（鱅）
鳛（鰼）
鳕（鱈）
鳔（鰾）
鳓（鰳）
鳘（鰵）
鳗（鰻）
鳝（鱔）
鳟（鱒）
鳞（鱗）
鳜（鱖）
鳣（鱣）
鳢（鱧）

与

屿（嶼）
欤（歟）

云

芸（蕓）
昙（曇）
叆（靉）
叇（靆）

郑

掷（擲）
踯（躑）

执

垫（墊）
挚（摯）
贽（贄）
鸷（鷙）
蛰（蟄）
絷（縶）

质

锧（鑕）
踬（躓）

专

传（傳）
抟（摶）
转（轉）
䏝（膞）
砖（磚）
啭（囀）

讠

计（計）
订（訂）
讣（訃）
讥（譏）
议（議）
讨（討）
讧（訌）
讦（訐）
记（記）
讯（訊）
讪（訕）
训（訓）
讫（訖）
访（訪）
讶（訝）
讳（諱）
讵（詎）
讴（謳）
诀（訣）
讷（訥）
设（設）
讽（諷）
讹（訛）
䜣（訢）
许（許）
论（論）
讼（訟）
讻（訩）
诂（詁）
诃（訶）
评（評）
诏（詔）
词（詞）
译（譯）
诎（詘）
诇（詗）
诅（詛）
识（識）
诌（謅）
诋（詆）
诉（訴）
诈（詐）
诊（診）
诒（詒）
诨（諢）
该（該）
详（詳）
诧（詫）
诓（誆）
诖（詿）
诘（詰）
诙（詼）
试（試）
诗（詩）
诩（詡）
诤（諍）
诠（詮）
诛（誅）
诔（誄）
诟（詬）
诣（詣）
话（話）
诡（詭）
询（詢）
诚（誠）
诞（誕）
浒（滸）
诮（誚）
说（說）
诫（誡）
诬（誣）
语（語）
诵（誦）
罚（罰）
误（誤）
诰（誥）
诳（誑）
诱（誘）
诲（誨）
诶（誒）
狱（獄）
谊（誼）
谅（諒）
谈（談）
谆（諄）
谉（譒）
谇（誶）
请（請）
诺（諾）
诸（諸）
读（讀）
诼（諑）
诹（諏）
课（課）
诽（誹）
诿（諉）
谁（誰）
谀（諛）
调（調）
谄（諂）
谂（諗）
谛（諦）
谙（諳）
谜（謎）
谚（諺）
谝（諞）
谘（諮）
谌（諶）
谎（謊）
谋（謀）
谍（諜）
谐（諧）
谏（諫）
谞（諝）
谑（謔）
谒（謁）
谔（諤）
谓（謂）
谖（諼）
谕（諭）
谥（謚）

谤〔謗〕	饭〔飯〕	馏〔餾〕	级〔級〕	绉〔縐〕	绪〔緒〕
谦〔謙〕	饮〔飲〕	馑〔饉〕	纺〔紡〕	绐〔紿〕	续〔續〕
谧〔謐〕	饫〔飫〕	馒〔饅〕	纹〔紋〕	哟〔喲〕	绮〔綺〕
谟〔謨〕	饩〔餼〕	馓〔饊〕	纬〔緯〕	绖〔絰〕	缀〔綴〕
谠〔讜〕	饪〔飪〕	馔〔饌〕	纭〔紜〕	荮〔葤〕	绿〔緑〕
谡〔謖〕	饬〔飭〕	馕〔饢〕	纯〔純〕	荭〔葒〕	绰〔綽〕
谢〔謝〕	饲〔飼〕	**𠃓**	纰〔紕〕	绞〔絞〕	绲〔緄〕
谣〔謠〕	饯〔餞〕	汤〔湯〕	纽〔紐〕	统〔統〕	绳〔繩〕
储〔儲〕	饰〔飾〕	扬〔揚〕	纳〔納〕	绒〔絨〕	绯〔緋〕
谪〔謫〕	饱〔飽〕	场〔場〕	纲〔綱〕	绕〔繞〕	绶〔綬〕
谫〔譾〕	饴〔飴〕	旸〔暘〕	纱〔紗〕	绔〔絝〕	绸〔綢〕
谨〔謹〕	饳〔飿〕	饧〔餳〕	纴〔紝〕	结〔結〕	绷〔綳〕
谬〔謬〕	饸〔餄〕	炀〔煬〕	纷〔紛〕	绗〔絎〕	绺〔綹〕
谩〔謾〕	饷〔餉〕	杨〔楊〕	纶〔綸〕	给〔給〕	维〔維〕
谱〔譜〕	饺〔餃〕	肠〔腸〕	纸〔紙〕	绘〔繪〕	绵〔綿〕
谮〔譖〕	饻〔餏〕	疡〔瘍〕	纵〔縱〕	绝〔絶〕	缁〔緇〕
谭〔譚〕	饼〔餅〕	砀〔碭〕	纾〔紓〕	绛〔絳〕	缔〔締〕
谰〔讕〕	饵〔餌〕	畅〔暢〕	纼〔紖〕	络〔絡〕	编〔編〕
谲〔譎〕	饶〔饒〕	钖〔鍚〕	咝〔噝〕	绚〔絢〕	缕〔縷〕
谯〔譙〕	蚀〔蝕〕	殇〔殤〕	绊〔絆〕	绑〔綁〕	缃〔緗〕
蔼〔藹〕	饹〔餎〕	荡〔蕩〕	线〔綫〕	莼〔蒓〕	缂〔緙〕
槠〔櫧〕	饽〔餑〕	烫〔燙〕	绀〔紺〕	绠〔綆〕	缅〔緬〕
谴〔譴〕	馁〔餒〕	觞〔觴〕	绁〔紲〕	绨〔綈〕	缘〔緣〕
谵〔譫〕	饿〔餓〕	**纟**	绂〔紱〕	绡〔綃〕	缉〔緝〕
谳〔讞〕	馆〔館〕	丝〔絲〕	绋〔紼〕	绢〔絹〕	缇〔緹〕
辩〔辯〕	馄〔餛〕	纠〔糾〕	绎〔繹〕	绣〔綉〕	缈〔緲〕
䜩〔讌〕	馃〔餜〕	纩〔纊〕	经〔經〕	绥〔綏〕	缗〔緡〕
雠〔讎〕①	馅〔餡〕	纡〔紆〕	绍〔紹〕	绦〔縧〕	缊〔緼〕
谶〔讖〕	馉〔餶〕	纣〔紂〕	组〔組〕	鸶〔鷥〕	缌〔緦〕
霭〔靄〕	馇〔餷〕	红〔紅〕	细〔細〕	综〔綜〕	缆〔纜〕
饣	馈〔饋〕	纪〔紀〕	䌷〔紬〕	绽〔綻〕	缓〔緩〕
饥〔饑〕	馊〔餿〕	纫〔紉〕	绅〔紳〕	绾〔綰〕	缄〔緘〕
饦〔飥〕	馐〔饈〕	纥〔紇〕	织〔織〕	绻〔綣〕	缑〔緱〕
饧〔餳〕	馍〔饃〕	约〔約〕	绌〔絀〕	绩〔績〕	缒〔縋〕
饨〔飩〕	馎〔餺〕	纨〔紈〕	终〔終〕	绫〔綾〕	缎〔緞〕

① 雠：用于校雠、雠定、仇雠等。表示仇恨、仇敌义时用仇。

辔〔轡〕
缞〔縗〕
缤〔繽〕
缟〔縞〕
缣〔縑〕
缢〔縊〕
缚〔縛〕
缙〔縉〕
缛〔縟〕
缜〔縝〕
缝〔縫〕
缡〔縭〕
潍〔濰〕
缩〔縮〕
缥〔縹〕
缪〔繆〕
缦〔縵〕
缨〔纓〕
缫〔繅〕
缧〔縲〕
蕴〔藴〕
缮〔繕〕
缯〔繒〕
缬〔纈〕
缭〔繚〕
橼〔櫞〕
缰〔繮〕
缳〔繯〕
缲〔繰〕
缱〔繾〕
缴〔繳〕
辫〔辮〕
缵〔纘〕

収

坚〔堅〕
贤〔賢〕
肾〔腎〕
竖〔豎〕
悭〔慳〕
紧〔緊〕
铿〔鏗〕
鲣〔鰹〕

𫇦

劳〔勞〕
茕〔煢〕
茔〔塋〕
荧〔熒〕
荣〔榮〕
荥〔滎〕
荦〔犖〕
涝〔澇〕
崂〔嶗〕
莹〔瑩〕
捞〔撈〕
唠〔嘮〕
莺〔鶯〕
萤〔螢〕
营〔營〕
萦〔縈〕
痨〔癆〕
嵘〔嶸〕
铹〔鐒〕
耢〔耮〕
蝾〔蠑〕

𫇭

览〔覽〕
揽〔攬〕
缆〔纜〕
榄〔欖〕
鉴〔鑒〕

只

识〔識〕
帜〔幟〕
织〔織〕
炽〔熾〕
职〔職〕

钅

钆〔釓〕
钇〔釔〕
钌〔釕〕
钋〔釙〕
钉〔釘〕
针〔針〕
钊〔釗〕
钗〔釵〕
钎〔釬〕
钓〔釣〕
钏〔釧〕
钍〔釷〕
钐〔釤〕
钒〔釩〕
钖〔鍚〕
钕〔釹〕
钔〔鍆〕
钬〔鈥〕
钫〔鈁〕
钚〔鈈〕
钘〔鈃〕
钪〔鈧〕
钯〔鈀〕
钭〔鈄〕
钙〔鈣〕
钝〔鈍〕
钛〔鈦〕
钘〔鈃〕
钮〔鈕〕
钞〔鈔〕
钢〔鋼〕
钠〔鈉〕
钡〔鋇〕
钤〔鈐〕
钧〔鈞〕
钩〔鈎〕
钦〔欽〕
钨〔鎢〕
铋〔鉍〕
钰〔鈺〕
钱〔錢〕
钲〔鉦〕
钳〔鉗〕
钴〔鈷〕
钺〔鉞〕
钵〔鉢〕
钹〔鈸〕
钼〔鉬〕
钾〔鉀〕
铀〔鈾〕
钿〔鈿〕
铎〔鐸〕
䥽〔鏺〕
铃〔鈴〕
铅〔鉛〕
铂〔鉑〕
铄〔鑠〕
铆〔鉚〕
铍〔鈹〕
钶〔鈳〕
铊〔鉈〕
钽〔鉭〕
铌〔鈮〕
钷〔鉕〕
铈〔鈰〕
铉〔鉉〕
铒〔鉺〕
铑〔銠〕
铕〔銪〕
铟〔銦〕
铷〔銣〕
铯〔銫〕
铥〔銩〕
铪〔鉿〕
铞〔銱〕
铫〔銚〕
铵〔銨〕
衔〔銜〕
铲〔鏟〕
铰〔鉸〕
铳〔銃〕
铱〔銥〕
铓〔鋩〕
铗〔鋏〕
铐〔銬〕
铏〔鉶〕
铙〔鐃〕
银〔銀〕
铛〔鐺〕
铜〔銅〕
铝〔鋁〕
铡〔鍘〕
铠〔鎧〕
铨〔銓〕
铢〔銖〕
铣〔銑〕
铤〔鋌〕
铭〔銘〕
铬〔鉻〕
铮〔錚〕
铧〔鏵〕
铩〔鎩〕
揿〔撳〕
锌〔鋅〕
锐〔鋭〕
锑〔銻〕
锒〔鋃〕
铺〔鋪〕
铸〔鑄〕
嵚〔嶔〕
锓〔鋟〕
锃〔鋥〕
链〔鏈〕
铿〔鏗〕
锏〔鐧〕
销〔銷〕
锁〔鎖〕
锄〔鋤〕
锅〔鍋〕
锉〔銼〕
锈〔銹〕
锋〔鋒〕
锆〔鋯〕
铹〔鐒〕
锔〔鋦〕
锕〔錒〕
锎〔鐦〕
铽〔鋱〕
铼〔錸〕
锇〔鋨〕
锂〔鋰〕
锧〔鑕〕
锘〔鍩〕
锞〔錁〕
锭〔錠〕
锗〔鍺〕
锝〔鍀〕
锫〔錇〕
错〔錯〕
锚〔錨〕
锛〔錛〕
锯〔鋸〕
锰〔錳〕
锢〔錮〕
锟〔錕〕
锡〔錫〕

锣〔鑼〕	锸〔鍤〕	镗〔鏜〕	镴〔鑞〕	箨〔籜〕	娈〔孌〕
锤〔錘〕	锼〔鎪〕	锗〔鍺〕	镶〔鑲〕	**𢀖**	恋〔戀〕
锥〔錐〕	镎〔鎿〕	镘〔鏝〕	⿰钅矍〔钁〕	劲〔勁〕	栾〔欒〕
锦〔錦〕	镓〔鎵〕	镩〔鑹〕	**⺍**	刭〔剄〕	挛〔攣〕
锨〔鍁〕	镋〔钂〕	镦〔鐓〕	峃〔嶨〕	陉〔陘〕	鸾〔鸞〕
锱〔錙〕	镔〔鑌〕	⿰钅善〔鐥〕	学〔學〕	泾〔涇〕	湾〔灣〕
键〔鍵〕	镒〔鎰〕	镨〔鐠〕	觉〔覺〕	茎〔莖〕	蛮〔蠻〕
镀〔鍍〕	⿰钅扁〔鍽〕	镧〔鑭〕	搅〔攪〕	径〔徑〕	脔〔臠〕
镃〔鎡〕	镑〔鎊〕	镥〔鑥〕	喾〔嚳〕	经〔經〕	滦〔灤〕
镁〔鎂〕	镐〔鎬〕	镤〔鏷〕	鲎〔鱟〕	烃〔烴〕	銮〔鑾〕
镂〔鏤〕	镉〔鎘〕	镢〔鐝〕	黉〔黌〕	轻〔輕〕	**呙**
锲〔鍥〕	镊〔鑷〕	镣〔鐐〕	**𠬤**	氢〔氫〕	剐〔剮〕
锵〔鏘〕	镇〔鎮〕	镫〔鐙〕	译〔譯〕	胫〔脛〕	涡〔渦〕
锷〔鍔〕	镍〔鎳〕	镪〔鏹〕	泽〔澤〕	痉〔痙〕	埚〔堝〕
锶〔鍶〕	镌〔鎸〕	镰〔鐮〕	怿〔懌〕	羟〔羥〕	㖞〔喎〕
锴〔鍇〕	镏〔鎦〕	镱〔鐿〕	择〔擇〕	颈〔頸〕	莴〔萵〕
锾〔鍰〕	镜〔鏡〕	镭〔鐳〕	峄〔嶧〕	巯〔巰〕	娲〔媧〕
锹〔鍬〕	镝〔鏑〕	镬〔鑊〕	绎〔繹〕	**亦**	祸〔禍〕
锿〔鎄〕	镛〔鏞〕	镮〔鐶〕	驿〔驛〕	变〔變〕	脶〔腡〕
镅〔鎇〕	镞〔鏃〕	镯〔鐲〕	铎〔鐸〕	弯〔彎〕	窝〔窩〕
镄〔鐨〕	镖〔鏢〕	镲〔鑔〕	萚〔蘀〕	孪〔孿〕	锅〔鍋〕
锻〔鍛〕	镚〔鏰〕	镳〔鑣〕	释〔釋〕	峦〔巒〕	蜗〔蝸〕

【附录 2-4-5 完】

（二）使用《简化字总表》时的注意事项

（1）第一表中的字出现在某字中作偏旁时，不可类推简化。如“兒”简化为“儿”，但“倪”不可类推简化为“仉”；“開”简化为“开”，但“鐦”不可类推简化为“钘”；“僕”简化为“仆”，但“濮”不可简化为“汴”；“習”简化为“习”，但“褶”不可简化为“衩”；“壯”简化为“壮”，但“奘”不可简化为“奘”；“幹”简化为“干”，但“擀”不可简化为“扞”。

（2）第一表中的繁体字不能再应用第二表中的简化字或简化偏旁作类推简化。如“瘺”已经简化为“疖”，就不能再简化为“疠”；“廬”“蘆”已经简化为“庐”“芦”，就不能再简化为“庐”“芦”；“瀋”已经简化为“沈”，就不能再简化为“沛”；“颱”已经简化为“台”，就不能再简化为“飑”；“戰”已经简化为“战”，就不能再简化为“戦”；“誇”已经简化为“夸”，就不能再简化为“诗”。同样，第二表中的繁体字也不能再应用第二表中的简化偏旁作类推简化。如“過”已经简化为“过”，就不能再简化为“过”。

（3）简化字中的偏旁不可类推。如“墮”简化为“堕”，但“隳”不能简化为“隳”；“療”简化为“疗”，但“僚”不可简化为“仃”；“惱”“腦”简化为“恼”“脑”，但“瑙”不可简化为“瑙”；“讓”简化为“让”，但“壤”不可简化为“圵”；“陽”简化为“阳”，但“楊”不可简化为“相”；“憶”简化为“忆”，但“臆”不可简化为“肊”；“躍”简化为“跃”，但“耀”不可简化为“炋”。

（4）表中的脚注应该认真掌握。《简化字总表》共有56条脚注，一类是具体描述其规范字形的，一类是具体注明如何正确使用的。其中有些字的某个义项还要使用繁体字形，如“藉”字，“藉口”“凭藉”的“藉”简化为“借”，但“慰藉”“狼藉”的“藉”不能写成“借”。我们在使用时要特别注意。

（5）第三表虽然列出了1753个简化字，但并不是穷尽性的。它的收字范围，基本上以1962年第三版《新华字典》为标准。《〈简化字总表〉说明》云：“未收入第三表的字，凡用第二表的简化字或简化偏旁作为偏旁的，一般应该同样简化。”这一原则运用于手写是方便的，但若运用于计算机中文信息处理方面，则会使汉字数量大增而不利于处理。所以我认为，在印刷方面，这一类推原则应该有一定的限制。比如，可以将它限定在GB 13000.1《通用多八位编码字符集》的范围内。至于一些偶尔使用的字，完全可以借用字库中已有的繁体字来取代，而不必全部进行类推简化。这样做，其实也没有违反《〈简化字总表〉说明》的规定，因为其所谓的“一般应该”，并不是一种强制性规则。《现代汉语词典》将一些被淘汰的异体字作了类推简化（见上文），超出了一般字符集的范围，所以给计算机的处理带来了很大的麻烦，这种做法并不得当。《通用规范汉字表》对社会上出现的在《简化字总表》和《现代汉语通用字表》之外的类推简化字进行了严格甄别，仅收录了符合该表收字原则且已在社会语言生活中广泛使用的“闫、铊、颍”等226个简化字，这种谨慎的做法无疑应该坚持。

（6）1986年国家语委重新发表《简化字总表》时，对原表个别字作了调整，即：“叠”“覆”“像”不再简化为“迭”“复”“象”而用原字；“囉”不再简化为“罗”而简化为“啰”；“瞭”读liǎo（了解）时仍然简化为“了”，读liào（瞭望）时用“瞭”而不简化为“了”。据此，则“重叠”就不能写作

“重迭”,“颠覆”就不能写作“颠复”,“好像”就不能再写作“好象”,“啰唆”就不能再写作“罗唆”,“瞭望”就不能再写作“了望”。对那些已习惯于使用原表的人来说，这一点尤其值得重视。

不过，该用“迭”“复”“象”的时候还是应该用“迭”“复”“象”而不应该用“叠”“覆”“像”。例如,《现代汉语词典》1978 年第 1 版和 1983 年第 2 版都只收录“想象”一词而没有“想像”，但其 1996 年修订第 3 版却不但收录了“想像”，而且还把“想像”作为正条，把“想象”列为副条，于是社会上很多人以为“想象”的写法错了而只用“想像”，这其实是误解了 1986 年调整《简化字总表》的意图。诚然，“想象”的“象”是由大象的“象”虚化而来的，指形象而不是指肖像，“想象”是指想出事物的具体形象，所以应该用“象”。关于这一点，在先秦时期的典籍《韩非子·解老》中就有明确的阐述，其言云：“人希见生象也，而得死象之骨，案其图以想其生也，故诸人之所以意想者皆谓之‘象’也。”其意为：人们很少见到活的大象，但能见到死象的骨骼，于是就按照这骨骼的样子来想象那活象的样子，所以人们靠主观意识想象出来的东西都叫作“象”。由此可见，想象之“象”实在不应该写作“像”。对于这一问题，2004 年出版的《现代汉语规范词典》就处理得比较好，它一方面把“想象”列为正条加以解释，同时列出“想像”，并在其后说明：“全国科学技术名词审定委员会和国家语言文字工作委员会已确定‘想象’为推荐词形。”

当然,“象”和“像”以及“相”(xiàng) 在平时使用中本来就容易相混，特别是在图形、形状这一义项上。为了帮助读者正确使用这三个字，现根据汉字简化以前的使用习惯，并参考有关辞书，将这三个字在易混义项上的分工，用列举例词的方式表述如下：

象

形状，样子：～外／～征（徵）／表～／抽～／观～／旱～／幻～／迹～／假～／景～／脉～／气～／天～／万～／物～／现～／想～／星～／形～／血～／意～／印～／映～／脏～（中医名词）／征（徵）～／浑～仪／磁～仪／日～仪。

像

①形象，图形：～片（＝相片）／～章／雕～／佛～／画～／蜡～／录～／偶～／群～／人～／摄～／神～／实～／塑～／铜～／头～／图～／肖～／

绣～／虚～／遗～／音～／影～／造～／录～机／显～管／标准～。

②相似：好～／活～／相～／四不～／～那么回事／～煞有介事／儿子～父亲／～是在哪里见过／～亲闺女一样。

③比方，如同：～小李这样的人才真难得／他真胆小，～小狗、小猫这样的动物都怕／～圆明园这样的地方，可以定为爱国主义教育场所。

相

样子、容貌：～貌／～片（＝像片）／扮～／本～／亮～／露～／面～／破～／色～／喜～／形～（指外貌，≠形象）／凶～／洋～／月～／站～／长～／照～／装～／金～学／可怜～／狼狈～／穷酸～／众生～。

（7）2013年国务院公布的《通用规范汉字表》对《简化字总表》有所调整。现将其调整之处分述于下，以便读者更好地使用《简化字总表》。特别是下面的第一种、第二种，我们应该遵照这新规范来用字而不能再因循守旧。

①某些繁体字被《通用规范汉字表》调整为异体字而遭淘汰，所以其对应的简化字也被淘汰而不能再使用了。属于此类的有第一表的“硷〔鹼〕”（调整为“碱”的异体字）和第三表的“鳝〔鱔〕”［调整为“鳅（鰍）”的异体字］、“谳〔讌〕”（调整为“宴”的异体字）、“绌〔紬〕”（调整为“绸”的异体字）。

②某些繁体字有了新增的对应简化字，所以不能再按照《简化字总表》作简单的简化。属于此类的有第一表的“蘋”和第三表的“噁”。第一表列有“苹〔蘋〕”一组，《通用规范汉字表》除收录此条外，又列有“蘋（蘋）”一条，加注曰：“蘋：用于表示植物名时简化作‘蘋’（参见本表序号7841），不简化作‘苹’。”因此，以后表示植物名时，“蘋”应该类推简化为“蘋”，而不能按照《简化字总表》简化为“苹”。第三表“亚”字的类推简化字列有“恶〔惡〕〔噁〕”一组，《通用规范汉字表》除收录此条外，又列有“噁（噁）”一条，加注曰：“噁：化学名词用字，读è，如‘二噁英’等。”因此，以后遇到化学名词用字，“噁”应该类推简化为“噁”，而不能按照《简化字总表》简化为“恶”。

③《通用规范汉字表》在某些具有多个对应繁体字的简化字后增补了其对应的繁体字。属于此类的有第一表的“坝”和第三表的“饥”，即“坝〔壩〕”改成了“坝〔垻〕〔壩〕”，“饥〔饑〕”改成了“饥〔飢〕〔饑〕”。这种调整有助于我们了解简化字的内涵，并不会造成简化字使用方面的失误。

④《简化字总表》第二表“宁〔寧〕”条有注云：“作门屏之间解的宁

（古字罕用）读 zhù（柱）。为避免此宁字与寧的简化字混淆，原读 zhù 的宁作㝉。”但该表尚未将“㝉”列为可作简化偏旁用的简化字。《现代汉语通用字表》则据此将“㝉”作为可作简化偏旁用的简化字来使用，所以有了新增的类推简化字“苎”“纻”。《通用规范汉字表》继承了这种做法，所以又有了“𬣙”。这种对《简化字总表》规定的延伸运用必须引起我们的重视。特别是“苎”（苧），如果不类推简化，就会和新增的类推简化字“苧”（薴）相混淆。

⑤第三表有 27 组简繁字未能进入《通用规范汉字表》，它们是：䅉〔穲〕、䞍〔䝼〕、㱮〔殨〕、䙌〔襀〕、㳠〔澾〕、㧐〔㨫〕、唡〔啢〕、䦶〔䦛〕、䦷〔闀〕、鹥〔鷖〕、挢〔撟〕、谉〔讅〕、挜〔掗〕、鲙〔鱠〕、鳆〔鰒〕、[illegible]〔[illegible]〕、诶〔誒〕、谘〔諮〕、饦〔飥〕、馎〔餺〕、铘〔鋣〕、钶〔鈳〕、铊〔鉈〕、𫔵〔鍽〕、镨〔鐠〕、镬〔鑊〕、㖞〔喎〕。这一方面是因为某些字被淘汰了，如“唡〔啢〕”（参见本节第五部分“部分计量单位名称的书写规范”），但另一方面也有可能是由于使用度的关系造成的，而并非这些字不能用了。

⑥《通用规范汉字表》除了收录《现代汉语通用字表》新增的 116 个类推简化字，又增录了新的类推简化字 226 个。这样，该表就有 342 个类推简化字是《简化字总表》中所没有的。由于该表按照规范字常用程度和笔画序来排列，所以这些字的出现显得分散零落而不便于学习。为了帮助读者学习，现参照《简化字总表》第三表的编排方法编成表 2-4-2 作为《简化字总表》的补充。其编排体例是：以第二表中的简化字和简化偏旁作部首而另增“㝉”，按第二表的顺序排列。凡字内兼有第二表之简化字和简化偏旁的，除了“6276 鲼（鱝）”归入“鱼”而不归入“贝”“7661 礳（礳）”归入“𠂉”而不归入“见”之外，均归入位于前面的简化字部首而不在后面重出。同一部首中的简化字，按规范字的序号排列以便了解其在原表中的位置。《通用规范汉字表》新增的 226 个类推简化字，在字组后标以“*”；其中按照《简化字总表》第一表类推简化的“垴”作为例外附于最后。

表2-4-2　《简化字总表》之外的类推简化规范字

贝	6629 屃（屓）	7370 赑（贔）	7602 䙌（襀）*	7889 鲹（鰺）
4862 赇（賕）	6932 勚（勩）*	7425 𬇹（濆）*	8005 酂（酇）*	**长**
6153 赟（贇）	6981 赀（貲）*	7541 篑（簣）*	**参**	3669 苌（萇）
6616 𬇙（浿）*	7260 𬯎（隤）*	7543 筼（篔）	6434 黪（黲）*	6846 𫓨（鋹）*

车

4771 梿（槤）*
6585 轪（軑）
6586 轫（軏）*
6670 轵（軝）*
6815 轵（軹）
6976 铫（軺）*
6977 辆（輌）
6978 辁（輇）
6991 晖（暉）
6999 辇（輦）*
7252 裈（褌）
7343 锐（輗）*
7344 辌（輬）
7511 辒（輼）
7512 辎（輶）*
7513 辏（輮）*
7854 辚（轔）*

齿

7153 龁（齕）
7346 龂（齗）*
7347 龄（齡）*
7855 龄（齮）*
7856 龅（齯）*
8079 龊（齰）*

从

4311 疭（瘲）

达

5453 跶（躂）
6768 垯（墶）
6785 荙（薘）
7146 跶（躂）*
7180 钛（鐽）*

带

7361 嵽（嵽）*
7772 蝃（蝃）*

单

5977 觯（觶）
7019 僤（僤）*
7114 墠（墠）*
7168 啴（嘽）
7423 燀（燀）*
7508 磾（磾）*
7891 弹（彈）

当

4101 垱（壋）
4404 珰（璫）
7389 筜（簹）

党

7650 欓（欓）*

东

7166 蛛（蝀）*

尔

6713 猕（獼）

发

7079 襏（襏）
7336 酦（醱）

风

4293 飑（颮）
6607 飏（颺）*
6872 飐（颭）

国

7234 㳇（漍）*

夹

6959 挟（梜）*

戋

6623 诐（諓）*
7878 篯（籛）*

见

6538 俔（俔）*
6672 晛（晛）*
6820 睍（睍）*
7983 鷽（鷽）

将

7968 螀（螿）

来

6854 俫（倈）*
7138 梾（棶）
7765 憗（憗）

乐

5137 跞（躒）
6761 玏（瓅）*

离

5384 蓠（蘺）

历

6594 呖（嚦）*

两

6951 蒗（蒗）*
7622 瑀（瑀）*

龙

4493 眬（矓）

娄

7299 嵝（嶁）*
7557 膢（膢）*

卢

7006 鸬（鑪）*

仑

6564 埨（埨）*
6848 锐（錀）*

马

6024 骣（驏）
6582 杩（榪）*
6624 祃（禡）
6639 驲（馹）*
6640 驳（駁）*
6643 驶（駛）*
6747 骈（駓）*
6749 驷（駉）*
6752 驱（駬）*
6918 骃（駰）*
6920 骁（驍）*
6924 骉（驫）*
7093 骀（駘）*
7096 骍（騂）
7275 骓（騅）*
7276 骑（騎）*
7280 骕（驌）*
7281 骒（騍）*
7456 骕（驌）*
7457 骒（騠）*
7460 骙（騤）
7617 骠（驃）*
7618 骙（騱）*
7831 骕（驎）*
8072 骦（驦）*

麦

7373 麸（麩）*
7748 麯（麴）*

门

3762 闳（閎）
4631 闾（閭）*
4945 阇（闍）
6546 闫（閆）*
6609 闶（閌）
6791 閅（閅）*
7421 闦（闓）*
7579 阘（闒）
7580 阑（闌）*
7972 谰（讕）

黾

6995 鄳（鄳）*

鸟

6339 鹮（鸌）
6733 鸤（鳲）
7327 鸩（鴆）
7334 鹄（鵠）*
7408 鸶（鷥）*
7518 鹎（鵯）*
7548 鹎（鵯）
7609 鹕（鶘）*
7654 鹛（鶥）*
7712 鹜（鶩）*
7761 鹝（鷊）
7798 鹞（鷂）
7805 鹟（鶲）
7810 鹡（鶺）*
7824 鹥（鷖）*
7894 鹥（鷖）*
7958 鹞（鷂）*
7987 鹠（鶹）*
7991 鹯（鸇）
8017 鹱（鸌）
8092 鹲（鸏）*

宁

6660 苧（薴）*

农

4891 秾（穠）
7503 酞（醲）*

齐

6739 脐（臍）*

岂

6737 硙（磑）*
7367 颉（顗）*

佥

6953 签（薟）
7000 崄（嶮）*

区

4004 炽（熾）*
6560 坨（堰）*
6630 弦（彄）*
7209 驱（驅）*

师

7701 鲕（鰤）*

寿

6996 畴（疇）
7135 梼（檮）*

岁

7366 翙（翽）

万

3537 劢（勱）
6547 𬇙（澫）*

为

6567 㧑（撝）*
6576 𫇭（蔿）*

韦

6613 𬇹（湋）*
6671 𬀩（暐）*
6903 袆（褘）

无

6612 𬇕（潕）*

献

7870 𪩘（巘）*
7918 𬍛（瓛）*

寻

6732 𬩽（鄩）*
6937 𬍤（璕）*
7053 𬊈（燖）*
8049 𫉁（蕁）*

亚

6958 桠（椏）*
7519 𫫇（噁）*

页

5218 媭（嬃）*
5246 颎（熲）*
5931 颚（顎）
6967 𬱖（頍）*
7161 𬱟（頔）*
7399 𬱿（顃）*
7405 𬱴（頠）*
7610 𬱶（頵）*
7841 𬞟（蘋）*

义

6861 舣（艤）

鱼

5236 鲀（魨）
5864 撸（擼）
6143 鲴（鯝）
6276 鲼（鱝）
6278 鳀（鯷）
6355 鳐（鰩）
7214 𫚉（魢）
7406 鲃（䰾）
7558 鲉（鮋）
7560 鲌（鮊）
7562 𬶋（鮈）*
7563 𬶍（鮀）*
7667 𫚔（鮆）*
7700 𫚖（鰤）*
7704 𬶏（鮨）*
7706 𫚕（鮡）*
7707 𬶐（鮠）*
7708 𬶑（鮟）*
7799 𫚘（鮸）*
7801 鲪（鮶）
7802 鲬（鯒）
7817 澛（瀂）*
7886 鲯（鯕）
7888 𫚝（䲝）
7961 𫚛（鯻）*
7962 鳊（鯿）
7963 𫚜（鰊）*
7966 鳂（鰃）
7967 鳈（鰁）
7974 𫚟（鱀）*
8042 𫚢（鰶）*
8043 𬶠（鱇）*
8044 鳚（鳚）
8062 𫚥（鱚）*
8082 鳠（鱯）*
8083 鳡（鱤）
8096 鳣（鱣）
8100 𫚭（鱲）*

与

3649 玙（璵）

云

6614 沄（澐）

质

7326 𬃊（櫍）*

宁

3676 苎（薴）
6551 𬤊（詝）*
6641 纻（紵）

讠

4052 诜（詵）
6520 𬣙（訏）*
6521 𬣞（訒）*
6628 诐（詖）
6730 𬤇（詷）*
6731 𬤉（詪）*
7249 𬤛（諲）*
7250 𬤝（諴）*
7254 𬤬（諟）*
7255 𬤭（謏）*
7737 𬤶（譓）*
7828 𬤻（譞）*

饣

7039 𫗧（餗）*
7569 馌（饁）
7890 𫗴（饘）*

𠃓

6558 玚（瑒）
7186 钖（鍚）
7241 𬍡（璗）*

纟

5031 绡（綃）*
6553 𬘓（紃）*
6638 𫄨（紘）*
6642 𬘘（紞）*
6750 𬘡（絅）*
6919 𬘩（絪）*
6921 𬘫（綎）*
6922 𬘬（綖）*
7094 𫄷（絺）*
7095 绤（綌）
7097 𬘯（綄）*
7273 𫄸（綪）*
7274 𬘰（綝）*
7277 绹（綯）
7278 𬘱（綡）*
7279 𬘲（綧）*
7459 𬘳（線）*
7746 𬘵（縯）*
7916 𫄻（繶）*
7979 𬘹（繻）*
7980 𬘺（纁）*
8030 𬙂（纆）*
8073 𬙊（纕）*

䒑

5390 蓥（鎣）
5570 滢（瀅）
6941 𪣻（塋）*
7132 䓨（罃）*
7427 𬇸（濴）*
7724 潆（瀠）

𫠠

7661 𬒔（礳）*

钅

4242 钣（鈑）
5178 铻（鋙）
5484 锜（錡）
5490 锩（錈）
6119 镠（鏐）
6245 镡（鐔）
6473 镵（鑱）
6688 钬（鈥）*
6844 铁（鉄）*
6845 钜（鉅）*
6847 𬬭（釿）*
7004 𬬱（鉥）*
7007 𬬸（鉮）*
7008 𬬻（鉊）*
7009 𬬹（鉧）*
7177 𬭁（銈）*
7178 𫓵（銾）*
7181 𬭄（鋮）*
7182 铘（鋣）
7183 铚（銍）
7375 𫓺（鉳）*
7376 𬭎（録）*
7378 𬭏（鋗）*
7379 锊（鋝）
7380 𬭐（鋶）*
7382 𬭑（鋐）*
7414 𫷷（廞）*
7528 锖（錆）
7529 𬭚（錤）*
7531 𫓹（鍈）*
7533 锪（鍃）
7534 𬭛（錞）*
7536 锬（錟）
7537 𬭜（𨫒）*
7678 𫓶（鎝）*
7679 锺（鍾）*
7681 锽（鍠）
7682 𬭤（鍭）*
7785 镆（鏌）
7786 镈（鎛）
7789 𬭩（鎓）*
7790 𫔍（鎔）*
7872 𫔎（鐟）*
7873 𬭭（鐄）*

7874 镦（鐓）*	7943 镂（鏻）*	⺍	𢀖	亦
7937 镥（鐥）*	7944 镈（鐏）*	7070 岩（礐）*	6744 娙（婭）*	5074 塆（壪）
7939 镙（鏍）*	7945 镒（鐩）*	7441 敩（斆）*	6745 迳（逕）*	（例外）
7940 镭（鐇）*	7946 镝（鐍）*		6972 硁（硜）	6776 垴（堖）*

（三）关于已废止的《第二次汉字简化方案（草案）》

汉字简化，对于书写、刻字以及计算机信息处理都有便利之处，但如果不断简化，导致汉字数量越来越多，反而会增加学习的负担。而且，字形不稳定，工具书、计算机的汉字库与汉字编码就得不断更新，这反而会造成人力、财力的浪费。所以，汉字不能不断地搞简化。为此，国务院在 1986 年 6 月 24 日批转国家语言文字工作委员会《关于废止〈第二次汉字简化方案（草案）〉和纠正社会用字混乱现象的请示》的通知中强调："1977 年 12 月 20 日发表的《第二次汉字简化方案（草案）》，自本通知下达之日起停止使用。今后，对汉字的简化应持谨慎态度，使汉字的形体在一个时期内保持相对稳定，以利于社会应用。"因此，二十多年来国家有关部门除了认可上述 342 个新的类推简化字之外，不再大搞汉字简化。

由于《第二次汉字简化方案（草案）》第一表试用过一段时期，为了便于大家阅读当时的某些印刷品，今参照《简化字总表》的体例将该表 248 个（"几""斗""苎"出现过两次，不重复计数，所以第一部分只计 172 个）简化字重新编排并附录于此。至于其第二表，因为没有试用，所以不再附录。

【附录 2-4-6】

1977 年 12 月 20 日发表试行
1986 年 6 月 24 日起废止

第二次汉字简化方案（草案）

第一表

一、不作简化偏旁用的简化字

（172 个）

A	炇〔爆〕	屏〔摒〕	**C**	芏〔藏〕
忕〔懊〕	芘〔蓖篦蔽〕	疒〔病〕	采〔彩〕	叉〔衩扠杈汊〕
B	㢢〔弊〕	抪〔播〕	芽〔菜蔡〕	
巴〔芭笆粑〕	坒〔壁〕	卩〔部〕	歺〔餐〕	扨〔撤〕
邦〔帮〕	扁〔萹藊稨〕		仓〔舱〕	𤰰〔瞅〕

叒〔矗〕
茐〔葱〕

D

荅〔答〕
旦〔蛋〕
弹〔弹〕
蹈〔蹈〕
秈〔稻〕
辺〔道〕
展〔殿〕
丁〔叮盯钉靪〕
苳〔董〕
恅〔懂〕
矸〔短〕
踨〔蹲〕
炖〔墩〕

E

弍〔贰〕

F

忿〔愤〕
孚〔孵〕
夫〔伕〕
実〔富〕
付〔副〕

G

杆〔秆竿〕
勾〔钩〕
叙〔罐〕
浂〔灌盥〕
桂〔鳜〕
果〔裹〕

H

荮〔薅〕
合〔盒〕
胡〔葫猢蝴糊〕
毁〔毁〕

J

笈〔籍〕
迠〔建〕
江〔豇〕
夅〔酱〕
交〔跤〕
茭〔椒〕
亍〔街〕
井〔阱〕
坢〔境〕
钘〔镜〕
艽〔韭〕[①]
氿〔酒〕
桔〔橘〕[②]
钬〔镢镬〕

K

忼〔慷〕
粇〔糠〕
告〔靠〕
欵〔款〕

L

兰〔蓝篮〕
泎〔澜滥〕
谰〔谰〕
忙〔懒〕
纟〔缆〕

叒〔磊〕
艻〔荔〕
玏〔璃〕
昜〔量〕
了〔潦〕[③]
仢〔僚〕
灯〔燎〕
宁〔寮寥〕
疒〔廖〕
砱〔磷〕
令〔龄〕
湽〔溜遛熘馏〕
虏〔掳〕

M

忛〔慢〕
毛〔帽〕
皃〔貌〕
炆〔煤〕
布〔幕〕

N

酟〔酿〕
乇〔虐〕

Q

汢〔漆〕
歧〔岐〕
吅〔器〕
仟〔谦〕
汘〔潜〕
欠〔歉〕
垟〔墙〕
劤〔勤〕

洰〔渠〕

R

吐〔嚷〕
圵〔壤〕
仈〔儒〕

S

茜〔赛〕
扇〔煽搧〕
上〔绱鞝〕
勺〔杓〕
钔〔输〕
夾〔爽〕
厶〔私〕
沶〔算〕

T

太〔泰〕
柦〔檀〕
粓〔糖〕
夳〔套〕
劵〔腾〕
仃〔停〕[④]

W

秇〔稳〕
午〔舞〕

X

希〔稀〕
息〔熄〕
盿〔瞎〕
钍〔镶〕
桷〔橡〕
肖〔萧〕
难〔鞋〕

仪〔信〕
厷〔雄〕
攸〔修〕
宀〔宣〕
疣〔癣〕
戏〔靴〕
彐〔雪〕

Y

闫〔阎〕
沱〔演〕
妖〔耀曜〕
忈〔意〕
肊〔臆〕
羽〔翼〕
迎〔迎〕
彤〔影〕
拥〔臃〕
沋〔游〕
忓〔愉〕
迂〔遇〕[⑤]
予〔预豫〕
元〔圆〕
厡〔原〕
沅〔源〕
纭〔缘〕

Z

赟〔赞〕
宔〔寨〕
帐〔账〕
钊〔辙〕
奎〔整〕
子〔籽〕

① 中药秦艽的艽仍读 jiāo。
② 中药桔梗的桔仍读 jié。
③ 潦草、潦倒的潦简作了，用作“雨水大”义读 lǎo 时改用涝。
④ 伶仃的仃仍读 dīng 。
⑤ 迂回的迂仍读 yū。

咀〔嘴〕[1]
坐〔座〕

双音词
毕几〔哔叽〕
斗拱〔枓栱〕
卡几〔咔叽〕
科斗〔蝌蚪〕
苎龙〔曚昽〕
〔朦胧〕
〔蒙眬〕
辟历〔霹雳〕
丘引〔蚯蚓〕

二、可作简化偏旁用的简化字

（21个）

B
畁〔鼻〕
C
宩〔察嚓〕
G
忎〔感〕
J
北〔冀〕
贝〔具〕
L
畄〔留〕
M
尸〔眉嵋〕
苎〔蒙〕
百〔面〕
N
市〔囊嚷〕
Q
专〔青〕
S
杀〔桑〕
尾〔属〕
T
坐〔堂〕
Y
昜〔易〕
妛〔婴〕
Z
尸〔展辗〕
真〔真〕
直〔直〕
卆〔卒〕
专〔尊〕

三、应用21个可作简化偏旁用的简化字类推出来的简化字

（55个）

畁
鼾〔鼾〕
宩
揬〔擦〕
忎
撼〔撼〕
憾〔憾〕
北
骥〔骥〕
贝
俱〔俱〕
惧〔惧〕
犋〔犋〕
畄
榴〔榴〕
瘤〔瘤〕
尸
娓〔媚〕
苎
蠓〔蠓〕
百
缅〔缅〕
市
攮〔攮〕
专
静〔静〕
靛〔靛〕
请〔请〕
猜〔猜〕
情〔情〕
清〔清〕
晴〔晴〕
睛〔睛〕
靖〔靖〕
精〔精〕
菁〔菁〕
杀
搡〔搡〕
嗓〔嗓〕
尾
嘱〔嘱〕
瞩〔瞩〕
坐
螳〔螳〕
昜
剔〔剔〕
惕〔惕〕
赐〔赐〕
锡〔锡〕
踢〔踢〕
妛
缨〔缨〕
樱〔樱〕
尸
碾〔碾〕
真
颠〔颠〕
填〔填〕
慎〔慎〕
滇〔滇〕
镇〔镇〕
直
值〔值〕
植〔植〕
殖〔殖〕
置〔置〕
卆
悴〔悴〕
啐〔啐〕
碎〔碎〕
粹〔粹〕
醉〔醉〕
翠〔翠〕
瘁〔瘁〕
专
撙〔撙〕

【附录2-4-6完】

① 咀嚼的咀仍读jǔ。

四、地名用字的书写规范

中国文字改革委员会 1964 年编的《简化字总表》附录了 1956 年到 1964 年间经国务院批准而更改的三十多个生僻的地名用字以备检查。经过半个世纪，其中有些地名又有所变化，行政区划也有所改变，所以今将这些地名附录于下，同时根据新情况加了“重庆”二字和一些注释。另外要说明的还有如下三点：

（1）原地名中如果有被《第一批异体字整理表》所淘汰的异体字，则必须改用《整理表》中所列的正体字，如河南省濬县改为浚县。

（2）原地名中如果有被《简化字总表》所简化的繁体字，则必须改用简化字，如遼寧省瀋陽市改为辽宁省沈阳市。

（3）根据 2001 年 1 月 1 日起施行的《中华人民共和国国家通用语言文字法》，在一般情况下，我们都必须使用规范的汉字，但在出版、教学、研究中需要使用繁体字、异体字的时候仍然可以使用繁体字和异体字（参见本节第六部分“通用规范字与繁体字、异体字的正确转换”中的论述）。因此，涉及古代地名时应该慎重使用以下地名用字。如白居易曾任盩厔县尉，就不能写成周至县尉，因为当时只有盩厔县而没有周至县。

【附录 2-4-7】

《简化字总表》所附地名用字（1964）

黑龙江　铁骊县改铁力县（1908 年清置铁骊县，1956 年改为铁力县，1988 年改设市。）

瑷珲县改爱辉县（1913 年改瑷珲直隶厅为瑷珲县，1956 年改为爱辉县，1983 年撤销而并入黑河市，改为爱辉区。2015 年爱辉区之爱辉镇复名瑷珲镇。）

青　海　亹源回族自治县改门源回族自治县（1929 年置亹源县，1953 年建亹源回族自治区，1955 年改为自治县，1959 年改为今名。）

新　疆　和阗专区改和田专区（1959 年改，1983 年改设市。）

和阗县改和田县（1883 年清置和阗直隶州，1913 年改为县，1959 年改为今名。）

于阗县改于田县（汉于阗国，1882 年清置于阗县，1959 年改为今名。）

婼羌县改若羌县（汉婼羌国，1902 年清置婼羌县，1959 年改为今名。）

江　西　雩都县改于都县（公元前 201 年汉置雩都县，1957 年改为今名。）

大庾县改大余县（590 年隋置大庾县，1957 年改为今名。）

虔南县改全南县（1903年清置虔南厅，1912年改为县，1957年改为今名。）
新淦县改新干县（西汉置新淦县，1957年改为今名。）
新喻县改新余县（唐改新渝县为新喻县，1957年改为新余县，1983年改为地级市。）
鄱阳县改波阳县（汉改番阳县为鄱阳县，1957年改为波阳县，2003年复名鄱阳县。这是要特别注意的。）
寻邬县改寻乌县（1914年置寻邬县，1957年改为今名。）

广　西　鬱林县改玉林县（666年唐改鬱州为鬱林州，1912年升为鬱林府，1913年改为鬱林县，1956年改为玉林县，1983年改设市，1997年升为地级市，原县级市改为玉州区。）

重　庆　酆都县改丰都县（618年隋置丰都县，明初改为酆都县，1958年复名丰都县。）
石砫县改石柱县（宋石砫安抚使，元改为石砫府，1757年清改为石砫厅，1913年改为石砫县，1959年改为石柱县，1984年改为石柱土家族自治县。）

四　川　越嶲县改越西县（1392年明置越嶲卫，1728年清改为厅，1914年改为县，1959年改为今名。）
呷洛县改甘洛县（1956年置呷洛县，1959年改为今名。）

贵　州　婺川县改务川县（599年隋置务川县，元改为婺川县，1959年改为务川县，1987年改为务川仡佬族苗族自治县。）
鳛水县改习水县（1915年置鳛水县，1959年改为今名。）

陕　西　商雒专区改商洛专区（1964年改，2001年升为地级商洛市。）
盩厔县改周至县（西汉置盩厔县，1964年改为今名。）
郿县改眉县（西汉置郿县，1964年改为今名。）
醴泉县改礼泉县（598年隋置醴泉县，1964年改为今名。）
郃阳县改合阳县（西汉置郃阳县，1964年改为今名。）
鄠县改户县（西汉置鄠县，1964年改为今名。）
雒南县改洛南县（585年隋置洛南县，明改为雒南县，1964年改为今名。）
邠县改彬县（725年唐改豳州为邠州，1913年改为邠县，1964年改为今名。）
鄜县改富县（554年西魏置鄜州，607年隋改为鄜城郡，618年唐复名鄜州，1913年改为鄜县，1964年改为今名。）
葭县改佳县（1184年金置葭州，1913年改为葭县，1964年改为今名。）
沔县改勉县（1374年明把元代沔州降为沔县，1964年改为今名。）
栒邑县改旬邑县（秦置栒邑县，西晋改为邠邑县，北魏改为三水县，1914年复名栒邑县，1964年改为今名。）

洵阳县改旬阳县（秦置洵阳县，西汉改为旬阳县，西晋改为郇阳县，南朝宋改为旬阳县，西魏改为洵阳县，1964 年改为今名。）

汧阳县改千阳县（570 年北周置汧阳县，1964 年改为今名。）

【附录 2-4-7 完】

五、部分计量单位名称的书写规范

1959 年，国务院发布了《统一我国计量制度的命令》，确定以米制（即公制）为基本计量制度。此后，一些语言文字方面所存在的混乱状况逐步得到纠正。如过去用“公分”兼指长度单位“厘米”和重量单位“克”，后来被澄清了；还有一些特造汉字，如表示长度的“粍”“糎”，表示容量的“竓”“竰”，也都被淘汰了。但是，后来还存在一些混乱的现象：一是同一计量单位使用不同的名称与汉字，如“盎司”又作“温司”、“唡”也作“英两”；二是言文不一，如“浬”有 lǐ、hǎilǐ 两种读法，“唡”有 liǎng、yīngliǎng 两种读法，“畒”有 mǔ、yīngmǔ 两种读法，其他英制单位如“哩”“呎”“吋”“吋”也都有类似的两读。因此，如果单说 lǐ 的话，就不知道是指“里”还是指“浬”“哩”。而且，一个汉字代表两个音节（又如“瓩”读 qiānwǎ），也与汉字的传统相背。为了澄清计量单位方面用语用字的混乱现象，中国文字改革委员会和国家标准计量局在 1977 年 7 月 20 日发出了《关于部分计量单位名称统一用字的通知》，淘汰了一部分计量单位用字。现将该通知的附表附录于下，其中所淘汰的译名不能再使用。

应该补充说明的是，1984 年 2 月 27 日国务院发布了《关于在我国统一实行法定计量单位的命令》，该命令后附有《中华人民共和国法定计量单位》，所以现在使用计量单位应以此为标准。由于该文件不涉及规范用字问题，且《现代汉语词典》（商务印书馆 2005 年 6 月第 5 版或 2012 年 6 月第 6 版）又附有《中华人民共和国法定计量单位》，现在很容易见到，所以不再附录于本书。

根据国家技术监督局 1993 年 12 月 27 日发布的国家标准《国际单位制及其应用》（GB 3100－93），附录 2-4-8 中有不少计量单位的名称已不再使用，我们应该使用国际单位制（SI）的基本单位、导出单位及其倍数单位、分数单位的名称和符号，或使用可与国际单位制单位并用的我国法定计量单位的名称和符号，如长度单位应该用“米”（m）、“千米”（km）、“厘米”（cm）、“毫米”（mm）、“海里”（n mile，只用于航行，1 n mile=1852m）等，面积单位应该用“平方米”（m^2）、“平方千米”（km^2）、“平方分米”（dm^2）、“平方厘米”

（cm^2）、“公顷”（hm^2，其国际通用符号为 ha，$1hm^2=10^4m^2$）等，体积、容量单位应该用“立方米”（m^3）、“立方分米”（dm^3）、“立方厘米”（cm^3）、“升”（L，$1L=1dm^3=10^{-3}m^3$）等，质量、重量单位应该用“千克”（kg）、“兆克”（Mg，$1Mg=10^6g$）、“克”（g）、“毫克”（mg）、“吨”（t，$1t=10^3kg$）等，功率单位应该用“瓦［特］”（W）、“千瓦”（kW）等，压力单位应该用“帕［斯卡］”（Pa）、“千帕”（kPa）等，声压级、声功率级（响度级、响度）单位应该用“贝［尔］”（B）、“分贝”（dB，$1dB=10^{-1}B$），线密度（纤度）单位应该用“千克每米”（kg/m）、“毫克每米”（mg/m）、“特［克斯］”（tex，用于纺织工业，$1tex=10^{-6}kg/m$）。

【附录 2-4-8】

部分计量单位名称统一用字表（1977）

（中国文字改革委员会、国家标准计量局
《关于部分计量单位名称统一用字的通知》附表）

类别	外文名称	译名[淘汰的译名]	备注
长度	nautical mile	海里[浬、海浬]	
	mile	英里[哩]	
	fathom	英寻[呎、浔]	
	foot	英尺[呎]	
	inch	英寸[吋]	
面积	acre	英亩[噷、嘝]	
容量	litre	升[公升、竔]	
	bushel	蒲式耳[嘝]	
	gallon	加仑[呏、嗧]	
重量	hundredweight	英担[啪]	1英担=112磅
	stone	英石[咶]	1英石=14磅
	ounce	盎司[唡、英两、温司]	
	grain	格令[喱、英厘、克冷]	
各科	kilowatt	千瓦[瓩]	功率单位
	torr	托[乇]	压力单位
	phon	方[昉]	响度级单位
	sone	宋[哸]	响度单位
	mel	美[嵄]	音调单位
	denier	旦[紞]	纤度单位
	tex	特[纮]	纤度单位

【附录2-4-8完】

六、通用规范字与繁体字、异体字的正确转换

由于现在一般人对简化字与繁体字的对应关系了解不深，所以在使用繁体字时常有失误，出现了“理發店”“復方甘草片”“皇後”“駡禦”“對癥下蘗”等错误的写法，所以我们有必要讲一下繁体字的书写规范。由于繁体字的误写往往是由简化字的干扰所致，所以我们着重要讲的是简化字如何正确转换成繁体字的问题。由于通用规范字不但包括简化字，还包括了与异体字对应的正体字，所以与它对应的除了繁体字之外，还有异体字，但不少异体字又习惯被看作简化字，所以我们将简化字、正体字（合称“通用规范字”）和繁体字、异体字的对应关系放在一起加以论述。

（一）繁体字、异体字的使用范围

根据新闻出版署、国家语言文字工作委员会 1992 年 7 月 7 日发布的《出版物汉字使用管理规定》，在一般情况下，我们都必须使用规范汉字而不能使用不规范汉字，但在某些情况下还可以使用繁体字和异体字（参见本节第一部分中的论述）。

2001 年 1 月 1 日起施行的《中华人民共和国国家通用语言文字法》第十七条也规定：

> 有下列情形的，可以保留或使用繁体字、异体字：
>
> （一）文物古迹；
>
> （二）姓氏中的异体字；
>
> （三）书法、篆刻等艺术作品；
>
> （四）题词和招牌的手书字；
>
> （五）出版、教学、研究中需要使用的；
>
> （六）经国务院有关部门批准的特殊情况。

既然在这些场合还可以使用繁体字、异体字，那么如何正确地将通用规范字转换为繁体字或异体字的问题就不能不加以重视了。而且，随着传统文化研究的日益深入和大陆与港、澳、台地区及海外华人交流的日益频繁，解决其正确转换的问题更成了当务之急。

（二）通用规范字和繁体字、异体字之间的字形差异

要掌握通用规范字和繁体字、异体字的转换，首先要了解其间的字形差异。这种差异可以归纳为如下四类。

（1）规范字是繁体字、异体字的一部分，如：亲（親）、粜（糶）、务（務）、业（業）、云（“雲”之古字）、须（“鬚”之古字“須”依简化偏旁类推而成）、胡（鬍、衚）、声（聲）、医（醫）、从（“從”之古字）、气（“氣”之古字）、夺（奪）、里（“裏”之同音替代）、开（開）、随（隨）、丰（豐）。特别要注意的是有些简化字是繁体字的一部分而又有所变形，如：电（電）、丽（麗）、处（處）、县（縣）。

（2）规范字保留了繁体字、异体字的大致架构，某些部分用简单的符号替代了，如：齿（齒）、区（區）、爱（愛）、伞（傘）、齐（齊）、币（幣）、兴（興）、学（學）、盖（蓋）、树（樹）、汉（漢）、劝（勸）、壮（壯）、将（將）、办（辦）、龟（龜）。其中有些规范字实由草书楷化而成，如：车（車）、贝（貝）、页（頁）、东（東）、会（會）。

（3）规范字由繁体字、异体字更换偏旁而成。其中更换形声字形旁的如：肮（骯）、愿（願）、猫（貓）；更换形声字声旁的如：袄（襖）、歼（殲）、剧（劇）、拥（擁）、亿（億）、灯（燈）、种（種）；以会意字替换会意字的如：尘（塵）；以会意字替换形声字的如：宝（寶）；以形声字替换会意字的如：态（態）、审（審）、邮（郵；“邮”本为古代地名，与“郵”不同）。特别要注意的是，有些类推简化字在类推简化后又有所变形，如：宽（“寬”的“見”类推简化为“见”之后又删去了一点）、变（“變”的“䜌”类推简化为“亦”后又将“攵”改成了“又”）；又有些类推简化字的偏旁替换并不符合一般的类推原则，如“闹”“阄”“阋”的“门”实际上并不是“門”而是“鬥”；还有些简化字由更换偏旁而来，结果成了多音多义字，如：仆（僕）、纤（縴纖），这便增加了学习的困难。

（4）规范字与繁体字字形全异。其中起用古字的如：万（萬）；由草书楷化而成的如：书（書）、专（專）；利用借字的如：才（纔）；以会意字替换会意字的如：众（衆）；以会意字替换形声字的如：灶（竈）、体（“體”之俗字；“体”原读 bèn，表示笨）；以形声字替换形声字的如：响（響）、护（護）、惊（驚；“惊”原读 liáng，表示悲凉）；以简单符号替换会意字的如：义（義）；以简单符号替换形声字的如：头（頭）；以同音字替代的如：出（齣）、丑（醜）、千（韆）、台（臺檯颱）。应该特别注意的是最后这种以同音替代的方法所简化的字，因为它虽然使原来的繁体字有了一个简便的书写符号，却使一个字形兼表两个字乃至多个字的意义，从而增加了学习的难度。

不明了繁简字形的差异——特别是不规则的字形差异，往往会使简繁转换失误。例如，不明了上文所举的“丽”与“麗”、“处”与“處”、“县”与“縣”、“宽”与“寬”、“变”与“變”之间的局部变形，在写“麗”的时候往往会将其上面两横连为一横，写“處”的时候往往会将其中的“几”写成“卜”，写“縣”的时候往往会将其左上方的部件写成“且”，写“寬”的时候往往会漏掉一点，写“變”的时候往往会将其中的“攵”写成“又”。又如，如果不明了“陕”之繁体字“陝”的右旁不是“夾”而是“夾”，写“陝”的时候就往往会将其中的“入”写成“人”。所以，这繁简之间的字形差异，我们不能不留心。

（三）通用规范字和繁体字、异体字之间的音义用法差别

如果说，简繁转换之误与繁简字形的不规则差异有关，那么通用规范字与繁体字、异体字之间在音义方面的复杂关系就更是导致误写繁体字、异体字的症结所在了。而且，不明了简繁字形差异所造成的书写失误基本上只存在于手写字之中，不明了其音义关系而造成的书写失误就不局限于手写了，用某种输入法在计算机上打字或在计算机上作简繁转换照样会出现此类失误，所以我们有必要详加论述。

规范字与繁体字、异体字之间的转换失误往往出现于非对应的简繁字、正异字之中。所谓非对应的简繁字、正异字，即指一个规范字（简化字或正体字）代表了过去的两个字（包括繁体字或异体字与现在选用为规范字而过去也使用的传承字）或两个以上的字，如“发”代表了过去的“發”“髮”，“干”代表了过去的“干”“幹”“乾”，“胡”代表了过去的“胡”“衚”“鬍”，“台”代表了过去的“台”“臺”“檯”“颱”。由于过去这些不同的汉字表示意义时有所分工，有时读音也不一样，所以在将规范字转换为繁体字、异体字的时候就应该根据具体语境与词义有所选择。如果选择有误，必然会写别字，上文所说的“理發店”“復方甘草片”“皇後”“駕禦”之类，其误因即在于此。为了避免此类失误，我们将易误的非对应简繁字、正异字一一介绍如下，以便大家掌握。表 2-4-3 中首先列出如今的通用规范字，其后分列出它所代表的传承字（指与规范字字形相同而音义用法不尽相同的字，这种字并没有与之对应的繁体字）、繁体字、异体字及其使用场合或字义说明（所举词例，为了便于一般读者阅读，一般不用繁体字），必要时也注明其读音。

表 2-4-3　通用规范字所代表的传承字、繁体字、异体字之音义用法区别表

（1）庵：①庵（ān）：尼姑～，～堂，老学～（书斋名），～东（浙江省地名）【以上不作“菴”】；～庐（圆形草屋）；

②菴（ān）：～蔺（草名），～罗果，～摩罗【以上不作“庵”】；～庐；

③菴（yǎn）：～蔼（茂盛的样子，不是“庵”的异体字）。

（2）鞍：①鞍：马～；

②鞌：～之战（古代地名，不作“鞍”）。

（3）暗：①暗（àn）：黑～，阴～，～藏，～含，～射，～号，～示，～送秋波，～娼，～沟，～流，～箱，明争～斗，～箭难防，～杀，～算，～笑，～自，～香疏影，天昏地～，～无天日，柳～花明，明察～访，～渡陈仓【以上不作“晻”“闇”】；昏～，～室，～淡，～合，～昧，偏信则～；

②晻（àn）：昏～，～暧，～暮，～昧；

③闇（àn）：冥昭瞢～【“闇”表示闭门，不作“暗”“晻”】；昏～（通“暗”），～室，～淡，～合，～昧，～弱；

④晻（yǎn）：～～（日色昏暗的样子，不是“暗”的异体字），～蔼（茂盛的样子，通“菴”），～忽（同“奄忽”，忽然）；

⑤闇（yīn）：～默，～然，～与山僧别。【“闇”表示沉默无声，通“喑”“瘖”，不是“暗”的异体字。】

（4）肮：①骯（āng）：～髒；【“骯髒”简化为“肮脏”，但过去它们音义不同，参见“脏”字条。】

②肮（háng）：绝～（割断咽喉）。

（5）坝：①壩：堤～，拦河～，～趾，～田；

②垻：～子（平地），坪～。

（6）摆：①擺：～放，～设，～平，～擂台，～摊儿，～事实，评功～好，～架子，～老资格，～阔，～布，～弄，～脱，摇～，～动，～渡，钟～，打～子；

②襬：衣～，下～，前～。

（7）坂：①坂：十里九～（斜坡），～坻（坡岸），～上走丸；

②阪：～泉（古代地名），～上（复姓）【以上不作“坂”】；～田，～上走丸。【“阪”现用于地名时为规范字，不作“坂”，如“大阪”。】

（8）板：①板：木～，快～，一～一眼，呆～，死～，～着脸，～蓝根（药名），～门店（地名）；

②闆：老～，老～娘。

（9）刨：①刨（bào）：～冰（一种冷食），～黄瓜（敲诈外乡人）【以上不作“鉋”“鑤”】；～子，～床，～刀，～木头，～光，～花；

②鉋、鑤（bào）：～子，～床，～刀，～木头，～光，～花；

③刨（páo）：～土，～坑，～花生，～祖坟，～根问底，～除（除去），～去五天。

（10）背：①背（bèi）：～脊，手～，～井离乡，～诵；

②揹（bēi）：～包袱，～带，～债，～黑锅。

（11）奔：①奔、犇（bēn）：～走，～跑，～驰，～腾，～流，～忙，～波，～丧，～逃，～命（奉命奔走），私～，～放【以上不作“逩”，多用“奔”而少用“犇”】；【“犇”现用于人名时是规范字，不作“奔”。】

②奔、逩（bèn）：投～，逃～，～命（拼命干），直～教室，～头儿，他都～六十了【以上不作“犇”，多用“奔”而少用“逩”】。

（12）表：①表：～面，～现，～情，发～，～演，～示，～决，～彰，《出师～》，代～，～率，～哥，一～人才，～格，仪～，华～，电～，水～，体温～，晴雨～；

②錶：鐘～，手～，怀～，秒～。

（13）别：①别（bié）：分～，离～，～人，～号，～字，～出心裁，类～，差～，性～，～针，你～走，大～山；

②彆（biè）：～扭，～嘴（不顺口），～不过她。

（14）并：①幷（Bīng）：～州；

②幷、併（bìng）：合～，归～，～吞，兼～，～力；

③並、竝（bìng）：～列，～排，～肩，～行，～联，～重，～存，兼收～蓄，～发症，～蒂莲，～驾齐驱，～且，～未，～非。

（15）驳：①駁：～船，～运【以上不作“駮”】；～斥，反～，批～，～议，～回，～杂，斑～；

②駮：～斥，反～，批～，～议，～回，～杂，斑～。

（16）卜：①卜（bǔ）：占～，存亡未～，～算子（词调名），姓～（如“卜商”），易～生；

②蔔（bo）：蘿～。

（17）布：①布：棉～，～帛，～衣，瀑～，～穀鸟，～宪，泉～（钱币），～政使，罗～泊，～达拉宫，～丁，～尔什维克【以上不作“佈”】；分～，散～，星罗棋～，～局，～置，～景，～防，～施，摆～，发～，颁～，～告，开诚～公；

②佈：分～，散～，星罗棋～，～局，～置，～景，～施，～防，除旧～新，摆～，发～，公～，颁～，传～，～告，开诚～公。

（18）才：①才：～能，～华，口～，人～，秀～，奴～【以上不作“纔”】；刚～，他～来（副词，刚刚），～十个人（副词，仅仅）；

②纔：他～来，～十个人。

（19）采：①采（cǎi）：神～，风～，兴高～烈，无精打～，文～【以上不作“採”】；～摘，～桑子（词调名），～取，～集，开～；

②採（cǎi）：～摘，～茶，～蜜，～桑子，～取，～集，～访，～光，开～；

③采（cài）：～畿（古代九畿之一）；

④采、寀、埰（cài）：～地（卿大夫的封地）。

（20）彩：①彩：色～，～色，五～缤纷，浓墨重～，丰富多～，迷～服，～凤随鸦，～电，～灯，～云，～虹，～霞，～绘，～陶，～蛋，光～，精～，出～，口～，挂～（负伤流血），～旦（女性丑角），～排，喝～，～票，博～，摸～，～金，中～，～礼【以上不作“綵”】；～绸，张灯结～，～带，～轿，～车，～仗，～牋；

②綵：～帛，衣不重～，张灯结～，～毬，～带，剪～，～轿，～仗，～牋。

（21）参：①參（cān）：～加，～军，～与，～赞，～政，～谋，～赛，～议，～观，～看，～阅，～考，～照，～校，～悟，～透，～破，～禅，～天，～见，～拜，～奏，～劾，～杂，～半；

②參（cēn）：～差；

③參（shēn）：～商（参星和商星），海～；

④參、葠、蓡（shēn）：人～，黨～，～茸；

⑤參（sān）：～分天下（通“叁”）。

（22）蚕：①蠶、蚕（cán）：～宝宝，～丝，～茧，～食，～豆；

②蚕（tiǎn）：蚻～（寒蚓）。

（23）草：①草：～原，～木皆兵，～行露宿，～菅人命，粮～，柴～，稻～，～纸，

～鞋，～堂，～具，～莓，～鱼，～鸡，～莽，～包，～寇，～率，～书，～创，～案，～稿，～拟【以上不作“艸”】；青～，花～，～药；

②艸：青～，花～，茅～，～药。

（24）策：①策（cè）：鞭～，～封，～命，～论，～划，～略，决～，政～，束手无～【以上不作“筴”】；筹～，计～，简～，端～（把蓍草摆正）；

②筴（cè）：鼓～播精（“筴”指簸箕）【以上不作“策”】；计～，简～，执～（蓍草）；

③筴（jiā）：火～（火钳），有羹濡～（筷子），～汉阳（“筴”表示钳制）。【此“筴”字不是“策”的异体字。】

（25）铲：①鏟：～子，铁～，～车【以上不作“剷”】；～除，～平，～迹销声（指隐居）；

②剷：～除，～平，～土，～煤。

（26）谄：①諂（chǎn）：～媚，～谀，～言，～上欺下，贫而无～；

②謟（tāo）：天道不～（疑），帝命不～（超越本分），～过（隐瞒过失）。【“謟”并不是“諂”的异体字，而是“諂”的俗字，古代刻印的书常把“諂”写作“謟”。】

（27）忏：①懺（chàn）：～悔；

②忏（qiān）：秦晋之间呼好为～。

（28）尝：①嘗：卧薪～胆，浅～辄止，备～艰辛，～试，何～（曾经），未～【以上不作“嚐”】；品～，～味道；

②嚐：～味道，～到甜头。

（29）厂：①廠（chǎng）：工～，东～（明代特务机关），琉璃～（北京地名）；

②厂（hǎn）：古代象形字，指山边岩石突出覆盖处；

③厂（ān）：同“庵”（文字学家唐兰号“立厂”，又作“立庵”“立盦”）。

（30）澄：①澄（chéng）：～城县（在陕西省），～海市（在广东省），～迈县（在海南省）【以上不作“澂”】；～清，～澈；

②澂（chéng）：吴大～（人名），～江县（在云南省）【以上不作“澄”】；～清，～澈；【“澂”现用于姓氏人名时为规范字，不简化为“澄”。】

③澄（dèng）：～清。

（31）吃：①吃、喫（chī）：～东西，～官司，～亏，～力，～紧，～老本，～耳光，～香，～得消，～不准；【表示吃东西时一般都写作“喫”。】

②吃（chī，旧读 jí）：口～，他～～地说。【“吃”表示结巴，不作“喫”。】

（32）冲：①沖、冲（chōng）：～洗，～刷，～凉，～胶卷，～积平原，～击（水撞击），～毁，～垮（水冲破堤坝），大盈若～，～淡，～奶粉，～茶，～服，～喜，～账，幼～，韶山～，～绳岛【以上不作“衝”】；怒气～～，喜～～，气～霄汉，～天，鹤～天（词调名）；【原来“沖”是正体字，现在“冲”为规范字。】

②衝（chōng）：要～，首当其～，～车，折～，～动，～突，～撞，横～直撞，～击（攻击），～散，～垮（人冲破防线），～锋，～杀，反～，～浪，～破，～口而出，～军，～脉（经脉名），腾～县（在云南省）【以上不作“沖”“冲”】；～天，气～霄汉，怒发～冠，怒～～；

③衝（chòng）：～床，～子，～压，～着我，～劲儿，酒味儿很～。

（33）虫：①蟲（chóng）：昆～，寄生～，～草，雕～小技，可怜～，懒～，网～；

②虫（huǐ）：“虺”的本字，一种毒蛇。

（34）丑：①丑：子～寅卯（地支），～时，～角，小～（丑角），～平（隋末郭子和年号），姓～；

②醜：～恶，～八怪，～陋，～态，出～，～闻，家～不可外扬，～话，～丫头，小～（小人），幺麽小～，跳梁小～，～奴儿（词调名）。

（35）仇：①仇、讎、讐（chóu）：～敌，～恨，疾恶如～；【“讎应”“无言不讎”“讎祚”“讎问”“校讎”“讎定”“仇讎”中的“讎”现简化为“雠”，不作“仇”；其他意义现规定用“仇”。】

②仇（qiú）：姓～，君子好～（配偶）。

（36）绸：①綢（chóu）：～缪（“綢”表示本义缠绕，不作“紬”）；～缎，纺～；

②紬（chóu）：～布（“紬”表示本义粗丝织成的绢，不作“綢”）；～缎；

③紬（chōu）：～绎（理出头绪，同“抽绎”），～绩（抽丝纺绩，缀集）。

（37）出：①出：～来，～版，～发，支～，超～，～现，～生，～色；

②齣：一～戏。

（38）锄：①鋤（chú）：～头，铁～，～草，～地，～奸；

②鉏（chú）：后羿自～迁于穷石（古国名）【以上不作“鋤”】；铁～，～耘，诛～；

③鉏（jǔ）：姓～，～麑（春秋时人名，一作“沮麛”），～鋙（通“龃

齬”)。【此“鉏”字不是“鋤”的异体字。】

(39) 棰: ①棰: 一尺之～，日取其半，万世不竭（“棰”指短木棍）【以上不作“箠”】; ～楚（木棒和荆杖，指杖刑），笞～（杖击）;

②箠: ～策（竹制的鞭子），马～（马鞭）【以上不作“棰”】; ～楚（竹板和荆杖，指杖刑），笞～。

(40) 锤: ①錘: 秤～（秤砣），八銖为～（古代重量单位）【以上不作“鎚”】; ～子（榔头），铁～，～骨（内耳听骨之一）;

②鎚: ～子，铁～，钉～，流星～（古兵器名），～打，～炼，千～百炼。

(41) 蠢: ①蠢: ～动，～～欲动【以上不作“惷”】; ～笨，愚～;

②惷: 愚～，～笨。

(42) 从: ①从（cóng）: “錘，八銖也，～金，垂声。”【《说文解字》解说文字结构时的术语】

②從（cóng）: 依～，听～，顺～，盲～，～善如流，～心所欲，～优，～速，跟～，～属，侍～，～事，～业，～政，投笔～戎，～句，～犯，～容，～父，～前，～古至今，～我做起;

③從（zòng）: ～横（通“縱”）。

(43) 村: ①村: 农～，乡～，～寨，～镇，～落，～民，～野，～话，～气，～野鄙夫，～夫俗子【以上不作“邨”】; ～庄，～子;

②邨: ～庄，～子，新～。【“邨”现用于人名时是规范字，不作“村”。】

(44) 锉: ①銼: ～刀，钢～，扁～【以上不作“剉”】; ～败（通“挫”）;

②剉: 斫～（通“莝”，铡断草料），把铁条～细【以上不作“銼”】; ～折（通“挫”）。

(45) 达: ①達、达（dá）: 通～，～人，显～，～官贵人，练～，～观，到～，抵～，通宵～旦，～标，表～，传～，转～;

②达（tì）: 卑～（下滑）。

(46) 呆: ①呆（dāi）: ～在娘家（同“待”），～滞，～账，～板，发～，目瞪口～，～若木鸡【以上不作“獃”】; 痴～，书～子，～笨，～头～脑;【音 ái 的“騃”现在已不作为“呆”的异体字。】

②獃（dāi）: 痴～，～子，～笨，～头～脑。

(47) 担: ①擔（dān）: ～负，～保，～架，～心，承～，～当;

②擔（dàn）: ～子，勇挑重～，一～水;

③担（dǎn）：同“撢”。

（48）胆：①膽、胆（dǎn）：～囊，苦～，～固醇，肝～相照，～量，～魄，瓶～；

②胆（tán）：口～（口中痰沫）。

（49）当：①當（dāng）：相～，应～，～然，～心，担～，～牛做马，～权，～道，～官，～家，～事人，独～一面，有难同～，～初，～前，～代，～口，～头，～面，～场，正～（正在），～务之急，～仁不让，～地，～局，～机立断，空～，瓦～，吊儿郎～，～归（药名），～阳市（在湖北省）；

②當、噹（dāng）：丁～，叮～（象声词）；

③當（dàng）：得～，恰～，妥～，正～（合理），停～，直截了～，～作，以一～十，安步～车，～真，～时，抵～，行～，勾～，上～，家～；

④當、儅（dàng）：～铺，～票。

（50）党：①党：～项（古代羌人的一支），～怀英（“党”是出自西羌的姓）；

②黨：朋～，～派，政～，死～，～羽，～同伐异，～氏（“黨”是周朝以来的姓氏，旧读 zhǎng），妻～，～参（植物名）。

（51）荡：①蕩（dàng）：芦花～，黄天～，泥～，～口（漱口），放～，狂～，～检，浪～，淫～，～妇，闯～，游～，～子，逛～，～马路，～秋千，～魂摄魄，心～神迷，～～悠悠，浩～，坦～，涤～，～除，扫～，～平，～灭，空～，～然无存，倾家～产，雁～山，《～》（《诗经》篇名），《～寇志》【以上不作“盪”】；摇～，动～，震～，～桨，～舟，激～，晃～，飘～，流～，～漾，回肠～气；

②盪（dàng）：动～，震～，～舟，激～，晃～，飘～，流～，～漾，迴～；

③蕩（tāng）：～陰（古代地名，隋朝改为“湯陰”）。

（52）抵：①抵：～挡，～制，～抗，～赖，～换，～当，～押，～偿，～罪，～命，～消，～达，～京，大～【以上不作“牴”“觝”】；～牾，～触，～排（排斥），角～；

②牴：～牾；

③觝：角～，～排【以上不作“牴”】；～触。

（53）淀：①淀：白洋～，荷花～，海～（在北京市），～园；【“淀”指浅的湖泊，多用于地名。】

②澱：沉～，积～，～塞（淤塞），～粉，～山（在上海市青浦区西北），

～山湖（在青浦区西）。

（54）雕：①雕、鵰：一箭双～，射～（一种猛禽）；

②雕、彫：～琢，～饰，～刻，～版，～虫小技；【“彫”还用于“彫谢”“彫零”“彫落”等词中，此类“彫”字今改用“凋”字而不用“雕”。】

③雕、琱：～玉，～饰，～刻，～塑。

（55）吊：①吊（diào）：～挂，～扇，～钟，～灯，水～子，～环，～梯，～车，塔～，～运，～桥，～床，～桶，～兰，提心～胆，～膀子，～嗓子，～销，半～子，～胃口，～主（牌戏中吊出对手主牌），～球，～儿郎当【“吊”为“弔”的俗字，两字常混用，以上词语特别是新词一般用“吊”，表示吊丧多用“弔”】；～窗，～打，上～，一～钱；

②弔（diào）：～丧，～唁，～孝，凭～，～古，形影相～，～民伐罪，上～，～死，一～钱；

③弔（dì）：不～昊天。【此“弔”不是“吊”的异体字。】

（56）冬：①冬：～季，～瓜，麦～（植物名），麦门～，～不拉（乐器名）；

②鼕：鼓声～～。

（57）动：①動：～静，～画，～词，变～，～产，波～，浮～，振～，～员，发～，～用，举～，～作，感～，～听，～容【以上不作“働”】；劳～；

②働：劳～。

（58）斗：①斗（dǒu）：～升，才高八～，刁～，烟～，墨～，～笠，北～星，泰～，～拱，筋～，翻跟～，～室，～胆，阿～；

②鬭、鬥（dòu）：～争，战～，搏～，奋～，～鸡，～智，～志，～牌，～气，～嘴，～眼，～艳争芳；

③鬭（dòu）：～穀於菟（春秋时人名）。

（59）豆：①豆：俎～（古代食器），～卢（复姓），土～儿，煮～燃萁，目光如～，～子，～萁，～荚，～角，～沙，～豉，～腐，～浆，～油，～饼，～渣【以上不作“荳”】；～蔻，大～，豌～，绿～，～芽；

②荳：～蔻，绿～，～芽，～苗。

（60）吨：①噸（dūn）：一～等于 1000 千克，～位；

②吨（tún）：～～（形容说话不清楚）。

（61）遁：①遁（dùn）：～逃，～走（逃跑），～北（败逃），～退，～去，逡～（逡巡避让），～巡（避让逡巡），～甲【以上不作“遯”】；～隐，～

世（避世），～迹（隐居），～形，～辞（躲闪掩饰之辞），～饰（欺骗掩饰）；

②遯（dùn）：～卦（《周易》卦名），肥～【以上不作“遁”】；～隐，～世，～迹，～辞，～饰。

（62）讹：①訛：～诈【以上不作“譌”】；～言，～误；

②譌：～言，～误。

（63）厄：①厄（è）：～臺（孔子被困之地），～井（刘邦被困之地），～瓜多尔【以上不作“戹”“阨”】；困～，～境，～运；

②戹（è）：困～，～难，～境，～运；

③阨（è）：险～，阻～，～塞【以上不作“厄”“戹”】；困～，～难，～运。【“阨”表示狭小、狭窄时通“隘”，读 ài，如“阨巷”“阨僻”，不作“厄”“戹”。】

（64）恶：①惡（è）：凶～，凶神～煞，～劣，～毒，罪～，作～，～贯满盈，～霸，嫉～如仇，～化，醜～，麤衣～食，穷山～水；

②惡、噁（ě）：～心；

③惡（wū）：～有（何有）；

④惡（wù）：憎～，厌～，可～，好逸～劳，深～痛绝；

⑤噁（wù）：喑～叱咤（发怒喝叫声）。【“二噁英”的“噁”读 è，现简化为“噁”，不简化为“恶”。】

（65）儿：①兒（ér）：～女，～童，健～，～戏，～马，～化韵，花～；【“兒”用作姓时同“倪”，用作国名时同“郳”，均读 ní，不能简化为“儿”。】

②儿（rén）：古文“人”字，像走路之人形。

（66）发：①發（fā）：～出，～射，～生，～电，～火，～牢骚，～愤图强，意气风～，雄姿英～，～展，～明，开～，～财，挥～，～现，揭～，～表，～痒，～软，～福，出～，启～，～聋振聩，三～子弹，《长～》（《诗经》篇名）；

②發（bō）：觱～（风声）；

③髮（fà）：头～，理～，毛～，须～，～蜡，～妻，令人～指，千钧一～，怒～冲冠。

（67）翻：①翻：～天覆地，人仰马～，～江倒海，～云覆雨，～车，～跟斗，～滚，～身，～脸，～地，～新，～修，～建，～砂，推～，～案，～越，～山越岭，～墙，～番【以上不作“飜”“繙”】；～飞，～覆，

～转，～译，～刻，～印，～阅；

②飜：～飞【以上不作“繙”】；～覆；

③繙：繙帑（杂乱），～纡（嘈杂）【以上不作“翻”“飜”】；～转，～译，～刻，～印，～阅【以上不作“飜”】；～覆。

（68）泛：①泛、汎：～舟，～滥，空～，～论，～～而谈，～指，～称，广～，～读；

②氾：～滥，～论。【“氾”现用于人名时读 fán，是规范字，不写作“泛”。】

（69）范：①范：姓～，～县（在河南省）；

②範：模～，规～，典～，～例，示～，～文，风～，师～，～围，～畴，防～，就～，《洪～》（《尚书》篇名）。

（70）仿：①仿：～宋体，～佛，相～【以上不作“倣”“髣”】；～效，～照，～古，～冒；

②倣：～效，～傚，模～，～古；

③髣：～髴【繁体字也写作“彷佛”】。

（71）废：①廢：～弃，～寝忘食，因噎～食，～除，～黜，～止，作～，～物，～品，～话，荒～，～墟【以上不作“癈”】；残～；

②癈：残～。

（72）氛：①氛：气～，～围，～氲（云气很盛的样子）；

②雰：雨雪～～，～埃（尘雾），～浊（混浊）。

（73）丰：①丰：～采（风采），～姿（风姿），～韵（风韵），～神，～腴（一般形容人体态丰满）；

②豐：～收，五谷～登，～富，～盛，～硕，～满，～衣足食，～碑，～腴（一般形容土地丰饶或酒席丰盛），咸～（年号），～台（在北京市），～镇市（在内蒙古自治区），～县（在江苏省），南～县（在江西省），～城市（在江西省），～州（在福建省），新～县（在广东省）。【地名中的“丰”应转换为“豐”。】

③酆▲：～都（在重庆市，隋朝初置时作“豐都”，明朝初年改为“酆都”，1958 年改为“丰都”，回写原地名时应该分别用“豐都”“酆都”）。【这种改名，不属于简繁字、正异字的范畴，但有相似之处，所以凡与本表相涉的文字现收入本表，但在字后上标“▲”以便

区别，其余未收入的文字，可参见附录 2-4-7。“酆”为规范字，不是“豐”的异体字，所以不简化为“丰”或“邦”。】

（74）佛：①佛（fó）：～教，～像，～爷，阿弥陀～，～得角；
②佛（fú）：仿～；
③佛（fú）：彷～；
④髴（fú）：髣～；
⑤佛（bì）：～狸（北魏太武帝拓跋焘的小字）。

（75）俯：①俯、俛（fǔ）：～身，～拾即是，～首贴耳，～仰，～卧撑，～冲，～察（敬辞），～就【以上不作“頫”】；～首，～视，～瞰；
②頫（fǔ）：～首，～视；【“頫”用于人名时类推简化为“𫖯”，是规范字，不写作“俯”，如“赵孟𫖯”。】
③俛（miǎn）：僶～（通“勉”）。【“俛”通“勉”时不是“俯”的异体字，应该写作“俛”。】

（76）复：①復：反～，～发，～查，～试，～诊，死灰～燃，年～一年，无以～加，不～存在，回～，往～，来～枪，答～，批～，～信，报～，～仇，恢～，～姓（出继者恢复原姓），光～，收～，～社，～原，～甦，～兴，～古，～活，～婚，～员，～辟，周而～始，～旦，～州（在辽宁省）【以上不作“複”】；～习；【据《说文》，“复”表示走旧路，“復”表示往来，两者意义不同，但“复”字在文献中很少使用。】
②複：重～，～本，～写，～制，～印，山重水～，繁～，～杂，～合，～姓（双字姓），～句，～方甘草片，～数，～利【以上不作“復”】；～习。

（77）干：①干（gān）：～戈（“干”指盾牌），～戚，天～地支，～犯，～休，～涉，～预，～扰，～求，～禄，～係，不相～，与你无～，射（yè）～（草名），阑～，若～，一～人马，～将（剑名），姓～（如“干宝”），段～木，王子比～，东～族，《长～曲》；
②乾（gān）：～燥，笋～，饼～，豆腐～，～粮，～饭，白～儿（白酒），～贝，～股，～枯，～巴巴，～笑，～咳，～打雷不下雨，～瘪，外强中～，～着急，被～在一边，～脆，～净，～杯，～娘，～儿子，～谿（古邑名，在今安徽省）；【“乾”读 qián 时不简化为“干”，如“乾坤”“乾清宫”“乾隆”“乾道”（年号）、“乾陵”（在陕西省）、

“乾县”（在陕西省）、“乾州”（在湖南省）。】

③幹（gàn）：树～，躯～，～流，～线，～细胞，精～，精明强～，骨～，～部，公安～警，～事，～活，白～（徒劳），能～，才～，～将（能～的人），～劲；

④榦（gàn）：树～。

⑤淦▲：新～（原江西省县名，1957 年改为“新干”，回写原地名时应该用“新淦”）。

（78）杆：①杆（gān）：标～，旗～，电线～，钓～，滑～，栏～，一～子插到底，～子（指土匪）；

②桿、杆（gǎn）：笔～，烟～，杠～，～秤，枪～子，腰～子，光～司令，～菌，一～步枪。

（79）赶：①趕、赶（gǎn）：追～，～超，～集，～先进，～时髦，～路，驱～，～羊，～走，正～上，～快，～早，～忙；

②赶（qián）：兽～（翘起尾巴奔跑）。

（80）杠：①杠（gāng）：床～（床前横木），石～（石桥），徒～（小桥）；

②槓、杠（gàng）：～棒，铁～，丝～，～杆，单～，高低～，～铃，书上画～～，抬～，敲竹～。

（81）槁：①槁：枯～，～暴，～木，～木死灰，～悴（憔悴）；

②稾：枯～，～草（通“藁”），～葬（草葬），～本（香草名；又指草稿，通“稾”“稿”）。

（82）阁：①閣（gé）：束之高～，文渊～，文津～，天一～，滕王～，剑～，～鸦驿（在今贵州省）【以上不作“閤”】；亭台楼～，闺～，内～，～下；

②閤（gé）：东～（房间东侧单扇小门），～门河（即今青海省大通河），～川驿（即今西藏自治区那曲县）【以上不作“閣”】；闺～，内～，～下。【“閤”又是“合”的繁体字，见“合”字条。】

（83）个：①个、個（gè）：～体，～人，～别，～子，～性，三～人【以上不作“箇”】；五～字，那～，～中，好～，今儿～；【“个”（gè）在古文中表示厢房、正堂两旁的侧室（如“左个”“右个”）时不可写作“個”“箇”。】

②個（gě）：自～儿；

③个、箇（gè）：三～苹果，吃～饱，见～面，那～，～中，好～，今儿～；

④箇（gè）：～舊市（在云南省）。

（84）沟：①溝：水～，山～，～渠，壕～，～壑，深～高垒；
②沟：～～（形容水声）。
（85）构：①構：结～，机～，～件，佳～，～造，～词，～筑，～图，虚～，～想，～思，～怨，～兵，～陷；
②搆：～怨，～兵，～陷，～思。【“搆”为后起字，多用作动词义。】
（86）谷：①谷（gǔ）：山～，虚怀若～，进退维～，函～关，～风（东风，又《诗经》篇名），鬼～子，姓～（如“谷永”），～那（复姓），金～（古地名，在今洛阳市西北），～水（古代东江之别名，在苏州东南，今已湮废）；
②穀（gǔ）：～物，～子，五～丰登，～氨酸，～维素，布～鸟，～雨（节气），～风（东风），孤寡不～，《～梁传》，～梁（复姓），姓～，阳～县（在山东省），～城县（在湖北省），～水（古代地名、河流名，在今河南省）；
③谷（lù）：～蠡；
④谷（yù）：吐～浑。
（87）雇：①雇（gù）：～工（受雇的人），～夫（受雇的人），～农，～员，～主，解～【以上不作“僱”】；～佣，～请，～人，～工（出钱请工），～用，～车；
②僱（gù）：～佣，～佣兵，～请，～工（出钱请工）；
③雇（hù）：九～（九种候鸟）。
（88）刮：①刮：～胡子，～鼻子，～脸，～火柴，～目，搜～，精～，～～叫，一塌～子；
②颳：～风。
（89）挂：①掛：悬～，～钟，～图，～历，～面，～牌，～齿，～一漏万，～个电话，一～鞭炮，衣服被钉子～住了，～号，～失，～名，～帅，～职【以上不作“罣”】；牵～，～念；
②罣、罫：～误（连累，也作“詿誤”），～碍【以上不作“掛”】；～网，牵～，～念。
（90）拐：①拐：～弯，～角，～骗，～卖，一步一～，铁～李【以上不作“枴”】；～杖，～棍；
②枴：～杖，～棍。
（91）管：①管：竹～，钢～，气～，血～，针～，电子～，显像～，～道，～线，

双～齐下，～窥蠡测，～见（谦辞），～理，～辖，～教，～家，照～，保～，～吃～住，～用，不～，尽～【以上不作“筦”】；～弦，～钥，～键；

②筦：～弦，～钥，～键。【“筦”现用于姓氏人名时是规范字，不作“管”。】

（92）广：①廣（guǎng）：～阔，～博，～播，～东，～西；

②广（ān）：同“庵”（草屋，多用于人名）；

③广（yǎn）：在厂（hǎn，山边岩石凸出覆盖处）边建造的房屋，后用作部首。

（93）柜：①櫃（guì）：衣～，保险～，～台，掌～；

②柜（jǔ）：～柳（树名）。

（94）果：①果：结（jié）～，成～，效～，因～，～实，战～，硕～，后～，恶～，禁～，长生～，人参～，食不～腹，～真，～然，如～，～断，～敢，黄～树，雨～（人名），刚～【以上不作“菓”】；开花结（jiē）～，水～，苹～，瓜～，腰～，～脯，～皮，～酱，糖～；

②菓：～农，花～山，开心～，～珍，～冻【为使意义明确，以上多作“菓”】；开花结～，水～，苹～，芒～，～子，无花～，腰～，乾～，～脯，～皮，～肉，～酱，糖～。

（95）焊：①銲：～接，～工，～锡，～条，～枪；

②釬：脱～（金属套）【以上不作“銲”“焊”】；～接，～锡；

③焊：～薪（“焊”表示烘干，同“熯”）【以上不作“銲”“釬”】；～接，～锡。

（96）合：①合（hé）：联～，～众国，复～词，结～，会～，～作，野～，云交雨～，～并，综～，光～作用，百～，符～，重～，～同，投～，凑～，～拢，～眼，回～，折～，～肥市【以上不作“閤”】；～族，～家团聚；

②閤（hé）：～家、～府、～第（全家）；【“閤”表示全部、整个时通“闔”，现在用“合”。“閤”又是“阁”的异体字，见“阁”字条。】

③合（gě）：容量单位，10 合为一升；

④郃▲：～阳（原陕西省县名，1964 年改为“合阳”，回写原地名时应该用“郃陽”）。

（97）和：①和（hé）：～平，共～，柔～，饱～，中～，议～，～气，温～，总～【以上不作“龢”；读 hè（如“附和”）、huó（如“和面”）、huò（如“和稀泥”）、huo（如“搅和”）、hú（如“这局牌和了”）的“和”也不作“龢”】；～谐，～睦；

②龢（hé）：声音相～，～谐，～睦。【“龢”用于人名时是规范字，不作“和”，如“翁同龢”。】

（98）核：①核：桃～，～桃，～心，肺结～，～子，原子～，～武器【以上不作“覈”】；审～，～实，～对，～查，～算；

②覈：审～，復～，～实，～对，～算，～查，考～，～准。

（99）哄：①哄（hōng）：～～地响，～堂大笑，～动，～抢，～抬物价；

②哄（hǒng）：～骗，～人，～逗；

③鬨、哄、閧（hòng）：起～，一～而散，～闹。【“閧”读 hòng 时是“鬨”的俗字；“閧”读 xiàng 时同“巷”，不能写作“哄”。】

（100）后：①后：皇～，～妃，太～，母～，立～（册立皇后），影～，皇天～土，～王（君王），～稷，夏～氏；

②後：前～，～宫（嫔妃所居之宫在正殿之后，故名），《玉树～庭花》，～台，先～，～王（后代君王），李～主，～母，～夫，～代，～生可畏，～顾之忧，～果，～事，然～。

（101）胡：①胡：跋～疐尾，五～十六国，～人，～服骑射，～琴，二～，～椒，～萝卜，～桃，～蜂，柴～（植物名），风～子（人名），～乱，～说，～闹，～不（何不），花里～哨【以上不作“鬍”“衚”】；～须，～同；

②鬍：～鬚，～子；

③衚：～衕。

（102）糊：①糊（hú）：～精，裱～，～墙纸，～信封，～窗户，馒头烤～了（同“煳”），含～其辞，～涂【以上不作“餬”】；～口；

②餬（hú）：～口，～嘴；

③糊（hù）：麵～（面粉糊状物），芝麻～，辣椒～，～弄（欺骗，蒙混，敷衍）；

④糊（hū）：～墙缝，～了一层泥，黏～～；

⑤糊（hu）：麵～（食物松软），糨～，模～，含～，迷～。

（103）哗：①嘩（huā）：流水～～地响（象声词，不作“譁”）；

②嘩（huá）：喧～，～变，舆论～然；

③譁（huá）：喧～，～变，～众取宠。

（104）划：①划（huá）：～船，～子，～算，～不来；～拳（“划拳”的“划”也作“搳”或“豁”，《第一批异形词整理表》把“划拳”定为规范词形）；

②劃（huá）：～玻璃，手～破了；

③劃（huà）：～分，～拨，～账，计～，规～，策～，筹～，～策，～线，勾～，比～，笔～，～定，～价，～一，～时代。【“计～”“策～”“筹～”“～一”“～分”等词原用“畫”字，后代才用“劃”字。“笔劃”之“劃”今用“画”。】

（105）坏：①壞（huài）：好～；

②坏（pī）：同“坯”。

（106）欢：①歡、懽（huān）：悲～，～乐，～迎，～呼，～聚，～爱，新～；

②讙（huān）：～哗（喧哗），～敖（喧哗鼓噪），～噪，～头国【以上不作“歡”“懽”“驩”】；悲～，～乐，～迎，～呼；【“讙”原表示喧哗，通“歡”“懽”。】

③驩（huān）：冯～，～兜（以上为人名），咸～县（西汉置，唐朝改为怀驩县），～州（隋唐时州名）【以上不作“歡”“懽”“讙”】；～哗（通“讙”，不作“歡”“懽”）；～乐，～迎，～呼，～爱。【“驩”原为马名，通“歡”“懽”。】

（107）晃：①晃（huǎng）：明～～，～眼，一～十年；

②晃（huàng）：～荡，～动，～悠【以上不作“搖”】；摇～，摇头～脑；

③搖（huàng）：摇～，摇头～脑。

（108）徽：①徽：～索（绳索），～州（在今安徽省歙县），～墨，安～省，～号（美称），国～，校～，帽～，～章【以上不作“徽”】；～帜；

②徽：～帜。

（109）回：①回：返～，～归，来～，～家，～师，～笼，～炉，～答，～报，～信，～馈，～单，～访，～绝，～合，～顾，～放，～忆，～味，～春，～扣，奸～，一～事，一～生二～熟，章～小说，～族，～教，～鹘【以上不作“迴”】；～旋，～转，～首，～马枪，～心转意，～眸一笑，～肠荡气，起死～生，～天乏术，～环，～风，轮～，～光，～声，～文，～避；

②迴：迂～，～旋，峰～路转，～头，～荡，～肠荡气，起死～生，～环，～风，轮～，～光返照，～音壁，～文，～廊，～形针，巡～，～避。

（110）毁：①毁：～坏，销～，～灭，～容，哀～骨立，～约【以上不作“燬”“譭”】；烧～，～谤；

②燬：烧～，焚～；

③譭：～谤，诋～。

（111）汇：①匯：～合，～成巨流，～演，《文～报》，～丰银行，～款，外～，创～【以上不作“彙”】；～聚，～编，～集，词～，～总，～展，～报；

②彙：《字～》，～萃，品～【以上不作“匯”】；～聚，～刻，～编，～报，词～，总～。

（112）伙：①伙：～食，～房，家～，傢～【以上不作“夥”】；～计，～伴，同～，合～，一～人；

②夥：～计，～伴，合～，～同，成群结～，一～人。【表示“多”的“夥”不简化为“伙”。】

（113）获：①獲：～得，～取，～益，～利，～胜，～奖，～救，～罪，～释，～知，～准，收～（获得成果），不劳而～，捕～，俘～，臧～（奴婢），～嘉县（在河南省）；

②穫：收～（收取成熟的农产品）。

（114）几：①几（jī）：～案，茶～，窗明～净；

②幾（jī）：～乎，～率；

③幾（jǐ）：～本书，～次三番，所剩无～，～何，～何学，～经，～岁了，～内亚；

④幾（jì）：希～（通“冀”）。

（115）机：①機：～器，～械，飞～，客～，～场，～动，～关，～构，～密，～要，～宜，～会，～遇，时～，生～，危～，转～，契～，～制，～能，有～体，～智，～敏，～巧，～诈；

②机：～木（树名，即桤木）。

（116）饥：①飢：姓～，～国【以上不作“饑”】；～饿，～肠辘辘，～不择食，充～，～色，～民；

②饑：～荒，～馑。【古代“饑”“飢”多混用，但表示饥饿时应该用“飢”，表示歉收时应该用“饑”。】

（117）极：①極：～点，～限，～端，～致，～力，～刑，登峰造～，物～必反，北～，阴～，～其；

②极：驴～（驴背上的驮架）。

（118）绩：①績：纺～，～麻，～绍（继承业绩），～学之士，败～，战～，成～，～效，考～，丰功伟～【以上不作“勣”】；功～，业～；

②勣：功～，业～。【“勣”用于人名时类推简化作“勣”，是规范字。】

（119）夹：①夾（jiā）：～住，～杂，～板，～道，～岸，～缝，～层，～角，～攻，～生，～心，～子，文件～，皮～，～带，鬓～，～克衫；

②夾（jiá）：马～，马～袋，～鞋【以上不作“裌”“袷”】；～袄，～被；

③裌、袷（jiá）：～袄，～衣，～被；【“袷”用于“袷袢”时读qiā，是规范字，不写作“夾”“裌”。】

④夾（gā）：～肢窝。

（120）家：①家（jiā）：～庭，～父，～长，～眷，～贼难防，小～子气，～畜，～常，～当，～电，专～，行～，作～，儒～，法～，一～之言，国～，三～人～【以上不作“傢”】；～伙，～具，～什；

②傢（jiā）：～具，～什，～伙；

③家（jia）：女人～，老人～，水生～（水生妻）；

④家（jie）：成天～忙（同“價”）；

⑤家（gū）：阿家（婆婆，通“姑”），曹大～（班昭）。

（121）假：①假（jiǎ）：真～，虚～，～冒，～死，～山，～道（借路），狐～虎威，～公济私，不～思索，片～名，～设，～使，～如【以上不作“叚”】；～借，通～字；

②叚（jiǎ）：～借，通～字；【“叚”用于姓氏人名时读 xiá，是规范字，不作“假”。】

③假（jià）：～期，请～，病～。

（122）价：①價（jià）：～格，～值，身～；

②价（jiè）：贵～，来～，～傧（导引和接待宾客的人），小～（传物或传话的人），良～（中国佛教禅宗曹洞宗创始人）；

③價（jie）：成天～忙，震天～响。

（123）奸：①奸：～诈，～恶，老～巨猾，～计，汉～，～细，～臣，～商，狼狈为～，作～犯科；

②姦：通～，强～，～污，～淫。【古代“奸”“姦”二字常混用，近代以来有分用的趋势。】

（124）笺：①箋：～注，～释【以上不作“牋”“椾”】；～牍（信札），～札，～奏（奏记），～记，～咏，信～（信纸），～幅（笺纸），便～【以上不作“椾”】；彩～（古代写信或题诗用的小幅精美纸张），素～；

②牋：～牍，～札，～奏，～记，信～【以上不作“椾”】；彩～，素～；

③椾：彩～。

（125）缄：①緘（jiān）：～縢（绳索），～闭（封闭），～泪（收敛泪水），～唇（闭口不言），～口结舌，三～其口，～默，～扇思母（存藏母扇以感念母亲），～藏【以上不作“椷”】；～书（封书寄信），～札，～题，～封，书一～（信一封）；

②椷（jiān）：宝～（匣子）【以上不作“緘”】；～书，～封；

③椷（hán）：间可～剑。（通“含”）

（126）荐：①荐：～草（茂盛的草），草～（草垫），～仍（频仍），～食（一再吞食），～臻（接连来到），～饑（连续灾荒）；

②薦：推～，举～【以上不作“荐”】；～草，草～，～食，～臻，～饑。

（127）鉴：①鑒：台～，惠～，钧～，尊～【以上为书信用语，不作“鑑”】；～定，～赏，借～，～戒，～于；

②鑑：～真（僧人名），～湖（古代湖名，在今浙江省绍兴市），《资治通～》【以上不作“鑒”】；光可～人，～别，～定，～赏，借～，～戒，前车之～，～于，～往知来。【“鑒”“鑑”音义同，但使用习惯略有不同。】

（128）姜：①姜：姓～，～太公，孟～女，～山（浙江省地名）；

②薑：生～。

（129）僵：①僵：～硬，李代桃～，～直，冻～，～卧，～化，弄～，～持，～局【以上不作“殭”】；～尸，～仆；

②殭：～尸，～仆。

（130）洁：①潔（jié）：清～，整～，纯～，～具，～癖，廉～，～身自好；

②絜（jié）：清～，～白，廉～，～身（以上通“潔”）；【“絜”用于人名时是规范字，不作“潔”。】

③絜（xié）：～树（用绳围住树干量其周长），～驾（套车），度长

～大（衡量）。【此“絜”不是“潔”的异体字。】

（131）借：①借（jiè）：出～，～用，～调，～贷，～钱，～宿，～东风，～词，～代，～问，～刀杀人，～尸还魂，～题发挥，～古讽今，～花献佛，～酒浇愁，～光，～重，～机，～鑑【以上不作“藉”】；憑～，假～，～口，～故，～端，～助，～令；

②藉（jiè）：憑～，假～，～口，～託，～故，～资，～端，～助，～手，～以，～使，～令。【“藉”读 jí 时不简化作“借”，如“狼藉”“凌藉”“藉没”“顾藉”“藉田”；读 jiè 而用于慰藉、含蓄、衬垫义时也不简化为“借”，如“慰藉”“蕴藉”“枕藉”“藉子”。】

（132）斤：①斤：公～，半～八两，～～计较，运～成风【以上不作“觔”】；～斗（现在一般写作“筋斗”）；

②觔：～骨，～力，～脉，～节【以上同“筋”，不作“斤”】；～斗（现在一般写作“筋斗”）。

（133）尽：①儘（jǐn）：～管，～快，～早，～量；（表示力求达到极限）

②盡（jìn）：穷～，同归于～，详～，～头，～心，～忠，～人皆知，鞠躬～瘁。（表示竭尽、完全）

（134）径：①徑（jìng）：花～（庐山景点），田～运动，直～，口～【以上不作“逕”】；路～，途～，门～，捷～，独辟蹊～，曲～通幽，大相～庭，行～，～直，～飞北京；

②逕（jìng）：路～，途～，门～，捷～，蹊～，曲～，大相～庭，行～，～直；【“逕”用于姓氏人名、地名时简化为“迳”，是规范字，不作“径”。】

③徑（jīng）：～历（经过），～复（往返）。

（135）局：①局：教育～，公安～，当～，电信～，书～，棋～，五～三胜，饭～，骗～，布～，格～，～面，顾全大～，结～，僵～，～部，～限【以上不作“侷”“跼”】；～促，～缩，～蹐不安；

②侷：～促；

③跼：～躅（徘徊不前），～踖，～驥（身受约束的良马，比喻不能发挥才能）【以上不作“局”“侷”】；～促，～缩，～蹐不安。

（136）巨：①巨：～细，～擘，～室，～头，～蠹，～奸，老奸～猾，富商～贾，～富，～款，～额，～轮，～笔，鸿篇～制，～型，～变，～响，

～毋霸（汉代人名），姓～【以上不作“鉅”】；～阙（剑名），～大，～人，～子，～片，～万；

②鉅：～铁，网～（网钩），～鹿县（在河北省），～野县（在山东省）【以上不作“巨”】；～阙，～大，～子，～片，～万。【“鉅”表示钢铁、钩子以及用于人名、地名时类推简化为“钜”，是规范字，不写作“巨”。】

（137）据：①據（jù）：占～，～点，进退失～，根～，依～，～理，～说，证～，论～，理～，数～，凭～，收～，单～，票～；

②据（jū）：拮～。

（138）卷：①卷（juǎn）：～耳（一种菊科植物），姓～【以上不作“捲”】；～尺，～髮，～笔刀，～簾门，席～，～舌，～土重来；

②捲（juǎn）：～起来，～扬机，席～，～舌音，～土重来，～烟，～麵，～尺，～髮，～心菜，铺盖～儿，蛋～儿，一～胶～；

③捲、餸（juǎn）：花～儿，春～儿；

④卷（juàn）：画～，～宗，～帙，考～，答～，～轴，读书破万～；

⑤卷（quán）：～曲，情意～～。（通“拳”）

（139）眷：①眷：亲～，女～，～属，家～【以上不作“睠”】；～顾，～注，～念，～恋；

②睠：～顾，～注，～念，～恋。

（140）浚：①浚（jùn）：～财（搜刮钱财），～利【以上不作“濬”】；疏～，～井，～泥船；

②濬（jùn）：～哲（深沉而有智慧），～文【以上不作“浚”】；疏～，～谷；

③濬（xùn）：～县（在河南省）。

（141）慨：①慨：愤～，慷～，感～，～诺，～允【以上不作“嘅”】；～叹；

②嘅：～叹。

（142）坎：①坎：～卦（八卦之一），～德拉（发光强度单位）【以上不作“埳”】；～坷；

②埳：～坷，～壈。

（143）克：①克：～勤～俭（能），以柔～刚，～己复礼，～山县（在黑龙江省），千～，～拉，夹～，～隆，坦～，扑～牌，马赛～，布尔什维～，

～格勃【以上不作“剋”“尅”】；攻～，～復，～制，～服，～己奉公，～日，～期；

②剋、尅（kè）：五行相～，～星，～夫，～扣，～薄，～意【以上不作“克”】；攻～，～復，～制，～己，～日，～期。【“剋”用于“挨～”“～架”等表示训斥、打人时读 kēi，是规范字，不简化作“克”。】

（144）叩：①叩：～头，～拜，～见，～问【以上不作“敂”】；～门，～打，～诊；

②敂：～打，～门，～诊。（表敲击义）

（145）扣：①扣：～住，～帽子，～扣子，～题，一环～一环，绳～，丝丝入～，螺丝～，～肉，～留，～押，～人心弦，克～，～除，～分，折～，回～【以上不作“釦”】；纽～，风纪～；

②釦：钮～，风纪～。

（146）夸：①夸：～姣（通“姱”，美），～脱（容量单位），～父追日【以上不作“誇”】；～张，～大，浮～，～诞，～奖，～耀；

②誇：～口，～～其谈，～张，～大，浮～，～诞，～示，～奖，自卖自～，～耀。

（147）亏：①虧（kuī）：～本，～损，～心，～待，～你做得出来，吃～，幸～；

②亏（yú）：古“于”字。

（148）坤：①坤：乾～，～角儿（女演员），～宁宫；

②堃：常宝～（人名）。【“堃”“坤”音义同，但一般词语多用“坤”；“堃”多用于人名，是规范字，不改作“坤”。】

（149）昆：①昆：～弟，～虫，～明，～夷（古代部落名），～吾【以上不作“崑”】；～侖山；

②崑：～山（江苏省地名），～腔，～曲，～布（中药名），西～体【以上不作“昆”】；～崙。

（150）捆：①捆：～屦（打草鞋），～绑，把人～起来，～风（扯谎），一～柴草【以上不作“綑”】；～扎，～行李，～住手脚；

②綑：～缚，～扎，被～住了手脚。

（151）困：①困：穷～，围～，贫～，～难，～乏，～顿，～窘，～兽犹斗，～惑，～扰，《～学纪闻》【以上不作“睏”】；～倦；

②睏：～觉，～倦，～得直想睡觉。

（152）腊：①臘（là）：～月，～祭，～八粥，～梅，～肉（冬季腌制的肉），～肠，

～克（硝基漆），～子口（甘肃省地名），～尔山（湖南省地名），苏门答～岛；

②腊（xī）：～肉（乾肉）。

（153）蜡：①蠟（là）：蜂～，石～，味同嚼～，地板～，打～，～烛，～笔，～人，～黄，～纸；

②蜡（zhà）：～祭（通“褚”，一种年终祭祀），～月。

（154）琅：①琅：～玕，书声～～，姓～【以上不作“瑯”】；琳～满目，～嬛，～珰，～玡；

②瑯：琳～满目，～嬛，～珰，～琊（古代“琅玡”“琅邪”“瑯琊”通用，现在作为山名，山东省的写作“琅玡山”，安徽省的写作“琅琊山”）。

（155）累：①累（léi）：～赘【以上不作“纍”】；～绁，～囚，～臣；

②纍（léi）：～牛（交配期的公牛），果实～～，～～若丧家之犬【以上不作“累”】；～绁，～囚，～臣；

③累（lěi）：～黍（重量单位），牵～，连～，带～，受～（受牵连），～及无辜，连篇～牍，伤痕～～，～计，～加，～进，～次，～犯，～教不改，～日，～世，长年～月，积～，日积月～【以上不作“纍”】；罪行～～，～卵；

④纍（lěi）：罪行～～，～卵；

⑤累（lèi）：劳～，～死～活，受苦受～。

（156）棱：①棱、稜（léng）：～角，冰～，瓦～，眉～骨，桌棱儿，搓边～儿，模～两可，～镜，～晶，～柱体，～锥体，威～（威势），～～霜气，目光～～；

②棱（lēng）：花不～登，红不～登，傻不～登；

③棱（líng）：穆～市（在黑龙江省）。

（157）厘：①厘（lí）：～毫（古代计数所用俗字，正字用“釐”）；

②釐（lí）：～和（治理协调），～正（订正），～革（改革），～定【以上不作“厘”】；毫～，～米，分～不差；

③釐（xī）：祝～（福，通“禧”），恭祝新～，～事（祭祀之事），鲁～公（通“僖”）【以上不作“厘”】；【现在“釐”读 xī 而用于姓氏人名时是规范字，也不作“厘”，只有读 lí 时才应该用“厘”。】

④厘（chán）：一～（同“廛”，一家所居之地）。

（158）离：①離（lí）：分～，～别，～开，～散，～职，～婚，～异，支～破碎，距～；

②离（chī）：“螭”“魑”的古字。

（159）漓：①灕：～江（在广西）；

②漓：淋～，～～拉拉。

（160）篱：①籬：～笆，樊～，～墙；

②篱：笊～（竹制勺形漉器）。

（161）里：①里：邻～，～弄，故～，角～，三元～，乡～（家乡，乡镇），市～（500 米），～程碑，万～长城，千～马，公～，下～巴人，姓～，百～（复姓），塔～木，阿～巴巴，卡路～，果戈～，～昂，歇斯底～【以上不作“裏”“裡”】；糊～糊涂，疙～疙瘩，噼～啪啦；

②裏、裡：棉袄～子，～边，鞭辟入～，～头，笑～藏刀，表～不一，～脊肉，乡～（乡镇中），市～（城市中），～屋，～手，～通外国，雪～蕻，这～，暗地～，～海（在伊朗北界），～运河（在江苏省）【以上不作“里”】；糊～糊涂（衬字，多用“里”）。

（162）历：①歷、厯：经～，来～，～程，～险，～史，～代，履～，简～，病～，学～，～数，～次，～年，～来，～～可数，～山（在山西省），～城（在山东省），～阳（在安徽省），亚～山大；

②曆、厤：～法，阳～，阴～，农～，黄～，～书，挂～，日～，校～，大～（唐代年号），庆～（宋代年号），万～（明代年号）。

（163）隶：①隸、隷（lì）：奴～，～仆，～书，～属；

②隶（dài）：“逮”之古字。

（164）栗：①栗：～子，板～，～色，～暴【以上不作“慄”】；战～，不寒而～，～～危惧（通“慄”）；～冽，～烈（通“溧”）；【现在“溧”已不再作为“栗”的异体字，“栗”通“溧”时可写作“溧”，不能写作“慄”。】

②慄：战～，不寒而～。

（165）怜：①憐、怜（lián）：哀～，～悯，～恤，可～，同病相～，～爱，顾影自～，爱～，～香惜玉；

②怜（líng）：～俐（同“伶俐”）。

（166）帘：①帘：酒～（酒旗，酒店的幌子）【以上不作“簾”】；门～（用于布制的）；

②簾：竹～，蟹～，草～，纱～，珠～，雨～，水～洞，卷～门，车～，轿～，窗～，～幕，垂～听政【以上不作“帘”】；门～。

（167）炼：①煉：～焦，～油，～指（僧徒以火灼指的修炼方法），～山【以上不作“鍊”】；～丹，～乳；

②鍊：锻～，修～，～句，～字【以上不作“煉”】；～钢，冶～，～石补天，～丹。【“鍊條”“拉鍊”的“鍊”现在写作“链”，不写作“炼”。】

（168）梁：①梁：桥～，津～，山～，车～，脊～，鼻～，强～，余音绕～，悬～刺股，跳～小丑，偷～换柱，顶～柱，挑大～，无～殿，上～文，～国，大～（古地名，在今河南省开封市），～朝，～山，吕～市，柏～台，杞～城，仲～氏，姓～【以上不作“樑”】；房～，栋～，～上君子（指窃贼）；

②樑：房～，栋～，～上君子。

（169）了：①了（liǎo）：罢～（表示暂时不深究，算了），末～，～结，～断，～却，不～～之，～不相涉，～无痕迹，受不～，跑不～，办得～，～不得，安排～当，～悟，不甚～～【以上不作“瞭”，因为“瞭”指看得清楚，“了”还指完结和想得明白】；明～，～解，～然，～如指掌；

②了（le）：罢～（助词，表示仅此而已），吃～嘴短，拿～手软；

③瞭（liǎo）：明～，一目～然，～解，～如指掌。【“瞭望”“瞭哨”之“瞭”读liào，不简化为“了”。】

（170）淋：①淋（lín）：～湿，～浴，日晒雨～，～漓，血～～，～巴；

②淋（lìn）：过～（过滤）【以上不作“痳”】；～病（一种性病）；

③痳（lìn）：～病。

（171）磷：①磷（lín）：砰～，～～水中石【以上不作“燐”】；白～，红～，～肥，～脂，～酸，～火；

②燐（lín）：～乱【以上不作“磷”】；～火，～光，～酸；

③磷（lìn）：磨而不～。

（172）岭：①嶺（lǐng）：山～，分水～，秦～，大兴安～，五～，～南；

②岭（líng）：～嶙，～峇（山深貌），～嶝。

（173）芦：①蘆（lú）：～苇，～花，～荡，～荟，～沟桥；

②芦（hù）：药草名，即地黄。

（174）卤：①鹵：盐～，～田（盐田），～地（盐碱地），～莽（荒地上的野草，表示粗率冒失时现在改用“鲁莽”），～素，～化【以上不作“滷”】；茶～，～味，～鸡；

②滷：茶～，～味，～菜，～鸡，～肉，～汁豆腐干。

（175）箓：①籙：图～（簿籍），符～（符咒）；

②箓：筐～，书～（竹箱，同“簏”）。

（176）绿：①緑（lǜ）：～色，～叶，～洲，～茶，～帽子【以上不作“菉”】；～豆；

②菉（lǜ）：～豆；【“菉”现用于姓氏人名、地名时是规范字，不作“緑”。】

③緑（lù）：～林，～营（清代由汉人编成的武装），鸭～江【以上不作“菉”】；～竹（草名，“緑”通“菉”）；

④菉（lù）：～竹堂（明代葉盛书堂名）【以上不作“緑”】；～竹。

（177）仑：①侖：加～（容量单位），拿破～，姓～【以上不作“崙”“崘”】；昆～；

②崙、崘：崑～山，～菌（通“轮囷”）。

（178）麻：①麻（má）：披～皴（画法之一），一团乱～，心乱如～，杀人如～，密密～～，～子，～疹，～雀，～将，～花，～豆腐，～黄素，～沸散，～风，～木，～痹，～醉，肉～，～利，～烦，～姑山（在江西省），～城（在湖北省），～沙（在福建省），～江（在西藏自治区）【以上不作“蔴”】；苎～，绩～，～织品，～布，～衣，～袋，披～戴孝【以上一般不用“蔴”】；大～，蓖～，芝～，～油；

②蔴（má）：大～，芝～，～油；【“蔴”为“麻”之俗字，多用于“芝麻”“麻油”等。】

③麻（mā）：～麻亮，～麻黑。

（179）么：①么（ma）：同“吗”“嘛”；【“么二”“呼么喝六”“么叔”“么妹”“么麽小丑”中的“么”读 yāo，今规定写作“幺”，所以在写简化字的时候不能再写作“么”。】

②麽（me）：那～，怎～，什～，多～，二呀～二郎山，高呀～高万丈。【“幺麽”的“麽”读 mó，不简化为“么”。】

（180）霉：①霉：～雨（梅雨），发～，～烂，～变，～气，倒～，触～头；
②黴：～菌，～毒（梅毒），洋～疮（杨梅疮），～黑，青～素，黄曲～素。

（181）蒙：①蒙（mēng）：头发～（糊涂），～头转向，～～亮【以上不作“矇”】；～骗，别瞎～；
②矇（mēng）：～骗，别瞎～；
③蒙（méng）：～蔽，～在鼓里，～住眼，～面人，发～解惑，～受，承～，～药，～汗药，姓～，逢～（古代人名），～山（在山东省），～阴县（在山东省），～城县（在安徽省），～自（云南省地名），～山县（在广西），荷尔～，～娜丽莎，～太奇【以上不作“濛”“懞”“矇”】；～～细雨，～松雨，云雾～～，灰～～，鸿～初辟，溟～；～昧，迷～，启～，～眬，～混过关；
④濛（méng）：～～细雨，～松雨，云雾～～，灰～～，白～～，鸿～，洪～，溟～，～阳镇（在四川省）；
⑤懞（méng）：敦～（老实巴交）；
⑥矇（méng）：～瞍（瞎子），瞽～，～聋，发～振聩【以上不作“蒙”“濛”“懞”】；～昧，昏～，～矓（看不清楚），～混；
⑦蒙（měng）：～古；
⑧懞（měng）：～懂（糊涂）。

（182）眯：①瞇（mī）：～缝双目（上下眼皮接近而不接触），笑～了眼，笑～～，～了一会儿（小睡）；
②眯（mí）：让沙子～了眼睛。

（183）弥：①彌（mí）：～天大谎，～补，～缝，～合，～封，历久～新，欲盖～彰，～足珍贵，～留，～陀佛，～撒，姓～【以上不作“瀰”】；～漫，～散，～蒙；
②瀰（mí）：～漫，大雾～天，～散，～濛；
③彌（mǐ）：～兵。（同“弭”）

（184）秘：①祕、秘（mì）：神～，奥～，～密，～方，～诀，～籍，～书；【过去“祕”为正字，“秘”为俗字；现在“秘”为规范字，“祕”为异体字，但“祕”用于姓氏人名时是规范字，不作“秘”。】
②秘（bì）：～鲁（国名）。

（185）绵：①綿：～绸，～羊，海～，～白糖，～里藏针，～水（在江西省），

～阳市（在四川省），～竹市（在四川省）【以上不作“緜”】；丝～，～薄，～弱，～密，缠～，延～，连～，～长；【“綿”为后起字，新词多用“綿”，古词多用“緜”。】

②緜：～弱，～力，～密，缠～，～亘，联～，～邈。

（186）面：①面：～孔，会～，当～，～对，白～书生，头～人物，别开生～，～壁思过，～世，体～，表～，地～，场～，门～，版～，鞋～，凹～，局～，～额，正～，平～，～积，方～，一～之词，上～，一～镜子；

②麵、麪：～粉，～条，玉米～，胡椒～，擀～杖，～馆，～包，～筋，白～儿（海洛因）。

（187）渺：①渺：～小，～茫（模糊不清），～邈，～～（形容悠远），～然，～无人烟【以上不作“淼”】；浩～；

②淼：浩～，～茫（水势浩淼），碧波～～。【“淼”用于姓氏人名、地名时现为规范字，不作“渺”。】

（188）蔑：①蔑：轻～，～视，～（无）以复加；

②衊：污～，诬～。

（189）拿：①拿（ná）：～笔，～枪，～主意，～手，捉～，推～，～不准；

②拏（ná）：挼～（牵引）【以上不作“拿”】；～定主意，～手，～攫（同“拿”）；

③挐（ná）：～攫（通“拿”）；

④挐（rú）：纷～（乱），烦～，～首（蓬头）。【“挐”不是“拿”的异体字。】

（190）乃：①乃：木～伊，康～馨【以上不作“迺”“廼”】；胜败～兵家常事，～今；

②迺、廼：胜败～兵家常事，～今。【“迺”用于姓氏人名、地名时是规范字，不作“乃”。】

（191）霓：①霓：～虹灯，《～裳羽衣曲》【以上不作“蜺”】；虹～，云～；

②蜺：～鸣【“蜺”指寒蝉，不作“霓”】；虹～（通“霓”），云～。

（192）念：①念：想～，～头，信～，杂～，概～，纪～，～～不忘，姓～，～奴娇【以上不作“唸”】；～书，～经，～佛；

②唸：～书，～经，～佛。

（193）娘：①娘：姑～，～～腔，伴～，新～，～子，～们，婆～，老～，大～，老板～，王母～～，～～庙，～子关，杜十～，红～，徐～半老，纺织～【以上不作“孃”】；爹～，爷～，～亲，～家，姨～，婶～，正宫～～；
②孃：爷～，姨～，婶～，正宫～～。

（194）宁：①寧（níng）：～馨儿，～夏，沪～铁路，～波市（在浙江省），～国市（在安徽省），列～，姓～【以上不作“甯”】；安～，～亲，归～；
②甯（níng）：安～，～亲，归～；
③寧（nìng）：～可，～愿，～缺毋滥，～死不屈，王侯将相～有种乎；
④甯（nìng）：姓～；【“甯”用于姓氏人名时为规范字，不写作“宁”“寧”，如“甯成”。】
⑤宁（zhù）：此“宁”指门和屏之间，古代“宁”又通“貯”（贮）、“佇”（伫），今规定将此“宁”改写为“宀”，以免与简化字“宁”混淆。

（195）柠：①檸（níng）：～檬；
②柠（chǔ）：～叶（树名，同“楮”）。

（196）泞：①濘（nìng）：泥～；
②泞（zhù）：澹～（荡漾）。

（197）弄：①弄（nòng）：摆～，玩～，～权，舞文～墨，～潮儿，戏～，捉～，～臣，～鬼，～虚作假，～巧成拙，～假成真，～错，～明白，～点钱花，～得人心惶惶，卖～，搔首～姿，～琴，《梅花三～》；
②挵（nòng）：摆～，玩～；【“挵”为后起字，很少使用。】
③弄（lòng）：～堂，里～；【俗字或写作“衖”。】
④衖（xiàng）：家～（同“巷”）。

（198）炮：①炮（pào）：打眼放～（爆破土石），～筒子（比喻心直口快的人），鞭～【以上不作“礮”“砲”】；枪～，～弹，马后～；
②礮、砲（pào）：枪～，～弹，～兵，马后～；
③炮（páo）：～製，～薑，～烙；
④炮（bāo）：～羊肉，湿衣服放在热炕上很快就～干了。

（199）匹：①匹：马～，～马单枪，～夫，～偶（夫妇），～配，～敌【以上不作“疋”】；两～马，一～布（通“疋”）；

②疋：布～，～头，～练（成匹白绢，比喻瀑布等），～鸟（鸳鸯）【以上不作“匹”】；一～布，两～马（通“匹”）。【表示脚的“疋”读 shū，用作“雅”的“疋”读 yǎ，均不能写作“匹”。】

（200）辟：①闢（pì）：开～，独～蹊径，～地，～除（除去），～邪（斥除邪恶），～邪说，～谣，透～，精～；

②辟（pì）：法～（刑），大～（死刑），放～（同“僻”）邪侈，～邪（偏邪不正），鞭～入裹【以上不作“闢”】；～地（通“闢”），～疆，～除（除去）；

③辟（bì）：复～（恢复帝位），～雍，～（同“避”）易，～除（授官），～邪（驱除鬼怪作祟）。

（201）苹：①苹（píng）：野～（白蒿一类的草，不作“蘋”）；

②蘋（píng）：～果。【“蘋”表示植物名时读 pín，不简化为“苹”而简化为“蘋”。】

（202）凭：①凭：～靠，～几（凭靠几案），～栏；【一般用于意义较实之处。】

②憑：～据，～证，～信，文～，～藉，～良心做事，～本事吃饭，～票，～空捏造，～吊，～陵（恃强凌弱），～祥（广西地名），任～，听～【以上一般不作“凭”】；～几，～栏。

（203）仆：①仆（pū）：前～后继；

②僕（pú）：奴～，～人，～～风尘，太～（古代官名），姓～。

（204）扑：①扑：～击，～掌（拍掌），～刑（用鞭、杖或竹板打），～责，～枣（击落枣子）；

②撲：～打，～灭，饿虎～食，～空，一心～在工作上，把粉～在上面，～面，～鼻，～朔迷离，颠～不破，～克牌，拓～学。

（205）朴：①樸（pǔ）：～学【以上不作“朴”】；～素，质～，淳～，抱～（保持淳朴），～陋，～实；

②朴（pǔ）：抱～子（晋代葛洪号），～牛（大牛）【以上不作“樸”】；～素，质～，淳～，抱～，～陋，～直，～实；

③朴（pō）：～刀；

④朴（pò）：～树，桑～（桑树皮），～硝；

⑤朴（Piáo）：姓～。

（206）铺：①鋪（pù）：十里～，床～，～位【以上不作“舖”】；店～，书～，

～面；

②舖（pù）：店～，书～，～面；

③鋪（pū）：～平，～设，～床，～盖，～陈，～张。

（207）凄：①淒、凄：～黯，～寒，～凉，风雨～～，～风苦雨，～清，～厉，～迷【以上不作“悽”】；～切，～恻，～怆，～惨，～楚；

②悽：～恻，～怆，～惨，～楚，～苦，～婉，～艳，～切。

（208）戚：①戚：干～（古代兵器），亲～，外～（指帝王的母族、妻族），～～低语，心有～～（心动的样子），～墅堰（在江苏省），姓～，～继光【以上不作“慼”】；忧～，悲～，哀～，悽～，休～相关，～～（忧伤的样子）；

②慼：忧～，悲～，哀～，悽～，休～相关，～～。

（209）期：①期（qī）：日～，～刊，～待，～货；

②期、朞（jī）：～年（一周年），～月（一整月）。

（210）旗：①旗：大张～鼓，摇～呐喊，～开得胜，国～，党～，酒～，锦～，～手，八～，蓝～营，～袍，准格尔～【以上不作“旂”】；～帜，～竿；

②旂：～帜，～竿。

（211）千：①千：～万，～古，～里，～岛；

②韆：鞦～。

③汧▲：～阳（原陕西省县名，1964年改为“千阳”，回写原地名时应该用“汧陽”）。

（212）签：①簽：～押，～字，～到，～署，～发，～收，～订，题～，～注，～证【以上不作“籤”】；标～，书～；

②籤：竹～，牙～，抽～，求～，《云笈七～》【以上不作“簽”】；标～，书～。

（213）纤：①縴（qiàn）：～绳，～夫，拉～；

②纖（xiān）：～维，～细，～弱，～小。

（214）枪：①槍（qiāng）：标～，红缨～，～杆子，水～，注油～，喷～，焊～，烟～，～篱（竹篱笆），旗～（茶叶的嫩芽），以头～地（撞地），～手，～替（代考），～毙（废弃不用）【以上不作“鎗”】；～支，～炮，步～，手～，机关～，～膛，～毙（枪杀），～战，～林弹雨；

②鎗（qiāng）：铿～（同“铿锵”），～～（象声词），～鍠（象声词），～底饭（锅底饭）【以上不作“槍”】；火～（火铳），～支，洋～，

～炮，步～，手～，机关～，～膛，～毙（枪杀），～战，～林弹雨；

③槍（chēng）：～星（彗星），欃～（彗星）；

④鎗（chēng）：酒～（温酒器）；

⑤鎗（qiàng）：～金（镶嵌黄金）。

（215）跷：①蹺（qiāo）：～着脚走路，～着腿坐着，～起大拇指，蹊～，高～，～～板【以上不作“蹻”】；～捷（敏捷）；

②蹻（qiāo）：～足而待（通“蹺”），～捷；

③蹻（jiǎo）：～勇（勇武），～～；

④蹻（jué）：草～（草鞋，通“屩”）。

（216）荞：①蕎：～麦；

②荍：视尔如～（锦葵）【以上不作“蕎”】；～麦（通“蕎”）。

（217）勤：①勤：四体不～，业精于～，～快，～奋，～谨，～学苦练，～俭持家，克～克俭，～工俭学，～密（频繁），～来～往，～王（助王），～政，～民，～恤（怜惜），值～，～务，～杂，出～，缺～，后～，内～，外～，考～，全～，通～车【以上不作“懃”】；～劳，～苦，辛～，～力，～勉，～恳，殷～；

②懃：～劳，～苦，～力，～恳，殷～，雅意～～。

（218）丘：①丘：～陵，～壑，狐死首～，一～之貉，昆嵛～，～八，～脑，～疹，孔～，浮～伯，丹～生，虎～（吴王墓），姓～，～吉尔，比～尼，～比特【以上不作“坵”】；～墟，～墓；【“邱”为规范字，已不再作为“丘”的异体字。“邱”可作姓氏、地名，也用于“山邱”“邱墓”。】

②坵：～墟，～坟。

（219）秋：①秋：～季，～毫之末，千～万代，富于春～，各有千～，暗送～波，黑不溜～，喀～莎；

②鞦：～韆。

（220）球：①球：～琳（指美玉），圆～，橄榄～，篮～，排～，足～，乒乓～，擦边～，踢皮～，～坛，～场（现代球类运动的场地），～迷，～体，地～，誉满全～，星～（宇宙中能发射或反射光的天体），月～，气～（充气的球囊），眼～，煤～，棉～，～面镜，～茎，～菌，白血～，～蛋白【以上不作“毬”】；彩～（用彩绸扎成的球状物），狮子滚绣～；

②毬：气～（古代用丝绸或其他轻的结实材料制作的供蹴踢的球），蹴～，～场（古代蹴球的场地），星～（绣球灯），这件事我管个毬（指男性生殖器）【以上不作“球”】；彩～，绣～。

（221）曲：①曲（qū）：弯～，～解，～折，～尽其妙，～尺，～突徙薪，河～，心～，是非～直，～意逢迎，委～求全，迂～，乡～之士，～笔，文～星，姓～（如“曲波”），～阜（在山东省），～阳县（在河北省），～江；

②麯、麴（qū）：酒～，～霉，黄～霉素，洋河大～；【“麴”用于姓氏人名时类推简化作“麹”，是规范字，不简化为“曲”。】

③曲（qǔ）：歌～，戏～，～调，同工异～。

（222）确：①確：～实，千真万～，～凿，～切，的～，準～，精～，正～，～定，～保，～立，～证，～信，明～，～山县（在河南省），的～良；

②确：硗～（“确”同“埆”，土地多石坚硬而贫瘠）。

（223）榷：①榷：架～（独木桥）【以上不作“搉”】；～货（由官方专卖货物），～茶，～酤，～盐，～收（征收），～税（征税），商～，扬～；

②搉：～眼（表示敲击）【以上不作“榷”】；～酤，商～，扬～。

（224）绕：①繞：缠～，～线，～～（弯曲的样子），盘～，回～，袅～，萦～，缭～，～膝，～梁三日，～手，～嘴，～口令，姓～（如“繞朝”，春秋时人）【以上不作“遶”】；围～，环～【以上一般不用“遶”】；～道，～远；

②遶：～行，～道，～圈子，～弯子，～场一周，～过暗礁，围～，环～。

（225）蕊：①蕊、蘂：～珠（道观），～笈（道经），～榜（进士榜）【以上不作“橤”】；花～；

②橤：～～芬华落（“橤橤”形容散乱下垂的样子）【以上不作“蕊”“蘂”】；花～（通“蘂”）。

（226）洒：①灑、洒（sǎ）：～水，～扫，～落，挥～，潇～，～脱，洋洋～～；

②洒、灑（xǐ）：～心，清～（同“洗”）；

③洒（zá）：～家（咱家）。

（227）膻：①羶、羴、膻（shān）：～气，～味，腥～；

②膻（dàn）：～中（胸腹间的横膈膜）；

③膻（tǎn）：～裼（通“袒”）。

（228）舍：①捨、舍（shě）：～弃，锲而不～，～己救人，施～，～不得；

②舍（shè）：宿～，旅～，魂不守～，～下，寒～，～弟，退避三～，～利子。

（229）沈：①沈（shěn）：～丘县（在河南省），～园（在绍兴），姓～（如“沈约”）；【“沈”过去又读 chén，表示下沉、沉默等意思，如“～溺”“消～”“深～”“～痛”“～寂”等，今改用“沉”字，但过去则以“沈”为正字，以“沉”为俗字。】

②瀋（shěn）：～阳市（在辽宁省），小～河（在沈阳市南），墨～（汁）未干。

（230）升：①升：斗～（容量单位），～平（晋穆帝年号），～平帖，～庵（明代杨慎的号），～堂入室【以上不作“昇”“陞”】；上～，～天，～学，提～，～平（富足太平），～堂，～迁；

②昇：～明（南朝宋顺帝年号），～元（南唐烈祖年号），～元帖，～山（古代山名），～州（古代州名）【以上不作“升”“陞”】；上～，旭日东～，飞～，～天，～学，提～，回～，～平（富足太平），～华【以上不作“陞”】；～堂，～迁；【“昇”用于人名时是规范字，不作“升”，如“毕昇”。】

③陞：～堂，～官，～迁。【“陞”用于人名、地名时是规范字，不作“升”。】

（231）圣：①聖（shèng）：～人，～手，～哲，～明，神～，～洁，～地，～旨，～诞节，《～经》；

②圣（kū）：终日～～（同“矻矻”）。

（232）胜：①勝（shèng）：～利，略～一筹，～友如云，名～，～任，弱不～衣，不～枚举；

②胜（xīng）：腈～（同“腥”）；

③胜（shēng）：指“肽”。

（233）剩：①剩：拟供厨者宜～之【表示阉割，不作“賸”】；～余，过～，残～，～菜，～货，所～无几，就～他一个人；

②賸：繁～【表示增加，不作“剩”】；～余，残～，～菜，赘～。

（234）尸：①尸：～祝，～位素餐，～鸠（也作“鳲鸠”），《～子》（战国时尸佼所撰），～佼，～毗迦王（释迦牟尼成佛前的王号）【以上不作“屍”】；～体，行～走肉，～陀林（佛家指弃尸之处）；

②屍：～体，僵～，～骨，马革裹～，五马分～。

（235）实：①實：殷～，充～，坚～，结～，真～，诚～，虚～，事～，～际，～质，～话，～惠，～用，～践，～验，～习，～效，～绩，～体，～业，～情，～行，～施，～事求是，名～相符，果～，～数，～在，确～；

②寔：～于（“寔”通“置”）【以上不作“實”】；～命不同，～蕃有徒（徒众确实多）。【“寔”在文言中用作副词，通“實”，表示确实，过去曾作为“實”的简化字，现规定为“實”的异体字。】

（236）适：①適（shì）：～当，～合，～应，舒～，～逢其会，～才，无所～（去）从，～可而止，胡～（人名）；

②适（kuò）：南宫～（春秋时人名），洪～（宋代人名）；【此“适”字本作“逽”，与“括”同音，不作“適”。】

③適（dí）：～妻，～子；【通“嫡”，不应简化为“适”。】

④適（zhé）：～罚，～戍。【通“謫”，不应简化为“适”。】

（237）薯：①薯、藷（shǔ）：甘～，红～，白～，～蓣，马铃～；

②藷（zhū）：甘～（甘蔗）。

（238）术：①術（shù）：技～，方～，手～，学～，艺～，心～，战～，权～，～语；

②术（zhú）：白～，苍～（植物名），金兀～（人名）。【此“术”字原写作“朮”。】

（239）松：①松：～树，～香，～烟，～鼠，～节油，～花蛋，～花江，～江区（在上海），～溪县（在福建省），～滋市（在湖北省），～潘县（在四川省），～赞干布，赤～子，马拉～，～下电器；

②鬆：～紧，放～，～手，～口，～口气，～动，～散，～懈，轻～，～快，蓬～，～软，～脆，肉～。

（240）搜：①搜：～查，～检，～山，～剿，～捕，～身，～救，～剔，～遗，～刮，～肠刮肚，～索枯肠，～章摘句，～索引擎，～粟都尉（古代官名），《～神记》【以上不作“蒐”】；～索，～寻，～求，～集，～罗，～辑，～阅（搜罗查看），～讨；

②蒐：茅～（草名），～阅（检阅），春～（田猎名），～田【以上不作“搜”】；～索，～集，～罗，～辑，～讨。【“蒐”表示草名和春天打猎时现为规范字，不能写成“搜”。】

（241）苏：①蘇：紫～（植物名），枝叶扶～，～打，姓～，～州，江～省，

～维埃，～联，～丹【以上不作“甦”“蘇”】；～醒，復～；

②甦：～醒，復～；【“甦”用于姓氏人名时是规范字，不简化为“苏”。】

③蘇：噜～。

（242）诉：①訴：～讼，起～，控～，上～，申～，败～，撤～，～诸武力【以上不作“愬”】；告～，～苦，倾～；

②愬：～～（恐惧的样子）【以上不作“訴”】；告～，～说。

（243）拓：①拓（tà）：～印，～片，～本；

②搨（tà）：～翼（垂翅），～藏（囤积），～上几笔（涂画几笔），～便宜（占便宜）【以上不作“拓”】；～印，～片，～本；

③拓（tuò）：开～，～荒，～展，～殖，落～，～扑，～跋（复姓）。

（244）台：①台（tāi）：～州市（在浙江省），天～山，天～宗；

②台（tái）：三～（星名，比喻三公），～端、～甫、～启、～鉴（敬辞），～安县（在辽宁省），～山市（在广东省）；

③台（yí）：表示“我”；

④臺（tái）：瞭望～，烽火～，炮～，天文～，钓鱼～，～省，御史～，乌～，～端（唐代官职侍御史之负责人的别称），主席～，後～老板，～柱子，亭～楼阁，晒～，阳～，窗～，平～，擂～，月～，～阶，跳～，楼～，看～，讲～，舞～，登～，出～，上～，下～，拆～，垮～，～风（演员的舞台风度），潜～词，对～戏，一～戏，电～，电视～，蜡烛～，砚～，债～，三～机器，铜雀～，雨花～，～城（古代宫城，在今南京市），鬱孤～（在今江西省），～儿莊，茅～酒，五～山，～湾，～北市，轮～县（在新疆），祝英～，澹～（复姓），姓～（如“臺静农”）；

⑤檯（tái）：柜～，写字～，乒乓球～，手术～，～球，～秤，～灯，～扇，～钟，～曆，～面；

⑥颱（tái）：～风（热带风暴）。

（245）坛：①壇：天～，地～，花～，文～，诗～，球～，影～；

②罎、罈、壜：酒～，～子，～～罐罐。

（246）藤：①藤：紫～，爬～，瓜～，葡萄～，顺～摸瓜【以上不作“籐”】；～条，～椅，～床；

②籐：～条，～椅，～床。

（247）体：①體（tǐ）：身～，主～，团～，个～，具～，媒～，立～，～积，形～，字～，～例，～裁，得～，～统，～制，～系，大～，～贴，～会，～现；

②體（tī）：～己话，～己钱；

③体（bèn）：～夫（笨拙的人）。

（248）剃：①剃、鬀：～头，～刀，～度（剃发出家，获得超度）；

②薙：～草（除草），～器（除草器具），～氏（周代官名，掌管刈草之事）【以上不作“剃”“鬀”】；～髮，～度。

（249）眺：①眺：～望，远～；

②覜：～聘（诸侯聘问相见之礼）【以上不作“眺”】；～望。

（250）听：①聽（tīng）：～话，～从，～任，～政，～力，～装奶粉，两～饮料；

②听（yǐn）：～然而笑（笑貌）。

（251）同：①同（tóng）：相～，共～，～盟，～志，～意；

②仝（tóng）：姓～【“仝”用于姓氏人名时是规范字，不写作“同”】；相～，共～，～志；

③同、衕（tòng）：胡～。【“胡同”写作“衚衕”时要保持字形一致。】

（252）偷：①偷（tōu）：～竊，惯～，～袭，～渡，～听，～换，～梁换柱，～税，～空，忙里～闲【以上不作“媮”】；～安，～懒，～情；

②媮（tōu）：～安，苟且～生，～懒，～情；（表示苟且）

③媮（yú）：～快（通“愉”）。

（253）涂：①涂：～水（古河名，在今云南省），姓～【以上不作“塗”】；道听～说（通“途”）；

②塗：～改，～饰，～脂抹粉，～鸦，～料，生灵～炭，肝胆～地，一败～地，滩～，围～造田，糊～，当～（在安徽省），～山（古代山名，在今浙江省、重庆市），姓～【以上不作“涂”】；半～而废（通“途”）。

（254）团：①團：～圆，～聚，～结，麺～，纸～，谜～，～体，集～，代表～，～长，青年～，乱作一～，～～转，一～碎纸，一～漆黑；

②糰：～子，汤～，饭～。

（255）托：①托：～塔天王，和盘～出，～盘，茶～，枪～，花～，～底，放心～胆，衬～，烘～，烘云～月，摩～车，乌～邦，～拉斯，～

尔斯泰【以上不作“託”】；委～，～付，信～，依～，～儿所，请～，～福，寄～，假～，～梦，推～，～大；

②託：拜～，委～，～付，嘱～，～管，信～，依～，～儿所，请～，～福，寄～，～梦，推～，～大，～名。

（256）洼：①洼（wā）：～池（深池），～水（深水）【以上不作“窪”】；低～，水～儿，～地；

②窪（wā）：坑坑～～（指小水坑）【以上不作“洼”】；低～，～地；

③洼（guī）：姓～（汉朝有“洼丹”）。

（257）袜：①襪、韤、韈（wà）：～子，～套，～筒，无跟～，丝～，连裤～；【现代的袜子多用“襪”，古代的足衣多用“韤”“韈”。】

②袜（mò）：～肚（腰巾），～腹（肚兜）。

（258）玩：①玩：游～，～乐，～笑，～物丧志，～具，～偶，古～，～耍，～命，～花招儿，～赏，～味【以上不作“翫”】；～弄，～狎，～忽，～世；

②翫：～弄，～狎，～忽，～世。

（259）挽：①挽：手～手，手～小篮，～腰，～起袖子，～裤腿儿，～留，～具（套在牲畜身上拉车的器具），～弓，～救，～转，～回，力～狂澜【以上不作“輓”】；～车（拉车），～联，～词，～歌；

②輓：～联，敬～，～词，～歌，～车。

（260）碗：①碗、盌：瓷～，搪瓷～，饭～，茶～，～盏，一～饭；

②椀：橡～【以上用于科学技术术语，现为规范字，不作“碗”】；饭～，～盏。

（261）万：①萬（wàn）：千～，～全，姓～，～曆（明代年号），～州区（在重庆市）；

②万（mò）：～俟（Mòqí，复姓）。

（262）喂：①喂：～（叹词），等等我；

②餵、餧：～养，～牲口，以肉～虎，～马，～草，～奶，～饭。

（263）无：①無：～人问津，～可奈何，言者～罪，～边～际；

②无：～咎、～闷、～常、～位、～成、～不利（以上为《周易》用词），《庄子·徐～鬼》。【古书中的某些“无”字习惯上不作“無”。】

（264）溪：①溪：～谷（山间河沟），～壑（有水的山涧用“溪谷”“溪壑”，无水的山沟用“谿谷”“谿壑”），～水，～流，苕～（在浙江省），若耶～（在今浙江省），～口（在浙江省），绩～县（在安徽省），玉～市（在云南省），五～蛮，浣～沙【以上不作“谿”】；～涧，磻～（在今陕西省）；

②谿：～谷（山谷，又针灸穴位），～壑（山谷），勃～（争吵），～刻（苛刻），玉～生（李商隐的号），慈～市（在浙江省），蘭～市（在浙江省），～州（古州名，在今湖南省），乾～（古邑名，在今安徽省），棠～（古地名，在今河南省），堂～氏【以上不作“溪”】；～涧，磻～。【“谿”用于姓氏人名时是规范字，不作“溪”。】

（265）席：①席：～位，出～，主～，首～，联～会议，软～，讲～，酒～，筵～，～不暇暖，～地而坐，幕天～地，～薪枕块，～卷，即～，一～之地，一～话，姓～，～梦思【以上不作“蓆”】；～子，草～，凉～；

②蓆：草～，篾～，凉～。

（266）系：①系（xì）：～统，～列，谱～，太阳～，世～，派～，嫡～，直～亲属，体～，水～，根～，中文～；

②係（xì）：关～，干～，～数，～词，实～（是）该人所为；

③繫（xì）：维～，联～，～缚，～马，解铃～铃，拘～，～狱，～念，《～辞》（《周易》篇名）；

④繫（jì）：～鞋带，～着围裙，把领扣儿～上。

（267）鲜：①鲜（xiān）：～肉，～花，～美，～艳，～明，～于（复姓），～卑【以上不作“鱻”】；新～，时～【以上与“鱼”无关时不作“鱻”】；

②鱻（xiān）：新～，～鱼，时～；

③鲜、尟、尠（xiǎn）：～有，～为人知，寡廉～耻。（表示少）

（268）闲：①閑（xián）：～（养马之所）驹，～厩使（古代官名），十二～（栏，厩），大德不逾～（规范），～检（约束检点），～之以义，防～（防御）【以上不作“閒”】；空～，～暇，安～，～适，～静，～居，～散，～官，～书（以上通“閒”）；

②閒（xián）：空～，～暇，安～，悠～，～适，～静，～逸，～居，休～，～逛，～扯，～谈，～聊，～言碎语，～置，～弃，～散，～人，～职，～杂人员，～事，～房，～钱，～书，～庭，～情逸致，等～，偷～，帮～；

③閒（jiān）：大国之～，顷刻之～，草屋八九～（以上同“間”）；

④閒（jiàn）：～隙，～不容髮，《墨子～诂》（“閒”指发微释疑），～道（小路），～色，～谍，离～，～断（以上同“間”）。【“間”为“閒”之俗字。】

（269）弦：①弦：弓～，箭在～上，动人心～，～脉（中医指脉气紧张），～月（半圆形的月亮），上～（月球在太阳之东 90° 时的位相），～日（农历每月的初七、初八、廿二、廿三日），勾三股四～五，馀～，～切角【以上不作“絃”】；琴～，管～乐，～歌，续～；

②絃：琴～，～外之音，改～更张，管～乐，～歌，续～。

（270）咸：①咸：老少～（都）宜，《～池》（古乐曲名），《～有一德》（《尚书》篇名），～丘（复姓），～卦，～亨（唐高宗年号），～通（唐懿宗年号），～平（宋真宗年号），～豐（清文宗年号），～阳市（在陕西省），～宁市（在湖北省）；

②鹹：～淡，～蛋，～肉，～菜，～水湖。

（271）衔：①銜：～勒（马嚼子），～辔（马嚼子和缰绳），～尾相随（马嚼马尾相随），～接，～枚，～远山，～杯，～命，领～，头～，官～，军～，学～【以上不作“啣”】；～环相报，～恩，～恨，～冤；

②啣：燕子～泥，～环相报，～恨，～冤。

（272）向：①向：塞～（北窗）墐户，姓～（如“向秀”），～都（广西地名）【以上不作“嚮”“曏”】；方～，朝～，～壁虚造，～日葵，～上，～西，～（近）晚，偏～，导～，趋～，倾～，欣欣～荣，～心力，民心～背，志～，～慕，～往，内～，～使【以上不作“曏”】；～来；

②嚮：～导【以上不作“向”】；方～，朝～，～壁虚造，趋～，倾～，志～，～慕，～往，～午，～前【以上不作“曏”】；～来；

③曏：～者（过去），～日，～来。

（273）淆：①淆：混～，～乱，～杂；

②殽：～核（通“肴”），～山（通“崤”）【以上不作“淆”】；混～，～乱，～杂。

（274）效：①效：～果，生～，有～，～验，～应，～用，功～，绩～，成～，无～，～益，～率【以上不作“効”“傚”】；报～，～力，～死，～忠【以上不作“傚”】；仿～，～法，东施～颦，～尤；

②傚：仿～，～法，上行下～，以儆～尤；

③效：报～，～力，～命，～劳，～忠。

（275）欣：①欣（xīn）：～～向荣，欢～鼓舞，～赏，～幸，～慕，～慰，姓～【以上不作“訢”】；～喜，～然；

②訢（xīn）：～欢，～然，～～而来（以上同“欣”，高兴的样子）；【“訢”用于姓氏人名时类推简化作“䜣”，是规范字，不作“欣”。】

③訢（xī）：～合（融合，通“熹”）；

④訢（yín）：～～如（通“誾誾”，谦恭的样子）。

（276）幸：①幸：～福，荣～，庆～，～会，～好，～亏，～灾乐祸，宠～，姓～【以上不作“倖”】；侥～，～运，薄～，佞～（被宠幸），～臣；

②倖：侥～，～运，薄～，～臣。

（277）凶：①凶：吉～，～服，～兆，～年【以上不作“兇”】；～恶，～残，～横，行～，～手，元～，～神恶煞，闹得很～；

②兇：～恶，～狠，～险，～残，～猛，帮～，逞～，～杀，～手，元～，～神恶煞，～器，来势很～。

（278）修：①修：～饰，装～，～理，～复，～缮，～剪，～建，～筑，～辞，～书，～史，～纂，～业，～正，～改，～养，～行，～女，～长【以上不作“脩”】；～身；

②脩：束～【“脩”表示干肉，是规范字，不作“修”】；～身（通“修”）。【通“修”的“脩”现在不用“脩”而用“修”。】

（279）须：①須：必～，～要，务～，莫～有，～知，～臾，～女（星座名），～弥座【以上不作“鬚”】；胡～，～髮，～眉；

②須、頾：～留（等待）；

③鬚：胡～，～髮，～眉，髯～，电～刀，鼻～，捋虎～，虬～，龙～麵，鱼～，鲸～，蝦～，溜～拍马，花～，玉米～，触～，～根，白薯～，萝卜～。【“电～刀”以下一般不用“須”。】

（280）旋：①旋（xuán）：～转，～涡，螺～，回～，凯～，周～，斡～，～律，～即，～生～灭；

②旋（xuàn）：～风，～用～买；

③鏇（xuàn）：酒～子，在车床上～根车轴，把梨皮～掉。

（281）熏：①熏（xūn）：～制，～鱼，～肉，～蒸，～风（暖和的风），～染，～陶，利欲～心，臭气～人【以上不作“燻”】；用蚊香～蚊子，～烤；

②熏（xùn）：炉子安上烟筒就不至于～（窒息中毒）着了；

③燻（xūn）：～烤。

（282）丫：①丫：～头，～鬟，脚～子【以上不作“椏”“枒”】；～叉，～杈，～枝；

②椏：～枫，五～果科【以上不作“丫”“枒”；“椏”用于姓氏人名、地名和科学技术术语时现类推简化作“桠”，是规范字】；～杈，～枝，～叉；

③枒：～杈，～枝，～叉。

（283）烟：①煙（yān）：～火，硝～，～幕弹，～煤，～囱，炊～，荒无人～，过眼云～，灰飞～灭，狼～四起，～尘，乌～瘴气，～雾，～草（烟雾笼罩之草），～雨，～海，～波，～霞，香～，卷～，纸～，～管，～袋，～斗，鸦片～，大～，～灯，～枪，～馆，～花女子，七窍生～，～臺市（在山东省）【以上不作“菸”】；～草（植物名），～叶；

②烟（yān）：～肢（同“胭脂”）【以上不作“煙”】；～海（同“煙海”），～草；

③菸（yān）：～草（植物名），～叶；

④烟（yīn）：～熅（通“氤氲”）；

⑤菸（yù）：～邑（枯萎），～黄，～败。

（284）腌：①腌（yān）：两眼都让泪水给～肿了【以上不作“醃”】；～渍，～制，～肉，～鱼，～菜；

②醃（yān）：～渍，～造，～肉，～蛋，～菜；

③腌（ā）：～臢（āzā）。

（285）咽：①咽（yàn）：～下去，狼吞虎～，～气（指人死断气）；

②嚥（yàn）：细嚼慢～，～口水，狼吞虎～，有意见只能往肚里～，～不下这口气；

③咽（yān）：～喉（包括鼻咽、口咽和喉咽三部分），食不下～；

④咽（yè）：哽～，呜～，～气（屏气，形容惶恐紧张之状）。

（286）宴：①宴：安～，～宁，～然（安定），～居（闲居），～适，～逸，清～（太平），～乐（安乐），～安鸩毒【以上表示安闲义，不作“醼”“讌”】；酒～，设～，～饮，～集，～会，～席，晚～，～请，～乐（宴饮作乐），～娱，～嬉，～语，～游；

②讌：酒～，设～，～饮，～集，～会，～席，～乐（宴饮作乐），

～嬉，～语，～游；

③讌：～饮，～集，～乐（宴饮作乐），～语，诗～。

（287）扬：①揚：～手，～鞭，分道～镳，～帆，～汤止沸，～眉吐气，其貌不～，昂～，趾高气～，～长而去，～～得意，～威，～名，发～，～长避短，～声器，表～，颂～，传～，沸沸～～，铺张～厉，～琴，悠～，～摧，～弃，姓～（如"揚雄"），～子江，～子鳄，～州，～中市（在江苏省）【以上不作"颺"】；飞～，飘～，～言，～声，簸～；

②颺：飞～，～尘，飘～，远～，～言，～声，簸～，～縠。【"颺"用于姓氏人名时类推简化作"飏"，是规范字。】

（288）痒：①痒（yáng）：身有～则浴（"痒"同"疡"，疥疮）；

②癢（yǎng）：刺～，痛～，隔靴搔～。

（289）夭：①夭：～桃秾李，～矫，～阏，逃之～～【以上不作"殀"；"夭"表示初生的动植物时读 ǎo，也不作"殀"】；～亡，～折；

②殀：～亡，～折。

（290）药：①藥：～物，医～，火～，芍～，姓～；

②葯：花的雄蕊上端出花粉的小囊叫"葯"；白芷的叶也叫"葯"。

（291）叶：①葉（yè）：树～，百～，册～，活～文选，上世纪中～，～（原读 shè）公好龙，～县（在河南省），～城县（在新疆），姓～，～利钦；

②叶（xié）：～音，～韵，～律。（同"谐"）

（292）医：①醫（yī）：～药，～疗，～院，～生，～德，西～，中～；

②医（yì）：兵不解～（盛弓箭之器）。

（293）移：①移：～植，～花接木，～项，～位，～民，～兵，～东补西，～交，转～，～赃，曲突～薪，斗转星～，～动，～山倒海，坚定不～，～易，～风易俗，～天易日，本性难～，～情（改变人的情操），潜～默化，～文（古代官府文书的一种），檄～【以上不作"迻"】；迁～，～居，～录，～译；

②迻：《札～》【以上不作"移"】；迁～，～居，～录，～译。

（294）翳：①翳：左手操～（舞蹈所用雉尾大扇），～蔽，～障，～日，荫～，云～，～昧，～鸟（五彩神鸟）【以上不作"瞖"】；白～（白内障）；

②瞖：白～，～一目（一只眼生了白内障）。

（295）殷：①殷（yīn）：～盛，～富，民～国富，～实，～厚，～阜，姓～，～

代（商朝），～墟，～鉴不远【以上不作“慇”】；～忧，～切，～勤；

②慇（yīn）：～忧，忧心～～，～懃；

③殷（yān）：～红，～妍；

④殷（yǐn）：～～其雷。

（296）喑：①喑（yīn）：～呜（悲咽），～咽【以上不作“瘖”】；万马齐～（无声），～默，～哑；

②瘖（yīn）：万马齐～，～默，～哑；

③喑（yǐn）：～噫（聚气的样子）；

④喑（yìn）：～噁叱咤（发怒喝叫声），～呜叱咤。

（297）淫：①淫：～雨（过量的雨），～刑（滥用刑罚），～威，～祀，骄奢～逸（放纵），荒～，～慝，～湎（沉溺于酒），浸～，富贵不能～，～辞，～靡，～乐（淫靡的音乐），～声【以上不作“婬”】；奸～，～乱，～荡，～棍，～妇，～奔，卖～，～秽，～猥，～欲，～书；

②婬：奸～，～乱，～荡，～秽，～慝，～欲。

（298）荫：①蔭（yìn）：～凉，～蔽，～翳，～室【以上不作“廕”】；庇～，～生，封妻～子；

②蔭（yīn）：树～，绿树成～，林～道，遮～，～影；【《普通话异读词审音表》规定“荫”统读 yìn，“树～”“林～道”应改写为“树阴”“林阴道”。】

③廕（yìn）：庇～，～生，封妻～子。

（299）佣：①傭（yōng）：～人，～工，雇～，女～；

②佣（yòng）：～金，～钱。

（300）涌：①湧（yǒng）：汹～，～泉，泪如泉～，风起云～，奔～，～动，～现；

②涌（yǒng）：～水（古代水名，在今湖北省）【以上不作“湧”】；汹～，～泉，奔～；

③涌（chōng）：河～（河汊），虾～（广东省地名）。

（301）踊：①踊：屦贱～贵（“踊”是受过刖刑的人穿的鞋），～贵（喻指物价上涨），～腾（物价飞涨）【以上不作“踴”】；～跃；

②踴：～跃。

（302）游：①游：～泳，漂～，～鱼，上～，下～，～离，～动哨，信天～，龙～县（在浙江省），姓～（如“游本昌”）【以上不作“遊”】；

遨～，旅～，东～西荡，～览，～玩，～戏，～手好闲，～行，交～，～艺，～说，～牧，～击，～民，～侠，散兵～勇，～子，优～，～辞浮说，～刃有餘；

②遊：龙～（原四川省县名，即今乐山），麟～县（在陕西省），仙～县（在福建省），乐～原【以上不作“游”】；遨～，旅～，导～，～览，～记，～园，～船，～人，～荡，～玩，～戏，～行，交～，～说，～牧，～击，～侠，～丝，优～，～刃有餘，～标卡尺。

（303）于：①於（yū）：姓～（如“於梨华”）；【姓“於”与姓“于”不同，不作“于”；“於”用于“～乎”“～戏”（呜呼）、“～菟”时读wū，也不简化为“于”。】

②于（yú）：凤凰～飞，之子～归，～役；单～，～阗县（在新疆维吾尔自治区，1959年改为“于田县”），姓～（如“于谦”）【以上不作“於”】；～是，出～，善～（介词）；

③於（yú）：～潜（浙江省地名），～陵（古代地名，在今山东省）【以上不作“于”】；～是，出～，善～（介词）；

④雩▲（yú）：～都（原江西省县名，1957年改为“于都”，回写原地名时应该用“雩都”）。

（304）吁：①吁（yū）：“～”的一声（象声词，吆喝牲口的声音）；

②吁（xū）：～，是何言欤（表示惊疑的叹词）；长～短叹，气喘～～，～吸（呼吸），～荼，唏～，～嗟，～嘻；

③籲（yù）：呼～，～请。

（305）余：①余：～致力国民革命凡四十年（“余”表示我），姓～（如“余光中”）；

②餘：有～，多～，～裕，剩～，～暇，残～，死有～辜，～勇可贾，劫后～生，其～，业～，～地，～热，～震，～额，～数，～角，～弦，诗～，～艎（船名），扶～县（在吉林省），～杭（在浙江省），～姚市（在浙江省），～江县（在江西省），～干县（在江西省），～庆县（在贵州省），姓～。【在“餘”和“余”意义可能混淆时，用“餘”的类推简化字“馀”而不用“余”，如“馀年无多”。“餘”用作姓时也用“馀”，与姓“余”不同。】

③庾▲：大～（原江西省县名，1957年改为“大余”，回写原地名

时应该用“大庾”）；

④喻▲：新～（原江西省县名，1957 年改为“新余”，回写原地名时应该用“新喻”）。

（306）郁：①郁：浓～，馥～，文采～～，姓～（如“郁达夫”），《～離子》；

②鬱：～～葱葱，～郁，～结，～闷，忧～，抑～，～悒，～～不乐，沉～顿挫，～金香，～江（在广西），～林（原广西地名，1956 年改为“玉林”），～孤臺（在今江西省），～南县（在广东省）。

（307）欲：①欲：随心所～（想要），～速则不达，为所～为，畅所～言，蠢蠢～动，昏昏～睡，利～熏心，求知～，摇摇～（将）坠，望眼～穿【以上不作“慾”】；～望，禁～，食～，～念，情～，肉～，贪～，～火中烧，纵～，～障，惩忿窒～；

②慾：～望，食～，～念，情～，七情六～，性～，肉～，贪～，～壑难填，～火，纵～，惩忿窒～。

（308）御：①御：驾～，～驾（与皇帝有关的称“御”），告～状，～览，～笔，～林军，～花园，～用文人，～史，～坐（陪坐），～街行（词调名）；

②禦：抵～，防～，～敌，～寒，列～寇（古代人名），～儿（古代地名，在今浙江省嘉兴市）。

（309）愈：①愈：～演～烈，～益，～加，每况～下，治～【以上不作“瘉”“癒”】；病～，痊～，～合；

②瘉、癒：病～，痊～。

（310）园：①園（yuán）：果～，公～，～林，～圃，动物～，～子，～丁，～艺，游～，圆明～，～陵；

②园（wán）：员～（削除棱角使圆，同“刓”）。

（311）愿：①願：心～，～望，～意，情～，宁～，志～，意～，自～，请～，祝～，许～，还～；

②愿：谨～，～悫（谨慎老实），乡～（乡中的好好先生）。

（312）岳：①岳：～父，～母，潘～（人名），姓～，～坟（岳飞墓），太～山（在山西省），～王市（在江苏省），～西县（在安徽省），～阳市（在湖南省），安～县（在四川省），～池县（在四川省）【以上不作“嶽”】；山～，五～；

②嶽：～麓山，～麓书院，山～，五～。

（313）云：①云：人～亦～，不知所～，子曰诗～，如是～～；
②雲：～雾，～雨，～汉，～霄，凌～，～集，～鬓，～母，～雀，密～县（在北京市），庆～县（在山东省），左～县（在山西省），连～港（在江苏省），缙～县（在浙江省），～梦县（在湖北省），～浮市（在广东省），～阳县（在重庆市），～南省。【地名中的“云”应转换为“雲”。】

（314）芸：①芸（yún）：～香（草名），～蒿，～豆，～～（形容众多），～编（书籍），～籤（书签，图书）；
②蕓（yún）：～薹（油菜）；
③芸（yùn）：～黄（草木枯黄的样子）。

（315）沄：①沄：～～（流动的样子）；
②澐：大江～～（波浪翻滚的样子，“澐”原指大波浪）。

（316）灾：①災、烖（zāi）：～害，～难，火～，水～，～祸；
②菑（zāi）：～害；
③菑（zī）：～亩（初耕的田地），～畬（开垦一年和三年的地，指开荒耕耘），～川（古代地名，在今山东省）；
④菑（zì）：断～（枯死的树），石～（直立的石条）。

（317）赞：①贊：～谒（进见），～助，～礼（司仪宣读仪式让人行礼），参～，不～（参与）一词，～成，～同，～许，～赏，～不绝口，～普（吐蕃君长的号），松～干布，姓～，～皇县（在河北省），～比亚【以上不作“讚”】；称～，～美，～誉，像～（文体名），礼～（佛教徒歌颂释迦牟尼及其他佛陀的文辞，以崇敬的心情称赞）；
②讚：称～，～扬，～叹，～颂，～美，～辞，～语，礼～。

（318）脏：①髒（zāng）：骯～，～东西，～话，～钱；
②臟（zàng）：内～，心～，肾～，五～六腑。

（319）糟：①糟：酒～，～油，～粕，～鱼，～蛋，～糠之妻，～烂，～朽，～糕，事情办～了【以上不作“蹧”】；～蹋，～践；
②蹧：～蹋，～践。

（320）噪：①噪：～声，～音，～～切切，群鸦乱～，雀～，名～一时，声名大～【以上不作“譟”】；譁～，聒～；
②譟：譁～，聒～。

（321）扎：①扎（zhā）：～手，～眼，～耳朵，心如刀～，～针，～花（刺绣），～猛子【以上不作“紮”“紥”】；～实，～根，稳～稳打；

②紮、紥（zhā）：驻～，～营，安营～寨，～实，～根；

③扎（zhá）：挣～，马～；

④扎、紮、紥（zā）：捆～，～起来，一～干草。

（322）札：①札（zhá）：马～【以上不作“劄”“剳”】；信～，手～，～记；

②劄、剳（zhá）：书～，手～，～记，～子，奏～。【“劄”现用于科学技术术语时是规范字，不写作“札”，如中医学中的“目劄”。“劄”表示针刺、驻扎时读 zhā，也不作“札”。】

（323）咤：①咤（zhà）：叱～；

②吒（zhà）：叱～。【“吒”用于人名时读 zhā，是规范字，不作“咤”，如“哪吒”“金吒”。】

（324）寨：①寨：木～，安营扎～，水～，～主，压～夫人，村～，～子，苗～，大～（山西省地名）【以上不作“砦”】；营～，边～，山～；

②砦：鹿～（竹木铁蒺藜等做成的军事障碍物），石～【以上不作“寨”】；营～，边～，山～。

（325）占：①占（zhān）：～卜，～卦，～星，姓～；

②占（zhàn）：～辞，口～一绝【以上不作“佔”】；～据，独～鳌头，～领，霸～，～优势，～便宜，～用；

③佔（zhàn）：～据，独～，～领，霸～，～优势，～便宜，～用。

（326）沾：①沾（zhān）：～边，滴酒不～，利益均～，～连，～亲带故，～光，～扯，～手，汗出～背，热泪～襟，～惹，～花惹草，～～自喜【以上不作“霑”】；～湿，～濡，～润，～洽，～染，～污，～被；

②霑（zhān）：～化县（在山东省），～益县（在云南省）【以上不作“沾”】；～濡，～润，～洽，～露，～染，～污，～被，～恩。

（327）棹：①櫂、棹（zhào）：～楫（船桨，长的叫“櫂”或“棹”，短的叫“楫”），～歌（船歌），～夫（船夫），～舟（划船）；

②棹（zhuō）：～树（树名），～子（通“桌”）。

（328）折：①折（zhé）：～断，夭～，挫～，损兵～将，～服，～衝，曲～，～笔，～射，～腰，转～，～算，～合，将功～罪，～旧，～扣，～中，～子戏；

②摺（zhé）：～叠，～椅，～扇，～尺，存～，奏～，经～；【“摺”简化为“折”，但在“摺”和“折”的意义可能混淆时不简化为“折”。“折胁摺齿”之“摺”同“拉”，旧读 lā，不简化为“折”。】

③折（shé）：～本，腿～了；

④折（zhē）：～跟头，～腾，把饭菜～到盆里。

（329）哲：①哲：明～，～人，～嗣（称别人子孙的敬辞），～理，～学；

②喆：圣～之治（指皇帝治理圣明），淑～（指皇后美善聪明）。【“喆”音义同“哲”，古代多用于称颂皇帝、皇后。现在“喆”用于人名时是规范字，不改为“哲”。】

（330）鸩：①鴆（zhèn）：～羽（“鸩”是一种有毒之鸟）【以上不作“酖”】；～酒，～毒，饮～止渴；

②酖（zhèn）：～酒，～毒，饮～（通“鴆”）；

③酖（dān）：～酒（沉湎于酒）。

（331）征：①征：远～（行），长～，～途，～伐，南～北战，～服，～和（汉武帝年号），姓～【以上不作“徵”】；～税，横～暴敛；

②徵：～召，～兵，～婚，～求，～集，～用，～订，～稿，～验，无～不信，～兆，象～，特～，～候，体～，～引，旁～博引，靖节～士，魏～（唐代人名），文～明（明代人名），姓～，仪～市（在江苏省）【以上不作“征”】；～收，～税，横～暴敛。【“徵”读 zhǐ 时表示五音之一，不简化为“征”。】

（332）证：①證：～据，～明，～实，保～，作～，～婚人，凭～，～件，～书，～券；

②証：～谏（直言规劝）【以上不作“證”】；～据，～明。【“證”现简化为“证”；“証”过去曾经作为“證”的简体字，现在未正式简化为“证”。】

（333）症：①症（zhèng）：病～，～状，顽～，重～，不治之～，对～下药，霍乱～，梦游～，后遗～；

②癥（zhēng）：～结，～噎（腹中结块而食塞咽喉）。

（334）只：①隻（zhī）：船～，～身一人，一～鸟，两～手，～字（一个字），片言～语，独具～眼；【“隻”多作量词】

②只（zhǐ）：母也天～（古代语气词）【以上不作“隻”“祇”】；～要，～得，～怕，～好，～能，～管，～顾，～有，～此一家【以上

不作“隻”】；【“只”多作副词】

③衹、秖（zhǐ）：～要，～得（以上通“只”）。【“衹”用于“衹裯”时表示袈裟，读 qí，不简化为“只”。“秖”读 zhǐ 时是“衹”的异体字，表示地神时读 qí，是规范字，不简化为“只”。】

（335）志：①志：意～，神～，～向，～願，得～，～气，～趣，～士仁人，同～，《三国～》，《通～》，《东周列国～》，《聊斋～异》【以上不作“誌”】；永～不忘，杂～，～怪小说，～乘，地方～，标～；

②誌：～喜，～贺，～谢，～哀，墓～【以上不作“志”】；永～不忘，杂～，～怪，～乘，地方～，标～。

（336）制：①制：～定，～礼，因地～宜，压～，牵～，～约，～动，强～，控～，～高点，自～（克制自己），～裁，～服，先发～人，出奇～胜，限～，管～，～止，节～，抵～，机～（机构的构造和功能），体～，～度，所有～，法～，编～（机构设置和人员定额等），～令（君命），专～，临朝称～；

②製：～造，～冷剂，编～（编造），自～（自己制造），机～（机器制造的），複～，如法炮～，摄～，～片厂，～图，鸿篇巨～，缝～，～衣，～版。

（337）致：①致：～函，～意，～辞，～敬，～力，专心～志，招～，导～，获～，～使，～富，～癌，～残，～命伤，格物～知，学以～用，以～，兴～，闲情逸～，雅～，错落有～，淋漓尽～，极～，别～，一～，大～，～公党【以上不作“緻”】；细～，精～，标～，景～；

②緻：细～，精～，标～，工～，～密，景～。

（338）钟：①鐘：～表，闹～，六点～，警～，丧～【以上不作“鍾”】；～鼓，编～，～鼎文，～（乐器）鸣鼎食，～乳石；

②鍾：酒～，酒逢知己千～少，六斛四斗为一～，～爱，一见～情，～秀（聚集灵秀之气），老态龙～，～离（复姓），姓～，～子期，～馗，～山（在南京），～祥市（在湖北省）【以上不作“鐘”】；～乳石。【“鍾”用于姓氏人名时现简化作“锺”，是规范字，不作“钟”，如“锺会”。】

（339）种：①種（zhǒng）：～子，～类，～族；

②種（zhòng）：～植，～地，～痘；

③种（chóng）：姓～（如“种暠”）。

（340）周：①周：～全，～济（又写作“赒济”），～到，～遍，～延，众所～知，～密，深文～纳，朋党比～，～围，～边，～身，四～，～旋，～转，～折，～游，圆～，～年，～星，《～易》，～朝，姓～，～口店，庄～（人名），不～风；
②週：一～（一圈），～而复始，～期，一～年，上～（星期），～记，～刊；
③盩▲：～厔（原陕西省县名，1964 年改为“周至”，回写原地名时应该用“盩厔”）。

（341）朱：①朱：～红，～墨（红黑两色），～雀，姓～，～仙镇（在河南省），～古力；
②硃：～砂，～墨（用硃砂制成的墨），～印，～批。

（342）注：①注：灌～，大雨如～，～射，～意，关～，贯～，凝～，专～，～重，～目，～定，赌～，孤～一掷，～音字母，《水经注》【以上不作“註”】；～释，～册，～销；
②註：～释，～脚，～册，～销。

（343）筑：①筑：击～（一种乐器），赴～（贵阳的别称）；
②築：建～，修～，版～，～路，债台高～，～巢引凤，～室道谋。

（344）专：①專：～案，～业，～科，～家，～横，～断，～制【以上不作“耑”】；～一，～门，～心，～诚，～管；
②耑：～函，～启，～此（以上为书信用语），～爱，～诚，～候，～断，～管。【“耑”表示端绪时是“端”的古字，用于姓氏人名时是规范字，均读 duān，不能写作“专”“專”。】

（345）馔：①饌（zhuàn）：肴～，～饮（饮食），～玉（珍美如玉的食品），～珍（陈设珍贵的食物）；
②籑：太史公仍父子相继～其职（“籑”通“撰”，读 zhuàn），《经籍～诂》（“籑”通“纂”，读 zuǎn）【以上不作“饌”】；共壹饭之～（通“饌”，读 zhuàn）。

（346）准：①准：～许，允～，～予，不～（不允许），只～，核～，～算（折算），批～，获～，～考证，～假，～定（一定），没～，～格尔旗【以上不作“準”】；～（决定）于某日到任，～此办理，～将，～女婿【以上一般不用“準”】；～备；
②準：标～，以此为～，～的（箭靶），～星，水～，放之四海而皆～，

～绳，～则，～确，～时，瞄～，看～，校～，吃不～；隆～（高鼻梁），寇～（人名），《平～书》（《史记》篇名），～噶尔盆地【以上不作“准”】；～备。

（347）资：①資：～金，斥～，赌～，工～，～本，外～，合～，～产，物～，～源，～料，～质，天～，～格，～历，～深，～助，以～鼓励，可～借鉴，《～治通鉴》，～中县（在四川省）【以上不作“貲”】；～财，～费；

②貲：不从令者～（罚）一甲，～虏（古时对匈奴的蔑称），匈奴名奴婢为～【以上不作“資”】；～财，家～，～费，出～。【“貲”用于姓氏人名和表示计量义时类推简化为“赀”，是规范字，不作“资”，如“赀计”“赀算”。】

（348）纂：①纂（zuǎn）：～组（赤色绶带），～绣（编织刺绣）【以上不作“簒”】；编～，～修；

②簒：雕～（笾类礼器，读 suǎn），以为文母～食堂（通“馔”，读 zhuàn）【以上不作“纂”】；论～（同“纂”）。

七、字形规范

（一）印刷通用汉字字形规范以及新旧字形的主要差异

1965 年 1 月中华人民共和国文化部和中国文字改革委员会联合发布了《印刷通用汉字字形表》，规定了 6196 个字的标准字形，确立了汉字印刷字形的规范。人们习惯上将这种标准字形称为新字形，把以前的印刷字形称为旧字形。新字形对旧字形的改变主要表现在以下四个方面。

（1）将宋体楷化，即力求使印刷用的新宋体字形与手写楷书字形一致，使其笔画尽量便于书写。例如：“戸”改作“户”、“平”改作“平”、“呈”改作“呈”、“教”改作“教”（以上改变笔形，把撇改为点、横，便于从左向右书写），“麦”改作“麦”、“虚”改作“虚”、“眞”改作“真”、“吳”改作“吴”（以上改折笔为直笔），“巨”改作“巨”、“敢”改作“敢”、“奔”改作“奔”、“幷”改作“并”（以上连接个别笔画）。

（2）删去可有可无的笔画。如把“呂”改作“吕”，把“寬”改作“宽”，把“黃”改作“黄”。

（3）合并偏旁或部件。如“朔”“明”中的“月”（月）、“胡”“肥”中的“⺼”（肉）、“朝”“服”中的“⺝”（舟）统一作“月”；“别”中的“力”和“男”中的“力”统一作“力”。

（4）根据读音来区分偏旁或部件，以改变过去的混乱现象。如“柿”的偏旁“市”过去有的字典看作四画，现根据其读音，与“铈”的偏旁一样明确作“市”（五画，上面为一点），“肺”“沛”的偏旁才作“巿”（四画，中间为一竖）。

现将一些新旧字形附于下，以便大家进一步了解上述原则。至于现行的字形规范文件，可参见本节第九部分“汉字标准化”中的（二），在此不再赘述。

表2-4-4　新旧字形对照表

（以新字形笔画为序，字形后圆圈内的数字表示字形的笔画数）

旧字形	新字形	新字举例	旧字形	新字形	新字举例	旧字形	新字形	新字举例
儿②	𠆢②	罕甚	印⑥	印⑤	茚鲫	垂⑨	垂⑧	睡郵
⺈②	𠂊②	负陷	皀⑦	艮⑤	即既	𩙿⑨	飠⑧	飲飽
八②	丷②	兑遂	耒⑥	耒⑥	耕耘	郞⑨	郎⑧	廊螂
丂②	了②	函亟	呂⑦	吕⑥	侣营	彔⑧	录⑧	渌箓
亐③	亏③	污朽	攸⑦	攸⑥	修倏	𥁕⑩	昷⑨	温瘟
艹④	艹③	花草	殺⑦	杀⑥	铩殺	骨⑩	骨⑨	滑骼
及④	及③	吸级	爭⑧	争⑥	净静	卸⑧	卸⑨	御禦
辶④	辶③	连速	产⑥	产⑥	彦産	鬼⑩	鬼⑨	槐嵬
⺕③	彐③	侵雪	𦍌⑦	𦍌⑥	差养	兪⑨	俞⑨	输愈
刄③	刃③	仞劒	幷⑧	并⑥	屏拼	蚤⑩	蚤⑨	搔骚
丰④	丰④	艳沣	羽⑥	羽⑥	翎翔	敖⑪	敖⑩	傲遨
幵⑥	开④	刑研	糸⑥	糹⑥	紅絲	華⑫	華⑩	嘩鏵
巨⑤	巨④	苣渠	吳⑦	吴⑦	蜈虞	莽⑫	莽⑩	漭蟒
屯④	屯④	纯顿	角⑦	角⑦	解确	晉⑩	晋⑩	搢缙
牙⑤	牙④	芽邪	奐⑨	奂⑦	换痪	眞⑩	真⑩	慎填
瓦⑤	瓦④	瓶瓷	免⑧	免⑦	挽冤	䍃⑩	䍃⑩	摇遥
內⑤	内④	禽离	㡀⑧	㡀⑦	敝弊	袞⑪	衮⑩	滚磙
反④	反④	板饭	耳⑧	耳⑦	敢嚴	黃⑫	黄⑪	横廣
戶④	户④	扇编	矦⑧	矦⑦	侯候	虛⑫	虚⑪	墟歔
示⑤	礻④	祝视	靑⑧	青⑧	清菁	異⑫	異⑪	冀戴
丑④	丑④	纽杻	者⑨	者⑧	都著	象⑫	象⑪	像橡
卉⑥	卉⑤	奔贲	直⑧	直⑧	值植	盜⑫	盗⑪	
朮⑤	术⑤	怵述	疌⑨	疌⑧	捷婕	奧⑬	奥⑫	澳懊
犮⑤	犮⑤	拔茇	非⑧	非⑧	排俳	羨⑬	羡⑫	
冉⑤	冉⑤	再苒	黾⑧	黾⑧	绳鼋	普⑬	普⑫	谱氆
令⑤	令⑤	冷零	咼⑨	呙⑧	過蝸	虜⑬	虜⑬	擄艣

（二）印刷通用汉字中合体字的笔形变异规则

新字形除了对旧字形有所更改外，《印刷通用汉字字形表》在合体字方面还隐含着一些笔形变异规则（其中有继承旧字形的）。这些规则可以归纳为如下七种。

（1）左偏旁最后一笔的横变为提。如：巩、地、孔、理、轮、特、歧、牲、觋、鲜。

（2）左偏旁最后一笔的竖弯钩变为竖提。如：耀、觊、犹、麟。

（3）左偏旁最后一笔的竖变为撇。如：拜、邦、判、羚、辩。

（4）左偏旁最后一笔的捺变为点。如：邓、机、炊、知、私、精、釉、麸。

（5）上下结构的合体字，上部的竖钩一般变为竖，横折竖钩一般变为横折竖。如：尘、栾、羿、勇、罾、鳖。

（6）上下结构的合体字一般避免重捺，如果有两个以上的捺，只保留一个捺，其余的变为点。如：炎、棼、菜、类、粢、粲、裹、糜、鬃（上一捺变为点），余、条、拳、秦（下一捺变为点），黍（上下的捺变为点）。

（7）“木”“禾”一般竖而不钩。如：未、杖、杏、朵、秆、烁、秃、粢。

以上这些规则并不是公布实施的严格规定，所以在一些汉字规范中没有得到完全贯彻，如“耍”保留了横折竖钩，“森”不避重捺。此外，还有一些字形的安排也不一致，如同样从“厥”“辰”的字，“橜”“辱”是上下结构，但“蹷”“蹷”“唇”“蜃”却是斜倚结构。

由于这些笔形变异规则没有得到完全贯彻，所以 2009 年 8 月 12 日教育部公布的《通用规范汉字表》（征求意见稿）曾“以《印刷通用汉字字形表》的笔形变异规则为依据，对《现代汉语通用字表》中与规则不一致的 44 个字作了字形微调”。这 44 个字可以分为如下八类：①琴瑟琵琶徵（将其中位于左侧的“王”字旁改为“王”）；②魅籴汆褰衾（将其中最后的捺改为点）；③巽撰馔噀（将其中左侧“巳”字旁的竖弯钩改为竖提）；④亲榇杀縢铩杂（将其中的“朩”改为“木”）；⑤刹弑条涤绦鲦茶搽新薪寨（将其中“朩”的“亅”改为“丨”）；⑥恿瞥弊憋（将其中的横折竖钩改为横折竖）；⑦唇蜃蓐溽缛褥耨蓐（将其中“辰”字的撇缩短，使斜倚结构变为上下结构）；⑧毂（在其中的“车”上加一横）。

显然，①②③⑥四类分别与上述第 1、第 6、第 2、第 5 四类相似，④⑤两类与上述第 7 类相似，如果说这些文字笔形的微调没有多大意义的话，那么最后两类的调整应该是很有意义的，因为通过调整，⑦类字在结构上就与

“辱”字保持一致了，⑧类字就与“縠”“觳”“轂”的结构相同而减少了一个误字。但是，这一调整方案公布后，引起了众多的非议，所以最终被取消了。这一现象进一步印证了认识语言文字所具有的约定俗成的社会属性是何等地重要！《第一批异形词整理表》在阐述其遵奉的“通用性原则”时说：“即使少数词频高的词形与语源或理据不完全一致，但一旦约定俗成，也应尊重社会的选择。”在处理语言文字问题时，这一原则无疑值得我们重视。

（三）通用汉字宋体与楷体之间的字形差异

1965 年发布的《印刷通用汉字字形表》以及 2013 年公布的《通用规范汉字表》都规定了印刷宋体字的字形规范。要注意的是，这些字表在制定字形规范时虽然力求使印刷用的新宋体字形尽量与手写楷书字形一致，但由于字体的不同，其间还是有所差别的。例如：宋体草字头中粗细一致的两竖，在楷体中分别为短针竖和撇，试比较“草”和“草”；“雨”用作雨字头时，宋体将其中四点变为短横（仍然视为点，参见表 2-3-2 注），楷体则予以保留，试比较“雪”和“雪”；宋体“辶”中的横折，在楷体中是横折折撇，试比较“近”和“近”；宋体的有些撇在楷体中是点，试比较“小”和“小”、“条”和“条”、“余”和“余”、“亦”和“亦”；同样的笔画，有时写法也不尽相同，如宋体“明”中的三短横与“口”“冂”左右相接，楷体“明”中的三短横与“口”“冂”左边相接而右边不相接；宋体“田”“用”中的短横与“口”“冂”左右相接，楷体“田”“用”中的短横与“口”“冂”左右不相接；宋体“千”中的一竖上下粗细一致，楷体“千”中的一竖是悬针竖，上下粗细不一致；同样是点，宋体“火”的点和楷体“火”的点方向不同；同样是钩，宋体“心”中的是竖弯钩，楷体“心”中的则是卧钩。

总之，不同字体的字形存在微小的差异，但这并不妨碍其实际使用，更无损于其交际作用，这可能也是人们反对字形微调的原因之一吧。

八、错别字的避免和校对

（一）什么是错别字

错别字是错字与别字的总称。凡是字形写得不对的叫错字，该用这个字而用了另一个字的叫写别字（也叫写白字）。可见，错字是写错了，是写了一个从来没有通用过的字形，把它孤立起来看也能判断它是错的；别字是用错了，是用了一个不应该用的字，把它孤立起来看并不错，但放在上下文中来看就错了，所以人们往往也把别字称为错字。

（二）产生错别字的原因

错别字是汉字使用过程中经常会发生的现象。即使是学有专长的成人，有时也会写错别字。要避免错别字，首先应明了错别字产生的原因，才能对症下药。

出现错别字的主要原因首先在主观方面。有些人写字不认真，不求甚解，不细究每个字的形、音、义，遇到没有把握的字又不愿多查字典或请教别人，而只是凭模糊的印象想当然地一涂了之，这就难免会写错别字。对此，我们必须养成良好的识字、写字习惯，不能满足于写行书，而应深究每个字的楷书形体及其音义，勤查字典，多问人，这样才可减少或避免错别字。

其次，错别字的产生也有其客观原因，这就是汉字数量庞大，结构复杂，有不少形近字、同音字、多音多义字，因而使人难认、难写、难记。这就需要我们针对具体情况，采取相应的方法来防止错别字的发生。

（三）错字的类型

根据错字发生的原因，常见的错字可归纳成以下四类。

（1）不细究字形笔画而写错。如“拜”之右旁少写一横，将“卑”之一撇误为竖、撇两笔或将该撇的上部与末笔的竖误为一笔而写成“卑”，将“寇”之“攴”误为“攵”，将“虐”之“⺕”误为“彐”，将“类”之“大”误为“犬”，将“突”之“犬”误为“大”，如此等等。

（2）不注意部件、偏旁之间的细微差别而写错。如将“祭”的上部与“癸”的上部互错，将“县”之上部与“具”之上部互错，将“粤”之上部与“奥”之上部互错，将“鬲”的下部与“南”的下部互错，将“临”之左旁与“归”之左旁互错，将“染”“轨”之“九”与“熟”“执”之“丸”互错，将“纸”之“氏”与“抵”之“氐”互错，将“荒”之“巟”与“流”之“㐬”互错，将“策”“棘”之“朿”与“赖”“喇”之“束”互错，将“抹”之“末”与“味”之“未”互错，将“侵”之“亻”与“修”之“亻”互错，将“曷”之“亾”与“胸”之“凶”互错，将“拣”之“东”与“栋”之“东”互错，将“羲”之“丂”与“秀”之“乃”互错，将“枪”之“仓”与“轮”之“仑”互错，将“乔”之“夭”与“蚕”之“天”互错，将“肺”之“市”（fú）与“柿”之“市”（shì）互错，将“衤”旁与“礻”旁互错。还有像把“梁”之“刅”误为“刃”，把“切”之“𠤎”（即“七”字）误为“土”（即“土”字），把“喉”之“侯”误为“候”，把“茂”之“戊”误为“戌”，把“昂”“迎”之“卬”误为“卯”，将“陷”之“臽”误为“舀”，将“既”之“旡”误为“无”，将“卸”之“𠂉”误为“缶”，将“假”之“叚”误为“段”，将“恭”之“⺗”误为“氺”，将“矜”“念”之“今”误为“令”，把“刊”之“干”误为“千”，把“券”之“刀”误为“力”，把“步”误为“歩”等，均是如此。

（3）受连用字的偏旁干扰而写错。如把“模糊”之“模”误为“糢”，把“鞠躬”之“鞠”误为“躹”，将“辉煌”之“煌”的左旁误为“光”，将“跋涉”之“涉”的左旁误为“⻊”。

（4）因乱造简化字或不熟悉简化字而写错。如因“陽”简化为“阳”而误将“楊”简化为“相”。类似之例可参见本节第三部分“简化字的正确书写”中的（二）。

（四）避免错字的方法

由于错字的产生主要由不重视字形规范所致，所以要不写错字，就得注意字形规范，特别要辨明形体相似的部件或偏旁。汉字中形体相似的部件或偏旁不少，虽然通过死记也能奏效，但如果利用一些汉字方面的知识，可能会有事半功倍之效。下面我们介绍几种辨析方法。

1. 根据读音来区别相似的字形

由于汉字中有不少同声符的形声字读音相同或相近，所以，我们可以根据形声字的读音把一些形体相似的部件或偏旁区别开来。如“蹈”“稻”“滔”“韬”等以“舀”为声符的形声字韵母为 ao，“陷”“阎”“焰”“谄”等以“臽”为声符的形声字韵母为 ian 或 an，这样，我们就可以根据其韵母读 ao 还是读 ian 或 an 把“舀”“臽”这两个相似的偏旁区别开来了，从而避免了“舀”“臽”这两个形似偏旁互错的情况发生。又如“毖”“秕”“妣”“毙”“庇”“毕”“批”“砒”等以“比”为声符的形声字声母为双唇音 b 或 p，“疵”“雌”“紫”“柴”“砦”等以“此”为声符的形声字声母为舌尖音 c、z、zh，这样，我们就可以根据读音将“比”“此”这两个偏旁区别开来了。下面我们再举一些例子以便运用。（为简化起见，形声字一般只标明韵腹、韵尾。）

（1）柿铈（shì）——“市”（shì）旁；
　　芾（fú、fèi）肺沛旆霈（-ei）——“巿”（fú）旁。

（2）味沬昧妹寐魅（-ei）——“未”（wèi）旁；
　　抹沫茉秣妹眜袜（-o 或 -a）——“末”（mò）旁。

（3）伦抡囵轮沦纶论（-un）——“仑”（lún）旁；
沧苍鸧疮创怆（-ang）——“仓”（cāng）旁。
（4）帆矾梵（-an）——“凡”（fán）旁[“巩”“筑”中的“凡”不是声符]；
汛讯迅（xùn）——“卂”（xùn）旁[“茕”中的“卂”不是声符]。
（5）粮俍莨悢踉娘酿郎廊狼琅稂硠锒朗浪阆（-ang）——“良”（liáng）旁；
根跟痕很狠恨银垠（-en 或 -in）——“艮”（gèn）旁。
（6）叨（dāo）——“刀”（dāo）旁；
叼汈（diāo）——“刁”（diāo）旁；
忍仞讱纫韧轫（-en）——“刃”（rèn）旁。
（7）蚕忝袄（-an）——“天”（tiān）旁；
乔妖袄（-ao）——“夭”（yāo）旁。
（8）沔眄（-ian）——“丏”（miǎn）旁；
钙（gài）——“丐”（gài）旁。
（9）抒舒杼序妤野（-u、-ü 或 -ie）——“予”（yǔ）旁；
茅蟊袤柔（-ao 或 -ou）——“矛”（máo）旁。
（10）降绛逄（-ang）——“夅”（jiàng）旁；
烽锋逢（-eng）——“夆”（féng）旁。
（11）统铳（-ong）——“充”（chōng）旁；
流硫梳疏（-iu 或 -u）——“㐬”（tū）旁；
荒慌（-ang）——“巟”（huāng）旁。
（12）除涂途荼徐（-u 或 -ü）——“余”（yú）旁；
赊（shē）——“佘”（shé）旁。
（13）貌藐邈（-ao）——“皃”（mào）旁；
倪霓睨（-i）——“兒”（ér）旁。
（14）烹哼（-eng）——“亨”（hēng）旁；
谆淳鹑醇敦（-un）——“享”（xiǎng）旁。
（15）禄碌箓绿氯（-u 或 -ü）——“录”（lù）旁；
椽篆缘喙蠡（-uan 或 -ui、-i）——“彖”（tuàn）旁。
（16）淫（yín）——“㸒”（yín）旁；
摇瑶鹞繇（-ao 或 -ou）——“䍃”（yáo）旁。
（17）缎锻椴（-uan）——“段”（duàn）旁；
假霞暇瑕遐（-ia）——“叚”（jiǎ）旁。

（18）戳濯擢（-uo）——“翟”（dí）旁；

廖蓼寥醪谬缪戮（-ao、-iu 或 -u）——“翏”（liù）旁。

（19）拣炼练（-ian）——“东”（jiǎn，原作“柬”）旁；

冻栋胨（-ong）——“东”（dōng）旁。

（20）变栾弯峦恋脔挛鸾蛮（-an）——“亦”（luàn，原作“䜌”）旁；

奕弈迹（-i）——“亦”（yì）旁。

2. 根据字义来区别相似的字形

由于汉字中形声字的意符具有表示义类的作用，所以我们可以根据形声字的义类把一些形体相似的偏旁区别开来。如“袄”与“袄”、“溧”与“溧”、“栗”与“粟”、“眨”与“贬”等都可以根据形声字所表义类将它们的偏旁区别开来［参见本章第二节第一部分“‘六书’理论及其在现代的利用”中的（三）2］。

3. 记少不记多

对形体相似的偏旁，我们可以记住其中用得较少的偏旁所组成的字，这样可以减少记忆量。如“廴”与“辶”相似，我们只要记住从“廴”的“廷”“延”“建”三个字（以这些字为偏旁的合体字如“霆”“诞”“健”等可类推），而不必去记忆一百多个从“辶”的字，这样也就不会使“廴”“辶”互错了。再如“电”与“电”相似，我们可以只记住一个从“电”的“龟”字，而不必去记从“电”的“黾”“奄”等；“攴”与“支”相似，我们可以只记住从“攴”的“敲”与“寇”两个字；“癶”与“癶”相似，我们可以只记住从“癶”的“祭”字（“蔡”“察”等可类推）；“冖”和“宀”相似，我们可以只记住从“冖”的“冗”“写”“军”“罕”“冠”“冢”“冥”“冤”“幂”九个字；“丌”与“廾”相似，我们可以只记住从“丌”的“亓”“畀”两个字（“鼻”“痹”可类推）；“弋”“戈”“戈”相似，我们可以只记从“弋”的“式”“忒”“式”“甙”“鸢”“贰”六个字和一个从“戈”的“尧”字；“少”（tà）和“少”相似，我们可以只记一个从“少”的“步”字；“卩”和“阝”相似，我们可以只记从“卩”的“印”“叩”“印”“卯”“却”“即”“卲”（同“劭”，与“邵”不同）、“卸”“卿”九个字；“士”与“土”相似，我们可以只记从“士”的“吉”“壮”“壳”“志”“声”“毐”“壶”“壸”“喜”“壹”“鼓”“嘉”“臺”十三个字；如此等等。

4. 记难不记易

对于形似偏旁或笔画的辨析，我们也可以只记其中较难而易误的字，不必去顾及不易写错的字。如“儿”和“几”，可只记从“儿”的“兜”与从“几”的“凫”“壳”“秃”“凭”“亢”“冗”“兕”“凳”“亮”“虎”“凯”，而不必去记从“儿”的“兄”“先”“充”与从“几”的“机”“讥”“朵”……。其他值得记住的易误笔画与偏旁如下：

（1）厶（二画）：公勾离禽；
　　厶（三画）：惠禺禹。
（2）㐅：风冈区凶；
　　又：凤戏劝邓。
（3）丬：归帅师；
　　丬：临坚紧监。
（4）九：染轨究；
　　丸：执孰纨。
（5）己（jǐ）：圮（pǐ，倒塌）记纪杞妃配忌岂起改；
　　巳（sì）：圯（yí，桥）祀汜熙导异巷；
　　㔾（hàn）：犯范卷厄危卮。
（6）卬：抑昂仰迎；
　　卯：昴铆聊柳卿。
（7）乌：呜邬钨坞（一般作声符）；
　　鸟：鸣鸡鹬鹭鸽鸠（一般作意符）。
（8）爪：爬抓；
　　瓜：瓢瓠（以上为意符），呱孤弧狐（以上为声符，-u）。
（9）斤：折（zhé）析（xī）；
　　斥：拆（chāi）柝（tuò）诉。
（10）户：沪护庐驴炉芦；
　　卢：泸垆颅鲈舻。
（11）巨（jù）：矩渠；
　　叵（pǒ）：笸钷；
　　臣（chén）：卧；
　　𦣞（yí）：颐姬。
（12）戊（wù）：茂；
　　戉（yuè）：越樾钺；
　　戍（shù）：蔑篾；
　　戎（róng）：绒贼；
　　戒（jiè）：诫械。
（13）它：蛇舵；
　　宅：诧咤。
（14）朿（cì）：刺（cì）棘枣；
　　束（shù）：剌（là）敕（chì）速悚。
（15）囟（xìn）：傻媳瑙；
　　囱（cōng）：窗骢。
（16）釆（biàn，七画）：释釉番悉；
　　采（cǎi，八画）：睬踩菜。
（17）免：冕勉娩晚挽（作声旁，-an）；
　　兔：菟冤逸。
（18）辛：宰辜薛锌辞；
　　幸：悻。
（19）豕（shǐ）：豢豚逐；
　　豖（chù）：啄琢涿诼（作声旁，-uo）；
　　㒸（suì）：遂。
（20）氏（shì）：祇（qí，地神）抵（zhǐ，抵掌）纸；
　　氐（dī）：祗（zhī，恭敬）抵诋砥泜骶。

（五）别字的类型及其克服的方法

（1）因字形相近而误用。如把“戳穿”误为“戮穿”，把“钓鱼”误为“钩鱼”，把“陡峭”误为“徒峭”。要解决这一问题，必须重视辨识形似之字。如：哀衰衷，隘谥谧，拔拨，敝敞，愎（bì）腹，篦篦，裨稗，膘瞟，薄簿，荼茶，茬荏，掣挈，瞠（chēng）膛，祟崇，辍缀，刺（cì）剌（là），篡纂，镝谪摘，翟（dí、Zhái）瞿（jù、Qú），钓钧钩，盹（dǔn）肫（zhūn），惰隋，斐裴，溉慨，感惑，胳赂，庚庾，冠寇，亨享，狐孤弧，幻幼，悔侮诲，货贷，己（jǐ）已（yǐ）巳（sì），菅管，睑（jiǎn）脸，渐惭，迸进，捐损，炕（kàng）坑，抠（kōu）枢（shū），快怏，婪焚，栗粟，盲肓（huāng），冒胃胄，么幺，馁绥，怄（òu）伛（yǔ），瓢瓤，贫贪，抔（póu）杯，圻折析祈拆坼柝，钤（qián）铃，遣遗，锹揪，沁（qìn）泌（mì），磬罄，拳豢，券卷，茸葺，撒撤，潸（shān）潜，室窒，恕怒怨，梭棱，苔笞，徒徙，蜕（tuì）脱（tuō），戊（wù）戌（xū）戍（shù）戎，熙煦，冼（xiǎn）洗（xǐ），限垠，响晌，销锁，雅稚，揠（yà）堰，炎灸炙，杳沓，冶治，喑（yīn）暗，印邪，赢羸羸（léi），瘐瘦，誉眷，栽裁，眨（zhǎ）贬（biǎn），沾玷（diàn）砧（zhēn），瞻（zhān）赡（shàn），拙绌，阻沮狙（jū）。

（2）因字音相同或相近而误用。如把“即使”误为“既使”，把“艰苦”误为“坚苦”，把“简化”误为“减化”，把“绝对”误为“决对”，把“浅陋”误为“浅漏”，把“尤其”误为“由其”。要解决这一问题，必须注意识别同音字和近音字。如：蔽弊，尝偿，斥叱，待代，叠迭，费废，后侯，坚艰，兢竞，绝决，颗棵，克刻，另零，配佩，胜盛，体题，象向，训驯，尤犹，圆园，只支。

（3）因音同音近又形似而误用。如把“编辑”误为“编缉”，把“辨别”误为“辩别”，把“辩证法”误为“辨证法”，把“搏斗”误为“博斗”，把“讲义”误为“讲议”，把“时候”误为“时侯”，把“树梢”误为“树稍”，把“宴会”误为“晏会”。要解决这一问题，必须注意识别音同或音近而形似之字。如：班斑，扳板，辨辩，弛驰，眈耽，构枸，涣焕，慌谎，桨浆，棵稞，澜谰，历厉，粱梁，廖寥，洌（凛冽）冽（清冽），漫谩，糜靡，暝瞑，弩努，殴欧，趴扒，庖疱，炮泡，陪赔，蓬篷，枪抢，仍扔，蹂糅揉，暑署，拴栓，堤提，忘妄，熄媳，喧暄，殉绚，扬杨，奕弈，颖颍，莹茔荧萤萦，于予，陨殒，砸咂，脏赃，燥躁，扎札，蛰蜇，狰挣，著箸，幢撞，姿恣。

（4）因音同音近及字义有瓜葛而误用。如“抱负”与“报复”互误，“必需”与“必须”互误，“出身”与“出生”互误，“反应”与“反映”互误，“化妆”与“化装”互误，“检察”和“检查”互误，“狙击”与“阻击”互误，“其间”与“期间”互误，“启事”与“启示”互误，“权力”和“权利”互误，“索隐”与“索引”互误，“学力”与“学历”互误，“淹没”与“湮没”互误，“营利”与“盈利”互误。又如，把“残酷”误为“惨酷”，把“反省”误为“反醒”，把“妨碍”误为“防碍”，把“贡献”误为“供献”，把“欢度”误为“欢渡”，把“提纲”误为“题纲”，把“震撼”误为“震憾”，把“正轨”误为“正规”，如此等等。要解决这一问题，必须注意识别音同音近而意义上有纠缠的字。如：暗黯，背悖，才材，采彩，残惨，察查，常长，瞠瞋，词辞，带戴，定订，度渡，反返，防妨，肤浮，付敷，供贡，规轨，和合，宏洪，寰环，混浑，迹绩，记纪，佳嘉，捡拣，交缴，景境，倨踞，具俱，阔扩，练炼，旁傍，顷倾，曲屈，融溶，申伸，式势，树竖，诵颂，相像，消销，斜邪，泻泄，形型，须需，阴荫，映应，振震，妆装。

（5）因乱造简化字或不明简化要求而误用。如把“鸡蛋”误为“鸡旦”，把“韭菜”误为“九菜”，把“摩托”误为“么托”，把“插座”误为“扦座”，把“停车处”误为“仃车处”，把“餐厅”误为“歺厅”，把“重叠”误为“重迭”，把“好像”误为“好象”。要解决这一问题，只要认真学一下简化字方面的知识就行了（参见本节第三部分“简化字的正确书写”）。

总之，别字的产生无非是字形、字音、字义相混的结果。值得指出的是，汉语中的成语形式固定，如果我们不能确切地了解成语的意义或出处，往往也会写别字。此外，滥用外文和乱造网络字的现象现在也比较严重，如把“异想天开”写成“E想天开”，把“哥哥”写成“gg”，把“妹妹”写成“mm”，把“我”写成“偶”，把“版主”写成“斑竹”，把“这样子”写成“酱紫”，把“尴尬”写成“监介”，用“4242”表示“是啊是啊”，用“7456”表示“气死我喽”，这种现象应该坚决加以消除。

（六）别字案例

由于别字的字形没错，所以即使使用电脑来打字，也有可能出现别字。像过去使用智能ABC输入法打字时，往往会打出“好象”“丰富多采”“虎视耽耽”“积重难反”“矫柔造作”“谈笑风声”“完壁归赵”“珠联壁合”等有别字的词语来，所以别字的问题如今仍然值得高度重视。为了提高大家辨识别字的能力而避免别字，现将图书、报刊以及学生试卷中常见的别字列成表 2-4-5 与表 2-4-6，供大家练习使用。每表都分为两部分，第一部分为误字表，每个词语中或多或少都有别字，阅读时可作试卷用，以提高自己辨识别字的能力；第二部分为正字表，可作答案用。应说明的是，《常见别字表》为了节约篇幅，并没有把上文提及的别字全部收录在内，所以不能因为有了此表而忽略了上文的内容。

表 2-4-5　常见别字表

（一）误字表

1. 矮敦敦
2. 关系暖昧
3. 安份
4. 按排工作
5. 按上弹簧
6. 神态安祥
7. 转胺酶
8. 按装机器
9. 澳州
10. 一把掌
11. 拨出萝卜带出泥
12. 白内瘴
13. 皮肤白晰
14. 百纳衣
15. 扣动板机
16. 搬动枪栓
17. 管道搬手
18. 搬指头算
19. 搬发证书
20. 扳起脸
21. 半园形
22. 被钩子拌倒
23. 洋泾滨
24. 白菜梆子
25. 鞋邦
26. 硬梆梆
27. 磅称
28. 包谷杆
29. 簿片
30. 到学校报道
31. 报孝母亲
32. 施展报负
33. 实在报歉
34. 报怨自己
35. 爆发户
36. 脾气暴燥
37. 人穷辈份低
38. 倍尝艰辛
39. 倍受欢迎
40. 闭录电视
41. 必径之路
42. 必须品
43. 必竟不同
44. 编篡词典
45. 鞭鞑丑恶
46. 针贬
47. 小辨子
48. 辨证法
49. 难以分辩
50. 难以辩认
51. 突然变挂
52. 蹩住呼吸
53. 频临倒闭
54. 摒住气
55. 拨郎鼓
56. 播洒种子
57. 奋力拼博
58. 泊来品
59. 扑杀野生动物
60. 不防以此为例
61. 不尽傻了眼
62. 我们不竟要问
63. 不勉有些尴尬
64. 组成部份
65. 统一布署
66. 部置任务
67. 参予竞争
68. 灿然一笑
69. 飞机座仓
70. 伧促行事
71. 凄伧欲绝
72. 提创
73. 手工操做
74. 吵杂声
75. 音乐茶坐
76. 留校查看
77. 叉道
78. 叉路口
79. 掺扶
80. 酒中渗水
81. 参杂
82. 掺合
83. 蝉娟
84. 长板坡
85. 青春长在
86. 赔尝损失
87. 敞蓬车
88. 唱念坐打
89. 朝庭
90. 清彻见底
91. 沉伦
92. 为人成稳
93. 趁车
94. 趁船
95. 故作矜恃
96. 充份发挥
97. 充齐量
98. 出身以来
99. 雏议
100. 橱房
101. 厨窗展览
102. 厨柜
103. 祖国边垂

104. 仔细揣摸
105. 反复揣磨
106. 船弦
107. 闯名牌
108. 心地纯静
109. 戮穿阴谋
110. 中途缀学
111. 慈详的母亲
112. 赐于
113. 伺侯客人
114. 聪惠
115. 林木葱笼
116. 拼拼揍揍
117. 凑和
118. 粗旷
119. 撺辍
120. 篡改档案
121. 催毁
122. 精萃
123. 妲妃
124. 打睹
125. 在正确处打勾
126. 打腊地板
127. 出海打渔
128. 大母指
129. 大蓬车
130. 带着镣铐
131. 带着手表
132. 带着眼镜
133. 耽心
134. 奶油旦糕
135. 管理挡案
136. 荡起双浆
137. 倒味口
138. 导至
139. 戏剧导具
140. 倒底
141. 稻杆
142. 低层老百姓
143. 抵销
144. 抵毁
145. 真缔
146. 地印子
147. 颠峰
148. 惦量
149. 掂脚
150. 点钨灯
151. 掂记
152. 沾污清白
153. 按电纽
154. 垫定基础
155. 嘴刁香烟
156. 貂婵
157. 调谴部队
158. 钓鱼杆
159. 钓渔
160. 最后通谍
161. 钉书机
162. 滴血街头
163. 冬夏更叠
164. 斗蓬
165. 斗欧
166. 嘟嚷
167. 赌赙
168. 堵气
169. 横度长江
170. 渡假村
171. 度过难关
172. 欢渡春节
173. 仔细端祥
174. 端壮稳重
175. 双方对恃
176. 腐化坠落
177. 俄倾
178. 恩克斯
179. 儿话音
180. 发楞
181. 发泻苦闷
182. 法码
183. 工资翻了两翻
184. 翻沙工
185. 冲破蕃篱
186. 从不返悔
187. 反醒一下
188. 方园十里
189. 防碍交通
190. 敞开心菲
191. 蜚声世界
192. 毫不废力
193. 浪废金钱
194. 过期作费
195. 水份
196. 粉沫
197. 彻底粉粹
198. 份量不轻
199. 份外高兴
200. 知识份子
201. 不过份
202. 风彩照人
203. 认识浮浅
204. 幅射
205. 一副画
206. 一付扑克
207. 一幅对联
208. 附合要求
209. 认罪伏法
210. 腑瞰江面
211. 付局长
212. 报纸付刊
213. 复原军人
214. 复盖
215. 复灭
216. 扎姘头
217. 英雄气慨
218. 排除干挠
219. 空气干躁
220. 玉米杆
221. 竹杆
222. 擀面仗
223. 感概万分
224. 聪明干炼
225. 驶进港弯
226. 字下画扛扛
227. 金钢钻
228. 坚守冈位
229. 高吭嘹亮
230. 一百米高拦
231. 红高梁
232. 小搁楼
233. 各逞异彩
234. 跟本没用
235. 恭楷书写
236. 一年工令
237. 字迹工正
238. 发动功势
239. 专功化学
240. 工费医疗
241. 作出供献
242. 勾通感情
243. 一轱辘爬起来
244. 孤伶伶
245. 流水汩汩
246. 故旧书店
247. 古扑

248. 骨格强壮
249. 顾用工人
250. 和效益挂勾
251. 关健时刻
252. 令人观注
253. 企业菅理
254. 按照贯例
255. 贯用手法
256. 一惯如此
257. 鬼辩
258. 滚园
259. 刮噪声
260. 过敏反映
261. 哈蜜瓜
262. 油蛤气
263. 海参威
264. 大声喊到
265. 震憾
266. 十分毫华
267. 毫无用处
268. 浩翰的宇宙
269. 何偿
270. 河叉
271. 山东荷泽
272. 勉强凑和
273. 和得来
274. 夫妻不合
275. 截流合拢
276. 和熙的春光
277. 合衣而睡
278. 大声喝采
279. 弹刻总统
280. 红朴朴的脸
281. 红头胀脸
282. 声音宏亮
283. 霓红灯
284. 侯机室
285. 诸候
286. 后座力
287. 说糊话
288. 胡罗卜
289. 麻将胡牌
290. 唬着脸
291. 隔离护拦
292. 筹画资金
293. 化装品
294. 纪律焕散
295. 丢掉幼想
296. 炎皇子孙
297. 黄橙橙
298. 黄腊腊
299. 非常徨恐
300. 左右晃当
301. 会报工作
302. 慧星
303. 鱼鲜晕腥
304. 浑园的大腿
305. 火食费
306. 歌声激跃
307. 挤身名流
308. 语带叽讽
309. 机秘文件
310. 鸡旦碰石头
311. 土地贫脊
312. 及其有用
313. 疲惫已及
314. 几何基数
315. 急待解决
316. 即时努力
317. 发挥到极至
318. 疾促的脚步
319. 既使如此
320. 通辑犯
321. 孤单寂廖
322. 即然如此
323. 藉贯
324. 原藉江苏
325. 雪笳
326. 佳宾满座
327. 最嘉方案
328. 家俱商店
329. 精神枷索
330. 架驶汽车
331. 坚苦奋斗
332. 简炼精当
333. 检查院
334. 眼敛浮肿
335. 江豆
336. 马僵绳
337. 降紫色
338. 船浆
339. 身材姣小
340. 姣姣者
341. 步伐骄健
342. 交械投降
343. 徼获脏款
344. 大声叫买
345. 一节木棍
346. 城乡结合部
347. 结骨眼上
348. 蕴籍
349. 竭立反对
350. 金戒子
351. 毫无藉口
352. 十分衿持
353. 仅管
354. 精刚钻
355. 精减人员
356. 见解精譬
357. 晴纶毛线
358. 精典著作
359. 神精病
360. 竟争激烈
361. 诗的意景
362. 静侯已久
363. 遍及九洲
364. 雄纠纠
365. 芫菜
366. 针炙
367. 十分拘紧
368. 神情狙伤
369. 关关睢鸠
370. 相矩不远
371. 尚未俱备
372. 巨毒农药
373. 伤亡人数巨增
374. 蹶着屁股
375. 绝窍
376. 生死决择
377. 决大部分
378. 决对服从
379. 十分英骏
380. 工程峻工
381. 形势严竣
382. 旗袍的开叉
383. 开扩视野
384. 热坑头
385. 实地考查
386. 连连嗑头
387. 打磕睡
388. 刻划人物
389. 言词肯切
390. 肯求首长
391. 不啃声

392. 吭害好人
393. 钻空挡
394. 没有空遐
395. 短裤叉
396. 夸讲他
397. 垮度不大
398. 眼框深陷
399. 葵花仔
400. 金钱馈乏
401. 困挠
402. 困绕
403. 说话算数拉拉勾
404. 拉据战
405. 脸色腊黄
406. 腊染布
407. 腊烛
408. 来不急
409. 招睐
410. 兰天白云
411. 蓝球
412. 摇蓝
413. 成熟老道
414. 老俩口
415. 老娘门
416. 乐喝喝
417. 雷震雨
418. 身体羸弱
419. 态度冷陌
420. 楞冲冲
421. 不觉一楞
422. 楞是不依
423. 楞说是他的
424. 心理发慌
425. 心里活动
426. 严历批评
427. 更历害
428. 厉害关系
429. 做事俐落
430. 前后连惯
431. 连络处
432. 脸旦
433. 练习薄
434. 修练
435. 劳动锻练
436. 军事训炼
437. 苦炼基本功
438. 高粮米
439. 凉蓬
440. 俩个人
441. 俩口子
442. 撂开窗帘
443. 廖阔的天空
444. 书写了草
445. 了望
446. 一一例举
447. 鳞光闪闪
448. 水光磷磷
449. 寒风凛列
450. 北风凌烈
451. 棱形
452. 财经邻域
453. 自行车铃当
454. 头发的流海
455. 额前留海
456. 十分流恋
457. 流览一遍
458. 手溜弹
459. 一熘烟
460. 蒸溜水
461. 水笼头
462. 捅漏子
463. 优待俘掳
464. 杀戳
465. 入用通知
466. 覆历表
467. 痉孪
468. 罗唆
469. 绿耸耸
470. 一块绿州
471. 乱篷篷
472. 吃螺狮
473. 螺旋浆
474. 罗卜干
475. 麻疯病人
476. 应试落弟
477. 穿着马夹
478. 一条蚂蝗
479. 不卖帐
480. 麦桔杆
481. 麦籽
482. 买力
483. 买弄
484. 收卖
485. 时代的脉博
486. 脉膊跳动
487. 十分蛮狠
488. 满满荡荡
489. 满州国
490. 满州里
491. 曼延开来
492. 火势漫延
493. 十分忙火
494. 耗牛
495. 冒名堂
496. 卯足了劲
497. 冒然进攻
498. 帽沿下
499. 煤碳工业
500. 煤碴
501. 美国加洲
502. 美藉华人
503. 朦朦亮
504. 别懵人
505. 睡眼朦胧
506. 吓曹了
507. 迷迷登登
508. 笑咪咪
509. 谜宫
510. 迷底
511. 迷团
512. 度密月
513. 密枣
514. 密诀
515. 秘码
516. 神密
517. 免强答应
518. 妙令女郎
519. 福建闽候
520. 名信片
521. 莫明惊诧
522. 搞不出明堂
523. 观磨教学
524. 磨菇
525. 糢糊
526. 麾托车
527. 摩拖车
528. 摩仿
529. 非常羡幕
530. 末稍
531. 大母指
532. 大姆指
533. 暮蔼沉沉
534. 木竿

535. 达到目地
536. 拿大鼎
537. 按奈不住
538. 一股恼儿
539. 昵爱
540. 粘鱼
541. 年令
542. 辗碎
543. 凤凰涅磐
544. 扭扭怩怩
545. 扭扣
546. 交通枢钮
547. 农俱
548. 暖绒绒
549. 打架斗欧
550. 欧州
551. 偶而一次
552. 呕气
553. 拍扳成交
554. 攀沿而上
555. 盘距
556. 一片饭店
557. 毫不傍徨
558. 她的赔嫁
559. 陪本生意
560. 陪不是
561. 满脸陪笑
562. 配带武器
563. 喷礴而出
564. 心里砰砰跳
565. 通货澎涨
566. 帐蓬
567. 批漏百出
568. 地处偏辟
569. 脾气怪癖
570. 价钱便易
571. 骠悍
572. 白云漂动
573. 飘泼大雨
574. 努力拼博
575. 拼拼揍揍
576. 订婚的娉礼
577. 频律失常
578. 品味很高
579. 凭添几分秋色
580. 战火尚未平熄
581. 颇有名气
582. 叵箩
583. 破诫喝了酒
584. 卟哧一声
585. 打朴克
586. 卟通一声
587. 葡匐前进
588. 栖生之所
589. 野草凄凄
590. 齐恒公
591. 其它市民
592. 硕长的大腿
593. 招聘启示
594. 讫今为止
595. 汽球
596. 汽体打火机
597. 水蒸汽
598. 修茸
599. 感情融恰
600. 与厂方鉴定合同
601. 千斤小姐
602. 千斤鼎
603. 必要前题
604. 忏诚
605. 龙游潜水遭虾戏
606. 粮食欠收
607. 深感欠疚
608. 深表欠意
609. 仟夫
610. 枪弊
611. 尽力抡救
612. 挖墙角
613. 翘二郎腿
614. 侵拢百姓
615. 深受亲睐
616. 一缕清烟
617. 一串青鼻涕
618. 一股青香
619. 青一色
620. 蜻蜓点水
621. 轻篾的眼光
622. 不轻意动手
623. 没有情份
624. 倾刻之间
625. 虬劲有力
626. 求绕
627. 为国捐驱
628. 躯杆
629. 受利益趋使
630. 革命先躯
631. 阒静
632. 因病去逝
633. 你没有权利干涉他
634. 倦缩
635. 全负武装
636. 细加铨释
637. 入场卷
638. 天燃气
639. 主动让坐
640. 无聊的绕舌
641. 侥恕
642. 发轫
643. 低头忍罪
644. 热哄哄
645. 气氛溶洽
646. 人参鹿茸
647. 结构杂揉
648. 繁华地带入厕难
649. 诺大的船
650. 撒谎
651. 洒尿
652. 凉风洒洒
653. 腮邦子
654. 骚痒难忍
655. 搔痒难忍
656. 色咪咪
657. 沙家滨
658. 傻喝喝
659. 傻呼呼
660. 脸色刹白
661. 煽了个耳光
662. 烘山竽
663. 光彩闪灼
664. 瞻养父母
665. 欣尝
666. 不肯偿脸
667. 烧香上贡
668. 引诱上勾
669. 吃烧麦
670. 穿戴花梢
671. 穿戴花俏
672. 树稍
673. 社谡
674. 继续升造

675. 救身圈
676. 身裁苗条
677. 贪官和坤
678. 神洲大地
679. 黑得惨人
680. 师付
681. 碎石碴子
682. 拾缀
683. 两个时晨
684. 时侯不早
685. 不听使换
686. 为人处事
687. 视查工作
688. 挑拨事非
689. 合式的人选
690. 势力眼
691. 金银手饰
692. 授理此案
693. 受与奖章
694. 守猎者
695. 悠忽
696. 追朔
697. 抒缓
698. 舒发感情
699. 熟习
700. 署假
701. 摔开膀子
702. 栓住丈夫
703. 撕打
704. 撕杀
705. 嘶咬
706. 松驰
707. 极力耸勇
708. 到处传颂
709. 朗颂会
710. 到处搜巡
711. 寒风溲溲
712. 过江遂道
713. 索兴不管
714. 锁屑小事
715. 锁碎小事
716. 吹锁呐
717. 锁练子
718. 信纸台头
719. 摊到在地
720. 一滩血
721. 坦露胸怀
722. 炭素墨水
723. 吃汤元
724. 淌水过河
725. 糖鸡屎
726. 陶治情操
727. 誉写清楚
728. 写好题纲
729. 亲笔提字
730. 没有天份
731. 甜咪咪
732. 落到这步天地
733. 田原风光
734. 条帚
735. 调济
736. 接到贴子
737. 铁铣
738. 挺拨
739. 睡统铺
740. 僮工
741. 土憋虫
742. 溪流湍激
743. 蛇褪皮了
744. 欲望消褪
745. 完全脱勾
746. 塑料托鞋
747. 托咐给他
748. 女人是月亮花脱生的
749. 椭园形
750. 捞外块
751. 蛙蛙鱼
752. 都玩蛋了
753. 十分婉息
754. 挂着挽帐
755. 王八旦
756. 感到委曲
757. 互相推委
758. 相貌猬琐
759. 萎琐小人
760. 味口不好
761. 慰籍
762. 遭人诬谄
763. 污陷造谣
764. 乌雅
765. 填压式
766. 戌戌变法
767. 无尚光荣
768. 无沿帽
769. 定期会悟
770. 浙浙沥沥
771. 全家迁徒
772. 清淅可见
773. 喜孜孜
774. 洗涮干净
775. 夏候婴
776. 先谴部队
777. 陷饼
778. 陷井
779. 想往光明
780. 向征着友谊
781. 照像馆
782. 摄相机
783. 报消车费
784. 九宵
785. 竭斯底里
786. 钢琴谐奏曲
787. 协从不问
788. 御车
789. 心事忡忡
790. 没心事唱歌
791. 心酸的泪
792. 辛酸落泪
793. 行诸笔墨
794. 型制古朴
795. 羞赦
796. 修妻再娶
797. 修憩
798. 学识休养
799. 锈球花
800. 准备就序
801. 办理手序
802. 汹酒滋事
803. 渲泻郁闷
804. 寒喧客套
805. 弦律
806. 旋窝
807. 眩耀
808. 寻问原因
809. 训养动物
810. 烟薰火燎
811. 醉熏熏
812. 猪被车压死了
813. 淹咸菜
814. 沿习多年
815. 沿续下来
816. 炎寒酷暑
817. 掩示感情

818. 举行晏会
819. 伪劣膺品
820. 央央大国
821. 洋历
822. 摇控器
823. 专程竭见
824. 揶愉
825. 演译归纳
826. 大学肆业
827. 殆误战机
828. 翌翌闪光
829. 毅志坚强
830. 讲意气
831. 声音黯哑
832. 隐敝起来
833. 十分隐密
834. 秦王赢政
835. 电视萤屏
836. 反映灵敏
837. 反应情况
838. 绿树掩影
839. 痈肿不堪
840. 几分庸懒
841. 涌跃报名
842. 十分优闲
843. 非常犹郁
844. 游曳
845. 犹为突出
846. 尤如仙女
847. 渔水情
848. 手头宽余
849. 体态丰谀
850. 觊谕非分
851. 卸寒
852. 予备
853. 予定
854. 予感
855. 园舞曲
856. 原气大伤
857. 电子原件
858. 闹元霄
859. 边沿学科
860. 说明缘委
861. 园珠笔
862. 园柱形
863. 没有缘份
864. 约模五十上下
865. 晕绝
866. 充分蕴酿
867. 文化底韵
868. 不再乎
869. 遭践
870. 糟殃
871. 遭迂
872. 性情急燥
873. 读书扎记
874. 沾便宜
875. 醮水钢笔
876. 撑权
877. 天然屏嶂
878. 下肢肿涨
879. 拄着拐仗
880. 遭至意外损失
881. 折迭
882. 脸上的折子
883. 惊蜇
884. 蜇伏
885. 装祯
886. 计划慎密
887. 举世振惊
888. 坐阵指挥
889. 挣气
890. 争求意见
891. 脚指头
892. 因伤至残
893. 社会次序
894. 雅气未消
895. 至使
896. 衷爱
897. 文谄谄
898. 遂客令
899. 一柱香
900. 柱着拐棍
901. 寺院主持
902. 办嫁装
903. 踯镯
904. 白菜种籽
905. 孽生
906. 缁重
907. 锱珠
908. 纵恿作恶
909. 粽色
910. 棕子
911. 不能凑效
912. 恶意咀咒
913. 篡修
914. 咀巴里
915. 尊从父愿
916. 捉摸学问
917. 座标
918. 刚刚座定
919. 座落
920. 做月子
921. 做出贡献
922. 坐佑铭
923. 做案现场
924. 做揖
925. 到他家做客
926. 做出决定

（二）正字表

1. 敦敦：墩墩
2. 暖：暧
3. 份：分
4. 按：安
5. 按：安
6. 祥：详
7. 胺：氨
8. 按：安
9. 州：洲
10. 把：巴
11. 拨：拔
12. 瘴：障
13. 晰：晳
14. 纳：衲
15. 板：扳
16. 搬：扳
17. 搬：扳
18. 搬：扳
19. 搬：颁
20. 扳：板
21. 园：圆
22. 拌：绊
23. 滨：浜
24. 梆：帮
25. 邦：帮
26. 梆梆：邦邦
27. 称：秤
28. 杆：秆
29. 簿：薄
30. 道：到
31. 孝：效
32. 报：抱
33. 报：抱
34. 报：抱
35. 爆：暴
36. 燥：躁
37. 份：分
38. 倍：备
39. 倍：备
40. 录：路
41. 径：经
42. 须：需
43. 必：毕
44. 篡：纂
45. 鞑：挞
46. 贬：砭
47. 辨：辫
48. 辨：辩
49. 辩：辨
50. 辩：辨
51. 挂：卦
52. 鳖：憋
53. 频：濒
54. 摒：屏
55. 郎：浪
56. 洒：撒
57. 博：搏
58. 泊：舶
59. 扑：捕
60. 防：妨
61. 尽：禁
62. 竟：禁
63. 勉：免
64. 份：分
65. 布：部
66. 部：布
67. 予：与
68. 灿：粲
69. 仓：舱
70. 伧：仓
71. 伧：怆
72. 创：倡
73. 做：作
74. 吵：嘈
75. 坐：座
76. 查：察
77. 叉：岔
78. 叉：岔
79. 掺：搀
80. 渗：掺
81. 参：掺
82. 合：和
83. 蝉：婵
84. 板：坂
85. 长：常
86. 尝：偿
87. 蓬：篷
88. 坐：做
89. 庭：廷
90. 彻：澈
91. 伦：沦
92. 成：沉
93. 趁：乘
94. 趁：乘
95. 恃：持
96. 份：分
97. 齐：其
98. 身：生
99. 雏：刍
100. 橱：厨
101. 厨：橱
102. 厨：橱
103. 垂：陲
104. 摸：摩
105. 磨：摩
106. 弦：舷
107. 闯：创
108. 静：净
109. 戮：戳
110. 缀：辍
111. 详：祥
112. 于：予
113. 侯：候
114. 惠：慧
115. 笼：茏
116. 揍揍：凑凑
117. 和：合
118. 旷：犷
119. 辍：掇
120. 纂：篡
121. 催：摧
122. 萃：粹
123. 妃：己
124. 睹：赌
125. 勾：钩
126. 腊：蜡
127. 渔：鱼
128. 母：拇
129. 蓬：篷
130. 带：戴
131. 带：戴
132. 带：戴
133. 耽：担
134. 旦：蛋
135. 挡：档
136. 浆：桨
137. 味：胃
138. 至：致
139. 导：道
140. 倒：到
141. 杆：秆
142. 低：底
143. 销：消
144. 抵：诋

145. 缔：谛
146. 印：窨
147. 颠：巅
148. 惦：掂
149. 掂：踮
150. 点：碘
151. 掂：惦
152. 沾：玷
153. 纽：钮
154. 垫：奠
155. 刁：叼
156. 婵：蝉
157. 谴：遣
158. 杆：竿
159. 渔：鱼
160. 谋：牒
161. 钉：订
162. 滴：喋
163. 叠：迭
164. 蓬：篷
165. 欧：殴
166. 嚷：囔
167. 赙：博
168. 堵：赌
169. 度：渡
170. 渡：度
171. 度：渡
172. 渡：度
173. 祥：详
174. 壮：庄
175. 恃：峙
176. 坠：堕
177. 倾：顷
178. 克：格
179. 话：化
180. 楞：愣
181. 泻：泄
182. 法：砝
183. 翻（后）：番
184. 沙：砂
185. 蕃：樊
186. 返：反
187. 醒：省
188. 园：圆
189. 防：妨
190. 菲：扉
191. 蛮：蜚
192. 废：费
193. 废：费
194. 费：废
195. 份：分
196. 沫：末
197. 粹：碎
198. 份：分
199. 份：分
200. 份：分
201. 份：分
202. 彩：采
203. 浮：肤
204. 幅：辐
205. 副：幅
206. 付：副
207. 幅：副
208. 附：符
209. 伏：服
210. 腑：俯
211. 付：副
212. 付：副
213. 原：员
214. 复：覆
215. 复：覆
216. 扎：轧
217. 慨：概
218. 挠：扰
219. 躁：燥
220. 杆：秆
221. 杆：竿
222. 仗：杖
223. 概：慨
224. 炼：练
225. 弯：湾
226. 扛扛：杠杠
227. 钢：刚
228. 冈：岗
229. 吭：亢
230. 拦：栏
231. 梁：粱
232. 搁：阁
233. 逞：呈
234. 跟：根
235. 恭：工
236. 令：龄
237. 正：整
238. 功：攻
239. 功：攻
240. 工：公
241. 供：贡
242. 勾：沟
243. 轱辘：骨碌
244. 伶伶：零零
245. 汩汩：汨汨
246. 故：古
247. 扑：朴
248. 格：骼
249. 顾：雇
250. 勾：钩
251. 健：键
252. 观：关
253. 营：管
254. 贯：惯
255. 贯：惯
256. 惯：贯
257. 鬼：诡
258. 园：圆
259. 刮：聒
260. 映：应
261. 蜜：密
262. 蛤：哈
263. 威：崴
264. 到：道
265. 憾：撼
266. 毫：豪
267. 亳：毫
268. 翰：瀚
269. 偿：尝
270. 叉：汊
271. 荷：菏
272. 和：合
273. 和：合
274. 合：和
275. 拢：龙
276. 熙：煦
277. 合：和
278. 采：彩
279. 刻：劾
280. 朴朴：扑扑
281. 胀：涨
282. 宏：洪
283. 红：虹
284. 侯：候
285. 候：侯
286. 座：坐
287. 糊：胡
288. 罗：萝
289. 胡：和
290. 唬：虎
291. 拦：栏
292. 画：划

293. 装：妆
294. 焕：涣
295. 幼：幻
296. 皇：黄
297. 橙橙：澄澄
298. 腊腊：蜡蜡
299. 徨：惶
300. 当：荡
301. 会：汇
302. 慧：彗
303. 晕：荤
304. 园：圆
305. 火：伙
306. 跃：越
307. 挤：跻
308. 叽：讥
309. 秘：密
310. 旦：蛋
311. 脊：瘠
312. 及：极
313. 及：极
314. 基：级
315. 急：亟
316. 即：及
317. 至：致
318. 疾：急
319. 既：即
320. 辑：缉
321. 廖：寥
322. 即：既
323. 藉：籍
324. 藉：籍
325. 笳：茄
326. 佳：嘉
327. 嘉：佳
328. 俱：具
329. 索：锁
330. 架：驾
331. 坚：艰
332. 炼：练
333. 查：察
334. 敛：睑
335. 江：豇
336. 僵：缰
337. 降：绛
338. 浆：桨
339. 姣：娇
340. 姣姣：佼佼
341. 骄：矫
342. 交：缴
343. 微:缴;脏:赃
344. 买：卖
345. 节：截
346. 结：接
347. 结：节
348. 籍：藉
349. 立：力
350. 子：指
351. 藉：借
352. 衿：矜
353. 仅：尽
354. 精：金
355. 减：简
356. 譬：辟
357. 晴：腈
358. 精：经
359. 精：经
360. 竟：竞
361. 景：境
362. 侯：候
363. 洲：州
364. 纠纠：赳赳
365. 艽：韭
366. 炙：灸
367. 紧：谨
368. 狙伤：沮丧
369. 睢：雎
370. 矩：距
371. 俱：具
372. 巨：剧
373. 巨：剧
374. 蹶：撅
375. 绝：诀
376. 决：抉
377. 决：绝
378. 决：绝
379. 骏：俊
380. 峻：竣
381. 竣：峻
382. 叉：衩
383. 扩：阔
384. 坑：炕
385. 查：察
386. 嗑：磕
387. 磕：瞌
388. 划：画
389. 肯：恳
390. 肯：恳
391. 啃：吭
392. 吭：坑
393. 挡：当
394. 遐：暇
395. 叉：衩
396. 讲：奖
397. 垮：跨
398. 框：眶
399. 仔：子
400. 馈：匮
401. 挠：扰
402. 绕：扰
403. 勾：钩
404. 据：锯
405. 腊：蜡
406. 腊：蜡
407. 腊：蜡
408. 急：及
409. 睐：徕
410. 兰：蓝
411. 蓝：篮
412. 蓝：篮
413. 道：到
414. 俩：两
415. 门：们
416. 喝喝：呵呵
417. 震：阵
418. 赢：羸
419. 陌：漠
420. 楞：愣
421. 楞：愣
422. 楞：愣
423. 楞：愣
424. 理：里
425. 里：理
426. 历：厉
427. 历：厉
428. 厉：利
429. 俐：利
430. 惯：贯
431. 连：联
432. 旦：蛋
433. 薄：簿
434. 练：炼
435. 练：炼
436. 炼：练
437. 炼：练
438. 粮：粱
439. 蓬：棚
440. 俩：两

441. 俩：两
442. 撂：撩
443. 廖阔：寥廓
444. 了：潦
445. 了：瞭
446. 例：列
447. 鳞：磷
448. 磷磷：粼粼
449. 列：洌
450. 凌烈：凛冽
451. 棱：菱
452. 邻：领
453. 当：铛
454. 流：刘
455. 留：刘
456. 流：留
457. 流：浏
458. 溜：榴
459. 熘：溜
460. 溜：馏
461. 笼：龙
462. 漏：蒌
463. 掳：虏
464. 戳：戮
465. 入：录
466. 覆：履
467. 孪：挛
468. 罗：啰
469. 耸耸：茸茸
470. 州：洲
471. 篷篷：蓬蓬
472. 狮：蛳
473. 浆：桨
474. 罗：萝
475. 疯：风
476. 弟：第
477. 夹：甲
478. 蝗：蟥
479. 卖帐：买账
480. 桔杆：秸秆
481. 籽：子
482. 买：卖
483. 买：卖
484. 卖：买
485. 博：搏
486. 膊：搏
487. 狠：横
488. 荡荡：当当
489. 州：洲
490. 州：洲
491. 曼：蔓
492. 漫：蔓
493. 火：活
494. 耗：牦
495. 冒：有
496. 卯：铆
497. 冒：贸
498. 沿：檐
499. 碳：炭
500. 碴：渣
501. 洲：州
502. 藉：籍
503. 朦朦：蒙蒙
504. 懵：蒙
505. 朦胧：蒙眬
506. 瞢：懵
507. 登登：瞪瞪
508. 咪咪：眯眯
509. 谜：迷
510. 迷：谜
511. 迷：谜
512. 密：蜜
513. 密：蜜
514. 密：秘
515. 秘：密
516. 密：秘
517. 免：勉
518. 令：龄
519. 候：侯
520. 名：明
521. 明：名
522. 明：名
523. 磨：摩
524. 磨：蘑
525. 摸：模
526. 麾：摩
527. 拖：托
528. 摩：摹
529. 幕：慕
530. 稍：梢
531. 母：拇
532. 姆：拇
533. 蔼：霭
534. 竿：杆
535. 地：的
536. 鼎：顶
537. 奈：捺
538. 恼：脑
539. 昵：溺
540. 粘：鲇
541. 令：龄
542. 辗：碾
543. 磐：槃
544. 怩怩：捏捏
545. 扭：纽
546. 钮：纽
547. 俱：具
548. 绒绒：融融
549. 欧：殴
550. 州：洲
551. 而：尔
552. 呕：怄
553. 扳：板
554. 沿：缘
555. 距：踞
556. 片：爿
557. 傍：彷
558. 赔：陪
559. 陪：赔
560. 陪：赔
561. 陪：赔
562. 配：佩
563. 礴：薄
564. 砰砰：怦怦
565. 澎涨：膨胀
566. 蓬：篷
567. 批：纰
568. 辟：僻
569. 癖：僻
570. 易：宜
571. 骠：剽
572. 漂：飘
573. 飘：瓢
574. 博：搏
575. 揍揍：凑凑
576. 娉：聘
577. 律：率
578. 味：位
579. 凭：平
580. 熄：息
581. 频：颇
582. 叵：笸
583. 诫：戒
584. 卟：扑
585. 朴：扑
586. 卟：扑
587. 葡：匍
588. 生：身

589. 凄凄：萋萋
590. 恒：桓
591. 它：他
592. 硕：颀
593. 示：事
594. 讫：迄
595. 汽：气
596. 汽：气
597. 汽：气
598. 茸：葺
599. 恰：洽
600. 鉴定：签订
601. 斤：金
602. 鼎：顶
603. 题：提
604. 忏：虔
605. 潜：浅
606. 欠：歉
607. 欠：歉
608. 欠：歉
609. 仟：纤
610. 弊：毙
611. 抡：抢
612. 角：脚
613. 翘：跷
614. 拢：扰
615. 亲：青
616. 清：青
617. 青：清
618. 青：清
619. 青：清
620. 蜓：蜓
621. 篾：蔑
622. 意：易
623. 份：分
624. 倾：顷
625. 虬：遒
626. 绕：饶
627. 驱：躯
628. 杆：干
629. 趋：驱
630. 躯：驱
631. 阒：阒
632. 逝：世
633. 利：力
634. 倦：蜷
635. 负：副
636. 铨：诠
637. 卷：券
638. 燃：然
639. 坐：座
640. 绕：饶
641. 侥：饶
642. 韧：轫
643. 忍：认
644. 哄哄：烘烘
645. 溶：融
646. 葺：茸
647. 揉：糅
648. 入：如
649. 诺：偌
650. 撤：撒
651. 洒：撒
652. 洒洒：飒飒
653. 邦：帮
654. 骚：瘙
655. 搔：瘙
656. 咪咪：迷迷
657. 滨：浜
658. 喝喝：呵呵
659. 呼呼：乎乎
660. 刹：煞
661. 煽：扇
662. 竿：芋
663. 灼：烁
664. 瞻：赡
665. 尝：赏
666. 偿：赏
667. 贡：供
668. 勾：钩
669. 麦：卖
670. 梢：哨
671. 俏：哨
672. 稍：梢
673. 谡：稷
674. 升：深
675. 身：生
676. 裁：材
677. 坤：珅
678. 洲：州
679. 惨：瘆
680. 付：傅
681. 碴：砟
682. 缀：掇
683. 晨：辰
684. 侯：候
685. 换：唤
686. 事：世
687. 查：察
688. 事：是
689. 式：适
690. 力：利
691. 手：首
692. 授：受
693. 受与：授予
694. 守：狩
695. 悠：倏
696. 朔：溯
697. 抒：舒
698. 舒：抒
699. 习：悉
700. 署：暑
701. 摔：甩
702. 栓：拴
703. 撕：厮
704. 撕：厮
705. 嘶：厮
706. 驰：弛
707. 耸勇：怂恿
708. 颂：诵
709. 颂：诵
710. 巡：寻
711. 溲溲：飕飕
712. 遂：隧
713. 兴：性
714. 锁：琐
715. 锁：琐
716. 锁：唢
717. 练：链
718. 台：抬
719. 摊到：瘫倒
720. 滩：摊
721. 坦：袒
722. 炭：碳
723. 元：圆
724. 淌：趟
725. 糖：溏
726. 治：冶
727. 誉：眷
728. 题：提
729. 提：题
730. 份：分
731. 咪咪：蜜蜜
732. 天：田
733. 原：园
734. 条：笤
735. 济：剂
736. 贴：帖

737. 铣：锨
738. 拨：拔
739. 统：通
740. 僮：童
741. 憋：鳖
742. 激：急
743. 褪：蜕
744. 褪：退
745. 勾：钩
746. 托：拖
747. 咐：付
748. 脱：托
749. 园：圆
750. 块：快
751. 蛙蛙：娃娃
752. 玩：完
753. 婉息：惋惜
754. 帐：幛
755. 旦：蛋
756. 曲：屈
757. 委：诿
758. 猬：猥
759. 萎：猥
760. 味：胃
761. 籍：藉
762. 谄：陷
763. 污：诬
764. 雅：鸦
765. 压：鸭
766. 戍：戊
767. 尚：上
768. 沿：檐
769. 悟：晤
770. 浙浙：淅淅
771. 徒：徙
772. 淅：晰
773. 孜孜：滋滋
774. 涮：刷
775. 候：侯
776. 谴：遣
777. 陷：馅
778. 井：阱
779. 想：向
780. 向：象
781. 像：相
782. 相：像
783. 消：销
784. 宵：霄
785. 竭：歇
786. 谐：协
787. 协：胁
788. 御：卸
789. 忡忡：重重
790. 事：思
791. 心：辛
792. 辛：心
793. 行：形
794. 型：形
795. 赦：赧
796. 修：休
797. 修：休
798. 休：修
799. 锈：绣
800. 序：绪
801. 序：续
802. 汹：酗
803. 渲泻：宣泄
804. 喧：暄
805. 弦：旋
806. 窝：涡
807. 眩：炫
808. 寻：询
809. 训：驯
810. 薰：熏
811. 熏熏：醺醺
812. 压：轧
813. 淹：腌
814. 习：袭
815. 沿：延
816. 炎：严
817. 示：饰
818. 晏：宴
819. 膺：赝
820. 央央：泱泱
821. 洋：阳
822. 摇：遥
823. 竭：谒
824. 愉：揄
825. 译：绎
826. 肆：肄
827. 殆：贻
828. 翌翌：熠熠
829. 毅：意
830. 意：义
831. 黯：喑
832. 敝：蔽
833. 密：秘
834. 赢：羸
835. 萤：荧
836. 映：应
837. 应：映
838. 影：映
839. 痈：臃
840. 庸：慵
841. 涌：踊
842. 优：悠
843. 犹：忧
844. 曳：弋
845. 犹：尤
846. 尤：犹
847. 渔：鱼
848. 余：裕
849. 谀：腴
850. 谕：觎
851. 卸：御
852. 予：预
853. 予：预
854. 予：预
855. 园：圆
856. 原：元
857. 原：元
858. 霄：宵
859. 沿：缘
860. 缘：原
861. 园：圆
862. 园：圆
863. 份：分
864. 模：摸
865. 绝：厥
866. 蕴：酝
867. 韵：蕴
868. 再：在
869. 遭：糟
870. 糟：遭
871. 迂：遇
872. 燥：躁
873. 扎：札
874. 沾：占
875. 醮：蘸
876. 撑：掌
877. 嶂：障
878. 涨：胀
879. 仗：杖
880. 遭至：招致
881. 迭：叠
882. 折：褶
883. 蜇：蛰
884. 蜇：蛰

885. 祯：帧
886. 慎：缜
887. 振：震
888. 阵：镇
889. 挣：争
890. 争：征
891. 指：趾
892. 至：致
893. 次：秩
894. 雅：稚
895. 至：致
896. 衷：钟
897. 诌诌：绉绉
898. 遂：逐
899. 柱：炷
900. 柱：拄
901. 主：住
902. 装：妆
903. 镯：躅
904. 籽：子
905. 孽：孳
906. 缁：辎
907. 珠：铢
908. 恿：容
909. 粽：棕
910. 棕：粽
911. 凑：奏
912. 咀：诅
913. 篡：纂
914. 咀：嘴
915. 尊：遵
916. 捉摸：琢磨
917. 座：坐
918. 座：坐
919. 座：坐
920. 做：坐
921. 做：作
922. 坐佑：座右
923. 做：作
924. 做：作
925. 做：作
926. 做：作

表2-4-6 成语易误字表

（一）误字表

1. 哀声叹气
2. 爱屋及鸟
3. 按步就班
4. 暗然失色
5. 八斗之财
6. 爬山涉水
7. 裨官野史
8. 搬门弄斧
9. 班驳陆离
10. 搬师回朝
11. 饱经苍桑
12. 报恨黄泉
13. 暴戾恣睢
14. 暴露无疑
15. 卑恭曲膝
16. 背景离乡
17. 彼彼皆视
18. 笔笔皆是
19. 筚路烂缕
20. 鞭长末及
21. 变本加利
22. 变换莫测
23. 别出新裁
24. 兵慌马乱
25. 并行不背
26. 病入膏盲
27. 博大精髓
28. 博闻强知
29. 不悲不亢
30. 不辨黍麦
31. 不孚众望
32. 不记其数
33. 不加思索
34. 不径而走
35. 不卑不抗
36. 不可豁缺
37. 不可盛数
38. 不可思意
39. 不落巢臼
40. 不能自己
41. 不容置啄
42. 不胜每举
43. 不同反响
44. 不醒人事
45. 不循私情
46. 不益之财
47. 不易之财
48. 不知可否
49. 不知所错
50. 步入正规
51. 财高八斗
52. 惨酷无情
53. 残碴余孽
54. 惨绝人环
55. 残无人道
56. 苍海一粟
57. 躁之过急
58. 草管人命
59. 层差不齐
60. 察颜观色
61. 缠绵绯恻
62. 谗涎欲滴
63. 常年累月
64. 长嘘短叹
65. 沉缅酒色
66. 陈词烂调
67. 趁心如意
68. 膛目结舌
69. 嗔目结舌
70. 诚心捣乱
71. 惩前毙后
72. 痴心忘想
73. 嗤之一鼻
74. 驰聘疆场
75. 赤博上阵
76. 重重迭迭
77. 重蹈复辙
78. 铸躇满志
79. 出类拔粹
80. 出奇不意
81. 出旗致胜
82. 出人投地
83. 处心极虑
84. 穿流不息
85. 创夷未瘳
86. 荒夷满目
87. 床第之欢
88. 吹毛求次
89. 垂头伤气
90. 唇枪舌箭
91. 聪明伶利
92. 从中斡旋

93. 摧人泪下
94. 璀灿夺目
95. 错纵复杂
96. 大步溜星
97. 大才小用
98. 大放谲词
99. 大块朵颐
100. 大声急呼
101. 大肆喧染
102. 大厅广众
103. 大显神手
104. 大相近庭
105. 大张其鼓
106. 待价而估
107. 带罪立功
108. 惮精极虑
109. 当即立断
110. 当人不让
111. 当头一捧
112. 倒行逆驶
113. 独天特厚
114. 德高望众
115. 登丰造极
116. 吊儿啷当
117. 吊儿浪当
118. 调以轻心
119. 跌跌不休
120. 顶礼摩拜
121. 顶顶大名
122. 鼎立相助
123. 丢人显眼
124. 丢三拉四
125. 东跑西巅
126. 动人心玄
127. 动辙得咎
128. 独出新裁
129. 独挡一面
130. 断章取意
131. 对薄公堂
132. 对牛谈琴
133. 躲闪不急
134. 拙拙逼人
135. 阿谀奉呈
136. 额首称庆
137. 恶虎扑食
138. 尔谀我诈
139. 耳目一心
140. 耳儒目染
141. 发扬广大
142. 翻来复去
143. 反来覆去
144. 翻天复地
145. 蕃然悔悟
146. 烦燥不安
147. 方柄圆凿
148. 非份之想
149. 飞皇腾达
150. 飞扬拔扈
151. 非夷所思
152. 斐声文坛
153. 纷至踏来
154. 愤发图强
155. 丰富多采
156. 丰功伟迹
157. 风尘扑扑
158. 飞驰电掣
159. 风糜一时
160. 风声鹤戾
161. 风云变换
162. 风姿卓约
163. 蜂踊而来
164. 蜂涌而入
165. 凤毛鳞角
166. 佛袖而去
167. 浮想连篇
168. 斧底抽薪
169. 负偶顽抗
170. 富丽堂黄
171. 富丽堂煌
172. 复水难收
173. 改弦更章
174. 甘败下风
175. 刚腹自用
176. 高官厚录
177. 高屋建领
178. 歌功诵德
179. 歌舞声平
180. 隔隔不入
181. 格物致志
182. 各行其事
183. 恒古未有
184. 梗梗于怀
185. 功亏一匮
186. 功亏一蒉
187. 孤立无缘
188. 孤柱一郑
189. 盅惑人心
190. 故技重演
191. 故作恣态
192. 故名思义
193. 关怀倍至
194. 冠免堂煌
195. 光采夺目
196. 鬼鬼崇崇
197. 鬼蜮技俩
198. 刮噪不休
199. 果足不前
200. 海市唇楼
201. 含浑不清
202. 含辛如苦
203. 汗流夹背
204. 号淘大哭
205. 好高鹜远
206. 和霭可亲
207. 合盘托出
208. 和言悦色
209. 轰堂大笑
210. 候门如海
211. 呼天呛地
212. 狐加虎威
213. 胡做非为
214. 虎据龙盘
215. 虎视耽耽
216. 恰恶不俊
217. 花里胡俏
218. 花拳秀腿
219. 花而不实
220. 涣然一新
221. 黄粱美梦
222. 恢心丧气
223. 毁人不倦
224. 悔人不倦
225. 秽淫秽盗
226. 昏慵无道
227. 混天黑地
228. 混混噩噩
229. 混然一体
230. 火上烧油
231. 祸国泱民
232. 肌肠漉漉
233. 吉详如意
234. 极重难反
235. 芨芨可危
236. 揖拿归案
237. 积思广意
238. 集思广义
239. 计日成功
240. 记忆尤新

241. 既往不纠
242. 既往不究
243. 家常里短
244. 嘎然而止
245. 坚如盘石
246. 坚难困苦
247. 坚忍不拔
248. 见风驶舵
249. 见贤思起
250. 箭拔弩张
251. 骄阳似火
252. 娇生贯养
253. 焦燥不安
254. 娇柔造作
255. 结结吧吧
256. 接踪而至
257. 揭杆而起
258. 孑然一身
259. 洁白无暇
260. 竭泽而鱼
261. 接长补短
262. 戒骄戒燥
263. 今昔何昔
264. 金壁辉煌
265. 金榜提名
266. 筋皮力尽
267. 近在只尺
268. 禁若寒蝉
269. 精兵减政
270. 精神涣发
271. 精神攫铄
272. 兢兢业业
273. 竞竞业业
274. 迥然不同
275. 炯炯发光
276. 纠纠武夫
277. 鞠躬尽粹
278. 开门缉盗
279. 开源截流
280. 棵粒无收
281. 可见一般
282. 可见一班
283. 可望而不可及
284. 克敌致胜
285. 刻己奉公
286. 克苦专研
287. 刻勤刻俭
288. 克苦耐劳
289. 克尽职守
290. 铿镪有力
291. 恐前绝后
292. 口躁唇干
293. 苦心孤旨
294. 烩炙人口
295. 宽洪大量
296. 烂鱼充数
297. 烂芋充数
298. 老于事故
299. 乐此不彼
300. 雷利风行
301. 雷历风行
302. 雷励风行
303. 雷庭万钧
304. 礼上往来
305. 励行节约
306. 立杆见影
307. 立功恕罪
308. 力精图治
309. 连篇累椟
310. 良晨美景
311. 良师义友
312. 良秀不齐
313. 两全齐美
314. 两向情愿
315. 廖廖无几
316. 廖若星辰
317. 零零总总
318. 淋漓尽至
319. 鳞次接毗
320. 灵珑剔秀
321. 遛之大吉
322. 流言诽语
323. 拢络人心
324. 炉火纯清
325. 绿树成阴
326. 绿草如荫
327. 乱七八遭
328. 缕见不鲜
329. 略见一般
330. 麻木不人
331. 脉胳分明
332. 满腹经伦
333. 满脸绉纹
334. 满不讲理
335. 慢不精心
336. 满山遍野
337. 忙忙禄禄
338. 毛骨耸然
339. 毛骨怵然
340. 冒天下之大不讳
341. 貌和神离
342. 没招没落
343. 每况欲下
344. 美仑美奂
345. 美伦美奂
346. 梦昧以求
347. 迷天大谎
348. 谜天大谎
349. 棉里藏针
350. 面面具到
351. 民不潦生
352. 民生雕蔽
353. 名列前矛
354. 名声鹤起
355. 名躁一时
356. 明辩是非
357. 昨日黄花
358. 瞑思苦想
359. 模凌两可
360. 莫明奇妙
361. 莫中一事
362. 莫不关心
363. 莫然置之
364. 默守陈规
365. 没没无闻
366. 暮然回首
367. 目不暇及
368. 南辕北撤
369. 难以明状
370. 难已置信
371. 逆来忍受
372. 扭怩作态
373. 弄巧成绌
374. 奴颜卑膝
375. 怒不可竭
376. 沤心沥血
377. 呕心呖血
378. 排山捣海
379. 旁证搏引
380. 赔理道歉
381. 砰然心动
382. 篷壁生辉
383. 披星带月
384. 辟头盖脸
385. 蚍蜉憾树
386. 片言支语
387. 凭白无故

388. 平白无辜
389. 平起平座
390. 凭心而论
391. 平心净气
392. 破斧沉舟
393. 泼口大骂
394. 破碇百出
395. 迫不急待
396. 扑天盖地
397. 气喘嘘嘘
398. 气势凶凶
399. 弃若鄙履
400. 洽如其份
401. 千锤百练
402. 千钓一发
403. 千遍一律
404. 千正万确
405. 前拘后恭
406. 前扑后继
407. 谴词造句
408. 强努之末
409. 敲榨勒索
410. 巧妆打扮
411. 巧娶豪夺
412. 切中恳綮
413. 契而不舍
414. 青出于兰
415. 清红皂白
416. 轻而一举
417. 轻歌慢舞
418. 情歌漫舞
419. 情不自尽
420. 情景交溶
421. 情有独衷
422. 倾诉忠肠
423. 磬竹难书
424. 穷穷孑立
425. 曲意奉迎
426. 曲指可数
427. 趋之若骛
428. 阒无声息
429. 全军复没
430. 缺之不恭
431. 惹事生非
432. 热情扬溢
433. 人才倍出
434. 人尽其材
435. 人情事故
436. 人心慌慌
437. 人言责责
438. 人脏具获
439. 忍劳忍怨
440. 日簿西山
441. 戎马倥惚
442. 融汇贯通
443. 如法泡制
444. 如火如茶
445. 如坐针砧
446. 入不付出
447. 入目三分
448. 软硬兼使
449. 锐不可挡
450. 弱不经风
451. 洒扫庭厨
452. 撒科打浑
453. 撒手不管
454. 三翻五次
455. 仨仨俩俩
456. 三为一体
457. 色彩斑烂
458. 伤心病狂
459. 色厉内茬
460. 杀一惊百
461. 插血为盟
462. 杀费苦心
463. 山青水秀
464. 珊珊来迟
465. 蹒跚来迟
466. 潸然泪下
467. 善罢干休
468. 丧天害理
469. 偿罚分明
470. 上吐下泄
471. 少纵急逝
472. 身单景只
473. 深符众望
474. 深临其景
475. 身体立行
476. 身居浅出
477. 申张正义
478. 神彩弈弈
479. 神昏颠倒
480. 神智不清
481. 身不逢时
482. 声明狼籍
483. 声名雀起
484. 时乘命蹇
485. 食不裹腹
486. 识人牙惠
487. 失口否认
488. 始无前列
489. 始终不逾
490. 始作蛹者
491. 世外桃园
492. 势不可挡
493. 事必恭亲
494. 事过景迁
495. 事与愿为
496. 持强陵弱
497. 事得其反
498. 事可而止
499. 舔犊之情
500. 嗜痂成僻
501. 手曲一指
502. 书香门弟
503. 梳装打扮
504. 数不甚数
505. 竖碑立传
506. 水乳交溶
507. 水泻不通
508. 水性扬花
509. 顺我者猖，逆我者亡
510. 迅息万变
511. 司空见贯
512. 死皮癞脸
513. 死有余故
514. 肆无忌弹
515. 怂人听闻
516. 俗不可奈
517. 随声附合
518. 所向披糜
519. 太仓一栗
520. 太平盛事
521. 贪脏枉法
522. 坛花一现
523. 谈笑风声
524. 叹为观之
525. 韬光养慧
526. 题纲切领
527. 提纲携领
528. 天崩地折
529. 天翻地复
530. 天地良心
531. 天眩地转
532. 括不知耻
533. 甜言密语
534. 挺而走险

535. 通霄达旦
536. 同仇敌慨
537. 同干共苦
538. 头昏目旋
539. 投机捣把
540. 偷击取巧
541. 荼毒生灵
542. 图劳无功
543. 退化变质
544. 脱僵之马
545. 脱盈而出
546. 垂手可得
547. 歪风斜气
548. 完壁归赵
549. 蜿延起伏
550. 万马齐暗
551. 万事享通
552. 万事具备
553. 妄费心计
554. 忘乎所已
555. 望风披糜
556. 望文生意
557. 汪洋兴叹
558. 忘自非簿
559. 王自尊大
560. 巍然圪立
561. 唯妙唯肖
562. 尾大不调
563. 痿糜不振
564. 委屈求全
565. 维维诺诺
566. 为虎作帐
567. 未雨绸谬
568. 味同嚼腊
569. 温温而雅
570. 闻过饰非
571. 嗡声嗡气
572. 雾烟障气
573. 污合之众
574. 无病呻呤
575. 无耻烂言
576. 无耻谥言
577. 无动于中
578. 无可辨驳
579. 无理漫骂
580. 无是生非
581. 无所适事
582. 无与能比
583. 五彩斑澜
584. 五荒六月
585. 五脏六腹
586. 误入奇图
587. 熙熙让让
588. 喜皮笑脸
589. 喜笑怒骂
590. 喜上眉捎
591. 嬉笑颜开
592. 暇迩闻名
593. 瑕不掩玉
594. 先理后兵
595. 闲情逸志
596. 闲妻良母
597. 相辅相承
598. 相题并论
599. 相形见拙
600. 响彻云宵
601. 饶勇善战
602. 消极待工
603. 消遥自在
604. 消声匿迹
605. 消脏灭迹
606. 小心奕奕
607. 笑容可鞠
608. 挟肩谄笑
609. 邂逅相迂
610. 心狠手棘
611. 心怀巨测
612. 心恢意懒
613. 心旷神移
614. 心力憔悴
615. 心心相映
616. 新兴向荣
617. 信马游缰
618. 星罗旗布
619. 形单影支
620. 行迹可疑
621. 行踪鬼秘
622. 形形式式
623. 兴高彩烈
624. 兴致昂然
625. 兴灾乐祸
626. 修养生息
627. 虚情假义
628. 虚无漂渺
629. 诩诩如生
630. 喧然大波
631. 宣宾夺主
632. 喧宾夺主
633. 悬梁刺骨
634. 渲赫一时
635. 眩人眼目
636. 血流如柱
637. 迅雷不及眼耳
638. 殉情枉法
639. 循私舞弊
640. 殉私舞弊
641. 雅雀无生
642. 丫丫学语
643. 哑吧吃黄莲
644. 偃苗助长
645. 淹没无闻
646. 掩埋无闻
647. 言归正转
648. 言简意该
649. 妍嗤分明
650. 严惩不怠
651. 严刑竣法
652. 眼花瞭乱
653. 眼花了乱
654. 掩旗息鼓
655. 扬常而去
656. 扬扬洒洒
657. 摇拽多姿
658. 查无音信
659. 要言不繁
660. 要言不凡
661. 夜籁人静
662. 夜狼自大
663. 一唱一合
664. 一愁莫展
665. 一发千均
666. 一股作气
667. 一轰而起
668. 一诺千斤
669. 一杯黄土
670. 一气合成
671. 一气哈成
672. 一窃不通
673. 一人成佛，鸡犬升天
674. 一如继往
675. 一蹋糊涂
676. 一遢糊涂
677. 一踏糊涂
678. 一望情深
679. 一文不铭
680. 一无事处
681. 一涌而上

682. 一张一驰
683. 衣衫烂褛
684. 衣衣不舍
685. 遗笑大方
686. 以德抱怨
687. 以敬效优
688. 以偏盖全
689. 以身做责
690. 以逸代劳
691. 依老卖老
692. 义不容词
693. 义愤添膺
694. 义无反顾
695. 意味镌永
696. 一口同声
697. 一曲同工
698. 义气相投
699. 逸兴喘飞
700. 阴谋鬼计
701. 银样蜡枪头
702. 引亢高歌
703. 引人入深
704. 饮鸠止渴
705. 阴晦曲折
706. 英雄倍出
707. 英雄没路
708. 迎接不暇
709. 庸人自忧
710. 忧柔寡断
711. 忧心重重
712. 忧郁不决
713. 有口难辨
714. 有持无恐
715. 鱼燕传书
716. 语无轮齿
717. 羽扇伦巾
718. 欲盖弥张
719. 原形必露
720. 沿木求鱼
721. 援木求鱼
722. 渊源流长
723. 怨天由人
724. 怨天忧人
725. 越厨代包
726. 运筹维握
727. 运筹围屋
728. 再接再励
729. 再歌再舞
730. 责无旁待
731. 责无旁代
732. 展露头角
733. 展转反侧
734. 颤颤兢兢
735. 掌灯结采
736. 张慌失措
737. 杖义直言
738. 招摇装骗
739. 遮天避日
740. 针贬时弊
741. 真象大白
742. 真知卓见
743. 振憾人心
744. 枝离破碎
745. 知书达理
746. 知迷不误
747. 直冲宵汉
748. 直接了当
749. 直言不韪
750. 扯高气扬
751. 抵掌而谈
752. 至理明言
753. 炙手可热
754. 置若枉闻
755. 中流抵柱
756. 中正不逾
757. 忠贞不喻
758. 众口烁金
759. 重矢之地
760. 众说纷云
761. 众所周之
762. 株连壁合
763. 蛛丝蚂迹
764. 专心一致
765. 壮志未惆
766. 揣揣不安
767. 谆谆告戒
768. 捉襟见胄
769. 琢磨不定
770. 呲牙裂嘴
771. 孜孜珠玑
772. 自抱自欺
773. 自报自弃
774. 自顾不遐
775. 自立更生
776. 自鸣不凡
777. 至始至终
778. 自寻烦脑
779. 姿情纵性
780. 姿意妄为
781. 纵横俾阖
782. 走头无路
783. 座北朝南
784. 坐地分脏
785. 错失良机
786. 坐无虚席
787. 不容质疑
788. 返朴归真
789. 留恋忘返
790. 微言大意
791. 与日剧增

（二）正字表

1. 哀：唉
2. 鸟：乌
3. 步：部
4. 暗：黯
5. 财：才
6. 爬：跋
7. 裨：稗
8. 搬：班
9. 班：斑
10. 搬：班
11. 苍：沧
12. 报：抱
13. 睢：雎
14. 疑：遗
15. 恭：躬；
曲：屈
16. 景：井
17. 彼彼：比比；
视：是
18. 笔笔：比比
19. 烂：蓝
20. 末：莫
21. 利：厉
22. 换：幻
23. 新：心
24. 慌：荒
25. 背：悖
26. 盲：肓
27. 髓：深
28. 知：识
29. 悲：卑
30. 黍：菽

31. 孚：负
32. 记：计
33. 加：假
34. 径：胫
35. 抗：亢
36. 豁：或
37. 盛：胜
38. 意：议
39. 巢：窠
40. 己：已
41. 啄：喙
42. 每：枚
43. 反：凡
44. 醒：省
45. 循：徇
46. 益：义
47. 易：义
48. 知：置
49. 错：措
50. 规：轨
51. 财：才
52. 惨：残
53. 碴：渣
54. 环：寰
55. 残：惨
56. 苍：沧
57. 躁：操
58. 管：菅
59. 层：参
60. 颜：言
61. 绯：悱
62. 谗：馋
63. 常：长
64. 嘘：吁
65. 缅：湎
66. 烂：滥
67. 趁：称
68. 膛：瞠
69. 嗔：瞠
70. 诚：成
71. 觜：呰
72. 忘：妄
73. 一：以
74. 聘：骋
75. 博：膊
76. 迭迭：叠叠
77. 复：覆
78. 铸：踌
79. 粹：萃
80. 奇：其
81. 旗：奇；
致：制
82. 投：头
83. 极：积
84. 穿：川
85. 夷：痍
86. 荒夷：疮痍
87. 第：笫
88. 次：疵
89. 伤：丧
90. 箭：剑
91. 利：俐
92. 幹：斡
93. 摧：催
94. 灿：璨
95. 纵：综
96. 溜：流
97. 才：材
98. 谲：厥
99. 块：快
100. 急：疾
101. 喧：渲
102. 厅：庭
103. 神：身
104. 近：径
105. 其：旗
106. 估：沽
107. 带：戴
108. 惮：殚；
极：竭
109. 即：机
110. 人：仁
111. 捧：棒
112. 驶：施
113. 独：得；
特：独
114. 众：重
115. 丰：峰
116. 啷：郎
117. 浪：郎
118. 调：掉
119. 跌跌：喋喋
120. 摩：膜
121. 顶顶：鼎鼎
122. 立：力
123. 显：现
124. 拉：落
125. 巅：颠
126. 玄：弦
127. 辙：辄
128. 新：心
129. 挡：当
130. 意：义
131. 薄：簿
132. 谈：弹
133. 急：及
134. 拙拙：咄咄
135. 奉呈：逢迎
136. 首：手
137. 恶：饿
138. 谀：虞
139. 心：新
140. 儒：濡
141. 广：光
142. 复：覆
143. 反：翻
144. 复：覆
145. 蕃：幡
146. 燥：躁
147. 柄：枘
148. 份：分
149. 皇：黄
150. 拔：跋
151. 非：匪
152. 斐：蜚
153. 踏：沓
154. 愤：奋
155. 采：彩
156. 迹：绩
157. 扑扑：仆仆
158. 飞：风
159. 糜：靡
160. 戾：唳
161. 换：幻
162. 卓：绰
163. 踊：拥
164. 涌：拥
165. 鳞：麟
166. 佛：拂
167. 连篇：联翩
168. 斧：釜
169. 偶：隅
170. 黄：皇
171. 煌：皇
172. 复：覆
173. 章：张
174. 败：拜
175. 腹：愎

176. 录：禄
177. 领：瓴
178. 诵：颂
179. 声：升
180. 隔隔：格格
181. 志：知
182. 事：是
183. 恒：亘
184. 梗梗：耿耿
185. 匮：篑
186. 蒉：篑
187. 缘：援
188. 柱：注；
郑：掷
189. 盅：蛊
190. 技：伎
191. 恣：姿
192. 故：顾
193. 倍：备
194. 免：冕；
煌：皇
195. 采：彩
196. 祟祟：祟祟
197. 技：伎
198. 刮：聒
199. 果：裹
200. 唇：蜃
201. 浑：混
202. 如：茹
203. 夹：浃
204. 淘：啕
205. 鹜：骛
206. 霭：蔼
207. 合：和
208. 言：颜
209. 轰：哄
210. 候：侯
211. 呛：抢
212. 加：假
213. 做：作
214. 据：踞
215. 耽耽：眈眈
216. 恰：怙；
俊：悛
217. 俏：哨
218. 秀：绣
219. 花：华
220. 涣：焕
221. 梁：粱
222. 恢：灰
223. 毁：诲
224. 悔：诲
225. 秽：诲；
秽：诲
226. 慵：庸
227. 混：昏
228. 混混：浑浑
229. 混：浑
230. 烧：浇
231. 泱：殃
232. 肌：饥；
漉漉：辘辘
233. 详：祥
234. 极：积；
反：返
235. 芨芨：岌岌
236. 揖：缉
237. 积：集；
意：益
238. 义：益
239. 成：程
240. 尤：犹
241. 纠：咎
242. 究：咎
243. 常：长
244. 嘎：戛
245. 盘：磐
246. 坚：艰
247. 忍：韧
248. 驶：使
249. 起：齐
250. 箭：剑
251. 娇：骄
252. 贯：惯
253. 燥：躁
254. 娇柔：矫揉
255. 吧吧：巴巴
256. 踪：踵
257. 杆：竿
258. 孓：孑
259. 暇：瑕
260. 鱼：渔
261. 接：截
262. 燥：躁
263. 昔：夕；
昔：夕
264. 壁：碧
265. 提：题
266. 皮：疲
267. 只：咫
268. 禁：噤
269. 减：简
270. 涣：焕
271. 攫：矍
272. 競競：兢兢
273. 竞竞：兢兢
274. 迴：迥
275. 烔烔：炯炯
276. 纠纠：赳赳
277. 粹：瘁
278. 缉：揖
279. 截：节
280. 棵：颗
281. 般：斑
282. 班：斑
283. 及：即
284. 致：制
285. 刻：克
286. 克：刻；
专：钻
287. 刻：克；
刻：克
288. 克：刻
289. 克：恪
290. 镪：锵
291. 恐：空
292. 躁：燥
293. 旨：诣
294. 烩炙：脍炙
295. 洪：宏
296. 烂鱼：滥竽
297. 烂芋：滥竽
298. 事：世
299. 彼：疲
300. 利：厉
301. 历：厉
302. 励：厉
303. 庭：霆
304. 上：尚
305. 励：厉
306. 杆：竿
307. 恕：赎
308. 力：励
309. 椟：牍
310. 晨：辰
311. 义：益
312. 秀：莠
313. 齐：其

314. 向：厢
315. 廖廖：寥寥
316. 廖：寥；
星辰：晨星
317. 零零：林林
318. 至：致
319. 接毗：栉比
320. 灵：玲；
秀：透
321. 遛：溜
322. 诽：蜚
323. 拢：笼
324. 清：青
325. 阴：荫
326. 荫：茵
327. 遭：糟
328. 缕：屡
329. 般：斑
330. 人：仁
331. 胳：络
332. 伦：纶
333. 绉：皱
334. 满：蛮
335. 慢：漫；
精：经
336. 满：漫
337. 禄禄：碌碌
338. 耸：悚
339. 怵：悚
340. 讳：韪
341. 和：合
342. 招：着
343. 欲：愈
344. 仑：轮
345. 伦：轮
346. 昧：寐
347. 迷：弥
348. 谜：弥
349. 棉：绵
350. 具：俱
351. 潦：聊
352. 雕蔽：凋敝
353. 矛：茅
354. 鹤：鹊
355. 躁：噪
356. 辩：辨
357. 昨：明
358. 瞑：冥
359. 凌：棱
360. 明：名；
奇：其
361. 中：衷；
事：是
362. 莫：漠
363. 莫：漠
364. 默：墨；
陈：成
365. 没没：默默
366. 暮：蓦
367. 及：接
368. 撤：辙
369. 明：名
370. 已：以
371. 忍：顺
372. 扭：忸
373. 绌：拙
374. 卑：婢
375. 竭：遏
376. 沤：呕
377. 呖：沥
378. 捣：倒
379. 证：征；
搏：博
380. 理：礼
381. 砰：怦
382. 篷壁：蓬荜
383. 带：戴
384. 辟：劈
385. 憾：撼
386. 支：只
387. 凭：平
388. 辜：故
389. 座：坐
390. 凭：平
391. 净：静
392. 斧：釜
393. 泼：破
394. 碇：绽
395. 急：及
396. 扑：铺
397. 嘘嘘：吁吁
398. 凶凶：汹汹
399. 鄙履：敝屣
400. 洽：恰；
份：分
401. 练：炼
402. 钓：钧
403. 遍：篇
404. 正：真
405. 拘：倨
406. 扑：仆
407. 谴：遣
408. 努：弩
409. 榨：诈
410. 巧妆：乔装
411. 娶：取
412. 恳綮：肯綮
413. 契：锲
414. 兰：蓝
415. 清：青
416. 一：易
417. 慢：曼
418. 情：轻；
漫：曼
419. 尽：禁
420. 溶：融
421. 衷：钟
422. 忠：衷
423. 磬：罄
424. 穷穷：茕茕
425. 奉：逢
426. 曲：屈
427. 骛：鹜
428. 阆：阒
429. 复：覆
430. 缺：却
431. 事：是
432. 扬：洋
433. 倍：辈
434. 材：才
435. 事：世
436. 慌慌：惶惶
437. 责责：啧啧
438. 脏：赃；
具：俱
439. 忍：任；
忍：任
440. 簿：薄
441. 葱：偬
442. 汇：会
443. 泡：炮
444. 茶：荼
445. 砧：毡
446. 付：敷
447. 目：木
448. 使：施
449. 挡：当
450. 经：禁

451. 厨：除
452. 浑：诨
453. 撤：撒
454. 翻：番
455. 仨仨俩俩：
三三两两
456. 为：位
457. 烂：斓
458. 伤：丧
459. 茌：荏
460. 惊：儆
461. 插：歃
462. 杀：煞
463. 青：清
464. 珊珊：姗姗
465. 蹒跚：姗姗
466. 澈：潸
467. 干：甘
468. 丧：伤
469. 偿：赏
470. 泄：泻
471. 少：稍；
急：即
472. 景：影
473. 符：孚
474. 深：身；
景：境
475. 立：力
476. 身：深；
浅：简
477. 申：伸
478. 彩：采；
弈弈：奕奕
479. 昏：魂
480. 智：志
481. 身：生
482. 明：名；
籍：藉
483. 雀：鹊
484. 乘：乖
485. 裹：果
486. 识：拾；
惠：慧
487. 失：矢
488. 始：史；
列：例
489. 逾：渝
490. 蛹：俑
491. 园：源
492. 挡：当
493. 恭：躬
494. 景：境
495. 为：违
496. 持：恃；
陵：凌
497. 事：适
498. 事：适
499. 舔：舐
500. 僻：癖
501. 手曲：首屈
502. 弟：第
503. 装：妆
504. 甚：胜
505. 竖：树
506. 溶：融
507. 泻：泄
508. 扬：杨
509. 猖：昌
510. 迅：瞬
511. 贯：惯
512. 癞：赖
513. 故：辜
514. 肄：肆；
弹：惮
515. 怂：耸
516. 奈：耐
517. 合：和
518. 糜：靡
519. 栗：粟
520. 事：世
521. 脏：赃
522. 坛：昙
523. 声：生
524. 之：止
525. 慧：晦
526. 题：提；
切：挈
527. 携：挈
528. 折：坼
529. 复：覆
530. 地：理
531. 眩：旋
532. 括：恬
533. 密：蜜
534. 挺：铤
535. 霄：宵
536. 慨：忾
537. 干：甘
538. 旋：眩
539. 捣：倒
540. 偷击：投机
541. 茶：荼
542. 图：徒
543. 退：蜕
544. 僵：缰
545. 盈：颖
546. 垂：唾
547. 斜：邪
548. 壁：璧
549. 延：蜒
550. 暗：喑
551. 享：亨
552. 具：俱
553. 妄：枉；
计：机
554. 已：以
555. 糜：靡
556. 意：义
557. 汪：望
558. 忘：妄；
非簿：菲薄
559. 王：妄
560. 圪：屹
561. 唯：惟；
唯：惟
562. 调：掉
563. 痿糜：萎靡
564. 屈：曲
565. 维维：唯唯
566. 帐：怅
567. 谬：缪
568. 腊：蜡
569. 温温：温文
而：尔
570. 闻：文
571. 嗡：瓮；
嗡：瓮
572. 雾：乌；
障：瘴
573. 污：乌
574. 呤：吟
575. 烂：谰
576. 滥：谰
577. 中：衷
578. 辨：辩
579. 漫：谩
580. 是：事
581. 适：事

582. 能：伦
583. 澜：斓
584. 荒：黄
585. 腹：腑
586. 奇图：歧途
587. 让让：攘攘
588. 喜：嬉
589. 喜：嬉
590. 捎：梢
591. 嬉：喜
592. 暇：遐
593. 玉：瑜
594. 理：礼
595. 志：致
596. 闲：贤
597. 承：成
598. 题：提
599. 拙：绌
600. 宵：霄
601. 饶：骁
602. 待：怠
603. 消：逍
604. 消：销
605. 消脏：销赃
606. 奕奕：翼翼
607. 鞠：掬
608. 挟：胁
609. 追：逅；
遇：迁
610. 棘：辣
611. 巨：叵
612. 恢：灰
613. 移：怡
614. 憔悴：交瘁
615. 映：印
616. 新兴：欣欣
617. 游：由
618. 旗：棋
619. 支：只
620. 行：形
621. 鬼：诡
622. 式式：色色
623. 彩：采
624. 昂：盎
625. 兴：幸
626. 修：休
627. 义：意
628. 漂渺：缥缈
629. 诩诩：栩栩
630. 喧：轩
631. 宣：喧
632. 暄：喧
633. 骨：股
634. 渲：煊
635. 眩：炫
636. 柱：注
637. 眼：掩
638. 殉：徇
639. 循：徇
640. 殉：徇
641. 雅：鸦；
生：声
642. 丫丫：牙牙
643. 吧：巴；
莲：连
644. 偃：揠
645. 淹：湮
646. 掩埋：湮没
647. 转：传
648. 该：赅
649. 嗤：媸
650. 怠：贷
651. 竣：峻
652. 瞭：缭
653. 了：缭
654. 掩：偃
655. 常：长
656. 扬扬：洋洋
657. 拽：曳
658. 查：杳
659. 繁：烦
660. 凡：烦
661. 籁：阑
662. 狼：郎
663. 合：和
664. 愁：筹
665. 均：钧
666. 股：鼓
667. 轰：哄
668. 斤：金
669. 杯：抔
670. 合：呵
671. 哈：呵
672. 窃：窍
673. 成佛：得道
674. 继：既
675. 蹋：塌
676. 遢：塌
677. 踏：塌
678. 望：往
679. 铭：名
680. 事：是
681. 涌：拥
682. 驰：弛
683. 烂：褴
684. 衣衣：依依
685. 遗：贻
686. 抱：报
687. 敬：儆；
优：尤
688. 盖：概
689. 做责：作则
690. 代：待
691. 依：倚
692. 词：辞
693. 添：填
694. 反：返
695. 镌：隽
696. 一：异
697. 一：异
698. 义：意
699. 喘：遄
700. 鬼：诡
701. 蜡：镴
702. 亢：吭
703. 深：胜
704. 鸠：鸩
705. 阴：隐
706. 倍：辈
707. 没：末
708. 迎：应
709. 忧：扰
710. 忧：优
711. 重重：忡忡
712. 忧郁：犹豫
713. 辨：辩
714. 持：恃
715. 燕：雁
716. 轮齿：伦次
717. 伦：纶
718. 张：彰
719. 必：毕
720. 沿：缘
721. 援：缘
722. 渊源：源远
723. 由：尤
724. 忧：尤
725. 厨：俎；
包：庖
726. 维握：帷幄
727. 围屋：帷幄
728. 励：厉

729. 再：载；
再：载
730. 待：贷
731. 代：贷
732. 展：崭
733. 展：辗
734. 颤颤兢兢：
战战兢兢
735. 掌：张；
采：彩
736. 慌：皇
737. 杖：仗；
直：执
738. 装：撞
739. 避：蔽
740. 贬：砭
741. 象：相
742. 卓：灼
743. 振憾：震撼
744. 枝：支
745. 理：礼
746. 知：执；
误：悟
747. 宵：霄
748. 接：截
749. 韪：讳
750. 扯：趾
751. 抵：抵
752. 明：名
753. 灸：炙
754. 枉：罔
755. 抵：砥
756. 中正：忠贞；
逾：渝
757. 喻：渝
758. 烁：铄
759. 重：众；
地：的
760. 云：纭
761. 之：知
762. 株连壁：珠
联壁
763. 蚂：马
764. 致：志
765. 惆：酬
766. 揣揣：惴惴
767. 戒：诫
768. 胄：肘
769. 琢磨：捉摸
770. 呲：龇；
裂：咧
771. 孜孜：孳孳
772. 抱：暴；
欺：弃
773. 报：暴
774. 遐：暇
775. 立：力
776. 鸣：命
777. 至始：自始
778. 脑：恼
779. 姿：恣
780. 姿：恣
781. 俾：捭
782. 头：投
783. 座：坐
784. 脏：赃
785. 错：坐
786. 坐：座
787. 质：置
788. 朴：璞
789. 留恋：流连
790. 意：义
791. 剧：俱

（七）校对

要避免错别字，还必须做好校对工作，手写稿如此，计算机打印稿也是如此。

如今文稿以计算机打印稿居多，但在文稿录入时，使用形码输入法的容易产生字形相近的别字，使用音码输入法的容易产生字音相近的别字，如果操作马虎，还会出现多字或漏字。如果通过扫描设备输入，也会出现字形相近的别字乃至乱码。即使作者在文稿输入时没有错误，但如果由别人排版，也可能由于所用的软件系统不同而导致文字转换时的差错。因此，文稿的校对工作是不可或缺的。

长期以来，书刊的出版一般要经过三次校对（特殊的稿子校对次数更多），即所谓三校制。三校完毕后，还要进行付印前的核红（核对前面校样上红笔画出的错误是否已经改正）。当然，在校对书稿清样时，不但要消灭错别字和多字、漏字，还要消灭错行、窜段以及各种版面格式（包括字体、字号、换行、图表的比例和安放位置、注解序号的对应、脚注与正文的同页等）的不当，甚至还要检查封面、扉页、版权页、插页等的内容是否齐全，目录中的各级标题和页码是否与正文相符。虽然在电脑上阅读电子稿时，我们可以借助计算机校对系统，其工具栏的“拼写和语法”会将文稿中的错误不当处标上红色或绿色波浪线，并提供一定的修改建议，但这也只是一种参考意见而已。要确保书稿正确无误，还是需要我们作认真细致的校对。

在校阅文稿或清样时，我们应该使用合乎规范的符号来改正错别字，所以现将国家标准《校对符号及其用法》附于此。在使用这些校对符号时，除了遵循该标准中的“说明”和“使用要求”之外，还要注意的是：如果初校、二校连校时，初校、二校应该用不同色笔以便区别。

【附录2-4-9】

中华人民共和国国家标准

GB/T 14706－93

校 对 符 号 及 其 用 法

Proofreader's marks and their application

国家技术监督局1993-11-16批准发布　　1994-07-01实施

1　主题内容与适用范围

本标准规定了校对各种排版校样的专用符号及其用法。

本标准适用于中文（包括少数民族文字）各类校样的校对工作。

2　引用标准

GB 9851　印刷技术术语

3　术语

3.1　校对符号　proofreader's mark

以特定图形为主要特征的、表达校对要求的符号。

4　校对符号及用法示例

编号	符号形态	符号作用	符号在文中和页边用法示例	说　明
一、字符的改动				
1		改　正	增高出版物质量。 提 改革开故 放	改正的字符较多，圈起来有困难时，可用线在页边画清改正的范围 必须更换的损、坏、污字也用改正符号画出
2	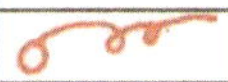	删　除	提高出版物物质质量。	
3	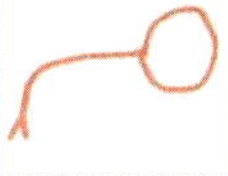	增　补	要搞好校工作。 对	增补的字符较多，圈起来有困难时，可用线在页边画清增补的范围
4	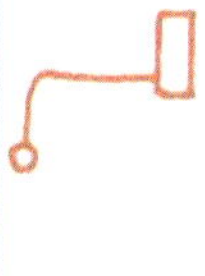	改正上下角	16=42 2 H_2SO4 4 尼古拉.费欣 · 0.25+0.25=0.5 · 举例:2×3=6 : X:Y=1:2 :	

续表

编号	符号形态	符号作用	符号在文中和页边用法示例	说　明
			二、字符方向位置的移动	
5		转　正	字符颠倒要转正。	
6	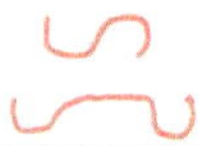	对　调	认真经验总结。 认真验结经总。	用于相邻的字词 用于隔开的字词
7		接　排	要重视校对工作， 提高出版物质量。	
8		另起段	完成了任务。明年……	
9	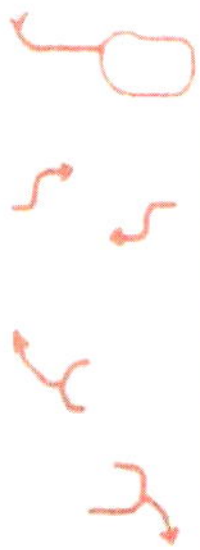	转　移	校对工作，提高出 版物质量要重视。 "。以上引文均见中文新版《 列宁全集》。 编者　年　月 …… 各位编委：	用于行间附近的转移 用于相邻行首末衔接字符的推移 用于相邻页首末衔接行段的推移
10		上下移	序号 | 名　称 | 数量 01 | 显微镜 | 2	字符上移到缺口左右水平线处 字符下移到箭头所指的短线处
11	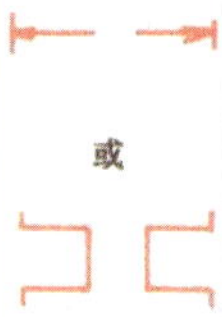	左右移	要重视校对工 作，提高出版物质量。 3 4　5 6　5 欢呼　歌　唱	字符左移到箭头所指的短线处 字符左移到缺口上下垂直线处 符号画得太小时，要在页边重标
12	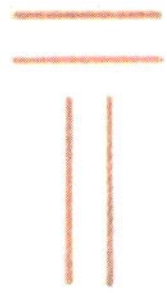	排　齐	校对工作非常重要。 必须提高印刷 质量，缩短印制周 期。 国家标准	
13		排阶梯形	RH_2	

续表

编号	符号形态	符号作用	符号在文中和页边用法示例	说　明
14		正　图	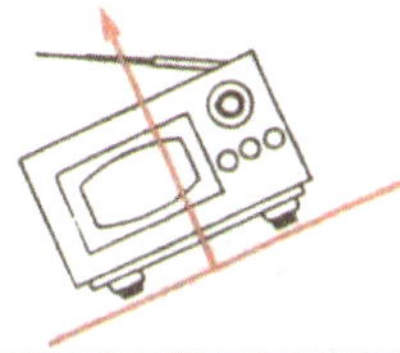	符号横线表示水平位置，竖线表示垂直位置，箭头表示上方
		三、字符间空距的改动		
15	∨ ＞	加大空距	一、校对程序　∨ 校对胶印读物、影印书刊的注意事项：　＞	表示在一定范围内适当加大空距 横式文字画在字头和行头之间
16	∧ ＜	减小空距	二、校对程　序　∧ 校对胶印读物、影印书刊的注意事项：　＜	表示不空或在一定范围内适当减小空距 横式文字画在字头和行头之间
17	#	空 1 字距 空 1/2 字距 空 1/3 字距 空 1/4 字距	第一章校对职责和方法 1. 责任校对	多个空距相同的，可用引线连出，只标示一个符号
18	Y	分　开	Goodmorning!　Y	用于外文
		四、其　他		
19	△	保　留	认真搞好校对工作。	除在原删除的字符下画△外，并在原删除符号上画两竖线
20	○=	代　替	兰色的程度不同，从淡兰色到深兰色具有多种层次，如天兰色、湖兰色、海兰色、宝兰色……　○=蓝	同页内有两个或多个相同的字符需要改正的，可用符号代替，并在页边注明
21	○○○	说　明	**第一章**　校对的职责　改黑体	说明或指令性文字不要圈起来，在其字下画圈，表示不作为改正的文字。如说明文字较多时，可在首末各三字下画圈

5　使用要求

5.1　校对校样，必须用色笔（墨水笔、圆珠笔等）书写校对符号和示意改正的字符，但是不能用灰色铅笔书写。

5.2　校样上改正的字符要书写清楚。校改外文，要用印刷体。

5.3　校样中的校对引线要从行间画出。墨色相同的校对引线不可交叉。

附　录　A
校对符号应用实例

（参考件）

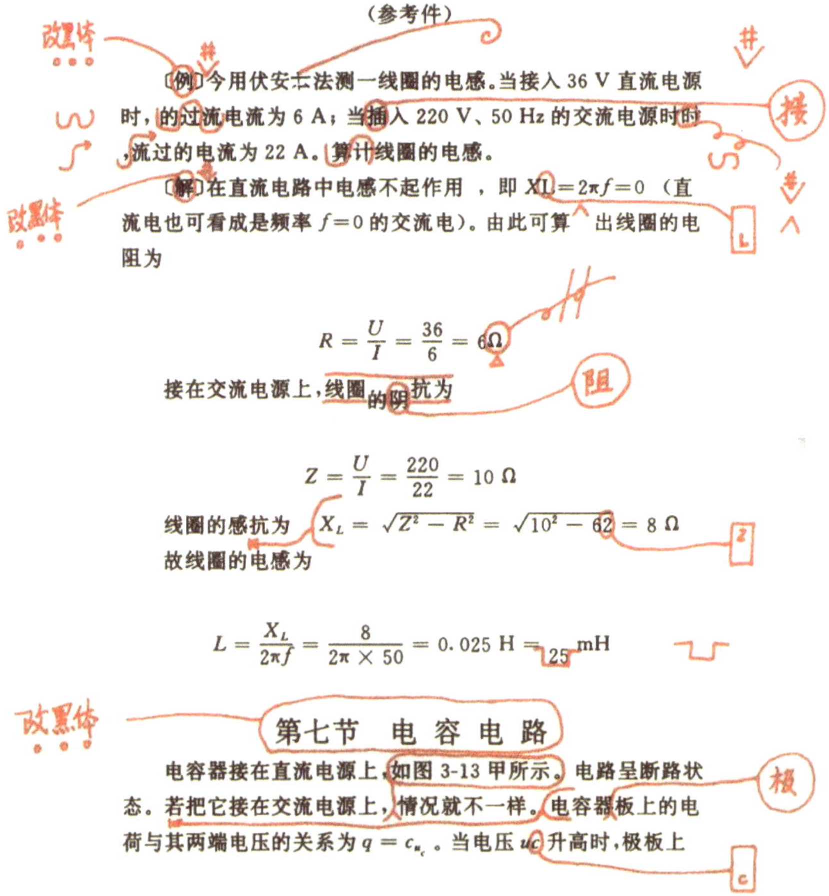

〔例〕今用伏安计法测一线圈的电感。当接入 36 V 直流电源时，的过流电流为 6 A；当插入 220 V、50 Hz 的交流电源时时，流过的电流为 22 A。算计线圈的电感。

〔解〕在直流电路中电感不起作用 ，即 $XL=2\pi f=0$ （直流电也可看成是频率 $f=0$ 的交流电）。由此可算 出线圈的电阻为

$$R=\frac{U}{I}=\frac{36}{6}=6\Omega$$

接在交流电源上，线圈的阴抗为

$$Z=\frac{U}{I}=\frac{220}{22}=10\ \Omega$$

线圈的感抗为 $X_L=\sqrt{Z^2-R^2}=\sqrt{10^2-62}=8\ \Omega$

故线圈的电感为

$$L=\frac{X_L}{2\pi f}=\frac{8}{2\pi\times 50}=0.025\ \text{H}=25\ \text{mH}$$

第七节　电 容 电 路

电容器接在直流电源上，如图 3-13 甲所示。电路呈断路状态。若把它接在交流电源上，情况就不一样。电容器板上的电荷与其两端电压的关系为 $q=c_{u_c}$ 。当电压 uc 升高时，极板上

附加说明：

本标准由中华人民共和国新闻出版署提出。

本标准由全国印刷标准化技术委员会归口。

本标准由人民出版社负责起草。

【附录2-4-9完】

九、汉字标准化

现代化信息社会要求各项工作标准化。汉字标准化便是在汉字规范化的基础上为适应汉字信息处理而提出来的工作目标。所谓汉字标准化，是指对现行汉字进行科学全面的整理，做到下述“四定”。

（一）定量——确定现代汉语的用字总量

现行汉字的定量，不但有利于汉字教学，而且有利于计算机的字表设计。

1988 年 1 月 26 日，国家语言文字工作委员会和国家教育委员会联合发布了《现代汉语常用字表》，收常用字 2500 个和次常用字 1000 个。1988 年 3 月 25 日，国家语言文字工作委员会和中华人民共和国新闻出版署联合发布了《现代汉语通用字表》，收字 7000 个（包括了《现代汉语常用字表》中的 3500 字）。这两个字表成为此后现代汉语常用字和一般用字的总量规范，对语文教学、词书编纂、出版印刷、信息处理等产生了很大的影响，就是 2013 年 8 月国务院公布的《通用规范汉字表》，也是在此基础上制定的。

此外，1981 年 5 月国家标准总局发布了国家标准《信息交换用汉字编码字符集 · 基本集》（GB 2312—80），收汉字 6763 个。1987 年 3 月国家技术监督局发布了国家标准《信息交换用汉字编码字符集 · 第二辅助集》（GB 7589—87）和《信息交换用汉字编码字符集 · 第四辅助集》（GB 7590—87），分别收汉字 7237 个和 7039 个。1993 年 5 月国际标准化组织正式发布了《信息技术通用多八位编码字符集（UCS）》，该国际标准的第一部分“体系结构与基本多文种平面”（ISO/IEC 10646.1—1993）收我国大陆所使用的简体汉字、港澳台和海外华人所使用的繁体汉字以及日本和韩国所使用的汉字共 20902 个。与此相应，1993 年 12 月 24 日国家技术监督局发布了国家标准《信息技术通用多八位编码字符集（UCS）第一部分 体系结构与基本多文种平面》（GB 13000.1—1993），收汉字 20902 个。2013 年 8 月 19 日，国务院公布了《通用规范汉字表》，收通用规范汉字 8105 个。这几个字符集，是现行汉字的总量规范，是计算机字库设计的主要依据。

（二）定形——确定现行汉字的字形

汉字定形的工作过去已做了不少，上文提到过的《印刷通用汉字字形表》（1965）、《现代汉语通用字表》（1988）、《信息处理用 GB 13000.1 字符集汉字部件规范》（GF 3001—1997）、《GB 13000.1 字符集汉字笔顺规范》（GF 3002—1999）、《GB 13000.1 字符集汉字部首归部规范》（GF 0012—2009）、《通用规范汉字表》（2013）等，便是现行汉字的字形规范。至于国家语言文字工作委员会 1999 年 10 月 1 日发布的《印刷魏体字形规范》（GF 3004—1999）与《印刷隶体字形规范》（GF 3005—1999），则是特定字体的字形规范了。

（三）定音——确定每个汉字的读音

汉字定音的工作过去主要反映在异读字的整理与规范方面（参见第一章第十节第三部分“遵照异读规范”），而对轻声词、儿化词的审定工作做得还很不够，只出台了一些供普通话水平测试使用的词语表（参见第一章第九节第一部分“轻声”、第二部分“儿化韵”）。

（四）定序——确定汉字的排列次序

汉字的定序实是检字法方面的标准化工作。编写与查检各种工具书、名册之类，都涉及汉字的排列次序与检字问题。汉字的排检方法可根据汉字形、音、义三要素分为三大类。

1. 形序法：根据字形来排列各字的次序，从而根据字形来检索各字

这又可分为如下三小类。

（1）笔画法：根据汉字的笔画数多少和笔顺来排检各字。即先根据笔数多少将文字分开；至于笔数相同的字，再根据首笔的笔形以“横、竖、撇、点、折”为序排列（习称“札”字法；过去也采用过以“点、横、竖、撇、折”为序的“江天日月红”法）；至于首笔笔形相同的，则按其第二笔的笔形排列。如此类推下去，可把所有的汉字编排好。检字时也依此原则进行。笔画法的标准化取决于每个汉字的笔画数与笔顺的确定。在这一方面，上述的《现代汉语通用字表》《现代汉语通用字笔顺规范》为我们提供了规范，而收字更多的规范是国家语委 1999 年 10 月 1 日发布的《GB 13000.1 字符集汉字字序（笔画序）规范》（GF 3003－1999）。本书表 2-4-1 即按此笔画序规范来编排字序，可参见。

（2）部首法：根据部首和笔画来排检各字。即先根据部首将各字归入各部，对于同一部首内的字再根据笔画法的原则进行排列。所以，它虽习称部首法，实际上还得利用笔画法。部首法的标准化取决于部首的统一和各个汉字的归部标准化。2009 年 1 月 12 日，教育部和国家语委发布了《汉字部首表》（GF 0011—2009）和《GB 13000.1 字符集汉字部首归部规范》（GF 0012—2009），于 2009 年 5 月 1 日实施（参见本章第三节第五部分），但该规范还应该进一步加以完善。

（3）号码法：根据字形编制数码，然后根据数码来排检各字。过去流行的号码法主要是四角号码法，即把汉字四角的笔形分为 10 种，用 10 个阿拉伯数字来代表："0" 代表 "亠"（头），如 "言" "主" "广" "疒" 之头部；"1" 代表 "一、㇀、㇂"（横），如 "天" 之第一画、"地" 之第三画和第六画末端、"风" 之第二画末端；"2" 代表 "丨、丿、亅"（直），如 "山" "月" "千" 之第一画、"则" 之末画；"3" 代表 "丶、㇏"（点），如 "冖" "礻" 之第一画、"之" "衣" 之第一画和末画；"4" 代表 "十、乂"（叉），如 "草" "杏" "皮" "大" "寸" 之上部笔画交叉者、"子" 之下部笔画交叉者、"刈" 之左旁；"5" 代表 "扌"（插），如 "扌" "戈" "申" "史" 之一笔穿过两画以上者；"6" 代表 "口"（方），如 "国" "目" "四" 之外围、"叫" 之左旁、"甲" 之上部、"由" 之下部；"7" 代表 "厂、𠂆、㇆、乛、𠃊、乚、亅"（角），如 "阻" "學" 之左上角和右上角、"罕" 之右上角、"衣" 之 "𠃊" 的下部、"山" 之左下角和右下角、"雪" 之右下角；"8" 代表 "八、丷、人、𠂉"（八），如 "分" "羊" "余" "氽" "午" 之头部、"頁" "灾" "疋" 之下部；"9" 代表 "小、⺌、⺍、忄"（小），如 "尖" "娄" "拳" 之头部、"糸" "木" "余" 之下部、"惟" 之左旁。为了容易记住数字与它代表的笔形，还有一首《四角号码检字法歌诀》："一横二直三点捺，点下带横变零头，叉四插五方块六，七角八八小是九。"确定了数字代码，然后按照左上角、右上角、左下角、右下角的顺序把一个汉字四角的笔形编为四个数字，再根据这四位数来排检各字，如 "截" 为 4325；如果某笔形已经用过，则用 "0" 表示，如 "宝" 为 3010，"着" 为 8060；"口" "門" 作外围的合体字，其下角取内部笔画，如 "因" 为 6043，"閉" 为 7724。四角号码排检法可谓是一大发明，但现在的使用者已越来越少了。

2. 音序法：根据字音来排列检索各字

过去按每个字的韵部来排检各字，也是一种音序法，如《经籍籑诂》《说文通训定声》等就采取了韵部排检法。后来通行按注音字母顺序来排检各字，如《国语辞典》《词诠》等即采用了注音字母排检法。现在则流行汉语拼音字母排检法，它一般先按汉语拼音字母次序把各音节分列，对音节相同的字再按笔画法的原则进行排列，《现代汉语词典》就是这样编排的。当然，现在也有依韵母来编排的工具书，如《汉字古音手册》（北京大学出版社 1986 年 11 月版）即采用了韵母排检法。

3. 义序法：根据字义来排列检索各字

古代的《尔雅》《释名》即用了这种方法，现在的《同义词词林》《分类成语词典》等也使用了义序法。以义序法排列的辞书有利于我们辨析选用同义词语，但查检不便，所以往往要附上以形序法或音序法编制的索引。

总之，如今除了笔画法、部首法已有国家规范外，其他的排检方法还没有正式的国家规范，离标准化的距离还很大。

第五节 数字的书写规范

在行文中碰到数字时，是用汉字，还是使用阿拉伯数字？国家有关方面对此也有规定。现将最新的国家标准（GB/T 15835—2011，以下简称“新标准”）附于下，以便遵照实施。要补充说明的有如下三点。

一、防止旧规定中的不规范写法

国家语言文字工作委员会、国家出版局、国家标准局、国家计量局、国务院办公厅秘书局、中宣部新闻局、中宣部出版局七部门 1987 年 1 月 1 日公布的《关于出版物上数字用法的试行规定》（以下简称《试行规定》）早已废止，国家技术监督局 1995 年 12 月 13 日发布的《出版物上数字用法的规定》（以下简称《规定》）也已被新标准代替，所以其中有些写法或说法虽已被大家广泛接受，但已不符合规范了。这主要有如下几点：

（一）关于公历年、月、日的写法（参见新标准 5.1.4）

原《试行规定》中的“鲁迅（1881.9.25 ～ 1936.10.19）”已不符合规范，规范的写法应为“鲁迅（1881-09-25 ～ 1936-10-19）”或“鲁迅（1881-9-25 ～ 1936-10-19）”。

当然，按照国际标准化组织制定的统一的日期国际简写法，也可用小数点作分隔符，但应依照年、月、日顺序书写，而一位数的月、日前要加“0”。所以，像“2001-05-01”可写成“2001.05.01”，但不能按美国人的习惯写成“01.05.2001”或按欧洲人的习惯写成“05.01.2001”。至于写成“2001.5.1”“2001.05.01.”“2001・05・01”“2001/05/01”“2001、05、01”“2001，05，01”“2001 05 01”等，都是不对的，因为一位数的月、日前应加“0”，而日的数字后无需分隔符，至于用其他的符号或空格符来分隔年、月、日都是不规范的。

（二）多位阿拉伯数字的分节问题（参见新标准 5.1.1）

原《试行规定》已废止了用“,”来分节的办法，现仍可采用。

（三）关于日本年号的写法（参见新标准 4.2.1）

原《试行规定》中的“昭和 16 年”已不合规范，规范的写法是“昭和十六年”。

（四）关于数值范围的写法（参见新标准 4.1.1 和 5.1.3）

原《规定》中的“100kg ～ 150kg（100 千克～ 150 千克）”“34℃～ 39℃（34 摄氏度～ 39 摄氏度）”“150 千米～ 200 千米”“－36℃～－8℃”“2500 元～ 3000 元”已不合规范，规范的写法是“100 ～ 150kg（100 ～ 150 千克）”“34 ～ 39℃（34 ～ 39 摄氏度）”“150 ～ 200 千米”“－36 ～－8℃”“2500 ～ 3000 元”。但是，原《规定》中“63% ～ 68%”的写法是正确的。《新闻出版报》1997 年 4 月 9 日所刊登的报纸编校质量评比《差错认定细则》第 46 条举例云：“155 ～ 220 公斤（亦可作 155 公斤～ 220 公斤）。”这种说法应加修正。根据新标准，“155 ～ 220 千克”的写法才是规范的，“155 公斤～ 220 公斤”是不规范的赘余形式（其中不用“公斤”而应该用“千克”，可参见本章第四节第五部分“部分计量单位名称的书写规范”）。

（五）关于页码的写法（参见新标准 4.3 和 5.1.3）

原《规定》中的“208 页”“76 页”已不合规范，规范的写法是“第 208 页”“第 76 页”。但是，书写页码范围时可不用“第”，如“208 ～ 210 页”。这是因为“208 页”有歧义：可能指“第 208 页”(序数)，也可能指“有 208 页”（基数）。

二、如何把握新标准

对新标准未作明确说明或规定的数字写法要认真体会或灵活掌握。

（一）关于民国纪年的写法（参见新标准 4.2.1）

新标准中未举民国纪年之例，但它属于非公历纪年，所以应该采用汉字数字，如“民国二十六年”不可写作“民国 26 年”。

（二）关于季度的写法（参见新标准 4.3）

新标准中有“第 4 季度（第四季度）”之例，可见“季度”之前可使用汉字数字，也可使用阿拉伯数字，但必须用“第”，所以“4 季度”“四季度”的说法是不规范的。

（三）关于数值范围以及数值偏差范围的写法（参见新标准 5.1.3 和 4.3）

从新标准所举的例子来看，书写数值范围时应该尽量使用阿拉伯数字，但根据新的国家标准《标点符号用法》（GB/T 15834—2011）4.13.3.2 的规定，也可使用汉字数字，所以“208 ～ 210 页”也可写作“二〇八～二一〇页”。应该注意的是，使用汉字数字表示数值范围时，应该采用浪纹式连接号“～”而不宜采用一字线连接号“—”，以免与汉字数字“一”混淆。

至于表示年份范围时，像“1977 ～ 1985 年”是规范的写法，它不能写作“1977 ～ 85 年”(残缺形式)、“1977 年～ 1985 年”(赘余形式)。此外,“公元前”的公历纪年不能省略“公元前”，如“公元前 551 ～公元前 479 年”不能写作“公元前 551 ～ 479 年”(错误形式,因它可误解为公元前 551 年至公元 479 年)、“前 551 ～前 479 年”(残缺形式,因它可误解为此前的 551 年至此前的 479 年)、“公元前 551 年～公元前 479 年”（赘余形式，前面的“年”字应该省去）。

此外，如果要表示数值的偏差范围，可按如下方式书写：20℃ ±2℃或（20±2）℃。

（四）关于汉字数字“十”“〇”“零”的使用以及小数点的汉字表示法（参见新标准 5.2.5）

新标准中有“五十上下”“第四十五份”“零点五”“一百二十周年”“二十世纪八十年代”“十二天”“二〇〇八年”“一百八十八升”“两千零五十元”“百分之零点一五”“一九九〇年”“零时三十分”“二〇一二”等例子，由此可知：

（1）用于计量时，十位数上的“十”不可省略，即“八十八”不能写成“八八”。

（2）十位数前无数字时，只用“十”而不加“一”，即“十八”不作“一十八”。

（3）十位数后无个位数时，其末位一般用“十”而不用“〇”或“零”，即“五十”不能写成“五〇”，“三十分”不作“三〇分”。同样，“九十年代”不能写成“九〇年代”。但是，公历纪年的末位数用“〇”而不用“十”或“零”，即“一九九〇年”不写作“一九九十年”或“一九九零年”。至于月、日，当出现“月”“日”时用“十”而不用“〇”，如“十月二十日”不作“一〇月二〇日”；如果不出现“月”“日”，则用“一”“〇”而不用“十”，如“一二·九”“‘五二〇’声明”。

（4）数字空缺用“零”而不用“〇”，所以“〇时”“两千〇五十”“百分之〇点一五”的写法均误。

（5）小数点用“点”字表示而不用“·”，所以“零点一五”不作“零·

一五”，“三点一四”不作“三·一四”，这是为了避免与间隔号“·”相混。

（五）关于公文成文日期的写法（参见新标准 5.1.4 和 4.3）

国务院 2000 年 8 月 24 日发布的《国家行政机关公文处理办法》第二十五条第（九）款规定：“公文中的数字，除成文日期、部分结构层次序数和在词、词组、惯用语、缩略语、具有修辞色彩的语句中作为词素的数字必须使用汉字外，应当使用阿拉伯数字。”可见，公文中的成文日期必须使用汉字数字，这已经习用多年了。

按照新标准 5.1.4 和 4.3 的规定，年月日的规范写法是“1997 年 7 月 1 日”或“一九九七年七月一日”“1997-7-1”“1997-07-01”。根据新标准的说明，公文可参照本标准执行。那么，公文的成文日期是否可以任意使用这四种形式呢？

2012 年 6 月 29 日，国家质量监督检验检疫总局、国家标准化管理委员会发布了国家标准《党政机关公文格式》（GB/T 9704—2012），对《国家行政机关公文格式》（GB/T 9704—1999）作了修订，规定“成文日期中的数字”“用阿拉伯数字将年、月、日标全，年份应标全称，月、日不编虚位（即 1 不编为 01）”。就是说，公文成文日期的规范写法应为上述第一种，即采用“1997 年 7 月 1 日”之类的形式。

三、图书或文章中的结构层次序数及其标点符号用法

这一问题既涉及数字用法，又涉及标点符号用法，现姑且放在这里论述。

（一）图书的整体结构层次序数及其标点符号

图书的整体结构层次并不强求一律，一般可分为编、章、节三层或章、节两层，其序数一般用汉字序数词，其后空一字而不用标点符号，文字居中。如：

第一编　××××××

第一章　××××××

第一节　××××××

但如果分编不多，编的序数也可不用“第一”“第二”之类，而用“上编”“中编”“下编”之类。

（二）法律、条约、条例、协定、协议等的结构层次序数及其标点符号

这类文件的结构层次一般为章、条、款三层（最繁复的可分为编、章、节、条、款、项、目七层），其中章、条的序数一般用汉字序数词，其后空一字而

不用标点符号，款一般用汉字数字加括号表示。值得注意的是，在一个文件中，条的序号必须按顺序一排到底而不可因分章而中断，这就是所谓的“章断条连”。如：

第一章　××××

第一条　×××××××××××

第二条　×××××××××××

（一）×××××××

（二）×××××××

第二章　××××

第三条　×××××××××××

第四条　×××××××××××

（三）一般文章或图书章节中的结构层次序数及其标点符号

一般章节中的结构层次序数，第一层用“一、”“二、”等，第二层用“（一）”“（二）”等，第三层用“1.”“2.”等，第四层用“（1）”“（2）”等，第五层用“1）”“2）”等，第六层用“①”“②”等，第七层用“A.”“B.”等，第八层用“a.”“b.”等，第九层用“Ⅰ.”“Ⅱ.”等，第十层用“ⅰ.”“ⅱ.”等。应该注意的是：

（1）“一”“二”等如果单独占一行时就不再用任何标点符号；当它后面紧接其他文字时则使用顿号，顿号占一个汉字的位置（如本书之格式）。

（2）阿拉伯数字、拉丁字母、罗马数字后面用小圆点而不用顿号、逗号或冒号。这小圆点一般占半个汉字的位置。

（3）已加括号或圈号的数字不再加用其他标点符号，即不可用“（一）、”“（1）.”“1）.”“①.”之类。

（4）如果层次不多，一般只选用前四层，第五层之后的序数可选择性使用。

（5）“1）”“①”等如果用作例句的序数符号，则“A”“a”等也可加用括号或半括号以增加层次序数符号。

（四）科学技术标准或学术论文的结构层次序数及其标点特号

这类文献的层次序数全部使用阿拉伯数字，数字后空一字而不用任何标点符号（参见本节所附国家标准）。

（五）行文中其他的序数表示法及标点符号用法

（1）行文中如果使用“第一”“第二”“第三”……，或“其一”“其二”“其三”……，或“首先”“其次”“再次”“最后”等来表示文章层次时，其后一律用逗号；但如果使用“第一是……”“第二是……”或“一是……”“二是……”等与下文紧密联系的序数表示法，则其后不用标点符号。如：

1）我想讲三个问题：

第一，民主和法制；

第二，法治与德治；

第三，廉政建设。

2）我想讲三个问题：第一是民主和法制的问题，第二是法治与德治的问题，第三是廉政建设的问题。

（2）行文中如果使用“甲”“乙”“丙”“丁”等来表示层次，可用顿号或括号，即用“甲、”“（甲）”之类。

【附录 2-5-1】

中华人民共和国国家标准

GB/T 15835—2011

代替 GB/T 15835—1995

出版物上数字用法

General rules for writing numerals in public texts

2011-07-29 发布　　　　2011-11-01 实施

中华人民共和国国家质量监督检验检疫总局
中国国家标准化管理委员会　发布

前　言

本标准按照 GB/T 1.1—2009 给出的规则起草。

本标准代替 GB/T 15835—1995《出版物上数字用法的规定》，与 GB/T 15835—1995《出版物上数字用法的规定》相比，主要变化如下：

——原标准在汉字数字与阿拉伯数字中，明显倾向于使用阿拉伯数字。本标准不再强调这种倾向性。

——在继承原标准中关于数字用法应遵循“得体原则”和“局部体例一致原则”的基础上，通过措辞上的适当调整，以及更为具体的规定和示例，进一步明确了具体操作规范。

——将原标准的平级罗列式行文结构改为层级分类式行文结构。
——删除了原标准的基本术语“物理量”与“非物理量”，增补了“计量”“编号”“概数”作为基本术语。
本标准由教育部语言文字信息管理司提出并归口。
本标准主要起草单位：北京大学。
本标准主要起草人：詹卫东、覃士娟、曾石铭。
本标准所代替标准的历次版本发布情况为：
——GB/T 15835—1995。

出版物上数字用法

1　范围

本标准规定了出版物上汉字数字和阿拉伯数字的用法。

本标准适用于各类出版物（文艺类出版物和重排古籍除外）。政府和企事业单位公文，以及教育、媒体和公共服务领域的数字用法，也可参照本标准执行。

2　规范性引用文件

下列文件对于本文件的应用是必不可少的。凡是注日期的引用文件，仅注日期的版本适用于本文件。凡是不注日期的引用文件，其最新版本（包括所有的修改单）适用于本文件。

GB/T 7408—2005　数据元和交换格式　信息交换　日期和时间表示法

3　术语和定义

下列术语和定义适用于本文件。

3.1

计量　measuring

将数字用于加、减、乘、除等数学运算。

3.2

编号　numbering

将数字用于为事物命名或排序，但不用于数学运算。

3.3

概数　approximate number

用于模糊计量的数字。

4　数字形式的选用

4.1　选用阿拉伯数字

4.1.1　用于计量的数字

在使用数字进行计量的场合，为达到醒目、易于辨识的效果，应采用阿拉伯数字。

示例 1：-125.03　　34.05%　　63%～68%　　1:500　　97/108

当数值伴随有计量单位时，如：长度、容积、面积、体积、质量、温度、经纬度、音量、频率等，特别是当计量单位以字母表达时，应采用阿拉伯数字。

示例 2：523.56 km（523.56 千米）　　346.87 L（346.87 升）

5.34 m^2（5.34 平方米）　　567 mm^3（567 立方毫米）

605 g（605 克）　　100～150 kg（100～150 千克）

34～39℃（34～39 摄氏度）　　北纬 40°（40 度）

120 dB（120 分贝）

4.1.2　用于编号的数字

在使用数字进行编号的场合，为达到醒目、易于辨识的效果，应采用阿拉伯数字。

示例：电话号码：98888

邮政编码：100871

通信地址：北京市海淀区复兴路 11 号

电子邮件地址：x186@186.net

网页地址：http://127.0.0.1

汽车号牌：京 A00001

公交车号：302 路公交车

道路编号：101 国道

公文编号：国办发［1987］9 号

图书编号：ISBN 978-7-80184-224-4

刊物编号：CN11-1399

章节编号：4.1.2

产品型号：PH-3000 型计算机

产品序列号：C84XB-JYVFD-P7HC4-6XKRJ-7M6XH

单位注册号：02050214

行政许可登记编号：0684D10004-828

4.1.3 已定型的含阿拉伯数字的词语

现代社会生活中出现的事物、现象、事件，其名称的书写形式中包含阿拉伯数字，已经广泛使用而稳定下来，应采用阿拉伯数字。

示例：3G手机　MP3播放器　G8峰会　维生素B_{12}　97号汽油

“5·27”事件　“12·5”枪击案

4.2 选用汉字数字

4.2.1 非公历纪年

干支纪年、农历月日、历史朝代纪年及其他传统上采用汉字形式的非公历纪年等，应采用汉字数字。

示例：丙寅年十月十五日　庚辰年八月五日　腊月二十三　正月初五　八月十五中秋

秦文公四十四年　太平天国庚申十年九月二十四日　清咸丰十年九月二十日

藏历阳木龙年八月二十六日　日本庆应三年

4.2.2 概数

数字连用表示的概数、含“几”的概数，应采用汉字数字。

示例：三四个月　一二十个　四十五六岁　五六万套　五六十年前

几千　二十几　一百几十　几万分之一

4.2.3 已定型的含汉字数字的词语

汉语中长期使用已经稳定下来的包含汉字数字形式的词语，应采用汉字数字。

示例：万一　一律　一旦　三叶虫　四书五经　星期五　四氧化三铁　八国联军

七上八下　一心一意　不管三七二十一　一方面　二百五　半斤八两

五省一市　五讲四美　相差十万八千里　八九不离十　白发三千丈

不二法门　二八年华　五四运动　“一·二八”事变　“一二·九”运动

4.3 选用阿拉伯数字与汉字数字均可

如果表达计量或编号所需要用到的数字个数不多，选择汉字数字还是阿拉伯数字在书写的简洁性和辨识的清晰性两方面没有明显差异时，两种形式均可使用。

示例1：17号楼（十七号楼）　3倍（三倍）　第5个工作日（第五个工作日）

100多件（一百多件）　20余次（二十余次）　约300人（约三百人）

40左右（四十左右）　50上下（五十上下）　50多人（五十多人）

第25页（第二十五页）　第8天（第八天）　第4季度（第四季度）

第 45 份（第四十五份）　共 235 位同学（共二百三十五位同学）　0.5(零点五)

76 岁（七十六岁）　120 周年（一百二十周年）　1/3（三分之一）

公元前 8 世纪（公元前八世纪）　20 世纪 80 年代（二十世纪八十年代）

公元 253 年（公元二五三年）　1997 年 7 月 1 日（一九九七年七月一日）

下午 4 点 40 分（下午四点四十分）　4 个月（四个月）　12 天（十二天）

如果要突出简洁醒目的表达效果，应使用阿拉伯数字；如果要突出庄重典雅的表达效果，应使用汉字数字。

示例 2：北京时间 2008 年 5 月 12 日 14 时 28 分

十一届全国人大一次会议（不写为“11 届全国人大 1 次会议”）

六方会谈（不写为“6 方会谈”）

在同一场合出现的数字，应遵循“同类别同形式”原则来选择数字的书写形式。如果两数字的表达功能类别相同（比如都是表达年月日时间的数字），或者两数字在上下文中所处的层级相同（比如文章目录中同级标题的编号），应选用相同的形式。反之，如果两数字的表达功能不同，或所处层级不同，可以选用不同的形式。

示例 3：2008 年 8 月 8 日　二〇〇八年八月八日（不写为“二〇〇八年 8 月 8 日”）

第一章　第二章……第十二章（不写为“第一章　第二章……第 12 章”）

第二章的下一级标题可以用阿拉伯数字编号：2.1，2.2，……

应避免相邻的两个阿拉伯数字造成歧义的情况。

示例 4：高三 3 个班　高三三个班　（不写为“高 33 个班”）

高三 2 班　高三（2）班　（不写为“高 32 班”）

有法律效力的文件、公告文件或财务文件中可同时采用汉字数字和阿拉伯数字。

示例 5：2008 年 4 月保险账户结算日利率为万分之一点五七五零（0.015750%）

35.5 元（35 元 5 角　三十五元五角　叁拾伍圆伍角）

5　数字形式的使用

5.1　阿拉伯数字的使用

5.1.1　多位数

为便于阅读，四位以上的整数或小数，可采用以下两种方式分节：

——第一种方式：千分撇

整数部分每三位一组，以“，”分节。小数部分不分节。四位以内的整数可以不分节。

示例 1：624, 000　　92, 300, 000　　19, 351, 235.235767　　1256

——第二种方式：千分空

从小数点起，向左和向右每三位数字一组，组间空四分之一个汉字，即二分之一个阿拉伯数字的位置。四位以内的整数可以不加千分空。

示例 2：55 235 367.346 23　　98 235 358.238 368

注：各科学技术领域的多位数分节方式参照 GB 3101—1993 的规定执行。

5.1.2 纯小数

纯小数必须写出小数点前定位的“0”，小数点是齐阿拉伯数字底线的实心点“.”。

示例：0.46 不写为 .46 或 0。46

5.1.3 数值范围

在表示数值的范围时，可采用浪纹式连接号“～”或一字线连接号“—”。前后两个数值的附加符号或计量单位相同时，在不造成歧义的情况下，前一个数值的附加符号或计量单位可省略。如果省略数值的附加符号或计量单位会造成歧义，则不应省略。

示例：－36 ～－ 8℃　　400-429 页　　100-150kg　　12 500 ～ 20 000 元

9 亿～ 16 亿（不写为 9 ～ 16 亿）　13 万元～ 17 万元（不写为 13 ～ 17 万元）

15% ～ 30%（不写为 15 ～ 30%）　$4.3\times10^6 \sim 5.7\times10^6$（不写为 $4.3 \sim 5.7\times10^6$）

5.1.4 年月日

年月日的表达顺序应按照口语中年月日的自然顺序书写。

示例 1：2008 年 8 月 8 日　　1997 年 7 月 1 日

“年”“月”可按照 GB/T 7408—2005 的 5.2.1.1 中的扩展格式，用“-”替代，但年月日不完整时不能替代。

示例 2：2008-8-8　1997-7-1　8 月 8 日（不写为 8-8）　2008 年 8 月（不写为 2008-8）

四位数字表示的年份不应简写为两位数字。

示例 3：“1990 年”不写为“90 年”

月和日是一位数时，可在数字前补“0”。

示例 4：2008-08-08　1997-07-01

5.1.5 时分秒

计时方式既可采用 12 小时制，也可采用 24 小时制。

示例 1：11 时 40 分（上午 11 时 40 分）　21 时 12 分 36 秒（晚上 9 时 12 分 36 秒）

时分秒的表达顺序应按照口语中时、分、秒的自然顺序书写。

示例 2：15 时 40 分　　14 时 12 分 36 秒

“时”“分”也可按照 GB/T 7408—2005 的 5.3.1.1 和 5.3.1.2 中的扩展格式，用“:”替代。

示例 3：15:40　　14:12:36

5.1.6　含有月日的专名

含有月日的专名采用阿拉伯数字表示时，应采用间隔号“•”将月、日分开，并在数字前后加引号。

示例：“3 • 15”消费者权益日

5.1.7　书写格式

5.1.7.1　字体

出版物中的阿拉伯数字，一般应使用正体二分字身，即占半个汉字位置。

示例：234　　57.236

5.1.7.2　换行

一个用阿拉伯数字书写的数值应在同一行中，避免被断开。

5.1.7.3　竖排文本中的数字方向

竖排文字中的阿拉伯数字按顺时针方向转 90 度。旋转后要保证同一个词语单位的文字方向相同。

示例：

示例一

雪花牌BCD188型家用电冰箱容量是一百八十八升，功率为一百二十五瓦，市场售价两千零五十元，返修率仅为百分之零点一五。

示例二

海军J12号打捞救生船在太平洋上航行了十三天，于一九九〇年八月六日零时三十分返回基地。

5.2 汉字数字的使用

5.2.1 概数

两个数字连用表示概数时，两数之间不用顿号“、”隔开。

示例：二三米　一两个小时　三五天　一二十个　四十五六岁

5.2.2 年份

年份简写后的数字可以理解为概数时，一般不简写。

示例：“一九七八年”不写为“七八年”

5.2.3 含有月日的专名

含有月日的专名采用汉字数字表示时，如果涉及一月、十一月、十二月，应用间隔号“·”将表示月和日的数字隔开，涉及其他月份时，不用间隔号。

示例：“一·二八”事变　“一二·九”运动　五一国际劳动节

5.2.4 大写汉字数字

——大写汉字数字的书写形式

零、壹、贰、叁、肆、伍、陆、柒、捌、玖、拾、佰、仟、万、亿

——大写汉字数字的适用场合

法律文书和财务票据上，应采用大写汉字数字形式记数。

示例：3,504元（叁仟伍佰零肆圆）　39,148元（叁万玖仟壹佰肆拾捌圆）

5.2.5 “零”和“〇”

阿拉伯数字“0”有“零”和“〇”两种汉字书写形式。一个数字用作计量时，其中“0”的汉字书写形式为“零”，用作编号时，“0”的汉字书写形式为“〇”。

示例：“3052（个）”的汉字数字形式为“三千零五十二”（不写为“三千〇五十二”）

“95.06”的汉字数字形式为“九十五点零六”（不写为“九十五点〇六”）

“公元2012（年）”的汉字数字形式为“二〇一二”（不写为“二零一二”）

5.3 阿拉伯数字与汉字数字同时使用

如果一个数值很大，数值中的“万”“亿”单位可以采用汉字数字，其余部分采用阿拉伯数字。

示例1：我国1982年人口普查人数为10亿零817万5 288人

除上面情况之外的一般数值，不能同时采用阿拉伯数字与汉字数字。

示例2：108可以写作“一百零八”，但不应写作“1百零8”“一百08”

4 000可以写作“四千”，但不应写作“4千”

【附录2-5-1完】

第六节　标点符号的书写规范

一、《标点符号用法》及补充说明

标点符号是辅助文字来记录语言的重要工具，是书面语的有机组成部分。它可以帮助读者正确地理解语言的结构、语气和意义，所以也可以说是另一种形式的文字，因而应该正确地使用。

早在 1919 年，国语统一筹备会就提出了《请颁行新式标点符号议案》。当时的教育部据此颁布了 12 种标点符号，规定全国一律遵用。中华人民共和国成立后，又先后四次发布了《标点符号用法》：第一次是中央人民政府出版总署 1951 年 9 月公布的，第二次是国家语言文字工作委员会、中华人民共和国新闻出版署 1990 年 3 月发布的，第三次是国家技术监督局 1995 年 12 月作为国家标准发布的，第四次即最近的一次是中华人民共和国国家质量监督检验检疫总局、中国国家标准化管理委员会 2011 年 12 月作为国家标准发布的。现将这最新的国家标准（GB/T 15834—2011，下文简称“新标准”或《用法》）附于下，以便遵照使用。

从《标点符号用法》不断被修改的事实中我们可以领会国家规范或国家标准中所蕴含的精神：既要遵循规范或标准中的正确规定，又不能完全盲从其中的错误不当之处，而应该对其错误不当之处提出适当的补充修改意见，以便使我们的国家规范和国家标准更加完善，从而更好地为社会服务。

由于 1995 年发布的国家标准《标点符号用法》（以下简称“旧标准”）的有关规定并不详尽，图书、报刊上的标点符号错误率仍然远远高于汉字的错误率，所以本书初版曾对其规定作了详细的补充说明。应该说，新标准比旧标准要详尽得多，所以本书初版的补充说明必须进行删改。但是，新标准仍有不周或不当之处［如《用法》4.1.2、4.5.3.5、4.8.3.6、4.10.3.1、4.14.3.3、4.17.3.4、A.7、B.1.8 中的某些规定和主张应该加以完善，参见下文（一）、（十三）、（二十三）、（三十）、（三十六）、（三十八）中的论述］，所以我们仍有必要对某些需要补充修正或强调的问题进行论述。由于本书初版的补充说明大都涉及标点符号使用中的疑难问题及易混易误问题，这些问题在新标准中尚未完全解决，所以现基本上保留了初版的内容，并大致依新标准的次序补充说明如下：

（一）句号“.”的使用（参见《用法》4.1.2）

小圆点“.”原为外文句号，所以新标准取消了旧标准中的“.”及其用法说明。

句号一般不能写成小圆点，但在科技文献中，有时为了与数字“0”或拉丁字母“O”相区别，可用小圆点“.”。如：

1）今年的亩产比去年提高了 11％.

2）水的分子式为 H_2O.

3）今天最高温度达 39℃.

此外，汉语拼音字母拼写的句子末尾必须用小圆点“.”作句号，而不能用“。”作句号。从这种意义上来说，新标准取消“.”及其用法说明是不得当的。应该说，汉语拼音字母虽然借用了拉丁字母，但也是记录汉语的一种符号系统，可以认为是中国文字之一种，所以我们不应该将其标点符号排除在我国国家标准之外。

（二）句号与逗号的区别使用（参见《用法》4.1.3.1 与 4.4.3）

用句号还是用逗号，主要看句意是否完整。如果句意完整，应该用句号；如果不完整，就用逗号。

句号、逗号使用方面的毛病之一是逗号用得太多而句号用得太少，甚至一逗到底。这主要是因为存在一种误解，即认为意思相连的地方不能用句号隔开。其实，点号代表的停顿是相对的，用了句号并不会把意思全部切断。相反，用句号可以使层次分明；一逗到底，反而会使层次不明。如：

4）*很多保健品的广告都将其作用说得神乎其神，但服用后却并无效果，由此可见，我们不能轻信广告。（“由此可见”前应该用句号）

另一种毛病是该用逗号的地方却误用了句号。这主要发生在复句中。有人往往在并列复句或连贯复句中任意使用句号把分句点断，或在其他复句的“而”“但是”“可是”“因此”“那么”“而且”“还”之前用句号点断，这样就割断了分句之间应有的联系。这是必须注意的。如：

5）*有人说，美国是一个不断提出问题的国家。德国是一个不断研究问题的国家。法国是一个不大在乎问题的国家。日本是一个不断解决问题的国家。中国则是一个常常把问题搞得复杂的国家。（前四个句号应改为逗号，因为后面五个分句组成一个并列复句作“说”的宾语；如果用了句号，“说”的宾语就只有“美国……”一句了。）

6）＊我们提倡“言者无罪”，这是不够的。还应当实行“言者有功”。（前一个句号应改为逗号）

仔细揣摩下面两句，有利于我们辨别逗号与句号的区别。

7）白杨树是西北极普通的一种树。它的干和枝都是笔直向上的。（单句）

8）白杨树是西北极普通的一种树，然而实在是不平凡的一种树。（复句）

该用逗号而误用句号的情况还发生在间断的引文中。如：

9）＊“他爷爷身体好得很。”小王说，“爬起山来小伙子都跟不上。”（“很”后当用逗号，因为句意未完；如果用句号，后半句就不知所云了。）

需补充说明的是，有时为了使句子简短有力，也可以将该用逗号的地方改用句号，使并列复句化为简短的单句。如：

10）我们的事业是正义的。正义的事业是任何敌人也攻不破的。

（三）问号与句号的区别使用（参见《用法》4.2.3.1、A.2与4.1.3）

句末是否用问号，并不取决于句中是否出现了疑问词。句中即使有“哪里”“怎么”“呢”“什么”之类的疑问词，如果不表示疑问，即不期望对方回答，则用句号而不用问号。如：

11）她到哪里去了呢，我真不知道该怎么办。

12）请你问问他姓什么。

13）通过学习，我明确了什么是民主、为什么要发扬民主以及怎样行使民主权利等问题。

如果表示疑问，即期望对方回答，就要用问号。我们可将下面三例与上面三例作比较：

14）她到哪里去了呢？你知道吗？

15）他姓什么？

16）什么是民主？为什么要发扬民主？怎样行使民主权利？

所以，同样一个句子，用问号和用句号意义不同。如：

17）甲：“这是他的书？”（问）

乙：“这是他的书。”（答）

18）甲：“他大概不会来了吧？”（问）

乙：“他大概不会来了吧。”（答）

19）甲：“你过来。”（祈使）

乙：“你过来？”（对对方的要求表示疑问或责问）

（四）选择问句中的问号与逗号（参见《用法》4.2.3.2）

（1）问号是句末点号，而选择问句是一个句子，其中虽然有多个选择项，但这些选项并不能独立成句，所以只能在句末用一个问号，在句中都要用逗号。如：

20）我和你一起去呢，还是和他一起去，还是我们三个人一起去？

（2）有时为了强调，也可以将其中的各个选项视为独立的问句而使用问号。当然，此法需慎用，因为严格地说，各个选项并不是独立的句子，它们只是互相依赖的分句。如：

21）站在他们的前头领导他们呢？还是站在他们的后头指手画脚地批评他们呢？还是站在他们的对面反对他们呢？每个中国人对于这三项都有选择的自由，不过时局将强迫你迅速地选择罢了。

（3）短小的选择问句中也可以不用逗号。如：

22）你是上海人还是北京人？

（4）缩略的选择问句，句中不能用逗号。如：

23）你到过上海没有？（比较：你到过上海，还是没有到过上海？）

（五）主谓倒装的疑问句中的问号与逗号（参见《用法》4.2.3.1与4.4.3.2）

问号是句末点号，所以应该放在句末。即使疑问句的主语、谓语倒装了，问号也不应该跟着疑问词点到句中。这时句中应该用逗号（不管它前面是否有疑问词），句末用问号（尽管它前面无疑问词）。如：

24）怎么啦，你？

如果问号点到前面，它就成了两个句子而不是主谓倒装句了，因为问号表示的是句末停顿。如：

25）怎么啦？你。

（六）反问句中的问号与叹号（参见《用法》4.2.3.1与4.3.3.1、4.3.3.4）

反问句一般用问号，要表示强烈的感情、语气也可以用叹号。如：

26）我哪里比得上他呀！

但是，该句如果改成陈述句的形式，则即使要表示强烈的语气，其反问语气也只能用问号来表示而不能用叹号来表示；如果用叹号，就成了感叹句。如：

27）我比得上他？（反问句，表示比不上。）

28）我比得上他！（感叹句，表示比得上。）

如果既要表示反问，又要表示强烈的语气，就只能将两者连用。如：

29）我比得上他？！

（七）其他使用问号的场合（参见《用法》B.4 与 4.2.3.4）

（1）标题一般不用句末点号，但要强调疑问语气时可加问号。如：

30）谁执“左券”？

对于没有疑问词而可能误解为陈述句的疑问句标题必须加问号。如：

31）“戛纳”不能读成“gā 纳”？

（2）对生卒年有疑问，可以在其后用问号表示。这种问号已失去了句末点号的性质而具有标号的作用。如：

32）老子（公元前 580？～公元前 500 年？）

对生年或卒年不详，可用问号代替。这种问号实已成了一个替代符号。如：

33）吕不韦（？～公元前 235 年）

34）蔡琰（公元 177 年～？）

（3）行文时对某些词语有疑问，可用问号作注释。这种问号也非句末点号，而相当于“值得怀疑”四个字。如：

35）据说他今年写了二百万（？）字的学术著作。

（4）因有疑问而哑口无言时可用问号来表示。如：

36）“你这样做会毁了你的一生！”

“？”她愕然了。

（5）问号也可以用来表示质问。为了表示特别强烈的质问，也可以连用问号。如：

37）??? 竟有这种事！

（八）叹号不可滥用（参见《用法》4.3.3.1 与 4.3.3.3）

（1）感叹句末尾用叹号，是指全句的语气而言，并不是所有带有感情的句子都必须用叹号。如：

38）* 我告诉他家乡已经变了样啦！他高兴得不得了。（“家乡已经变了样啦”含有感情色彩，但从整个分句来看，“我告诉他……”并不是抒发强烈感情的感叹句，所以不能用叹号，应该改用逗号。）

（2）表示声音巨大可在象声词后面用叹号，但未必要叠用，只要达到表达效果就可以了。如：

39）轰隆！房子一下子倒塌了。

（3）为了表达特别强烈的感情，可并用两个或三个叹号，但叹号并用以少为宜，因为用滥了就没有突出的作用了。如：

40）这样的中国人，呸！呸！！！

（4）叹号是句末点号，应该用于句末，句中不可滥用叹号，不能一见叹词就用叹号。如：

41）*我啊！多么想见到你呀！（“啊”后面是主谓间的停顿，属于句中停顿，应该用逗号，不能用叹号。）

42）*多么壮观啊！伟大的长城！（这是一个谓语前置的感叹句，而不是两个句子，所以只能在句末用一个叹号，句中应改用逗号。）

（九）其他使用叹号的场合（参见《用法》4.3.3与B.4）

（1）标题一般不用句末点号，但要强调感叹语气时可加叹号。如：

43）如此“取经”！

（2）行文时对某些词语有感慨，可用叹号作注释。这种叹号只是一种表示感情的代号，已失去了句末点号的性质。如：

44）这件事（！）我至今还记得。

（十）主语和谓语中的逗号（参见《用法》4.4.3.2）

（1）主语与谓语较长或结构复杂，为了便于阅读，可在主谓之间用逗号点断。如：

45）荡荡漾漾的南海之水，好像一块巨大的蓝丝绒……

（2）为了强调主语，可在主语后用逗号点断。如：

46）他，是个坏人！

（3）为了强调谓语而把谓语提前，则主谓之间一定要用逗号点断。如：

47）快过来，小伙子！

（十一）动词与宾语之间的逗号与冒号（参见《用法》4.4.3.2与4.7.3.1）

动宾之间一般不用逗号，但如果宾语是较长的主谓词组，则往往用逗号点断以便阅读。如：

48）会议认为，前一阶段的工作是有成效的。

但是，如果要强调宾语，则不应该用逗号而应该使用具有提示下文作用的冒号。如：

49）实践证明：前一阶段的工作是有成效的。

当然，强调宾语也可以采取其他手法而不用冒号。如：

50）听说，她，刘和珍君，那时是欣然前往的。

此例“说”字之后虽然未用冒号，但由于在“她”“刘和珍君”下用了逗号，也就使该宾语中的主语“她”“刘和珍君”得到了强调［参见（十）2的论述］，这同时也就使该宾语得到了强调。如果去掉句中的逗号而改成“听说她刘和珍君那时是欣然前往的”，则如泣如咽的强烈感情色彩顿消。由此可见，逗号的强调作用是不可小觑的。

（十二）修饰语前后的逗号（参见《用法》4.4.3.2）

修饰语提前或后置时常用逗号点断。如：

51）在马路上，他遇到了一位多年不见的朋友。（状语前置）

52）小朋友们都跑过来了，从教室里，从操场上。（状语后置）

53）我们曾经抵制过那些坏作品，色情的和反动的。（定语后置）

必须注意的是，一般位置正常的状语后不宜用逗号，否则会使句子显得支离破碎。如：

54）＊他到了上海，在马路上，遇到了一位多年不见的朋友，高兴地，跳了起来。（第二、第四个逗号应删）

特别要注意的是，在状语后加用逗号会改变原意的句子，绝对不可用逗号点断。如：

55）＊他严格按会计制度办事，未按厂长的意图，做假账，结果却下岗了。（既然按会计制度办事，就不会去做假账，“意图”下的逗号应删，否则意思就反了。）

至于会改变句子成分之间结构关系的逗号，则应谨慎地区别使用。试比较：

56）星期天他上街买菜。（“上街买菜”为连动结构，上街只是为了买菜。）

57）星期天，他上街，买菜。（“上街”与“买菜”是并列结构，上街可能是闲逛或买其他东西。）

（十三）并列词语之间的顿号与逗号（参见《用法》4.5.3、A.3、A.4、B.1.1、B.1.2）

（1）并列词语之间如果没有明显的停顿，则不用顿号或逗号。如：

58）沪杭宁地区工农业较发达。（不作“沪、杭、宁”，“工、农业”）

试比较：

59）马克思主义、列宁主义和毛泽东思想

60）马克思列宁主义和毛泽东思想

（2）两个并列连用的数字如果表示概数，则必须用汉字而不能用阿拉伯数字，其中不可用顿号隔开。如：“二三月间”不作“2、3月间”，“二十七八岁”

不作“二十七、八岁”或“27、8岁”。但是，如果两个并列的数字并不表示概数，则要用顿号点开。如：

61）对退居二、三线的老同志应加以关心。

（3）标题中的并列词语不用顿号或逗号，只在其中空一个字。如：

62）巧取眼前风月　妙抒心中悲乐

——《前赤壁赋》赏析

（4）并列词语之间已用“和”“与”“及”等连词的地方，不再加用顿号或逗号。如《用法》B.1.1 示例 1 的“香蕉”与“菠萝”之间用了“和”就不能再加顿号了。又如《用法》4.4.3.3 中的“‘第’字头、‘其’字头及‘首先’类序次语”不作“‘第’字头、‘其’字头，及‘首先’类序次语”。从该句的实际用法来看，《用法》A.3 所说的“‘以及（及）’之前应用逗号”的说法应该加以修正，其中的“（及）”应该删去。

（5）并列词语之间用了选择连词“或者”“或”“还是”，就不能再加顿号了，但可以用逗号。如：

63）* 去、或不去，都没关系。（顿号应删）

64）* 不论你有权、还是没权，都得遵纪守法。（顿号应删）

（6）在科技文章中，并列的阿拉伯数字或拉丁字母之间一般用顿号。如果依照外文的写法在并列的阿拉伯数字之间用逗号（外文中无顿号），则逗号须占一个汉字的位置，以免与千分撇相混。如：

65）拉丁字母有 A、B、C、D 等 26 个。

66）他们的年龄分别是 18，21，25。

（7）引号、书名号是标号而不是表示停顿的点号，所以标有引号或书名号的并列词语之间如果有停顿，仍然要用顿号来表示。

新标准 4.5.3.5 说：“标有引号的并列成分之间、标有书名号的并列成分之间通常不用顿号。若有其他成分插在并列的引号之间或并列的书名号之间（如引语或书名号之后还有括注），宜用顿号。”这一规定实是说，如果没有其他成分插在并列的引号之间或并列的书名号之间，就不用顿号；或者说，紧密相连的引号之间、书名号之间不用顿号。

同样是并列成分，有了括注就用顿号，没有括注就不用顿号，并列成分与顿号之间的联系完全被人为地打乱了。显然，这一规定完全忽视了并列成分之间的停顿，从而造成了书面语与口语的脱节，所以应加纠正（但由于它是国家标准，所以本书还是尽量按其规定不用顿号）。我们认为，是否用顿号，主要应该考虑其间是否有停顿，是否能使语句意思明确清晰而便于阅读理解，而不应该以其间是否连用引号、书名号为基准。如果并列成分之间具有复杂层次或分承关系时，即使标有引号或书名号，也必须使用顿号。如：

67）“立”“早”“章”、“氵”“工”“鸟”为“鸿”的说法是违反文字理据的，“音”“十”“章”、“江”“鸟”“鸿”的说法才合乎文字理据，所以“立”“早”“章”、“音”“十”“章”之间的差别并不是一般的差别，而具有完全不同的内涵。

68）《红楼梦》、《三国演义》、《水浒传》、《西游记》的作者或编者分别是曹雪芹、罗贯中、施耐庵、吴承恩。

69）注释号如果不超过三个，我们可以用“*”、“**”、“***”来替代注号①、②、③。

这些例子如果不用顿号，例67中的层次关系就不明确，例68、例69中分承关系的表达就受到妨碍。再如下面我们分析例92、例93时所说的“把‘调解’与‘争吵’、‘假冒’与‘伪劣’理解为并列关系，即‘调解的事’与‘争吵的事’、‘假冒商品’与‘伪劣商品’”中的顿号也是不可省略的。至于例70、例71中的并列成分之间如果因为连用了引号而不用标点符号就更不得当了。再说，标有引号或书名号的并列成分，如果其中只有某些成分有括注而一定要将新标准贯彻实施到底，则又有不妥之处。如新标准4.5.3.5示例5的并列成分如果需要先说杂志而不用顿号，标为“《时代周刊》《人民日报》（海外版）、《光明日报》等”就显然不妥，因为这会造成歧义（《时代周刊》和《人民日报》海外版，或《时代周刊》海外版和《人民日报》海外版），所以还不如标为“《时代周刊》、《人民日报》（海外版）、《光明日报》等”为好。还有，根据《用法》5.2.4与A.13.5的规定，在古籍或文史类著作中，书名号也可改用浪线式书名号，在这种情况下不加顿号，并列成分之间的标示显然更缺乏清晰度。总之，新标准的这项规定实误从了社会上的错误用法，应该及早加以纠正。

并列的词语之间用顿号而不用逗号，但标有引号的并列词语中如果已用逗号，则其间应该用逗号而不用顿号。如：

70）俗话说得好：“言者无罪，闻者足戒”，“有则改之，无则加勉”。

如果引用的并列词语较长，其间也应该用逗号而不用顿号。如：

71）他曾指出：“人们最关心的是再就业问题”，“人们最痛恨的是腐败问题”。

当然，如果引用的不是并列词语，则两段引语之间就更不能用顿号了。如：

72）他引述领导人的话说：“治国必先治党，治党务必从严”，“党绝不能包庇罪人，党绝不容许在社会上有特权阶级”。

（8）并列词语之间如果有类别之分，则分类之处的顿号要上升为逗号。如：

73）这家公司主要经营化肥、农药、柴油、煤炭，稻谷、小麦、杂粮、棉花。

（9）如果并列词语中又包含并列词语，则应该分别用逗号、顿号来标明其层次，不可全用顿号。如：

74）汉代有名的文人有：政论家贾谊、王符，史学家司马迁、班固，辞赋家司马相如、扬雄，哲学家王充。

因此，像第一章附录 1-1-1《普通话水平测试等级标准（试行）》中“难点音（平翘舌音、前后鼻尾音、边鼻音、fu—hu、z—zh—j、送气不送气、i—ü 不分、保留浊塞音和浊塞擦音、丢介音、复韵母单音化等）失误较多”的顿号使用是不适当的，此句应该点为“难点音（平翘舌音、前后鼻尾音、边鼻音、fu—hu、z—zh—j、送气不送气、i—ü 不分，保留浊塞音和浊塞擦音，丢介音，复韵母单音化等）失误较多”才合适。

如果难以用逗号来分清层次，则应该使用其他的语言手段。如：

75）* 我公司经营国产、进口汽车、摩托车、家用电器及各种机械设备。

此例的“国产、进口”可以改为“国产和进口的”，使它成为定语，这样层次就分明了。

（10）主语或宾语中的并列词语，如果是单词或结构简单、匀称的词组，就用顿号；如果是较长的词组（特别是复杂的不匀称的词组，或者是有较大停顿的词组）或带有语气词“啊”“啦”“呀”“哇”等的并列词组，则用逗号而不用顿号。如：

76）刀子、叉子、盘子、酒杯，都放在餐桌上。

77）刀子，不锈钢制的叉子，大大小小的盘子，啤酒杯，都放在餐桌上。

78）超市里有电器、服装、食品……应有尽有。

79）超市里有电器啦，服装啦，食品啦……应有尽有。

80）多子，饥荒，苛税，兵，匪，官，绅，都苦得他像一个木偶人了。

应注意的是，主语中的并列词语如果用逗号点开，主语与谓语之间也应该用逗号点开，否则会影响主语的完整性。如：

81）* 做老实人，说老实话，办老实事是对一个共产党员的起码要求。（“老实事”后应加逗号）

（11）提示语（或称“复说语”）中的并列词语之间顿号或逗号的用法，与主语、宾语中的相同。如：

82）民主、自由、进步，这是他最向往的。

83）父子二人，一个当厂长，一个当会计。

（12）谓语中的并列词语如果需要停顿，一般用逗号。如：

84）正方形四边相等，四角均为直角。

如果谓语中的并列词语共管一个宾语或有共同的补语，则其间用顿号而不用逗号。如：

85）我们要刻苦学习、灵活运用这本书里的理论知识。

86）她被无端折磨、任意糟蹋得不像个人样了。

如果谓语中的并列词语是单词，则也用顿号而不用逗号。试比较下列两例：

87）人们首先必须吃、喝、住、穿，然后才能从事其他的工作。

88）我们首先必须刻苦学习，努力工作，然后才能有所作为。

（13）定语中的并列词语之间的停顿一般用顿号而不用逗号。如：

89）正方形是四边相等、四角均为直角的四边形。

该例的并列词语“四边相等”与“四角均为直角”虽然是长短不一的词组，但它们共作定语，所以用顿号；如果它们作谓语，则改用逗号，如例 84。又如：

90）*他也说过：“文学史稿编制太草率”，“挂漏滋多”的话。

此例中的逗号应改为顿号，因为两句引语共作“话”的定语；此外，冒号也应删去。当然，如果定语的结构很复杂，特别是其中有复句时，则可用逗号而不用顿号。如：

91）至于这一回在弹雨中互相救助，虽殒身不恤的事实，则更足为中国女子的勇毅，虽遭阴谋秘计，压抑至数千年，而终于没有消亡的明证了。

还应该注意的是，某些不用顿号会引起歧义的句子，其并列词语之间必须用顿号。如：

92）调解、争吵的事都有他的份。

93）假冒、伪劣商品必须销毁。

此两例如果不用顿号，固然可以把“调解”与“争吵”、“假冒”与“伪劣”理解为并列关系，即“调解的事”与“争吵的事”、“假冒商品”与“伪劣商品”，但也有可能理解为“调解别人争吵的事”（不包括自己争吵）、“假冒别的伪劣商品”（不是假冒名牌优质商品）。为了避免歧义，必须使用顿号。

（14）状语中的并列词语，如果其结构简单匀称，则用顿号而不用逗号。如：

94）他马不停蹄、走南闯北地忙了整整三年。（此例如果用逗号，则“马不停蹄”就不是状语了，所以特别应该区别使用。）

如果其结构复杂，特别是并列的词语内又有并列词语的，则最低一级用顿号，高一级的用逗号。如：

95）中央决定从1994年下半年开始，用三年时间，从中央到基层组织，自上而下、分期分批地对党的作风和党的组织进行一次全面的整顿。

（15）补语中的并列词语一般用逗号而不用顿号。如：

96）祖国的美好山河被敌人糟蹋得疮痍满目，面目全非。

（十四）非并列词语之间的停顿慎用顿号（参见《用法》4.5.3.1）

据说，浙江省三门县一家商行在1992年购买羊皮时，原要求每张羊皮在四平方尺以上，无剪刀伤，但合同中却写成了“羊皮要求：四平方尺以上、有剪刀伤的不要”，结果卖方卖给他们的全是四平方尺以下的劣质羊皮，使其损失十万元。这里的毛病就在于误用了顿号。如果用了逗号，“四平方尺以上”与“有剪刀伤”就不是并列的词语了。

当然，在非并列词语之间也并非绝对不可以加顿号，但这种顿号往往是一种传统的习惯用法，多用于古代词作中的句内停顿（参见王力主编《古代汉语》第四册）。如柳永《雨霖铃》：“念去去、千里烟波”，“更那堪、冷落清秋节”。又《八声甘州》：“想佳人、妆楼凝望，误几回、天际识归舟？”苏轼《水调歌头》：“不应有恨、何事长向别时圆？”又《念奴娇》：“浪淘尽、千古风流人物。”辛弃疾《摸鱼儿》：“更能消、几番风雨？”“君不见、玉环飞燕皆尘土？”又《贺新郎》：“问何物、能令公喜？我见青山多妩媚，料青山、见我应如是。”

（十五）分句之间的分号与逗号（参见《用法》4.4.3.1、4.6.3.1、4.6.3.2和B.1.3）

复句内各分句之间多用逗号，但有时要分别层次或标明并列关系，则用分号。《用法》4.6.3.1中的例子用分号是为了标明并列关系，4.6.3.2中的例子用分号是为了分别层次。但是，如果各分句内部未用逗号，则分句之间一般用逗号而不用分号。如4.6.3.1示例1改成下句则不用分号。

97）语言文字的学习，在理解方面是得到一种知识，在运用方面是养成一种习惯。

因此，像下句中的分号应改为逗号。

98）* 收到下级机关上报的需要办理的公文，文秘部门应当进行审核。审核的重点是：是否应由本机关办理；是否符合行文规则；内容是否符合国家法律、法规及其他有关规定；涉及其他部门或地区职权的事项是否已协商、会签；文种使用、公文格式是否规范。

但是，有时为了避免误解，分句内部即使未用逗号，分句之间也应该用分号来强调其并列关系。如：

99）命令（令）适用于依照有关法律公布行政法规和规章；宣布施行重大强制性行政措施；嘉奖有关单位及人员。

此例如果不用分号而用逗号，则可能理解为“依照有关法律公布行政法规和规章”“依照有关法律宣布施行重大强制性行政措施”“依照有关法律嘉奖有关单位及人员”。

总之，语意连贯的分句，如果用逗号难以表明其层次或并列关系，用句号又会割断前后句的联系，则用分号是最恰当的。如果分句间既无并列关系要标明，又无层次要分别，则应该用逗号而不用分号。如果前后句没有密切的关系要表示，则用句号而不用分号。

顺便要指出的是，分号用于分句中，如果是一般的并列词语而非分句，则用顿号或逗号（见上文），不用分号。

（十六）分行列举的各项之间的分号与句号（参见《用法》4.6.3.3 和 A.5）

分行列举的各项之间用分号，最后用句号。但是，如果在某一项之中出现了句号，则各项之间不能再用分号。这是因为：句号是句末点号，分号是句内点号；句号可包容分号，分号不可包容句号。因此，下面这一例的分号使用是不得当的。

100）* 第八条　自行车交通管理规定：

①沿路靠右行驶，禁止逆行。禁止在便道上骑车。在划有机动车和非机动车分道线的道路上，禁止在机动车道上骑车；

②转弯要提前减速，并伸手示意，不准突然猛拐、争道抢行；

③横穿划有上、下行四条以上机动车道的路段，必须推车从人行横道内通过；

④停放自行车，必须停放在存车处或指定地点；在未设存车处的地区，必须靠便道里边停放或放在不影响交通的地方。

解决这一问题有两种方法：一是各项之间不用分号而全用句号，二是将分号内部的句号改为分号（若允许，也可改为逗号）。这里要注意的是，各项之末的点号应该统一，即除了末项用句号外，前面各项之末或者全用分号，或者全用句号，不可有的用分号，有的用句号。所以，对于例100，如果只将第一个分号改成句号，虽然解决了分号、句号之间的包容问题，但仍然是不正确的；只有将前三个分号全改为句号才对。当然，将第①款中的两个句号改为分号也可。

如果分列的各项不一一移行而仍用序数标明，则仍用分号。如：

101）淫秽出版物是指在整体上宣传淫秽行为，具有下列内容之一，挑动人们的性欲，足以导致普通人腐化堕落，而又没有艺术价值或者科学价值的出版物：（一）淫秽性地具体描写性行为、性交及其心理感受；（二）公然宣扬色情淫秽形象；（三）淫亵性地描述或者传授性技巧；（四）具体描写乱伦、强奸或者其他性犯罪的手段、过程或者细节而足以诱发犯罪的；（五）具体描写少年儿童的性行为；（六）淫亵性地具体描写同性恋的性行为或者其他性变态行为，或者具体描写与性变态有关的暴力、虐待、侮辱行为；（七）其他令普通人不能容忍的对性行为的淫亵性描写。

但如果不用序数（一）、（二）、（三）等，则例101不用分号而用逗号（与例98的处理相同）。

值得补充说明的是，分行列举的各项之间如果用分号，则各项之和相当于一个句子（可姑且称之为“分行列举句”）。如果有两个并列的互相关联的分行列举句，即它们相当于两个并列的分句，则第一个分行列举句之末用分号还是用句号呢？应该用句号。因为分句之间用分号的目的是为了标明分句之间的层次或并列关系。现在已在分行列举的各项之间用了分号，如果在前一个分行列举句之末再用分号，就不能标明这两个分行列举句之间所存在的高一级层次关系了。所以，下例中“关系”后的分号应改为句号。

102）*有人归纳出了这样几条说话的诀窍：

①说话要短而有趣，用词尽量做到通俗、生动；

②说话必须诚实，说内心的真话；

③使用敬语，增强融洽的人际关系；

也有人是这样归纳的：

①让人感到难堪的话不要说；

②让人不容易听明白的话不要说；

③会使他人感到不快的话不要说。

（十七）点号的层次等级（参见《用法》B.1.4、B.1.2）

例73、例74、例95为了分出类别、层次而分用顿号与逗号，例97因无须分别层次而将4.6.3.1示例1的分号降为逗号，这种情况可用点号的层次等级来说明。

点号的层次等级大致可分为四级：句号、问号、叹号为第一级，分号为第二级，逗号为第三级，顿号为第四级。

由于这种层次等级是相对的，所以并列词语之间有层次之分时某些顿号要上升为逗号，分句内部未用逗号时分句之间可用逗号来代替分号。例98的修改意见以及（十六）中的论述其实都是基于这一考虑而作出的。从这一观念出发，就有两点值得注意：

（1）问号、叹号都是句末点号，它们与句号一样不可包容在分号之内，所以像下面这一例句中的分号，应该比照例100的处理原则改为句号或叹号。如果改为叹号，后面的句号也应该改为叹号以保持一致。

103）*陶渊明何以爱菊呢？因为他在傲霜残枝中见出孤臣的劲节；林和靖何以爱梅呢？因为他在暗香疏影中见出隐者的高标。

（2）用“等等”来表示并列的事项列举未尽时，其前使用的点号应该与前文的层次等级一致。即前文各层次用逗号，其前也用逗号；前文各层次用分号，其前也用分号；前文各层次用句号，其前也用句号。“等等”所代表的，是与上文层次等级相同的并列成分。如：

104）这里的娱乐项目很多，或可跳舞，或可唱卡拉OK，或可玩桥牌，或可打保龄球，等等，任你挑选。

105）他读书的范围极广，有中国的，也有外国的；有古代的，也有现代的；有公开出版的，也有民间传抄的；有政治方面的，也有经济方面的；等等。

106）这次讨论的问题很多。一是成立学院的事。二是房改问题。三是教学要上新台阶，具体任务是什么；科研要创出新境界，具体目标是什么。等等。

（十八）冒号的层次等级（参见《用法》4.7.3和A.6）

冒号的层次等级较为复杂，根据其具体的使用场合可分别归入一级、二级、三级。所以，它虽然属于句内点号，但有时候它实相当于句末点号，如《用法》4.7.3.1 示例 2、示例 3 中的冒号实相当于句号，4.7.3.4 示例 2 中的冒号实相当于叹号。只是因为它具有特殊的提示下文的作用，这些句子才只能使用冒号。如果将这些例句变换一下，它就会被句号或叹号所取代，即：

107）“咱们去好好庆祝一下吧！”她高兴地说。

108）“我就是这么想的。”小王笑着点了点头。

109）“同志们，朋友们！”他激动地说，“……”

至于《用法》4.7.3.1 示例 1 中的冒号，其停顿层次实相当于逗号；而 4.7.3.2 示例中的冒号，其停顿层次实相当于分号。所以，分说部分较为简短而未用分号的句子，其分说与总说之间也可用逗号，而不必如《用法》4.7.3.1、4.7.3.2 所说的那样用冒号（见例 82、83）。同样，“证明”“宣布”“指出”“宣称”“认为”等词语后面，也可用逗号而不必如《用法》4.7.3.1 所说的那样用冒号（见例 48）。当然，如果既不需要提起人们对下文的注意，又没有停顿的，则既不用冒号，也不用逗号。如：

110）我认为这是他的错。

（十九）“说”后面的冒号、逗号与句号（参见《用法》4.7.3.1 与 B.1.5）

引语前“说”的后面一般用冒号，如 4.7.3.1 示例 2。但是，“×× 说”如果置于引语之中，则其后用逗号而不用冒号或句号，以免隔断上下引语之间的联系。如：

111）“我不想去了，”他说，“你去吧。”

如果上下引语联系不大，则“×× 说”即使在引语之中，也用冒号而不用逗号。如：

112）他曾对小王说：“我最讨厌小刘。”这次又对我说：“小刘这个人口是心非。”

如果“×× 说”置于文末，则用句号。如：

113）“我不想去了。”他说。

引语如果是局部引用，则一般不用冒号而用逗号。如：

114）有的评论家说，徐悲鸿笔下的马“神形兼备，充满生机”。

但如果例 114 中“徐悲鸿笔下的马”是评论家的话，则“说”后也可用冒号。如：

115）有的评论家说：“徐悲鸿笔下的马”，“神形兼备，充满生机”。

116）有的评论家说：徐悲鸿笔下的马，“神形兼备，充满生机”。

例 115 表示“徐悲鸿笔下的马”是原话，只是在原文中与“神形兼备，充满生机”不紧接在一起。例 116 表示“徐悲鸿笔下的马”是评论家的话，但不是原话，而是经过概括的话。

（二十）引出注释或说明语句的冒号与破折号（参见《用法》4.7.3.3 与 4.10.3.1）

用冒号引出的注释或说明，是正文的重要组成部分，删去后会使原文结构残缺，如《用法》4.7.3.3 之例。用破折号引出的注释或说明，是正文的补充部分，删去后原文结构仍完整，如《用法》4.10.3.1 之例。我们可以根据这一特性来区别使用注释、说明语句前的冒号与破折号。当然，《用法》4.10.3.1 示例 1 中的破折号标法并不正确，应加修正［参见下文（三十）1 的论述］。

（二十一）使用冒号时的其他注意事项（参见《用法》A.6.2 与 4.7.3.5）

（1）冒号的提示作用直贯句末，所以冒号与下面的点号应协调。如：

117）＊到岳阳医院的公交车有：51 路、52 路、101 路、139 路、132 路、116 路、115 路等，停车点都在医院附近。（冒号应删，或在“等”后用句号。）

118）＊有的评论家说：“徐悲鸿笔下的马”，“神形兼备，充满生机”，充分表现了对徐悲鸿艺术作品的热爱。（冒号应删，或改用逗号。）

（2）应该尽量避免冒号套冒号。如：

119）＊他写道：“亲爱的：我不知道如何来形容此时的心情……”

120）＊你看他：眼睛睁得大大的，嘴巴张得大大的，似乎要把所见到一切：大地、天空、太阳以及所有的人都吞下去。

例 119 的前一个冒号可改为破折号，并将下文换行（参见例 146）。例 120 的后一个冒号应该改为破折号，并在“人”之后加一个破折号。

（3）冒号两点位于左下方，数学上的比号两点位于正中，不可相混。如：

121）本报讯：中国队以 3∶1 战胜了日本队。

（二十二）引号与点号的连用（参见《用法》4.8.3.1 和 B.2.1）

（1）直接引用别人的话用引号。如果是间接引用，即转述别人的话，则不用引号。如：

122）他说他五一节去了北京。

（2）直接引用又可以分为两种：全部引用和局部引用。全部引用即完整地照录别人的话，其引号前用冒号，句末点号应放在引号内，如《用法》4.7.3.1 示例 2、示例 3。局部引用即节录别人的话，把它作为自己文句的组成部分，其引号前一般不用冒号，其句末点号应放在引号外，如例 114。

（3）有两种使用冒号的局部引用值得注意。

一是引用的话未至原文句末而将原文的句内点号改为句号时，该句号宜放在引号之外，以提示读者此为局部引用，该句号非原文所有。试比较如下两例：

123）爱因斯坦说："想象力比知识更重要，因为知识是有限的，而想象力概括着世界上的一切，推动着进步，并且是知识进化的源泉。"

124）爱因斯坦说："想象力比知识更重要，因为知识是有限的，而想象力概括着世界上的一切"。

另一种是冒号后只有一部分是原话，这时引文末的句号也应放在引号外，如例 116。

（4）即使是全部引用，但如果引用者把该引语作为自己文句的组成部分，则该引语末的点号应删去（叹号、问号可视具体情况适当保留）。如：

125）他说了一声"不要你管"就走了。

126）随着"冲！冲！冲！"的声音，他们冲了过来。

（5）引号是标号而非点号，它不表示停顿，所以引号前后有停顿时，其点号不能省去。如例 111 不能标为：

127）*"我不想去了"他说"你去吧。"

（二十三）引号标示的特殊含义（参见《用法》4.8.3.3）

引号标示的特殊含义有多种多样，如《用法》4.8.3.3 示例 1、示例 2 的"第九艺术""尼人"是别称、简称，表示正面意义；示例 3 的"慈祥"是反语，含讽刺味，相当于"所谓的慈祥"。又如"中华民国"，加了引号可读为"所谓的中华民国"，表示不承认其合法地位；如果不加引号，就意味着承认其合法性。由此可见，引号的使用不可小觑。

应该指出的是，所谓"具有特殊含义"并没有一个固定的标准。凡是人们较为陌生的词语，都可以视为"具有特殊含义的词语"，都应该用引号标示；而当它们为人们熟知后，就不必当作"具有特殊含义的词语"而用引号标示了。因此，《用法》4.8.3.6 示例 3 中"五四运动"的引号是多余的，也可以说是不规范的，甚至可以说是错误的，因为它可以被理解为"所谓的五四运动"而带有贬义。我们可再比较下列各例：

128）a．“九一三”事件　　　　b．七七事变

129）a．“五讲四美”　　　　b．四个现代化

（二十四）双引号与单引号的交替使用（参见《用法》4.8.3.4）

双引号中有引号时用单引号，单引号中如果再有引号就用双引号。直行文稿中的引号使用与此类似。

（二十五）直接引语为多段、多行时的引号用法（参见《用法》4.8.3.5）

（1）如果引文是一般文章中连续的几段，则在引文的每个自然段开头都要标上引号的前一半，至于引号的后一半则只标在引文之末（参见《用法》4.8.3.5 示例）。但是，如果这几段引文在原文中并不是连续的，则每一段的始末都要标上引号。如：

130）《×××××》一书中有这样的话：

“××××××××××××××，××××××，×××××××××××，×××××××××××。”

“××××××××××××，×××××××××××。×××××××××××××，×××××。”

“××××××××××××××，××××××，×××××××××××××××，××××××××××，×××××。”

（2）如果引文是诗歌或完整的信，则不论其是否分行、分节、分段，可只用一个引号，即在引文的开头标上引号的前一半，在引文的末尾标上引号的后一半。

（二十六）直接引语不用引号的场合（参见《用法》4.8.3.5）

《用法》4.8.3.5 规定：“独立成段的引文如果只有一段，段首和段尾都用引号。”但是，下列情况可不用引号。

（1）分段书写的对话用了冒号后，可不用引号。如：

131）记者：巩俐作为导致你们家庭解体的第三者，你恨她吗？

肖华：作为一个女人，我理解她，但不恨她。

记者：为什么？

肖华：电影界，无论中国还是外国，演员追导演是常有的事，如果当初张艺谋选《红高粱》女主角不是巩俐，而是别的哪个女演员，也有可能发生这类事情，关键在于张艺谋本人。

（2）在分行的对话中用了破折号可不用引号，这往往用在不直接标明说话者的场合。如：

132）茶馆里很热闹。

——你知道她为什么自杀？

——还不是为了他！

（3）引文缩两格排印可不用引号。

（4）引文用作例句时可不用引号，但最好用不同的字体排印。

（二十七）括号的形式及其使用（参见《用法》4.9.2和4.9.3）

圆括号使用得最多，要注意的是不能把它写成单书名号“〈　〉”。

六角括号还可用于标示元曲中的宫调名、曲牌［参见下文（三十六）1的论述］。

方头括号一般用于字典的词目或文中需要特别提示的地方，不宜滥用。

（二十八）括号与点号的连用（参见《用法》4.9.3和A.8、B.2.2）

（1）括号中的注释性文字如果是注释句子里某些词语的，该括号叫句内括号；如果是注释整个句子的，该括号叫句外括号。句内括号要紧贴在被注词语之后；如果该被注词语后要用点号，则要放到括号之后；句内括号中可以有顿号、逗号或分号，但即使是一个完整的句子，也不能有句号。如：

133）＊段玉裁是文字学家（清朝人），他曾花了极大的精力去研究《说文》。（这是东汉许慎写的文字学著作，全名为《说文解字》。）

该例前一括号应紧贴在“段玉裁”之后，“《说文》”后的句号应移于后一括号之后，“《说文解字》”后的句号当删。

至于句外括号，则独立于被注句子之后。被注句子的句末点号按常规使用。句外括号内部如果是句子，可用句末点号（句号、问号或叹号）；但句外括号内部能不用点号的，尽量不用，尤其是层次简单的词语、词组，不应该使用点号。如：

134）全国各族人民间的大团结万岁！（长时间的鼓掌）伟大的、光荣的祖国万岁！（全场起立。热烈的经久不息的鼓掌，转为欢呼。）

此例“长时间的鼓掌”是词组形式的词语，所以不用句号。

（2）某些注释说明性文字也可根据需要置于句首，这时括号后不用点号，括号内的点号按句内括号处理。如：

135）周萍　（不喜欢她这样讲，同时还以为她究竟有些不明白他）哦！（叹一口气）天哪！

（3）剧本中的场景介绍或独立的人物动作说明，可用小一号字排印而不加括号；也可只在每一段文字前用六角括号的前一半，但不用其后一半。其行文中的标点符号按常规处理。如：

136）〔幕启：这种大茶馆现在已经不见了。在几十年前，每城起码有一处。

〔在这里，可以听到最荒唐的新闻，如某处的大蜘蛛怎么成了精，受到雷击。

〔我们现在就要看见这样的一座茶馆。

〔马五爷在不惹人注意的角落，独自坐着喝茶。

〔王利发高高地坐在柜台里。

（4）行文中括号不宜太多，括号中的注释性文字不宜太长，以免影响正文的连贯性。如果注释性文字又多又长，则不宜用夹注（行中注），而应该采用脚注（页末注）或尾注（篇末注）。这时文中可用数字加六角括号（或加圈）标识。这种注号应比正文小一些并居上，而且紧跟在所注词语后或每一点号之前（即使是注释整个句子的，也放在点号之前），以免与文中的序数相混。如：

137）会馆〔1〕里的被遗忘在偏僻里的破屋是这样地寂静和空虚。

138）柳絮有时“轻狂”〔1〕，晚峰有时“清苦”〔2〕。

不过，完整引文的注号，应标识在点号及后半个引号之后，以保持引文的完整性。如：

139）石秀骂梁中书说：“你这与奴才做奴才的奴才！”②

为了与例137、例138的用法统一，例139的注文如果是注明该引语出处的，注号也可以标在“说”与冒号之间；如果是注释句中词语的，注号也可以标在叹号前。

（二十九）括号中文字的区别（参见《用法》4.9.3.1）

（1）括号中的文字可以是注释说明性的，如例133～例136，这种文字可用小一号字排印；但也有补充性的文字，这种文字应与正文所用字号相同而不可用小一号字排印。如：

140）住址：××省（市）××县（区）××乡（镇）

此例中的“市”“区”“镇”不可用小一号字排印。

（2）讲演中的注释说明性文字记述的是听话者的情况，剧本中的注释说明性文字记述的是说话者的情况。如：

141）这实在是“赔了夫人又折兵”！（大笑）

142）周蘩漪：他还说——（笑笑）这孩子！——要娶四凤。

例141的“大笑”是听话者的情况，例142的“笑笑”是说话者的情况。

（三十）破折号用法的补充说明（参见《用法》4.10.3与B.2.3）

（1）用破折号标示注释内容或补充说明时，要正确标示其界限。《用法》4.10.3.1示例1的标法是不得当的，因为“走了过来”并不是“中年人”的注释或补充说明。规范的标法应为：

143）一个矮小而结实的日本中年人——内山老板——走了过来。

还有，破折号以及它后面的注释说明文字应紧贴在被注词语之后，而不能间隔在后。如：

144）*为了全国人民的幸福——当然也包括自己在内，我们每一个人都要兢兢业业，努力工作。

此例应改为：

145）为了全国人民——当然也包括自己在内——的幸福，我们每个人都要兢兢业业，努力工作。

（2）破折号可代替冒号，用于总括性词语的前面以总结上文，如《用法》4.10.3.3示例1。因此，《用法》4.7.3.2示例中的冒号也可改为破折号。

（3）《用法》4.10.3.3示例2的破折号用来提起下文，实际上是代替了冒号。要避免冒号套冒号，利用破折号来提起下文是最适当的办法，要注意的只是，用破折号提起下文时要换行。如例119可改为：

146）他写道——

亲爱的：我不知道如何来形容此时的心情。……

（4）《用法》4.10.3.7的要义是：在分行的对话中，破折号可代替引号，这往往用在不直接标明说话者的场合，除了《用法》的示例，又可参见例132。如果已经标明说话者，则不再用破折号标示，如例131。

（5）用在副标题之前时，副标题及破折号不能和正标题写在同一行。但是，如果是正题的一部分，则不能换行，如《大堰河——我的保姆》。

（6）用于注明作者、出处时，不应与引文同处一行，如《用法》4.10.3.10示例1、示例2。标示注释者时，其前的注释文字可灵活安排而不一定如《用法》4.10.3.10示例3那样置于句末。如：

147）五四新文化运动曾高举德谟克拉西（英语“民主”一词的音译——编者）的旗帜。

（7）破折号虽然是标号，但也可以用来表示停顿乃至声音的延长（参见《用法》4.10.3.5、4.10.3.6 示例），所以它实具有点号的功用。因此，破折号之前，除了句号、问号、叹号等表示终了或特定语气的句末点号以及表示话题中止的逗号（参见《用法》4.10.3.4），一般不用其他点号。如：

148）* 我竟不料在这里意外地遇见朋友了，——假如他现在还许我称他为朋友。（句中逗号当删）

当然，破折号之后一般不连用点号，所以《用法》B.2.3 示例 3、示例 4 中破折号后的问号、叹号，其实也以不用为好。

（8）破折号标示注释内容时，其后不再用“即”“就是”之类的词语。如例 143 中的注释内容不能写成“——即内山老板”。

（三十一）标示注释说明文字的破折号与括号（参见《用法》4.10.3.1、4.9.3.1 与 B.1.7）

例 143、例 145 的注释说明文字前后都用了破折号，其作用与括号十分相似，但两者其实是不同的。破折号引出的注释说明文字是正文的一部分，所以其字号大小须与正文一致；括号里的注释说明文字不是正文，所以可以用小一号字。

（三十二）省略号用法的补充说明（参见《用法》4.11.3 和 A.9、B.2.4）

（1）省略号与破折号的区别。省略号可以用来表示说话时的无言（见《用法》4.11.3.5），这是《用法》4.11.3.4 的扩展用法。又如：

149）甲：“你怎么干这种蠢事？”乙：“……”

150）“你怎么……”她才说了半句就咽不成声了。

例 150 中的省略号与表示中断的破折号（见《用法》4.10.3.6 示例 1）相似，所以也可改用破折号。但一般来说，两者含义略有不同：破折号表示不想说下去（也可能要转变话题）或说话被人打断，省略号表示想说而没说出来。因此，两者要根据表达的内容区别使用。正因为有此分别，所以例 149 不可改用破折号，而下例之省略号也应改为句号。

151）* 他气愤得不想说什么了……

从例 151 中我们还可以体会到，凡是用省略号标明省略的地方，都应能推测出省略的大致内容，如果语意完整，就不能再用省略号。

（2）省略号与点号的连用。原则上讲，省略时不但省略了文字，同时也省略了标点符号，所以省略号前后一般不再用点号。但是，如果省略号前面是一个完整的句子，则该句的句号、问号、叹号等不能省去，因为这些句末点号属于前一句而不在省略号的省略范围之内，如果将它们省去了，便将前句与省略之句混成一句了。当然，如果省略号前不是个完整的句子，则省略号前的句内点号应省去。至于省略号之后，一般也不用点号，但如果省略号之后还有其他的话，而且这些话与前面的省略部分又不相连，则省略号之后的句号可保留。至于某些表示特殊语气的感叹句或疑问句，则即使其后没有其他的话，叹号或问号也不能省去。当然，省略号后面的标号（如引号、括号的后一半）是不能省去的。如：

152）我不行了，你快走！……。难道你还……？

153）*“对他这个人，……，我能说什么呢？……。”（句中的逗号、句号均应删去）

（3）省略号与“等等”不可连用。“等”“等等”“之类”等词语表示列举未尽，所以省略号不可与之连用。如：

154）*该公司经营化肥、农药、柴油……等等。

此例“……”与“等等”应删去其一。如果在书面语中，可以删去“等等”；如果在用口语播送的新闻稿中，应删去“……”，因为省略号读不出来。当然，如果此例说成“经营化肥、农药、柴油等商品”（列举内容作定语）或“经营化肥、农药、柴油等三种商品”（列举已尽而无省略），就只能用“等”而不能用“……”了。

（4）省略号不可只用一半（省略号在数学公式中以及外文和阿拉伯数字后才是三点，在汉语拼音中也可用三点），也不可换行（即不可将三点放在前一行的末尾，将另外三点移在下行）。当然，省略号用在一行之首是可以的。如果表示诗行或整段文字的省略，则必须连用两个省略号独占一行。

（三十三）着重号用法的补充说明（参见《用法》4.12.3和A.10）

（1）着重号与引号的强调对象不同（参见《用法》4.12.3.1与4.8.3.2）

用着重号来强调字、词、句，只是为了引起读者的注意，无需进行论述；用引号来强调的字、词、句，是论述的对象，往往有所论述。因此，两者应区别使用。

（2）在用宋体、楷体印刷的出版物上也可用字号相同的黑体字来表示强调而不用着重号。

（3）在引用他人文章时另加的着重号应注明是引用者所加，以免读者误解为原文所固有。

（三十四）连接号用法的补充说明（参见《用法》4.13.3 和 A.11）

（1）标示时间起止或数值范围时，如果使用汉字数字（如《用法》4.13.3.2 示例 5），应该采用浪纹线“～”而不宜采用一字线“—”，以免与汉字数字“一”相混；如果使用阿拉伯数字，则两种连接号均可使用。

（2）1995 年发布的国家标准中“1000 公斤～ 1500 公斤”的形式已不符合新规范，规范的写法是“1000 ～ 1500 kg”或“1000—1500kg”“1000 ～ 1500 千克”。关于这一点，可参见本章第五节第一部分“防止旧规定中的不规范写法”（四）。

（3）连接号连接地点、时间、数值范围时可读为“到”或“至”，但平时汉字行文中的“到”或“至”不能用连接号代替。如“上海到太仓有五十多公里”不能写作“上海—太仓有五十多公里”。

（4）连接号一般用来标示结合紧密的关联成分之间的连接，如果相关词语之间无法成为一个结合紧密的统一体，则不应该用连接号，而应该用破折号。如“和平——战争——和平”不能写成“和平—战争—和平”。

（三十五）间隔号用法的补充说明（参见《用法》4.14.3 和 A.12）

（1）除了《用法》列举的用法外，间隔号还可以用来分隔容易相混而应该隔开的其他词语。如：宋・米芾，香港・香港中文大学・中国文化研究所。

（2）间隔号可用来标示书名与篇名之间的分界（参见《用法》4.14.3.2），但图书的版本说明不能利用间隔号标示而应该使用括号标示。所以，“《现代汉语规范指南》（修订本）”不能标为“《现代汉语规范指南・修订本》”，但可以写作“《现代汉语规范指南》修订本”；“《说文解字》（影印本）”不能标为“《说文解字・影印本》”，但可以写作“《说文解字》影印本”或“影印本《说文解字》”；“《君主论》（英文版）”不能标为“《君主论・英文版》”，但可以写作“《君主论》英文版”或“英文版《君主论》”。同样，对于报刊版本也应如此处理，如“《人民日报》（海外版）”不能标为“《人民日报・海外版》”，但可以写作“《人民日报》海外版”。

（3）《用法》A.12 规定间隔号不能与“和”类连词并用，所以《水星・火星和金星》的标法是错误的。其实，如果一定要用“和”，改用顿号就可以了，即改为《水星、火星和金星》就正确了。

（4）缩写字母以及作为序数的阿拉伯数字、拉丁字母、罗马数字之后应该用下脚点而不应该用间隔号（参见第一章第八节和本章第五节的论述）。

（三十六）书名号用法的补充说明（参见《用法》4.15.3 和 A.7、A.13、B.1.8）

（1）除了《用法》4.15.3 列举的用法外，下列作品名称也应该加用书名号：讲稿或讲演记录稿名（如《最后一次讲演》），书法作品名（如《兰亭序》），图画名（如《清明上河图》），戏剧名（如《西厢记》），折子戏名（如《游园惊梦》），戏剧唱段名（如《昭君出塞》），乐曲名（如《二泉映月》），评话名（如《武松打虎》），相声名（如《关公战秦琼》），散曲名（如《秋思》）。

这里应注意的是，元曲中的宫调名、曲牌按习惯不用书名号而用六角括号，如〔越调 · 天净沙〕《秋思》。因此，《用法》4.14.3.3 示例 2 的标法是有违于传统的，应当修正。

（2）丛书名应该用书名号标示。丛书与单本书有时很难分别，如今有的丛书用一个书号，有的丛书用很多书号，但无论如何，丛书也是书，所以也应该加书名号，如《汉魏丛书》《四库全书》《中国历代名著全译丛书》。

《用法》A.7 规定标示丛书时不用书名号而用引号，这是不恰当的，因为正如《用法》4.8.1 所定义的那样，引号的功能是“标示语段中直接引用的内容或需要特别指出的成分”，如果用来标示作品名称，就越俎代庖了（参见《用法》4.15.1）。

（3）书名与该书中的篇名、丛书名与该丛书中的书名同时出现，可只用一个书名号，其中用间隔号分隔，如《史记 · 商君列传》《郭沫若全集 · 历史编 · 青铜时代》。

如果书中的篇名或丛书中的书名连续出现，可有两种标示法：一是用一个书名号，如《荀子 · 劝学、修身、性恶》《四部丛刊 · 史部 · 列女传、吴越春秋》；二是用几个书名号，如上面两例可写成《荀子》中的《劝学》《修身》《性恶》，《四部丛刊》史部中的《列女传》《吴越春秋》。一般来说，后一种标示法较好。

如果书名与篇名、丛书名与书名没有包含关系，则不可只用一个书名号。

（4）应该使用书名号的作品名称在特定的行文中使用简称时仍应使用书名号而不能改用引号。如：《现代汉语词典》在行文中注明后可简称为《词典》，但不可简称为“词典”。

（5）某些单位或人员名称中的书名、报纸刊物名是否应该使用书名号，国家对此一直没有统一的规定，所以社会上的使用情况比较混乱。不加书名号的如：中国出版杂志社、中国语文杂志社、世纪杂志社、名作欣赏杂志社、学术月刊社、辞书研究编辑部、文学评论编辑部、鲁迅研究月刊编辑部、中国图书馆学报编辑部、孔子研究编辑部、阅读与写作编委会、经济日报印刷厂。加书名号的如：《学术研究》杂志社、《中文自修》杂志社、《语文建设》编辑部、中华书局《书品》编辑部、《汉语学习》编辑部、《咬文嚼字》编辑部、《上海社会科学院学术季刊》编辑部、《中国翻译》编辑部、《文献》杂志编辑部、《云南大学学报》编辑部、《写作》编辑部、《编辑学刊》编辑委员会、《人民日报》评论员。

这种情况该怎么处理？我认为，尽管这些名称已经是单位或人员名称的组成部分，在单位或人员名称中作定语而起限制作用，但它们仍然是报纸名、刊物名，所以还是应该用书名号来标示。从实际用例来看，加书名号的比不加书名号的更容易理解，所以加书名号有利而无弊。至于不加书名号者，意义较含混，甚至容易引起误解。如“中国出版杂志社”，究竟是“《中国出版》杂志社”呢，还是“中国《出版》杂志社”？“文史杂志社”，究竟是指“《文史》杂志社”呢，还是指“《文史杂志》社”？所以，凡是原来应该加书名号的词语，不论其进入什么结构中充当什么成分，原则上还是应该保留书名号。只有在它进入其他结构后其本身结构及涵义有了变化，其书名号才应该去掉，如：《江苏教育报》→江苏教育报刊社。这是因为它进入新的结构后“报”与“刊”结合在一起了（如果保留原来的书名号，则“刊社”就不成文了），而且其涵义也有了变化（非指《江苏教育报》社，而指《成才导报》《江苏教育》《师范教育》《初中生世界》《小学生教育报》《早期教育》等编辑部组成的报刊集团），所以才不应该保留书名号。至于“《学术月刊》社”之类，其中的“刊”仍与“月”结合而不与“社”结合，所以还是应该保留书名号，以表示“学术月刊”是杂志名，而“《学术月刊》社”才是杂志社之名，所以“学术月刊社”之类不用书名号是不得当的。当然，如果报刊名用了特殊的字体——特别是特定的由某人题写的报刊名，则一般不再用书名号。

（6）非作品名称不可用书名号。除了《用法》A.13.1 所列举的误例之外，下列书名号应删去或改为引号：《××× 独唱音乐会》《春节文艺晚会》（音乐会、文艺晚会等是一种连演、汇演形式，它们只是“会”，与戏剧、曲艺名不能一视同仁，不能看作剧目而加书名号），《迎五一歌咏大赛》（此比赛也是一种会演，非剧名），《夜光杯》专栏、《星光大道》节目（报纸专栏、电视节目只是一种文章与节目内容的分类，不能与文章名、电视剧名混为一谈，只有其中的文章名、剧作名、歌曲名等才应该用书名号，所以《用法》4.15.3.2 示例 6、示例 7 的书名号使用实是错误的），《书法篆刻展》（展览也是一种“会”，不能与书法篆刻作品的名称混为一谈），《MBA 考前辅导班》（培训班、辅导班之类不能与教材名等混为一谈）。

（7）“题为……”“以……为题”的结构中不应该用书名号。

《用法》B.1.8 认为：“题为……”“以……为题”中的“题”，如果是诗文、图书、报告或其他作品可作为篇名、书名看待时，可用书名号。这种主张并不得当，因为书名号的功能是标示作品的名称（见《用法》4.15.1）而不是标示“题目”。书名、篇名等之所以用书名号标示，是因为它们是作品。“题”只是个题目而已，根本不能当作作品看待。所以，《用法》B.1.8 示例 1 是个误用书名号的例子，正确的写法应该是：

155）有篇题为“柳宗元的诗”的文章，全文才 2000 字，引文不实却达 11 处之多。

当然，如果要用书名号也可以，那就应该删去“题为”而使它成为作品名，即：

156）有篇《柳宗元的诗》的文章，全文才 2000 字，引文不实却达 11 处之多。

（8）书名在原书的封面、书脊、扉页、版权页上不用书名号，在书目上也不用书名号。文章篇名在原文及目录上也不用书名号。

（9）称说书中篇名应该加书名号，如上述的《劝学》《修身》之类，但称说书中不成篇的部分时，则不应该加书名号而应该加引号或不用标号，如：《国家通用语言文字法》的“总则”共有八条；根据《汉字部件规范》中的说明；《老子》第三十八章（但可以标为《老子·第三十八章》）。称说报刊中不成篇的内容时也应该这样处理，如：《解放日报》的“编者按”；《京华时报》的广告。

（10）单书名号“〈 〉”不能误为数学符号“＜”（小于）和“＞”（大于）。

（三十七）专名号用法的补充说明（参见《用法》4.16）

（1）古籍中标示人名要加专名号，专指某人的谥号、尊称也要标专名号，如：<u>汉武帝</u>，<u>荀卿</u>。但是，集合名词不标，如：竹林七贤，前七子。

（2）民族名要加专名号，但泛指性的“胡”“蕃”“南蛮”“东夷”之类则不标专名号。

（3）地名要加专名号，但只标其中的专名，其通名部分不标，如：<u>江苏</u>省<u>太仓</u>市<u>茜泾</u>镇，<u>喜马拉雅</u>山。如果其通名部分已经凝固为专名的一部分，则应该连标，如：<u>沙市</u>（今<u>荆州</u>市），<u>景德镇</u>，<u>泰山</u>，<u>长江</u>，<u>淮河</u>，<u>太平洋</u>。至于集合名词，则不标专名号，如：五岳，九州，四海。

（4）朝代名要加专名号，但“朝”“代”等字不加，如“秦朝”“汉代”。不过，如果是集合名词，则要加专名号，如“三代”“两汉”“六朝”。

（5）宗教名要加专名号，但神名、星名可以不加专名号。

（6）专有名词相连时，其专名号不能相连而要断开，如：江苏 太仓。

（三十八）分隔号用法的补充说明（参见《用法》4.17.3 和 A.14）

（1）除了《用法》所列的用法，分隔号还可用于以下场合：

①用来分隔字典、词典中的例词、例句。这时除最后用句号外，用分隔号的地方不再用其他点号。例如：

157）打：～交道/～官司。

158）进来：烟冲～了/他从街上跑～。

②用来分隔连写的标题与标题、连写的标题与作者、连写的作者与作者（非共同作者）、连写的作者与作者身份。例如：

159）少食“彩色食物”/莫名其妙的小儿腹痛/疖痈不能随意挤压/警惕儿童糖尿病

160）谁执“左券”/张觉

161）学习宣传贯彻实施《国家通用语言文字法》………许嘉璐/王湛

162）周斌武/复旦大学教授

③用来分隔分子与分母。例如：

163）1/4（四分之一）

164）20 公里/小时（每小时 20 公里）

④用来表示用汉语拼音字母拼写时应分写的词语。例如：

165）欧阳/文　　太行/山

（2）《用法》4.17.3.3 的分隔号所分隔的是供任选其一的人、事、物。又如：

166）你可进入初/中级班学习。

167）有事可打总台电话 2201/2202。

例 166 表示“可进入初级班或进入中级班”。如果用顿号则表示并列，“可进入初、中级班”的意思是“可同时进入初级班与中级班”。

（3）《用法》4.17.3.4 的分隔号所分隔的应该是相对的人、事、物，其示例 1 是表示 13 次车与 14 次车对开。又如：

168）参赛的选手经抽签分为如下几组：王汝南八段/陈慧芳五段、刘小光九段/芮乃伟九段、常昊九段/张璇八段、曹大元九段/杨晖八段。

169）-2℃/8℃

例168表示王与陈对弈，刘与芮对弈，如此等等；如果是同一阵营的并列的双打选手之间，则应该用顿号而不应该用分隔号，如“混双奥运会冠军张军、高崚”不能写作“张军/高崚”,“男双选手张军、张尉”不能写作“张军/张尉”（报纸上常出现这类错误）。例169表示最低温度为零下2摄氏度，最高温度为8摄氏度；如果要表示冰箱等冷冻温度在零下10摄氏度与零下18摄氏度之间，则应该用表示起止的浪纹线连接号，写作“－10～－18℃”，而不能用分隔号。

由此可见，《用法》4.17.3.4所谓“分隔组成一对的两项，表示‘和’”的说法是不准确的，应加修正，因为国家标准的用语应该准确而无歧义，而“组成一对的两项”有歧义：它究竟是指“相对的两项”呢，还是“成双的两项”？至于其示例2把报纸上常见的错误用法当作规范用法，也应该修正，因为如果按照这种用法，分隔号就成了取代顿号的标号，“相对的两项”和“成双的两项”就会被分隔号的介入而搞得混淆不清了。分隔号的功能应该是分隔，即分隔相对的两项，而不应该分隔并列的两项。并列词语之间应该用顿号才正确（参见《用法》4.5.3.1）。因此，如果着眼于其内涵，这种用法的分隔号并不表示“和”，而应该表示“对”，其示例1的内涵应该是“13次特别快车对14次特别快车”，而不是“13次特别快车和14次特别快车”。

（4）应该用其他标点符号的地方，不可任意用分隔号代替。除了上述同阵选手之间不应该用分隔号而应该用顿号之外，“室温估计在34～39℃”不能写成“室温估计在34℃/39℃”，日期“2001-05-18”不能写作“2001/05/18”。又如：例161的含义是许嘉璐、王湛各有一篇关于学习宣传贯彻实施《国家通用语言文字法》的文章。如果是两个作者同写一篇文章，就不能把他们当作“组成一对的两项”而使用分隔号将他们隔开，规范的标示法是在其间空一格。如：

170）华语在泰国 ………………………………………… 黄艳梅　华玉明

（5）《用法》4.17.3.5的示例内容并不符合我国的实际情况，我国现在实际的行政区划应该是：省、自治区、直辖市、特别行政区/地级市、自治州、盟、地区（如大兴安岭地区、日喀则地区）、省辖县级市或省辖县级区（如济源市、仙桃市、神农架林区）/县、县级市、自治县、旗、区/乡、民族乡、镇、街道。

（6）根据《用法》A.14的规定，用分隔号的地方一般不再用点号。不过，需要时也可以使用问号或叹号表示疑问或惊叹，如：

171）你可以打他们公司的电话65567786？/65432122。

172）根据天气预报，明天的气温为 -22℃！/-8℃。

（三十九）句号用法补充规则的补充说明（参见《用法》A.1）

（1）根据《用法》A.1 的规定，图或表的说明文字的末尾不用句号。这种规定过于绝对，应该加以完善。如其示例 2 中的“经过治理，本市市容市貌焕然一新。这是某区街道一景”等文字，如果位于图片上方或图片左侧，其末尾不应该再加句号；如果位于图片下方或图片右侧，其末尾应该加句号，以表示此文到此结束，不用句号是不得当的。当然，如果此句改为“这是本市某区街道一景，由此可以看出，本市经过治理，市容市貌已焕然一新”，则不论位于图片的什么方位，其末尾都应该加句号，因为其最后的“市容市貌已焕然一新”不但是一个应该煞尾的句子，而且已经不是针对性的说明文字了。

（2）文末的署名以及记录的时间、地点等不用句号，但应该分行，请参见本书前言、后记的格式。

（3）标题独占一行时不用句号，如本节的标题以及“一”“二”和“（一）”“（二）”等层次的标题。但是，每段开头相当于小标题的词语，其后应该根据具体情况使用句号或冒号，请参见本书绪论第一节中的格式。

（4）试题或调查问卷的各个选项，如果题干中已经使用了标点符号，则不再使用标点符号，其末尾也不用句号，如本书第三章第二节第二部分“虚词的正确使用”的例 12。但是，如果题干中没有使用与选项相关的标点符号，则其标点符号的使用按照常规处理，如果是完整的句子，句末应该使用句号或其他句末点号，如第三章第二节第二部分“虚词的正确使用”中的例 1 以及下面的例 173；如果可以视为主谓结构的短语，则可以不用句号，如例 174；如果是一般词语或词组，则不用句号，如例 175。

173）下列句子中表达语气最强的一句是：

A. 今天天气一定很好。

B. 今天天气不坏。

C. 今天天气不会不好。

D. 今天天气怎么会不好？

174）下面对汉语拼音字母的说明完全正确的一项是：

A. k 是舌根不送气塞音

B. r 是舌尖后浊擦音

C. d 是舌尖中不送气浊塞音

D. c 是舌尖前送气清擦音

175）下面各词语中用字都规范的一组是：

A. 昏慵无道　歌声激越　跻身名流　语带讥讽

B. 土地贫瘠　急待解决　即使如此　孤单寂寥

C. 既然如此　嘉宾满座　家具商店　精神枷锁

D. 步伐矫健　交械投降　缴获赃款　大声叫卖

（四十）公文标题中的标点符号（参见《用法》B.4）

在公文标题中，一般不用标点符号。如并列的发文机关之间不用顿号而只在其中空一个字：

国家质检总局办公厅　国家标准委办公室

关于发布实施《党政机关公文格式》国家标准有关事宜的函

但是，有时也会使用书名号、顿号、引号、括号、破折号，这主要有以下几种情况：

（1）法律、法规、规章名称全称应加书名号（如上例）。

（2）如果在事由部分出现多个机关、人名等并列时，每个机关名称、人名之间应该用顿号分开，不使用空格。

（3）有引文、注释等内容时要加引号、括号或破折号。

【附录2-6-1】

中华人民共和国国家标准

GB/T 15834—2011

代替GB/T 15834—1995

标点符号用法

General rules for punctuation

2011-12-30 发布　　　　2012-06-01 实施

中华人民共和国国家质量监督检验检疫总局
中国国家标准化管理委员会　发布

前　言

本标准按照 GB/T 1.1—2009 给出的规则起草。

本标准代替 GB/T 15834—1995，与 GB/T 15834—1995 相比，主要变化如下：

——根据我国国家标准编写规则（GB/T 1.1—2009），对本标准的编排和表述做了全面修改；
——更换了大部分示例，使之更简短、通俗、规范；
——增加了对术语“标点符号”和“语段”的定义（2.1/2.5）；
——对术语“复句”和“分句”的定义做了修改（2.3/2.4）；
——对句末点号（句号、问号、叹号）的定义做了修改，更强调句末点号与句子语气之间的关系（4.1.1/4.2.1/4.3.1）；
——对逗号的基本用法做了补充（4.4.3）；
——增加了不同形式括号用法的示例（4.9.3）；
——省略号的形式统一为六连点“……”，但在特定情况下允许连用（4.11）；
——取消了连接号中原有的二字线，将连接号形式规范为短横线“-”、一字线“—”和浪纹线“～”，并对三者的功能做了归并与划分（4.13）；
——明确了书名号的使用范围（4.15/A.13）；
——增加了分隔号的用法说明（4.17）；
——“标点符号的位置”一章的标题改为“标点符号的位置和书写形式”，并增加了使用中文输入软件处理标点符号时的相关规范（第5章）；
——增加了“附录”：附录A为规范性附录，主要说明标点符号不能怎样使用和对标点符号用法加以补充说明，以解决目前使用混乱或争议较大的问题。附录B为资料性附录，对功能有交叉的标点符号的用法做了区分，并对标点符号误用高发环境下的规范用法做了说明。

本标准由教育部语言文字信息管理司提出并归口。

本标准主要起草单位：北京大学。

本标准主要起草人：沈阳、刘妍、于泳波、翁姗姗。

本标准所代替标准的历次版本发布情况为：

——GB/T 15834—1995。

标 点 符 号 用 法

1　范围

本标准规定了现代汉语标点符号的用法。

本标准适用于汉语的书面语（包括汉语和外语混合排版时的汉语部分）。

2 术语和定义

下列术语和定义适用于本文件。

2.1 标点符号 punctuation

辅助文字记录语言的符号，是书面语的有机组成部分，用来表示语句的停顿、语气以及标示某些成分（主要是词语）的特定性质和作用。

注：数学符号、货币符号、校勘符号、辞书符号、注音符号等特殊领域的专门符号不属于标点符号。

2.2 句子 sentence

前后都有较大停顿、带有一定的语气和语调、表达相对完整意义的语言单位。

2.3 复句 complex sentence

由两个或多个在意义上有密切关系的分句组成的语言单位，包括简单复句（内部只有一层语义关系）和多重复句（内部包含多层语义关系）。

2.4 分句 clause

复句内两个或多个前后有停顿、表达相对完整意义、不带有句末语气和语调、有的前面可添加关联词语的语言单位。

2.5 语段 expression

指语言片段，是对各种语言单位（如词、短语、句子、复句等）不做特别区分时的统称。

3 标点符号的种类

3.1 点号

点号的作用是点断，主要表示停顿和语气。分为句末点号和句内点号。

3.1.1 句末点号

用于句末的点号，表示句末停顿和句子的语气。包括句号、问号、叹号。

3.1.2 句内点号

用于句内的点号，表示句内各种不同性质的停顿。包括逗号、顿号、分号、冒号。

3.2 标号

标号的作用是标明，主要标示某些成分（主要是词语）的特定性质和作用。包括引号、括号、破折号、省略号、着重号、连接号、间隔号、书名号、专名号、分隔号。

4 标点符号的定义、形式和用法

4.1 句号

4.1.1 定义

句末点号的一种，主要表示句子的陈述语气。

4.1.2 形式

句号的形式是“。”。

4.1.3 基本用法

4.1.3.1 用于句子末尾，表示陈述语气。使用句号主要根据语段前后有较大停顿、带有陈述语气和语调，并不取决于句子的长短。

示例1：北京是中华人民共和国的首都。

示例2：（甲：咱们走着去吧？）乙：好。

4.1.3.2 有时也可表示较缓和的祈使语气和感叹语气。

示例1：请您稍等一下。

示例2：我不由地感到，这些普通劳动者也同样是很值得尊敬的。

4.2 问号

4.2.1 定义

句末点号的一种，主要表示句子的疑问语气。

4.2.2 形式

问号的形式是“？”。

4.2.3 基本用法

4.2.3.1 用于句子末尾，表示疑问语气（包括反问、设问等疑问类型）。使用问号主要根据语段前后有较大停顿、带有疑问语气和语调，并不取决于句子的长短。

示例1：你怎么还不回家去呢？

示例2：难道这些普通的战士不值得歌颂吗？

示例3：（一个外国人，不远万里来到中国，帮助中国的抗日战争。）这是什么精神？这是国际主义的精神。

4.2.3.2 选择问句中，通常只在最后一个选项的末尾用问号，各个选项之间一般用逗号隔开。当选项较短且选项之间几乎没有停顿时，选项之间可不用逗号。当选项较多或较长，或有意突出每个选项的独立性时，也可每个选项之后都用问号。

示例 1：诗中记述的这场战争究竟是真实的历史描述，还是诗人的虚构？

示例 2：这是巧合还是有意安排？

示例 3：要一个什么样的结尾：现实主义的？传统的？大团圆的？荒诞的？民族形式的？有象征意义的？

示例 4：（他看着我的作品称赞了我。）但到底是称赞我什么：是有几处画得好？还是什么都敢画？抑或只是一种对于失败者的无可奈何的安慰？我不得而知。

示例 5：这一切都是由客观的条件造成的？还是由行为的惯性造成的？

4.2.3.3　在多个问句连用或表达疑问语气加重时，可叠用问号。通常应先单用，再叠用，最多叠用三个问号。在没有异常强烈的情感表达需要时不宜叠用问号。

示例：这就是你的做法吗？你这个总经理是怎么当的??你怎么竟敢这样欺骗消费者???

4.2.3.4　问号也有标号的用法，即用于句内，表示存疑或不详。

示例 1：马致远（1250？—1321），大都人，元代戏曲家、散曲家。

示例 2：钟嵘（？—518），颍川长社人，南朝梁代文学批评家。

示例 3：出现这样的文字错误，说明作者（编者？校者？）很不认真。

4.3　叹号

4.3.1　定义

句末点号的一种，主要表示句子的感叹语气。

4.3.2　形式

叹号的形式是“！”。

4.3.3　基本用法

4.3.3.1　用于句子末尾，主要表示感叹语气，有时也可表示强烈的祈使语气、反问语气等。使用叹号主要根据语段前后有较大停顿、带有感叹语气和语调或带有强烈的祈使、反问语气和语调，并不取决于句子的长短。

示例 1：才一年不见，这孩子都长这么高啦！

示例 2：你给我住嘴！

示例 3：谁知道他今天是怎么搞的！

4.3.3.2　用于拟声词后，表示声音短促或突然。

示例 1：咔嚓！一道闪电划破了夜空。

示例 2：咚！咚咚！突然传来一阵急促的敲门声。

4.3.3.3　表示声音巨大或声音不断加大时，可叠用叹号；表达强烈语气时，也可叠用叹号，最多叠用三个叹号。在没有异常强烈的情感表达需要时不宜叠用叹号。

示例1：轰!! 在这天崩地塌的声音中，女娲猛然醒来。

示例2：我要揭露！我要控诉!! 我要以死抗争!!!

4.3.3.4　当句子包含疑问、感叹两种语气且都比较强烈时（如带有强烈感情的反问句和带有惊愕语气的疑问句），可在问号后再加叹号（问号、叹号各一）。

示例1：这么点困难就能把我们吓倒吗?!

示例2：他连这些最起码的常识都不懂，还敢说自己是高科技人材?!

4.4　逗号

4.4.1　定义

句内点号的一种，表示句子或语段内部的一般性停顿。

4.4.2　形式

逗号的形式是“，”。

4.4.3　基本用法

4.4.3.1　复句内各分句之间的停顿，除了有时用分号（见4.6.3.1），一般都用逗号。

示例1：不是人们的意识决定人们的存在，而是人们的社会存在决定人们的意识。

示例2：学历史使人更明智，学文学使人更聪慧，学数学使人更精细，学考古使人更深沉。

示例3：要是不相信我们的理论能反映现实，要是不相信我们的世界有内在和谐，那就不可能有科学。

4.4.3.2　用于下列各种语法位置：

a）较长的主语之后。

示例1：苏州园林建筑各种门窗的精美设计和雕镂功夫，都令人叹为观止。

b）句首的状语之后。

示例2：在苍茫的大海上，狂风卷集着乌云。

c）较长的宾语之前。

示例3：有的考古工作者认为，南方古猿生存于上新世至更新世的初期和中期。

d）带句内语气词的主语（或其他成分）之后，或带句内语气词的并列成分之间。

示例4：他呢，倒是很乐意地、全神贯注地干起来了。

示例5：（那是个没有月亮的夜晚。）可是整个村子——白房顶啦，白树木啦，雪堆啦，全看得见。

e）较长的主语中间、谓语中间或宾语中间。

示例 6：母亲沉痛的诉说，以及亲眼见到的事实，都启发了我幼年时期追求真理的思想。

示例 7：那姑娘头戴一顶草帽，身穿一条绿色的裙子，腰间还系着一根橙色的腰带。

示例 8：必须懂得，对于文化传统，既不能不分青红皂白统统抛弃，也不能不管精华糟粕全盘继承。

f）前置的谓语之后或后置的状语、定语之前。

示例 9：真美啊，这条蜿蜒的林间小路。

示例 10：她吃力地站了起来，慢慢地。

示例 11：我只是一个人，孤孤单单的。

4.4.3.3 用于下列各种停顿处：

a）复指成分或插说成分前后。

示例 1：老张，就是原来的办公室主任，上星期已经调走了。

示例 2：车，不用说，当然是头等。

b）语气缓和的感叹语、称谓语或呼唤语之后。

示例 3：哎哟，这儿，快给我揉揉。

示例 4：大娘，您到哪儿去啊？

示例 5：喂，你是哪个单位的？

c）某些序次语（“第”字头、“其”字头及“首先”类序次语）之后。

示例 6：为什么许多人都有长不大的感觉呢？原因有三：第一，父母总认为自己比孩子成熟；第二，父母总要以自己的标准来衡量孩子；第三，父母出于爱心而总不想让孩子在成长的过程中走弯路。

示例 7：《玄秘塔碑》所以成为书法的范本，不外乎以下几方面的因素：其一，具有楷书点画、构体的典范性；其二，承上启下，成为唐楷的极致；其三，字如其人，爱人及字，柳公权高尚的书品、人品为后人所崇仰。

示例 8：下面从三个方面讲讲语言的污染问题：首先，是特殊语言环境中的语言污染问题；其次，是滥用缩略语引起的语言污染问题；最后，是空话和废话引起的语言污染问题。

4.5 顿号

4.5.1 定义

句内点号的一种，表示语段中并列词语之间或某些序次语之后的停顿。

4.5.2 形式

顿号的形式是“、”。

4.5.3　基本用法

4.5.3.1　用于并列词语之间。

示例1：这里有自由、民主、平等、开放的风气和氛围。

示例2：造型科学、技艺精湛、气韵生动，是盛唐石雕的特色。

4.5.3.2　用于需要停顿的重复词语之间。

示例：他几次三番、几次三番地辩解着。

4.5.3.3　用于某些序次语（不带括号的汉字数字或“天干地支”类序次语）之后。

示例1：我准备讲两个问题：一、逻辑学是什么？二、怎样学好逻辑学？

示例2：风格的具体内容主要有以下四点：甲、题材；乙、用字；丙、表达；丁、色彩。

4.5.3.4　相邻或相近两数字连用表示概数通常不用顿号。若相邻两数字连用为缩略形式，宜用顿号。

示例1：飞机在6000米高空水平飞行时，只能看到两侧八九公里和前方一二十公里范围内的地面。

示例2：这种凶猛的动物常常三五成群地外出觅食和活动。

示例3：农业是国民经济的基础，也是二、三产业的基础。

4.5.3.5　标有引号的并列成分之间、标有书名号的并列成分之间通常不用顿号。若有其他成分插在并列的引号之间或并列的书名号之间（如引语或书名号之后还有括注），宜用顿号。

示例1：“日”“月”构成“明”字。

示例2：店里挂着“顾客就是上帝”“质量就是生命”等横幅。

示例3：《红楼梦》《三国演义》《西游记》《水浒传》，是我国长篇小说的四大名著。

示例4：李白的“白发三千丈”（《秋浦歌》）、“朝如青丝暮成雪”（《将进酒》）都是脍炙人口的诗句。

示例5：办公室里订有《人民日报》（海外版）、《光明日报》和《时代周刊》等报刊。

4.6　分号

4.6.1　定义

句内点号的一种，表示复句内部并列关系分句之间的停顿，以及非并列关系的多重复句中第一层分句之间的停顿。

4.6.2　形式

分号的形式是“；”。

4.6.3　基本用法

4.6.3.1　表示复句内部并列关系的分句（尤其当分句内部还有逗号时）之间

的停顿。

示例1：语言文字的学习，就理解方面说，是得到一种知识；就运用方面说，是养成一种习惯。

示例2：内容有分量，尽管文章短小，也是有分量的；内容没有分量，即使写得再长也没有用。

4.6.3.2 表示非并列关系的多重复句中第一层分句（主要是选择、转折等关系）之间的停顿。

示例1：人还没看见，已经先听见歌声了；或者人已经转过山头望不见了，歌声还余音袅袅。

示例2：尽管人民革命的力量在开始时总是弱小的，所以总是受压的；但是由于革命的力量代表历史发展的方向，因此本质上又是不可战胜的。

示例3：不管一个人如何伟大，也总是生活在一定的环境和条件下；因此，个人的见解总难免带有某种局限性。

示例4：昨天夜里下了一场雨，以为可以凉快些；谁知没有凉快下来，反而更热了。

4.6.3.3 用于分项列举的各项之间。

示例：特聘教授的岗位职责为：一、讲授本学科的主干基础课程；二、主持本学科的重大科研项目；三、领导本学科的学术队伍建设；四、带领本学科赶超或保持世界先进水平。

4.7 冒号

4.7.1 定义

句内点号的一种，表示语段中提示下文或总结上文的停顿。

4.7.2 形式

冒号的形式是“：”。

4.7.3 基本用法

4.7.3.1 用于总说性或提示性词语（如“说”“例如”“证明”等）之后，表示提示下文。

示例1：北京紫禁城有四座城门：午门、神武门、东华门和西华门。

示例2：她高兴地说：“咱们去好好庆祝一下吧！”

示例3：小王笑着点了点头：“我就是这么想的。”

示例4：这一事实证明：人能创造环境，环境同样也能创造人。

4.7.3.2 表示总结上文。

示例：张华上了大学，李萍进了技校，我当了工人：我们都有美好的前途。

4.7.3.3 用在需要说明的词语之后，表示注释和说明。

示例1：（本市将举办首届大型书市。）主办单位：市文化局；承办单位：市图书进出口公司；时间：8月15—20日；地点：市体育馆观众休息厅。

示例2：（做阅读理解题有两个办法。）办法之一：先读题干，再读原文，带着问题有针对性地读课文。办法之二：直接读原文，读完再做题，减少先入为主的干扰。

4.7.3.4 用于书信、讲话稿中称谓语或称呼语之后。

示例1：广平先生：……

示例2：同志们、朋友们：……

4.7.3.5 一个句子内部一般不应套用冒号。在列举式或条文式表述中，如不得不套用冒号时，宜另起段落来显示各个层次。

示例：第十条 遗产按照下列顺序继承：

第一顺序：配偶、子女、父母。

第二顺序：兄弟姐妹、祖父母、外祖父母。

4.8 引号

4.8.1 定义

标号的一种，标示语段中直接引用的内容或需要特别指出的成分。

4.8.2 形式

引号的形式有双引号"“ ”"和单引号"‘ ’"两种。左侧的为前引号，右侧的为后引号。

4.8.3 基本用法

4.8.3.1 标示语段中直接引用的内容。

示例：李白诗中就有“白发三千丈”这样极尽夸张的语句。

4.8.3.2 标示需要着重论述或强调的内容。

示例：这里所谓的“文”，并不是指文字，而是指文采。

4.8.3.3 标示语段中具有特殊含义而需要特别指出的成分，如别称、简称、反语等。

示例1：电视被称作“第九艺术”。

示例2：人类学上常把古人化石统称为尼安德特人，简称“尼人”。

示例3：有几个“慈祥”的老板把捡来的菜叶用盐浸浸就算作工友的菜肴。

4.8.3.4 当引号中还需要使用引号时，外面一层用双引号，里面一层用单引号。

示例：他问：“老师，‘七月流火’是什么意思？”

4.8.3.5　独立成段的引文如果只有一段，段首和段尾都用引号；不止一段时，每段开头仅用前引号，只在最后一段末尾用后引号。

示例：我曾在报纸上看到有人这样谈幸福：

“幸福是知道自己喜欢什么和不喜欢什么。……

“幸福是知道自己擅长什么和不擅长什么。……

“幸福是在正确的时间做了正确的选择。……”

4.8.3.6　在书写带月、日的事件、节日或其他特定意义的短语（含简称）时，通常只标引其中的月和日；需要突出和强调该事件或节日本身时，也可连同事件或节日一起标引。

示例1：“5·12”汶川大地震

示例2：“五四”以来的话剧，是我国戏剧中的新形式。

示例3：纪念“五四运动”90周年

4.9　括号

4.9.1　定义

标号的一种，标示语段中的注释内容、补充说明或其他特定意义的语句。

4.9.2　形式

括号的主要形式是圆括号“（　）”，其他形式还有方括号“［　］”、六角括号“〔　〕”和方头括号“【　】”等。

4.9.3　基本用法

4.9.3.1　标示下列各种情况，均用圆括号：

a）标示注释内容或补充说明。

示例1：我校拥有特级教师（含已退休的）17人。

示例2：我们不但善于破坏一个旧世界，我们还将善于建设一个新世界！（热烈鼓掌）

b）标示订正或补加的文字。

示例3：信纸上用稚嫩的字体写着：“阿夷（姨），你好！”①

示例4：该建筑公司负责的建设工程全部达到优良工程（的标准）。

c）标示序次语。

示例5：语言有三个要素：（1）声音；（2）结构；（3）意义。

示例6：思想有三个条件：（一）事理；（二）心理；（三）伦理。

d）标示引语的出处。

① 此处原标准还有一个句号，今删。——张觉

示例7：他说得好："未画之前，不立一格；既画之后，不留一格。"（《板桥集·题画》）

e）标示汉语拼音注音。

示例8："的（de）"这个字在现代汉语中最常用。

4.9.3.2　标示作者国籍或所属朝代时，可用方括号或六角括号。

示例1：[英]赫胥黎《进化论与伦理学》

示例2：〔唐〕杜甫著

4.9.3.3 报刊标示电讯、报道的开头，可用方头括号。

示例：【新华社南京消息】

4.9.3.4 标示公文发文字号中的发文年份时，可用六角括号。

示例：国发〔2011〕3号文件

4.9.3.5　标示被注释的词语时，可用六角括号或方头括号。

示例1：〔奇观〕奇伟的景象。

示例2：【爱因斯坦】物理学家。生于德国，1933年因受纳粹政权迫害，移居美国。

4.9.3.6　除科技书刊中的数学、逻辑公式外，所有括号（特别是同一形式的括号）应尽量避免套用。必须套用括号时，宜采用不同的括号形式配合使用。

示例：〔茸（róng）毛〕很细很细的毛。

4.10　破折号

4.10.1　定义

标号的一种，标示语段中某些成分的注释、补充说明或语音、意义的变化。

4.10.2　形式

破折号的形式是"——"。

4.10.3　基本用法

4.10.3.1　标示注释内容或补充说明（也可用括号，见4.9.3.1；二者的区别另见B.1.7）。

示例1：一个矮小而结实的日本中年人——内山老板走了过来。

示例2：我一直坚持读书，想借此唤起弟妹对生活的希望——无论环境多么困难。

4.10.3.2　标示插入语（也可用逗号，见4.4.3.3）。

示例：这简直就是——说得不客气点——无耻的勾当！

4.10.3.3　标示总结上文或提示下文（也可用冒号，见4.7.3.1、4.7.3.2）。

示例1：坚强，纯洁，严于律己[①]，客观公正——这一切都难得地集中在一个人身上。

示例2：画家开始娓娓道来——

① 己：原标准作"已"，今改。——张觉

数年前的一个寒冬，……

4.10.3.4 标示话题的转换。

示例："好香的干菜，——听到风声了吗？"赵七爷低声说道。

4.10.3.5 标示声音的延长。

示例："嘎——"传过来一声水禽被惊动的鸣叫。

4.10.3.6 标示话语的中断或间隔。

示例1："班长他牺——"小马话没说完就大哭起来。

示例2："亲爱的妈妈，你不知道我多爱您。——还有你，我的孩子！"

4.10.3.7 标示引出对话。

示例：——你长大后想成为科学家吗？

——当然想了！

4.10.3.8 标示事项列举分承。

示例：根据研究对象的不同，环境物理学分为以下五个分支学科：

——环境声学；

——环境光学；

——环境热学；

——环境电磁学；

——环境空气动力学。

4.10.3.9 用于副标题之前。

示例：飞向太平洋

——我国新型号运载火箭发射目击记

4.10.3.10 用于引文、注文后，标示作者、出处或注释者。

示例1：先天下之忧而忧，后天下之乐而乐。

——范仲淹

示例2：乐浪海中有倭人，分为百余国。

——《汉书》

示例3：很多人写好信后把信笺折成方胜形，我看大可不必。（方胜，指古代妇女戴的方形首饰，用彩绸等制作，由两个斜方部分叠合而成。——编者注）

4.11 省略号

4.11.1 定义

标号的一种，标示语段中某些内容的省略及意义的断续等。

4.11.2 形式

省略号的形式是“……”。

4.11.3 基本用法

4.11.3.1 标示引文的省略。

示例：我们齐声朗诵起来：“……俱往矣，数风流人物，还看今朝。”

4.11.3.2 标示列举或重复词语的省略。

示例 1：对政治的敏感，对生活的敏感，对性格的敏感，……这都是作家必须要有的素质。

示例 2：他气得连声说：“好，好……算我没说。”

4.11.3.3 标示语意未尽。

示例 1：在人迹罕至的深山密林里，假如突然看见一缕炊烟，……

示例 2：你这样干，未免太……！

4.11.3.4 标示说话时断断续续。

示例：她磕磕巴巴地说：“可是……太太……我不知道……你一定是认错了。”

4.11.3.5 标示对话中的沉默不语。

示例：“还没结婚吧？”

“……”他飞红了脸，更加忸怩起来。

4.11.3.6 标示特定的成分虚缺。

示例：只要……就……

4.11.3.7 在标示诗行、段落的省略时，可连用两个省略号（即相当于十二连点）。

示例 1：从隔壁房间传来缓缓而抑扬顿挫的吟咏声——

床前明月光，疑是地上霜。

…………

示例 2：该刊根据工作质量、上稿数量、参与程度等方面的表现，评选出了高校十佳记者站。还根据发稿数量、提供新闻线索情况以及对刊物的关注度等，评选出了十佳通讯员。

…………

4.12 着重号

4.12.1 定义

标号的一种，标示语段中某些重要的或需要指明的文字。

4.12.2 形式

着重号的形式是“ . ”，① 标注在相应文字的下方。

---

① 此处原标准无逗号，今补。——张觉

4.12.3 基本用法

4.12.3.1 标示语段中重要的文字。

示例1：诗人需要表现，而不是证明。

示例2：下面对本文的理解，不正确的一项是：……

4.12.3.2 标示语段中需要指明的文字。

示例：下边加点的字，除了在词中的读法外，还有哪些读法？

着急　子弹　强调

4.13 连接号

4.13.1 定义

标号的一种，标示某些相关联成分之间的连接。

4.13.2 形式

连接号的形式有短横线“-”、一字线“—”和浪纹线“～”三种。

4.13.3 基本用法

4.13.3.1 标示下列各种情况，均用短横线：

a）化合物的名称或表格、插图的编号。

示例1：3-戊酮为无色液体，对眼及皮肤有强烈刺激性。

示例2：参见下页表2-8、表2-9。

b）连接号码，包括门牌号码、电话号码，以及用阿拉伯数字表示年月日等。

示例3：安宁里东路26号院3-2-11室

示例4：联系电话：010-88842603

示例5：2011-02-15

c）在复合名词中起连接作用。

示例6：吐鲁番-哈密盆地

d）某些产品的名称和型号。

示例7：WZ-10直升机具有复杂天气和夜间作战的能力。

e）汉语拼音、外来语内部的分合。

示例8：shuōshuō-xiàoxiào（说说笑笑）

示例9：盎格鲁-撒克逊人

示例10：让-雅克·卢梭（“让-雅克”为双名）

示例11：皮埃尔·孟戴斯-弗朗斯（“孟戴斯-弗朗斯”为复姓）

4.13.3.2 标示下列各种情况，一般用一字线，有时也可用浪纹线：

a）标示相关项目（如时间、地域等）的起止。

示例1：沈括（1031—1095），宋朝人。

示例2：2011年2月3日—10日

示例3：北京—上海特别旅客快车

b）标示数值范围（由阿拉伯数字或汉字数字构成）的起止。

示例4：25～30g

示例5：第五～八课

4.14　间隔号

4.14.1　定义

标号的一种，标示某些相关联成分之间的分界。

4.14.2　形式

间隔号的形式是“·”。

4.14.3　基本用法

4.14.3.1　标示外国人名或少数民族人名内部的分界。

示例1：克里丝蒂娜·罗塞蒂

示例2：阿依古丽·买买提

4.14.3.2　标示书名与篇（章、卷）名之间的分界。

示例：《淮南子·本经训》

4.14.3.3　标示词牌、曲牌、诗体名等和题名之间的分界。

示例1：《沁园春·雪》

示例2：《天净沙·秋思》

示例3：《七律·冬云》

4.14.3.4　用在构成标题或栏目名称的并列词语之间。

示例：《天·地·人》

4.14.3.5　以月、日为标志的事件或节日，用汉字数字表示时，只在一、十一和十二月后用间隔号；当直接用阿拉伯数字表示时，月、日之间均用间隔号（半角字符）。

示例1：“九一八”事变　“五四”运动

示例2：“一·二八”事变　“一二·九”运动

示例3：“3·15”消费者权益日　“9·11”恐怖袭击事件

4.15　书名号

4.15.1　定义

标号的一种，标示语段中出现的各种作品的名称。

4.15.2 形式

书名号的形式有双书名号“《 》”和单书名号“〈 〉”两种。

4.15.3 基本用法

4.15.3.1 标示书名、卷名、篇名、刊物名、报纸名、文件名等。

示例1：《红楼梦》（书名）

示例2：《史记·项羽本纪》（卷名）[①]

示例3：《论雷峰塔的倒掉》（篇名）

示例4：《每周关注》（刊物名）

示例5：《人民日报》（报纸名）

示例6：《全国农村工作会议纪要》（文件名）

4.15.3.2 标示电影、电视、音乐、诗歌、雕塑等各类用文字、声音、图像等表现的作品的名称。

示例1：《渔光曲》（电影名）

示例2：《追梦录》（电视剧名）

示例3：《勿忘我》（歌曲名）

示例4：《沁园春·雪》（诗词名）

示例5：《东方欲晓》（雕塑名）

示例6：《光与影》（电视节目名）

示例7：《社会广角镜》（栏目名）

示例8：《庄子研究文献数据库》（光盘名）

示例9：《植物生理学系列挂图》（图片名）

4.15.3.3 标示全中文或中文在名称中占主导地位的软件名。

示例：科研人员正在研制《电脑卫士》杀毒软件。

4.15.3.4 标示作品名的简称。

示例：我读了《念青唐古拉山脉纪行》一文（以下简称《念》），收获很大。

4.15.3.5 当书名号中还需要书名号时，里面一层用单书名号，外面一层用双书名号。

示例：《教育部关于提请审议〈高等教育自学考试试行办法〉的报告》

4.16 专名号

4.16.1 定义

标号的一种，标示古籍和某些文史类著作中出现的特定类专有名词。

---

① 纪：原标准作“记”，今改。——张觉

4.16.2 形式

专名号的形式是一条直线，标注在相应文字的下方。

4.16.3 基本用法

4.16.3.1 标示古籍、古籍引文或某些文史类著作中出现的专有名词，主要包括人名、地名、国名、民族名、朝代名、年号、宗教名、官署名、组织名等。

示例1：孙坚人马被刘表率军围得水泄不通。（人名）

示例2：于是聚集冀、青、幽、并四州兵马七十多万准备决一死战。（地名）

示例3：当时乌孙及西域各国都向汉派遣了使节。（国名、朝代名）

示例4：从咸宁二年到太康十年，匈奴、鲜卑、乌桓等族人徙居塞内。（年号、民族名）

4.16.3.2 现代汉语文本中的上述专有名词，以及古籍和现代文本中的单位名、官职名、事件名、会议名、书名等不应使用专名号。必须使用标号标示时，宜使用其他相应标号（如引号、书名号等）。

4.17 分隔号

4.17.1 定义

标号的一种，标示诗行、节拍及某些相关文字的分隔。

4.17.2 形式

分隔号的形式是“/”。

4.17.3 基本用法

4.17.3.1 诗歌接排时分隔诗行（也可使用逗号和分号，见4.4.3.1/4.6.3.1）。

示例：春眠不觉晓/处处闻啼鸟/夜来风雨声/花落知多少。

4.17.3.2 标示诗文中的音节节拍。

示例：横眉/冷对/千夫指，俯首/甘为/孺子牛。

4.17.3.3 分隔供选择或可转换的两项，表示“或”。

示例：动词短语中除了作为主体成分的述语动词之外，还包括述语动词所带的宾语和/或补语。

4.17.3.4 分隔组成一对的两项，表示“和”。

示例1：13/14次特别快车

示例2：羽毛球女双决赛中国组合杜婧/于洋两局完胜韩国名将李孝贞/李敬元。

4.17.3.5 分隔层级或类别。

示例：我国的行政区划分为：省（直辖市、自治区）/省辖市（地级市）/县（县级市、区、自治州）/乡（镇）/村（居委会）。

5 标点符号的位置和书写形式

5.1 横排文稿标点符号的位置和书写形式

5.1.1 句号、逗号、顿号、分号、冒号均置于相应文字之后，占一个字位置，居左下，不出现在一行之首。

5.1.2 问号、叹号均置于相应文字之后，占一个字位置，居左，不出现在一行之首。两个问号（或叹号）叠用时，占一个字位置；三个问号（或叹号）叠用时，占两个字位置；问号和叹号连用时，占一个字位置。

5.1.3 引号、括号、书名号中的两部分标在相应项目的两端，各占一个字位置。其中前一半不出现在一行之末，后一半不出现在一行之首。

5.1.4 破折号标在相应项目之间，占两个字位置，上下居中，不能中间断开分处上行之末和下行之首。

5.1.5 省略号占两个字位置，两个省略号连用时占四个字位置并须单独占一行。省略号不能中间断开分处上行之末和下行之首。

5.1.6 连接号中的短横线比汉字“一”略短，占半个字位置；一字线比汉字“一”略长，占一个字位置；浪纹线占一个字位置。连接号上下居中，不出现在一行之首。

5.1.7 间隔号标在需要隔开的项目之间，占半个字位置，上下居中，不出现在一行之首。

5.1.8 着重号和专名号标在相应文字的下边。

5.1.9 分隔号占半个字位置，不出现在一行之首或一行之末。

5.1.10 标点符号排在一行末尾时，若为全角字符则应占半角字符的宽度（即半个字位置），以使视觉效果更美观。

5.1.11 在实际编辑出版工作中，为排版美观、方便阅读等需要，或为避免某一小节最后一个汉字转行或出现在另外一页开头等情况（浪费版面及视觉效果差），可适当压缩标点符号所占用的空间。

5.2 竖排文稿标点符号的位置和书写形式

5.2.1 句号、问号、叹号、逗号、顿号、分号和冒号均置于相应文字之下偏右。

5.2.2 破折号、省略号、连接号、间隔号和分隔号置于相应文字之下居中，上下方向排列。

5.2.3 引号改用双引号“﹃”“﹄”和单引号“﹁”“﹂”，括号改用“︵”“︶”，标在相应项目的上下。

5.2.4　竖排文稿中使用浪线式书名号“﹏”，标在相应文字的左侧。

5.2.5　着重号标在相应文字的右侧，专名号标在相应文字的左侧。

5.2.6　横排文稿中关于某些标点不能居行首或行末的要求，同样适用于竖排文稿。

附　录　A

（规范性附录）

标点符号用法的补充规则

A.1　句号用法补充规则

图或表的短语式说明文字，中间可用逗号，但末尾不用句号。即使有时说明文字较长，前面的语段已出现句号，最后结尾处仍不用句号。

示例1：行进中的学生方队

示例2：经过治理，本市市容市貌焕然一新。这是某区街道一景

A.2　问号用法补充规则

使用问号应以句子表示疑问语气为依据，而并不根据句子中包含有疑问词。当含有疑问词的语段充当某种句子成分，而句子并不表示疑问语气时，句末不用问号。

示例1：他们的行为举止、审美趣味，甚至读什么书，坐什么车，都在媒体掌握之中。

示例2：谁也不见，什么也不吃，哪儿也不去。

示例3：我也不知道他究竟躲到什么地方去了。

A.3　逗号用法补充规则

用顿号表示较长、较多或较复杂的并列成分之间的停顿时，最后一个成分前可用“以及（及）”进行连接，“以及（及）”之前应用逗号。

示例：压力过大、工作时间过长、作息不规律，以及忽视营养均衡等，均会导致健康状况的下降。

A.4　顿号用法补充规则

A.4.1　表示含有顺序关系的并列各项间的停顿，用顿号，不用逗号。下例解释“对于”一词用法，“人”“事物”“行为”之间有顺序关系（即人和人、人和事物、人和行为、事物和事物、事物和行为、行为和行为六种对待关系），各项之间应用顿号。

示例：〔对于〕表示人，事物，行为之间的相互对待关系。（误）

〔对于〕表示人、事物、行为之间的相互对待关系。（正）

A.4.2 用阿拉伯数字表示年月日的简写形式时，用短横线连接号，不用顿号。

示例：2010、03、02（误）

2010-03-02（正）

A.5 分号用法补充规则

分项列举的各项有一项或多项已包含句号时，各项的末尾不能再用分号。

示例：本市先后建立起三大农业生产体系：一是建立甘蔗生产服务体系。成立糖业服务公司，主要给农民提供机耕等服务；二是建立桑蚕生产服务体系。……；三是建立热作服务体系。……。（误）

本市先后建立起三大农业生产体系：一是建立甘蔗生产服务体系。成立糖业服务公司，主要给农民提供机耕等服务。二是建立蚕桑生产服务体系。……。三是建立热作服务体系。……。（正）

A.6 冒号用法补充规则

A.6.1 冒号用在提示性话语之后引起下文。表面上类似但实际不是提示性话语的，其后用逗号。

示例1：郦道元《水经注》记载："沼西际山枕水，有唐叔虞祠。"（提示性话语）

示例2：据《苏州府志》载，苏州城内大小园林约有150多座，可算名副其实的园林之城。（非提示性话语）

A.6.2 冒号提示范围无论大小（一句话、几句话甚至几段话），都应与提示性话语保持一致（即在该范围的末尾要用句号点断）。应避免冒号涵盖范围过窄或过宽。

示例：艾滋病有三个传播途径：血液传播，性传播和母婴传播，日常接触是不会传播艾滋病的。（误）

艾滋病有三个传播途径：血液传播，性传播和母婴传播。日常接触是不会传播艾滋病的。（正）

A.6.3 冒号应用在有停顿处，无停顿处不应用冒号。

示例1：他头也不抬，冷冷地问："你叫什么名字？"（有停顿）

示例2：这事你得拿主意，光说"不知道"怎么行？（无停顿）

A.7　引号用法补充规则

“丛刊”“文库”“系列”“书系”等作为系列著作的选题名，宜用引号标引。当“丛刊”等为选题名的一部分时，放在引号之内，反之则放在引号之外。

示例 1：“汉译世界学术名著丛书”

示例 2：“中国哲学典籍文库”

示例 3：“20 世纪心理学通览”丛书

A.8　括号用法补充规则

括号可分为句内括号和句外括号。句内括号用于注释句子里的某些词语，即本身就是句子的一部分，应紧跟在被注释的词语之后。句外括号则用于注释句子、句群或段落，即本身结构独立，不属于前面的句子、句群或段落，应位于所注释语段的句末点号之后。

示例：标点符号是辅助文字记录语言的符号，是书面语的有机组成部分，用来表示语句的停顿、语气以及标示某些成分（主要是词语）的特定性质和作用。（数学符号、货币符号、校勘符号等特殊领域的专门符号不属于标点符号。）

A.9　省略号用法补充规则

A.9.1　不能用多于两个省略号（多于 12 点）连在一起表示省略。省略号须与多点连续的连珠号相区别（后者主要是用于表示目录中标题和页码对应和连接的专门符号）。

A.9.2　省略号和“等”“等等”“什么的”等词语不能同时使用。在需要读出来的地方用“等”“等等”“什么的”等词语，不用省略号。

示例：含有铁质的食物有猪肝、大豆、油菜、菠菜……等。（误）

含有铁质的食物有猪肝、大豆、油菜、菠菜等。（正）

A.10　着重号用法补充规则

不应使用文字下加直线或波浪线等形式表示着重。文字下加直线为专名号形式（4.16）；文字下加浪纹线是特殊书名号（A.13.6）。着重号的形式统一为相应项目下加小圆点。

示例：下面对本文的理解，不正确的一项是（误）

下面对本文的理解，不正确的一项是（正）

A.11　连接号用法补充规则

浪纹线连接号用于标示数值范围时，在不引起歧义的情况下，前一数值附加符号或计量单位可省略。

示例：5 公斤～100 公斤（正[①]）

5～100 公斤（正）

A.12 间隔号用法补充规则

当并列短语构成的标题中已用间隔号隔开时，不应再用“和”类连词。

示例：《水星·火星和金星》（误）

《水星·火星·金星》（正）

A.13 书名号用法补充规则

A.13.1 不能视为作品的课程、课题、奖品奖状、商标、证照、组织机构、会议、活动等名称，不应用书名号。下面均为书名号误用的示例：

示例 1：下学期本中心将开设《现代企业财务管理》《市场营销》两门课程。

示例 2：明天将召开《关于“两保两挂”的多视觉理论思考》课题立项会。

示例 3：本市将向 70 岁以上（含 70 岁）老年人颁发《敬老证》。

示例 4：本校共获得《最佳印象》《自我审美》《卡拉 OK》等六个奖杯。

示例 5：《闪光》牌电池经久耐用。

示例 6：《文史杂志社》编辑力量比较雄厚。

示例 7：本市将召开《全国食用天然色素应用研讨会》。

示例 8：本报将于今年暑假举行《墨宝杯》书法大赛。

A.13.2 有的名称应根据指称意义的不同确定是否用书名号。如文艺晚会指一项活动时，不用书名号；而特指一种节目名称时，可用书名号。再如展览作为一种文化传播的组织形式时，不用书名号；特定情况下将某项展览作为一种创作的作品时，可用书名号。

示例 1：2008 年重阳联欢晚会受到观众的称赞和好评。

示例 2：本台将重播《2008 年重阳联欢晚会》。

示例 3：“雪域明珠——中国西藏文化展”今天隆重开幕。

示例 4：《大地飞歌艺术展》是一部大型现代艺术作品。

A.13.3 书名后面表示该作品所属类别的普通名词不标在书名号内。

示例：《我们》杂志

A.13.4 书名有时带有括注。如果括注是书名、篇名等的一部分，应放在书名

① 正：当作“误”（参见本章第五节的论述）。——张觉

号之内，反之则应放在书名号之外。

示例 1：《琵琶行（并序）》

示例 2：《中华人民共和国民事诉讼法（试行）》

示例 3：《新政治协商会议筹备会组织条例（草案）》

示例 4：《百科知识》（彩图本）

示例 5：《人民日报》（海外版）

A.13.5　书名、篇名末尾如有叹号或问号，应放在书名号之内。

示例 1：《日记何罪！》

示例 2：《如何做到同工又同酬？》

A.13.6　在古籍或某些文史类著作中，为与专名号配合，书名号也可改用浪线式“﹏”，标注在书名下方。这可以看作是特殊的专名号或特殊的书名号。

A.14　分隔号用法补充规则

分隔号又称正斜线号，须与反斜线号“\”相区别（后者主要是用于编写计算机程序的专门符号）。使用分隔号时，紧贴着分隔号的前后通常不用点号。

附　录　B

（资料性附录）

标点符号若干用法的说明

B.1　易混标点符号用法比较

B.1.1　逗号、顿号表示并列词语之间停顿的区别

逗号和顿号都表示停顿，但逗号表示的停顿长，顿号表示的停顿短。并列词语之间的停顿一般用顿号，但当并列词语较长或其后有语气词时，为了表示稍长一点的停顿，也可用逗号。

示例 1：我喜欢吃的水果有苹果、桃子、香蕉和菠萝。

示例 2：我们需要了解全局和局部的统一，必然和偶然的统一，本质和现象的统一。

示例 3：看游记最难弄清位置和方向，前啊，后啊，左啊，右啊，看了半天，还是不明白。

B.1.2　逗号、顿号在表列举省略的“等”“等等”之类词语前的使用

并列成分之间用顿号，末尾的并列成分之后用“等”“等等”之类词语时，“等”类词前不用顿号或其他点号；并列成分之间用逗号，末尾的并列成分之后用“等”类词时，“等”类词前应用逗号。

示例1：现代生物学、物理学、化学、数学等基础科学的发展，带动了医学科学的进步。

示例2：写文章前要想好：文章主题是什么，用哪些材料，哪些详写，哪些略写，等等。

B.1.3 逗号、分号表示分句间停顿的区别

当复句的表述不复杂、层次不多，相连的分句语气比较紧凑、分句内部也没有使用逗号表示停顿时，分句间的停顿多用逗号。当用逗号不易分清多重复句内部的层次（如分句内部已有逗号），而用句号又可能割裂前后关系的地方，应用分号表示停顿。

示例1：她拿起钥匙，开了箱上的锁，又开了首饰盒上的锁，往老地方放钱。

示例2：纵比，即以一事物的各个发展阶段作比；横比，则以此事物与彼事物相比。

B.1.4 顿号、逗号、分号在标示层次关系时的区别

句内点号中，顿号表示的停顿最短、层次最低，通常只能表示并列词语之间的停顿；分号表示的停顿最长、层次最高，可以用来表示复句的第一层分句之间的停顿；逗号介于两者之间，既可表示并列词语之间的停顿，也可表示复句中分句之间的停顿。若分句内部已用逗号，分句之间就应用分号（见B.1.3示例2）。用分号隔开的几个并列分句不能由逗号统领或总结。

示例1：有的学会烤烟，自己做挺讲究的纸烟和雪茄；有的学会蔬菜加工，做的番茄酱能吃到冬天；有的学会蔬菜腌渍、窖藏，使秋菜接上春菜。

示例2：动物吃植物的方式多种多样，有的是把整个植物吃掉，如原生动物；有的是把植物的大部分吃掉，如鼠类；有的是吃掉植物的要害部位，如鸟类吃掉植物的嫩芽。（误）[①]

动物吃植物的方式多种多样：有的是把整个植物吃掉，如原生动物；有的是把植物的大部分吃掉，如鼠类；有的是吃掉植物的要害部位，如鸟类吃掉植物的嫩芽。（正）[②]

B.1.5 冒号、逗号用于“说”“道”之类词语后的区别

位于引文之前的“说”“道”后用冒号。位于引文之后的“说”“道”分两种情况：处于句末时，其后用句号；“说”“道”后还有其他成分时，其后用逗号。插在话语中间的“说”“道”类词语后只能用逗号表示停顿。

示例1：他说：“晚上就来家里吃饭吧。”

示例2：“我真的很期待。”他说。

示例3：“我有件事忘了说……”他说，表情有点为难。

示例4：“现在请皇上脱下衣服，”两个骗子说，“好让我们为您换上新衣。”

---

① 此处原标准还有一个句号，今删。——张觉

② 此处原标准还有一个句号，今删。——张觉

B.1.6　不同点号表示停顿长短的排序

各种点号都表示说话时的停顿。句号、问号、叹号都表示句子完结，停顿最长。分号用于复句的分句之间，停顿长度介于句末点号和逗号之间，而短于冒号。逗号表示一句话中间的停顿，又短于分号。顿号用于并列词语之间，停顿最短。通常情况下，各种点号表示的停顿由长到短为：句号＝问号＝叹号＞冒号（指涵盖范围为一句话的冒号）＞分号＞逗号＞顿号。

B.1.7　破折号与括号表示注释或补充说明时的区别

破折号用于表示比较重要的解释说明，这种补充是正文的一部分，可与前后文连读；而括号表示比较一般的解释说明，只是注释而非正文，可不与前后文连读。

示例 1：在今年——农历虎年，必须取得比去年更大的成绩。

示例 2：哈雷在牛顿思想的启发下，终于认出了他所关注的彗星（该星后人称为哈雷彗星）。

B.1.8　书名号、引号在“题为……”“以……为题”格式中的使用

“题为……”“以……为题”中的“题”，如果是诗文、图书、报告或其他作品可作为篇名、书名看待时，可用书名号；如果是写作、科研、辩论、谈话的主题，非特定作品的标题，应用引号。即“题为……”“以 ……为题”中的“题”应根据其类别分别按书名号和引号的用法处理。

示例 1：有篇题为《柳宗元的诗》的文章，全文才 2000 字，引文不实却达 11 处之多。

示例 2：今天一个以“地球・人口・资源・环境”为题的大型宣传活动在此间举行。

示例 3：《我的老师》写于 1956 年 9 月，是作者应《教师报》之约而写的。

示例 4：“我的老师”这类题目，同学们也许都写过。

B.2　两个标点符号连用的说明

B.2.1　行文中表示引用的引号内外的标点用法

当引文完整且独立使用，或虽不独立使用但带有问号或叹号时，引号内句末点号应保留。除此之外，引号内不用句末点号。当引文处于句子停顿处（包括句子末尾）且引号内未使用点号时，引号外应使用点号；当引文位于非停顿处或者引号内已使用句末点号时，引号外不用点号。

示例 1：“沉舟侧畔千帆过，病树前头万木春。”他最喜欢这两句诗。

示例 2：书价上涨令许多读者难以接受，有些人甚至发出“还买得起书吗？”的疑问。

示例 3：他以“条件还不成熟，准备还不充分”为由，否决了我们的提议。

示例 4：你这样“明日复明日”地要拖到什么时候？

示例 5：司马迁为了完成《史记》的写作，使之“藏之名山”，忍受了人间最大的侮辱。

示例 6：在施工中要始终坚持“把质量当生命”。

示例 7：“言之无文，行而不远”这句话，说明了文采的重要。

示例 8：俗话说：“墙头一根草，风吹两边倒。”用这句话来形容此辈再恰当不过。

B.2.2 行文中括号内外的标点用法

括号内行文末尾需要时可用问号、叹号和省略号。除此之外，句内括号行文末尾通常不用标点符号。句外括号行文末尾是否用句号由括号内的语段结构决定：若语段较长、内容复杂，应用句号。句内括号外是否用点号取决于括号所处位置：若句内括号处于句子停顿处，应用点号。句外括号外通常不用点号。

示例 1：如果不采取（但应如何采取呢？）十分具体的控制措施，事态将进一步扩大。

示例 2：3 分钟过去了（仅仅才 3 分钟！），从眼前穿梭而过的出租车竟达 32 辆！

示例 3：她介绍时用了一连串比喻（有的状如树枝，有的貌似星海……），非常形象。

示例 4：科技协作合同（包括科研、试制、成果推广等）根据上级主管部门或有关部门的计划签订。

示例 5：应把夏朝看作原始公社向奴隶制国家过渡时期。（龙山文化遗址里，也有俯身葬。俯身者很可能就是奴隶。）

示例 6：问：你对你不喜欢的上司是什么态度？

答：感情上疏远，组织上服从。（掌声，笑声）

示例 7：古汉语（特别是上古汉语），对于我来说，有着常人无法想象的吸引力。

示例 8：由于这种推断尚未经过实践的考验，我们只能把它作为假设（或假说）提出来。

示例 9：人际交往过程就是使用语词传达意义的过程。（严格说，这里的“语词”应为语词指号。）

B.2.3 破折号前后的标点用法

破折号之前通常不用点号；但根据句子结构和行文需要，有时也可分别使用句内点号或句末点号。破折号之后通常不会紧跟着使用其他点号；但当破折号表示语音的停顿或延长时，根据语气表达的需要，其后可紧接问号或叹号。

示例 1：小妹说：“我现在工作得挺好，老板对我不错，工资也挺高。——我能抽支烟吗？”（表示话题的转折）

示例 2：我不是自然主义者，我主张文学高于现实，能够稍稍居高临下地去看现实，因为文学的任务不仅在于反映现实。光描写现存的事物还不够，还必须记住我们所希望的和可能产生的事物。必须使现象典型化。应该把微小而有代表性的事物写成重大的和典型

的事物。——这就是文学的任务。（表示对前几句话的总结）

示例 3：“是他——？”石一川简直不敢相信自己的耳朵。

示例 4：“我终于考上大学啦！我终于考上啦——！”金石开兴奋得快要晕过去了。

B.2.4　省略号前后的标点用法

省略号之前通常不用点号。以下两种情况例外：省略号前的句子表示强烈语气、句末使用问号或叹号时；省略号前不用点号就无法标示停顿或表明结构关系时。省略号之后通常也不用点号，但当句末表达强烈的语气或感情时，可在省略号后用问号或叹号；当省略号后还有别的话、省略的文字和后面的话不连续且有停顿时，应在省略号后用点号；当表示特定格式的成分虚缺时，省略号后可用点号。

示例 1：想起这些，我就觉得一辈子都对不起你。你对梁家的好，我感激不尽！……

示例 2：他进来了，……一身军装，一张朴实的脸，站在我们面前显得很高大，很年轻。

示例 3：这，这是……？

示例 4：动物界的规矩比人类还多，野骆驼、野猪、黄羊……，直至塔里木兔、跳鼠，都是各行其路，决不混淆。

示例 5：大火被渐渐扑灭，但一片片油污又旋即出现在遇难船旁……。清污船迅速赶来，并施放围栏以控制油污。

示例 6：如果……，那么……。

B.3　序次语之后的标点用法

B.3.1　“第”“其”字头序次语，或“首先”“其次”“最后”等做序次语时，后用逗号（见 4.4.3.3）。

B.3.2　不带括号的汉字数字或“天干地支”做序次语时，后用顿号（见 4.5.3.2）。

B.3.3　不带括号的阿拉伯数字、拉丁字母或罗马数字做序次语时，后面用下脚点（该符号属于外文的标点符号）。

示例 1：总之，语言的社会功能有三点：1. 传递信息，交流思想；2. 确定关系，调节关系；3. 组织生活，组织生产。

示例 2：本课一共讲解三个要点：A. 生理停顿；B. 逻辑停顿；C. 语法停顿。

B.3.4　加括号的序次语后面不用任何点号。

示例 1：受教育者应履行以下义务：（一）遵守法律、法规；（二）努力学习，完成规定的学习任务；（三）遵守所在学校或其他教育机构的制度。

示例2：科学家很重视下面几种才能：（1）想象力；（2）直觉的理解力；（3）数学能力。

B.3.5　阿拉伯数字与下脚点结合表示章节关系的序次语末尾不用任何点号。

示例：3　停顿

3.1　生理停顿

3.2　逻辑停顿

B.3.6　用于章节、条款的序次语后宜用空格表示停顿。

示例：第一课　春天来了

B.3.7　序次简单、叙述性较强的序次语后不用标点符号。

示例：语言的社会功能共有三点：一是传递信息；二是确定关系；三是组织生活。

B.3.8　同类数字形式的序次语，带括号的通常位于不带括号的下一层。通常第一层是带有顿号的汉字数字；第二层是带括号的汉字数字；第三层是带下脚点的阿拉伯数字；第四层是带括号的阿拉伯数字；再往下可以是带圈的阿拉伯数字或小写拉丁字母。一般可根据文章特点选择从某一层序次语开始行文，选定之后应顺着序次语的层次向下行文，但使用层次较低的序次语之后不宜反过来再使用层次更高的序次语。

示例：一、……

（一）……

1.……

（1）……

①/a.……

B.4　文章标题的标点用法

文章标题的末尾通常不用标点符号，但有时根据需要可用问号、叹号或省略号。

示例1：看看电脑会有多聪明，让它下盘围棋吧

示例2：猛龙过江：本店特色名菜

示例3：严防“电脑黄毒”危害少年

示例4：回家的感觉真好

——访大赛归来的本市运动员

示例5：里海是湖，还是海？

示例6：人体也是污染源！

示例7：和平协议签署之后……

【附录2-6-1完】

二、非法定标号的用法

除了《用法》规定的常用标点符号之外，还有一些习用而尚未经国家有关部门规定用法的标号。这些标号尚无统一的名称与用法规范，所以本书初版曾根据我们的认识介绍了16种未列入国家标准的标号。由于其中介绍的分隔号（本书初版名“斜线号”）已列入2011年发布的国家标准《标点符号用法》，所以现将其内容修改后移为本节第一部分之（三十八）。此外，我们在此又增加了“缺项号”的介绍，所以下面介绍的非法定标号仍为16种。

（一）连珠号

连珠号的形式为一长串小圆点“························”。

连珠号常用在目录中连接标题与页码或篇名与作者。例如：

自序···（1）

（二）星号

星号的形式为“*”或“⋆”。

（1）星号常用作注号，标在文章标题、作者名或文中语句的末一字的右上角，然后再在脚注或尾注中进行注释。例如：

《古汉语常用字字典》注音失误辨正

张觉 *

············

---

* 张觉先生，上海财经大学。

为了区别不同的注释，可分别用“*”“**”“***”来代表注号①、②、③。如果注释号不止三个，则不宜用“*”作注号。

（2）星号也用作标错号，即标在列举的语句前，表示该语句的形式是不合乎语法规范的或不能接受的，有时也用来表示该语句的形式是构拟的或假设的。例如：

讲义气的朋友——*义气的朋友——*义气朋友

（三）圈号

圈号的形式为圆圈“○”。

（1）圈号常加在数字外作注号用。这种注号有阳文（如①②）和阴文（如

❶❷）两种，在正文中它应比正文小一些并居上，而且紧跟在所注词语之后或每一个点号之前，以免与文中的序数相混。例如：

“作善降祥”的古训①，六朝人本已有些怀疑了，他们作墓志，竟会说“积善不报，终自欺人”的话②。

① “作善降祥”：语出《尚书·伊训》。

② “积善不报，终自欺人”：语见东魏《元湛墓志铭》。

（2）圈号加在数字外也用于序数而置于句子之首，它作序数号时应与正文同样大小，一般用于例句。

（四）墨号

墨号的形式为“●”或“▲”。

墨号常加在标题、作者名、要闻或其他需要人注意的句子之前，以引起人们的注意。例如：

●高峰时段“打的”为啥难

▲“吴大妈生晒酱油”，按传统工艺酿制。

▲浙江上虞龙浦仙毫茶叶，不使用化肥和农药。

在报纸杂志上，使文章开头醒目的办法除了用墨号之外，也可以在文首用大几倍的字标示，即所谓的“首字下沉”。例如：

中国传统文化，具有经久不衰的强大生命力，它将永远引发人们的浓厚兴趣与高度关注。但是，大概是因为《韩非子》中有不少卑鄙肮脏的东西吧，所以一提到中国传统文化或国学，学者们往往都大谈儒家学说而不谈法家思想，大谈孔、孟而不谈韩非，似乎中国传统文化或国学不过是儒学而已。

（五）箭号

箭号的形式有单双向之分，单向的为“→”“←”，双向的为“⇋”“⇌”。

箭号表示运动方向。例如：

1）21/22 次特别快车：北京⇌上海

2）上海→广州→香港

3）信件邮资的调整过程是：8 分→ 20 分→ 50 分→ 80 分→ 120 分。

（六）箭头号

箭头号的形式为“▸”“▴”“◂”“▾”。

箭头号表示方位指向，常用在图片说明文字的开头或结尾，箭头的方向对准图片。例如：

×××在视察车间▸　（图片）

（七）悼亡号

悼亡号的形式为黑框“▭”。

悼亡号加在刚去世者的姓名外表示哀悼。例如：章培恒。

使用悼亡号时应兼具以下三个条件：①在近期内去世而一般人不知道；②上下文不能明示其去世；③表示哀悼之情。因此，如果去世已久，特别是人们已知晓的死者，其姓名外不加悼亡号，如：“乌镇是文学家茅盾的故乡。”如果在上下文中能明确其去世的，也不加悼亡号，如：“据报道，2000年6月3日，南京大学教授程千帆先生在南京逝世，享年88岁。”如果不想表示哀悼的，当然也不用悼亡号。

（八）缺字号

缺字号的形式为方框“□”。

缺字号表示文字有缺漏，每一个缺字号代表一个缺漏的字。缺漏的文字大致有两种，一是古书、古碑等因蛀蚀、风化等原因而造成的脱文，二是因某种原因（如色情描写）而有意删去的文字。后者如果删削的文字很多，也可用文字来说明其所删的字数，而不必一一使用缺字号。例如：

1）道可道也□□□□□□□□□□恒名也

2）两人紧紧抱住，□□□□（此处共删去一百九十七字），霎时云收雨霁，舒坦地躺着……

（九）缺项号

缺项号的形式为一字线“－”（比连接号中的一字线“—”略短）。

缺项号用于表格中的补缺项。例如：

	G2	G7050	D5583	K8576	T718
4日	—	—	—	有	—
5日	—	有	有	有	有

（十）代字号

代字号的形式为浪纹线“～”。

代字号常用在字典、词典中代替重复的字或词语。它可以代替一个字，也可以代替几个字组成的词或词组。例如：

1）开：～门，～工厂，～会。

2）开门见山：这篇文章～。

（十一）某号

某号的形式为“×”。

某号可读为“某”。每一个某号代表一个字，用来代替有意隐去的或未知的人名、地名以及各种词语。例如：

1）××× 关于 ××××××× 的通知

2）二○○一年 × 月 × 日

隐去人名、地名时，有时也不用“×××”而用大写字母来代替，如“Z 教授”“O 小姐”“S 会馆”。

（十二）世纪号

世纪号的形式为“’”。

世纪号用来代替公历“世纪”，如“1998”写成“’98”。应注意的是，世纪号位于右上方，所以紧挨着年份，不可与位于左上方的单引号的后一半相混，也不可与位于左下方的逗号相混。

（十三）时分号

时分号的形式为“ ：”。

时分号用在阿拉伯数字表示的时间词语中分隔时、分、秒。例如：

1）01 ： 08 ： 16（读作：1 时 8 分 16 秒）

2）16 ： 50（读作：16 时 50 分）

用时分号时应注意的是：①必须用 24 小时制，小时、分、秒均用两位数表示。②时分号与数学上的比号类同而位于中部，不可与冒号混淆。

（十四）竖线号

竖线号的形式为“｜”（一字符）或“|”（半字符）。

竖线号主要用来分隔字典、词典中的例词、例句，与分隔号的第（1）种用法相同，这种用法可参见本节第一部分“《标点符号用法》及补充说明”（三十八）的论述。

竖线号还用于语法成分分析，用它分隔主语和谓语；也用于多重复句或句群中的层次分析，用它表示不同的层次。这种用法可参见第三章第四节第一部分“语法成分分析法”，以及第五节第四部分“多重复句”、第五部分“句群”中的例子。

（十五）分节号

分节号的形式为“§”。

分节号表示“节”，与阿拉伯数字连用，置于每节标题之前。例如：

§6　结论（相当于“第6节　结论”）

（十六）界栏号

界栏号的基本形式为直线“——”。该线条可粗可细，可长可短，可横可竖，视其具体需要而定。在报纸、杂志上，界栏号除了直线外，还用各种不同形状的装饰性线条来代替。

界栏号用于报刊、图书的版面、页面以分隔需要分隔的文字。如《现代汉语词典》天头下的横线与页面中的竖线即其例。应注意的是，书页脚注上所用的界栏号，左端应顶格而右端一般不宜超过版心二分之一处，实例见上文（二）、（三）所举。

第三章　造句得法

造句得法，就是组词造句时要符合语法。

语法是组词造句的规律。某种语言材料（语素、词、词组、句子）在某种语言结构（词、词组、句子、句群）中充当什么语法成分，各语法成分之间有着什么样的结构关系与搭配限制，都有一定的规律。只有了解了这些规律，才能避免病句的产生并有效地纠正别人手下的病句。

第一节　语法与语法学

一、语法方面的基本概念

（一）语法与语法学

语法是组词造句的规律，即语素、词、词组、句子等语言材料构成合理的能用于交际的语言结构的规律。

语法是每一种语言中客观存在的组词造句规律，语法学是研究语法的科学。至于各种语法书上阐述的语法理论或语法体系，不过是各位语法学家根据自己的认识对客观的语法规律所作的一种总结。由于各位语法学家的认识有差异，所以各人对语法规律的论述也不尽相同。

要说明的是，我们有时也用“语法”一词来指语法学或语法学家总结出来的语法理论，如有人说：“我不学语法，不是照样能把文章写好么？”这句话中的“语法”实际上是指语法学或语法学家总结出来的语法理论。不学语法学或语法学家总结出来的语法理论，的确也有可能把文章写好；但如果他不懂得客观的语法规律，就不知道怎样去组词造句，写出来的句子都会语无伦次，怎么能写好文章呢？他之所以不学“语法”（语法学）也能把文章写好，是因为他从呱呱坠地以后一直在学习“语法”（组词造句的规律），已经知道如何把语素、词、词组、句子等语言材料组合成合理的、能用于交际的语言结构了。

（二）语法手段与语法意义

语法手段指组词造句的手段。汉语中常用的语法手段有词的重叠、词序的排列、虚词的增减等。

语法意义指语素、词、词组、句子等语言材料在语言结构中所具有的词汇意义之外的结构功能意义和相对关系意义。如名词“人”重叠成“人人”后有了附加意义“每”，表示“每人”，“人”是其固有的词汇意义，“每”即是其语法意义。又如在“我看看他”和“他看看我”两个结构中，“我”的词汇意义没有改变，但词序的不同排列使“我”获得了不同的语法意义：前一个“我”是主语，表示施事；后一个“我”是宾语，表示受事。再如“我把他打了”和“我被他打了”，“他”的词汇意义没有改变，但不同的虚词使“他”获得了不同的语法意义：前一个“他”是受事，后一个“他”是施事。

二、现代语法学简介

（一）传统语法

当今学校中普遍使用的语法理论源于拉丁语法，习称传统语法。传统语法分为词法与句法两大部分，分别论述构词规则和造句规则。传统语法比较注重词类和句法成分的对应关系，如论述名词的主要语法功能是充当主语和宾语，动词的主要语法功能是充当述语，等等。在分析句子时，传统语法比较注重句子格局的把握，注意分析各种句法成分。

（二）结构主义语法

对现代汉语语法学影响较大的还有结构主义语法。结构主义语法的经典著作是美国布龙菲尔德的《语言论》。结构主义语法注重语言形式而忽视语义，在分析语法结构时注重结构成分的层次分析和直接成分之间的结构关系。

（三）转换生成语法

美国的乔姆斯基建立了转换生成语法。他认为，语言学的研究对象应该是说话人具有的语言能力。这种语言能力大致表现在以下五个方面：①能造出和理解数量无限的句子，其中包括从来没有听到过的句子。②能辨认哪些句子是合语法的，可以接受的；哪些句子是不合语法的，不可以接受的。③能辨认句子的结构。④能察觉歧义现象。⑤能辨别同义或释义现象（paraphrase）。

转换生成语法区分深层结构和表层结构，研究深层结构如何通过各种转换规则而生成表层结构。所谓深层结构，是指语段（短语或句子）成分之间的内在语法关系，它是一种逻辑语义结构；所谓表层结构，就是各成分的线性排列，是语段的形式，是一种句法结构。转换生成语法认为：当两个或两个以上的深层结构通过转换而碰巧成为同一表层结构时，就会出现歧义现象；当同一深层结构转换为两个或两个以上的表层结构时，就会出现释义现象。由此可见，这种理论对说明歧义现象和释义现象都十分有利。不过，转换生成语法虽然在语法学界影响较大，但在语法教学方面的影响还有限。

第二节　词的语法分类

按照不同的标准可以将词分成不同的类。例如，按照词义可把词分为天文类、地理类、政治类、军事类等，按照语音可把词分为单音词、双音词、多音词等。但通常所谓的词类，是指词的语法分类，即按照词的语法功能给词划分的类别。所谓词的语法功能，就是指词在语法结构中能充当什么成分，能跟什么词语搭配，与其他的词语或结构会发生什么样的关系。

根据词的语法功能可以先把词分成实词和虚词两大类。能够单独充当主语、谓语、宾语、定语、状语、补语等句法成分的是实词，不能单独充当句法成分的是虚词。实词又可分为名词、数词、量词、动词、形容词、副词、代词。虚词又可分为介词、连词、助词、语气词。此外，还有叹词、象声词等较为特殊的词类。

一、实词的正确使用

实词可分为体词、谓词、加词三大类。体词包括名词、数词、量词和部分体词性代词，其主要语法功能是充当主语和宾语，一般不能用“不”修饰。谓词包括动词和部分谓词性形容词、代词，其主要语法功能是充当谓语，一般能用“不”修饰。加词包括副词和部分不能作谓语的非谓形容词，其主要语法功能是充当修饰语。在使用实词时应注意以下几点：

（一）明了语法功能的一般性与特殊性

一般来说，体词的主要语法功能是充当主语和宾语，这只是就一般情况而言，并不能一概而论。有些具有说明或描写作用的体词或体词性词组就可作谓语，并受副词修饰。如：

1）今天才星期一。	6）张君大坏蛋。
2）明天春节。	7）他高个儿。
3）昨天晴天。	8）她刚十八。
4）鲁迅绍兴人。	9）鸡蛋二斤。
5）老杨英雄啊！	10）这间房子才一扇窗。

这些句子虽然可以认为是省略了动词“是”或“有”，但实际上完全可不用动词。

我们说体词一般不能用“不”修饰，但有些名词却可用“不”修饰，如“人不人，鬼不鬼”，“山不山，水不水”，这主要是因为这些名词叠用后使后一名词临时活用为动词的缘故。这尽管是古汉语语法的残存形式，但我们绝不能因此而否定这些特殊的体词能用“不”修饰的合理性。其他如“不男不女”“不上不下”“不三不四”等都可作如是观。

（二）不能满足于笼统的词类划分与笼统的语法功能概括

一般的现代汉语语法著作都将汉语中的词分为 13 类，这种分类只是一种笼统的分类，所以对其语法功能的概括也是笼统的。例如，名词能用数量词组修饰，这只是一个笼统的表述，在具体运用时，应区别具体情况来实施这一原则。就是说，对那些可以计算数量的名词，应该用定量的数量词组来修饰，如“一条河”“两个人”“三篇文章”；对那些不可计算数量的名词，应该用不定量的数量词组来修饰，如“一些书籍”“一点感情”“一批车辆”“一种境界”。

当然，这种可计量名词与不可计量名词的分别相对于名词这一笼统的分类来说，其分类是细了一些，但有时仅作这种进一步的分类还不够。例如，同样是可计量名词，一旦它们组合成复杂概念，那么数量词就不能加在它们的前面而必须放在它们的后面了，所以我们不能说“两个母女”而只能说“母女两个”。这种用法与“两个人”显然不同，当然值得区分。有时，区别到这一步还不够，还要精细地区别到词，才能保证我们正确地组词造句。

例如，“两”和“二”都是数词，但在具体的结构中其用法是不同的。它们的区别至少有以下六点。

（1）读数时或在数学中，用“二”不用“两”，如：“一、二、三、四、五”，“二比二”，“二加一等于三”，“二元二次方程”。

（2）在多位数中，“千”“万”“亿”前的起首字可用“两”，也可用“二”，如:“两／二千五百”,“两／二万五千里长征”; 如果不是起首字，则“千”“万”“亿”前用“二”，不用“两”，如:“三亿二千万”。多位数的百位、十位、个位只可用“二”，不可用“两”，如:“二十二”，“二百零二”。

（3）序数、小数、分数中用“二”不用“两”,如:“第二”“二月”“初二”“二楼”“二年级”“二分队”“二哥”，“二点二”，“二分之一”“五分之二”。

（4）在非度量衡量词前，如果只有一个个位数，用“两”不用“二”；如果是多位数，按上述多位数原则处理。如:“两只鸟”“两层楼”“两个人”“两支笔”“两双鞋”，“十二张纸”，“两／二千二百三十二条船”“两／二万二千本书”。但是,量词“位”前一般用“二”不用“两”,如:“您二位有意见吗？”

（5）在公制度量衡单位前的单个个位数一般用“两”，如“两米”“两千克”“两公里”，但有时也用“二”，如“二米”。在市制度量衡单位前的单个个位数一般用“二”，也可用“两”，但“二两”不说“两两”，如:“二／两斤肉”“二／两亩地”“二／两尺布”“二两酒”。

（6）表示不定的数目而相当于“几”时，用“两”不用“二”，如:“过两天再说。”“尝两个吧！”如果用数词连用的办法来表示不定数，则只用个位数时用“两”不用“二”，用多位数时用“二”不用“两”，如:“两三个月”“十一二米”“二三十天”。

从上述“两”“二”的用法区别中我们可以看到，它们虽然都是数词，但语法功能是不同的。如果我们不明了它们的搭配规律,就不能正确地使用它们。而且,它们不同的语法功能有时还会直接造成其语义的不同,这尤其值得我们注意。如:

11）美国在两次世界大战中发了横财。(“两”是基数，指第一次与第二次世界大战。)

12）美国在二次世界大战中发了横财。(“二”是序数,指第二次世界大战。)

总而言之，一般语法著作所分的词类以及对每一词类的语法功能所作的概括都是笼统的，它们对我们正确地组词造句具有指导意义，但仅仅了解这些笼统的知识是远远不够的，我们必须在语言实践中仔细体会每个词语的语法功能并掌握它们，才能有效地保证我们正确地组词造句。

（三）组词造句应兼顾语法功能与词义

在组词造句时，只注意到实词的语法功能显然是不够的，我们还必须注意各个实词的词义。例如:“我们”与“咱们”都是代词，语法功能相同，但其含义有所不同，“咱们”包括说话人与听话人双方，“我们”则既可以包括说话人与听话人双方，也可以不包括听话人。如：

13）咱们走吧。（包括说话者和所有的听者）

14）我们走吧。（可能包括所有的听者，也可能不包括所有的听者）

15）我们走了，你留下吧。（不包括特指的听者“你”）

又如：“他们”和“她们”的语法功能相同，但含义不同，“她们”只指女性，“他们”除了专指男性外，还可以兼指男女，所以，有男有女时应该用“他们”，而不能写作“他（她）们”或“他/她们”。我们如果不明了其含义，就会用错。

再如：“俩”（liǎ）表示“两个”，与“两”不同；“仨”（sā）表示“三个”，与“三”不同。因此，它们的后面不能用“个”或其他量词。我们可以说“他们俩”“他们两个”，但不能说“他们俩个”或“他们俩口”“他们俩人”。

再如：“架”“次”“架次”都是量词，但“架”表物量，可以用在名词前，所以可以说“一架飞机”；“次”表动量，可以用在动词后，所以可以说“飞机来过一次”；“架次”是物量、动量结合而成的复合量词，只能放在动词后修饰动词而不能放在名词前修饰名词，所以可以说“每天出动飞机三百架次”，但不能说“三百架次飞机”。

由此可见，词义的不同会导致其语法功能的不同。所以，要正确地使用实词，只注意其语法功能是不能完全解决问题的。

（四）注意分清语义相近、语法功能易混而用法不同的词

这一点在上面的举例中已经反复涉及了，如对可计量名词与不可计量名词以及复合的可计量名词之间的辨析，对“两”与“二”、“我们”与“咱们”、“他们”与“她们”、“俩”与“两”、“架”与“架次”等的辨析，都是这方面的例子。现不妨再举几个例子。

1. 动词“没有”与副词“没有”

“没有”既可作动词，又可作副词，但用法不同。动词“没有”否定事物的存在，在句中充当述语，通常要带宾语；副词“没有”否定动作行为，经常放在动词前作状语。而且，两者的否定形式也不同，试比较：

16）我没有出入证，可以进去吗？（作述语）

我没有带出入证，可以进去吗？（作状语）

17）没有出入证——有出入证（否定时用“有”）

没有带出入证——带了出入证（否定时删去“没有”）

2. 不定量词“点”和“些”

“点”和“些”都是表示不定量的量词，它们前面的数词都只能用“一”，而且“一点”与“一些”都表示数量少，但两者实有区别：“些”表示少量，而“点”则表示极少的量。所以，相比之下，“些”比“点”要多一些，如“一些水”比“一点水”要多一些。正因为如此，“一点”可以用于否定式来表示全量否定，而“一些”则不可。也就是说，我们可以说“他的毛病一点也没改”，但不能说“他的毛病一些也没改”。

3. 动词“做”和“作”

“做”和“作”如今在普通话中语音相同，所以常常被混用，如“作出贡献”“作报告”之类常被误为“做出贡献”“做报告”等。

其实，“作”从“乍”得声，古代为入声字；“做”从“故”得声，古代为去声字。由于它们读音不同，其语义、用法也有差别，如“做作”就不能说成或写作“作做”或“作作”“做做”。

如今在南方的一些方言（如吴方言）中仍然保留着其语音方面的差别，所以这些方言区的人不会发生两字混用的现象，在口语中根本没有人把用“作”的地方说成“做”，也根本不会出现“做出贡献”“做报告”之类的错误说法。但是，由于普通话的普及，南方有些方言区的青少年已经不会讲方言而只会讲普通话了（上海市的青少年尤其如此），再加上某些权威词典如《现代汉语词典》的误释、误用以及报刊上大量以“做”代“作”的错误实例对人们的影响，所以我们有必要对“做”“作”之间的语义、用法差别作一番研讨，以便使“做”“作”的使用回到正确的轨道上来。

当然，从文字产生的历史来看，“作”是古字，而“做”是后起的俗字，古代就有混用的例子，如“作弄”又误作“做弄”。但是，我们不能把古代个别作者的混用当作规范来看待。

那么，“做”和“作”究竟应该如何区别使用呢？李行健主编的《现代汉语规范词典》“作”字条有所辨析，其文云：

> 跟“做”不同：在抽象意义的词语、书面语色彩较重的词语，特别是成语里，多写成“作”，如“作罢”“作对”“作废”“作怪”“作乱”“作战”“装模作样”“忸怩作态”；后面是双音节动词时，一般也用“作”，如“作调查”“作处理”。表示具体东西的制造时多写成“做”，如“做药材”“做衣服”。

如此语焉不详的辨析显然是不够的，因为它并不能全面有效地消除人们对“做”“作”的误用。因此，现根据我们的方言使用习惯和相关的语言知识在此作进一步的研讨。

我们认为，除了某些方言区的人可以利用“做”“作”的方音不同而将它们区别开来之外，在其他“做”“作”发音相同的地方，人们可以根据“做”“作”的基本意义及语义搭配来区别它们的用法。

从“做作”不能写作“作做”中我们可以看出，“做”的及物意义较浓而“作”的不及物意义较浓。或者说，“做”是一种处置，“作”是一种创造。只有先创造出某种东西，然后才能进行处置，所以我们只能说“做作”而不能说“作做”。

由此我们再作进一步的考察就可以看到，“做”后所跟的词语或其受事往往是该行为的处置对象或制造物，或者说，在“做”之前就已经有了某些对象或原料，然后再去处置加工时就用“做”。“做”所处置的对象或制造物有如下几种：

一是从事的工作或所做的事情，这时“做”的基本意义是“干”“处置”。这种语义搭配最能体现“做”所具有的处置义，也最能体现“做”的语法功能。例如：“做活儿”“做工”“做生活”“做工作”“做思想工作”“做销售”“做实验”“做买卖”“做生意”“做针线活”“做学问”“做作业”“做作文”“做功课”“做练习”“做文章”“做操”“做戏”“做事”“大事做不来”“做爱”“做手脚”“做头发”“做礼拜”“做生日”“做满月”“做亲”“做寿”“做媒”。

二是从事的职业，这时“做”的基本意义是“当”。这种语义搭配显然是从上面所从事的工作或所做的事情衍生出来的。例如：“做官”“做主席”“做干部”“做人民代表”“做老师”“做教员”“做编辑”“做媒人”“做保育员”“做主持人”。

三是所扮演的社会角色，这时“做”的基本意义也是“当”。这种语义搭配显然是由从事的工作或职业泛化而来。如“做人”“做夫妻”“做妈”“做母亲的”“做干儿子”“做个好孩子”“做东”“做街坊”“做亲家”“亲上做亲”“做朋友”“做冤家”“做对头”“做奴隶”“做贼”“做鬼”。

四是制造物，这时“做”的基本意义是“制作”。这种语义搭配显然和从事的工作或所做的事情相类似，不同的只是它隐去了“做”所处置的原料而只揭示其成品。如“做衣服”“做鞋”“做饭”“做菜”“做家具”“做桌子”“做沙发”“做人情”“做圈套”“做梦”“做鬼脸”“做样子”“做出一副可怜相”“做了一首诗”“做了一篇文章”。

五是虚化而隐含的事物，这时“做”的基本意义是“干”。这种语义搭配显然和上述所做的事情及制造物相类似，只不过将其处置的事物全部隐去而已。如“做大做强”（处置某事物而使其规模大、力量强）、“做好做歹”（处置自己而使其变成好人或恶人）。略有不同的还有“说到做到”（干所说的事情并完成它）。

除了上述五类“做”用作述语时表示处置之外，“做”处于领位时也表示处置，如“做法”（处置事物的方法，即处理事情或制作物品的方法）、“做功”（演员处置戏曲动作和表情的功夫）、“做派”（演员处置戏曲动作和表情的样式）。

至于“作”，则主要表示创造，并进而引申为进行活动、从事劳作、当作等，而不表示对已有事物的处置。如果作进一步的考察就可以看到，“作”后所跟的词语往往是该行为发生后所产生的事物或结果，或者说，“作”后面的东西往往是“作”了之后才有的。如果仔细区别的话，我们可以分为如下几类：

（1）“作”表示创造、活动、劳作、当作等而用作不及物动词，或在复合词中充当不及物性质的语素或后一语素。这种用法最能体现“作”的语法功能，也最能看出“作”“做”之间的区别，最能说明“做作”不能说成或写成“作做”的深层语义逻辑。例如：“述而不作”“自作自受”“见机而作”“日出而作”“无恶不作”“深耕细作”“鼾声大作”“枪声大作”“作为”“作息”“创作”“造作”“制作”“写作”“振作”“合作”“协作”“发作”“做作”“劳作”“操作”“工作”“动作”“耕作”“间作”“套作”“连作”“轮作”“装作”“下作”“当作”“看作”“认作”“比作”“用作”“称作”。

相比之下，“做”的类似用法就近乎没有，现存的一两个词语其实也是值得研讨的。

如《现代汉语规范词典》把“叫做”作为推荐词形而列为正条，在“叫作”条则注释说：“现在一般写作‘叫做’。”这实在是一种习非成是的解释，因为在我们的方言中，只说“叫作［zok˩］”而不说“叫做［zu˧］”；而且，既然“称作”不写成“称做”，则“叫做”也应该写成“叫作”才能保持书面语的系统性，所以《现代汉语词典》第6版把“叫作”作为推荐词形而列为正条，把“叫做”作为非推荐词形，实是一种拨乱反正的做法，应该遵行。

又如“小题大做”，在我们的方言中，也只说“小题大作［zok˩］”而不说“小题大做［zu˧］”，因为这“作”字原本是“作文”的“作”，所以不应该用“做”。《第一批异形词整理表》根据通用性原则确定“小题大做”为推荐词形，把使用较少的“小题大作”列为非推荐词形，这样处理其实并不适当。因为社会上很多人用“小题大做”，其实是一种对“大做文章”进行了错误的类推而导致的不当写法。因此，我们应该根据理据性原则，把“小题大做”淘汰而恢复使用“小题大作”。当然，我们认为要进行修改的更深层次的理由是，根据所谓的通用性原则有时往往会发生误判，因为词形的通用性有时是由某些权威性词典的错误导致的，如现在报刊上大量出现的“做出贡献”“做处理”“做调整”等错误用法大多是受到《现代汉语词典》第6版的误导造成的，这种误用应该被纠正过来，而不应该任其泛滥，更不应该让其习非成是而成为规范。

（2）“作”表示创造，其后面的词语是通过“作”而创造出来的事物或结果。这种语义搭配也最能体现“作”所具有的创造义及其语法功能。例如：“作文”“吟诗作赋”“作画”“作词”“作曲”“作俑”“兴风作浪”“一鼓作气”“为人作嫁”“作价”“作伴”“作证”“作主”“作客”“作对”“作案”“作弊”“作假”“作伪”“作怪”“作祟”“作梗”“作难”“作孽”“作乱”“作恶”“作奸犯科”“作死”“作罢”“作成”“作古”“作乐”“作用”“作痛”“作美”“作脸”“作色”“作声”“作响”“制礼作乐”“逢场作戏”“忸怩作态”“装腔作势”“装聋作哑”“装模作样”“作痛苦状”“作威作福”“作茧自缚”“作法自毙”“作决定”“作出决定”“作贡献”“作出更大的贡献”。其中“作孽”一词又作“造孽”，更能说明“作”的语义性质。

（3）“作”表示进行，其后面的词语是“作”所从事的某种活动。例如：“作战”“作斗争”“作壁上观”“作如是观”“作调查”“作研究”“作了尝试”“作考证”“作校勘”“作报告”“作总结”“作判断”“作论述”“作处理”“作变通处理”“作概括”“作了一些加工”“作修改”“作修订”“作了改动”“作区别”“作比较”“作分类排列”“作部件拆分”“作类推简化”“作宽泛的理解”“作机械的切分”“作进一步的分类”“作具体的阐述”“作全面的论述”“作了详细介绍”“作进一步的努力”“作进一步的完善”“作进一步的规划”“作认真细致的校对”“作了如下界定”“作答”“作陪”“作呕”“作别”“作揖”“作践”“作弄”“作秀”“为非作歹”,“作法”（道士等进行法术实施活动)、“作必要的注释”（见《国家通用语言文字法》第十一条)、“作出处理”（见《国家通用语言文字法》第二十六条)、“作注”（见《普通话异读词审音表》说明·四)、“作了审订”（见《普通话异读词审音表》说明·八)、“作了调整”“作了补充”“多作宣传”（以上三条见《关于重新发表〈简化字总表〉的说明》)、“作说明”（见《第一批异形词整理表》注释⑧)。

（4）“作”表示当作、作为，其后面的词语是“作”所认定的某种事物或状态。例如:“认贼作父”“作保”“作证”“作准”“作数”“作速”“作废”“作试卷用”“兼作语气词”“动词通常作述语”,“用贝壳作货币”（把贝壳当作货币而不是用贝壳制作货币)、“作简化偏旁用的简化字”（见《简化字总表》)、“作左偏旁”（见《简化字总表》注)、“作部首”（见《简化字总表》说明)、“可作规范字使用”（见《通用规范汉字表·规范字与繁体字、异体字对照表》说明)。

（5）“作”表示写成、成，这其实是“当作、作为”义的引申。例如:“‘呜呼’又作‘於乎’”“zh ch sh 可以省作 ẑ ĉ ŝ”“‘儿童’拼作 ertong”（以上两条见《汉语拼音方案》注)、“简作‘了’”（见《关于重新发表〈简化字总表〉的说明》)、“改作平挑”（见《简化字总表》注)、“须类推简化作‘钜’”（见《通用规范汉字表·规范字与繁体字、异体字对照表》注)。

除了上述五类“作”用作述语时表示创造、进行、作为、成之外，“作”处于领位时也表示类似的意思，如“作家”（创作者)、“作者”（创作者)、“作品”（创作的成品)、“作法”（创作的方法)、“作物”（农业生产创造的物品)、“作料”（炒作菜肴时的调料)、“作业”（进行的业务)、“作风”（形成的风气)、“作派”（形成的派头)。

正因为“做”“作”的语义和用法有差异，所以下列看似相同的词语搭配实具有不同的内涵：

用“作客”时，表示其“作”的行为创造了客人身份，如“作客中央台”表示由于这次行为而使其成为中央台的客人而原来并不是中央台的客人，“作客他乡”表示由于这次行为而使其成为他乡的客人而原来并不是他乡的客人；用“做客”时，则表示处置客人身份，即表示如何使自己做个像样的客人，也就是在已经是客人的基础上再塑造客人的形象，使自己显得很客气。

用“作主”时，表示其行为创造了主人身份，即其行为使其成为主人，如“当家作主”（不能写成“当家做主”）；用“做主”时，则表示具体的拿定主意，即对某些具体的主张进行处置。

用“作文”时，表示其行为在创造文章；说“做文章”时，则表示处置“文章”，在已有的“文章”上搞出新的花样来。至于“做了一篇文章”用“做”而不用“作”，是因为该“文章”被当作一种制成品来看待，所以才应该用表示制作的“做”。同样，“做了一首诗”也应作如是观。

说“逢场作戏”，是指针对某种场合进行即兴表演，含有临时创作的意思；而说“做戏”，则表示处置戏文，按照脚本来表演。当然，正如《现代汉语规范词典》所辨析的那样，其间也受到了语体色彩的影响，即书面语色彩较浓的“逢场作戏”用“作”，口语色彩较浓的“做戏”用“做”。

说“装模作样”，是指原来并没有模样，通过“作”才有了模样；说“做样子”，则表示处置“样子”，在原有的“样子”上再做出其他的表面形式。当然，这两个词语也显然有书面语与口语之别。还有像“作痛苦状”和“做出一副可怜相”的区别也是如此，“作痛苦状”具有文言色彩，而“做出一副可怜相”是白话，同时又表示对原来的相貌进行处置而装出可怜的样子。

说“作成”，是通过“作”这种行动使之成功；说“做成”，则表示处置原料而制成成品。

说“她这样作”，是指她如此无理取闹、惹是生非，“作”表示一种不被说话者认可的创造，是不及物动词，所以我们还可以说“她这个人很作”或“她这个人作得很”；说“她这样做”，只是指她按照这样的方法来做事，“做”表示对事情的处置而仍然具有及物的性质，所以我们不可以说“她这个人很做”或“她这个人做得很”。

表示创制法律时，只能用“作法”而不能用“做法”，因为“做法”只表示处置事物的方法而不能表示造法，所以“作法自毙”不能写作“做法自毙”。

较为特殊的相似搭配是“为人作嫁”与“做衣裳”，其中的“作”“做”都表示制作却用了不同的词。这种情况其实是历史造成的，前者是成语，源自秦韬玉《贫女》的“苦恨年年压金线，为他人作嫁衣裳”，具有文言色彩，所以沿用“作”字（现在则不说“作衣裳”）；后者为口语，其中的“衣裳”被当作一种制成品来看待，所以用“做”。不过，这种情况并不多见，所以无碍于我们上面所作出的一般结论。

根据我们上面的论述，那么现在一些较具权威性的词典对“做”“作”的处理和解释，就有可取和不可取之分了，而为了社会用语的规范化，其中不少地方无疑是应该及早加以修正的。

如《现代汉语规范词典》云：“【当做】现在一般写作‘当作’。”“【看做】现在一般写作‘看作’。”“【做秀】现在一般写作‘作秀’”，“【做声】现在一般写作‘作声’”，“【做美】现在一般写作‘作美’”，“【做伴】现在一般写作‘作伴’”。这些都是正确而必要的规范提示。相比之下，《现代汉语词典》第6版把“当作”“看作”“作秀”作为推荐词形而把“当做”“看做”“做秀”列为非推荐词形，把第5版的“做声”改为非推荐词形而增加推荐词形“作声”，也都具有相同的规范性；至于只收“作美”而不收“做美”的彻底做法更加值得肯定。但是，将“做伴”当作推荐词形而不收“作伴”就应该加以修正了，这倒不仅是因为杜甫《闻官军收河南河北》的“青春作伴好还乡”可作为历史的支撑材料，而是因为《现代汉语规范词典》的说法是正确的，在我们的方言中也只说“作［zok˩］伴”而不说“做［zu˧］伴”。

当然，《现代汉语规范词典》也有值得商榷之处，如说“【做主】现在一般写作‘作主’”就不妥了，因为这种提示混淆了“作主”和“做主”的区别。该词典“作主”条解释云：“①动做主人▷当家～。②动对事情负责并作出决定▷你可得给我～｜这事我～。”其实，前一义应该用“作主”，后一义应该用“做主”。当然，该词典将其义项分为两个，比起《现代汉语词典》将它们混为一谈还是要好得多，而其中的解释语“作出决定”也比《现代汉语词典》来得规范正确。试看《现代汉语词典》的解释：“【做主】动对某项事情负完全责任而做出决定：当家～｜这事我做不了主。”

又如，《现代汉语规范词典》“做”字条解释云：“❼动用作▷这间屋子～教室｜送本书～纪念。”这种解释实是错误的。这两个例句中表示“用作”的词应该用“作”而不应该用“做”，因为其语意实际上应该理解为“当作”。我们只要再看一下该词典的下列解释，此误就显而易见了。该词典第1579页云：“【用作】动当作；作为▷副词通常～状语。”“【用做】动用来制作▷皂荚树的果实和种子可～生物工程原料。”第269页云：“【当作】动看成；作为▷把表扬～对自己的鞭策｜她把这孤儿～亲闺女看待。”“【当做】现在一般写作‘当作’。”既然“用作”的意思是“当作”而不同于“用做”，“当做”应该写成“当作”，那么“～教室”“～纪念”就应该用“作”而不应该用“做”了，因为它们的意思是“当作”而不是“用来制作”。不过，该词典的这种误解也存在于《现代汉语词典》之中，试看《现代汉语词典》第6版“做”字条的解释：“❻当作：树皮可以～造纸的原料｜这篇文章可以～教材。”如果进一步探究，该词典的误解还可能源自《现代汉语词典》第2版的解释：“❻用做：树皮可以～造纸的原料｜这篇文章可以～教材。”只是其所用的解释语“用作”比《现代汉语词典》的“用做”要来得规范而正确。《现代汉语词典》的解释之所以错误，是因为“树皮可以做造纸的原料”的意思应该指树皮可以通过加工制成造纸的原料（这“原料”指通过制作而成的产品）而不是指树皮可以直接当作造纸的原料，表示“当作原料”时应该用“作原料”而不应该用“做原料”。同样，“这篇文章可以做教材”的意思应该指这篇文章可以通过加工改写而编成教材（这“教材”指通过加工制作而重新形成的成果）而不是指这篇文章可以直接用作教材，如果这篇文章可以直接用作教材，应该用“作教材”而不应该用“做教材”。

当然，如果我们作进一步的比较，则《现代汉语词典》的解释似乎远不如《现代汉语规范词典》规范。试看：

《现代汉语规范词典》：“【作证】❶动当作证据▷有记录～。❷动法律上特指证人向司法机关提供证据、证言等▷出庭～。”试比较《现代汉语词典》第6版：“【作证】同‘做证’。”“【做证】动做证明，法律上特指证人向司法机关提供证据、证言等：出庭～｜请目击者出面～。也作作证。”显然，《现代汉语规范词典》无“做证”条而只有“作证”条，比《现代汉语词典》把“做证”作为推荐词形要正确而规范得多。

还有，《现代汉语词典》第6版“作”字条删去了其2005年第5版中的词例“作报告”，显然也没有《现代汉语规范词典》收录“作报告”来得周全而正确。至于其第6版重刊“第5版说明”时将第5版“说明”中的“作出了重要贡献”“作了全面的词类标注”“作适当处理”“再作改动”“作了全面审视”“作了一些调整”“已作具体说明”改为“做出了重要贡献”“做了全面的词类标注”“做适当处理”“再做改动”“做了全面审视”“做了一些调整”“已做具体说明”，也完全改错了；而其“第6版说明”中的“做了修订”“做了调整”“做了相应的增删和修改”，其“做”字也都应改为“作”。这是因为：“贡献”是通过“作”创造出来的，并不是通过“做”制造出来的；“标注”“处理”“改动”“审视”“调整”“说明”“修订”“增删和修改”等都是进行的某种活动，其原文是要表达“进行标注”“进行处理”“进行改动”“进行审视”“进行调整”“进行说明”“进行修订”“进行增删和修改”，所以应该用表示“进行”的“作”而不应该用表示处置、制作的“做”。

总之，“做”与“作”的语义和用法是有所不同的，《现代汉语词典》第6版对“做”“作”的解释和使用有一些不正确、不规范的地方，它对“做”“作”的认识和把握远不如《现代汉语规范词典》来得正确，现在“做出贡献”“做报告”之类的错误用法泛滥于报端，恐怕也是受其影响所致，所以其错误亟待纠正。该词典在“第6版说明”中说：“编写和修订词典是一项十分繁难复杂的工作，永远没有止境，总会留下一些疏漏和不尽如人意的地方，我们期待广大读者不吝赐教，继续提出宝贵意见，使《现代汉语词典》的质量不断提高，更好地满足读者的需求，更好地为社会服务。”上面陈述了我们的看法，既可供读者使用“做”“作”时参考，也可供词典编撰者以及制定国家规范者参考。我们期待着《现代汉语词典》新的修订本早日面世。

（五）注意实词的活用

实词的用法有固定的一面，也有灵活的一面。请看下面的例子：

一些含有容积、面积之意的名词可活用为名量词，如：一箱子书，一屋子人，一桌子菜，一甲板水。

一些表示动作凭借物的名词可活用为动量词，如：踢一脚，添一勺，抽两鞭子，打了七十大板。

人称代词的人称在一定条件下可以转换，如：“我那车子经常抛锚，可把你急死了。”这里的“你”实指“我”。

人称代词的单复数在一定条件下也可以转换，如：“我校”与“人不犯我，我不犯人”中的“我”实是“我们”的意思。在个人撰写的论文中为了避免自以为是的味道，常常用“我们认为”来代替“我认为”，这里的“我们”实指“我”。又如：“咱们刚来，也提不出什么意见。”这“咱们”实表示“我”。

代词还可以用来虚指不确定的人或事物，如：“你一言我一语”，“好好地玩他一天”，“这边打一拳，那边踢一脚”，“我好像在哪儿见过你”。

这些灵活的用法也都是我们应该注意的。

（六）注意量词与名词的搭配

汉语中有不少量词，这不但让母语中没有量词的外国人在学习汉语时犯难，就是中国人，由于各地方言不同，使用量词也有所不同，方言区的人在讲普通话时也往往会用错量词，所以量词与名词的搭配成为普通话水平测试的内容之一。根据《普通话水平测试大纲》，试卷中会列举10个名词和若干量词，让应试人搭配并读出符合普通话规范的10组名量短语。因此，我们有必要掌握量词与名词的正确搭配。

现将国家语言文字工作委员会普通话培训测试中心编制的《普通话水平测试实施纲要》第327～331页的《普通话水平测试用普通话常见量词、名词搭配表》稍加标点后附于下，供大家学习。要说明的是：①该表以量词为条目，共选收常见量词45条。②可与表中所列多个量词搭配的名词，以互见形式出现。③例子中的分号、句号原无，为我所加。其中分号处，原为换行处。④将原表中的“儿”字改小，表示它仅仅是一个卷舌动作而不是一个单独的音节。

表3-2-1　普通话水平测试用普通话常见量词、名词搭配表

1. 把	bǎ	菜刀、剪刀、宝剑（口）、铲子、铁锨、尺子、扫帚、椅子、锁、钥匙；伞（顶）、茶壶、扇子、提琴、手枪（支）
2. 本	běn	书（部、套）、著作（部）、字典（部）、杂志（份）、账
3. 部	bù	书（本、套）、著作（本）、字典（本）；电影（场）、电视剧、交响乐（场）；电话机、摄像机（架、台）；汽车（辆、台）
4. 场	cháng	雨、雪、冰雹、大风；病、大战、官司
5. 场	chǎng	电影（部）、演出（台）、话剧（台）、杂技（台）、节目（台、套）、交响乐（部）、比赛（节、项）、考试
6. 道	dào	河（条）、瀑布（条）；山（座）、山脉（条）、闪电、伤痕（条）；门（扇）、墙（面）；命令（项、条）、试题（份、套）、菜（份）
7. 滴	dī	水、血、油、汗水、眼泪
8. 顶	dǐng	伞（把）、轿子、帽子、蚊帐、帐篷
9. 对	duì	夫妻、舞伴、耳朵（双、只）、眼睛（双、只）、翅膀（双、只）、球拍（副、只）、沙发（套）、枕头、电池（节）
10. 朵	duǒ	花、云（片）、蘑菇
11. 份	fèn	菜（道）、午餐、报纸（张）、杂志（本）、文件、礼物（件）、工作（项）、事（件）、试题（道、套）
12. 幅	fú	布（块、匹）、被面、彩旗（面）、图画（张）、相片（张）

13. 副　fù　对联、手套（双、只）、眼镜、球拍（对、只）；脸（张）、扑克牌（张）、围棋、担架

14. 个　gè　人、孩子；盘子、瓶子；梨、桃儿、橘子、苹果、西瓜、土豆、西红柿；鸡蛋、饺子、馒头；玩具、皮球；太阳、月亮、白天、上午；国家、社会、故事

15. 根　gēn　草（棵）、葱（棵）、藕（节）、甘蔗（节）；胡须、头发、羽毛；冰棍儿、黄瓜（条）、香蕉、油条、竹竿；针、火柴、蜡烛（支）、香（支、盘）、筷子（双、支）、电线、绳子（条）、项链（条）、辫子（条）

16. 家　jiā　人家、亲戚（门）；工厂（座）、公司、饭店、商店、医院（所）、银行（所）

17. 架　jià　飞机、钢琴（台）、摄像机（部、台）、鼓（面）

18. 间　jiān　房子（所、套、座）、屋子、卧室、仓库

19. 件　jiàn　礼物（份）、行李、家具（套）；大衣、衬衣、毛衣、衣服（套）、西装（套）；工作（项）、公文、事（份）

20. 节　jié　甘蔗（根）、藕（根）、电池（对）、车厢、课（门）、比赛（场、项）

21. 棵　kē　树、草（根）、葱（根）、白菜

22. 颗　kē　种子（粒）、珍珠（粒）、宝石（粒）、糖（块）、星星、卫星；牙齿（粒）、心脏；子弹（粒）、炸弹；图钉、图章

23. 口　kǒu　人、猪（头）；大锅、大缸、大钟（座）、井、宝剑（把）

24. 块　kuài　糖（颗）、橡皮、石头、砖、肥皂（条）、手表（只）；肉（片）、蛋糕、大饼（张）、布（幅、匹）、绸缎（匹）、手绢（条）、地（片）、石碑（座）

25. 粒　lì　米、种子（颗）、珍珠（颗）、宝石（颗）、牙齿（颗）、子弹（颗）

26. 辆　liàng　汽车（部、台）、自行车、摩托车、三轮车

27. 门　mén　课（节）、课程、技术（项）；亲戚（家）、婚姻；大炮

28. 名　míng　教师（位）、医生（位）、犯人

29. 面　miàn　墙（道）、镜子、彩旗（幅）、鼓（架）、锣

30. 盘　pán　磨（扇）、香（根、支）；磁带、录像带

31. 匹　pǐ　马；布（块、幅）、绸缎（块）

32. 片　piàn　树叶、药片、肉（块）；阴凉、阳光、云（朵）、地（块）
33. 扇　shàn　门（道）、窗户、屏风、磨（盘）
34. 双　shuāng　手（只）、脚（只）、耳朵（对、只）、眼睛（对、只）、翅膀（对、只）；鞋（只）、袜子（只）、手套（副、只）、筷子（根、支）
35. 所　suǒ　学校、医院（家）、银行（家）、房子（间、套、座）
36. 台　tái　计算机、医疗设备（套）、汽车（部、辆）、钢琴（架）、摄像机（部、架）；演出（场）、话剧（场）、杂技（场）、节目（场、套）
37. 套　tào　衣服（件）、西装（件）、房子（间、所、座）、家具（件）、沙发（对）、餐具、书（本、部）、邮票（张）、医疗设备（台）；节目（场、台）、试题（道、份）
38. 条　tiáo　绳子（根）、项链（根）、辫子（根）、裤子、毛巾、手绢儿（块）、肥皂（块）、船（只）、游艇（只）；蛇、鱼、狗（只）、牛（头、只）、驴（头、只）、黄瓜（根）；河（道）、瀑布（道）、山脉（道）、道路、胡同儿、伤痕（道）；新闻、信息、措施（项）、命令（道、项）
39. 头　tóu　牛（条、只）、驴（条、只）、骆驼（只）、羊（只）、猪（口）；蒜
40. 位　wèi　客人、朋友、作家（名）
41. 项　xiàng　措施（条）、制度、工作（份）、任务、技术（门）、运动、命令（道、条）、比赛（场、节）
42. 张　zhāng　报纸（份）、图画（幅）、相片（幅）、邮票（套）、扑克牌（副）、光盘、大饼（块）、脸（副）、嘴；网、弓；床、桌子
43. 只　zhī　鸟、鸡、鸭、老鼠、兔子、狗（条）、牛（头、条）、驴（头、条）、羊（头）、骆驼（头）、老虎、蚊子、苍蝇、蜻蜓、蝴蝶；手表（块）、杯子；船（条）、游艇（条）；鞋（双）、袜子（双）、手套（副、双）、袖子、球拍（对、副）、手（双）、脚（双）、耳朵（对、双）、眼睛（对、双）、翅膀（对、双）
44. 支　zhī　笔、手枪（把）、蜡烛（根）、筷子（根、双）、香（根、盘）；军队、歌
45. 座　zuò　山（道）、岛屿；城市、工厂（家）、学校（所）、房子（间、所、

套）、桥；石碑（块）、雕塑、大钟（口）

二、虚词的正确使用

（一）虚词使用实例剖析

虚词包括的词类虽然不多，使用起来却并不简单，常会出错，也常常成为语文试卷中的重要内容。我们不妨先看下面的试题：

1）下面加点的词使用正确的一句是：

A. 老师对于学生提出严格的要求，是工作负责的表现。

B. 这些现象对有些同志可能不习惯。

C. 对于研究鲁迅的文章，他今年发表了好几篇。

D. 当今世界，数风流人物还看超级富豪，可以说，关于他们，人们已说过千言万语。

要解答此题，首先必须了解介词“对”“对于”“关于”的用法差别。介词“对”与“对于”都用来引进对象或事物的关系者，所以用法差不多，但“对”所保留的动词性较强。因此，当“对”表示“向”“对待”等动作性较强的意义时，就不能换用“对于”了。如：

2）她对人十分热情。（表示“对待”，不可换用“对于”）

3）这件事他对谁也没说过。（表示“向”，不可换用“对于”）

4）批评是为了帮助同志，应当对事不对人。（表示“指向”，不可换用“对于”）

由此可见，“对”的使用范围比“对于”大，就是说，用“对于”的地方一般都可换用“对”，但用“对”的地方不一定能换用“对于”。只有“对”表示的动作性较弱，可理解为“在……方面”时，才可换用“对于”。如：

5）你的话对我有启发。（可换用“对于”）

6）大家对这个问题的意见是一致的。（可换用“对于”）

至于“关于”，主要用来引进行为或事物的关系者，所以其用法与“对于”有异又有同。单表示关涉的范围时，用“关于”而不用“对于”或“对”。如：

7）他看了很多关于研究鲁迅的文章。（不能换用“对于”或“对”）

如果单指出对象，就用“对于”或“对”而不用“关于”。如：

8）对于（或用“对”）领导的缺点、错误，每个员工都可以批评。（不能换用“关于”）

如果兼有两种情况，即引进的词语既可理解为关涉者，又可理解为对象，则既可用“关于”，也可用“对于”或“对”。如：

9）关于（或用“对于”“对”）兴修水利，大家都很赞成。

10）关于（或用“对于”“对”）他的问题，下次会议再讨论吧。

此外，用“对”和“对于”时，还有一个主客体次序的问题。像例5中的主体是“你的话”，客体是“我”，表示你的话使我有所领悟。例6的主体是“大家”，客体是“这个问题”，表示大家在这个问题上的意见是一致的。在使用“对”和“对于”时，绝不可任意颠倒主体、客体的次序。下面的例子即犯了主客颠倒的毛病。

11）*这里的情况，对于我们是非常熟悉的。（“对于”应放在“这里的情况”之前）

现在我们再来解答例1的试题就容易了。A句表示向学生提出要求，应该用“对”。B句颠倒了主客体，应改为“有些同志对这些现象可能不习惯”。C句表示发表的文章属于哪一方面，只在指明涉及的范围，“对于”应改为“关于”。D句表示人们谈及的范围，用“关于”是对的，所以答案是D。

下面我们再看一题：

12）指出填入下边语段中横线上的关联词依次正确的一项是：

刚进入一个单位的新人，____对新环境还不熟，每每有找小团体作为依靠的需要，____日子一长，却又面临“流言传来传去”的困境，不知如何是好。____，面临这种情况应如何应付呢？____你不想加入任何一个小团体，有两个选择：首先，最好是想办法与各个小团体保持“等距离”，使自己____能快速地得到各种信息，____不会因非其同类而受到排挤，不过这样做本身必须具有相当高的智慧和相当巧妙的处事方式；其次，____对于人际关系的操纵还不熟练的话，____加入这些小团体，不如远离所有的小团体，这样可以保护自己，这样做的前提是自己在工作上不可发生重大的失误，____成为众矢之的。

A. 既然　可　然而　只要　又　也　倘若　如果　否则

B. 因为 但 那么 如果 既 又 如果 与其 以免

C. 既然 可 然而 只要 既 又 如果 与其 以免

D. 因为 但 那么 如果 又 也 倘若 如果 否则

此题中的关联词，除了“既”“又”“也”等少数几个副词外，大多是连词，所以主要目的在于测试考生对虚词的掌握程度。当然，对这种题目可以采取逐项排除法来提高解题速度，但如果不明白这些关联词的作用与用法，就无法排除误项。先看第一个词，“既然”与“因为”虽然都用在因果复句中，但“既然”用于推论结果的因果复句中引出推论的理由，而“因为”则用于说明因果的因果复句中引出原因。根据文意，这里显然不是一种推论，所以 A 项、C 项可被排除。接下来只要判断 B 项、D 项之间的正误了。这两项前四个词相同，所以可考察后面的词。在并列复句中，一般用“既……又……”或“又……又……”而不用“又……也……”。至于“倘若”与“如果”，用法相同。至于第八个空格，其后一句有“不如”，显然是一种取舍复句，应该用“与其”与之相应，而不应该用假设连词“如果”。最后一句显然是一个免除性的目的复句而不是一个否定性的假设复句，所以应该用“以免”。由此可见，正确答案应当为 B。

当然，了解虚词的作用与用法并不只是为了应试，更重要的是为了避免平时的误用，因为虚词的误用是较常见的。如：

13）* 由于我们狠抓了农田水利建设，因而忽视了品种改良的工作。

其实，“狠抓水利建设”与“忽视品种改良”之间很难说有什么因果关系，而只是一种转折关系，所以应该去掉因果连词“由于”“因而”，而在“忽视”前用副词“却”来表示转折。

从上面的分析中我们可以看到，要正确地使用虚词，可以从以下三个方面去努力：一是先了解有关虚词的作用与用法，特别应该明辨那些容易相混的虚词；二是正确地分析语境，确切地理解上下文的含义与逻辑关系；三是尽量找出文中能体现上下文关系或复句类型的关联性词语。其中第二点须在运用时仔细琢磨，第三点可参考本章第五节表 3-5-1。至于第一点，除了上面所述之外，现再介绍一些容易相混而误用的虚词供大家参考。

（二）容易相混而误用的虚词简介

1. “关于”和“对于”

“关于”和“对于”除了上述的分别外，还有一个区别，即“关于”所组成的介词结构独立性较强，可单独用作书名或文章的标题，如《关于目前的形势和任务》。“对于”所组成的介词结构独立性较弱，不能单独用作标题，只能与体词组成偏正词组后一起作书名或文章的标题，如《对于目前形势的几点看法》。

2.“自”“从”和“自从”

“自”“从”和“自从”都表示起点，但用法有区别。

“自”“从”可表示时间、空间、状态、范围的起点，但“自”较具文言色彩，可用在动词后，“从”较为口语化，不可用在动词后。例如：“自/从五月一日起”，“自古以来”，“从古到今”，“自/从北京来”，“来自北京”，“选自《文选》”，“自远而近”，“自上而下”，“从上到下”，“从小到大”。

“自从”只能表示时间的起点，而且这种时间起点只能是过去的。例如：“自从有了人”，“自从我昨天认识了他”。“自”“从”表示时间起点时没有这种限制，如：“自/从昨天起”，“自/从今天起”，“自/从明天起”。

3.“和”“与”“跟”“同”“及”“以及”

“和”“与”“跟”“同”既可用作连词，也可用作介词。我们可从以下两方面来区别其词性：①其前后两项互换位置后意义基本不变的是连词，意义不同的是介词。如“你和他都去吧”与“他和你都去吧”意义基本相同，其中的“和”是连词；“你和他说了什么”与“他和你说了什么”意义不同（施事者不同），其中的“和”是介词。②介词前可插入修饰成分，连词则不行。如：“你曾经和他说了什么？”

应该注意的是，前四个词在一般情况下虽然可以通用，但还是有所区别的。其中“和”最常用，“同”次之，“与”一般用于书面语，“跟”常用于口语。在同一段文章中，为了便于区别连词和介词，一般都把“和”“与”用作连词，把“跟”“同”用作介词。如：“我和你一起去跟他商量吧。”

“及”“以及”作连词时与“和”“与”等不同，其连接的两项在语法结构上是并列关系，但在意义上往往有主次之分，前项为主，后项为次，不能互换，所以在“其他”之前用“及”或“以及”而不用“和”。如：“出席宴会的有各国驻华使节及（或用“以及”）其他外宾。”

值得补充说明的是，“和”除了连接名词外，还可连接动词（连接的动词必须共管一个宾语，或有共同的状语）或形容词（连接的形容词应有共同的状语）。如：

14）我们要不断地研究和解决各种新问题。

15）她的感情是那样地纯洁和崇高。

4.“的”“地”“得”

结构助词“的”“地”“得”都读 de，但用法有别：“的”用在定语后，“地”用在状语后，“得”用在补语前。这种用法规范一般人都了解，但在实际使用时却常有错误发生，这是值得注意的。

“的”除了作结构助词连接定语与中心语外，还可与其他词语组成名词性的“的”字结构，也可用作语气词表示肯定（作语气词时去掉后基本语义不变）。如：

16）这是小张的车。（定语后的结构助词）

17）这辆车是小张的。（“的”字结构）

18）这辆车我坐过的。（语气词）

第三节　语法成分和结构关系

一、语法成分

根据词或词组在某一语言结构中所起的作用可以将它们命名为不同的语法成分（或称“结构成分”）。语法成分有如下几种：

（1）主语——被陈述的部分。如：

你说／很多人不说话。

（2）谓语——陈述主语的部分。如：

你说／很多人不说话。

（3）宾语——被动词支配或说明的部分以及介词引出的部分。如：

看书／是朋友／把它。

（4）定语——修饰体词性词语的部分。如：

红花／三个／新买的十本。

（5）状语——修饰谓词性词语的部分。如：

大声地说／非常紧张。

（6）补语——在后补充说明谓词性词语的部分。如：

说清楚／好得很。

（7）述语——谓语中支配或说明宾语的以及受补语说明的谓词性词语。如：

看书／是朋友／好得很。

（8）兼语——在某一语言结构中既充当前一动词的宾语又充当后一动词的主语的词语。如：

请大家发表意见吧／让我去。

（9）中心语——被定语、状语修饰的词语。如：

红花／非常紧张。

（10）同位语——复指同一事物而其语法地位又相同的词语。如：

他们俩／首都北京。

（11）提示语——又名“复说语”，是复指同一事物而处于某一语言结构外的体词性词语。如：

长江，我要为你歌唱！（称代式提示语）

他买了两件家具：沙发、餐桌。（总分式提示语）

他有一辆小汽车：奥迪2000型。（注解式提示语）

（12）独立语——又名“插说语”，是与某一语言结构中的各个成分不发生结构关系的独立性词语。如：

朋友，你看。（表示招呼的独立语）

看样子她有五十岁了。（表示推测的独立语）

要说明的是，“长江，我要为你歌唱”中的“你”指代“长江”，所以“长江”是提示语；“朋友，你看”中的“你”和“朋友”不是简单的指代关系，所以“朋友”不是提示语而是独立语。

二、语法结构及其内部关系

在一个语言结构（如合成词、词组、句子等）中，各结构成分之间常会发生一定的结构关系。不同的结构关系组成不同的语法结构。结构关系有如下几种：

（1）主谓关系：主语和谓语构成主谓结构，它们之间的关系叫主谓关系。

（2）述宾关系：述语与宾语构成述宾结构，它们之间的关系叫述宾关系。述宾结构中有一种特殊结构叫双宾语结构，如“给我一本书”，其中前一个宾语“我”只是与述语“给”有关而并不改变其时空状态，所以可称之为静态宾语

（一般叫“间接宾语”或“近宾语”）；后一个宾语“一本书”受述语的支配和处置而改变了其时空状态，所以可称之为动态宾语（一般叫“直接宾语”或“远宾语”）。

（3）偏正关系：定语或状语与中心语构成偏正结构，它们之间的关系叫偏正关系。

（4）述补关系：述语与补语构成述补结构，它们之间的关系叫述补关系。

（5）联合关系：语法功能相同的词语联合在一起构成联合结构，它们之间的关系叫联合关系（它们在语义上具有并列、选择、递进等多种关系）。如：简明扼要／乘车或坐船／你、我、他／讨论并通过。

（6）同位关系：同位语与相应的主要成分构成同位结构，它们之间的关系叫同位关系。

（7）连述关系：述宾结构、述补结构、动词性偏正结构连用时不构成联合关系而具有先后次序意义的结构叫连述结构（习称“连动式”），其间的关系叫连述关系。如：去北京开会／走过来开门／到图书馆看书去。

（8）兼语关系：兼语与它前面的动词及后面的谓语构成兼语结构，它们之间的关系叫兼语关系。

各种实词充当结构成分时，其间的结构关系不外上述几种。除了上述由实词组成的各种结构外，还有一些由虚词与实词组成的结构，如介词结构（如“比过去”）、“的”字结构（如“红的”）、“所”字结构（如“所说”）、“者”字结构（如“前者”）、比况结构（如“飞也似的”“亲兄弟一般”）等。

三、如何区别易混结构

（一）兼语与连述

两个动词陈述同一对象（即同一主语）的是连述结构，陈述不同对象（分别陈述主语与兼语）的是兼语结构。如：

1）他举起手说。（连述，“举”“说”都陈述“他”。）

2）他让我说。（兼语，“让”陈述“他”，“说”陈述“我”。）

（二）兼语与主谓结构作宾语

前一动词只支配后一动词主语（兼语）的是兼语结构，支配其后整个结构的是主谓结构作宾语。如：

3）我让他今天走。（兼语，“让”只支配“他”。）

4）我希望他今天走。（主谓结构作宾语，“希望”的对象是整个主谓结构“他今天走”。）

（三）连述与联合结构作谓语

两个述语不能颠倒的是连述结构，能颠倒的是联合结构作谓语。如：

5）他天天上图书馆看书。（连述，“上图书馆”和“看书”不能颠倒。）

6）他天天看书读报。（联合结构作谓语，“看书”和“读报”可颠倒。）

（四）双宾语与联合结构作宾语

两个宾语不能颠倒的是双宾语，可颠倒的是联合结构作宾语。如：

7）我送小王一本书。（“小王”和“一本书”不能颠倒，是双宾语。）

8）我到车站送小王、小李。（“小王”和“小李”可颠倒，是联合结构作宾语。）

（五）述宾与介宾

有些词兼属动词和介词，如果其后没有谓语动词，它就是述语；如果其后有谓语动词，它就是介词。如：

9）他在家。（“在”是动词，与“家”组成述宾结构。）

10）他在家休息。（“在”是介词，与“家”组成介宾结构。）

第四节　汉语结构的语法分析

对语言结构进行语法分析，就是要分析出组成该语言结构的各种语法成分以及这些语法成分之间的结构关系。这主要是为了帮助我们正确地理解该语言结构的意思，发现并避免语法错误。影响较大的语法分析方法有两种：一是语法成分分析法，又称成分划线法；二是结构关系分析法，又称层次图解法。

一、语法成分分析法（成分划线法）

语法成分分析法习称句子成分分析法或结构成分分析法，它用一系列的符号来标明语法成分：用“｜”或“‖”分开主语与谓语，在主语中心语之下标“═══”，在述语之下标“───”，在宾语中心语之下标“～～～”，在定语之下标“（ ）”，在状语之下标“[ ]”，在补语之下标“〈 〉”，在兼语之下标“≈≈≈”，在同位语之下标“○”，在独立语之下标“Δ”。如：

你看，他们俩丨正从马路对面走上去让她买他们的首饰与化妆品。

二、结构关系分析法（层次图解法）

结构关系分析法习称层次分析法或直接成分分析法，它是对某一语言结构中的所有成分由大到小或由小到大逐层进行切分，并标明其间的结构关系。如：

1）你看，他们俩正从马路对面走上去让她买他们的首饰与化妆品。

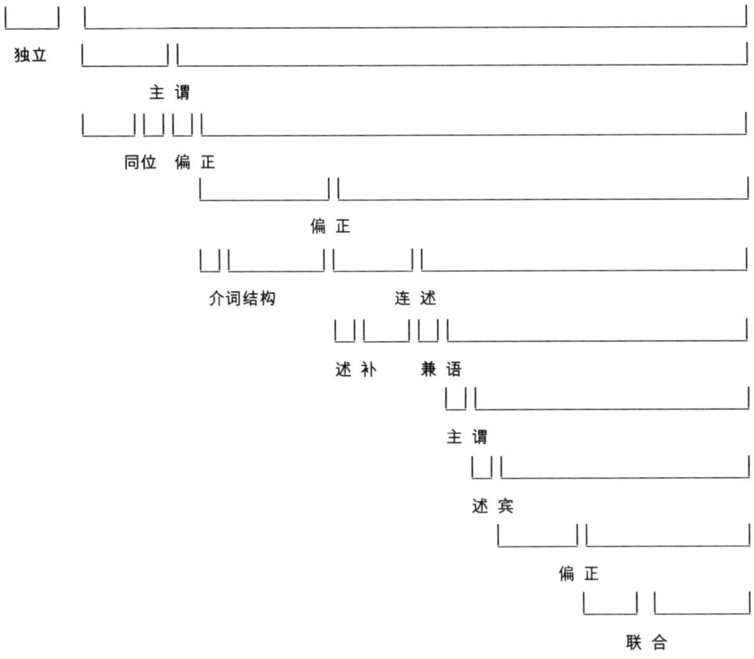

2）你看，他们俩正从马路对面走上去让她买他们的首饰与化妆品。

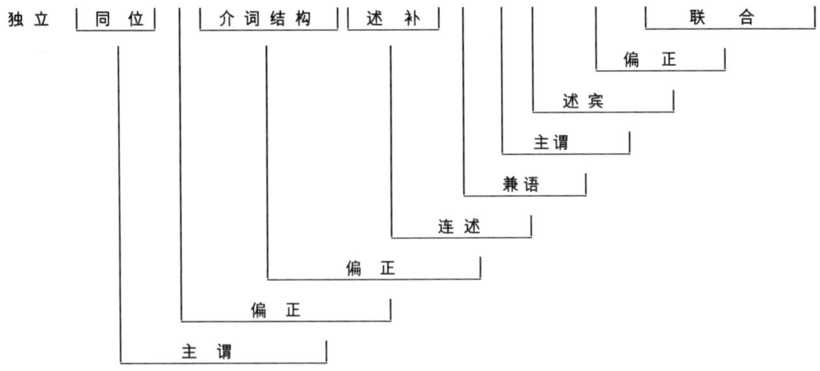

第五节 单句、复句和句群

一、如何区别单句和复句

句子，是由词或词组构成的具有一定语调、意思相对完整而末尾有较大停顿的语言单位。只要符合这一定义中的条件，即使是一个词，也可成为一个句子。如：

1)“谁？”“我。”（这一问一答是两个句子）

句子，从其总体的结构形式着眼，可分为单句和复句两大类。单句与复句的区别，主要在于其总体结构的简单与复杂。凡总体结构只有一套主谓结构的，不论其具体结构如何复杂，它也是单句；凡总体结构有两套或两套以上主谓结构的，即使看上去非常简单，它也是复句。如：

2）当你坐在飞机上，看着我们无边无际的像覆盖上一张绿色地毯的大地的时候；当你坐在汽车上，倚着车窗看万里平畴的时候；或者在农村里看到一个老农捧起一把泥土，仔细端详，想鉴定它究竟适宜于种植什么谷物和蔬菜的时候；或者，当你自己随着大伙在田里插秧，黑油油的泥土吱吱地冒出脚趾缝的时候；你是否为土地涌现过许许多多的遐想——想起它的过去，它的未来；想起世世代代的劳动人民为要成为土地的主人，怎样斗争和流血；想起在绵长的历史中，我们每一块土地上面曾经出现过的人物和事迹，他们的痛苦、忿恨、希望、期待的心情？

3）你不想去也得去。

例 2 看上去很复杂，但实际上只有一套主谓结构：“你是否涌现过遐想？”“你”前面的部分只是状语，“遐想”后面的部分只是宾语“遐想”的同位语，所以它只是一个单句。

例 3 看上去很简单，但实际上有两套主谓结构：“即使你不想去，你也得去。”所以是复句。当然，例 3 这种复句是一种紧缩复句，因为它压缩掉了一般复句中分句间的语音停顿及某些关联词语。至于一般的复句，往往有如下几个特点：

（1）复句一般由两个或两个以上的分句构成，但不管有多少分句，它只是一个句子，有统一的语调，只在最后有较大的停顿，全句只用一个句末点号（句号、叹号或问号）。

（2）分句之间往往有停顿，这种停顿一般用逗号表示；如果分句内部已用逗号，分句间可用分号，但不用句末点号。

（3）在结构上，各个分句既相互关联，又各具相对的独立性。它们互不包含，即每个分句都不充当其他分句中的成分，它们都是具有相对独立性的主谓结构。这是区别单句与复句时的主要依据。当然，各分句的主语如果相同，则在不影响表意明确的情况下，也可只在一个分句使用主语而省去其他分句中的主语。由此看来，区别单句与复句时的根本依据，就是看这句子中有多少具有相对独立性的谓语。例 3 只有一个主语，它之所以是复句，就是因为“不想去”与“也得去”各具独立性，它们互不包含，不互为句子成分。例 2 之所以是单句，就是因为它的各个部分只充当句子中的结构成分，具有结构关系。

（4）分句之间的语义关系，有时可用意合法表示而不用关联词语，但有时必须用一些关联词语来表示。

二、单句的类型及其作用

单句从不同的角度、根据不同的标准可以分为不同的类型。每一类型的句子，往往具有独特的作用，所以值得我们注意。

从语气来看，可以分为陈述句、疑问句（包括是非问、特指问、选择问、反诘问等）、祈使句、感叹句，它们可用来表达不同的语气和感情色彩。

从表达方式来看，可以分为主动句、被动句，它们可用来突出不同的对象。

从判断方式来看，可以分为肯定句、否定句、双重否定句等，它们可用来显现不同的肯定程度。

从结构成分来看，可以分为主谓句和非主谓句，主谓句又可分为完全句和省略句。完全句可用来周密地表达意思，而省略句则显得十分简练，非主谓句也显得简约有方。

从语序上来看，可以分为常式句和变式句（倒装句），变式句可用来突出强调某种成分。

三、复句的类型

按照复句内部的语义关系，我们可将复句分类。为简明起见，我们先将复句的类型与每一类型所用的关联词语列成表 3-5-1，然后再对一些疑难问题作一些补充说明。

表 3-5-1 复句类型与关联词语一览表

复句大类	基本类型	语义简介	关联词语
联合复句	并列复句	前后平列	一方面……另一方面……，一边……一边……，既……又……，又……又……，……也……，……又……还……，……同时……，有时……有时……
		前后相对	是……不是……，不是……而是……
	解证复句	后面解释证明前面	即……，就是说……，也就是说……，如……，像……
	连贯复句	后面承接前面	首先……其次……，起先……后来……，……然后……，……就（便）……，……于是……，首先……接着……后来……，……又……，刚……就……，……再……
	选择复句	数者之中可选其一	或者（或）……或者（或）……或者（或）……，是……还是……
		数者之中必居其一	不是……就是……，要么……要么……，不是……就是……要不……
	递进复句	层层深入	不但（不仅，不只，不光，不单，不独）……而且（并且，也，还）……甚至（甚而至于）……，……更……，……尤其……，……而且……，……再……
		前面反衬后面	不但（非但）不（没有）……反而（还）……
		前面烘托后面	尚且……何况（更）……，……况且（何况）……
偏正复句	取舍复句	取前舍后	宁可（宁愿）……也（决）不……，宁可（宁愿）……也……
		舍前取后	与其……不如……，与其……宁可……，与其……毋宁……

续表

复句大类	基本类型	语义简介	关联词语
偏正复句	因果复句	前原因，后结果	因为（由于）……所以……，……因此（所以）……，……以致……，……因而……
		前结果，后原因	之所以……是因为……，……因为……，……原因是……
		前根据，后结论	既然（既）……那么（那，就）……，……可见……
	假设复句	前假设，后结论	如果（假如，倘若，假使，如，若，要是，要不是）……那么（那，就，便）……，……就……，……否则就……
		前结论，后假设	……倘若（假如）……
	让步复句	前假设的让步，后转折性结论	即使（就是，就算，纵然，即令，即便，哪怕）……也（还，仍然）……
		前结论，后假设的让步	……即使（哪怕，就算）……
		前对事实的让步，后转折性结论	虽然（虽，尽管，虽则，虽说，固然）……但是（然而，可是，却，还是，仍然，也）……
		前结论，后对事实的让步	……虽然（尽管）……
	转折复句	前陈述，后转折	……但是（但，可是，然而，而）……，……只是（不过，却，可）……
	条件复句	前充分条件，后必然结果	只要……就……，……就……
		前必要条件，后结果	只有（除非）……才……，……必须……才……，除非……要不（否则）就不……
		前无条件，后必然结果	无论（不论，不管，任凭，任）……也（都，还，总，总是）……
	目的复句	前目的，后手段	为了（为着）……
		前手段，后获取性目的	……以便（以，用以，是为了，为的是，以利于，好）……
		前手段，后免除性目的	……以免（以防，免得，省得）……

须补充说明的是：

（1）复句的名称及分类学术界尚未统一，如连贯复句有人称为“承接复句”，取舍复句有人并入选择复句，递进复句有人归入偏正复句，目的复句有人并入因果复句，让步复句有人分别归入假设复句和转折复句，假设复句有人归入条件复句。限于篇幅，在此不作详论。

（2）表中的复句除了一般形式外，有的还有紧缩形式。复句的紧缩形式往往压缩掉了分句间的语音停顿及某些关联词语，很像单句，但实际上是复句。如：

1）偷鸡不着蚀把米。（递进复句的紧缩）

2）家藏狐狸鸡不剩。（因果复句的紧缩）

3）他不问不开口。（假设复句的紧缩）

4）工作再忙我也要去。（让步复句的紧缩）

5）秤砣虽小压千斤。（让步复句的紧缩）

6）他一说话就笑。（条件复句的紧缩）

7）你上哪儿我都找得着。（条件复句的紧缩）

（3）除了表中的基本类型外，还有一些其他类型的复句。如连锁复句：“大家越干越有劲。”“愈艰难愈要做。”

（4）除了紧缩复句和连锁复句应与单句区别外，有些形式相似的单句、复句也应加以区别。如：连述结构充当谓语的单句与连贯复句十分相似，但单句之连述结构中间没有停顿，而连贯复句中的各分句之间有停顿。

（5）复句中的关联词语应注意正确使用，这在本章第二节第二部分已有所论述。现在我们再将容易混淆的关联词语辨析如下：

①“不是……而是……”与“不是……就是……”：前者用于并列复句，否定什么、肯定什么是确定的；后者用于选择复句，所说的内容尚未确定。

②“要是”与“只要”：前者用于假设复句，强调的是一种设想；后者用于条件复句，强调的是一种充分条件。

③“尽管”与“不管”：前者用于让步复句，表示对事实的让步，它所引出的内容是确定无疑的事实；后者用于条件复句，它引出的条件必须是不确定的。

四、多重复句

有两个或两个以上层次的复句叫作多重复句。换言之，就是分句中又有分句的复句是多重复句。如：

因为革命战争是群众的战争，| 只有动员群众 ||| 才能进行战争，|| 只有依靠群众 ||| 才能进行战争。
因果　　条件　　并列
条件

分析多重复句时要统观全局，吃透句意，抓住关联词语（如果关联词语省去了，就看能加上什么关联词语），逐层分析。在找第一层时，要看哪一对关联词语能从头管到尾。如果发现哪个分句不受该对关联词语管辖，就说明第一层找错了。如此逐层分析下去，整个复句的层次与意义就显豁了。

五、句群

句群又叫句组或语段，它是由两个或两个以上的句子（单句或复句）紧密衔接起来阐述某一话题的语言集合体。

句群与复句或多重复句是不同的概念。多重复句即使内部有多个层次，也只是一个句子，而句群至少有两个句子。

句群往往通过语义、关联词语、类似的语句将各个句子组合成一个群体。各个句子之间可以按照语义分为并列关系、解证关系、连贯关系、选择关系、递进关系、因果关系、假设关系、转折关系、条件关系等。使用的关联词语除常见于复句的外，还有“与此同时”“另外”“此外”“第一……第二……第三……”（以上用于并列关系），“意思是说”“例如”“比如”（以上用于解证关系），“不久”“首先……然后……最终”（以上用于连贯关系），“特别”“特别是”（以上用于递进关系），“正是因为”“其结果”“由此看来”（以上用于因果关系），“这样”“只有这样”（以上用于条件关系）。如：

哥白尼发表了地动学说，不但带来天文学上的革命，而且开辟了各门科学向前迈进的新时代。| 因为他带给人们科学的实践精神，他教给人们怎样批判旧的学说，怎样认识世界。|| 他首先告诉人们不要停止在事物的外表，而要依靠人类的实践，进行全面的分析，深入到事物的本质。|||| 譬如对天文现象的认识，就不能让直觉支配，以为太阳等恒星都在绕地球转动，而不去全面地深入地研究太阳系内全部行星的运行。||| 他还启示人们，不应该迷信古书上的道理，而应该重视客观事实，重视实验和实践；要有勇气怀疑并且敢于批判不符合实际却历来被认为神圣不可侵犯的权威学说。

该句群的第一句与后四句之间是第一层次，为因果关系。第二层次为解证关系，第三层次为并列关系，第四层次又是解证关系。各句通过语义、关联词语与类似的语句（如“他 ×× 人们”）紧密地结合成了一个有机的整体。

除了按句子间的语义关系分为并列、连贯等关系外，我们还可以根据句群中有无中心句将句群分为有中心句群与无中心句群，有中心句群又可根据中心句的位置分为中心展开型句群和向心归纳型句群。这种分类对我们把握句群的主旨很有好处。上面的例子就是一个中心展开型句群，第一句便是中心句。

了解句群的知识不但有利于我们阅读理解，而且有利于我们自觉地利用语言知识，围绕中心，写出结构紧凑、句序合理、层次清楚、贯通畅达的文章来。

第六节 歧义结构和常见病句的辨析与修改

一、歧义结构的类型及其消除方法

一个语言结构可能有两种或两种以上的含义，这种结构就是歧义结构。

虽然在文艺作品中我们可适当地利用一些歧义结构来造成双关或隐语，但在大部分场合，歧义结构有损于语言表达的精确严密，所以应该加以避免，努力消除。正因为如此，对歧义结构的剖析与修改也就成了语言规范化以及教学、考试的重要内容之一。

歧义的产生有多种原因，消除的方法当然应该随机应变。下面我们分类进行论述。

（一）由字词的多义而造成的歧义结构

汉语中的字词大部分是多义的，使用多义字词有时会造成歧义结构。例如：

1）王小二还欠债三万元。（a. 归还，读 huán；b. 仍，读 hái。）

2）那小店关门了。（a. 停业；b. 打烊。）

3）汤热着呢。（a. 不冷；b. 加热。）

4）那支笔我丢了。（a. 遗失；b. 扔。）

类似的例子如：“热菜”，“借我五元钱”，“领导群众”，“吃到广州”，“扫得干净”。要消除这种歧义现象，可以根据所要表达的意思换用意义确定的词。如例 1 的“还”换用“归还”或“仍旧”就不会产生歧义了。当然，这种歧义现象是词汇学研究的对象，所以在此不再详述。

（二）由结构层次不确定而造成的歧义结构

有些语言结构，由于其内部结构层次可以有两种以上的理解，所以该结构内部的各个成分之间的结构关系也就会有不同的理解，从而造成了歧义。这种歧义结构往往由三个或三个以上的词或词组构成，其中中间的一个词或词组既可与前面的部分结合，也可与后面的部分结合，从而造成了不同的结构关系而导致了歧义。我们可以将这种歧义结构归纳为以下几种情况。

（1）动词与名词之间有修饰语时，可歧化为述宾结构与偏正结构。如：

5）a. 远离喧嚣的地区（述宾，该地区很闹）

b. 远离喧嚣的地区（偏正，该地区很静）

6）a. 打败了敌人的军队（述宾，打败军队）

b. 打败了敌人的军队（偏正，打败敌人）

7）a. 教过我们的老师（述宾，教老师）

b. 教过我们的老师（偏正，教我们）

类似的例子如：“骂他朋友的孩子”，“关心企业的职工”，“在北京的学校”，“在北大的图书馆”，“关心自己的孩子”，“热爱人民的领袖”，“尊敬老师的父亲”，“惩罚自己的蠢行”，“安排好的工作”，“反对他的意见”，“访问台湾归来的科学家”。

（2）动词与名词之间有形容词、动词或可作补语的名词时，可歧化为不同的述宾结构。如：

8）a. 招待好朋友（述语+偏正结构组成的宾语：招待自己的好朋友）

b. 招待好朋友（述补结构组成的述语+宾语：把朋友招待好）

9）a. 考虑安排这些事情（述语+述宾结构组成的宾语）

b. 考虑安排这些事情（联合结构组成的述语+宾语）

10）a. 录制了一个小时节目（述语+偏正结构组成的宾语：节目可播放一个小时）

b. 录制了一个小时节目（述补结构组成的述语+宾语：录制花了一个小时）

类似的例子如：“卖光鸭子”，“演好戏”，“读好书”，“打死老虎”，“吓坏人”，“研究解决这些问题”，“砍了三个月的柴”，“做了一天的点心”。

（3）名词前有多个修饰语时，可歧化为不同的偏正结构。如：

11）a. 几个化工厂的职工（几个职工）

b. 几个化工厂的职工（几个化工厂）

12）a. 破衣服里子（破的是里子）

b. 破衣服里子（破的是衣服）

13）a. 他是我刚认识的张兵的哥哥。（刚认识的是“哥哥”）

b. 他是我刚认识的张兵的哥哥。（刚认识的是“张兵”）

14）a. 农村中小学教师（农村的中学教师和小学教师）

b. 农村中小学教师（农村中的小学教师）

类似的例子如：“两个工人救火的故事”，“新职工宿舍”，“一个工人的建议”，“新建的工厂的大门”，“许多出版社赠送的书”，“其他党和国家的领导人”，“传统教育方法”，“一部分学校教员”。

（4）名词前有修饰语和连词时，可歧化为偏正结构与联合结构。如：

15）a. 江苏和浙江部分地区（偏正）

b. 江苏和浙江部分地区（联合）

16）a. 新盖的教室和宿舍（偏正）

b. 新盖的教室和宿舍（联合）

类似的例子如：“小王和他哥哥的朋友”，“其他的同学和老师”，“旧的高层公寓和多层住宅”。

（5）主语是“我们”等代词，且其后紧跟的词语可充当其同位语时，可歧化为不同的主谓结构。如：

17）a. 明天我们小组讨论。（以小组为单位讨论，“我们”不止一个小组。）

b. 明天我们小组讨论。（“小组”是同位语，只有我们一个小组讨论。）

18）a. 你们三个一组。（每三个人合成一组，“你们”不止三个。）

b. 你们三个一组。（“三个”是同位语，“你们”只有三个。）

类似的例子如：“他们八个人吃一桌”。

（6）主语后的词语有可能成为主语时，可歧化为不同的主谓结构。如：

19）a. 我营一连发起三次进攻。（“我营”为主语，我营发起进攻。）

b. 我营一连发起三次进攻。（“一连”为主语，我营的一连发起进攻。）

（7）介词后有带“的”的修饰语时，可歧化为介词结构和偏正结构。如：

20）a. 关于教改问题的讨论（介词与偏正结构组成的介词结构，“关于”的着眼点是“讨论”。）

b. 关于教改问题的讨论（介词结构作定语的偏正词组，“关于”的着眼点是“教改问题”。）

21）a. 对我的帮助（介词结构，“对”的对象是“帮助”，“我”是“帮助”的施事。）

b. 对我的帮助（偏正结构，“对”的对象是“我”，“我”是“帮助”的受事。）

当然，在特定的上下文中，这种结构的歧义可以消除。如：“他对我的帮助表示感谢”（a 义），“他对我的帮助很大”（b 义）。类似的例子如：

22）a. 他对《红楼梦》的研究不感兴趣。（他不研究）

b. 他对《红楼梦》的研究很深入。（他研究）

但是，有些结构在句子中仍然有歧义。如：

23）a. 巴勒斯坦游击队对以色列的进攻是早有准备的。

b. 巴勒斯坦游击队对以色列的进攻是早有准备的。

例 23a 句中“对”的对象是“进攻”，“以色列”是“进攻”的施事，“对以色列的进攻”是介词结构；b 句中“对”的对象是“以色列”，“以色列”是“进攻”的受事，“对以色列的进攻”是偏正结构。要消除例 23 的歧义，可以利用指向性较弱的介词“对于”或改变词序。如：

24）a. 对于以色列的进攻，巴勒斯坦游击队是早有准备的。

b. 巴勒斯坦游击队对进攻以色列是早有准备的。

（8）结构层次的不同理解，有时会造成否定词否定的成分不同，这也可引起歧义。如：

25）a. 不适当地布置作业，对学生的能力培养没有好处。

b. 不适当地布置作业，对学生的能力培养没有好处。

例 25a 句中的“不”否定“适当地布置”，指“不布置适当的作业”，实际上尚未布置；b 句中的“不”否定“适当”，指“布置作业不适当”，实际上已布置。

26）a. 不适当地管教孩子，对孩子成长不利。（不进行适当管教）

b. 不适当地管教孩子，对孩子成长不利。（管教不适当）

27）a. 手表不要退回（“不要”否定“手表”，要求退回。）

b. 手表不要退回（“不要”否定“退回”，要求不退。）

28）a. 我没有一次看完。（“没有”否定“一次”，实际上已看完。）

b. 我没有一次看完。（“没有”否定“看完”，实际上没看完。）

类似的例子如：“不适当地批评教育”。

（9）某些动词搭配时，可歧化为连述结构和兼语结构。如：

29）a. 暑假期间，学校还组织教师召开了家长座谈会。（连述，指学校召开座谈会。）

b. 暑假期间，学校还组织教师召开了家长座谈会。（兼语，指教师召开座谈会。）

（10）某些谓词性词语搭配时，可歧化为并列结构和兼语结构。如：

30）a. 叫汽车快点儿！（并列，指快去叫汽车。）

b. 叫汽车快点儿！（兼语，指让汽车快一点。）

（11）层次的不同理解，有时还会歧化成不同的复句而产生歧义，如：

31）a. 货到全付款

b. 货到全付款

（12）有时词的界限难以确定，就使结构层次难以确定，这也可引起歧义。如：

32）a. 染红了（“红”“了”是两个词，“红”表结果，“了”表完成，“红了”表示已经变红。）

b. 染红了（“红了”是一个词，表示“太红了”，“红得过分了”。）

33）a. 放大了一点儿（两个词，表示已变大。）

└┘└┘

b. 放大了一点儿（一个词，表示太大了。）

└──┘

34）a. 这问题我们去和校长谈好了。（两个词，表示已谈妥，问题已解决。）

└┘└┘

b. 这问题我们去和校长谈好了。（一个词，表示可以去谈，实际还未谈。）

└──┘

35）a. 市里让他9月1日前去汇报。（两个词，表示9月1日之前去市里汇报。）

└┘└┘

b. 市里让他9月1日前去汇报。（一个词，表示9月1日去市里汇报。）

└──┘

36）a. 我国少数民族使用和尚保存的乐器有四百种。（两个词，表示“以及还”。）

└┘└┘

b. 我国少数民族使用和尚保存的乐器有四百种。（一个词，表示佛教徒。）

└──┘

（三）由结构关系不确定而造成的歧义结构

有些语言结构的内部层次只有一种，但其内部成分之间的结构关系却可以有不同的理解，因而也会造成歧义。这种歧义结构一般由两个词或词组构成。我们可以将它们归纳为以下几种。

（1）[动词 + 名词]，可能是述宾结构或偏正结构。如：

37）研究计划（a. 述宾：对计划作研究；b. 偏正：有关研究的计划。）

类似的例子如：“研究资料”，“学习文件”，“参考文献”，“补充材料”，“出口商品”，“炒鸡蛋”，“研究方法”。

（2）[名词 + 名词]，可能是偏正结构或联合结构。如：

38）历史地理（a. 偏正：关于历代地理变革的学科；b. 联合：历史和地理两门学科。）

类似的例子如：“专著词典”（a. 关于某一专著的词典；b. 专著和词典），“商店食堂”，“工厂幼儿园”，“学校图书馆”。

（3）[体词性结构 + 体词性结构]，可能是联合结构或主谓结构。如：

39）我们的朋友，他们的敌人。（a. 联合：我们的朋友和他们的敌人；b. 主谓：我们的朋友是他们的敌人。）

类似的例子如："我们的痈疽，他们的宝贝。""他们的剩余物资，你们的短缺材料。"

（4）［谓词性结构＋谓词性结构］，可能是述宾结构或述补结构。如：

40）想不出来（a.述宾："不出来"是"想"的内容，意为不想出来；b.述补："不出来"是"想"的结果，意为没想出来。）

类似的例子如："想起来"。

（四）由语义关系不确定而造成的歧义结构

有些语言结构的内部层次和内部各成分之间的结构关系是确定的，不可能产生歧异的理解，但其中某些成分之间的语义关系却可以有不同的理解，这也会造成歧义。这种歧义结构有如下几种。

（1）某些名词或代词可能是施事（动作的发出者），也可能是受事（动作的承受者）。如：

41）反对的是他的弟弟。（a."弟弟"是施事：弟弟表示反对；b."弟弟"是受事：弟弟被反对。）

42）鸡不吃了。（a."鸡"是施事：鸡不吃食了；b."鸡"是受事：人不吃鸡了。）

43）这个人谁也没问过。（a."这个人"是施事而"谁"是受事：这个人没问过任何人；b."这个人"是受事而"谁"是施事：任何人都没问过这个人。）

44）"坏蛋骂谁？""坏蛋骂你。"（a."坏蛋"是施事："坏蛋在骂谁？""坏蛋在骂你。"b."坏蛋"是受事："坏蛋"骂的是谁？"坏蛋"骂的是你。骂谁"坏蛋"？骂你"坏蛋"。）

45）老人研究会（a."老人"是施事：老人为研究者；b."老人"是受事：老人是被研究的对象。）

46）她是去年生的小孩。（a."她"是施事：她去年生了小孩；b."她"是受事：她是去年出生的小孩。）

类似的例子如："最喜欢的是她的妈妈"，"那天讲的是老李"，"借给我们的是小王"（a.小王把东西借给我们；b.小王被我们借用），"病人不收了"，"小李没找到"，"他可以接待"，"这个人谁都可以应付"，"这个人连我都不认识"，"连你都不理"，"她爱他胜过小王"，"野生动物保护人"，"少儿作品"。

（2）某些人物名词作定语时可能表示拥有者，也可能表示属性。如：

47）鲁迅的书（a.表拥有：所有权属于鲁迅的书；b.表属性：鲁迅写的书。）

48）王先生的照片（a. 表拥有：王先生拥有或保存的照片；b. 表属性：ⓐ王先生拍摄的照片；ⓑ王先生本人的照片，即照片上的人像是王先生。）

49）小张的信（a. 表拥有：小张是收信人；b. 表属性：小张是写信人。）

50）他的鞋（a. 他穿的鞋；b. 他做的鞋。）

（3）某些状语修饰或限制的对象不确定，也可引起歧义。如：

51）他只会讲法语。（a.“只”限制“讲法语”，指只会讲，不会写；b.“只”限制“会法语”，指只会法语，不会其他语。）

52）他甚至不能理解这样的问题。（a.“甚至”限制“这样的问题”，指这样的问题都不能理解，更不用说其他问题了；b.“甚至”限制“不能理解”，指这样的问题他根本不能理解，更不用说回答了。）

53）他在汽车上画画。（a. 人在汽车上而图画没画在汽车上；b. 人不在汽车上而图画画在汽车上；c. 人在汽车上，图画也画在汽车上。）

54）我在主席台上看到了他。（a. 只有我在主席台上；b. 只有他在主席台上；c. 我和他都在主席台上。）

55）你为什么打他？（a. 为什么要打，而不进行教育；b. 为什么打的是他，而不打别人。）

类似的例子如：“他在桌上刷标语”，“我在过道口看到了小王”。

（4）某些名词可能表示内部的利用，也可能表示外部的利用。如：

56）传统教育（a. 内部利用：把传统当作教育的内容，如“进行传统教育”；b. 外部利用：用传统的方式来教育，如“传统教育已不合时宜”。）

57）用松子煮粥（a. 内部利用：把松子当作原料；b. 外部利用：把松子当作燃料。）

（5）某些代词或数量词指代的内容不确定，可引起歧义。如：

58）灵车后跟着三个妇女——死者的母亲和她的两个女儿。（a.“她”指死者；b.“她”指母亲。）

59）这个观点最近有人提出了批评，我认为这是对的。（a.“这”指代“这个观点”；b.“这”指代“批评”。）

60）新马路为六车道，两边还有四米宽的人行道。（a. 两边的人行道共有“四米宽”；b. 每边的人行道有“四米宽”。）

61）小张和小王上车后买票，售票员说：“两张一元。”（a. 两张共一元；b. 每张一元。）

62）小王主张马上把情况反映给校长，小李主张过几天再说，这个意见得到了大家的支持。（a. 小王的意见；b. 小李的意见。）

（6）谓语可能有不同的主语时也会引起歧义。如：

63）小张和老王成了好朋友，一碰头就有说有笑，十分高兴。（a. 小张高兴；b. 老王高兴；c. 小张和老王都高兴。）

（7）谓语可能有不同的状语时也会引起歧义。如：

64）这房子住过五家人家。（a. 同时住过；b. 先后住过。）

（五）消除歧义的方法

上面我们分类列举了各种歧义结构，其中也已涉及了消除歧义的方法，现再总结归纳一下。

消除歧义的方法不外如下几种：一是换用意义确定的词，如例 2 换用“停业”或“打烊”就不会有歧义了。二是加用标点以明确停顿，如例 27 在“不要”前或后加上逗号，即可消除歧义。三是加用虚词以分清层次，如例 14 在“中”字前或后加“的”字，即可消除歧义。四是增加必要的词语，如例 59 的“这”换成“这个观点”或“这种批评”就不会有歧义了。五是添加上下文，见上文对例 21 的论述。六是改变句式，见上文对例 23 的论述。

二、常见病句的辨析与修改

人们在说话、写文章时常会出现病句，即所谓的“用词不当”“文理不通”等。这是我们在使用语言时应该尽力避免的。病句中的毛病，除了一部分是用了语义色彩不当的词，很大一部分是犯了语法或逻辑方面的错误。语法分词法和句法两类，下面我们分类论述，以便大家借鉴。

（一）用词方面常见的语法错误

（1）违反构词法，缩合、分拆词语。如：

1）* 节日之夜，外滩的灯光十分绚奇。（“绚丽”“奇妙”不可缩合为“绚奇”。）

2）* 我在酒吧服过几年务。（“服务”中不可插入其他成分，可说成“服务过几年”。）

（2）词性误用。如：

3）* 你穿上这件衣服，青春得多了。（“青春”是名词，不可当作形容词来用，应改为“年轻”。）

（3）不合习惯。如：

4）＊您们有意见吗？（表示复数，一般不用“您们”，而说“您二位”或“您几位”。）

（二）造句方面常见的语法错误

（1）结构成分残缺或多余。如：

5）＊一批按国家标准的新产品出厂了。（状语“按国家标准”后缺中心语“生产”。）

6）＊我们要在这次整改中，建立健全各种规章制度的工作。（“建立”前应加述语“做好”，或删去“的工作”。）

7）＊估计来宾大约有一千人左右。（应删去“大约”或“左右”）

8）＊这项新工艺，是我厂技术人员同心协力，反复试验，他们经过紧张的工作才创造出来的。（应删去“他们”）

（2）语序不当。如：

9）＊考试开始才半个小时，就有人陆续交卷了。（“陆续”应移到“有”字前）

10）＊双方在一些重大问题上交换了广泛的意见。（应改为“广泛地交换了意见”）

11）＊有些炎症，西药能治，中药也能治。不仅中药能与一般抗菌素媲美，而且副作用小。（分句的主语不同，关联词放在主语前；分句的主语相同，关联词应放在主语后。因此，“不仅”应移至“中药”后。）

12）＊为了支援灾区人民，村里的人宁愿献出大米，也要自己吃玉米面。（应改为“宁愿自己吃玉米面，也要献出大米”。）

（3）搭配不当。如：

13）＊艺术团到达的城市，都毫无例外地受到当地人民的热烈欢迎。（不是“城市受到欢迎”，应改为“艺术团每到一个城市……”，使“艺术团”作主语。）

14）＊清明前后，我们学校派了一千多人次参加植树活动。（“人次”不能“派”，应改为“……派了一千多人参加植树活动”。）

15）＊蜜蜂每酿造一公斤蜜，大约要采集100万朵的花粉。（“花粉”不称“朵”，应改为“……100万朵花的花粉”。）

16）＊看完《红岩》，江姐的高大形象在我心中久久不能平静。（不是“形象”“不能平静”，应改为“……高大形象使我的心情久久不能平静”。）

（4）不合句式要求。如：

17）*在此期间，代表团除在首都参观之后，并先后访问了南京、上海等地。（应改为“除……之外，还……”）

18）*经过紧张的抢救，终于把昏迷了五小时的病人清醒过来。（“把”字句中的动词应为及物动词，并能管得住“把”的宾语，“清醒”是不及物动词，不能带宾语“病人”。此句应该用兼语结构，把“把”改为“使”。）

19）*我们如果把这项重要的任务不解决，就无法向领导交代。（“把”字的宾语应该尽量靠近动词，尤其不宜用否定副词或助动词把它们隔开。此外，动词应能管住“把”的宾语。“解决”不能与“任务”相配，应改为“……不把这项重要的任务完成……”。）

20）*不管天气很冷，我们还是坚持早锻炼。（“不管”引出的分句必须是不确定的可选择的内容，这里应改为“尽管”。）

（5）结构混乱。如：

21）*从2002年1月起，本刊出版日期将改在每月16日出版。（两个主谓结构杂糅在一起，应改为“本刊将改在每月16日出版”或“本刊出版日期将改在每月16日”。）

22）*对于乱造简化字的做法应该受到严肃批评。（主动、被动两种句式杂糅在一起，应改为“对于乱造简化字的做法，应该加以严肃批评”或“乱造简化字的做法应该受到严肃批评”。）

23）*你学习如此不认真，那怎么能获得好成绩是可想而知的了。（疑问句与陈述句杂糅，应改为：“……那怎么能获得好成绩呢？”或“……不能获得好成绩是可想而知的了。”）

24）*他让我思考一下这些问题的确是很有好处的。（兼语结构与主谓结构杂糅，应改为：“他让我思考一下这些问题，思考一下这些问题的确是很有好处的。”）

（6）语意混乱。语意混乱主要指造句时使用了歧义结构，从而造成了理解上的混乱。这在上文已作了详细介绍，在此不再赘述了。要补充的是，有些语句中的主体常常会在无意之中被变换，这也会造成语意混乱的毛病。如：

25）*我国最早发明印刷术，已经有几千年的历史了。（后一分句陈述的主体不是“我国”，如此表述便造成了语意上的混乱，应改为“我国印刷术发明最早，已经……”）

26）* 有些同学后悔地说："玩游戏机影响了他们的学习。"（应该指自己的学习，"他们"应改为"我们"或"自己"。）

（三）造句方面常见的逻辑错误

（1）否定失误。这主要发生在否定词连用以及否定词与含有否定意思的动词（如"否认""拒绝""缺乏""忌"等）连用的场合。如：

27）* 工人们坚持罢工，拒绝不上班。（应删"不"）

28）* 睡眠有三忌：一忌睡前不可恼怒，二忌睡前不可饱食，三忌卧处不可当风。（应删"不可"）

29）* 我们现在所缺乏的，一是没有高学历的科研人员，二是没有先进的实验设备。（应删去"没有"）

（2）主客颠倒。如：

30）* 港台影片，对于青年人是很感兴趣的。（应改为"对于港台影片，青年人……"）

（3）自相矛盾。如：

31）* 同志们基本上都已经到齐了。（"都已经到齐"与"基本上"矛盾）

（4）分类不当。如：

32）* 屋前屋后种了许多果树、梨树、桃树。（"梨树、桃树"包括在"果树"中，不应相提并论。）

（5）判断失误。如：

33）* 你这样用功，一定能取得好成绩。（应该说"很可能会取得好成绩"，而不宜说"一定能"。）

（6）概念混乱。如：

34）* 他的原籍是山东人。（"原籍"指祖居或个人出生的地方，不是指人。应改为"他原籍山东"或"他原是山东人"。）

（7）次序失当。如：

35）* 必须努力提高和恢复教师的社会地位。（应先"恢复"再"提高"）

（8）推理谬误。如：

36）* 我们有这样英雄的军队，怎能战无不胜？（有了英雄的军队，应该能战无不胜。）

（四）病句的辨析与修改方法

要修改病句，首先得发现分析病句。

发现病句的方法，主要是凭自己的语感进行审读，如果读上去感到别扭，就应该仔细分析一下。

分析病句的方法，首先可利用语法分析的手段，将句子简缩——就是将句中的主语、谓语或主语、述语、宾语等主要成分提出来，使句子简化——以便检查其主干是否有毛病；如果主干没有问题，再检查其修饰成分。如：

37）＊我一点也不怀疑他们有为实现共产主义理想的决心。

这句的主干是“我不怀疑他们有决心”。这主干没问题，我们可以再检查修饰成分。这时我们可以发现，“为实现共产主义理想”是个介词结构，应充当状语，其后缺了“而奋斗”三个字。

有时候通过结构简缩还难以看出毛病，我们可以仿照原句的结构造一些句子来比较，以便使语病更清楚地显示出来。如：

38）＊这种现象值得文教工作者，特别是中小学教师的重视。

这句句子乍一看难以发现其语病，我们可仿照其结构造一些句子，如“这值得我们的研究”，“这值得你们的参考”，由此我们就可发现原句应删去“的”字。

如果在语法上找不到毛病，我们可以从逻辑事理上进行分析，看它是否有逻辑上的毛病。如：

39）＊张大娘说出了积压在妇女心里的几千年的话语。

这句从语法上看没有什么毛病，但从事理上进行分析，就会发现其不合理，因为张大娘是当代人，不可能一下子讲出“几千年的话语”。这“几千年”不应该作“话语”的定语，而应该作状语修饰“积压”，即改为：“张大娘说出了几千年来积压在妇女心里的话语。”

上面我们从语感审读、结构简缩、仿造对比、事理剖析等方面论述了发现分析病句的方法，我们可以联系上面所列举的病句再仔细地领会这些方法。当然，这些方法应该综合起来使用，这样效果就会更好。至于修改病句的方法，应根据具体情况来进行，不能一概而论，我们可以结合上列病句的修改方案仔细加以体会来把握。

三、普通话与方言常见语法差异举例

有些说法在某些方言中是正确的，因为它合乎该方言的语法；但放到普通话中来说就不正确了，因为它不符合普通话的语法。例如：在江淮方言中说“明年子”“这样子”“麦穗子”“面条子”是正确的，但在普通话中这样的说法就不正确了，而应该说成“明年”“这样”“麦穗儿”“面条儿”才对。在吴方言中说“厨房间”“厕所间”“洋袜”“鼻头”是没有问题的，但在普通话中就不能这样说，而应该说成“厨房”“厕所”“袜子”“鼻子”。方言中的这些说法虽然不能与上述的病句划等号（因为它在该方言中不是一种语病），但用于普通话，就只能属于不规范的或错误的说法了。

普通话与各方言之间的差别，最为显著的是语音，其次是词汇，而语法上的差别相对较小，所以在进行普通话教学或测试时，语音是重点。但是，语法问题并非无足轻重，在讲普通话时如果因为方言的影响而说出某些不符合普通话语法规范的话也是不能接受的，所以国家语言文字工作委员会普通话培训测试中心编制了《普通话与方言常见语法差异对照表》（载《普通话水平测试实施纲要》第 289 ～ 331 页），以供普通话水平测试时使用，这当然也可视为我国的语言规范之一种。该《对照表》中的《普通话水平测试用普通话常见量词、名词搭配表》已经附录于本章第二节。至于其余部分，由于篇幅太大，所以现选录一部分例子改编于下，以便方言区的人学习掌握。下面例子中没有标“*”的是符合普通话语法规范的说法；标有“*”的句子是方言中的说法，是不符合普通话语法规范的表达形式；括号中所注释的是该句表达的意思。

1）a. 我买了一顶帽子、一条裤子。
　b. 我买了一顶帽儿、一条裤儿。*
2）a. 他审阅了二百一十三个方案。
　b. 他审阅了二百十三个方案。*
3）a. 二比五。
　b. 两比五。*
4）a. 他大约要两三个月才能回来。
　b. 他大约要二三个月才能回来。*
5）a. 还有二两油。
　b. 还有两两油。*
6）a. 下午两点多。
　b. 下午二点多。*
7）a. 我家住在二层。
　b. 我家住在两层。*
8）a. 两个人的世界。
　b. 二个人的世界。*
9）a. 他很能说。
　b. 他很会说。
　c. 他很不会说话。
　d. 他很不能说话。*
10）a. 他不会不来。（一定会来）
　b. 他不能不来。（一定要来）
　c. 他不能不来。（一定会来）*
11）a. 开了刀，他笑都不能笑。
　b. 开了刀，他笑都笑不得。*
12）a. 他伤好了，能走路了。
　b. 他伤没好，不能走路。
　c. 他伤好了，会走路了。（能走路）*
　d. 他伤没好，不会走路。（不能走路）*
13）a. 我去告诉他。
　b. 我来去告诉他。*
14）a. 我们去问他。
　b. 我们来问他。
　c. 我们来问他。（我们去问他）*
15）a. 说起话来没个完。
　b. 话说起来没个完。
　c. 说话起来没个完。*
16）a. 血红血红的
　b. 血红红的 *
　c. 红蛮红的 *

17）a. 冷冰冰
b. 冰冰冷 *
18）a. 雪白雪白的
b. 雪雪白的 *
c. 雪白白的 *
19）a. 这花儿多好看啊！
b. 这花儿好好看啊！ *
20）a. 冬天北方非常冷。
b. 冬天北方过冷。*
c. 冬天北方老冷。*
21）a. 不，他不是这样唱的。
b. 没有，他不是这样唱的。*
22）a. 他不回家。
b. 他没有回家。
c. 他没有回家。（他不回家）*
23）a. 妈妈说红的花多半不香。
b. 妈妈说红的花多半没有香。*
24）a. 我们被他骂了一顿。
b. 我们遭他骂了一顿。*
25）a. 别让他跑了。
b. 别被他跑了。*
26）a. 你把钱放在桌子上吧！
b. 你把钱放桌子吧！ *
27）a. 今天走了五十里路。
b. 今天走得有五十里路。*
28）a. 我们慢慢地走。
b. 我们慢慢子走。*
29）a. 你家里有没有人？
b. 你家里是没有人儿？ *
30）a. 他们坐不坐？
b. 他们坐不？ *
31）a. 这种舞你会不会跳？
b. 你会跳这种舞吗？
c. 这种舞你会跳不会跳？
d. 这种舞你跳得来跳不来？ *
e. 这种舞你跳得来不？ *
32）a. 我们不会说谎。
b. 我们说不来谎。*
33）a. 他不吃辣椒。
b. 他吃不来辣椒。*
34）a. ——你能不能走？
——我能走。/ 我不能走。
b. ——你走得不？ *
——我走得。/ 我走不得。*
35）a. 这东西能不能吃？
b. 这东西能吃不能吃？
c. 这东西吃得不？ *
36）a. 我说（比、打、跑）不过他。
b. 我说（比、打、跑）他不过。*
37）a. 我想看他一下。
b. 我想看一下他。（强调“他”）
c. 我想看一下他。（我想看他一下）*
38）a. 我给他三斤苹果。
b. 我苹果给他三斤。*
c. 我给三斤苹果给他。*
39）a. 送我一件衣服。
b. 送一件衣服我。*
c. 送一件衣服给我。
d. 衣服一件送我。*
e. 衣服送一件给我。*
40）a. 上海快到了。
b. 上海到快了。*
41）a. 汽车快来了。
b. 汽车来快了。*
42）a. 他快吃完饭了。
b. 他饭吃好快了。*
43）a. 你多吃一点。
b. 你吃多一点。
c. 你吃多一点。（你多吃一点）*
44）a. 请你多喝两杯。
b. 请你喝多两杯。*
45）a. 你站好。
b. 你站站好。*
46）a. 我一定要弄清楚。
b. 我一定要弄弄清楚。*

47）a. 四川省比广东省大。
　　b. 四川省大过广东省。*
48）a. 你比我矮。
　　b. 你比我较矮。*
49）a. 我一米六，你一米八，我没有你高。
　　b. 我一米六，你一米八，我不比你高。*
50）a. 我们把他抓起来。
　　b. 我们抓他起来。*
51）a. 我把他拉上去。
　　b. 我拉他上去。*
52）a. 他把我关在门外了。
　　b. 他关我门外了。*
53）a. 宁肯我去，也不能叫你去。
　　b. 情愿我去，也不能叫你去。*
　　c. 就算我去，也不能叫你去。*
　　d. 就是我去，也不能叫你去。*

初版后记

本书在编写过程中参考了一些著作，吸取了其中的某些成果，因本书的性质而不便在行文中一一注明，今列于下，一并表示衷心的感谢。

（1）国家语言文字工作委员会编辑组编《语言文字规范手册》（简要本），语文出版社 1992 年 12 月第 1 版。

（2）广东省教育厅教材编审室编《语言文字应用规范手册》，暨南大学出版社 1998 年 10 月第 1 版。

（3）中国社会科学院语言研究所词典编辑室编《现代汉语词典》（修订本），商务印书馆 1996 年 7 月修订第 3 版。

（4）广东、广西、湖南、河南辞源修订组及商务印书馆编辑部编《辞源》（修订本），商务印书馆 1979 年 7 月至 1983 年 12 月修订第 1 版。

（5）《辞海 · 语言文字分册》（修订本），上海辞书出版社 1978 年 4 月新 1 版。

（6）许慎撰、段玉裁注《说文解字注》，上海古籍出版社 1981 年 10 月影印经韵楼原刻本。

（7）南京大学中文系编《现代汉语》，1974 年油印本。

（8）胡裕树主编《现代汉语》（重订本），上海教育出版社 1995 年 6 月第 5 版。

（9）林祥楣主编《现代汉语》，语文出版社 1995 年 12 月第 2 版。

（10）徐通锵著《基础语言学教程》，北京大学出版社 2001 年 2 月第 1 版。

（11）董根清主编《大学语文教程》，江苏教育出版社 1989 年 8 月第 1 版。

（12）徐世荣《容易读错的字》，北京出版社 1964 年 3 月第 1 版。

（13）高更生、王荣纲、徐惠元《形似字辨析》，山东人民出版社 1979 年 9 月第1版。

（14）刘配书主编《大报大刊名家名作错别字例析》，中国人事出版社2000年6月第1版。

（15）吴邦驹编著《最新标点符号用法》，华艺出版社1999年1月第3版。

张 觉

2002年6月23日记于五角场寓所

再版后记

一个人是多么希望生活在无拘无束的境界中啊，但一进入社会，却又不能不受到种种约束。这是因为如果每个人都放任无度的话，就有可能妨害别人的正常生活，所以我们必须有一个维护公共秩序的规范作为人们的行为准则。

日常生活如此，语言生活也如此，所以语言文字规范也就应运而生了。如果没有语言文字规范，就会造成语言文字使用的混乱，甚至会造成交际的困难乃至误解。为此，国家非常重视语言文字规范工作，这是很有意义的事情。

基于这样的认识，我早就想编著语言文字规范方面的实用工具书了，于是我在2000年底修改完我的硕士论文《〈孟子〉句式变换释例》后，于2001年2月7日开始编写本书。原计划该书共五章（《书写规范》《发音标准》《用词得当》《造句得法》《修辞得体》），故初名《实用现代汉语——当代读写指南》。然而，至6月8日完成前两章后发现，其篇幅甚大，不利于出版。于是我一边继续编写后三章，并于7月27日完成了全稿，同时又将前两章易名为《汉语汉字规范运用指南》去联系出版。此时，正值我校开始招收对外汉语专业的本科学生，于是我申报了2001年度上海财经大学“211工程”重点学科建设项目第二批科研和教学建设项目“汉语汉字规范运用研究”，结果获得了批准，虽然经费只有1万元，却是我生平第一个获得资助的研究项目，值得纪念。但是，出版此书却颇费周折，经多方联系，终于得到了汉语大词典出版社徐文堪先生的大力支持，于是我在12月20日送去了前两章的书稿，并定名为《现代汉语规范指南》。不过，其排版校对工作实非易事，单初校我就花去了一个月的时间。同时，我又趁校对之机，在2002年3月将初稿修改了一遍。为了使这本取名“规范”之书真正做到规范而不出差错，我连校了三次，重写了前言，最后于2002年11月顺利出版。

本书初版甚受读者青睐，问世后没几年就脱销了，但由于2003年以后我一直忙于其他课题的研究，汉语大词典出版社也撤并了，所以想修订后再版的愿望就一直拖了下来。

近年来国家在语言文字规范化方面的工作取得了不少重大的进展，很多国家规范或国家标准都修改更新了。这使我感到本书的修订再版已经到了刻不容缓的时刻，于是我只能暂时放下手中的其他项目来进行全面的修订与局部的改写，同时也相应增补了不少新的内容。

从国家规范或国家标准不断被修改更新的事实中，我们可以领会其中所蕴含的精神：既要遵循其正确的规定，又不能盲从其中的错误不当之处，而应该对其错误不当之处提出适当的补充修改意见，以便使我们的国家规范和国家标准更加完善，从而更好地为社会服务。因此，本书对各种国家规范和国家标准的不当或错误提出了不少补充修改意见，以供修订国家规范或国家标准者参考。当然，一得之见，未必正确，所以恳请学者专家多多指正。

此外，书中附录的国家规范和国家标准，也在录入电脑时重新作了校对。当然，校对工作诚非易事，就是一些专业出版社的出版物也时常会有疏误。如语文出版社编的《语言文字规范手册》（语文出版社 1997 年 9 月第 3 版）把《现代汉语通用字表》7 画中的“抵”误成了“抵”（第 149 页），把《中国各民族名称的罗马字母拼写法和代码》的“GB 3304 — 91”误成了“GB 3304 — 92”（第 332 页），把《中文书刊名称汉语拼音拼写法》的“GB 3259 — 92”误成了“GB 3259 — 89”（第 342 页）。又如国家语言文字工作委员会普通话培训测试中心编制的《普通话水平测试实施纲要》（商务印书馆 2004 年 1 月第 1 版）中的附录三《普通话异读词审音表》，把“逮（一）dài（文）如”误成了“逮（一）dài（如文）”（第 463 页），把“度 duó”误成了“度 duó（统读）”（第 464 页），把“熄 xī（统读）”误成了“螅 xī（统读）”（第 472 页）。有鉴于此，我在本书的校对方面花了大量的精力，以确保这本名带“规范”的著作能名副其实地做到规范。但我深知，消灭疏误的主观努力绝不等于万无一失的客观事实。所以，我还是要恳请广大读者多加批评指正。

诚如我在《述作集自序》中所说，我编著“述作集”的目标是打造传世精品，以便使拙著成为今后研究《韩非子》《商君书》《吴越春秋》等传统经典及其他相关领域时不可不读的权威典籍而经久不衰。但是，从这次修订中我发现这样一个无情的事实：本书与“述作集”中的其他著作相比具有较为明显的时效性。应该说，那些古籍校疏之作以后可能不必再作修改或只需作较少的订正，而此书则随着国家规范和国家标准的不断修改更新可能在将来还要作较大的修改。尽管如此，出于编著“述作集”的大目标，我还是在消灭疏误的基础上进一步追求其长效性。例如，有关语音、文字、语法方面的基本知识，“六书”理论和“右文说”的利用，通用规范字所代表的传承字、繁体字、异体字之间音义用法差别的辨析，诸如此类的内容应该都具有永久的适用性而不会因为时过境迁而丧失其使用价值。特别是如今很多年轻人对繁体字已经不甚了了，所以本书有关繁体字的论述，对年轻一代继承和弘扬中华优秀传统文化来说，应该具有很大的实用价值。

虽然这次修订工作毫无经费资助，但为了使《述作集》中的所有著作都成为传世精品，我这次对本书的修改和重写仍然花费了出乎预料的时间和精力。2013 年 11 月，我开始在初版的基础上做准备工作，并收集新的国家标准和规范，同时让研究生罗婷、刘雪莹、麻飘飘也立即投入此项工作。根据 2001 年编写本书初稿时耗时 4 个半月来推断，我想 2014 年 3 月底肯定能完稿，所以和编辑约定在 3 月底交稿。哪知本书的修订一直到现在才完稿，而研究生付云鹏、孙雅微也参与了本书的工作。我想，如果读者能从中受益，那么我们付出再多也是值得的。

此外，本书在修订过程中除了更换或补录国家有关文件和国际音标外，又参考了一些著作，吸取了其中的某些成果，因本书的性质而不便在行文中一一详细注明，今列于下以示不敢掠美之意。

（1）语文出版社编《语言文字规范手册》，1997 年重排本，语文出版社 1997 年 9 月第 3 版。

（2）国家语言文字工作委员会普通话培训测试中心编制《普通话水平测试实施纲要》，商务印书馆 2004 年 1 月第 1 版。

（3）中国社会科学院语言研究所词典编辑室编《现代汉语词典》，商务印书馆 2005 年 6 月第 5 版，2012 年 6 月第 6 版。

（4）《辞海》（第六版彩图本），上海辞书出版社 2009 年 9 月第 1 版。

（5）《周礼》及郑玄注，据中华书局 1980 年 10 月影印本《十三经注疏》。

（6）班固撰、顾实讲疏《汉书艺文志讲疏》，上海古籍出版社 1987 年 2 月第 1 版。

（7）许慎《说文解字》，中华书局 1963 年 12 月影印陈昌治同治十二年（1873 年）刻本。

（8）卫夫人《笔阵图》，据北方文艺出版社 2005 年 7 月第 2 次印刷的《书品》。

（9）颜真卿《永字八法颂》，据中华书局 1983 年 11 月影印本《全唐文》。

（10）沈括《梦溪笔谈》，凤凰出版社 2009 年 6 月第 1 版。

（11）邵博《邵氏闻见后录》，中华书局 1983 年 8 月第 1 版。

（12）袁文《瓮牖闲评》、叶大庆《考古质疑》，上海古籍出版社 1985 年 8 月第 1 版。

（13）张世南《游宦纪闻》，中华书局 1981 年 1 月第 1 版。

（14）冯梦龙《警世通言》，岳麓书社 2006 年 1 月第 1 版。

（15）赵元任《赵元任全集》第 1 卷，商务印书馆 2002 年 10 月第 1 版。

（16）王力主编《古代汉语》（修订本）第一册、第二册、第四册，中华书局 1981 年 3 月、1981 年 4 月、1986 年 3 月第 2 版。

（17）马南邨《燕山夜话》（合集），北京出版社 1979 年 4 月新 1 版。

（18）胡双宝编《简化字 繁体字 异体字辨析手册》，北京大学出版社 1996 年 9 月第 1 版。

（19）王立军等《汉字应用通则》，春风文艺出版社 1999 年 1 月第 1 版。

（20）惠伊深《由简变繁趣事》，载香港《语文建设通讯》2001 年 6 月第 67 期。

（21）张斌主编《新编现代汉语》，复旦大学出版社 2002 年 7 月第 1 版。

（22）李行健主编《现代汉语规范词典》，外语教学与研究出版社、语文出版社 2004 年 1 月第 1 版。

（23）教育部、国家语言文字工作委员会组织制定的《通用规范汉字表》，语文出版社 2013 年 8 月第 1 版。

最后，请允许我对江宜玲女士以及尤婷婷、龚敏、张栖侠等致以衷心的感谢，因为本书也有他们的辛劳付出。同时，也希望得到读者的大力支持，对本书提出有益的改进意见，以便使本书不断完善，从而在语言文字规范化工作以及继承和弘扬中华优秀传统文化方面发挥更好的作用。

张 觉

2015 年 5 月 29 日记于南翔白金院邸